法兰西经典 06

# *Écrits*

# 拉康选集

［法］雅克·拉康（Jacques Lacan） 著
褚孝泉 译

华东师范大学出版社
上海

华东师范大学出版社六点分社 策划

# 出版弁言

## 1

法国——一个盛产葡萄酒和思想家的地方。

英国人曾写了一本名叫 *Fifty Key Contemporary Thinkers* 的书,遴选了50位20世纪最重要的思想家,其中居然有一半人的血统是法兰西的。

其实,自18世纪以来,法国就成为制造"思想"的工厂,欧洲三大启蒙思想家孟德斯鸠、伏尔泰、卢梭让法国人骄傲了几百年。如果说欧洲是整个现代文明的发源地,法国就是孕育之床——启蒙运动的主战场。自那时起,法国知识界就从不缺席思想史上历次重大的思想争论,且在这些争论中总是扮演着重要的角色,给后人留下精彩的文字和思考的线索。毫不夸张地说,当今世界面临的诸多争论与分歧、问题与困惑,从根子上说,源于启蒙运动的兴起。

法国人身上具有拉丁文化传统的先天基因,这种优越感使他们从不满足于坐在历史车厢里观望这个世界,而是始终渴望占据历史火车头的位置。他们从自己的对手——英德两翼那里汲取养料,在知识的大洋里,法国人近似于优雅的"海盗",从早年"以英为师",到现代法德史上嫁接思想典范的 3M 和 3H 事件,①可以说,自 18 世纪以来,启蒙运动的硝烟在法国始终没有散去——法国总是有足够多的思想"演员"轮番上场——当今世界左右之争的桥头堡和对峙重镇,无疑是法国。

保罗·利科(P. Ricœur)曾这样形容法兰西近代以来的"学统"特质:从文本到行动。法国人制造思想就是为了行动。巴黎就是一座承载法兰西学统的城市,如果把巴黎林林总总的博物馆、图书馆隐喻为"文本",那巴黎大大小小的广场则可启示为"行动"聚所。

## 2

当今英美思想界移译最多者当属法国人的作品。法国知识人对经典的吐故纳新能力常常令英美德知识界另眼相看,以至于法国许多学者的功成是因为得到英美思想界首肯而名就。法国知识界戏称"墙内开花墙外香",福柯(M. Foucault)如此,德里达(J. Derrida)如此,当下新锐托马斯·皮凯蒂(T. Piketty)也是如此。

移译"法兰西经典"的文本,我们的旨趣和考量有四:一是脱胎于"革命"、"改革"潮流的今日中国人,在精气、历史变迁和社会心理上,与法国人颇有一些相似之处。此可谓亲也。二是法国知

---

① 法国知识界有这样的共识:马克思、弗洛伊德和尼采被誉为三位"怀疑大师"(trois Maîtres de soupçon),法称 3M;黑格尔、胡塞尔和海德格尔这三位名字首字母为 H 的德国思想家,法称 3H;这六位德国思想大家一直是当代法国知识谱系上的"主食"。可以说,3M 和 3H 是法国知识界制造"思想"工厂的"引擎"力量。

识人历来重**思想的创造**,**轻体系的建构**。面对欧洲强大的德、英学统,法国人**拒绝**与其"**接轨**",咀嚼、甄别、消化、筛选、创新、行动是法国人的逻辑。此可谓学也。三是与英美德相比较,法国知识人对这个世界的"**追问**"和"**应答**",总是带有**启示的力量和世俗的雅致**,他们总会把人类面临的问题和思考的结果赤裸裸地摆上桌面,语惊四座。此可谓奇也。四是法国人创造的文本形态,丰富多样,语言精细,文气沁人。既有狄德罗"百科全书式"的书写传统,又有承袭自蒙田那般精巧、灵性的 Essai(随笔)文风,更有不乏卢梭那样,假托小说体、自传体,言表隐匿的思想,其文本丰富性在当今世界独树一帜,此可谓读也。

## 3

伏尔泰说过这样的话:思想像胡须一样,不成熟就不可能长出来。法兰西民族是一个早熟的民族——法国思想家留给这个世界的文字,总会令人想象天才的模样和疯子的影子,总会自觉或不自觉地让人联想到中国人的那些事儿,那些史记。

从某种意义上说,法国人一直在骄傲地告诉世人应当如何生活,而我们译丛的旨趣则关注他们是如何思考未来的。也许法兰西民族嫁接思想、吐故纳新、创造历史的本领可以使我们一代人领悟:恢复一个民族的元气和自信要经历分娩的阵痛,且难免腥风血雨。

是所望焉。谨序。

倪为国

2015 年 3 月

目 录

译者前言 …………………………………………… 1
卷首导言 …………………………………………… 1

关于《被窃的信》的研讨会 ……………………… 1
关于我的经历 ……………………………………… 54
超越"现实原则" …………………………………… 63
助成"我"的功能形成的镜子阶段
　　——精神分析经验所揭示的一个阶段 ……… 83
精神分析中的侵凌性 ……………………………… 91
精神分析学在犯罪学中的功能的理论导论 ……… 115
谈心理因果 ………………………………………… 142
逻辑时间及预期确定性的肯定
　　——一种新的诡辩 …………………………… 187
就转移作的发言 …………………………………… 205
终于谈到了主体 …………………………………… 217
精神分析学中的言语和语言的作用和领域 ……… 226
典型疗法的变体 …………………………………… 313
弗洛伊德事务或在精神分析学中回归弗洛伊德的意义 ……… 354

无意识中文字的动因或自弗洛伊德以来的理性……………… 390
论精神错乱的一切可能疗法的一个先决问题……………… 428
治疗的方向和它的力量的原则……………………………… 482
男根的意义…………………………………………………… 544
主体的倾覆和在弗洛伊德无意识中的欲望的辩证法………… 556

译名对照表…………………………………………………… 594
拉康著作表…………………………………………………… 596
拉康生平年表………………………………………………… 597

## 译者前言

1981年9月9日,雅克·拉康(Jacques Lacan,1901—1981)在巴黎的一所医院里逝世,他的死讯立刻成了第二天法国所有的报刊电台电视台中播出的重要新闻。从邻近的意大利到远隔重洋的美国日本,西方世界其他国家的传播媒介也纷纷发消息刊评论。在所有这些用各种语言发表的消息和评价中一个普遍的看法是:战后法国思想界的最后一位大师逝去了。

新闻界的述评难免有夸大其辞的地方。然而在这个评论中有这样一个确实的地方,随着拉康的逝世,战后法国知识界的那个思潮激越、巨人辈出的辉煌年代是最终结束了。在这个年代里杰出的知识分子不仅在书斋里埋首经籍,或在课堂里解惑授业;他们更是社会上的精英,青年人的导师,影响和塑造了整整一代人的世界观和政治立场。精神分析学家拉康正是这样的一位思想大师。他或许在大众中不如他同代人萨特和加缪的名气大;但他对他的追随者乃至整个法国思想界具有一种超乎寻常的魅力。人们回忆说他当年在巴黎的定期研讨会上有一种庙堂般的神圣气氛,济济一堂的学生和旁听者(包括许多有名的作家、艺术家和哲学家)以一种近乎宗教式的虔敬在倾听拉康的授课。甚至在他逝世的消息在电台播出后,许多拉康弟子还拒绝相信他真的死了,以致一时谣言四传,说这只是心怀敌意的人造的谣。他们以为这位在性格、才华、思想、学识以及著述风格上都不同常人的大师在生死问题上也应是超越凡人的。然而哲人已逝,剩下的只有他的文字是不朽的了。虽然拉康生前颇为轻视书面文而崇扬口耳相传的交际,现在我们也只有通过他的文字来认识这位个性色彩鲜明的当代思想家,这位他的同代人称为"独自一个就构成了一个文化现象"的巨匠。

拉康于1901年出生在巴黎的一个富商家里。他早慧而好学,在中学里教师们甚至害怕去给他上课。虽然他的家庭希望这位长子继承家业,去从事他们家族祖传的醋、呢绒、烈酒等买卖,他还是选择了医学而考进了医学院。然而在医学院里他又将大量时间花在文学、哲学等方面。他先是醉心于斯宾诺莎的哲学,后来系统地听了科耶夫关于黑格尔的讲座而又深受黑格尔哲学的影响。深厚的哲学素养使他日后创立的精神分析学派带有浓重的思辨色彩而有别于本世纪的其他精神分析学派的学说。

拉康思想的源头并不局限于西方传统,他的学术视野还超出了文化的界限。值得一提的是拉康一直对中国文化抱有浓厚的兴趣。在二次大战期间拉康曾用功学习过汉语,到了60年代末他在著名华人学者程抱一先生的帮助下深入研读了不少中文经典。汉字的构造特点以及中国传统思想中的一些重要概念如虚和实及有名和无名等对拉康思想的形成都有过启发性的影响。因此拉康的理论具有相当丰富的文化内涵和广阔的思想背景。

拉康受的是精神病学的训练并也具备精神病医生的行医资格。但是他却越来越为当时正开始在法国流布开来的弗洛伊德的精神分析学所吸引。他的博士论文虽然还不是部完全的精神分析学著作,却受到了达利等超现实主义艺术家的激赏。他们从中看到了对超现实主义的无意识创作手法的理论支持。1936年8月拉康在第十四届国际精神分析学大会上提交了著名的《镜子阶段》论文。这篇论文确立了拉康在精神分析学中的地位。此后他一边作为巴黎最著名的精神分析家每天接待着大量的病人,一边继续他的教学和学术探索。从 50 年代初开始,拉康举办了一个研讨会。如果说拉康构成了一个文化现象,他的研讨会则是这个文化现象的一个不可分割的部分。开始是一个在他家里举行的小型私人聚会,随后开办到他供职的圣安娜医院,以后又转移到巴黎高师,这个研讨会持续了整整 29 年。每星期一次的这个研讨会成了日后组成拉康学派的青年学生以及巴黎知识界精英分子聚会的地方。在济济一堂的研讨会上是从来没有讨论的,人们寂静无声地倾听拉康演讲。而拉康的思想也就是在这近 30 年的演讲中逐步展开、成形、深入的。

拉康思想是在一个不寻常的文化氛围中形成的。那是本世纪中叶的巴黎。有人将那段时间的巴黎文化界形容为"令人激动的,又有点狂放的"。在各个学术领域里都有天才横溢勇于创新的人推出新的哲学、新的艺术、新的文学、新的思潮。而这些人又都居住在相隔不远的几个街区里。萨特,加缪,列维-斯特劳斯,阿尔都塞,德里达,西蒙·德·波伏娃,布勒东,梅洛-庞蒂等等,20 世纪人文学术的面貌的相当一部分是由这些人的创作所构成。拉康与他们交往频繁,与他们中的许多人建立了友谊和学术对话。他对在这段时间里的生气勃勃的文化活动都深感兴趣。他去"莎士比亚书店"倾听乔伊斯首次公开朗读他的《尤利西斯》;他与西蒙·德·波伏娃讨论女性问题;他与萨特、加缪等人在莱里斯的画室里排演毕加索的戏;尤为引起拉康思想研究者注意的是他与海德格尔的交往。拉康是法国最早读过《存在与时间》的人之一,海德格尔思想对他的影响是显而易见的。他在战后特地去德国弗赖堡拜访海德格尔,以后又在他的乡村别墅里接待了这位当时颇有争议的德国哲学家。提起拉康的这些活动并不只是表明他的学术兴趣的广泛,这更是显示了拉康思想的学术渊源。如果说拉康改造了弗洛伊德,那么在某种意义上可以说拉康是把在上世纪与本世纪之交产生的弗洛伊德的理论在 20 世纪中叶的人文科学新浪潮中加以重新塑造。

这种重新塑造显然是必定要与当时精神分析学的主流派相冲突的。拉康在 1953 年退出了巴黎精神分析学会,与其他人另外组织了一个法国精神分析学会。但国际精神分析学会一直拒绝接受这个法国精神分析学会为其会员,后来甚至提出条件说,只有将拉康从法国精神分析学会的教学者名单里除名,才会考虑接受它为会员。但是拉康当然不为这些压力所动。他继续发展他的不合正统的理论。1953 年 9 月拉康在罗马大学心理学研究所举办的大会上提交了题为《精神分析学中的言语和语言的作用和领域》的报告,即后来以《罗马报告》著称的长篇论文。这篇论文可以说是拉康学派的宣言,它尖锐地抨击了正统的精神分析学中的种种流行观念,系统地提出了他的理论的一系列基本观点。这篇非常具有拉康风格的论文是拉康学说的最基本文献之一。

拉康曾说,精神分析学的特性之一就是它的颠覆性。他自己一生也从不拘于成见,从不安于旧状。从巴黎精神分析学会分裂出来以后,他又创办了巴黎弗洛伊德学院。随着拉康理论的影响日盛,这所学院越来越兴旺,成了传播拉康思想的一个学术中心。然而 10 多年之后,拉康又突然宣布解散这个学院,令其弟子惊愕不已。接着他马上又成立了一个新的名叫弗洛伊德事业学院的组织。这时他已近 80 高龄了。一年以后,这位似乎有着无穷活力的思想家逝世了,享年 80 岁。

作为法国最杰出的精神分析学家,拉康生平最突出的业绩是在法国掀起了精神分析学的旋风。他使无意识这个概念在法国广为接受几乎家喻户晓。更重要的是拉康将弗洛伊德的精神分析学法兰西化了,而且在精神分析学史上他是第一个给予这门学科以一个哲学根基的人。从这一点上看他的事业是超出法国的范围的。确实,在目前西方的主要国家里都有拉康学派在活动,并且他的思想也渗入到哲学、文学评论、语言分析等邻近学科中去了。这使拉康主义成了20世纪学术史上不可缺少的一章。

拉康是以"回到弗洛伊德"作为他向精神分析学旧传统挑战的战斗口号的。其实他的学术生涯与弗洛伊德的生平事业是前后重叠的。当拉康成为巴黎精神分析学会会员并已提出他那有名的"镜子阶段"概念时,弗洛伊德还健在并还在著述。比较这两位思想家是很有意思的。他们两人都是受的精神病学的训练,都是开业医生;两人都是博闻广记,在文史哲各方面有着精深造诣;两人的影响力都超出了精神分析学而泽及人文科学的许多邻近学科。但是这些相似性掩盖不了两人在思想上的差异。其实"回到弗洛伊德"是个予人假象的口号。拉康对弗洛伊德的学说作了完全崭新的阐述。他给我们留下的思想遗产无论在形式上还是在内容上与弗洛伊德主义都迥然不同。

弗洛伊德创立的精神分析学是一门关于人的精神世界的学说。这门学说的革命性在于指出了人的自我精神并不是一个完整统一的单元。换句话说,面对客观世界的不是一个单一的主观思想。人的主观思想是个有层次有结构的多元体,在这个复杂结构中各个组成部分并不是和谐一致地合作;相反,冲突和斗争是恒常的现象。正是这种内在的冲突构成了人的精神生活。弗洛伊德的这个思想就是后来被人称为"弗洛伊德的发现"的精神分析学的基本思想。在如何描述人的精神世界的内在构造上,弗洛伊德的理论有过前后不同的表述。在其早期理论中,弗洛伊德认为人的精神是分为无意识和意识这两个层次。这种两分法在以后的理论发展中被一种三分法所取代,那就是认为人的精神是分为本我(或译作本能冲动)、自我和超我三个部分的理论。拉康对后期弗洛伊德理论中的这个三分法中的自我的概念提出了批评。弗洛伊德将自我等同于人所具有的感觉—意识系统,认为自我就是这个系统用来回应现实的所有机制的总和。然而,如果自我就是这样一个系统的话,那么怎么解释自我对现实的漠视和误读呢?从笛卡尔以来的理性主义哲学传统将人的本质看作就是理性思维所在的这个自我。这个以感觉—意识系统为基础的理性思维决定了人之所以为人,它包含了人的本质的全部内容。因此知性就成了人的定义特性。但是这个理性主义哲学传统从上世纪末以来就受到了挑战。拉康明确地置身在与这个传统对立的立场上,他宣称他的理论是与从"我思故我在"以来的整个传统背道而驰的。在拉康看来弗洛伊德的三分法中的自我带有太重的旧理性主义哲学的色彩,并不符合自精神分析学创立以来就获得的对人的新认识。新的认识要求我们构作一个新的自我概念。

　　拉康所构作的自我的概念,是以他所观察到的幼儿生长中的镜子阶段为出发点的。所谓的镜子阶段是指这样一种现象。当尚未会说话步履还趔趄的幼儿看到自己在镜中的映像时会欢欣雀跃喜不自禁,并且这种对镜中形象的兴趣会持续不减好长时间。这与灵长类的其他种属在镜前的举动有很大区别。尽管猩猩在工具智慧上要超过幼儿,它们在看到自己的镜中映像后只会表示出一会儿的兴趣,当它们弄清楚镜后一无所有时就会掉头它顾。拉康指出,幼儿在镜前的这种表现实际上是幼儿心理形成的一个非常重要的步骤。幼儿在镜中看到了自我,更确切地说,镜中的映像助成了幼儿心理中的"自我"的形成。幼儿心里有了"这就是我","我就是这个样子的"的想法,这个自我功能的重要性是不言而喻的。它是人得以安身立命的根本;是人觉得是在度过同一个生命的原因。然而,这个自我的形成及其内容远不如人们想象的那么直接和可靠。从幼儿的镜子阶段就可以看到,幼儿认为是其自我的,只是一块了无一物的平面上的一个虚像。人的自我形成的第一步就是建立在这样一个虚妄的基础上的,在以后的发展中自我也不会有更牢靠更真实的根据。从镜子阶段开始,人始终是在追寻某种性状某个形象而将它们视为是自己的自我。这种寻找的动力是人的欲望,从欲望出发去将心目中的形象据为"自我",这不能不导致幻象,导致异化。而这一切得以产生全由于认同的机制。人是通过认同于某个形象而产生自我的功能。人的一生就是持续不断地认同于某个特性的过程,这个持续的认同过程使人的"自我"得以形成并不断变化。

拉康的这个理论与弗洛伊德的理论有相当大的区别。对于弗洛伊德来说,人的心理认同的生成性原型是俄狄浦斯情结关系。在这个父、母、子三元关系中产生出人以后的一切心理动势。而在拉康看来,俄狄浦斯情结来到的时候已太晚了,儿童在进入俄狄浦斯关系时已有其心理定型了。心理结构的原型产生在更早的岁月,产生在一岁之内的"镜子阶段"时。从这个阶段起幼儿就开始了他与幻象认同而建立"自我"的历程。这个历程将终贯其一生。

拉康的这个理论对人的精神世界持一种非常低调甚至完全悲观的看法。人的自我既然是建立在自欺欺人的虚幻基础上的;那么,由于自我功能在人与世界的关系中起着中心的作用,这种虚假认同的结构必定同时主宰了人对普遍知识的认识,也就是说人的知识——包括科学——的根源是一个幻象。因此深植于人类知识中的必定有一种疯狂。拉康称之为偏执狂。当然,将这个观点推而广之,精神分析学作为一门科学也逃脱不了作为偏执狂知识的命运。但精神分析学优于其他学说的地方在于它不像崇扬理性的理想主义者那样讳言自身的疯狂根源。在拉康看来,由于这种来自偏执于幻象的疯狂,人并不可能直接地把握真理;人只有希望在体系与体系的冲撞和幻象与幻象的交往中接近真理。

在当代西方学术史上,拉康对人的自我幻象所作的这个无情剖析起过重大的启示作用。我们知道,拉康的理论对福柯的思想有很大影响,而像德里达、德勒兹等目前备受注目的哲学家也都从拉康理论里汲取过营养。拉康理论所以有这个深远影响并不是由于他恰好作了一个非常出奇的发现,其根本的原因是西方人文科学在本世纪以来所取的新的走向。拉康的思想立论于欧洲知识界在二三十年代以来的新的潮流之中。这个潮流涌动至今,先是称为结构主义,后又有解构主义。结构主义和解构主义是两个涵盖广泛定义宽松的名称。在这两个旗号下聚集着许许多多实际上差异相当大的哲学人文科学理论学派。然而所有这些派别都表现了要与上世纪的旧传统决裂而对人类文化知识结构进行全新理解的特点。拉康的学说也相当鲜明地具有这个特点,所以,他的学说才会具有这样广泛的影响力。要看清拉康思想中的这个特点,只要将拉康的精神分析学与弗洛伊德的精神分析学作一比较即可。

进行理论思维的人都具有一个统一世界的图景,这个图景往往体现在他们对学科体系构造的见解上,特别是对邻近学科之间的关系的认识上。对于弗洛伊德来说,他所创立的精神分析学是应归属于生物学的。这不仅是因为在解释人类现象时生物学代表了一种非常严谨的科学理性,而弗洛伊德希望自己的精神分析学也具有这种严谨性;更重要的是,在弗洛伊德的世界图景中,生物学与精神分析学的平行发展最终会融合成一种未来的统一的关于人的新科学。因此,在弗洛伊德的学说中,像本能、冲动等生物学机制占有很重要的地位并具有基本的说明性功能。与此相反,拉康在其理论形成的初期就表现出一种对生物学倾向的反感。在他的许多论文中都可以看到他对以生物学结构来解释精神现象的做法的猛烈抨击和辛辣讥刺。相应的,在他的理论里少见有本能、冲动和倾向之类的生物性机制的地位,他在构作其理论时不如说是以文化学说和人类学作为借鉴和依据的。同样的,他所设想的未来的新科学不是一门涵盖生物学与精神分析学的关于人的科学,而是一门以主体间性为对象的新的假设科学。而精神分析学将在这门新科学的形成中起领先作用。

所谓的主体间性指的是主体之间的相互关系和交互影响。主体这个概念在弗洛伊德的理论里很少出现。弗洛伊德用来指称人的精神世界里的各个成份的术语中没有一个是恰与法语的"主体"这个词同义的。但在拉康的理论里主体这个概念非常突出。主体即是认识者、行动者,上文所说的自我功能即是主体的一个最重要的认识功能。主体是永远通过自我功能才能达到他人的。拉康要研究的主体不是一个自然界中的生物性存在;他理想中的新的人文科学是一门关于主体间性的科学,而一旦涉及到主体之间关系,我们处理的必然就是文化关系。因此对于拉康来说他的主体是一个人文世界里的文化性存在。

从这样一个主体观出发,什么才是主体的规定性特征呢?在拉康看来,决定主体性的不是什么动力、禀赋或倾向;决定主体性的是主体间的关系,而维系主体之间关系的最主要的活动当然是主体之间指称事物传送意义的活动。这就是说语言的使用是主体间性的本质所在。这样拉康就把语言引入了他的理论,由此而作出了他理论中最为著名最富有特色的一系列论述。

将语言理论引入精神分析学,这是拉康学说的一个中心内容。他这样做并不是偶然的。我们知道本世纪以来语言成了许多人文学科的主要研究对象,哲学上有所谓的"语言学转向",而结构主义语言学正是在法国蔚为显学的。在这样的学术氛围中产生以语言理论为基石的拉康精神分析学,这可说是势所必然的事。然而,正统的弗洛伊德精神分析学是不是与这种语言中心论相容呢?精神分析学的主要研究对象是人的无意识,而弗洛伊德多次明确指出,所谓无意识,就是先于语言表述或被剥夺了语言表述的思想内容。按这个说法,语言似应与无意识不相容的。但拉康争辩说,将语言引入对无意识的研究,虽然看来不符合后期弗洛伊德的论断,但却是忠实于弗洛伊德本人实践的精神的。在《释梦》这部著作中,弗洛伊德从头到尾都是在做对语言文字的细致分析,以此来探索出被分析人的无意识世界;而且,精神分析者在治疗病人的过程中,也只有言语一法。因此,将无意识看作是为语言所主宰的,这实际上也是理所当然的。

拉康在构作他的理论时主要借鉴了索绪尔与雅可布逊这两位语言学家的学说,特别是索绪尔将符号分解为能指和所指两个侧面的著名论述。但是拉康所做的是相当自由的借用,能指与所指这两个概念在拉康的理论里所具有的含义与索绪尔在《普通语言学教程》里给它们下的定义相比有相当大的差异。可以说拉康是利用了索绪尔的这两个术语而发展出了自己的一套语言符号理论。

在拉康的理论里,能指被赋予了极其重要的作用与地位。人的精神世界可以说全由无远弗及无所不在的能指所构成。能指可以影响和预定所指,能指可以规定导向人的思想。最令人注意的是,能指与能指之间互相串连相通,构成了一片能指的网络。语言的意义常常不是得之于一个一个独立的能指,而是产生于成串的能指的共同作用。能指与所指也不是处于一一对应的简单关系,因为能指与能指层层相套,绵绵相联,构成了拉康所谓的"能指连环"。一个能指往往既是这个长链上的一个环节,同时又是套在另一个无尽长链上的。因此人们的意义表述就常常成了指此而言彼、心是而口非的游戏。理解也随之成了一个追踪寻迹捕捉意义的过程。很显然,精神分析学分析梦的过程就是这样一个过程。梦是有意义的,但梦的所指是隐蔽在一层扑朔迷离曲折晦涩的所指网络之下。所以梦一直是人类的千古哑谜。只有到了弗洛伊德,人们才学会了循着能指连环而层层追溯到梦的所指上去。因此,弗洛伊德的天才在于他未借助于索绪尔而已深谙符号学理论的奥妙并运用自如(弗洛伊德的《释梦》出版于1900年而索绪尔在1906年才开始在日内瓦大学讲授他的普通语言学的)。拉康又进一步指出,能指连环上环节与环节之间有两种连接方式。他借用雅可布逊的理论而将这两种方式分别称为"隐喻"与"换喻"。"隐喻"是以一个词来代另一个词,而"换喻"则是以一个词带出另一个词。在分析梦的时候,精神分析家所做的正是破译这些隐喻与换喻。在《释梦》一书中弗洛伊德在出神入化地分析了大量梦中的字词之后总结说,梦对人的欲望有两种予以加工而使之隐蔽的方法,一为"压缩",一为"移位"。拉康认为,所谓"压缩",实际上即是隐喻的一种效应;所谓"移位",则是换喻造成的结果。

　　拉康对弗洛伊德的释梦的再解释实际上当然不是个简单的正名过程。拉康创立的是一套全新的理论。梦是无意识的一个窗口,弗洛伊德在细致分析梦中的语言材料时并不把语言看作即是无意识所具有的一切。他设想的无意识是一个充满着欲望、冲动、压力、倾向等生物性机制的层次。然而由于我们除了梦所提供的语言材料之外并无通向无意识的任何直接途径,无意识中的那些生物性动力实际上成了可想见而不可触及的神秘力量,是无意识这个黑匣子中的深藏奥秘。拉康的创见则是完全排除了这些神秘的伪生物学力量。拉康这位以晦涩难懂著称的理论家实际上是提出了一个非常明确简洁的关于无意识的理论。既然我们在处理无意识时所遇到的只是语言,为什么还要假设别的永远无法证实的东西呢?梦的语言提供了通向无意识的唯一途径,我们完全可以运用语言学的规则(例如"隐喻"与"换喻")而循着能指连环达到隐藏在后的无意识。而以这样的方式发掘出来的无意识只可能也是一段话语一篇文本。由此拉康提出了他著名的论断:无意识就是语言,就是话语。

　　语言存在的基本条件是要有一个对话者;主体说话时寻求的是他人的回应。没有他人,主体就没有了说话的理由。主体说话,目的也是要得到他人对自己的承认。因此他人就是说话的我所得以组成的处所。也可以说主体与他人在言语中联结了起来。拉康理论里的他人是个带有浓重黑格尔哲学色彩的概念。这个概念在拉康理论里起着非常重要的作用。在他的关于无意识的理论里需要以他人的概念使话语得以成立；而在他的关于自我的理论里需要他人的概念来使主体有认同的对象。这个他人的概念赋予了拉康的学说的各个部分以理论上的统一性，使他在各个不同时期发展出来的理论组成了一个完整的体系。

在拉康有关他人的论断中，要数"无意识是他人的话语"这句话最为著名。这句论断虽然不能说是总括了拉康的全部思想，但常常被人引用来代表拉康的主要观点。这句话的内涵的确是十分丰富。它指出主体是分裂的；指出无意识是有语言结构的；指出主体中包含着他人；指出主体的结构与语言的结构是相似的；指出主体与语言都是由差异而构成，等等。从拉康的这句名言可以看出，拉康的理论一方面说出了被称为"谈话疗法"的精神分析法的真实本质，另一方面又赋予了精神分析法的实践以一个当代哲学的基础。拉康的精神分析学理论之所以引人瞩目，这恐怕是一个重要原因。

以上简要介绍的是拉康学说里的两个最主要的理论。他的全部学说当然不止于此，他的关于能指中父名的理论，关于男根即是个能指的理论，关于现实域、想象域及象征域三个领域划分的理论等都相当有意义。要了解拉康学说的全貌当然要直接去读他的著述。然而阅读拉康是一种独特的文化经历。深奥难懂的理论著作比比皆是，但是拉康文笔之艰涩却是异乎寻常的。海德格尔在《拉康文集》出版后写信给朋友说："我现在还不能在这些显然是巴洛克式的文章中读出哪怕是一丁点儿的意思来。"福柯则抱怨说："在这个隐晦的语言中完全没法找出个头绪来。"拉康文字的诡谲隐秘并不仅仅是他个人风格的表现，他的文风句法其实也是他的理论的一种表现。他承认他是故意地不在文章中给读者留出出路，他要以他密不透风的文字迫使读者钻进去。钻到他的能指连环中去。确实,拉康的文章使用的语言很像他所描述的无意识的语言,读他的那些迂回曲折迷幻朦胧的句子是会令人觉得在听无意识倾述。阅读拉康是一个挑战,而肯下功夫的读者是一定会得到回报的。

褚孝泉

2000 年 10 月

# 卷首导言*

"风格即人"①,人们常好如是说,却既看不到此语中的狡狯,亦未曾顾虑到"人"已不再是有可靠的含义了。再说,装饰正在写作的布封的遮掩物的这个形象的用处正是为了转移注意力。

埃罗·德·瑟雪勒的作品《蒙巴行》是他死后于共和九年由松尔凡出版的。此书包括了1785年的《布封先生访问记》的内容,这部书如能再版,对我们的思索将不无裨益。这不仅因为从中可以欣赏到另一种风格,这种风格颇有我们最好的戏谑报道的风采;而且它将布封的话放回了它的无礼的语境中,在这中间主人从不对来访者屈让半分。

在那个时候,从布封在法兰西学院的一篇演讲中摘出的这一格言已是脍炙人口了。而在作者的笔下,他显得是个伟人的幻象。他且将这幻象精心安排,使它占满了整个住宅。那儿的一切都不自然。人们还记得,伏尔泰还就此恶意地总结过一番。

风格即人,我们赞同这个说法,只是要加上一句:是我们对着说话的那个人吗?

---

\* 这是拉康为《拉康选集》所写的导言。(译者注)
① 为法国博物学家、散文家布封(Buffon,1707—1788)的名言。(译者注)

在语言中，我们自己的信息来自对方。这样说只是为了满足我们提出的准则。说得更彻底些，是以相反的形式来自对方（不要忘记，这个准则也适用于它本身，因为由我们说出了以后，这个准则是从对方，我们的对话者那里得到它最好的体现）。

但是，如果人仅仅是个我们的言语回转的地点，那么我们不禁要问：为什么要对他说话呢？

这就是我们的新读者对我们提出的问题，而正是为了这新读者我们才编集了这部文集。

在我们的风格中，我们为这新读者安排了个台阶，让《被窃的信》引出全书，虽然这并不符合时序。

得由这读者把他在里边所找到的东西交还给这封信件，不仅是那些临时的地址，而是最终的归宿。也就是说破译出的爱伦·坡的深意，这深意来自读者，又使读者读时领悟到，他并不比小说中的真理更虚假。

人们或许会说"窃信"是对我们的论述的戏笔模拟。这样说或者是根据词源，表明是伴随，意味着被模拟的过程的优先，或者是依照这词的寻常用法，看到的是思想导师的阴影被抑制了以便获得人们想要的效果。

发鬈的受劫(the rape of the lock)①。这题目使人想起那首长诗。在这首诗里蒲伯妙用戏笔模拟，从史诗那儿夺来了他讥讽的秘法。

我们的任务使我们将这迷人的发鬈从形貌的意义上来理解：重叠而逆向的环行合拢在结上，最近我们提出的主体的结构就是以这样的环结来维系的。

至此我们的学生将有理由看出一个"已有"来。有时更牵强

---

① 英国诗人蒲伯(Pope)有以此为题目的长诗，中文有译为《鬈发遇劫记》。（译者注）

的同构系已会使他们作如是看了。

因为我们从爱伦·坡的这篇从数学意义上讲蕴涵广大的小说中释解出一种分立。在这个分立中,主体以客体越过自身但主客体又绝不交融而得到自证。这个分立归属于在这个文集末尾以客体 a 的名义出现的准则的(读作小 a)。

恰是要由客体来回答我们一开始就提出的风格的问题。在布封认为人施以影响的地方,我们要求客体的除离。这除离显示出了它所孤立出的地方。而客体既是使主体隐蔽的欲望的原因,亦是将主体维系在真理与知识之间的力量。从这些论文所标记出的路程上,从这些论文的对象所规定的风格中,我们希望将读者引向一种结果,在这种结果里读者必定也有其自身的一份在内。

拉　康
1966 年 10 月

# 关于《被窃的信》的研讨会*

> 如果它使我们满意,
> 如果它令人愉快,
> 它就要得到感谢。

我们的研究使我们认识到重复的机制(Wiederholungszwang)的原则存在于我们称为能指连环的动因之中。这个观念我们是作为外在(也就是说:偏心的位置)的一个相应物而提出来的。如果我们是认真对待弗洛伊德的发现的话,我们必须将无意识中的主体置在这个外在之中。我们知道,在精神分析开创的经验中象征是通过想象的什么样的中介而左右了最为隐秘的人的结构。

这个研讨会的目的是为了说明,想象的这些作用不仅不能表达我们经验中的实质,并且提示不出任何前后一贯的东西,除非我们把这些作用联系到串连并引导它们的象征的连环上来看。

当然,我们知道在象征替换的偏颇化中想象的浸润(Prägung)

---

\* 这是拉康就爱伦·坡的小说《被窃的信》所举行的一次心理分析研讨会上的著名演讲稿。(译者注)

的重要性。这些偏颇化规定了能指连环的进程。但是我们以为是这个连环本身的法则主宰了对主体起决定作用的那些精神分析的效果:例如缺失(Verwerfung),压抑(Verdrängung),否定(Verneinung),——这儿需要强调的是这些效果如此忠实地依照能指的移位(Entstellung)以致想象的因素尽管有惰性,在那里只是表现为影子和反响。

当然作这样的强调可能还是徒劳的,如果在你们看来这只是为了从现象中抽象出一个普遍的形式来。对我们的经验来说这些现象的特性一直是最要紧的。如果人们要把这些现象的原初构成分解开来,那一定是会很牵强的。

这就是为什么我们打算今天向你们陈述我们研究的弗洛伊德的思想的这个时刻中所包含的真理。这就是:对主体来说象征域是具有构成力的。我们是要用一个故事来向你们显示主体从一个能指的变迁中所接受的决定作用。

请注意,正是这个真理使虚构小说的存在成为可能。这样,只要前后一致,一个寓言或任何其他故事都适于来说明它。唯一的区别在于,如果人们相信寓言是受制于抽象性的,那么它就能更纯粹地显示象征的必要性。

这就是为什么我们没有更多的搜寻,而在包含了涉及到单数和双数的辩证法的那个故事中举出我们的例子。最近我们曾用过这个故事。或许是凑巧这个故事能继续有用于那个已经引证过这个故事的研究计划。

这个故事就是你们知道的波德莱尔[①]翻译的题为《被窃的信》的故事。从一开始我们就能在这故事里分辨出一个情节,由这个情节而来的叙述以及这个叙述的条件。

再说我们很快看到是什么使这些组成成份不可缺少,这些组

---

[①] 波德莱尔(Baudelaire,1821—1867),法国作家。(译者注)

成成份都受到了作者的精心处理。

这样,叙述给情节衬上了一层评论。如果没有这个评论,故事就没法开展。我们要说从大厅里来看是看不到行动的,再说由于情节的需要对话是一直没有任何或许会使一个听客明白的意义的,换句话说情节里没有什么是可以看见或听到的。只有叙述将每个场景稍微阐明,其观点是参与其中的一个演员的观点。

场景有两个,我们现在就将其中的第一个称为原初场景。这样命名是有道理的,因为第二个场景可以被看作是第一个的重演。我们要讨论的就是这重演的意义是什么。

原初场景发生在王家内室,我们猜想那个属于最高等级的人,那个被称为贵人的单独在那儿收到一封信的人就是王后。另一个贵人的来到使她大为窘迫,这肯定了我们的猜想。在故事开始前我们已被告知说如果他知道了这封信,那位贵妇人的名誉以及安全就都要不保了。随着 D 大臣的出场而开始的场景使我们有把握地知道,那另一个贵人就是国王。在这时刻王后只好指望国王的不留神了。她将信放在桌子上,"面向下,字迹压在下边"。但这一切没能逃过大臣的锐利目光,他也注意到了王后的慌乱,洞察到了她的秘密。接着一切就像钟表一样走下去了。在以他习惯的精明和条理处理了日常事务之后,大臣从口袋里掏出一封信,这信外表与桌上的信很相似。他装作读信之后,就将这信搁在那信一边。又说了几句逗笑两位王室成员的话之后,他硬是拿起了那封令人难堪的信就走。王后没有变傻,但她却无法阻挡大臣,怕的是引起就在她肩旁的国王的注意。

一个理想的观看这整场没人做错事的行动的旁观者可能会什么也没注意到。而这整场行动的结果是大臣偷走了王后的信,更重要的结果是王后知道是大臣现在拿了这封信,并且不是随意地拿的。

还有一个任何分析者都不会忽视的余事。写出这个余事是为了保留住能指中的一切,然而又不知道该拿它作何用:那封被大臣留下的信,王后的手现在将它揉成了一团。

第二个场景:在大臣的办公室里。坡已经第二次把迪潘作为可解决疑难的天才而引入故事了。根据警察总监对迪潘所讲的内容,我们知道18个月来警察利用大臣晚上常常出去的机会将大臣官邸及其周围彻底地搜查过——毫无结果。然而人人可从情形中得出结论,大臣是一直将信放在援手可及的地方。

仆人通报迪潘的来到,大臣装出漫不经心的样子接见他,说着一些显得慵倦的话。但是这骗不了迪潘,透过绿色眼镜他打量着一切,当他看到一叶旧笺似乎被扔在搁在壁炉架中间的一个破旧纸版证件夹的空格上时,他就明白他看到了他在找的东西了。这叶纸的外表细节做得与他所知道的信的细节正相反,这更使他肯定了他的发现,当然信的大小正是相同。

这时他就只需要告退了,把他的鼻烟盒"忘记"在桌子上。第二天他重来取鼻烟盒,身上带着一封假造的与那封信外表一样的信。在一个恰好的时刻发生的一个机巧的事故将大臣引到了窗边,利用这一时刻迪潘拿到了信,同时将他的假信放回了原处。这时,剩下要做的就是对大臣按常规的道别了。

在这里一切都是毫无声息,至少是毫无喧哗地发生的。行动的结果是大臣没有了那封信,但他却毫不知晓,更想不到是迪潘从他那里取走的。还有,他现在手上所有的东西对故事后面的发展决不是无关紧要的。我们下面还要讲到是什么原因使迪潘在假信上写上内容,不管怎样,当大臣要用这封信时,他读到了以下的句子,这些句子写得使他能认出迪潘的手迹:

……一个如此阴惨的谋划,如果阿特雷没那么狠,倒是符合底艾斯特的为人迪潘告诉我们这些句子是出自克雷比庸①的《阿特雷》。

我们是不是还需要指出这两个行动是相似的？是的，因为我们注意的相似性并不是仅仅为了匹配不同而将选好的事情简单联结而成的。为了达到某种真理，只将这些相似的事情举出来而扔开其他是不够的。这两个行动在其中获得动机的主体间性是我们要指出的内容，还有组织起这两个行动的三个项。

这三个项的突出之点是它们既回应了形成决定的主体的三个逻辑时刻，又回应了决定给予它判定的主体的三个位置。

这个决定是在观看的时刻作出的②。因为那些悄悄进行的活动并没有增加进什么，在第二个场景中机会的推迟也没有破坏这个时刻的统一性。

有这次观看就必定有另两次观看，它在它们的虚假的互补性所留下的一个开放的视野中集合了那两次观看，为的是比这个发现所贡献的劫掠领先一步，这样就有了三个时刻，它们排出了先后三次观看，三个主体作了这三次观看，这三个主体每次都是体现在不同的人身上。

第一个主体什么也没有看到，这是国王，这是警察。

第二个主体是看到了第一个人没看到什么，并且看到了第一个人为他所隐藏的东西而受了骗：这是王后，然后是大臣。

第三个主体从前二次观看看到了他们将要隐藏的东西不被遮盖地放在那儿，谁要拿就可以拿走：这是大臣，最后是迪潘。

为了看清上面描述的主体间的复杂关系的整体意义，我们愿为它借助传说中鸵鸟躲避危险的技术的帮助。这个技术说到底是可称作一项政策，是三个参加者之间的政策。第二个参加者自以

---

① 克雷比庸（Crébillon，1674—1762），法国戏剧家，《阿特雷和底艾斯特》是他的一部以古希腊迈尼锡悲剧为题材的剧作。（译者注）

② 有关解释请参阅我们的论文"逻辑时刻及预期确定性的肯定"。（原注）

为有隐身术,因为第一个将头埋入了沙中,然而第二个参加者却让第三个参加者安安定定地在背后拔它的羽毛。我们只要在它的人人皆知的名称上加个字母,说成"他人鸟政策"①,那就可以使它本身永远地具有新的意义。

由重复的行动而给出了主体间的模件,我们要做的就是从中认出一个**重复的自动性**,其含义就是我们感兴趣的弗洛伊德的文章中所用的含义。

对于所有那些早已熟悉那个以我们的公式"无意识就是他人的话语"来概括的思路的人来说,主体的多元性当然不是一个反对的理由。现在我们也不重提引入了**主体的干涉**的观念的论述。过去我们在重新审读伊玛注射的梦的分析时引入了这个观念。

今天我们感兴趣的是在主体间重复的过程中主体是怎样在他们的移位中互相交接的。

我们将会看到在这个三重奏中他们的移位是由被窃的信这个纯粹的能指所占据的位置来决定的,对我们来说这就肯定了这是一个重复的自动性。

在顺着这个方向继续深入下去之前,看来需要问一下,尽管这个故事的目的以及我们对它的兴趣有相同之处,它们是不是与我们所以为的不同?

如果将这个故事看作是叙述了一个侦探疑案,这是不是一种按照我们粗陋的语言所做的一个简单的理性化呢?

事实是我们有理由将这个看法看作是不太可靠的。请注意从一个罪行或过错开始而使这样一个疑案成为可能的一切,也就是说它的本质及它的动机,它的工具及它的实施,发现作案者的过程

---

① 法文的"鸵鸟"为"autruche",而"他人"则是"autrui",这里拉康在"鸵鸟"这词中加上一个字母"i",就使这个词变成了"autruiche"。这里姑且译为"他人鸟"。(译者注)

以及证明谁是作案者的办法,所有这些在每一个变化的一开始就被仔细地排除了出去。

事实上从一开始读者就清楚地知道了那个欺诈,作案者的勾当以及其对罪行的影响也同样地为人明白。当问题提出来以后,它只是局限于寻找与诈骗有关的物件,目的是找回这个物件。很明显,当有了解释时解决办法也就有了,这是安排好的。作者是要靠这个来让我们紧张得喘不过气来?为了引起读者的某种兴趣,有时人们可以变通一下文学类型的常规;但不要忘记,第二个出场的"迪潘"是个原型。因为是只从第一个出场的人那儿形成类型,作者要玩弄类型就嫌太早了。

如果将一切都归结为一个寓言,那是另一种极端看法了。这个寓言的教诲将是这样的,有些信件的保密对夫妇间的和谐是必要的,为了不让人看到这样的信件,只要将信件搁在我们的桌子上,将信件要紧的一面覆在下面。我们不想劝任何人来试试这个陷阱,怕他相信了以后会失望。

在这儿没有别的疑难,只有警察总监那儿的总是失败的无能——或者迪潘那儿的某种不和谐(我们不太情愿地承认这一点),这就是在他介绍他的方法时说的那些虽然很有洞察力但又泛泛而论不太着实际的话与他实际行动时的方式之间的不和谐。

从第一幕开始,在这一幕中只有戏中人物的身份才使戏不像一出市井俗戏,一直到结尾时大臣似乎必定要承受的嘲弄。如果将这个障眼法的感觉更推进一下,我们就想知道,是不是因为戏中人人都被愚弄了所以我们才看得高兴?

我们很倾向于这样的看法,因为在这里我们和我们的读者一起重新看到了我们曾经在某处顺便提出的当代英雄的定义:"他们以在离奇形势下的可笑业绩而闻名。"[①]

---

① 见《精神分析学中的言语和语言的作用和领域》。(原注)

但是我们自己是不是也为那个客串侦探的风度所迷住了呢？这是个新式的出风头好汉的原型，但还没有当代的超人那种乏味劲。

说个俏皮话——它足以使我们从故事中看到一个相似性，这个相似性是如此的完美以至于我们可以说真理在这里显示了它对虚构的安排。

这个相似性的理由将我们引上的就是这条道路。如果我们先踏入这个程序，我们就会看到可以说是补足了第一个情节的一个新的情节，因为第一个情节是个人们称为无言的情节，而第二个情节的意义全在于言谈的特性。①

很显然，在实际的情节中的两个场景都是在一个不同的对话的过程中告诉我们的，但是，只有具有了我们在讲学中强调的观念之后，才会看到，作者这样做不是为了叙事的巧妙，在这里对言语的特性的相反的应用中，这些对话本身具有了造成第二个情节的张力。我们的术语将第二个情节辨别为一个展开在象征域的情节。

第一个对话——在警察总监和迪潘之间的——好像是在一个聋子和一个耳聪者之间进行的。也就是说它代表了人们通常简单化了的在交流的观念中的那种真正的复杂性。而简单化的结果是很混乱的。

事实上我们可以从这个例子中看到交流怎样能给人以在传送中只有一个意义的印象，理论就停留在这个印象上。这个印象好像说，听话者所同意的有完全意义的评论因为不被不听者所感受而可被当作是中性化了。

然而，如果我们只接受对话的梗概的意义，它的逼真性显得就

---

① 要完全理解以下的论述，读者就必须去重读那个到处可以找到的（英文的或法文的）很短的文本：《被窃的信》。（原注）

与正确的保证相关了。但是,就我们所揭示的程序而言,它比它的外表要更加丰富:大家将会看到这一点,如果我们只限于第一个场景的故事的话。

因为这个场景传到我们时所通过的双重甚至三重主观过滤并不仅仅是偶然安排的结果:迪潘的熟朋友的叙述(我们以后称他为故事的总叙述人),总监告诉迪潘的叙述,王后给他的陈述。

如果说最初的叙述者在讲到底也没有篡改事件,这并不意味着总监是因为缺乏想象力才没能加进他的说法去。虽然我们可以说想象力是与他无缘的。

信息如此传递的事实给我们证实了这样一个不是显而易见的事实:信息是属于语言的度向的。

今天在座的人知道我们的上述论点,特别是我们以所谓的蜜蜂的语言这个对比物来说明的论点。有个语言学家①在蜜蜂的语言中只看到对对象物的位置的指示,也就是说一个比别的想象功能更加专门化的想象功能。

我们要指出的是人也进行这种形式的交流,尽管就对象物的自然性来说由于他所运用的象征而受到的分解过程这对象物已变得非常飘忽不定了。

我们可以在两个互相仇恨的人在对待同一个对象物时建立的共通性中看到同等的情况,只是在这里接触只能建立在单独一个对象物上,这个对象物是由双方互相否定的存在的特性来规定的。

但这样一种交流无法以象征的形式来传递。它只能靠与对象物的关系来维持。这样这个交流可以在同一个"理想"中集合无数的主体:在一个人群中如此建立起来的一个主体与另一个主体之间的交流仍然是完全地由一种不可言喻的关系中介的。

---

① 参见埃米勒·本弗尼斯特(Emile Benveniste)的《动物的交流与人类语言》,载《第欧根尼》第一期,以及我们的罗马报告第297页。(原注)

岔出这段话来不仅仅是重提一些原则说给远方的那些人听。他们以为我们不知道非语言交流这回事：在划定了言谈所重复的内容的影响范围的同时，这也为象征所重复的内容这个问题作好了准备。

这样，间接的关系澄清了语言的度向，而总叙述者在重复它时没有以"假设"而加入什么东西，他是在第二个对话中起他的一个不同的作用。

因为第二个对话与第一个对话互相对立就像我们在别的地方从语言中分辨出的那些极性一样，这些极性像词与言语一样的对立。

这就是说我们从准确的领域转到了真理的辖域。我们大胆设想我们不必再谈这个辖域了。这个辖域位于完全另一个地方，正确地说是位于主体相间的基础上。在它所在的地方主体除了构成一个绝对的他人的主体性之外什么也得不到。为了显示它的位置，我们只想讲述一个对话，这个对话精当洗炼，不愧是个犹太笑话。它的高潮处是场责骂，在那里显示了能指与言语的关系。"为什么你对我说谎？"那人气急败坏地叫道，"为什么你对我说谎，说你是去克拉科夫，这使我以为你是去朗伯格，而事实上你是去克拉科夫？"

在引导我们了解迪潘的方法时告诉我们的那一大堆疑难，辩论难题，悖论，甚至俏皮话等等给我们的思维提出的是个相似的问题，——或许因为这是一个自认为是门生的人向我们吐露出来的而更有些代理的优点。这就是遗嘱必有的名望：见证人的忠诚就像是人戴的大风帽，它遮住了见证人的眼睛使他看不到对见证的批评。

再说，还有什么比在桌上翻转牌的动作更令人信服呢？它是如此的令人信服以致有一会儿我们真的相信魔术师像他宣布的那样确实表明了他的手法的过程。而实际上他只是以一种更纯粹的形式改变了他的手法:而这一会儿就可使我们感觉到在主体那儿能指的主宰地位到达了何种程度。

迪潘就是这样着手的。他从那个在单数和双数的游戏中蒙骗了所有同伴的小神童的故事开始的。那人是用与对手认同的诡计来取胜的,但是我们已经证明他并无法既达到他心算的第一步而又不在自己的回归上碰上障碍,这第一步就是主体间交替的观念①。

为了使我们看个够,我们也没少听到拉·罗什福柯②,拉·布吕耶尔③、马基雅维利④和康帕内拉⑤的名字。但与神童的高招相比,他们的令名也显得徒劳了。

要么去跟从尚福尔⑥,他的名言:"我敢打赌,所有公众的想法,所有传下来的习俗都是愚蠢的,因为它们适合最大多数人",肯定使那些以为逃避了这条法则的人高兴,这正是因为那些人是最大多数的。就让迪潘把法国人将"分析"这个词用于代数的做法说成是欺骗好了,这不大会伤害我们的自尊。再说为了其他目的而解放这个词并不会影响精神分析学家有能力来实施他的权利。他还有一些哲学评论,可使拉丁文爱好者们满意,"ambitus 并不意味着野心,religio 并不意味宗教,homines honesti 也不是意味着诚实的人。"我们中间的哪一个不会很得意地回忆起西塞罗⑦和卢克莱修⑧所用过的这些词的意义? 大概坡在自娱。

然而我们又感到一点疑心:这样的显示他的博学是不是要我

---

① 参见我们的导论。(原注)
② 拉·罗什福柯(La Rochefoucauld,1613—1680),法国作家。(译者注)
③ 拉·布吕耶尔(La Bruyère,1645—1696),法国道德学家。(译者注)
④ 马基雅维利(Machiavel,1469—1527),意大利哲学家,政治家。(译者注)
⑤ 康帕内拉(Campanella,1568—1639),意大利哲学家。(译者注)
⑥ 尚福尔(Chamfort,1741—1794),法国道德学家,作家。(译者注)
⑦ 西塞罗(Cicéron,前106—前43),古罗马政治家和雄辩家。(译者注)
⑧ 卢克莱修(Lucréce,前98—前55),古罗马诗人。(译者注)

们看懂这个故事里的关键词呢?① 魔术师不说要拆穿他的秘密是不会在我们面前重复他的把戏的,但同时又推迟实现要让我们明白的许诺,并不让我们看到点什么。如果让我们受小说中的一个人物的**骗**,那可真是魔幻师的登峰造极的成就了。

而不正是这样的一种效果使我们可以一本正经地像是谈论真实的人物一样地谈论虚构的英雄?

这样,当我们诚心去理解马丁·海德格尔让我们在 $'αληηs$ 这个词中发现真理的把戏的方法时,我们只是重新找到了真理透露给她的爱好者的秘密。由此,我们知道,只有在真理隐藏自己的地方我们才能**真正地**找到真理。

这样,迪潘的话并不是那么明白地驱使我们相信它,只是我们必须就防止相反的引惑而作出尝试。

让我们就在他的足迹摆脱我们的地方去搜寻他的足迹②。首先是在造成了警察总监的失败的批评中。在这里我们已经在隐晦的讥笑中看到了它。警察总监在第一次会见时一点都不注意这些讥笑,他只是一笑了之,就像迪潘暗示的那样。因为问题太简单太明显所以才显得扑朔迷离,这一点道理对总监来说是没什么意思的,就像他胸口发痒一样是没多大意思的。

---

① 我最初给这三个词加了一点意义。如果结构不足以说明的话,每个词就可以解释它们所属的这个故事。

我现在取消了这个很不完善的说明,因为有人在读了这个重印稿后来对我们证实说,在出卖我的人的时刻(仍然是 1968 年 12 月 9 日)之后会来到另一个时刻,那时人们为了搞明白而读我的文章。

而明白将出现在这一页以外。(原注)

② 我们愿向本弗尼斯特先生提出某些词的原始的或非原始的意义背反的问题。他出色地纠正了弗洛伊德进行语文分析的错误方向(参见《精神分析学》第一卷第 5 至第 16 页)。看来这个问题没有得到解决,要指出其严格的能指的动因。布劳赫(Bloch)和冯·法特布格(Von Wartburg)将我们句子中的动词 dépister 第一次出现时的意义在法语中出现的时间定为 1875 年(译者注:在这句中"摆脱"与"搜寻"是用的同一个动词 dépister)。(原注)

一切都要使我们去接受人物的愚蠢这个观念。这一点表现得很有力,因为总监及其同伙的思想只局限于一个普通的无赖在藏一件东西时会想象到的地方,也就是说那些人人皆知的不寻常的藏物处,小说中一一列举了:从书桌里伪装的抽屉到可拆卸的桌板,从椅背上活动的装饰到镂空的椅脚,从镜子的背面到书脊的垫衬。

在这上面,从嘲笑总监犯的错误,一直到由大臣是个诗人而得出结论说他几乎是疯子,这里的错误可以说是全部来自不正确的小前提。这是很要紧的,因为这与从所有的疯子都是诗人而得出的结论相差很远。

是的。但是在有关藏物地点的问题上,作者让我们对诗人的高明之处无所把握,即使他又显得还同时是个数学家,因为他突然打断我们的冲动而把我们引入一大堆指责数学家们的推理的拙劣争辩中去了。就我所知,数学家的推理一直是注重于将他们的公式等同于推理着的理性的,而不怎么注重于公式本身。至少我们可以证明,与坡可能有的经验相反,我们常会做出些小偏差。我们是当着我们的朋友里凯的面这么做的。他的在场就向你们保证了我们在组合式中的客串没将我们引入歧路。我们作出的小偏差有时会如此的严重(按照坡的看法上帝将大为不悦)以至会怀疑"$x^2 + px$大概不会一定等于 $q$"。但我们从没有什么意外的灾祸要防备。坡所说不实。

花了那么多的心智只是要把我们的心智从前面提出的已知情况上转出来,这情况就是警察已**到处**搜查过了。就警察以为信一定处在的范围里,我们应该是在穷尽一个空间的意义上来理解这个到处。这个意义当然是理论上的,但故事的趣味就在于从字面上理解这一点。行动的"规划"是如此的准确,说是毫发之隙也逃不过搜查者的探视。由此我们没有理由问一下信怎么会**什么地方**都不在,我们还是注意到人家对我们所讲的关于隐藏的最高妙的概念都解释不了为何信逃脱了搜查,因为信确实在搜查过了的范围里,迪潘最后所获证明了这一点。

是不是信具有了**无有**的性质?我们使用的这个词是以罗格特而知名的词汇表从威尔金斯主教①的符号乌托邦②中得来的。

很明显有点太不言而明(a little too self evident),信与地点有种古怪(odd)的关系,没有一个法语词有这个英语形容词的全部意义,波德莱尔一直用"奇异"来译,但这只是个近似词,我们说这关系不同平常,因为这正是能指与地点所有的关系。

你们知道,我们的目的并不是要使这种关系成为"微妙的"关系,我们的意思并不是要将信混同于心智,即使我们是由气压来接受信的;我们完全承认它们一个致死一个救活,因为就像你们大概也开始理解的那样,能指是死的动因。然而,如果我们首先强调能指的物质性,这种物质性很不一般,首先是它不能承受分割。将一封信分成小块,它仍然是一封信。但这不是在格式塔理论(gestalt-theorie)的整体概念中的那种冲淡了的生机论所能说明的意义上的完整③。

语言对能听懂它的人说出它的判决:通过使用当作部分小词的冠词。如果心智就是活着的意义,心智在这里就显得不比信更不特别地适于量化。首先意义可容许人们这样讲:这篇谈话充满意义;同样,人们承认某个行动具有一定意向;人们悲叹没有一点爱情,人们仇上加仇;人们有一片忠诚;与如此多的自负相配合的是男人们的无尽的吹嘘和斗殴。

---

① 威尔金斯(Wilkins,1614—1672),英国主教,科学家。(译者注)

② 豪尔赫·路易斯·博尔赫斯(Jorge Luis Borges)在他的那部与我们论述的门类如此和谐的作品中强调了这部乌托邦,其他人又给予了恰如其分的评论,参见《当代》1955年6月—7月号第2135—36页以及10月号第574—75页。(原注)

③ 这是非常真实的。哲学以其使用太多而褪色的例子来从单数或多数出发论证,却不会同样地运用撕成两半的白纸和中断的圆圈,或者打碎的花瓶而不讲一下切断的虫子。(原注)

然而对于信,不管人们在哪个意义上使用这个词:字母、书札、文字①,人们总是说要从**字面上理解**,说等邮递员送**一封信**或**几封信**来,但从不说**一点儿信**,不管是怎样的情况,即使是谈耽搁了的信时也不这么讲。

这是因为能指是独特存在的单位;由于其象征的本质它只是一种远隐。因此,就被窃的信而言,我们不能像讲其他东西那样说它一定在某处或一定不在某处;**相反**,我们要说在它所在或所去的地方它将在**和**将不在。

确实,看一看警察们遇到了什么。对于他们搜查的过程作者什么也没有省掉。从划分搜查的地方以至没有一点空隙遗漏掉,一直到刺软垫的探针。虽然没有敲动硬东西来窥其内部,也有放大镜来细查钻孔边留下的灰尘,以及细小裂缝的开口处。他们一步步地拉紧搜查的网,摇摇书页还不放心又一页一页地翻一遍。我们看到被查的空间像信一样的一叶一叶掉下来。

但是这些搜查者头脑里关于现实的观念是如此不可变更。他们没有看到他们的搜寻将把现实变成了它的对象物。他们其实可以由这个特点来把这个对象物与所有其他物体区别开来。

但这是对他们的一个过高的要求了。这不是因为他们短见,不如说是由于我们的短见。因为他们的愚蠢不是一种个人的愚蠢,也不是一种团体的愚蠢;这种愚蠢有个主体的来源。这是一种现实的愚蠢,这种愚蠢从来不停下来对自己说,不管一只手将东西藏到天涯海角的什么暗处,东西是藏不起来的。因为另一只手会来到第一只手旁的。藏起来的东西其实只是不在其位置上的东西,这就像图书馆里的一册书迷失之后搜索卡片上所说的那样,那本迷失的书说不定就藏身在旁边的架子上或盒子里,一眼就能看到。我们能按字面上说的只有不在其位置上的东西,只有可以交

---

① 法语中"信(lettre)"一词同时又有以上这几种意义。(译者注)

换的东西,也就是说是象征的东西。因为如果是现实的东西,不管我们怎样的摆布它,它总是在的,它是被钉住在自己的脚跟上的,也不知道谁可以将它搬走。

再回过头来看我们的警察。这些在信藏身的地方拿起信的人怎么会得到信呢？在他们拿在手里翻来复去看的东西上面只有与他们所知的标志不符合的地方。A letter, a litter, 一封信, 一张废纸。在乔依斯的小圈子里①人们曾玩弄过这两个同音的英语词。警察们那时候在翻看着的废品因为被撕了一半了也不给他们显示出自己的另一个本质。在一个不同颜色的封印上的一个不同的印玺,不同字迹的签署,这些就是最不可侵入的藏匿处了。在那个时代人们是将收信人的地址写在信的背面的。如果说警察只看着信的背面,那是因为对警察来说信是只有这一面的。

他们在背面看出了什么呢？它的信息,就像人们为了我们控制论的星期天的快乐所说的那样？……但是我们当然会想到这个信息已经到达了它的收信人那里。以其无关紧要的一角纸它还留在了收信人那里,这一角纸与原信一样代表了信息。

如果说一封信在完成了效用之后就达到了它的命运的顶点,那么交还信件就不大会被用作爱情的节日礼花熄灭之后的闭幕式的仪式了。能指不是功能性的。如果说能指有一个意义,那么我们在这里观察的上流社会的活动就不会有意义了。因为把这个信息告诉一班警察不是一种保守这个信息的秘密的有效办法。

人们可以承认,这封信对于王后有一个不同于对于大臣的另外的甚至更紧迫的意义,但是事情的进程不会因此而变化。即使外人一点也看不懂这封信,事情还是会照样发生。

它当然不是每个人都能读懂的。就像警察总监向我们强调的

---

① 参见《关于他对进行中的作品的实际化的我们的研究》,莎士比亚公司,1929年。(原注)

那样,"这个文件如果给另一个我不说出他名字(这个名字太明显了,就像于布王①咬着的猪尾巴一样的显眼)的人看到了,就会给一个最高贵的人的荣誉造成问题",甚至,"这个贵人的安全也会由此而受威胁"。

由此,这就不仅是意义,而是信息的文字,在流传开来后会带来危险,而这个文字看来是非常平平无害的,因为它的所有者在无意中的不小心才会增加它的风险。

这样什么也挽救不了警察的处境。即使改进它的"文化修养"也改变不了什么。书而永存(Scripta manent),他们从人文主义的豪华版本那里学到了以飞翔的话语(verba volant)结尾的谚语的一课,但这也是无济于事的。上帝开恩,书写保留了下来,这与话语的情况一样:因为得自话语的不可消除的债务由于转移而至少使我们的行为富有意思。

文字将胡闹的空头汇票让风卷走。如果这些不是飞舞的纸页,那就不会有什么被窃的信了②。

现在它怎么样了呢?我们想,要是有被窃的信,那么首先这信是属于谁的呢?我们要在下面强调信的回归中的特别的地方。这信是回归到以前热切地让信物飞走的人手里的。人们一般都以为那种过早发表的程序太低劣。埃虹骑士③就是以这类程序而使他的一些通信者处于可怜的境地。

寄信的人对信是不是还拥有一些权利?信的权利是不是没有完全属于收信的人?后者是不是从来就不是真正的收信人?

请看这一点:给我们启发的事可能是最初使我们糊涂的事。

---

① 于布王是法国作家 A·雅里(Jarry)所创作的戏剧人物。(译者注)
② 在法语中"飞舞"与"被窃"是同一个词"volé"。(译者注)
③ 埃虹骑士(le chevalier d'Eon,1728—1810),法国史上有名的间谍。(译者注)

也就是说我们从故事中一点也不知道写信人的情况，也一点都不知道信的内容。故事里只说大臣一眼就认出来了写给王后的地址的笔迹。只是很偶然地在讲到大臣怎样伪装封印时才提到原来的印玺是 S 公爵的。至于它的影响力，我们只知道当它落入第三者手中时会有的危险，以及当大臣有了这信后就抓住信对有干系者的威力而出于政治目的对信进行了达到危险程度的利用。但这并没有使我们对信的内容有什么了解。

情书或密谋信，告密信或指示信，催促信或求救信，我们只知道一件事：就是王后不能让她的夫君知道这封信。

然而，夫君这个字眼在这里不仅没有一点它在市民喜剧里的那种受人抨斥的腔调，它而且有指称君王的突出意义。她是以盟誓的信念而与君王联在一起，并且是以双重的方式相联的。因为她配偶的身份不仅没有使她免去臣下的义务，还将她提高到合法性的卫士的地位。而根据法律，王室体现的就是权力的合法性。

这样，不管王后选择怎样来处理这封信，这封信总是一个合约的象征。即使收信人不接受这个合约，信的存在仍使她处于一个象征环节上，这个环节是与她的信念不契合的。两者不相容的证明在于这样的一个事实：她无法将拥有这封信公开地说成是合法。为了保有这封信，她只有引用她的隐秘权。但隐私的特权是建立在荣誉之上的，而这封信的拥有又损害了荣誉。

因为这位体现了主权的风采的人物不能获得什么私下的消息而又不涉及到权力。在关系到君主时她无法既保守一个秘密而又不沦入地下状态。

这样，相比于持信人的责任来看，写信人的责任就退而为次了：因为在冒犯君主罪上又加上了最重的叛逆罪。

我们说的是：持信人，而不是信的主人。因为很清楚无论是对收信人还是对任何一个拿到信的人，信的所有权都是不可靠的，因为就信的存在而言，如果对它有权的人没有作出决断，那么什么也不会变得妥贴。

然而,这一切并不意味着,因为信的秘密是不能保持的,所以泄露它的秘密就是有什么光荣的了。honesti homines,好人们,是没法这样脱身的。有多种的虔诚(religio)。那些神圣的联结并不是到明天就会不再指使得我们晕头转向的。至于循环(ambitus),绕转,我们看到并不总是野心促成它的。如果真的有一个使我们来到这里的野心,我们并没有把它偷来。事情就是这样的。我们采用了波德莱尔的题目,并不是像人们不恰当地宣布的那样是出于要强调能指的约定俗成的性质。我们的想法是要指出能指相对所指来说的优先性。再说,虽然波德莱尔费尽心机,他将原题"the purloined letter"译成"被窃的信"还是违背了坡的原意。坡使用了一个罕见词,以便使我们更易于断定它的词源而不是它的用法。

根据牛津辞典,to purloin 是一个英法文词。也就是说它是由英文前缀加在法文老词上构成的。这个前缀 pur -在别的词上也出现,如 purpose,目的;purchase,购货;purport,大意;等。那个法文旧词是 loing, loigner, longé。在第一个成份中我们可以认出拉丁词 pro,它是与 ante 相区别的,因为它是指相对某个后边的东西而处于前边(而 ante 是迎着来与它相遇的东西而去)。至于第二个成份,法文旧词 loigner,是地点的特征 au loing(或者 longé)的动词。它的意思不是在远处,而是沿着,因此,它表达的是"放在一边",或者用一个有这两重意思的俗语来说,mettre de côté(存在一边)。

这样,这就肯定了我们的迂回是对头的,是对象物本身引导我们迂回的,因为我们所关心的确确实实是一封转向了的信,是一封路径被延长(prolongé)(这就是英语词的原意)的信。或者用邮政上的术语,是封待领的信。

这样,就像作者在第一页就向我们宣告的那样,**简单而又古怪**。信的特点被最简洁地表达出来了。就像题目所表示的那样,这个特点是故事的**真正主题**:因为信可走个迂回,那么信就一定有一条它自身的路径。在这个特性中显示了能指的影响。我们已经懂得了要把能指设想为只能维持在移动之中。这种移动有点像我们的电子显示牌中的移动,或者像在拟人的思维机器中①的循环存储中的移动一样。后者是因为其交替起动的原则。这个原则要求移位,即使以后要变成回复行动也仍要移。

在重复的自动性中发生的正是这种情况。在我们所评注的弗洛伊德的文章中,弗洛伊德教诲我们的就是主体随从象征的序列。而我们在这儿有形象说明的是种更加有趣的情况:不仅仅是一个主体,而是卷入在主体间性中的多个主体排进了队伍,也就是说成了我们的鸵鸟。我们现在又回到了鸵鸟上来了。这些鸵鸟比绵羊更驯顺,它们是按照它们在能指连环上移动的那一时刻来塑定它们的本身的。

如果说弗洛伊德以其越来越艰涩的文笔发现和重新发现的东西有什么意思的话,那就是说能指的移位决定了主体的行动,主体的命运,主体的拒绝,主体的盲目,主体的成功和主体的结局,而不管他们的才赋,他们的社会成就,他们的性格和性别。人的心理不管愿意不愿意地都跟随着能指的走向,就像是一堆武器装备一样。

我们又回到了那个十字路口,我们将我们的故事以及它的变迁留在那儿,还加上主体们是怎样交接的问题。我们的寓言的目的要表明的是信及其迂回规定了主体的出场和角色。因为信是待领的而吃苦的正是这些主体。因为要在它的影子下通过,他们却成了它的映像;因为要拥有信(语言的歧义是多么的了不起),信的意义却拥有了他们。

---

① 参见我们的导论。(原注)

当为了获胜他的大胆首次造成形势的重复出现时,故事中的主人翁所向我们表明的正是这一点。如果说现在他屈服了,那是因为他在三角关系中转入了次要地位,在这个三角中他首先是第三者同时又是窃贼,——这是由于他窃去的东西的性质造成的。

倘若现在像以前一样需要藏起信不让人看到,他是不是能运用他自己拆穿了的办法:让它暴露在外?我们有理由怀疑他是不是知道他是在做什么事情,因为我们看到他一下子就陷入到一种双重关系之中去,在这种关系中我们看到了假装的骗局和装死的动物的所有特点。我们也看到他落到了典型的想象形势的陷阱中去:看见别人没有看到他,漠视他被看到不在看的真实情形。他没看到的是什么呢?就是他自己看得那么清楚的象征形势,而现在在这个形势中他被看到是自己看到没被人看见。

大臣的行动表明他知道警察的搜查就是他的防备,作者明白地告诉我们他是故意外出而让警察从容搜查的:但是他仍然没有看到这一点,就是说在这搜查之外他是没有了防备的。

如果我们还能再说说我们的怪物,那大臣是实施了他人鸟(autruiche)政策,他不可能是因为愚蠢而结果成为了傻瓜。

为了扮演藏匿者的角色,他必须去演王后的戏,一直到装出妇女和阴影的特征来。这些特征是非常适宜于隐藏的行动的。

这并不是说我们要将古老的对子阴和阳归结到原初的明和暗上去。因为阴阳的正确运用包含了闪光会使人致盲的内容,以及阴影用来抓住其捕获物的反光。

在这里,符号与存在漂亮地分离了开来。我们要显示在这两者相对立时,何者会占上风。

男人有足够的男子汉气概来对付甚至蔑视女人的可怕的怒火。他承受了他剥夺于女人的符号的诅咒而直至变形。

这个符号确实是女人的符号,因为女人将符号建立在法律之外而使自己的存在在符号中确立价值。由于其来源的作用,法律一直将女人维持在能指甚至是偶像的位置上。为了使自己无愧于这个符号的力量,她只需要隐伏在它的阴影里一动不动就行了。还有像王后那样再有一种对掌握了无为的模拟。这种模拟只有大臣的"鹰一样的眼睛"才能看透。

这个符号被夺走了,男人拥有了它:这是有害的,因为它的拥有只有靠无视荣誉才得以维持;它的恶运要给拥有者带来惩罚和罪行。这惩罚和罪行打破了他对法律的服从。

在这个符号中必定有一个很特别的勿碰我(noli me tangere),这就使得符号的拥有如同苏格拉底的质难一样使男人麻木以至堕入在他身上无疑地表现出来的无所事事。

像讲故事者在第一次会面时所做的那样,我们可以看到随着信的使用他的权力就消散了。我们觉察到这个看法只注重于为政治目的而使用信,——在这里大臣变得一定要这样来使用这信了。

要使大臣不能自拔于这个用途,他就得不懂这封信还能派别的什么用途。因为这个用途使他如此彻底地依赖这封信,以至于在以后这个用途与信本身没有什么关系了。

我们的意思是说,要使用途与信真的有关连,大臣就应能像他的主子国王会允许他的那样对王后以恭敬的态度提出他的规谏,即使他必须以适当的保证来使自己有把握得到回头的效果;他或者也应能对信的作者采取某些行动。信的作者在事件中毫不受到牵连,这事实表明得非常明白这里涉及到的不是负罪和错失,而是构成信的矛盾的和丑闻的符号。这就像福音书里说的,不管携带着有什么不幸,要来的总要来的意思是一样的;他或许也可将信交付给一位"第三者",这个人有能力判定按照这信是要给王后设立一个火刑法庭呢还是要贬斥大臣。

我们无法知道为什么大臣没有将信派以上这样的用途。我们的不知道是对头的,因为我们感兴趣的是不用的效果,我们只需知道对于任何一种用途,获取信的方式都不会是一个障碍。

很显然,如果说对于大臣来说无意味的用途是种被强制的用途,那么为政治目的用途就只会是潜在的,因为一旦实施它就会消失得无踪无影,——这样,信只有通过纯粹能指的最终指派才能作为权力手段存在,也就是说:延长它的迂回以便通过一个外加的中转而让信到达应该得到的人手里。这外加的中转也是另一个背叛,而信的严重性使得预防这个背叛的回复很是困难;或者是销毁这封信,要解决那个以其本质必定来表示要取消它所表示的内容的东西,这是唯一可靠的也是迪潘最初提出的方法。

这样,大臣从形势中取得的支配力并不是来自信件,不管他自己知道还是不知道,那是来自信件助成的人物。警察总监的谈话将他描写成一个什么都敢干的人,who dares all things。作者又意味深长地评论说:those unbecoming as well as those becoming a man,意思是:那些对一个男人是体面的事以及那些对一个男人不体面的事。波德莱尔在翻译中失去了一个精彩之点:那些对一个男人是体面的事以及那些对他是不体面的事。从原句的形式得出的理解更适于使一个女人感兴趣。

这里就显示出了这个人物的想象的影响力。这就是说大臣所处的自恋关系,这次肯定是他不自觉的。这个关系是在英文原文的第二页上由叙述者的一句评论所表达出来的,这句评论的形式也是非常有味的,"大臣所有的支配力取决于窃信者知道受害者是知道窃信者的。"在原文中是:the robber's knowledge of the loser's knowledge of the robber。作者让迪潘在听了联结了偷信的场景的那段叙述之后又原样地重复了这句话从而强调了这句话的重要性,在这里我们可以说波德莱尔的语言有点不恍惚了,他让一个人询问而另一个肯定:"窃贼是不是知道……?""窃贼知道……"。什么?"被窃的人认识窃贼"。

对窃贼来说重要的不是那个人知道谁偷了信,而是她要对付的是怎样一个窃贼。那是因为她相信他什么都干得出来。这意思是说她给予了他一个没有人真能达到的地位,这就是绝对主人的位置。

事实上这是一个绝对虚弱的位置,只是不是对那个相信这一点的人来说是这样的。其证明不仅是在于王后大胆地叫来了警察。因为她这样做只是在开始的三人阵式中自己移动了一格,而将自己托付给占据这个位置所必有的盲目:迪潘讥讽道,"不需要甚至也不能想象有一个更加精明的探员了(No more sagacious agent could, I suppose, be desired or even imagined)"。不,倘若她是这样做了,那不仅是出于绝望,逼上绝路(driven to despair),像作者说的那样,而更是要承担起一种不耐烦。这种不耐烦其实应归之与镜面的幻象的。

因为大臣得竭力维持在无所行动之中,这是他目前的命运。大臣事实上不是一个**完全的**傻瓜。这是总监的评论,他老是说着金子:事实上他的言语中的金子只是在为迪潘而滚动,而且一直滚动到差不多五万法郎才停下来。总监花费了当时这笔钱所值的金子,然而算下账来他还有赚头。这样,在这个静滞的疯狂中大臣并**没有完全的**发疯。这就是为什么他就按照神经官能症的方式行动。就像一个人退隐到岛上去忘怀一切。是吗?他忘掉了,大臣也一样的因为不去使用信而把信忘掉了。他一成不变的行为表明的就是这一点。但是信就像神经官能症患者的无意识一样是忘不了他的。它几乎一点也没有忘掉他,以至于它把他越来越改变成那个将信突然地献给他的人的形象,而现在他要按照她的榜样将信同样突然地交出去。

这个改变的特点被记了下来,在这些特点的表面上的无由来中它们是有一个很典型的形式,以至可以将它们与被压抑内容的回复相类比。

这样我们在故事中看到大臣也翻转了信,但并不是用王后的那个迟出的动作,而是以一种更用心的方式,按照人们翻转衣服的方式来做。因为他必须按照当时人们折信和封印的风尚来行动才能腾出一块可写上新地址的空白处来①。

这个地址变成了他自己的地址。不管这是他手书的还是别人写的。地址上的字迹显得是娟秀的女性味的。封印的颜色从激情的红色转成了镜子的黑色。他在那儿盖上了自己的印章。这封信很特别地是盖着收信人的印章的。这个创举本身已够惊人了，更加令人惊异的是这个怪事虽然是严密地编织在故事中的，但迪潘在论证信的真貌时却没有提到这一点。

不管这个遗漏是故意的还是无意的，在这个细致严谨的创作的编排中总是令人惊奇的。无论是故意的还是无意的，意味深长的是这封归根到底是大臣寄给自己的信又是一封女人的信：就好像这是他必须用能指的自然的契合来通过的一个阶段。

再说，懒洋洋的甚至装出无精打采的样子的神采，近似于讨厌他的言谈的那种无聊的表现，家具哲学②的作者擅长的像是从桌上乐器里发出的几乎是不可觉察的音调中产生的气氛，这一切都互相呼应，使得在出现最独特的女人的气味（odor di femina）时，那些言谈被描绘成万般雄壮的人物就凸现出来了。

这只是一种伪装，迪潘早就向我们指出这一点，说在这假扮背面是一种随时会扑击的猛兽的警觉。但这正是无意识的效果。这里无意识的意思是我们讲授的意思，就是指人是为能指所掌握。坡为了使我们理解迪潘的壮举而构作的形象是无意识的最妙的形象。因为他在这样做时运用了那些地图为了自我说明而

---

① 我们相信有必要对听众作一个演示。演示是在那个时代的一封与德·夏多布里昂先生及他寻找一个秘书有关的信上进行的。我们觉得有趣的是夏多布里昂写完最近恢复原貌的回忆录的第一稿时是1841年11月，而《被窃的信》也是在同一个月发表在《室内杂志》上的。夏多布里昂对他诅咒的政治的热衷以及这种热衷给他本人带来的荣耀，这一切如果按照下面我们将看到的对大臣的评判是会将他归入有节操的还是没有节操的天才一类里呢？（原注）

② 坡是一篇以此为题的论文的作者。（原注）

用的地名。人们可以以这些地名来做个游戏,只要你能找到一个同伴——他指出,最能蒙骗一个新手的办法是在整个地图上面用大而散开的字体印出整个国家的名字,人的目光不大会停在这上面。

当迪潘走进大臣的办公室时,被窃的信就像一个女人的身体那样布满在整个办公室的空间。但是他作好的正是看到她是这个样子的准备,他要做的只是透过他的绿色眼镜来剥去这巨大身躯的衣着。

这就是为什么迪潘不需要,并且也没机会去偷听到弗洛伊德的教诲就直接地到了想以筑成这个身躯而来隐藏的东西所在的地方,那是在目光所移向的某些美妙的中心地,甚至在诱惑者称之为圣天使城堡的地方。诱惑者这样来命名是出于一种要由那地方来控制城市的无邪的幻想。瞧!东西就在壁炉的两个侧柱之间,劫夺者只要一伸手就可以拿到……至于他是像波德莱尔的译文所说的那样是在壁炉台上拿到的,还是像原文记载的那样是从壁炉台下拿到的,这个问题可以被抛开,这对于厨房的推理没有任何害处①。

如果象征的效用就到此为止了,这是不是说象征的债务也就到此了结了?如果我们能这样的以为,有两个情节会告诉我们情况正是相反。这两个情节初看起来与作品不协调,所以不能被当作是无关紧要的细节。

首先是迪潘的报酬。这并不是一个结局中的波折,它先是由迪潘询问总监别人答应他的赏金的数目是多少这样一个无礼的问题所预示的。而总监虽然不情愿吐露具体数字,但也不隐瞒说那是笔巨大的钱,并且还回过来说了这笔数目的增加。

在前面我们被告知说迪潘是个生活在云端里的苦干的人。这

---

① 对女厨师也同样没有害处。(原注)

个事实会使我们探究一下他为提供信件而作的那笔交易。他拿出的支票簿保证了交易的成功。他开始讲到交易的那个直截了当的暗示(hint)是一个与波德莱尔说是"有名又古怪的"叫做艾比纳西的英国医生有关的故事。我们以为这一点很重要。在这个故事中有一个吝啬鬼想从艾比纳西那儿得到一次不花钱的诊疗,但他结果听到回答说,不要去吃药,去看医生。

当迪潘要退出信的象征线路时,我们确有理由对此关心——我们是些为我们自己给所有的被窃的信通渠道的人。这些信至少有一段时刻处于转移中而在我们那儿待领。这不就是他们的转移所带来的责任吗?我们通过将这个责任与意义中最具消除力的能指等同起来而解除了这个责任。

但这还没完。迪潘轻松地从他的妙计里获得的好处如果只是为了得到他在这场戏里的份额,那这只会使他的教训,或者说他的暗中行为变得自相矛盾,甚至令人震惊。他突然让自己对大臣来那么一手,这看来是败坏了他的洒脱的声望。

我们已经读了那两句可怕的诗。他宣称说他忍不住就将这诗献给那一个时刻,在那个时刻受到必定要来到的王后的挑战的大臣狂怒之下想要击败王后,结果却要堕入深渊:滑向地狱(facilis descensus Averni)①。这是他的判决。他又补充说大臣一定会认出他的笔迹的。这样的将不容情的羞辱无风险地加之于一个不是没有德性的人,看来是个不光荣的胜利。他提到的过去在维也纳(是在维也纳和会上)结的仇只是更加给他抹了黑。

但是让我们更加细致地考虑一下这个情感的爆发。特别是想一下这个事实:这个情感的爆发来到的时候正是他完成了一个行动之后,而这个行动的成功取决于一个非常冷静的烦恼。

这个爆发是紧接着辨认信件这个决定性行动完成之后。我们

---

① 维吉尔(Virgil)的原诗应为:facilis descensus Averno。(原注)

可以说迪潘夺来了信,正拿着信,但还没有处在要交出信的情形中。

这样他就是主体间的三人组中的一个成员,以此而处在一个中间的位置上。这个位置以前是由王后和大臣占据的。在显示自己的优势时他是不是要给我们表露作者的意图呢?

如果他成功地将信回复到正道上,接下来要做的就是将信送到它的地址去。这个地址是在原来由国王占据的位置上,因为它要到了那儿才符合法律秩序。

我们已经看到,不论是国王还是将信回归到那个位置的警察都无法读这封信,因为这个**位置包含着盲目**。

国王与神卜(Rex et augur),这几个有名的旧词听起来像是要让我们感觉到叫来一个人的可笑之处。有一段时间以来历史人物也不使我们作如此想。让人来独自承担最高的能指的分量是不自然的。他为遮盖而占据的这个位置也能够很容易就成为极端愚蠢的象征①。

我们要说,由于神圣事物本身的意义含混,在这儿国王是具备着愚蠢,这个愚蠢是与主体有关的。

这就给予了接连着来占据这个位置的人以意义。这不是因为警察可以被看作由于其构成而是不识字的。我们知道在国家诞生时插在广场(campus)上的长矛所起的作用。但是在这里起作用的长矛是具有自由的形式的,也就是说那些不太担心蒙受它的不经心的倾向的主子们所给予的形式。这就是为什么在关于人们给它的权限上人们这一次是说得直截了当:"鞋匠别管鞋以外的事(Sutor ne ultra crepidam)。管好你们自己吧!为了让你们能管好

---

① 我们记得那首俏皮的顺口溜,那是他在威尼斯有了像天真汉那样的约会而垮台之前的:
　世上现在只有了五个国王,
　扑克里的四个国王和英国国王。(原注)

自己,我们甚至会给你们一些科学手段。这会帮助你们不去考虑什么真理,真理还是留在阴影里的好。"①

我们知道从这样明智的原则而来的轻松在历史上只持续了一个早上的辰光。随着对自由的统治的正当向往,命运的进程早已从各处收来了对那些以其罪行而妨碍自由的人的兴趣。这个兴趣甚至会发展到捏造证据。我们还可以看到,这个作法因为总是有利于最大多数的人所以总是受欢迎的,这个作法又为捏造的公开承认而得到证实。而承认是由那些可能会翻供的人所作出来的:这是能指强于主体的最新表现。

然而,警察的档案总是使人对之持保留态度。但是奇怪的是这种保留态度大大超出了历史学家的圈子。

迪潘打算将信交给警察总监。这个递交就是要减小那种微弱的信任的影响力。能指现在还剩下什么了呢?它给王后的信息已被抽掉,现在一旦从大臣的手里出来它的文本也无效了。

它现在只需要回答这个问题,它是要以一个能指在没有了意义之后所余的东西来回答。而那是迪潘现在在盲目的地方重找到的那个人问他的那同一个问题。

这就是将大臣引导到哪儿去的问题。如果大臣是作者所说的并且为他的行为所充分表明的那种赌徒。因为赌徒所热衷的无非是给能指提出的这个问题,在这个问题中出现的是偶然性的自动($αὐτόματον$)。

"骰子花色,你是什么?我在与你相遇($τύχη$)②时以我的财

---

① 这些明白无误的话是一位爵爷在上院说的。他的尊严使他在上院有一席之地。(原注)

② 我们知道亚里士多德在他的《物理学》中对偶然性进行概念分析时将这儿的两个词置于一个根本性的对立之中。如果不忽视这个对立,许多讨论就会变得很清楚了。(原注)

产来转动你。你只是死的现显,这个现显以意义的名义使生命只是过一天算一天的苟且。而你的符号掌握了意义。就像舍赫拉查德①在一千零一夜中所做那样,我 18 个月来做的也是这样的事。我是以单数和复数游戏中的令人眩晕的一连串舞弊行为而来感受这个符号的主宰力。"

就这样,迪潘在**他所在的位置上**由于感到一阵显然是女性的狂怒而无法针对如此询问他的人进行自我辩护。对于那个让我们领教了一个真正的可怕的妖魔(monstrum horrendum)的人来说,由诗人的创造与数学家的严谨,再加上花花公子的无动于衷以及老滑头的漂亮手法所合起来组成的高妙形象一下子就变成了"一个没有原则的有天赋的人"。

在这里显示出了这个恐怖的来源。为了向我们揭示这个恐怖,那个感到恐怖的人并不需要以一种最意外的方式宣布自己为"夫人党羽":我们知道贵妇人讨厌人们不遵从原则,因为她们的吸引力大多靠的是能指的奥秘。

这就是为什么迪潘把能指的可怖的一面转向了我们,而除了王后人们都只会读这个能指的反面。这引用滥了的诗句很适宜这一面以鬼脸表示的神喻,并且诗句还是从一个悲剧里借用来的:

    ……一个如此阴惨的谋划,
    如果阿特雷没那么狠,倒是符合底艾斯特的为人。

在所有的意义之外能指的回答就是这样的:

"你以为在行动,而事实上是我按照我串通你的欲望的联系的变化在运动你。这样这些联系互相增强而又增生成对象物。

---

① 舍赫拉查德为《天方夜谭(一千零一夜)》中讲故事的女郎。(译者注)

这些对象物将你带回到了创伤的童年的破裂中去。而你的宴庆就在这里,直到石像客的来到。而我就是这个石像客,因为你提出了我"。

如果要以一个婉转一点的调子说,我们可以根据一个玩笑来说。和你们中间的一些跟我们一起参加了去年的苏黎世大会的人一道我们以这个玩笑来向那个地方的通行口令致敬。我们说,能指向询问它的人回答说:"吃了你的存在(Dasein)"。

大臣等着从一个命定的约会里得到的是不是就是这个?迪潘向我保证说是的。但是我们也学会了不能太轻信他的遮眼法。

或许在这里胆大妄为被降低到愚昧的盲目的状态,而人就在这个状态里面对规定他命运的文字之墙。但是为把他带去与文字相遇需要的是什么效果呢?对于像他那样的人,我们是不是只等王后的挑衅呢?爱和恨,一个是盲目的,将使他缴械投降;一个是清醒的,但会使他生疑。但是如果他确是作者所说的那样一个赌徒,那么在出牌之前他会再看一下他的牌,在看清了他的牌局时他就会及时从桌边起身从而避免了羞辱。

这是不是就是一切呢?我们是不是该相信我们已看穿了他必须骗我们的所有想象的诡计之外的迪潘的真正战略了呢?可能是的。如果像迪潘在一开始就说的那样,"所有需要思考的问题都是在暗中检查时最易解决",那么我们现在就可以在光天化日之下很容易地看出它的解决办法来了。它存在在我们的故事的题目中并且很容易从这个题目中提取出来。按照我们已经考虑了很久的主体间交流的公式本身:我们对你们讲,发送者从接受者那里把自己的信息以一个相反的形式接受过来。"被窃的信"或者"待领的信"的意思就是,信总是到达它的目的地的。

(吉唐古,圣·加西亚诺,1956年5月中到8月中)

## 导论的引子

对于所有希望得到一点我们的课程的内容的人，我们总是提到这篇文章，并总建议说人们是通过这篇文章而入门到导论中去的，这导论原是先于这篇文章的，现在加在这篇文章之后。

这篇导论是为那些下功夫来学我们的内容的人写的。

一般来说那个建议没人听从：对暗礁的喜爱是在存在中坚持的装潢。

我们不在这儿控制读者的安排，除了重提我们的话语的对象以及指出那个真切的事实：我们的文章是一个冒险事业的一部分，这个事业就是精神分析学，只要精神分析学产生了它的疑问，它就是处于这个事业的内部的。

这个冒险事业的曲折以及其意外事故使我们处于一个教育的地位上。

由此而有了一个很贴近的引证，只要浏览一下这篇导论，我们就可以在对集体进行的练习的呼唤中掌握这个引证。

无论如何，是在一个这样的练习的相助之下前面那篇文章才得以改进的。

如果把导论当作很艰难，那是没有运用好这篇导论：它是给它所介绍的对象加上只是与它作为教材的目的有关的内容。

再说那四页，有人觉得太伤脑筋，其实这四页内容并不是要让人难堪。我们略作了修改，以便人们不能找到借口而避而不读这四页要说的内容。

要知道，在无意识——弗洛伊德理论的无意识——里涉及到的回想并不属于人们所以为的记忆的区域，因为它是生命体的一个性质。

为了说清楚这个反面的引证所包含的内容，我们要说，为了表达生命体的这个效用所想象的内容并不由于它所建议的顺从而变得对我们来说更可接受了。

这样,很明显,如果我们排除掉这个屈从,我们就能在一个形式语言的有序列中找到一个回想的全部样子:特别是弗洛伊德的发现所要求的那个回想。

我们甚至要说,如果要提出什么证明的话,就是要证明,要对付一切仅仅有象征的构成秩序是不够的。

就目前来说,这个秩序的联结在弗洛伊德从其无意识所保持的东西的不可摧毁性中引出的内容来看,是唯一可以**考虑为能够足以对付一切的。**

(人们可以参看弗洛伊德关于魔石块(Wunderblock)的论文,在这个问题上,这篇论文与许多其他论文一样,都超越了粗心的人们所赋予它的细小的意义。)

由此,我们规划出的计划是要知道一个形式语言是怎样决定主体的。

但是这样的一个计划的利益并不很简单:因为它要求一个主体付出自己的利益才能够完成这个计划。

一个精神分析学家只有随着他所遭遇到的障碍而在那里记下他的利益。

参与此事的人都会同意;其他人如果好好召唤来的话也会这样的认可:主观的逆转对于我们的陪伴不是没有波折的,别的人把这个明澈的见解说成是知性化,他们想以这个名目来反对我们,但是这样的说法显示得很清楚它要保护的是什么。

没有人比我们身边的一个人为这几页文章作出更为可赞的努力了。这个人最后抛弃了使他不安的康德主义的实质才弄懂了这论文。

但是康德的笔也需要他的碱性。

每当他们在分析他们每天的主体,或者像他们说的他们的病人时,或者在与病人一起分析时,他们运用了魔幻思想,在他们这样做时我们告诉我们的反对者,或者其他那些关系较远的人,他们做的是什么,这是一个照顾。

他们就这样入门了,这其实与他们中的第一个要将我们与实质这个圣杯分开的步伐是同一个步伐。然而他刚以自己的手将杯子加满。

我们并不声言我们以我们的 $\alpha, \beta, \gamma, \delta$ 等可以从现实中抽取出比我们认为在它的现存中具有的更多的东西,也就是说在这儿是无有。我们只是要表明,这些符号只是给现实的偶然性带去了一个句法。

由此,我们提出弗洛伊德称之为自动性的重复的效果就是从这里而来的。

但是人们反驳说,如果一个主体记不起来,我们的 $\alpha, \beta, \gamma, \delta$ **就不会有了**。——我们的论文要讨论的就是这一点:并不是从我们以为一定要认定的现实的无有之中,而是从**并不曾在的**内容中,重复的内容才展开来的。

请注意,重复的内容如此执着是为了强调自身,这样看来就不再那么令人惊奇了。

我们分析的"病人"中最普通的人所能作证的就是这一点。他们的言谈都证实了我们的学说;并且,是他们将我们引导到我们的学说上去的! 就像我们的学生一样,在对他们来说还新鲜的一次分析的文本中他们听到了我们的术语被预先说了出来。

我们所想达到的,是在病人讲话时恰当地倾听他。因为在他与真理搏斗时,人们却一般只会去倾听引人入歧途的那种想法。

值得指出一下心理学家的自信,也就是说他们的学究气。这种学究气造就了比如说一个想望的水准,这可能是故意用来把自己的水准标示为不可逾越的顶点。

不要以为名牌大学的哲学教授就是这种调笑的垫脚。

在这里,因为重提了学派间的陈年争吵,我们的论述碰上了知识分子的欠账。但是这里也涉及到需要解除的自负。

主体没有道理地将超越康德的批判归罪于我们,就这个事实而言,乐意解决我们的论文的主体不是于布王并且也不固执己见。

但是他对冒险已没什么兴趣。他想安坐下来。这是体魄上与精神分析职业的矛盾。在我们处于没有什么可以来回答主体的问题而只好让他躺下的情况下,我们怎么能坐着呢?显然,站着也同样不方便。

当关系到教育的目的和形成一门学识,这里就开始产生了传递精神分析经验的问题。

在真理的领域里一个市场结构的影响不是无用的,但这些影响在那里是颇多危情的。

# 导　　论

我们在这里发表的经过整理的我们的研讨班的讲义是在1955年4月26日讲授的。那是我们对《超越快乐原则》所作的评论的一部分。我们将整个学年都用来评论这部著作。

我们知道,许多自称为精神分析学家的人毫不犹豫地扔开弗洛伊德的这部著作。认为那是一种多余的甚至是轻率的猜想。我们可以从它由此得到解决的**死亡本能**这个观念,从这个最典型的矛盾来衡量出对于大多数人(如果不是就请告诉我们)来说这是多么的不可思议。

但是,很难将这部著作看作是弗洛伊德学说里的一个岔道,或者是一步错着。这部著作恰恰是一个新的格局的先声,这个格局是由自我,原始本能和超我这些术语来表示的。这些术语无论在理论运用中还是在大众普及中都变成非常常见。

如果深入探究一下将上面提到的猜想与它是其中一部分的那

个理论改建相连接起来的动机,这个径直的理解就得到了肯定。

这样一个过程使人毫无疑问,目前在上述的术语的使用中出现的是混杂甚至误解。在理论的和普及的是完全等同的地方,这早已是很明显的了。可能这就会肯定某些模仿者的话,他们承认想要在这些术语中找到让精神分析学的经验进入到他们所说的普通心理学中去的中介。

让我们在这里仅仅定下几条轮廓线。

虽然重复的自动性(Wiederholungszwang)这个观念在我们现在所谈的著作中提出来是为了回答诊疗中的一些悖论现象,比如创伤性精神病的梦,或者相反的治疗反应,这个观念不会是作为理论大厦的一个附加物而构想出来的,即使是当作顶冠层也是误解了它。

弗洛伊德在这个观念中重新肯定了他的开创性的发现:这就是他的"无意识"带来的记忆的概念。新的事实给了他以更加严谨的方式重构这个概念的机会,他赋予它以一个更普遍的形式,同时重新展开了对从那时起就感觉到的败坏的论争。这种败坏就是把效果当作一个简单的已知材料。

在这里得到创新的东西早已初见于他的"规划"①。在这个纲要中他的远见画出了他的研究将要循之前进的道路:Ψ体系,无意识的前身在这里表显了它的独创性。这个体系只有在**找回了根本上丢失的物件**后才会满足。

弗洛伊德从一开始就置身于克尔恺郭尔所论述的那个对立之中。这个对立是关于存在的观念的。这个观念取决于存在究竟是建立在回忆之上的还是建立在重复之上的。如果说克尔恺郭尔在

---

① 这就是1895年的《心理学纲要》(Entwurf einer Psychologie)。与附在它后面的给费里斯(Fliess)的信不同,这个纲要没有被出版者删去。德文版里所有的那些对手稿的误读表明编者对它的意义不太在意。当然我们在这个段落里只是注明它的地位。这个地位是我们在研讨班中分辨出来的。(原注)

这里令人敬佩地洞察到了古代和现代关于人的概念的不同,那么弗洛伊德使现代的人的概念向前推进了决定性的一步。他从认同于意识的人那儿夺走了重复的内在必要性,这个重复是象征的重复;显然,象征的辖域不能被看作是由人来构作成的,而应被看作是构成人的。

所以我们就觉得不得不要切实地让我们的听众掌握弗洛伊德的著作所包含的回想的观念:事实反复证明,如果不把这个观念说明白,分析中的材料本身都无法落实。

弗洛伊德不对他的经验的特性让步,因此我们看到他不得不在那里提出一个由生命之外来统治这经验的要素。他把这个要素称作死亡本能。

弗洛伊德在这里给他的那些自称是他的追随者的人的提示只会使那些人震惊,就像戈雅的简洁名句所说的那样,在这些人身上理性的沉睡是由它所产生的妖魔所维系着。

像他习惯所做的那样,弗洛伊德在给我们讲解一个观念时总是附带着一个例子的。在这里这个例子以迷人的方式将这个观念所表达的根本的形式化显示得彻彻底底。

这就是那个游戏,在这个游戏中幼儿把一个他其实不关心的物件移到他的视界之外;然后又把它拿回来,随后又使它消失;同时他以不同的音节来统制这个交替变化,——我们要说这个游戏以其根本的性质表现了人类从象征辖域所得到的规定。

人实在是把他的时间奉献给结构交替的展开上,在这个交替中现显和远隐互相召唤。正是在这两者的基本的合取时,也可以说是在欲望的零点时,人这个物体就被扣押了。扣押取消了人的自然性质,而使他从此服从象征的条件。

说实话,这只不过是个简述,它说明了人进入了一个辖域,这个辖域的质量以语言的形式支撑他并欢迎他。并且在历时和共时两方面在所指的规定之上加上一个能指的规定。

我们可以在其发生的时候就把握这个超度规定。这是弗洛伊德对象征功能的统觉中涉及到的唯一的一个超度规定。

将建立在现显和远隐的根本性交替上的一个系列由简单的(＋)和(－)来标志,这可以显示出最严格的象征规定是怎样符合于事件的长列,这些事件是严格地"随意"分布的。

实际上只要在这样一个长列的历时中用符号标出三元组就可以了。这些三元组每步都是结束①。它们在共时具有定义,比如说以(1)来标志恒定(＋＋＋,－－－),或者以(3)来标志交替(＋－＋,－＋－)。我们以(2)来表示由以两个相似的符号为一组的形式的奇数②所显示的不对称。这个符号组的前列的或后随的符号是相反的(＋－－,－＋＋,＋＋－,－－＋)。这样在由这些标记构成的系列中我们就可看出系列的可能性与不可能性。下面的网络概括了也表现了三元组中富含的同心对称——也就是说人类学家们反复讨论的③象征组织的双重性的根本的或表面的性质的结构问题。

网络是这样的:

在这个由(1)(2)(3)这些象征符号组成的系列中,我们可以看到,只要由(1)开始的(2)的同一序列还在继续着,这个系列就会**记起**这些(2)中的每一个的偶数或奇数的位列,因为由这个位

---

① 为了更加明确,我们以一个偶然系列的标记为例解:

+ － + + － － + －等等。(原注)
1 2 3 2 2 2 3

② 这就是英语词 odd 的各种用法所表达的那种不对称。据我们所知在其他语言中都没有与其相当的词。用来表示行为奇异的法语词 impair 有这么一点意思。但这个词词义杂陈,在此是不敷应用的。(原注)

③ 克劳德·列维-斯特劳斯(Claude Lévi-Strauss)在他的论文"是不是存在双重性组织?"中很有新意地重提这个问题。这篇论文的法文本发表在列维-斯特劳斯的论文集《结构人类学》中。(原注)

关于《被窃的信》的研讨会　　39

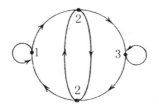

网络 1-3

列而决定了这个序列是在(2)的一个偶数之后由(1)来打破呢,还是在(2)的一个奇数之后由(3)来打破。

这样,一旦与初始象征的自身进行了第一个组合——我们在以后要说明我们把它这样提出来不是任意的——,一个就其材料来说还完全是透明的结构就使我们看到了记忆与法则之间的基本联系。

我们只要重新组合我们的句法中的要素,为将一个四边关系应用于这个双元组而跳开一个成份,这样我们就可以看到在能指的本质显示出来的同时象征的规定是怎样变得隐晦不清的。

让我们提出这个双元组:在[(1),(2),(3)]这组中的(1)和(3),如果以它们的符号将一个对称与另一个对称结合,[(1)-(1)],(3)-(3),[(1)-(3)],或[(3)-(1)],那么我们将用α来标记。如果一个不对称与不对称相结合(只有[(2)-(2)]),我们将用γ来标记。但是,与我们第一个象征化不同,我们用二个符号来表示交叉的合取。用β来表示对称与不对称的结合[(1)-(2)],[(3)-(2)];用δ来表示不对称与对称的结合[(2)-(1)],[(2)-(3)]。

我们将会注意到,虽然这样的设定重建了这四个象征符号之间的平等的组合机会(这与分类中的含混不清不同,这种含混不清使前一个设定中的(2)的机会与其他两个的机会等同),这个规定α,β,γ,δ的排列的新的句法决定了α与γ在一边和β与δ在另一边的完全是不对称的分布的可能性。

因为我们承认这些项中的任一个都可以直接接上任何其他一个项,并且从它们中的一个算起的第四步里都一样能达到。我们看到与此相反第三步,也就是说组成双元组的那步,是服从于一条排斥规律的。这条规律规定,从一个 α 或一个 δ 出发我们只能得到一个 α 或一个 β,从一个 β 或一个 γ 出发我们只能得到一个 γ 或一个 δ。这可以写成以下的形式:

$$\text{分布式 A}\triangle: \quad \frac{\alpha,\delta}{\gamma,\beta} \quad \rightarrow \quad \alpha,\beta,\gamma,\delta \quad \rightarrow \quad \frac{\alpha,\beta}{\gamma,\delta}$$

　　　　　　　　第一步　　　　第二步　　　第三步

在这里面从第一步到第三步的可兼容象征符号按照将它们在分布式中分列的水平展开而互相呼应,同时在第二步里选它们中的哪一个是无关紧要的。

人类学对它的兴趣向我们证实,在这里出现的联系正是交换的最简单的形式化。在目前这个阶段我们只想指出它对于原初主体性的构成性价值。我们在下面划定这个主体性的观念。

联系由于其取向实际上是相互的。换句话说,它是不可逆反的,但它是可追溯的。这样,如果要规定第四步的项,第二步的项就不可是随便哪一个。

我们可以显示,如果规定了一个系列中的第一项和第四项,那么总有一个字母不可能出现在两个中间项之中;总有另外两个字母,一个不可能出现在两个中间项的第一项,另一个不可能出现在两个中间项的第二项。这些字母是分布在以下 Ω 和 Ο 两个图式中的[①]。

---

[①] 这两个字母分别相应于被排除的项的成象限的形象的左旋式和右旋式。(原注)

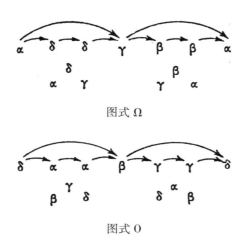

图式 Ω

图式 O

在图式中的第一行可使人找到在两个图式之间的从第一步到第四步所寻找的组合;第二行的字母表示的是这个组合在两个中间步骤中排除掉的字母;第三行的两个字母是从左到右从第二步和第三步中排除出去的字母。

这可能就显示了主观历程的基本点,它表明它是建立在现实之上的,而这现实在其现在时里面包含着先将来时。在它映射出来而已成为过去的间隔中,一个空洞开裂出来了,这个空洞是由能指的某种死了的头(caput mortuum)组成的(能指在这里自认于它将要置身其中的可能的组合的四分之三部分①),这就足以使它悬置在远隐中,使它不得不重复它的环路。

主体性在其起源时不是什么与现实的关系,而是能指记号在那里产生的一个句法。

α,β,γ,δ 的网络的构成的特点(或者其不足之处)是提示了现实、想象和象征是怎样组合成三个阶段;虽然只有象征作为前面两个基础的代表是必定可以在这里起作用的。

---

① 如果我们不注意字母的秩序,这个 caput mortuum 只有 7/16。(原注)

我们要以一种可以说是天真的方式来思考一下句法的成功所得以达到的邻近性,为此值得推迟一下对在这里排好的连环的探索。排列的这个途径也是使彭加勒①和马尔可夫②感兴趣的途径。

这样我们注意到,在我们的连环中我们可以遇到两个相联的 β 中间不隔一个 δ,这或者是直接相联(ββ),或是隔着数目不定的一对 αγ:(βαγα⋯γβ)。但是在第二个 β 之后,如果没有出现一个 δ 则不能在这个序列中再出现一个新的 β。但是,以上定义的两个 β 的系列并不能再出现,除非将第二个 δ 在一种与两个 β 相联结的相同关系(只是 αγ 得逆转成 γα)中,也就是说在没有中间的 β 的情况下,加到第一个 δ 上去。

这就立即产生了我们上面说过的连环中不同象征符号的出现可能性中的不对称。

α 和 γ 有可能在一个幸运的系列中各自不断的重复而直到覆盖满整个连环;然而,即使在最好的可能性下 β 和 δ 也不能增加它们的比重,除非是以一个严格的平行的方式(可有一项的上下),这就把它们的可能频率限制在 50% 以下。

β 和 δ 表示的组合的可能性是与 α 和 γ 应有的组合可能性相同的——另一方面现实事件的产生是完全由偶然决定的——,我们就可看到现实中有一个象征的规定。这个规定虽然严格地记录着现实的局部性,它更好地生成着它带来的不均等性。

只要考虑一下图式 Ω 和图式 O 中的结构的对比,这种不均等性就很明显了。这就是说那种直接和交叉的方式。以这种方式排除的组合(以及秩序)排列了起来并按终端的秩序重新产生了这个对比,所根据的是这秩序所属的图式。

就这样,在四个字母的序列中,中间的和两端的一对字母可以

---

① 彭加勒(Poincaré,1854—1912),法国数学家。(译者注)
② 马尔可夫(Markov,1856—1922),俄国数学家。(译者注)

相同，如果最后一个是符合图式 O 的秩序的话（像 ααααα，ααββ，ββγγ，ββδδ，γγγγ，γγδδ，δδαα，δδββ，都是可能的），如果最后一个字母根据的是 Ω，那么它就不可能（ββββ，ββαα，γγββ，γγαα，δδδδ，δδγγ，ααδδ，ααγγ 都是不可能的）。

这些说明的有趣的一面不应把我们引入歧途。

因为除了象征的规定的联系之外没有任何其他联系。在这个象征规定中可以看到弗洛伊德给我们提出其概念的有意义的超度规定。在像他这样的头脑中，这不可能是被想象为一种**真实的**超度规定。——一切都说明了他没有沉溺到这样一个概念错误中去。在这种概念错误中哲学家和医生们很容易找到宁息他们的宗教热情的东西。

这个象征的自主性的观点是唯一一个可以从歧义纷纭中清理出一个精神分析学的自由联想的理论和实践的观点。将其动力归之于象征规定及其法则与将其动力归之于一个想象的惰性的经院性前提上是两件完全不同的事。这种惰性在自称是实验性之前在一种哲学的或假哲学的联结主义中容忍了这个象征规定。由于放弃了检查，精神分析学家在这里为心理学化的混乱找到了又一个呼唤点。他们老是掉到这个混乱之中，有的是有意地这样做的。

事实上，只有像我们刚刚给出的象征连环的要求的悬而未决的保存的那些例子可以使人看到无可摧毁的坚持不衰的无意识的欲望是处于哪里的。这种坚持不衰的特点虽然在弗洛伊德的学说中显得自相矛盾，然而实际上是他的学说中最为得到证实的一个特性。

这个特点无论如何是与真正实验性的心理学所知的所有效果都不契合的。不管这些效果是从属于何种延迟和间歇，它们都像所有的生命反应一样产生出来而又消失。

这就是弗洛伊德在他的《超越快乐原则》中再次提出的问题，他是为了强调说我们所看到的是**重复的自动性**这个现象的最根本的性质的**固执**只会有一个生命前的和超越生物的动因。这个结论令人惊讶,但这是弗洛伊德的结论,他谈的是别人从未谈论过的事情。如果听不到这个结论那肯定是耳聋了。我们不会以为他所写的东西涉及到向唯灵论求救:这儿谈论的是规定的结构。规定的结构在其效果中所移动的材料在范围上大大超出了大脑组织的材料。有些材料是可以依靠大脑组织的变化,但是其他是以不同的方式物化的,它们仍然同样地活跃并构作成象征性。

这样,如果人开始思考象征辖域,那是因为他的整个存在从一开始就受制于它。人们之所以通过意识形成对它的错觉,那是因为人是通过与他的同类的想象关系的一个特别的缺口的途径而才能作为主体进入这个辖域的。但他只有通过言语的彻底展示才可以进入。这与我们在儿童的一个生成的时刻的游戏中所看出来的是同一个展示。而每当主体对作为绝对的他人讲话时,这个展示就以完全的形式重现。他人作为绝对,也就是说作为一个自己可以取消主体的他人,其方式是与主体可由此对他行动的方式一样,也就是说化成客体来欺骗他。我们在圣安娜进行了三年的研讨会上从转移的理论讲到偏执狂的结构,揭示出来的就是这个主体间性的辩证法的必要用途。这个主体间性的辩证法当可证之于以下图式:

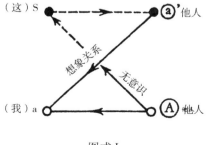

图式 L

对这个图式我们的学生现在已经很熟悉了。在这个图式中两个中间项代表那一对相互的想象的客体化。我们在"镜子阶段"中揭示了这个想象的客体化。

我们最初实际上是打算通过这个与他人的镜面关系而将在自我功能中它的主导位置归还给弗洛伊德思想中关键的自恋理论。这个关系并不能解释分析的经验所揭示出来的所有的妄想。除非是将其本身置于主体之内和他人之外之间,就像图式所表示的那样。而言语正是处在这之间,因为建立在言语之上的所有存在都是取决于对它的信仰的。

我们可以在读弗洛伊德著作时看到一个完全显示出所有的热恋(Verliebtheit)的根本性的自恋性质的实践和教诲。这个实践和教诲的继承人因为混淆了上述的两对概念而竟神化了所谓的生殖爱这个怪物,以至于给这个爱加上了奉献性的美德。从这里就产生了那么多的治疗法上的谬误。

为了将治疗归结为对想象的配偶的幻想的纠正,于是就简单地取消了对主体间性的象征一头的所有提法。从这一步,我们现在已到了那样一种做法,在这种做法里,以"物体关系"的名义,盛行的是所有诚实的人都会觉得卑劣的那一套东西。

这就表明主体间范围的真正的翻腾是有必要的,我们的研讨班看来是在反复做的那些练习中的一些就构成了这种翻腾。

只要我们将它们放在一起,我们就会看到在图式 L 的项与上面那个显示了象征连环的第一个完成了的形式的有向系列中的四个步骤的项之间是有密切关联的。

## 插话中的插话
### (1966)

我们在这里表达一下我们的惊异,在所有那些致力于搞懂我们的连环的序列的人中居然没有一个人想到把结构写成一个括号的形式。我们其实已很清楚地阐明了这个结构。

一个括号里面包含着一个或几个括号,就是(( )),或者(( ),( )……( ))。这与上面分析的 β 和 δ 的分布是同等的。在这里可以很容易地看出重叠的括号是根本性的。

我们将它称为引号。

我们用它来表示主体的结构(我们的图式 L 中的 S),因为它包含着一个重叠或者说那种分隔,这种分隔具有加衬里的功能。

我们在这个衬里上放置了直接或逆反的交替 αγαγ,条件是符号的数目要么是成双要么是零。

在内里的括号中有一个 γαγα…γ 的交替,其数目要么是零要么是单数。

相反,在括号的里边,要放多少个 γ 就放多少,从零开始。

在引号之外,我们看到相反有一串 α,这一串包含了零个,一个或几个填满了 αγαγ…α 的括号,符号数为零或为单数。

如果用 1 和 0 来代替 α 和 γ,我们可以把连环 L 写成一个在我们看来更加"明白"的形式。

连环 L:( 10…( 00…0 ) 0101…0 ( 00…0 ) …01 ) 11111…( 1010…1 ) 111……等等。

"明白"的意思是说,如果有一个附加的约定,读懂它就会变得容易。这个约定将它与图式 L 相配合。

这个约定给括号里的 O 以无声节的值,而给交替的 O 以分节的值。这样约定是有道理的,我们在下面会看到它们并不是同质的。

引号间可以代表我们的图式 L 中的 S(Es)，象征着补加了弗洛伊德的这个(Es)的主体。比如说分析过程中的主体。在这儿 Es 是以弗洛伊德赋予它的形式出现，他将它与无意识相区别，这就是说逻辑上是析取的而主观上是无声的(冲动的沉默)。

以 01 的交替来代表图式 L 上的想象的格栅(aa')。

剩下来要做的是界定引号之间(01 对)所特有的那种交替的特性，也就是说 a 和 a'本身的地位①。

引号之外代表他人的领域(图式 L 中的 A)。以 1 的类型，在那里占上风的是重复。1 这个单一的记号代表了(补足了前述的约定)象征地标出的节拍。

就是在这里主体 S 接受以相反形式出现的信息(解释)。

从这个连环分隔出来的包括(10…01)的括号代表了 cogito 中的我；这是心理我，也就是说假的我，它可以承受简单而纯粹的倒错②。

这个尝试所要求做的还有一点是与象征连环相联系的一个回想的形式化。我们可以很方便地按照连环 L 来给出它的法则的式子。

(基本上是由在 01 的交替中对一个或几个括号的超越和某些符号构成的交接所定义)

在这里需要记住的是达到一个形式化的便捷，这个形式化既使人想到对主体来说是根本性的回想，也使人想到一个结构构造。在这个结构构造中很可注意的是稳定的相异性得

---

① 就是为了这个我们以后有了一个更加合宜的布局。(原注)
② 参阅舒瓦齐教士(l'abbé de Choisy)。他的回忆录可以译成：当我是女装的人时我思索。(原注)

到了区别(例如,如果我们颠倒所有的引号,一个同样的不对称结构仍然存在①)。

这只是一个练习,但这个练习达到了我们的目的,这就是画出一个轮廓,在这个轮廓里我们称为能指的死了的头(caput mortuum)的东西具有了因果性。

这个效果既可以在这里把握,也可以在被窃的信的故事

---

① 在这里我们加上一个由网络1—3的转换而构成的网络αβγδ。所有的数学家都知道第二个网络是通过将第一个网络的局部变换成第二个网络的剖面以及再标出联接这些剖面的定向路径而构成的。以下就是这个网络(为了明白起见,我们将第一个网络也放在一起):

网络1-3:

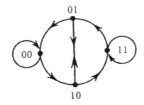

网络α,β,γ,δ:

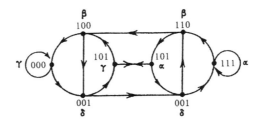

在这里我们提出作为字母的基础的约定:

$$1.1 = \alpha$$
$$0.0 = \gamma$$
$$1.0 = \beta$$
$$0.1 = \delta$$

(我们可以从中看出为什么我们说有两种O:在我们的连环L中γ的O=000,而γ的O=010)。(原注)

中看到。

　　这部小说的精义在于表明信可以将其效果带到内部：带到故事的人物上，包括叙事者；也能带到外部：带到我们身上，以及带到作者身上。然而从来没有人想到过它到底是什么意思。这是所有的文字的普通命运。

但是现在我们只处在一个拱门的挑出点上，要许多年才能筑成它的连拱①。

这样，为了向我们的听众显示将涉及在映射的观念中的两重关系与一个真正的主体间性区分开来的是什么，我们就利用了坡叙述的推理过程。坡是在他的故事中奉献给我们这个推理的。目前的研讨班的主题就是这个故事。坡也同样讲了那个使那位所谓的神童在单双数游戏中大大获胜的推理。

要跟上这个推理——应该说是孩童的推理，但它也使不少人着迷——，我们要抓住诱饵暴露出来的地方。

在这里主体是被询问者：他回答问题，问他在对手手里藏着的东西是单数的还是双数的。

在我赢了或输了一次以后，那个男孩这样告诉我们，我就知道，如果对手是个头脑简单的人，他的诡计只会使他改变一下形势；如果他是一个更加聪明一点的人，他就会想到我是会这样考虑的，于是他就会出同样的数字。

这样，这男孩为了得胜依靠的是将他对手的大脑皱纹的多少客体化。这个观察方法是与想象的认同有关连的。这个关连是由这样一个事实表现出来的：即他是通过对他的态度和他的模拟的

---

①　这里重用了1955年的文章。通过这样的练习而将结构方法的领域引入到精神分析学的理论中去。这在我们的教学中又有了重要的发展。有关主体化的概念是与对情景分析（analysis situs）一起进展的。我们以为可以在这种分析中将主体过程物质化。（原注）

内在摹仿而做到对物体的正确估计的。

但是,再进一步时他能怎么做了呢？对手在认识到我很聪明会随人变而变以后就会运用他自己的聪明而看到只有装傻才会占我的上风。到了这时,在推理中就没有别的有用的步骤了,因为到了这时他只有在一个无定的摇摆中重复自己了。

如果是一个完全的愚人,推理可以客观地成立,除了这个情况之外,孩子只能考虑他的对手是到达了这第三步的顶头的；因为他是能作第二步的推理,由这第二步他被他的对手看作是一个在将他客体化的主体,因为**确实他是这个主体**。这样两个人都被关进了所有的纯粹双重的主体间性都具有的那个死胡同里了。这就是无可救药地面对绝对的他人的死胡同。

顺便注意一下在组成第二步中智慧所起的消失中的作用。在这第二步中从素材的不定中显示出了辩证关系。我只要把这个作用归于我的对手,他的功能就有用了,因为由此这个功能就是不定情况的一部分了。

然而我们并不认为在每一步上与对手的想象认同的道路是预定失败的道路,我们认为它排除了真正的象征过程。每当这个认同不是对着对手而是对着它串连起来的推理(文中表明了这个不同)时,这个过程就出现了。再说事实证明这样一个完全想象的认同在整体上是失败的。

这样,如果每一个游戏者算计的话他就只能在双重关系之外才可以找到得救办法。这就是说在制约着向我提出的那些事件的系列的法则之中。

这是非常对的。如果是我来给出要猜测的事件,也就是说我是主动的主体的话,在每一时刻我的努力就是要告诉对手有这么一种制约了我的事件的某种规整性的法则,这样就可以通过违反这个法则来尽可能地让他失算。

这个做法越是能摆脱那个不以我意志为转移的真正的规整

性,它就实际上更能成功。这就是为什么在我们让学生作为实践课做的这个游戏中有一个参加者说,当他感到不管有没有理由都被人看透了时,他是这样来摆脱这种感觉的:在他向他的对手提出要猜的数字时,他按照的是将马拉美的一首诗的字母按约定方式转成的数字序列。

但是,如果这场游戏进行到整首诗的长度那么久,如果对手奇迹般地认出了这首诗,他就可以全胜了。

这就使我们认为,如果弗洛伊德所说的无意识是存在的,我们的意思是说:如果我们理解了他从比如说日常生活的心理病理学中总结出来的教诲的各种含义,那么就可以设想那么一台现代的计算机器,它因看出了在长期中不为人所知地左右了主体的选择的那个语句,结果在单双数的游戏中以大大超出一般比例的概率而赢了。

这可能是个纯粹的悖论,但是在这个悖论里有这样一个意思:如果说我们拒绝将一台有如此奇妙表现的机器称为思想机器,那不是因为它不具有人类意识的性质,而是因为倘若机器没有比人更少受制于能指的召唤,它就并不能比普通的人更能思想。

再说提出来的这样一种可能性也可使我们懂得某些人感受到的不安或焦虑的效果,他们是很想让我们知道这个效果的。

从那些精神分析者们来的这个反应颇为可笑,这些分析者的全部技术都是建立在无意识的规定之上的。我们是将无意识的规定与所谓的自由联想相配合。这些分析者可以在我们刚引用过的弗洛伊德的著作中清清楚楚地读到,任何数字都不是随便选出的。

但这个反应也是有道理的,如果我们想起有一个东西他们是怎么也无法摆脱世俗意见而学会辨认出的,这个东西就是弗洛伊德的超度规定的本质,也就是说我们在这里提出的象征规定。

如果这个超度规定是要被看作是实际的,就像我的例子向他们表示的那样,因为他们像所有的人那样把机器的计算与它的机制混同起来①,那么他们的焦虑就是有根据的了。因为以一个比碰碰斧头更凶险的动作,我们就成了将斧头带向这些"偶然的法则"的人了。为这个动作所激动的人们作为真正的决定论者是有理由感到,如果人们动了这些法则,什么也都无法想象了。

但是这些法则正是象征规定的法则。因为很明显这些法则是先于对偶然性的实际观察的,因为我们可以看到,人们是根据是不是服从了这些法则而来决定一个物件是不是适宜用来组成偶然事件的系列的。在这个情况下这个系列总是象征性的。譬如说为了这个功能而采用一个硬币或那个被相当不错地叫做骰子的东西。

过了这个阶段,我们就应以一种具体的方式来说明我们认为的能指对主体的统制。如果这是个真理,这个真理无处不在。我们应能在我们所及的范围的任何一点上让它像奥尔巴赫②的小酒馆里的葡萄酒那样喷射出来。

就这样我们采用了这个故事,而没有多加考虑就从中选出了这个有关单双数游戏的有争议的推理:在那里我们看到了一个合用之处,而我们的象征规定的观念已使我们不能将这个合用之处看作是纯为巧合了,即使在我们的深究中没有看到坡在他的小说中是抱着一种与我们的目的相近的目的也罢。坡是组合战略研究的先驱,而这些研究正在使科学的秩序焕然一新。我们至少可以说我们的阐述所展示的东西使我们的听众大为触动,以至于我们是在他们的要求之下才发表这一讲稿的。

在将这一稿子按照与口头要求不一样的书面文的要求整理时,我们不禁预示了一些观念的以后的发展。这些观念是在这里

---

① 正是为了试图消除这个错觉我们才以讲授"精神分析学与控制论"来结束一年的课。这个讲座使许多人失望,因为我们在这个讲座里只是讲二进制数,算术三角形以及由开和关来定义的门。一句话,我们显得没有从这个问题的帕斯卡阶段上提高多少。(原注)

② 奥尔巴赫(Auerbach,1812—1882),德国作家。(译者注)

提出来的。

因此，我们对象征中的能指的观念一直不断强调，这在这里也倒溯地表现出来。我们相信，对一直追随我们的人来说，以某种历史的假装来抹去一些特点会显得不自然。我们希望我们可以免去那些特点而不至于使他们的回忆失望。

# 关于我的经历*

我回顾过去,现在发表我初涉精神分析学的著作,我以此来回想起我是在什么地方开始涉足精神分析学的。

作为医生和精神病学者,我以"妄想症的认识"为题而提出了一个临床上的穷举法的一些结果。我的医学博士论文就是这个方法的一个尝试①。

我并不打算指出那个小组("精神病进程"),这个小组很乐意接受对那些结果的陈述;我也不打算提起这些结果在超现实主义的圈子里引起的反响,在这个圈子里旧的联系又由此得到了新的延续:达利②,克雷凡勒③,批评的偏执狂,以及狄德罗的古钢琴——其成果刊载在《牛头怪》的最初几期里。我要指出的是我的兴趣的来源。

---

\* 这是拉康为《拉康选集》而专门撰写的介绍自己学术经历的一篇文章。(译者注)
① 《偏执狂精神病及其与个性的关系》,1932 年由勒·弗朗索瓦出版社出版。这篇论文是建立在对 30 个病例的观察上的。虽然它的方法使我不得不在那里写上一个关于爱梅病例的专题论述,这个事实导致了人们可以在那里看到的对于一个析疑的风雅的赏识。(原注)
② 达利(Dali,1904—1990),西班牙画家,作家。(译者注)
③ 克雷凡勒(Crevel,1900—1935),法国作家。(译者注)

它来源于克莱昂勃尔①的业绩中,克莱昂勃尔是我在精神病学中唯一的导师。

他的《思想的自动性》一书由于其关于暗喻的机械论的观点确实是颇可指摘的。但是,在我们看来它在对主体文本的掌握上比起法国精神病学的任何临床上的努力更加接近于可以组成一个结构分析。

我觉得这很有希望,这个希望可以从它与一个符号学中所显出的衰败之间的对比中看出。这个符号学越来越拘于它的推理的前提了。

以其观察的天性,以其思想的局部性,克莱昂勃尔像是实现了人们最近在《临床医学的诞生》②的过时形象中所描述的内容的再现。

克莱昂勃尔熟知法国的传统,然而是卡布林③培养了他。在卡布林身上临床治疗的天才得到了更高的发展。

很奇怪地,我相信也是必然地,我被导向了弗洛伊德。

症状的外表形式是真正的临床迹象,我对此很是热衷。忠实于症状的外表形式就将我带到了那个它以创造的效果而出现的边缘上。在我的论文的病例中(爱梅病例),那是文学的效果。这些效果很有价值,因为它们以(出于尊重)无意诗歌的名义而出现在艾吕雅④的笔下。

在这儿,理想的功能是在一系列的重复中呈现给我的,这些重复将我引导到一个结构的观念上去。比起图卢兹的临床医生将这一切贬至激情的领域而摆脱它的做法,这个观念要有教益得多。

---

① 克莱昂勃尔(Clérambault,1872—1934),法国精神病医生。(译者注)
② 参见米歇尔·福柯(Michel Foucault)的《临床医学的诞生》,1964年,法国P.U.F.出版社。(原注)
③ 卡布林(Kraepelin,1855—1926),德国精神病医生。(译者注)
④ 艾吕雅(Eluard,1895—1952),法国诗人。(译者注)

再者，只要主体的手在一个不无伤害的侵凌行为中触及到他的戏中的一个因为是事实上的红角而更加虚假的形象，在我的主体的身上就会由一个像是鼓吹的效果而产生人们称之为谵狂的防风屏。这个效果以深渊的节律而加重了它的诗意空间的变换。

这样，我就接近到了转向行动的机制。因为，如果我只抓住亚历山大和斯塔伯讲授的柏林的罪犯所提供给我们的自我惩罚的支柱，我也会达到弗洛伊德的理论的。

一种认识以其典型而具体化的公式，以及为了表明其另外的功能而以其证明来细致化的方式能够导致一些成果。对于这些成果，任何学派，即使是新锐的学派，也不会不以好意来接受的。

或许人们会了解到，只要一入精神分析学的大门，我就在其实践中看到了那些更加有意思得多的知识的成见，因为这些成见是那些将要在其根本的倾听中消除的一类。

我没有等到这一时刻就开始思考在**自我**这个观念里可以体会到的那些狂想。"镜子阶段"是作于 1936 年①的，那时我还初涉此道；我是在第一次国际大会上作这个报告的，这个大会给我以合作的经验，并且以后也给我多次有这种经验的机遇。我作这个报告是颇可赞扬的，因为发明这个镜子阶段使我直抵一种理论上和实践上的阻力的核心。应该说，这种阻力虽然以后构成了一个越来越明显的问题，在我所活动的范围里还远远没有被人觉察到。

我觉得先给读者提供一篇同时期的文章颇有好处。

有时候我的学生错以为在我的文章中早已有我的教学以后才达到的东西。文章中有的东西没有妨碍以后的发展，这不就足够

---

① 我在精神分析理论上的第一个贡献是在马里特大会（1936 年 7 月 31 日）上作出的。人们在本集的第 186 至 187 页可以看到对这个日期的讥刺的提及，并标明了《法兰西百科全书》的有关卷次。这部《百科全书》是令人在论文日期上深信不疑的（1938 年）。确实，我忘了给大会提交论文的提要了。（原注）

了吗？人们应在这里看到对语言的提及。这是唯一没有令我失误的一种大胆的结果，这种大胆就是只相信主体的这个经验，而主体的经验是精神分析工作的唯一素材。

"……以外"这个题目敢于重用弗洛伊德在1920年为他的愉悦原则所拟的另一个《超越》的题目，由此人们可以质疑：弗洛伊德将这个原则与现实原则并列，这是不是打破了他得以维持这个原则的系索。

弗洛伊德给予了愉悦原则以一个新的意义，这就是他在现实的运转中确立了一种作为原初过程的重复的能指组合。弗洛伊德在他的《超越》中肯定了这样一点，就是说愉悦原则在那里有了一个更加新颖的意义，它有助于冲越在快乐方面的传统束缚。——存在是因快乐而被拘于受虐色情狂，或者甚至受制于死亡的冲动。

在这种情况下交织又变成了什么样子呢？从无意识来的思想的身份是通过交织而将它的构成提供给那个次生过程的，这使得现实可为**满足**愉悦原则而建立起来。

就是由这一个问题可以开始从相反一面来重新进行弗洛伊德的规划。最近我们以此来说明了我们的规划。

如果在这里有了一个开端，它并不能得到很大的发展。我们只想说它并不夸大精神分析行动的影响力而以为这个行动超越了次生过程而达到了一个产生不出来的现实，即使这要破除将思想的身份归结为它们的身份的思想的假象。

即使有时蠢得不肯承认，人人也都事实上是以为原生过程遇到的只是不可能而没有什么真实的东西。从弗洛伊德的观点上来看，这仍然是一个人们所能作出的最好的定义。即使是这样，我们还是要更明确地知道它遇到的是他人的什么东西，以便可以让我们来处理它。

这样，在这里能看到想象的第一个轮廓并不是因为受到一种视觉效果的影响。后来一直到罗马报告之前想象的文字与象征的以及现实的文字都一起装饰着花瓶。这些花瓶一直是空的。因为它们也是象征性的。为了解决分析思考的窘迫,我们是以这些花瓶为灵丹的。

以为在主体中有个什么回应了现实的机制的东西——或者像人们在别处说的那样有个回应了现实的真正功能的东西的想法导致了一些误解。这里的一切都显示应该设法制止这些误解。当时有一种**自我**的理论就是沉溺于这个幻觉的。这个理论以弗洛伊德的"对自我的分析和大众的心理学"为依据,因为弗洛伊德在这篇论文中引入了这个动因。这是错误的,因为在这篇论文里所涉及的只是认同的理论而没有其他任何东西。

再说那是太没有注意到给予这篇论文以基础的前面一篇论文"自恋引论"。这是一个必要的前提。这种不注意大概因为是在1914年的缘故而精神分析学界的注意力有点分散。

无论如何没有理由将现实看作是单一的。人们以这个词来撮合两个术语:真实(Wirklichkeit)和现实性(Realität)。弗洛伊德是区分这两个术语的,第二个术语专指心理现实。

至此,我们引出的那个角落就具有了价值,这是个真实的(wirklich)行动着的价值。自我的一般感觉中都有的与本身的认同似乎一定与所谓的现实的动因有涉,我们将这个骗人的现象置于其应有的位置上去了。

如果说弗洛伊德重申**自我**与感知一意识体系的关系,只是为了指出我们的反思的传统在这个体系里证实了其真理的尺度。我们如果以为这个传统没有因它给予个人地位的政治形式以支持而具有社会影响,那我们就错了。

但是,正是为了要对这些真理的尺度提出质疑弗洛伊德才将自我以双重指称联结起来。第一个是指自身身体,这就是自恋。

第二个是指认同的三个辖域的复杂性。

在这个为历史的惰性所笼罩的时刻,镜子阶段给出了分辨想象与象征的规则。所有自认为是心理学的学说都负有这个惰性的责任,即使是通过所谓要摆脱这惰性的道路。

这就是为什么我没有继续进行在我的关于"现实原则"的文章中已宣布的发展,因为这样就要反对形态主义(Gestaltisme)和现象学。

我们宁可在实践中不断回顾那个时刻。那不是一个历史的时刻,而是一个构成布局的洞察力(insight)的时刻,由此我将它称为阶段,即便它是从一个时期里出现的。

这个时期是不是只是一个生物学上的危机?我们指出的活力是以历时的效果为其支撑的:与早产有关的神经协调的迟缓,其解决的形式上的预现。

但是设定一个和谐仍是种欺骗。动物生态学的事实是与这个和谐相背的。

这并且还是以在因果链中它的位置的问题来掩盖掉一个缺失的功能的迫切性。然而我们不仅远没有设想排除开这个功能,而且在我们现在看来这样一个功能是因果论思维的根源,甚至会将它与向现实的转化相混淆。

但是将它视为具有想象错乱的效率就会是过于重视出生的假定了。

这个功能是属于一种更为要紧的缺失。因为掩盖这个缺失是主体欢快的秘密。

由此可以看到**自我**产生的任何迟缓都与它所判决的自大有关。只要想一下这一点那就会显得是不言自明的:如果它不是从另一个辖域而来,在想象中就没有什么步骤可以跨越这些极限吧?

而精神分析学许诺要做到的正是这个。如果它从这个辖域的水平面上退下来剩下的就只有谜了。

为了在镜子阶段中辨认出这个辖域,我们首先要在那里看懂换喻确实是想象的定义范例:局部代替整体。我们不能忽视我们的概念所包含的对妄想的分析经验,这就是那些所谓局部的形象。唯有这些形象值得让人回想到最早的旧说。我将这些形象总的称为分解的肢体的形象。它是与克莱因的经验的现象分析中对所谓偏执期的妄想的说法相一致的。

在获致镜中身躯形象的欢悦中可以支配的是这个只露了个角的最易消隐的东西:目光的交换。这可以从幼儿转向那个以随便哪种方式在帮助他的人的这个动作上可以看出,即使那个人只是在看他做这场游戏。

我还要补充一点。有一天我们看到一段影片。这段片子并不是为我们的目的拍摄的。在影片里有一个光着身子在镜子前的小女孩:她的手像闪电一样的从左边横过。影片向我们的学生显示了男根的缺失。

然而,不管形象包含了什么,它只是集中了一个骗人的将已把欲望置于他人的领域的异化转向竞争的力量。在相类似者加于他的双重吸引中这个专权的竞争是占了上风的:非此即彼。这是梅兰妮·克莱因的第二期的沮丧的回归;这是黑格尔的谋杀的形象。

这儿还可补充一个为了寓言的目的的用途,这样就可以归纳出对在与计划有关的对称中产生的逆反的原生的和根深蒂固的漠视。只有在更进一步提及到空间的定向时它才具有价值。人们会惊讶,自从康德手上拈着他的手套在这之上挂了一个美学之后,哲学居然再没有对它感过兴趣,尽管翻转它像翻转那个手套一样容易。

这已经是将经验置于不容误解它与目视的性质的关系的地步

了。甚至盲人也是那儿的主体,因为他知道自己是别人目光的对象。问题不在这里。陈述它是与莫里纽克斯问题①一样具有理论性:必须在一个没人知道与计划有关的对称是什么的世界里知道**自我**是什么。

最后,我从一个符号学里重找回了镜像认识的要点。这个符号学从最微妙的非个人化一直讲到替身的幻觉。我们知道,就主体的结构(比如说精神病症的结构)而言,这些要点并没有任何诊断价值。更重要的是记住在精神分析治疗中它们并不构成一个妄想的更为恒定的观察点。

由此,我就要将这些论文置于一个先将来时了:它们早于我们将无意识引入语言之中的那一步。将它们分散在成果不多的那几年里不正是使我易于受到迟缓的指责吗?

在我们的实践中我们必须办好我们的学校。除此之外,我要申辩说,我在这段时间里没有更多做一点是为了让我的听众做好准备。

这几代的精神病学家们大概难以想象,在我们年青的时候,我们只有三个人决定去搞精神分析学。对这个"精神病进展"小组我并不忘恩。但我要说,精神分析学是靠这个小组成员的才能才发展起来的,但是这个小组没有从根本上质疑旧理论。浮华对此的影响既无助于小组的团结也不利于他们的知识。

说实话,直到1951年我以私人名义开办了我的学校为止,除了加快常规以外没有开办过任何教学。

如果说大量的新生产生了质变的效果,在战后一切都不同了,

---

① 参阅高等师范学院的认识论小组的《分析笔记》的1966年5月第2期上的A·克鲁斯里夏(A. Grosrichard)的文章。文章是关于"十八世纪的一个心理经验"。在那里我们可以通过由明哲的盲人的故事到盲目的哲人的故事而使主体的问题深化。(原注)

那么那个挤满了来听我的《精神分析学,教育》(两词中有个逗号)的人的大厅可能会是个纪念物,使我们想起我还是有所作为的。

然而,在那之前我们能做公开讲座的只有那个"哲学学院"。在让·瓦尔的邀请下当时的那些热情高涨的人都在那里相遇①。

再补充一点。这篇短文如果有点传记的样子的话,那完全是为了使读者明了。

---

① 在那里我作过的讲座之一是"一个神经官能症患者的个人神话"。这是正式提到结构主义的一个开始(克劳德·列维-斯特劳斯[Claude Lévi-Strauss]有关神话的第一篇文章)。这篇油印稿我没有修改,从中可见以后的发展。(原注)

# 超越"现实原则"*

弗洛伊德学派的第二代可以围绕着弗洛伊德的这个根本原则来划定他们的受益和他们的责任。

对于在50年代开始学习精神分析方法的精神病学家或心理学家来说,这并不涉及一种打破一个思想过程的改宗新学。这样一种改宗显示的更多的是种隐秘的情感上不合的爆发而不是研究中的深思熟虑的选择。对一项有争议的事业的献身这样一个道德上的魅力,加上看低已有价值这样一种经济上的诱惑,这些引人之处在**补偿**转折的时候已提供得太多了;我们并不为精神分析学而惋惜这些引人之处。新的心理学不仅承认精神分析学有存在的权利;它还证明精神分析学具有开辟新径的价值,因为在源出他处的别的学科的发展中常有与精神分析学不谋而合的时候。因此我们可以说第二代精神分析家是在一种正常的影响下接触精神分析学的。当然第二代这样的称呼不无随意之处。我们在这里要辨清的就是这种影响,目的是提示出这种影响到来的途径。

---

\* 这篇论文最初发表在1936年第3期的《精神病学进展》上。(译者注)

I. 当倡自弗洛伊德的心理学对象的相对性被提出来时，即使它还是限于欲望的事实，心理学就成为科学了。

## 联想主义之批判

像所有的革命一样，弗洛伊德革命的意义来自于当时的时势，这就是说当时流行的心理学；然而，对这个心理学的一切评判都意味着要释读陈述了这个心理学的材料。我们确定这篇文章的框架，就是要要求读者至少暂时相信我们完成了这个基本工作，以便推进到在我们看来是根本性的那个批判的时刻。因为，如果说我们认为在对认识的事实的研究本身中信奉历史方法是有道理的，我们并不找借口来回避质疑其本身价值的内在批判：这种批判是建立在认识的事实所带来的那部分思考在历史上所赋予那些事实的第二层次上的，这种批判一直是内在于历史方法所承认的素材中的；也就是说，在我们这个案例中是内在于学科以及技术所得以表达的形式中的，如果说它仅仅是要求每个有关的形式都成为它自认为所是的样子的话。这样，我们将要看到，在19世纪末心理学自以为是科学的，并且通过它客观性的机制以及它唯物主义的宣言强制它的对手也跟它一样；但它却不是实证的，这就从根本上使它不可能是具有客观性和唯物性。

人们可以由此以为，这个心理学是建立在一个称之为联想主义的关于心理现象的概念之上的。这不仅因为它将这个概念组织成学说，更主要的是它将其一系列的预设当作常识的内容而接受下来了，这一系列预设决定了它们的本身立场中的问题。初看起来似乎它将现象归类为感觉，感知，形象，信念，逻辑操作等等的框架是原样地从经院心理学那里借来的，而经院心理学又是得之于哲学在几个世纪里的推敲。那么，我们必须承认，这些框架远不是为了一个心理现实的客观概念而建立起来的，而是由某种概念的蜕化而造成的。在这个蜕化中显示了一个特定努力的起落变迁。这个努力推动人为自己的认识找出一个**真实的保证**：人们可以看到这个保证以其立场而成超验的，即使哲学家否定了它的存在，它在其形式上还是超验的。这样一种寻找所遗留下来的这些概念保持的是怎样的超验的外形呢？这就要辨清联想主义在心理学的对象的构成本身掺入了些什么非实证的东西。在目前这个阶段要分清这些东西是相当困难的，这是因为当代心理学还保留了许多这样的概念。而在所有的科学中原则的纯化总是最晚完成的。想到这两点人们就会明白这困难了。

然而，在每时每刻都给予一个理论的终结点以其特征的问题的总体布局中，偷设论点的做法大行其道。时间上的距离使我们可以这样总体的来看，联想主义就非常明显地向我们表现出它的形而上的含义：有一个称为**实际的功能**的概念或多或少被恰当地定义在当代各种学派的理论基础中。如果简单地与这个概念相对立，我们可以说联想主义的理论是由**真实的功能**所制约的。

这个理论是建立在两个概念之上的：一个是机械的概念，即**心迹**，另一个被错误地认为是来自经验的，即思想现象的**联想联系**。第一个概念是个研究的公式，它还算很灵活，目的是指出心理—生理因素，它只是引入了一个假说，但却是个根本性的假说，即这个因素被动产生的假说。不寻常的是这个学派又加上了这个因素有原子性质这样一个预设。事实上这个预设局限住了信奉它的那些人的眼光，以至于他们忽视了那些显示了在**形式**的组织中的主体活动的实验事实。再说这些事实与一种唯物论的解释是如此的契合，以致它们的创立者们以后再也没有以别的方式来设想它们了。

第二个概念，**联想联系**的概念，是建立在活体反应的经验上的，然后又扩大到思想现象上去，而偷设论点的做法却从来没有受到批评。这恰是它从心理素材那里借来的，特别是那个以**相似性**

的思想形式为已给成份的做法,这个形式其实本身分析起来是很微妙的。这样在解释性的概念中就加进了他们声称要解释的现象的素材。这里涉及到的是一种真正的概念魔术,幼稚无知也不能成为其粗劣的借口。就如雅内指出的那样,这是一个学派独有的真正的思想罪孽,它确实成了其理论的每个转折的关键所在。不用说某种分析的必要性这样就被完全漠视了。这种分析可能要求很精细,如果没有这种分析心理学中的一切解释就都完了。这种分析叫做现象学分析。

至此,就应该考虑一下,在这个自称是客观的学科的发展中出现的缺陷意味着什么?这是不是唯物论造成的?就像人们让一种批评来讲的那样。更糟的是,在心理学中是不是就不可能达到客观性了?

如果我们从哲学的观点辨认出认识的问题在它的结构中的位置,我们就会指摘出联想主义在理论上的毛病。因为这是这个问题的传统位置。这个位置虽然是在洛克的所谓经验主义的公式的掩盖下继承下来的,但仍是出现在这个学说的两个基本概念之中的。这就是一种批判的含糊之处,它以任何心智上的东西原先都是在感觉上的(nihil erit in intellectu quod non prius fuerit in sensu)的说法将事实的行动归结到神秘的**纯感觉**的接触点上,也就是说归结成知识的盲点,因为在那儿什么也辨别不出。——它更加有力地将纯粹精神的首要性作为一个不完全的论题的辩证反题强加于人,不管它是不是在"如果不是心智本身的话(nisi intellectu ipse)"这个说法中得到解说,因为通过认同的根本性指令,它在肯定客体的同时辨认出客体,这样它构成了认识的**真实时刻**。

正是从心迹的这个原子性概念的根源上产生了对于经验而言的学说的失察之处;然而,联想联系以其未经批判的含意在这里表达了一种根本上是唯心论的关于认识的理论。

对于一种以幼稚的唯物主义自许的学说来说,这最后一点当然显得自相矛盾,但只要你试图系统地陈述这个学说,也就是说遵从其概念的本身一致性,这一点就会变得很清楚。就此来说,泰纳①的陈述就这一点而言是很可贵的。他只是一位传播者,但是位有影响的传播者。在泰纳那儿我们可以看到关于认识现象的一个构作。这个构作的目的是要将高级活动化解为简单反应的组合,但结果他只能在高级活动的控制中来寻找简单反应的区分标准。为了充分理解这个自相矛盾,我们只要想一下那个惊人的定义。这个定义将感知当作是"真实的幻觉"。

从一个超验的辩证法借来的概念具有如此的活动力,以致联想主义心理学因为想要建立在这些概念上,结果就失败了。这失败是注定的,因为想要将其对象实证地建立起来,这种心理学在接受这些概念时就排除了那里包含着的思想:只要现象在那里是根据它们的**真实**来定义的,那么就在它们的概念本身它们即被按价值来划分了。我们已经看到,这样一个等级区分不仅败坏了对这些现象对认识本身的作用的客观研究,而且,通过将一切心理素材都归属于这一看法,这个等级歪曲了分析也减弱了其意义。

这样,通过将幻觉的现象结合到感觉的领域,联想主义心理学只是重申了传统哲学在感觉错误这个老问题上赋予这个现象的完全神秘的作用。在分析这个现象时这些确凿的错误认识的原因有可能是对它起的理论漏洞的角色的着迷。这些错误认识导致不少医生在这个问题上顽固地坚持一个错误立场。

现在来考虑**形象**的问题。以其具体素材的丰富这恐怕已是心理学中最重要的现象了,而以其功能的复杂性它的重要性益发显著。对这种复杂性我们无法以一个术语来概括,除非用**信息功能**这个术语。这个术语有各种意义,这些意义从通俗的到古旧的,指的是对一个事件的观念,一个印象的原型,或以一个想法筑起的结

---

① 泰纳(Taine,1828—1893),法国文艺批评家,哲学家。(译者注)

构。这些意义很好地表达了形象作为对象的本能形式,作为心迹的造象形式和作为发展的生成形式的作用。这个不寻常现象的问题牵涉到从思想现象学到生物学的广大领域,这个现象的行动可以在从思想的条件到莫测其深的机体限定性里都感得到;然而在联想主义那里,这个现象只被归结为它的**幻觉**功能而已。照这个系统的精神,形象是被看作一种**减弱**了的感觉,因为它显示起现实来不是那么**可靠**;形象是被当作感觉的反响和影子;由此,形象被等同于感觉的痕迹,等同于心迹。对联想主义来说是根本性的一个概念就是将心智看作是"形象的多枝体"的概念。这个概念受到了批判,因为它肯定了一种纯为形而上的机制,然而人们没怎么注意到它的最主要的荒谬之处是在于它强加给形象的那种理智主义的贫瘠化。

事实上,在这个学派的概念中大量的心理现象被当作无甚意义。这样它也就将无法名列为真正的心理学。真正的心理学知道从现象学来说某种意向性是包含在它的对象中的。对于联想主义,这意味着将那些现象当作是无意义的,也就是说或者将它们扔到漠视的虚无之中去,或者将它们扔到"副现象"的虚夸之中去。

这样一个概念就将心理现象区分为两个类别:一边是那些参与到理性认识的某个层次的作业的现象,一边是其他一切:情感,信念,谵狂,赞同,直觉,梦。第一类使心理现象的**联想主义**分析成为必要;第二类必须由某种决定论来解释。这种决定论与它们的"外表"是格格不入的,它还被称作是"有机"的,因为它将这些现象或者归结为一个生理客体的支撑,或者归结为一个生物结局的附带物。

这样,心理现象就不被当作有其本身的真实性:那些不属于**真正的**真实的就只有幻觉的真实。这个真正的真实是由那套对已有科学有效的参照系构成的:这就是物理学的那些摸得着的机制,再加上自然科学的功利性动机。心理学的作用仅仅是将心理现象归结到这个系统上去,是通过以这个系统来确定组成认识的这些现象本身而**证实**这个系统。正因为这个心理学取决于这个真实,所以这个心理学不是一门科学。

## 心理学的真实和真实的心理学

请听清楚我们的思想。我们并不玩弄科学不是要认识真实这样一个悖论。但我们也不忘记真实是回应不肯定的一种价值,而人的经历按现象学看是带着不肯定的。我们不忘记,在历史上对真实的追求在精神领域里促动了神秘主义的兴盛,道德家的戒律,禁欲者的历程以及秘密祭礼的祭司的发现。

这个追求给整个文化造成了真实在证明中所有的突出地位,由此产生了一种道德态度,这个态度一直是并且仍然是科学的存在条件。但是真实在其特定的价值中仍然与科学的领域格格不入:科学可以以其与真实的盟约为荣,科学可以以真实的现象及其价值为对象,但科学决无办法为自己的目的而确认真实。

如果这显得有点造作,那么停下一会儿来想一下经历过的真实的标准,思考一下在当代物理学和数学所经历的令人头眩目晕的相对主义中这些标准中有哪些具体的东西留了下来:**确定**,这个神秘认识的考验;**明证**,这个哲学设想的基础;**无自相矛盾**,这个经验—理性建构的更为平易的要求,它们如今在哪儿了呢?举个更易为我们判断的例子,我们能不能说学者思考的是彩虹是不是**真实**的问题?对他来说重要的是这个现象可以用某种语言来叙述(**思想领域**的条件),可以用某种形式记录下来(**实验领域**的条件),以及他能够将它纳入象征认同的连环中,在这个连环中他的科学可以串联起他的对象的千变万化(**理性领域**的条件)。

我们得承认 19 世纪末的数理理论还借助于一些现在已否定掉了的直觉的基础,为的是将它不寻常的多产转嫁到这些基础上去，也为的是向它们认可包含在**真实**这个思想中的无比力量。另一方面，对于大众来说这个科学的成功使这个思想具有眩目的威望，而这威望与明证这个现象不无关系。这样科学就很有资格成为迷恋真实的激情的最终对象，在俗人凡夫那里引发出对新的偶像的膜拜。这个新偶像称作**科学主义**；而在"教士"那里引发出那永恒的学究气，这种学究气因为不懂他的真实是怎样与他的塔墙有关联就肢解了他能从实际中获得的东西。联想主义心理学家只对知识这个行为感兴趣，只对自己的学者活动感兴趣。他犯下的正是这个肢解的错。虽然这只是思辨的肢解，对于活体和对于人它还是有残酷的后果的。

一个相似的观点因此就灌输给了医生这种对心理事实的惊人的蔑视。这种蔑视的恶果靠着学校教育而遗毒至今。这个恶果既表现为观察的片面性，又表现为像"癔病障碍"这样的概念的混杂上。因为这出现在医生身上，也就是说是在典型的私生活的实践者身上，这个观点就以最明目张胆的方式显示为一种系统的否定。而从这个观点来看，否定也应是从医生那里来。这并不是那种纯粹的批判性否定，不是在差不多同一年代里对"意识的直接素材"的思考中盛行这种批判性否定。而且是一种有效的否定，因为它是被确定在一种新的实证性中的。弗洛伊德迈出了这成果累累的一步：可能就像他在他的自传里说明的那样，是因为他出于治疗的考虑才这样做的，也就是说出于一种活动。虽然有人喜欢将这个活动贬至"技艺"这个二等地位，在这个活动中我们得承认人类现实的智慧，因为这个活动是致力于改造这个现实。

## 弗洛伊德方法的革命

在弗洛伊德那里这种听从实际的态度的第一个表现是认识

到,既然人的大部分的心理现象显然是与社会关系的某个功能有关,那么就没有理由排除那个因此而最为普通的入门之道,也就是说主体自己对这些现象的见证。

再说我们也要问,那时的医生根据什么而将病人的证词在原则上排除出去?恐怕只是因为他在这些证词中看出自己的偏见的低俗而大为恼火的缘故。因为这是对整个文化来说都是普遍的一个态度,这种态度导致上面分析的那种像学问家的挑拣那样的挑拣;对于医生和病人来说,心理学是一个"幻觉"意义上的"想象"的领域;具有**实在**意义的东西,随后的症状,只能是在"表面"上是心理的,它会以某种不谐同的特征而最后与寻常的心理生活的范围相区别。这些不谐同的特征显示了它的"严重"的性质。

弗洛伊德懂得,正是这个选择使得病人的证词毫无价值。如果你想承认心理反应有一个自己的现实,那么你不应该一开始就在这些反应中挑选,你一开始不作挑选。为了测知它们的效用,应该遵守它们的序列。当然并不是要通过叙述来重建它们的连环,但出现证词的时刻可以成为富有意义的材料,条件是必须有文本的全部以及必须将这材料从叙述的连环中解脱出来。

这样就构成了所谓的**分析经验**:它的首要条件能表述为**无省略法则**,这个法则将所有"不言而喻"的,日常的和普通的,都提高到值得注意的有意思的层次上。但如果没有第二条法则这第一条法则是不完备的。第二条法则可称为无系统化法则。这条法则以不一致性为经验的条件,将思想生活的所有废料都预先定为具有意义的,不仅是那些学院心理学以为是胡扯的表象:梦的脚本,预感,梦幻奇想,混乱或明白的谵狂;还有那些因为是负性的而连个身份都没有的现象:口误,失误。这两条经验的法则——或者说经验的规律——的第一条是比剖析解出来的。请注意在弗洛伊德那里这两条规律是表述成一条的,他用当时盛行的概念将这条规律称为**自由联结法则**。

## 精神分析经验的现象学描写

正是这个经验组成了治疗技术的要素。但是如果医生有点理论感,他会想要搞清这个经验会给观察带来点什么。于是他就会不止一次的惊奇,在研究中这样一种惊讶是由简单得想不到的成果的出现而引发的。

这个经验的素材首先是语言。一种语言,也就是说,一个符号。当心理学家在认识这个题目下,也就是说在主体的思想这个题目下引入语言时,语言指称带来的问题是多么的复杂。语言与思想之间是个什么关系?思想也只是一种语言,只是种秘密语言?或者语言只是一个纯粹的未成型的思想的表达?在哪儿可以找到这个问题的两项之间的共同尺度,也就是说语言为其符号的单位?思想是不是包容在词中:名词,动词或者副词?或者在它的历史深度中?为什么不是在它的语音构造的机制中?在这个哲学家、语言学家、心理—物理学家和生理学家将我们带入其中的迷宫里怎么来选择呢?如何选择参照系呢?这种参照系提得越是简易,越是显得神秘。

但是,为了不让语言的经验脱离其涉及的情形即对话的情形,精神分析家触及到了一个简单的事实,即语言在指称什么事之前,必须先是对着某人指称。因为他必须在场并倾听着,说话者是对他讲话,由于他强制他的言谈空无意义,剩下的只有这人**想对他说**这个事实。因为他所说的可能是"毫无意义",他对他说这件事包含了一个意义。在回答的行动中听话者感到了这个意义;在停住不回答中他理解了言谈的意义。他在那里辨认出了一个意向,这是代表了社会关系的某种张力的种种意向之一:要求的意向,惩罚的意向,赎罪的意向,演示的意向,纯粹侵凌性的意向。一旦这个意向被理解了,人们就要观察语言是怎样传达这个意向的。有两种方式,分析告诉了我们很多关于这两种方式的事:意向表达出来了,但只要主体保持这个表达式的道德上的匿名状态,主体并不理解就言谈叙述生活而言这个意向到底意味着什么:这是象征主义的形式;意向构思出来了,但只要主体将他的观念系统化,主体就言谈是肯定了生活而言却是否定了这个意向:这是否认的形式。这样,在经验中意向如果是被表达出来的就显得是无意识的,如果是被压抑掉的,就显得是有意识的。从它的社会性表达功能这个角度来研究语言,语言就同时显示了它在意向中的意义一致性以及作为主体表达的构成性歧义,既违心坦承,又顺意谎言。顺便要注意这些经验提供给现象学作深入研究的关系富含对一切特别是病态的关于"意识"的理论的教诲。对它们的不完全认识使大部分这类理论濒临绝境。

但让我们继续分解经验。听话者是进入到对话者的情境。主体要求他担负这个角色,首先是不明说的要求,很快是明确地要求。但精神分析家保持沉默,连面部表情也隐藏了起来,再说他的面庞也看大不出,他耐心地拒绝这个角色。是不是到了一定程度这个态度会使独白者闭嘴?倘若主体继续讲下去,那是出于经验的法则的缘故;但他是仍然在向那个真实地在场的听话者说呢,还是在向另一位想象的但更实在的人讲:回忆中的幽灵,孤独的见证人,责任的雕像,命运的信使?

然而,就在他向听话者的拒谈所做的反应中主体也将泄露他以什么**形象**取代了听话者了。通过他的恳求,他的诅咒,他的影射,他的挑衅和他的计谋,通过他针对分析者的意向的变动,他向分析者表明了这个形象的画像。分析者纹丝不动,但也不是无动于衷,他记录下了主体的这些意向。随着这些意向在言谈中变得越来越急迫,这些意向中就混入了见证词,主体以这些证词来加强意向,充实意向,使意向生动:他在那里说出了他吃的是什么苦和他想克服的是什么,他在那里吐露出他失败的秘密和他想法的成功,他在那里判断他的性格和他与他人的关系。他把自己行为的一切都告诉了分析者。而分析者则自己是这个行为的这一时刻的见证人,在那里找到了批评的基础。再说,在这个批评之后这个行为所显示给分析者的,是一个形象恒常地在那里起作用。这是他在当时看见出现的同一个形象。但是分析者发现的还不止于此。因为随着请求变成了辩护的形式,证词扩展到对证人的呼叫;那是些纯粹的故事,显得是"主体以外的",主体现在将它们加入自己的言谈之中,还有些无意向的事件以及构成他的历史的片断。最为零乱的是那些触及他的童年的片断。但是正是在这些片断中分析者重新找到了这个**形象**,他是以他的做法从主体那里引出这个形象的,他在主体的身上认出了这个形象的踪迹的印痕。他早知道这个形象是个人的形象,因为它激起情感,因为它施行压迫,但正如它在主体面前所做的一样,它在他的眼前隐去自己的容貌。他是在一幅家庭画像中找到这个容貌的:父亲或母亲的形象;全能的成人的形象,或者慈爱,或者可怕,或者帮助人,或者惩治人;兄弟的形象;争宠的孩童;自己的影子或者伴侣的影子。

主体以自己的行为使这个形象现显,这个形象不断地重现在他的行为中,但是,**他不知这个形象**。不知有两层意思。他不知道这个形象解释了他在自己行为中反复做的事,不管他是不是以为是自己做的;再者,当他提起自己回忆中的这个形象,他不知道这个形象的重要性。

然而,当分析者最后辨认出了这个形象,主体通过他所进行的争论最后将这个形象的作用加给了分析者。正是从这个地位出发,分析者取得了他的力量,而他拥有这个力量为的是他针对主体进行的行动。

至此,分析者就努力使主体感觉到这个形象的统一性。这个形象是以杂异的作用而反射在他身上的，根据的是他在演这个形象，作它的化身，还是认识它。我们在这里不描写分析者怎样治疗的。他在两个领域里着手；通过**解释**而达到理智上的澄清，通过**转移**而进行情感上的变动。但是，规定时限是根据主体的反应而决定的**技术**问题；规定速度是分寸问题，分析者由此而得知那些反应的节奏。

我们要说的只是，随着主体进一步经历这个重建那个形象的经验和生活过程，回忆重新获得它们真实的紧密度，分析者看到他的力量的终结。症状的消失和个性的完成使这个力量毫无用处了。

## 对经验的客观价值的讨论

对于在构成精神分析的那个经验系列中发生了什么我们能给予的现象学描写就是这个了。人们或许会对我们说，如果它的结果不恰是解除一个幻觉，这就是一个幻术家的工作。但相反，它的治疗行动必需在根本上定义为一个双重运动，在这个双重运动中**形象**从一开始的模糊和破碎状态而逐渐回退到溶合于实际中去，最后又进而从实际中解脱出来，也就是说回复到它本身的现实中去。这个行动表明了这个现实的效率。

但是，人们会对我们说，如果这不算是幻觉的工作，那么只是一个简单的技术；并且，作为经验，它极不利于科学观察，因为它是建立在与客观性截然相反的条件上的。因为我们刚才就是把它描写为一种观察者与对象之间的恒常的互相作用：主体以其意向而告知了观察者这个运动，而正是在这个运动中观察者获知了这个意向，我们甚至强调了这个途径的无比重要性；相反地，通过他所促进的他自己与形象之间的溶合，他从一开始就倾覆了这个溶合在主体身上的功能；而他只是在这个倾覆的过程中才确认出这个形象。我们也没有掩饰这个过程的构成性性质。

在观察到的系统中缺乏固定的参照,为了观察而使用主观运动本身,而在别处这种使用都是作为谬误的根源而加以清除的。这些看来都是对神圣的方法的挑战。

还有,让我们说出在被好好地使用着的那个挑战。在他向我们叙述的观察中,观察者能向我们隐瞒他投身其中的是什么:他的发现的直觉就叫做谵狂。觉察到他的洞察力的动因来自何种经验,这使我们很不好受。发现真理的途径大概是天机莫测的。甚至有的数学家都是在梦中看到真理的,或者在一些琐碎的遭遇中碰上真理。但是在提出他的发现时就要说是通过一个更适宜思想纯洁性的过程取得的,这样体面些。科学,就像凯撒的妻子,是不应受怀疑的。

再说,很久以来学者的令名已不再有什么风险了;自然已不再会以人的面目显露出来,科学的每一个进步都抹去了一道拟人形的特征。

如果说我们相信以嘲讽就足以对付这些反对意见所表露出来的情感上的抵触,那么我们并不以为可以避而不回答这些反对意见的意识形态上的涵义。我们并不想岔入认识论的领域;我们首先要提出,物理学在它的现代进展中虽然显得是清除掉了所有直觉的范畴,实际上是以相当触目的方式表现出了构成它的智慧的结构。

如果说迈耶松①能够证明科学在每一个进步中都从属于思想**认同**的形式,而且这个形式是如此的为人类认识所必需以至于他通过反思在思想的共同归宿中又看到了它;如果说光线的现象作为参照的准尺和行动的原子在那里显得具有一种与感觉中枢的更加模糊不清的关系,那么这几个物理学赖以维系到人身上并且物

---

① 迈耶松(Meyerson,1859—1933),波兰裔法国哲学家。(译者注)

理学围绕着转的事实不正显示了一种最令人不安的与反思传统赋予人类认识的轴心的同构性,这个传统并不求助于经验。我们在上文已提及到了这个传统。

无论如何,物理学所破除的拟人说,比如说在**力量**这个观念中的拟人说,并不是种思维的拟人说而是一种心理的拟人说,也就是说根本上是一种人的意向的投射。如果将这个破除拟人说的苛求转加到正在诞生中的这个**人类学**,如果对它的最遥远的目标也强加这种苛求的话,那就是误识了它的对象,并且真正表现了另一种人类中心主义,即关于认识的人类中心主义。

人是与自然保持着种种关系。这些关系一方面是由一种**辨认**思想的性状所规定,另一方面由工具或人造器具的使用所规定。而他与同类的关系则是通过更加直接的途径进行的:我们不是指语言,也不指基本的社会机制。这些机制不管是怎样产生的,在其结构中人工痕迹甚深。我们考虑的是那种情感交流。这种情感交流对社会集团是必不可少的。它在以下事实中相当直接地表现出来:人剥削他的同类;人在他的同类身上认出自己,人以一种不可磨灭的心理联系关连在他的同类身上。这种心理联系延续着他的幼年的确实是特定的苦难。

这些关系可以作为**同天然性**关系而与构成了严格意义上的认识的那些关系相对:我们用同天然性这个术语来指它们与那些在整体上规定了动物与其自然环境之间的心理关系的更直接更全面更适宜的形式之间的同构性。而这些形式也使动物的这些心理关系与人的同类关系有所区别。我们以后再谈这个新知对动物心理学的价值。无论如何,人所具有的那个以为世界以一个和谐的关系和他联结在一起的思想使人猜出这个思想的基础存在在**自然**这个神话的拟人论中。随着这个思想催动的努力的不断完成,这个基础就显示在那个不断扩展的对自然的倾覆,这个倾覆就是我们行星的**人化**:人的"自然"就是自然与人的关系。

## 心理学的对象是按本质上
## 相对主义的关系定义的

正是在这个**人间关系**的特定事实中一种心理学能划定它的对象和它的研究方法。这个对象和这个方法所隐含的概念不是主观的而是相对主义的。如果像上面所说的那样这些概念向动物心理学的推广被证明是有效的,那么尽管它们的基础是拟人的,这些概念可以发展成心理学的普遍形式。

再说,一项研究的客观价值是作为运动的现实而被显示出来的:以其进展的效率。证明了弗洛伊德以其迥异于其他心理学家的纯净手法划定的逼近现象的途径的优异性的,是他惊人的进程,这个进程使他在心理学现实中"领先"于所有其他人之前。

我们将在这篇文章的第二部分里阐明这一点。同时我们要表明弗洛伊德对**形象**这个观念的天才使用。我们要说明,如果说以**意象**这个名称他还没有将这个观念完全地从一般直觉的混杂状态中清理出来,那是为了宏大地利用它的具体作用,同时在直觉中,在回忆中以及在发展中保留它的全部传讯功能。

他是在发现经验中的认同过程时演示出这个功能的:认同过程与模拟过程完全不同。后者是以局部的和尝试的接近的形式而区别于前者的,认同过程不仅以一个结构的**完全**同化而与模拟不同,它还是**发展的潜在**同化。还未成形的结构就隐含着这种潜在同化。

这样我们知道儿童感知到某些情感的情形,譬如说在一群人中两个个体的特殊结合;儿童感知的敏锐性比成年人更加直接。成人虽然有个更细致的心理区别力,无论在认识人方面还是在处理他的关系方面他都受到审查性的习惯范畴的禁束。这些范畴的不存在使儿童能更好地感知信号,但这还不如他的心理的原始结构对他的帮助更大。这个结构让他一起头就洞察情形的根本意义。但这也不是他的全部优势：与有意义的印象一起他还带着他以后充分发展的一颗种子，这就是表达出来的**互相作用**。

这就是为什么一个人的性格会发展出一种对父母的认同来。这种认同到了他记忆终结的年代就不再起作用了。通过这条心理途径所传递的，是那些给予个人以其人间关系的特殊形式的特征，换句话说，就是他的**个性**。但是，人的行为在那时所反应的不仅是这些特征，虽然它们是属于最为隐秘的，人所反应的而且是更实际的情形，在这个情形中有父母亲，那是当产生了认同过程时的认同的对象；以及譬如说夫妇间的冲突或自卑情形。

从这个过程就产生了这样一种情况，人的个人行为带有某些典型的心理关系的印记。在这些关系中表现出某种社会结构，至少是这个结构中特别主宰了童年的最初几年的**众人**。

这些心理关系在经验中被揭示出来并且被这个学说定义为**情结**：应该看到这是贡献给人的行为研究的最具体最丰富的一个概念。它恰与本能的概念对立，本能的概念在这个领域里至今显得既不足又贫乏。如果说这个学说将情结参照于本能，很显然理论是因前者而益发明确，但并无所得于后者。

形象是通过**情结**的途径而建立在心理之中的。而这些形象塑造了行为中最广大的单位：主体认同于那些形象，为的是单独地轮流演出那些角色冲突的戏剧。这剧种的天分将这个戏剧置于笑声和泪水的氛围之中，这个戏剧是即兴喜剧（commedia del arte），因为每个个人都即兴上演，并且按照各人的才华和按照一条悖理的法则或者使这个戏平庸无味或者使它非常的有表现力。它是即兴喜剧还因为它的演出照着一个典型的脚本并演出传统的角色。我们可以在那里认出民间故事、传说以及戏剧为儿童和成人典型化了的人物：吃人女魔，毒鞭老头，守财奴，好爸爸。情结是以更深奥的名字在称呼这些人物的。这个工作的另一面使我们接触到一个形象,在它身上我们认出了小丑的身影。

在肯定了弗洛伊德理论的现象学成就的价值之后,我们现在来看看对他的元心理学的批判。这个批判恰恰是在引入**利比多**的观念时开始的。弗洛伊德的心理学以一种几近莽撞的敢干精神来推进它的归纳,它声称要将它指出的被规定在我们文化中的人间关系上溯到一个是它的基础的生物功能中去。弗洛伊德心理学将这个功能指定在**性欲望**中。

然而,我们务必区分**利比多**这个概念的两个用法。在学说中这两种用法一直混在一起。一个用法是将其作为**能量概念**,它调节现象之间的同量关系;一个用法是作为实体假设,把现象联系到物质上。

我们把**假设**称为**实体**的而不是物质的,这是因为求助于物质的想法只是一种真正的唯物主义的幼稚和过时的形式。不管怎样,弗洛伊德是在人身上的性功能的代谢中确定了人行为所表现的变化无穷的"升华"的基础。

在这里我们不讨论这个假设,因为在我们看来它超出了心理学的本身范围。我们可还要指出,它是建立在一个具有根本性价值的临床发现之上的。这就是在性功能的运行、类别和异常以及大量的心理形式和"症状"之间经常表现出来的相关关系。再要补充的一点是,借以发展起这个假设的与联想主义很不同的那些机制导向的是一些可由观察来把握的事实。

譬如说利比多理论确是提出,婴儿性欲要经过一个肛门组织的阶段并给予排泄功能和排泄物以一种情欲价值。这个兴趣可以在指出来的地方在婴儿身上观察到。

相反,作为**能量概念**,利比多只是形象付之于行为的各动力之间的同量关系的象征性记号。这是**象征认同**的条件和理性领域的基本成员。这些是构成任何科学都必须具备的。形象的效率在有了这个记号之后虽然还不能折算到一个量度单位上但已有正负号的标示,这样就可以以形象之间的平衡来表示,或者在某种情况下以对称法的方法来表示。

这样使用的利比多观念就再也不是元心理学观念了:它是心理学迈向实证知识的一个工具。譬如说,这个利比多投入的观念与相当具体地定义的**超我**这个结构相结合就代表了一个进步,这不仅是在**道德意识**的理想定义方面的进步,也是在称为**对立**或**模拟**的反应的功能性抽象方面的进步。与此可相提并论的进步只有物理学中的那个当**重量体积比**取代了轻重这样的计量单位时产生的进步。

在心理事实之间这样就引入了**实证**决定的要素,而一个**相对主义**的定义可以让这些事实客观化。这个实证决定是动态的或者是相对于欲望事实的。

这样在人所感兴趣的对象的构成中就能建立起一个排行表。特别是那些变异非常之繁多的对象,它们仍会是谜,如果心理学在原则上像认识所构成的那样提出现实的话:激情与冲动的变态,爱憎的怪僻,恐惧和惊慌,思旧和无理的意志,个人的好奇,有选择的收藏癖,认识的创立,以及活动的定向。

在另一方面,那些可以称之为**想象的位置**的东西也得到了区分。这些位置组成了个性。上文里当作发展的赋形者而提到那些形象分居着这些位置并在这些位置里得到组合:这些位置就是**原始本能**,**自我**,以及**超我**的原初和次生动因。

这里就产生两个问题:**现实**是怎样通过形象这些利益的对象来构成的? 人的认识在现实上是普遍一致的。**我**是怎样通过主体的典型认同而构成的? 而主体是在**我**中认出自己的。

弗洛伊德是以重回到元心理学的领域来回答这两个问题的。他提出了一个"现实原则",而对这个原则的批判构成了我们研究的结尾部分。然而我们首先应该检查一下研究工作给**形象的现实**

**及认识的形式**这两个问题带来的新知。这些研究与弗洛伊德学说一起为新的心理科学作出贡献。这将是我们第二篇文章的两个部分。

# 助成"我"的功能形成的镜子阶段

——精神分析经验所揭示的一个阶段

1949年7月17日在苏黎世的第十六届国际精神分析学会上作的报告。

13年前我在上届学会上提出的镜子阶段的概念,现在已或多或少地为法国会员们付之应用了。但我觉得它还值得在这儿重新引起大家的注意。特别是考虑到目前在我们的精神分析工作经验中这个概念能令人洞明"**我**"的功用。当然必须指出我们的经验使我们与所有直接从我思(cogito)①而来的哲学截然相对。

在座诸位中大概有人还记得,这个概念起源于人行为中的那个为比较心理学的一个事实所揭明的特征。在一个短短的时期内,小孩子虽然在工具智慧上还比不上黑猩猩,但已能在镜子中辨认出自己的模样。颇能说明问题的学样"啊哈,真奇妙(Aha-Erlehnis)"表明了此辨认的存在。在科勒看来,这种学样表示了情境认识,是智力行为的关键一步。

对于一个猴子,一旦明了了镜子形象的空洞无用,这个行为也

---

① 这儿指的是法国哲学家笛卡尔(Déscartes)的著名论题"我思故我在"。从cogito来的哲学指的是理性主义哲学传统(译者注)。

就到头了。而在孩子身上则大不同,立即会由此生发出一连串的动作,他要在玩耍中证明镜中形象的种种动作与反映的环境的关系以及这复杂潜象与它重现的现实的关系,也就是说与他的身体,与其他人,甚至与周围物件的关系。

自鲍德温以来我们已知道,这样的事在 6 个月以后就会发生。它的重复发生常常引起我的沉思。镜子前的婴儿这样的场面是够吸引人的了。还不会走路甚至还不会站稳的婴儿,虽然被人的扶持或被椅车(在法国这叫做"娃娃走椅")所牵制,会在一阵快活的挣扎中摆脱支撑的羁绊而保持一种多少有点倾斜的姿态,以便在镜中获得的瞬间的形象中将这姿态保持下来。

在我们看来,一直到 18 个月,婴儿的这个行为都含有着我们所赋予的那种意义。它表现了一种迄今还有争议的利比多活力,也体现了一种人类世界的本体论结构。这种本体论结构与我们对妄想症认识的思考是吻合的。

为此,我们只需将镜子阶段理解成分析所给予以完全意义的那种**认同过程**即可,也就是说主体在认定一个影像之后自身所起的变化。理论中使用的一个古老术语"**意象**"足以提示了他注定要受到这种阶段效果的天性。

一个尚处于**婴儿阶段**的孩子,举步趔趄,仰倚母怀,却兴奋地将镜中影像归属于己,这在我们看来是在一种典型的情境中表现了象征性模式。在这个模式中,**我**突进成一种首要的形式。以后,在与他人的认同过程的辩证关系中,**我**才客观化;以后,语言才给**我**重建起在普遍性中的主体功能。

如果我们想要把这个形式归入一个已知的类别,则可将它称之为**理想我**①。在这个意义上它是所有次生认同过程的根源。在

---

① 我们在这儿采用了弗洛伊德的 Ideal Ich 的一个独特的译名,以后我们并没有继续用它。(原注)

这个术语里我们也辨认出利比多正常化的诸功用。但是，重要的是这个形式将**自我**的动因于社会规定之前就置在一条虚构的途径上，而这条途径再也不会为单个的个人而退缩，或者至多是渐近而不能达到结合到主体的形成中，而不管在解决**我**和其现实的不谐和时的辩证合题的成功程度如何。

这是因为主体借以超越其能力的成熟度的幻象中的躯体的完整形式是以格式塔方式获得的。也就是说是在一种外在性中获得的。在这种外在性里，形式是用以组成的而不是被组成的，并且形式是在一种凝定主体的立体的塑像和颠倒主体的对称中显示出来的，这与主体感到的自身的紊乱动作完全相反。这个格式塔的完满倾向必得视为与种属有关，虽然它的动力式样目前还不甚明了。这个格式塔通过它体现出来时的两个特征，象征了**我**在思想上的永恒性，同时也预示了它异化的结局。并且这个形式还孕含着种种转换，这些转换将**我**与人自己树立的塑像，与支配人的魔影，以及与那个自动机制联结起来，在这种机制中人造的世界行将在某种多义关系中完成。

这确是为了**意象**。我们有幸在我们的日常经验中和在象征的效用①的阴影中看到**意象**的被遮掩的面影的出现。镜中形象显然是可见世界的门槛，如果我们信从**自身躯体的意象**在幻觉和在梦境中表现的镜面形态的话，不管这是关系到自己的特征甚至缺陷或者客观反映也好，还是假如我们注意到镜子在**替身**再现中的作用的话也好。而在这样的重现中异质的心理现实就呈现了出来。

一个格式塔会对机体具有成形作用这样的事实，也为一个生物学的实验所证实。这个实验与心理因果性的思想如此的格格不入以致它不是以这样说法来表述出来的。但它还是显示了雌性鸽

---

① 请参阅列维-斯特劳斯（Lévi-Strauss）的《象征的效用》，载于1949年1～3月号的《宗教史杂志》上。（原注）

子的性腺的成熟是以看见一个同类为必要条件的,且不管这个同类的性别为何。这个条件是如此的充分,以至只要将鸽子置于一面镜子的映照范围里,效果也就会产生出来。同样的,要在同一代里将迁徙蝗虫从独居性转变成群居性,只需在某个阶段给个体蝗虫看一个同类的视觉形象,当然这个形象必须以一种与其种属相似的方式活动着。这些事实都属于同形确认过程的范围,而这个范围又属于更大的作为成形作用的和作为情欲生成的美感的问题。

但是,被看作是异形确认过程的模仿的事实也很有意义,因为它提出了对于活体的空间的意义的问题。比较起那些试图将这些事实归结为所谓至上的适应法则的可笑努力,心理学概念未必不能更说明问题。只要想想罗杰·加宛对这个问题所作的洞幽烛微的阐明(他那时还很年青,刚刚与培养了他的社会学派决裂)。用**"传说的精神衰弱"**这个术语,他将形体模仿归于处在其假想效果下的对空间的执念。

我们自己也在将人的认识以妄想方式组织起来的社会辩证关系中指出了为什么有关欲望力量的范围的人的知识比动物的知识更独立自足,为什么人的知识是在这"点滴的事实"中决定的。不满的超现实主义者们对此还颇多责难。这些思考使我们在镜子阶段表现出的对空间的窃取中看到先于这种辩证关系而体现在人身上的那种自然实在的机体的不足的效果,如果我们还能给自然这个词以一个意义的话。

在我们看来,镜子阶段的功能就是**意象**功能的一个殊例。这个功能在于建立起机体与它的实在之间的关系,或者如人们所说的,建立内在世界(Innenwelt)与外在世界(Umwelt)之间的关系。

但在人身上,这种与自然的关系由于机体内在的某种开裂,由于新生儿最初几月内的不适和行动不协的症状所表露的原生不和而有所变质。金字塔形体系在构造上的不完全的客观观念以及母体体液残存的客观观念肯定了我们提出的作为人出生的**特定早熟**的证据的这样一个观点。

顺便要指出,这个证据以**胎儿化**的名称而为胚胎学家们所确认,他们这样做是要确定中枢神经中的所谓高等系统的优势,特别是确定心理外科手术导致我们将其视为机体内镜子的皮质的优势。

这个发展是作为时间上的辩证过程而度过的。它将个体的形式决定性地映现成历史:**镜子阶段**是场悲剧,它的内在冲劲从不足匮缺奔向预见先定——对于受空间确认诱惑的主体来说,它策动了从身体的残缺形象到我们称之为整体的矫形形式的种种狂想——一直达到建立起异化着的个体的强固框架,这个框架以其僵硬的结构将影响整个精神发展。由此,从内在世界(Innenwelt)到外在世界(Umwelt)的循环的打破,导致了对**自我**的验证的无穷化解。

我已使残缺的身体这个名称加入到我们的理论系统里去了。当分析的动力达到了强制分解个体的某个水平时,残缺的身体就经常地出现在梦中。那时它是以断裂的肢体和外观形态学中的器官形式出现的,它们在内部倾轧中长出翅膀生出胳膊。这些形象在15世纪通过想象超人的杰洛姆·鲍希①的画笔已永远地确定在现代人想象的巅峰上。然而,残缺的身体的这个形式还在机体本身具体地出现,出现的途径是那种决定了谵妄的构造的脆弱化过程,表现在精神分裂,痉挛和歇斯底里的症状上。

与此相关,在梦中**我**的形成是以一个营垒甚至一个竞技场来象征的。从内场到边墙及外缘的碎石地和沼泽,这个竞技场划分成争斗的两个阵营,主体在那儿陷在争夺遥远而高耸的内心城堡

---

① 杰洛姆·鲍希(Jérôme Bosch,1450—1516),佛兰芒画家,以画奇特形象著称。(译者注)

的斗争中。这城堡的形式(有时也平行出现在同样的故事中)以惊人的方式象征了原始本能。同样地,在精神方面我们在这儿也可看到加固了的建作结构得到了实现。这些结构的借喻自然而然地产生出来,就像是来自主体的症状本身,目的是为了指明倒错、孤独、重复、否定、移位等固念精神症的机制。

但是,如果我们只依仗主观的证据,如果我们将这些证据稍微地从经验条件中解脱出来,而这条件会使我们将证据视为语言技术的一部分,那么我们的理论尝试就会被指责为陷入不可思议的绝对主体中去。这就是为什么在我们由客观证据帮助下建立起的假设中,我们努力寻找出**象征还原方法**的指导性纲要。

这个纲要在**自我卫护**中建立起一个基因次序。这就回答了安娜·弗洛伊德小姐在她大作的第一部分中表达的愿望。与经常能听到的偏见不同,这个次序将歇斯底里的压抑及其回复置于比固念倒错及其隔绝性过程更早的阶段。而后者则又比产生于从自映的**我**到社会的**我**的转换时的妄想异化更早。

通过将相似者确认在**意象**上,通过原生嫉妒的悲剧(夏洛特·布勒学派在儿童的相及性事实中很好地揭示了这一点),镜子阶段完成的这个转换时期开创了一个辩证过程,在这个过程中**我**就与社会上展开的情景相联系上了。

就是这个时期将人的所有知识决定性地转向到通过对他者的欲望的中介中去;还将它的对象物建成在通过他者竞争造成的抽象同值中;并使**我**成为这样一个机构,对它来说所有的本能冲动都是种危险,即使这冲动满足了自然的成熟。对于人,这种成熟的正常化从此决定于文化的帮助。就像俄狄浦斯情结对于性欲对象那样。

我们的学说以原始自恋这个名称来指称这个时期特有的利比多的倾注。我们的这个概念揭示了在那些创始者心里有一种非常深刻的对语义潜力的感觉。同时这个概念还阐明了从这个利比多到情欲利比多的动态对立。早期的分析者在提到毁坏本能或死亡本能时就曾试图界定这种对立,目的是为了解释自恋利比多与**我**的异化功能之间,以及与我和他人的一切关系中甚至在最善意慷慨的帮助中必然产生的侵凌性之间的明显关系。

事实上,他们在这儿触及到了存在的否定性。这种存在的否定性的事实已为当代的存在与虚无的哲学有力地申明了。

但是,可惜的是这种哲学仅仅在意识的自足的范围内来掌握这个存在的否定性。作为其前提之一的意识的自足将它所依托的自立的假象与组成**自我**的漠视相连结。这种智力游戏,虽然从分析的经验里颇多获益,却最终声言能维持起一个存在的精神分析。

在经过社会作出的只承认功利性功能为其本身功能的历史性努力之后,在个人面对集中营式的社会关系而产生的恐慌前(这种关系的产生似乎报答了他的努力),存在主义要由它为因此产生的主体绝境所作的辩解而得到评价:一种只有在监狱高墙内才得到肯定的自由,一种表达了纯粹良知无法超越任何形势的参与要求,一种两性关系的窥淫—虐淫的理想化,一个只有在自杀中得到实现的个性,一种只有在黑格尔式谋杀中才得到满足的对他人的意识。

我们的经验与以上各点正好相反,因为我们的经验促使我们不把**自我**看作居于**感知—知觉体系**的中心,也不看作是由"现实原则"组织而成的。在这个原则中表达出了与知识的辩证法水火不相容的科学主义偏见。我们的经验向我们指明要从**漠视的功能**出发。这个功能规定了所有那些安娜·弗洛伊德非常明晰地描述的结构。因为,如果否定(Verneinung)表示了这个功能的显性形式,那么,只要在呈现原始本能的命定层次上它的效用没有被阐明,这些效用就大部分仍处于潜形状态。

由此我们便可理解**我**的形成中的惰性。在这个形成过程中我们可以获知神经官能症的最广泛的定义,就如形势对主体的囚禁是疯狂的最普遍的格式;既包括疯人院围墙内的疯狂,也包括了震耳欲聋的世上的嚣啸的疯狂。

要懂得灵魂的情绪,研究神经官能症和精神病的苦痛为绝好途径,这就如精神分析天平上的横梁。如果我们要测算出这个威胁对整个社会的影响,它会指示出社会上的情绪的缓解程度。

在这个现代人类学执着地研究的文化与自然的联结点上,只有精神分析学承认这个爱必须永远拆解或斩断的想象的奴役之结。

对于这样一项工作,我们并不相信利他的情操。我们揭示出了隐伏在慈善家,理想主义者,教育家,以至改革家的行动后面的侵凌性。

在我们维持的主体对主体的救助中,精神分析可以陪伴病人达到"**你即如此**"这样的狂喜的限度,在这个限度上他的命运的奥秘就显示了给他,但是我们作为临床医师并无力量把他引导到真正的旅途开始的时刻。

# 精神分析中的侵凌性

> 提交给1948年5月中旬在布鲁塞尔召开的第十一届法语精神分析学家大会的理论报告。

上次的报告向诸位介绍了在医院和在治疗中我们对侵凌性这个说法的应用①。现在我需要向诸位证明我们是否能够据此而形成一个有科学用途的概念,也就是说一个能将现实中相类似事实客观化的概念,或者更范畴化地说一个能确立客观化的事实是其变项的经验的尺度。

出席本届大会的各位都有这么一种经验,这种经验是基于一个技巧,基于我们信奉的一个概念体系,这既是因为这个体系是由那个为我们开辟了通向这个经验的所有道路的人所发展成的,也是因为这个人自身显示了这个发展的各个阶段的活生生的痕迹。人们指责我们为教条主义,恰恰相反,我们知道这个概念体系无论在它的完成状态下还是在它的联结点上都是开放的。

在弗洛伊德主张的谜一般的**死亡本能**上,这些疏漏像是汇集了起来。就像是斯芬克斯的形象一样,为阐述人在生物层的一个

---

① 除了第一句,这篇报告是全文发表的。(原注)

经验而作出的最深刻努力的这个伟大思想在这儿遭遇到了一个疑难。

这个疑难正处在我们所说的侵凌性的核心。随着时间的推移,我们越来越看清在心理结构中应赋予它什么分量。

这就是为什么我们的理论家同行时时不停地在讨论死亡倾向的元心理学性质问题。这些讨论有点自相矛盾,应该说还常常是形式化的。

我只是打算提出一些看法或一些论题。这都是长期来我就我们学科的这个真正的疑难而作的反思的结果,这也来自于我读了许许多多的研究报告后的一种感觉。这些报告谈的是当前在实验室和在治疗过程中发展着的心理学中的我们的责任。我所指的有两方面,一方面是所谓的**行为主义**研究,在我看来这些研究的最佳成果(就他们所用的庞大设备来说,这些成果似嫌单薄了点)都受惠于他们对于分析给心理学带来的范畴的悄悄的应用。另一方面我指的是这种施行于成年人和儿童的称之为心理剧的治疗方法。这种方法是在游戏中尽量加大心理宣泄而获致其效用的。在这儿也是经典的精神分析提供了指导性的想法。

### 论题之一:侵凌性是在一种其本身为主观性的经验中显示出来的。

确实有必要先回复到精神分析经验的现象上来。在关注原始情况时,这个思考常常被忽视了。

我们可以说精神分析的活动是在并通过语言交流而开展的,也就是说是在一种对意义的辩证掌握中开展的。这就需要有一个主体以主体身份来引发对方的注意。

人们不能依据物理学已达到了的一个理想来指责我们所说的这个主体性为陈腐。物理学是通过记录仪器来排除主体性的,虽然它也无法避免误读结果的人为错误。

只有主体才能理解意义;反过来,所有意义的现象必涉及到主体。在分析中,主体以能够被理解而显露自己一切,而确实他是被理解了的。自认为是映射的内省和直感并不属于那种心理学在其向科学地位发展的最初几步中以为是无可避免的原则败坏。不然的话,这将是用从对话中抽象地分离出来的片断来构成障碍,而我们所要倚赖的则是活动:弗洛伊德的功绩正在于他在给出一种严谨的技术之前,先承担起了其中的风险。

这些结果能建成一种实证科学吗? 如果这个经验是可由所有人来验证的话,就能够。但是,这个经验是由两个主体组成的,其中之一在对话中起着理想的无个性的角色。这个经验在完成之后并符合了对所有专门研究都要求的有效用的条件后,就可由另外一个主体与一个第三者重复。表面上看这是个入门的途径,实际上只是一种通过重复而达到的传递。这并没有什么令人惊讶的地方,因为这种传递来自于主体性的双极的结构本身。只有经验传播的速度由此而受到影响。如果说就这种传播还受到文化区域的限制这一点人们还能争议,那么,不仅任何健康的人类学不能由此而提出反对意见,而且一切都表明结果可以充分的相对化以至达到一种可以满足与科学精神不可分离的人性前提的普遍性。

**论题之二:经验中的侵凌是以侵凌的意图和肢体分离的形象而体现在我们身上的。以这些方式侵凌性显示其效能。**

分析的经验使我们感受到意愿的压力。一旦主体抛开了他据以将症状与自己的日常生活和自己历史分离开来的防卫手段,我们就可以从症状的象征意义中读出这个压力来:在不明言的他的行为与回绝的目的中;在他行动的失误中;在他承认的自己偏好的幻想中;在他梦幻世界的疑谜中。

在许多地方我们几乎可以测度出这个压力来:在常常贯穿整篇言辞的要求的调子,在停顿中,在迟疑中,在其思绪中和在口误中,在叙述的失实处,在规则应用的不一贯中,在其迟到和其故意的缺席中,在其指责中和其批评中,在其虚妄的恐惧中,在其愤怒的情绪反应中,在其威吓性的逞能中。而真的暴力行为则与将他带到医生那儿去的机遇一样少,将压力以医生接受的办法转变成对话的常规也同样的不多见。

这种侵凌的意愿特有的效率是很明显的:我们经常可以从一个人对从属于他的人的教养行为中观察到;意愿的侵凌性腐蚀人,败坏人,使人解体,使人无能;它导致死亡。一个母亲在听到她儿子不无难堪地承认自己有同性恋倾向后,用母老虎样的声调悲鸣,"我还以为你是性无能的呢"。人们看到这个丈夫般的女人的恒常的侵凌性是有其效果的。在这一类的病例中,我总觉得无法不使精神分析事业受到其冲击。

这种侵凌性在起作用时当然受到实际的限制,可是我们的经验告诉我们侵凌性只要表达出来就一样有效。一个严厉的长辈只要一出现就足以吓住孩子;你不需摆出惩罚者的架子:孩子早就看到了。这效力比任何暴行更持久。

这些称为形象的精神现象,虽然其表达的意义为这个词的所有用法所肯定,却从来没有让传统的心理学解释清楚过。是精神分析学第一次达到了它所表达的实际内容的层次。这是因为精神分析是以这些现象在主体中的教养作用为出发点的并且揭示出这样的事实:如果说变异中的形象决定了对倾向的个别思虑,那么其他特定的形象则是作为模式的变化而为"本能"来形成的。我们以旧有名词"**意象**"来命名这类形象。

在这类形象中有一些代表了侵凌意愿的选择性向量并赋予其一种可称为魔术般的功效。这就是阉割,截肢,肢解,脱臼,剖腹,吞噬,裂体等的形象。简单地说,就是我个人归入显然是结构性的"**残体的意象**"的那些**意象**。

人与他的身体之间有一种特殊的关系,这种关系可以在从原始社会的文身、划痕、割礼到先进社会里的那种普洛克路斯忒斯①般的时尚的任意表现等等的社会活动的普遍性中看出。人类文化的较晚时期出现了尊重人体的自然形式的想法,但时尚的任意性否定了这个想法。

我们只要听听2到5岁的孩子编的故事和看看他们单个或一齐玩的游戏就可知道在他们的想象中断头和剖腹是个自然而然的主题。撕裂娃娃的经验也更证实了这一点。

为了了解折磨人们的侵凌性形象的全貌,我们得翻阅一下复制了杰洛姆·鲍希的作品的全部和其细部的画册。精神分析发现在他的作品中有大量的原始自我幻觉中的口腔和泄殖腔的形象演化成魔鬼的模样。在罪人被推入的深渊的门上的那个诞生的狭门(angustiae)的尖拱上有这些魔鬼;在快乐园中累坏的同伴们被禁锢其中的那些玻璃球的自恋结构中我们也能看到这样的模样。

在梦中我们总是遇到这样的幻象,特别是当分析似乎是要开始考察最早期的固恋的根源时候。我说一下我的一个病人的梦。这个病人的侵凌冲动表现在一些执念妄想中。在一个梦中他看见自己和与他关系颇为棘手的女人同在一辆汽车上,后面有一条飞行的鱼追着他,这条鱼的透明身体可以让人看出内部的液体的高度。这个膀胱压迫的形象的解剖上的明显性是很大的。

---

① 普洛克路斯忒斯(Procruste),为希腊神话中的一个强盗,他将抓来的人置于他的床上,过长者截短其足,不足者则强拉齐。(译者注)

这些就是人的侵凌行为的**格式塔**的原始材料,这一格式塔既与其象征性质有关,至少在其衍生的初始阶段亦与人炮制的武器的精致残酷性有关。我们的讨论将阐明这个想象的功能。

这儿要指出,如果试图将分析的过程归结为行为主义的研究——追求严谨的考虑似乎使我们中的一些人倾向于这样做,这在我看来是没有道理的——,我们将使分析失去其最重要的素材。在这些素材中的那些偏好的妄想是意识的见证,能够让我们构成助成确认的**意象**。

**论题之三:侵凌性的原动力决定了采用何种分析技术的原由**。

对话本身显然就构成了对侵凌性的摒弃。苏格拉底以来的哲学一直将光扬理性的希望寄于对话上。可是自从在《理想国》这篇伟大对话的开首时特拉叙马库斯①作了粗鄙言论以来,言谈辩证的失败已是屡见不怪了。

我已强调过,分析者运用对话可治愈最疯的癫狂,对此弗洛伊德又加以何种优点呢?

在分析中提供给病人的规则使他循着一个意愿前进,除了要将他从病患中解救出来,或者给他解除他也不知其止境的蒙昧以外,这个意愿没有任何其他目的。

在分析者划定的一段时间内,只有病人在独自讲话。很快,病人会觉察到并得到肯定,分析者是不会给他任何建议或影响他的计划的。这个限制看上去好像是与目的背道而驰的,因此必然要有一个深刻的原因在后面。

什么考虑使分析者采取这样一种态度呢?这是为了给对话提

---

① 特拉叙马库斯(Thrasymaque)为柏拉图对话《理想国》中人物,他举止粗鲁言谈刺耳,是苏格拉底的辩论对手。(译者注)

供一个尽可能没有个人特征的人物。我们隐去自己;我们不让他得到他在对话者脸上寻找的那种兴趣、同情和反应;我们避免显示任何个人的好恶。我们不作任何表露;我们将自己非个性化;我们的目的是使对方面对一个理想的沉静。

由此,我们并不是仅仅表现出一种无动于衷,为了能理解我们的对象,我们必须自己有这个无动于衷。我们也不是仅仅为了使我们给出的解释在寂无的背景中显得神喻般的有力。

我们为的是躲开一个陷阱。在病人给我们的带着永久性的病态的信念的呼吁中,就包含着这个陷阱。在这呼吁中有个秘密。"从我肩上卸去这病的重担吧,"他对我们说,"但是,像你现在这样优哉游哉舒舒坦坦的,你也不配来承担这病"。

在这儿看来像是病痛的倨傲的要求会以自尊的形式显示出其真实的面貌——常常是在一个对于进入那个"反面治疗反应"是决定性的时刻发生,弗洛伊德对这个反应曾很为注意——我们采用拉·罗什福柯曾予以深刻阐述的自尊这个词,其意义常常是这样表达的,"我无法接受让别人而不是我自己来解放我自己。"

当然,在心灵的更深一层的渴求中,病人期待我们参与到他的病情中去。但是敌意的反应使我们小心行事,这也使弗洛伊德警告说不要试图去当预言家。只有圣人才超身于世俗的深切情感之外而可避免慈善招来的攻击。

至于说以描述我们的德行操守来作榜样,我只看到过一个大人物这样做过,此人满脑子只有一个既峻刻又幼稚的自诩为使徒的想法。他引起的怒火我至今还记忆犹新。

再说,我们既然指责过隐藏在所有的所谓慈善行为背后的侵凌性原动力,我们怎么会对这样的反应吃惊呢?

然而,我们还是要利用针对我们的侵凌行为,因为这些侵凌的意向正构成了负面的转移。而这个转移则是分析这出戏的开场关节。

在病人身上,这个现象表示他将一个多少是原始的**意象**在想象中转植到我们身上。通过象征的相减作用,这个意象败坏、错导或抑制了这样的行为的周转;通过了压抑的偶然行为,这个意象使某个身体部位及某个功能不受自我的控制;通过确认的行动,这个意象赋予个性的某个动因以外形。

我们看到最牵强的借口也足以挑起侵凌的意向,从而激活**意象**。与意向相关联,意象是永久性地存在于我们称之为主体的无意识的那个象征性的超决定层面的。

在歇斯底里的情况中,这样一个机制表现得特别的简单。有一个得了行立失衡症的年轻姑娘,几个月来种种治疗方法的尝试对她都失效,从一开始她就在我身上认出了她的一个情感的对象具有的那些最为人厌恶的特征。她的这个情感是颇有点疯狂的。潜在的**意象**是她的父亲。只要我对她说她父亲没有支持她(我知道在她的个人经历中她父亲离奇的失责是突出的一点),她的病状就会消失。要补充的一点是,她对此始终什么也没理解,并且她病态的情感也未因此而有变化。

我们知道,在固念精神症上,这些死结更难打开。其原因我们是熟知的。以一种与表现在凸角堡和曲折廊上的原则相似的防卫性的分解做法,这个病症的结构特别适宜于伪装,转移,否认,分散和减弱侵凌意向。我们常常听到我们的病人在谈论他们自己时使用"伏本式①的堡垒"这样的比喻。

至于侵凌性在恐惧症中的作用,这可以说是很明显的。因而,在精神分析中重谈侵凌意向不是坏事。

在我们的技术中需要避免的是让病人的侵凌意向在我们成熟了的想法中得到支持,以致它能组织在对立、否定、炫耀和谎言这

---

① 伏本(Vauban,1633—1707),路易十四时代的堡垒专家,以建筑复杂而有效的城堡而出名。(译者注)

样的反应中。我们的经验表明在对话中这些都是**自我**动因的特征方式。

弗洛伊德将这个动因表述为一个**感觉—意识**体系,我在这儿不对这个动因作这样的理论阐述。我在这儿要对它进行现象学本质的说明。弗洛伊德将这个本质看作是在经验中在否定(Verneinung)方面自我最恒常的特点。他并要我们在先决倒错的最普遍的标志中来细察这个本质的素材。

简言之,在**自我**中我们指出这样一个核心,它为意识所有,但不为反思所及。种种歧义刻画了它,从曲意迎合到恶意捣乱,这些歧义在人类主体中构造了情感经历。这个"我"为了对存在性批判承认它的人为性,它即以其不可消除的自大和漠视的惰性来对抗实现主体的具体问题。

引导式的分析并不正面的来解决这个问题,而是采用迂回的办法,这就是在主体中引发出一种有控制的妄想症。实际上分析行动的一个方面就是要将梅兰妮·克莱因①所说那些**内在恶物**映射出来。这当然是一种妄想机制,但在这儿是被系统化了,在某种程度上是被选择过了,并且逐渐地被遏止了的。

我们的**实践**的这个方面对应了空间的范畴,虽然对于症状的这个度向在其中发展的这个想象的空间我们所知不多。这个度向将症状构作成人的功能中被排斥的小岛,惰性的盲点或寄生的自主性。

对另一个度向,时间,对应着焦虑及其后果,它或者显示在逃避或禁忌的现象上,或者潜伏在激励性的**意象**上。

这儿还要重复说一下,这个**意象**只有在我们的态度对主体来说成了一面纯净无瑕的镜子时才会显示出来。

---

① 梅兰妮·克莱因(Mélanie Klein,1882—1960),原籍奥地利的英国精神分析学家。她专长于儿童的心理分析。(译者注)

为了更好的理解，请设想一下当病人在分析者身上看到他自己的原样复现时会发生什么？人人都感到侵凌压力过大会给转移的表现造成如此大的障碍以致它的有益的效用出现得非常之慢。在一些以教育为目的的分析过程中就发生这样的情况。我们可以设想这样的极端例子，如果病人是以疑惧**复份**的陌生的方式来经历这个情景的，那么这个情景会引起一种无法控制的焦虑。

**论题之四：侵凌性是种与我们称之为自恋的一个确认方式有关联的倾向，这个确认方式决定了人的自我的结构形式并也决定了这个世界特有的记存事物的结构。**

分析的主观经验很快地将它的结果归入具体的心理学中去。这儿只提一下分析给情感心理学作的贡献。分析指出了种种不同的情绪状态如虚妄的害怕，恼怒，涌动的悲伤或精神衰弱的疲乏等其实都含着一种共同的意义。

现在我们从意愿的主观性过渡到侵凌的倾向这个观念，这个过渡是一个从我们经验的现象学到元心理学的飞跃。

但是这个飞跃只不过是思想的规定。为了将侵凌反应的记存客观化，但又无法将它依数量变化而系列化，思想就只有以一种同等的表达式来理解它。对于**利比多**这个观念我们也是这样来利用飞跃的。

在像类偏执狂和偏执狂这样一类个性的有意义状态中，侵凌倾向显得是至关重要的。

在我的著作中，我指出我们可以将一种形式的偏执狂的侵凌反应的性质以一个严格的平行系列与同一种形式的偏执狂以癫狂症状表现出来的它的精神发生的阶段相配合起来。当侵凌行为化解了癫狂的构造时——我在一种可治愈的形式：自惩偏执狂中证明了这一点——这层关系显得更加深刻。

侵凌反应是成系列地连续性地出现的,从以各种各样的争斗形式进行的突然的无缘无故的爆发到解释性演示的冷战。与此相平行的是归咎于别人,如不讲类偏执狂用以说明他厌弃所有生活接触的那个晦涩的祸根(kakon),我们可以依次列出这样一些:起因于毒药的,这是从原始的脏器说领域里借来的;起因于巫术的,这是属于魔法的;起因于影响的,这是属于心灵感应的;起因于体格被破坏的,这是属于外伤;起因于歪曲原意的,这是属于欺骗的;起因于窃取秘密的,这是属于剥夺的;起因于暴露隐私的,这是属于亵渎的;起因于偏见的,这是属于公理的;起因于间谍和恐吓的,这是属于迫害的;起因于污蔑和有损尊严的,这是属于名望的;起因于损失和剥削的,这是属于伸张公道的。

在这个系列中我们可以看到人的社会性和生物性的所有层面。我曾指出在所有的情形中这个系列都是取决于**自我**和客体的形式的原初组织的。而它们同时也受到这个系列的影响。影响不仅达到它们的结构也达到时空范畴,在这时空范畴中它们形成起来,被感受为幻影视野中的事件,为带有排斥了辩证关系的固化了的色彩的情感。

雅内[①]出色地阐述了作为社会行为的现象学时刻的受迫害感的意义,但他没有继续深入到它们的共同特性。这个特性在于它们是由某个时刻的凝滞而造成的,其古怪的样子正像电影片子停止转动时演员的模样一样。

而这个形式的凝滞与人类知识的最普遍的结构是相近的:那个以恒定性、同一性和实体性的特征来构成自我及客体的结构,简单地说就是以物体或"东西"形式来构成的结构。这些物体是与

---

① 皮埃尔·玛丽·菲利浦·雅内(Pierre Marie Felix Janet,1859—1947),法国心理学家和神经生理学家。(译者注)

经验让我们在按动物性欲望而伸开的场景的运动中分离出的**格式塔**很不一样。

这个形式的固定导致了某种层面的断裂以及人的机体与他的外在世界(Umwelt)之间的某种不谐和。事实上,这个形式的固定无限地延伸了人的世界和他的力量,它给予他的对象以工具性的多种价值,象征的多个声音和武装的潜力。

我称之为偏执的知识的认识显然是以或多或少原朴的形式对应了一些关键的时刻。这些时刻突出在人的精神创生的历史中;每一个时刻都代表了客观化确认过程的一个阶段。

通过简单的观察我们可以窥见在儿童身上的这些阶段。夏洛特·布勒(Charlotte Bühler),埃尔泽·科勒(Elsa Köhler)以及随后的芝加哥学派给我们显示了其中富有意义的一些截面。但是只有分析的经验能通过引入主体的关系而赋予这些截面以真正的价值。

第一个截面表明,在年龄最小的幼儿那儿,作为引证于同类的自我的经验是从一种感受为无所辨别的情景中发展起来的。在8个月左右大的幼儿们的相遇中(注意,为了观察的有效,2个半月以上的年龄差异就不太行了),我们可以看到一个主体用一些姿态行动来接续另一个的笨拙的努力,从而混淆了它们各自的用途。这些戏剧性的同步的借取非常值得注意,因为它们据以实现的运动系统此时还尚未能达到协调行动。

因此,在还击的敲打中表现出来的侵凌性不能被看作是力量的嬉戏性的表现;力量的使用也不是为了认清自己的身体。我们必须将它放在更广阔的图景中来理解。这是为了使有力的姿势和植物性的张力从属于社会的相对性,这种相对性在人类情感的表达结构中的广泛性已被瓦隆[①]出色地揭示。

---

[①] 亨利·瓦隆(Henri Wallon,1879—1902),法国心理学家,政治家。(译者注)

再者，我本人相信完全可以证明在这样的时候幼儿是在精神层面预习了对他自己身体的整体功能的掌握，而那时他还没有学会自由地行动。

这是首次通过形象的借取，确认的辩证过程在这儿首次显现。这是与一个**格式塔**现象有关，这个现象就是对人形的早熟的感知。在幼儿的最初几个月中人形就吸引了他的兴趣，对于人的脸形，那是从第 10 个月就开始的。但表明这种涉及到主体性的辨认现象的，则是从 6 个月开始幼儿在遇到自己镜中形象时表示的那些欢天喜地的样子和寻找部位的游戏。这种行为与动物看到自己形象时的无动于衷正截然相反。例如黑猩猩在满足了它的客观的虚荣后就算了。如果我们考虑到幼儿的这个行为发生在他的工具性智慧尚落后于黑猩猩的时期，这个对比就更突出了。幼儿对黑猩猩的落后要到 11 个月时才赶上。

我称之为**镜子阶段**的行为的意义在于表现了情感的动力，在这种动力中主体将自己从根本上与自己身体的视觉**格式塔**认同起来。相对他行动上还存在的严重的不协调而言，这个格式塔是一个理想的统一，是个有益的**意象**。它的价值来自于幼儿在其开初的 6 个月中因机体内及相互关系的不和谐而遭受的原生的苦恼。在这 6 个月中幼儿带着新生生理早熟的神经的和体液的迹象。

在 6 个月到两岁半之间，正是这个人形**意象**的借用，而不是在幼儿早期不存在的移情作用（Einfühlung），主导了幼儿在面对与其相同者时的行为的辩证关系。

在这个时期我们会记录到一种正常传递性的情绪反应和叙述。打别人的儿童说自己被打，看见别人跌倒却自己哭。同样地，他是认同于别人之后来看仪容和表演的所有反应的。在这些反应中的行动表现了明显的结构上的两可，奴隶被认作暴君，演员被认作观众，被诱惑者被认同于诱惑者。

在这儿有一个结构上的十字路口，我们的思想必须与之适应才能理解人的侵凌性的本质以及自我和其对象的形式的关系。产生那个被人称之为**自我**的那个情感组织的活力和形式的就是个人自定于一个将自己异化的形象的情欲关系。

这个形式事实上是固定在主体内在的冲突的张力上。这个张力决定了他对别人欲望的对象生发出欲望来。在这儿,原始的协力迅速演变成侵凌性的竞争,从这个竞争产生了别人、自我和对象这个三元组。这三元组以其特有的形式结构占据了镜像同一的空间。这三元组对移情作用(Einfühlung)的支配力是如此之大以致这个年龄的儿童会认错他们最熟识的人,只要这些人是在陌生的环境中出现的。

缺乏客观性的头脑会在进行条件试验的动物因欲望而附带发生的情感勃起中看到侵凌的相对性。如果**自我**在起源时就带着这个侵凌的相对性,那么,我们不难设想在人的一生中的每次重大的本能转换都动摇了生活的限定。这个限定取决于个人的历史和不可思议的欲望的先天性这两者的合力。

这就是为什么人的**自我**从来也没有能被归结于人所经历的个性,或者说只能有限度地归结,而最伟大的天才也没能接近这个限度。在遭受卑下的逆境时爆发的抑郁中产生的主要是固定在其形式中的致命的否定。"我不是我碰到的事情,你不是什么值钱的东西"。

同样,主体自我否定与主体指控别人这两个时刻混同了起来。人们于此可发现**自我**的偏执结构。与这结构相似的是根本的否定。弗洛伊德在嫉妒狂、色情狂和解说狂这三种癫狂中强调了这些根本的否定。这就是慈悲心怀的癫狂,将成就自己的混乱扔回给世界。

我们要使主体经验有完全权利来认出两可的侵凌性的中心枢结,现时的文化以**怨恨**这个统领性的类别将这个侵凌性加于我们,直到幼儿身上最早期的体现。圣奥古斯丁生活在一个相似的时候,而他又没有因为我们所说的**行为主义的**抗衡而受罪,所以他先于精神分析而这样的描述了这么个行为的典型形象:"我亲眼看到,我熟知嫉火燃烧着的幼儿。他还不会讲话,但他脸色煞白,恶狠狠地看着和他同乳的兄弟。"因此,他将镜像吸引的情景永久性地与最早期的孩子(infans)(言语之前)的阶段联结起来了。镜像吸引的情景:他看着,情绪反应:脸色煞白,他初始期受挫折的形象的激活:恶狠狠的目光,这些是原始侵凌性的心理和体格的坐标。

只有梅兰妮·克莱因女士在研究刚刚开始讲话的儿童时敢于将主观经验映射到这个先行时期。其实我们的观察使我们完全可以肯定这一点。事实很简单,一个不会讲话的儿童对惩罚和对粗鲁行为的反应是不一样的。

通过她我们了解了由母体的**意象**组成的想象中的原生封闭圈的功能;通过她我们有了孩子们亲手画的母亲内部世界的地形图,有了肠内划分的历史地图。在那儿父亲的**意象**,已有或会有的兄弟的**意象**,以及主体自己贪婪的侵吞一起争夺着他们对这些神圣区域的有害的控制。我们也知道了那些**内在恶物**的阴影在主体身上是久久不去的。这些内在恶物来自于一些偶然的关联(使用这个词时以我们的经验最好强调它的机体的意义而不是它得之于休谟理论的抽象意义)。由此我们可以理解由于怎样的结构原动力使得某些想象的角色(personae)的重显,某些情景中的卑下地位的重逢会以最可预见的方式扰乱成年人的自主功能:也就是说它们对原始确认过程的**意象**的分裂影响。

梅兰妮·克莱因向我们指明了"抑郁地位"的初始性以及祸根的主体化的极早性,从而提前了我们可以看到确认过程的主体性功能起作用的限期,特别是使我们能够将**超我**的第一次成形视为完全是原始的。

而我们正需要界定一下种种关系为我们的理论思考而排列于其中的轨道。这些关系远未探明,包括负罪感的张力的关系,口头毒性的关系,沉溺于疑病的关系,甚至这个早期受虐症的关系,虽然我们不谈论它,为的是确立侵凌性的观念。我们的这个观念是与自恋的关系,与显示了**自我**的形成的特点的漠视和一贯客观化的结构有关的。

自我形成的原型(Urbild)虽然是以其外在的功能而使人异化的,与它相应的是一种因安定了原始机体混乱而来的满足。我们必须将这个满足从组成人的至要的开裂的角度上来构思。这个开裂使有一个先于人而形成的环境的想法无法成立。这个所谓"**负**"**利比多**的想法重新拾起了赫拉克利特①关于不和谐的观念。这个以弗所人②认为不和谐是先于和谐的。

至此,我们不需要再到别处去寻找那个动力的源泉了,弗洛伊德曾就压制的问题疑惑过,为了服务于"现实的原则"**自我**是从何处借到动力的?

只要我们将**自我**按照我们在这儿创导的合于我们经验内涵的主观性观念来理解,那么我们能肯定这个动力来源于"自恋的激情";在我看来弗洛伊德遇到的理论上的困难事实上是与客观化的幻象有关。由**感觉—意识**体系的想法构成的这个幻象继承了传统的心理学。在这个幻象中,**自我**在使之对现实作出反应的感觉中所忽视、无视和错认的一切事实都忽然得不到认识,同样得到忽略的是自我在其从语言那儿得到的意义中所摒弃,穷尽和缠结的一切。对于弗洛伊德这样一个能以其强有力的辩证法穷尽无意识的奥秘的人,这种忽视是很令人吃惊的。

就像**超我**的无度的压抑是道德意识的有目的指令的根源一样,人类特有的那种要在现实中打上自己形象的印记的狂热是意志的理性干预的隐秘基础。

---

① 赫拉克利特(Héraclite,前576—前480),古希腊哲学家。(译者注)
② 指赫拉克利特,因为他出生在小亚细亚的以弗所(Ephèse)。(译者注)

将侵凌性看作是主体的成长过程中与自恋结构有关的张力的观念,可使我们在一个简洁的功能中理解这个成长过程中的所有意外事件和非典型事例。

我们在这儿讲一下我们是怎样看它与俄狄浦斯情结的功能的辩证联系的。在正常情况下,这个功能是个升华的功能,它确切地指明了主体的认同的一个变异。同时,正像弗洛伊德在感觉到系统地类别各种心理动力的必要时指出那样,这个功能还是一个通过注入同性亲人的**意象**的次生认同过程。

这个认同过程的动力得自于生殖**利比多**的首次生物性高涨。但是,很显然,除非是在寓言层次上,认同于对手的结构效能并不是一定能得到的,它只有经过一个早生认同过程才能产生,这个早生认同过程将主体组织成与自己相竞争的结构。分析表明了对想象中的"理想"的渴念决定了"本能"与个人的体质性别的切合,事实上,在这种渴念中重又听到了生物性无能的调子,重又出现了人类心理现象的产生所特有的预期效用。顺便指出,这一点在人类学上的重要性是怎么强调也不过分的。但在这儿我们感兴趣的是**自我的理想**的那个我们称之为平和的功能,即它的利比多的规范性与有史以来一直与父亲的意象相联的文化的规范性之间的联系。无疑,在这儿弗洛伊德的著作《图腾和禁忌》显示了其重要性,虽然神话的循环使这著作减色不少,因为在这部著作中,主体层面是被说成由杀父的神话事件演化而来的,然后这个层面又赋予了这个事件以意义,也就是说负罪感。

弗洛伊德事实上表明了,参与的需要平息了兄弟阋墙以致谋杀后产生的冲突,这种需要是认同于父亲图腾的基础。因此,主体通过俄狄浦斯认同而来超越构成了主体最早的个体化的侵凌性。我们在别处也强调过建立距离的这一步,通过这个距离以及尊重这一类的感情,对邻人的情感假定就得到了实现。

那种一切都为了客观化的文化倾向于将所有的主观活动都归

结到**自我**的存在,只有这种文化的反辩证的思路才会产生出范·登·斯代能①听到那个波罗罗人②说"我是个大鹦鹉"时的惊愕。所有研究"原始思维"的社会学家们都孜孜于探究这种认同的宣称。其实这种认同并不比"我是医生","我是法兰西共和国的公民"这样的说法更出奇。无论如何它在逻辑上的困难要比"我是一个人"这个断言更少。这个断言的全部意义在于说"我相像于那一个,我将他认作为人,因此我有理由将自己也认作为人"。所有这些说法归根到底只有在"我是另一个"这个事实上才能理解。这个事实对诗人的直觉来说并不奇异,对精神分析来说倒不是很显然。

除了我们,谁会对"我"的客观地位提出质疑呢?我们文化的历史演化又趋向于将它与主体混同。这个不正常情况在语言的各个方面的特定影响值得得到揭示。首先是我们的语言的第一人称的语法主语,如"我爱"。这个主语将主体中的倾向本体化,但主体是否定这个倾向的。在许多可以在最古老的语言中找到的语言形式中不可能产生这种幻觉。在这些形式中主语根本上是处于动作的限定语或工具语的位置上的。

这里我们且不去批评所有对我思故我在(cogito ergo sum)的滥用。我们只是提请注意,在我们的经验中**自我**是对病症治疗的一切**抵抗**的中心。

分析首先注重的是要将**自我**所排斥的种种倾向重新结合进来,只要这些倾向是分析所要解决的病症的根源,而这些倾向的大部分是与俄狄浦斯认同过程中的失误有关。在这之后,自然的,分析会进而发现问题的"道德"层面。

与此平行的,侵凌性倾向在病症的结构及个性的结构中起的

---

① 范·登·斯代能(Van den Steinen,1855—1929),德国民族学家。(译者注)
② 一个居住在南美巴西境内的印第安人种族。(译者注)

作用会突出起来。同时突出的是关于释放了的**利比多**的各种强调性的概念。这些概念中最早的之一是法国精神分析家们以**奉献性**的名目提出的。

确实很显然,生殖**利比多**的作用导致个体盲目的为种类的利益而超越自己,俄狄浦斯危机的升华作用是人屈从文化的过程的根源。但是,我们必须非常重视自恋结构的不可消解性以及非常注意会漠视包含了服从这个结构的道德生活中的侵凌张力的恒常性观念的歧义:事实上任何奉献性都无法从这里生成出利他心来。这就是为什么拉·罗什福柯能那样地写他的箴言,在他的箴言中,他以与他的基本思想相吻合的严谨态度表达了婚姻与享乐之间的不可兼容性。

如果我们或者我们的病人对某种预立的和谐心存幻想,认为这个和谐可以使在消除了病症后得到的迎合社会的行为中不再有主体的侵凌性感应,那么我们就会丧失我们经验中有洞察性的内容。

中世纪的理论家们表现了另一种洞察力。他们从两个出发点来讨论爱的问题,一个是从"体格"理论出发,一个是从"狂喜"理论出发。两者都含有吸收掉人的**自我**的意思:或者是通过再结合到宇宙之善中去,或者是通过主体融流向无差异的客体去。

我们在个体成长的各个阶段,在人取得的各种程度的成就中都可看到主体的这个自恋时刻。在这个时刻之前的阶段,主体必须承受利比多的挫折,在这之后他则在规范性的升华中超越自己。

以这个概念我们就可以理解包含在所有的退化、中断和主体拒绝正常成长等的结果中的侵凌性。特别是在性的实现过程中的拒绝成长,确切地说就是分析显示了其重大作用的决定了人的生命中的利比多变迁的各个重大阶段:断奶,俄狄浦斯阶段,发身期、成熟期或生育期,甚至更年期。我们经常说,我们的学说之所以重视在俄狄浦斯冲突中侵凌性的报复,这是因为俄狄浦斯情结首先是在其解决的失败上看出其功能的。

不用强调也很清楚,一个完整的关于自恋阶段的理论阐明了窥淫癖,施虐受虐淫,同性恋以及由此而表现出来的侵凌性的定型的仪式的形式等的"部分冲动"所特有的两可性;这儿我们研究的是在这些变态的活动中的一个很少得到"理解"的方面,就是说对他人的恐慌。它们的**主观**价值实际上是与存在主义理论所赋予它们的大不一样,虽然萨特①对此的论述也是很令人瞩目的。

我顺便还提一下,我们认为在决定自恋阶段时人自己的躯体的**意象**起了决定性作用。这一点使我们能懂得存在于侧向功能天生失常(左撇子)与性及社会的常规化的逆转的所有形式之间的病理关系。这令人想起体育锻炼在古希腊人的"美好"的教育理想中起的作用。我们也由此进而讨论最后一个社会论题。

**论题之五:这个将侵凌性看作为特别与空间的范围有关的人的自我的意愿坐标的观念使我们得以理解它在现代神经官能病及在对文明的"不满"中的作用。**

我在这儿只是想要拓展我们的理论以使其可与我们的经验对现存社会秩序的判断相接。在"正常"的道德中侵凌性是常常与力量这个优点相混淆的,由此可见在我们的文明中侵凌性所处的突出地位。侵凌性被正确地理解为表达了自我的发展。它的应用被看作是在社会上不可或缺的,是广泛地被接受为一种道德的行为的。只有当我们能体会到中国人在公共及私人道德中实践的**阳**的实际意义及其德性时,我们才会认识到侵凌性在文化上的特异性。

如果有一个理论可使我们承认建立在动物对空间征服上的选

---

① 萨特(Sartre,1905—1980),法国作家,哲学家。(译者注)

择是对生命发展的有效解释,那么这个理论的成功就证明了生存斗争的想法的影响力,如果我们还需要这样的证明的话。事实上,达尔文的成功看来在于他反映了维多利亚时代社会的弱肉强食和其在经济上的兴旺。这种兴旺肯定了这个社会在全球范围开始的社会破坏。当然这个社会是以最强的捕食者在追逐它们的天然猎物时的自由竞争形象来为其弱肉强食辩护的。

在达尔文之前,黑格尔提供了关于人类本体论的侵凌性功能的最终理论,显然是预见了我们社会的铁的法则。从主人和奴仆之间的斗争他推断出我们的历史的整个主观和客观的进程。并由此从这些危机中展示了最后达到的综合,这个综合是在西方所给予人的地位的最高形式中可以看到的:从斯多葛派到基督徒,甚至到未来的全球国的公民。

在这里自然个人是无足轻重的,因为事实上面对在死亡中加于他的绝对主人,人的主体是无足轻重的。只有通过别人的欲望和劳动的中介人的欲望才能得到满足。如果在主人和奴仆的斗争中涉及到的是人对人的承认,这种承认是以对自然价值的否定来宣布的。不管这种否定是表达在主人的肃杀暴政中还是表达在劳动的生产暴政中。

我们知道这个深刻的学说怎样武装了奴隶的建设性的斯巴达主义,这个主义又由达尔文世纪的野蛮行径重新树立起来。

对于我们正在毁坏的世界上的种种文化形式的科学征集导致了社会学的相对化;在带有真正的精神分析法痕迹的分析中,柏拉图的智慧向我们显示了精神和城邦的激情所共有的辩证法。这个相对化了的社会学和这个分析使我们能看到上述野蛮行径的原因。用符合我们对人的主体需要的研究方法的术语来讲,我们面临的是超我和理想我的充盈的越来越多的缺失。这种充盈在传统社会里是以各种各样的有机形式来实现的,包括表现日常亲近的仪式直至整个社团显示其存在的周期性节日活动。除了在一些非常明显地颓败了的方面,我们已不再有这些活动了。并且,在废除了男和女的原则的宇宙两极性以后,我们的社会遭受了一系列心理后果,这些后果都是那个称之为"两性大战"的现代现象特有的。这些后果涵盖极广,其范围从激情的"民主"的散乱到自恋专制的"有翅大胡蜂"对这些激情的绝望的平抑。很明显,与关于人的实用概念相一致,在我们的经验中对**自我**的高扬导致了将人更加地实现为个体,也就是说处于一种与他的原始的无助状况更加相近的灵魂的孤立中。

与此相关联的,我们的意思是说因为某些其历史偶然性源于我们显示的必然性的原因,我们正从事一个涉及整个种属范围的技术事业,问题是主人和奴仆的斗争能否在机器的使用中得到解决,以及已经表明可具有越来越精细的应用的心理技术能否用来造就高速赛车的驾驶员和调度中心的控制员。

人的自恋结构中空间对称所起的作用这个观念可以用来作为对空间的心理分析的基础。在这儿我们只提一下这个问题的地位。动物心理学显示了,在某些物种中个体与某个空间领域的关系是以社会方式划定的,以致空间被提到了主观归属的范畴上。我们以为正是这个空间领域在镜子中映射到别人的领域中去的主观可能性给予了人类空间的原始"几何"结构。这个结构我们很可称之为是**万花筒式**的。

至少这就是**自我**的形象在其中发展的空间,这个空间又与现实的客观空间相接。但是,我们是否就可以憩息其中?在"生存空间"里人类的竞斗越来越激烈,如果有人从外星球上来观察我们这个种类,他会认为人类有一种外逃的需要,这种需要引发了古怪的结果。但是,我们自以为将现实包含其中的概念的范围看来似乎在以后并不支持物理思想。这个"实现"了的空间使得旧时智者的自由游戏纵横其中的想象的大空间都显得是虚假的了;但是,由于我们掌握住了物质的边缘,这个空间也会不会消失在宇宙深处的吼声中呢？

不管怎样，我们知道怎么来适应这个要求。我们知道战争越来越显示出是我们机体的进步的必须和不可缺少的产婆。当然，在社会对立中敌对者的适应显然是导向了形式的竞争。但是，我们不禁要问，这个竞争是不是起因于一种对必然性的赞同，或者起因于一种确认，但丁在他的地狱里以致命的吻向我们显示了这个确认的形象。

再说，作为竞斗材料的个人并不见得完全是白璧无瑕的。我们可以测度出"内在恶物"，这些"内在恶物"引起了禁忌和逃离的反应（这些反应如果是出现在机器上则会引起重大损失）。最近我们学会了运用这样的测度来选拔尖刀部队，进攻部队，伞兵部队，突击队的成员。关于神经官能症的产生战争使我们懂得了不少，而对"内在恶物"的测度表明战争对于主体的要求说不定是太高了，在战争这样的一个不需要悲怨情感的侵凌行为中，需要的是越来越中性的主体。

然而，在这儿我们还是能贡献上一些心理学的真理的，就是说，所谓的**自我**的"保存本能"是怎样屈从于征服空间的迷梦；还有，自黑格尔以来的传统哲学都认为存在于意识中的对死亡，对"绝对主人"的恐惧，在心理上是从属于害怕躯体受损的自恋恐惧的。

我们觉得指出主体张力与空间度向的关系是值得的。这个关系在文明的不安宁中与焦虑的张力相交切。弗洛伊德曾非常仁和地处理过这个焦虑的问题。焦虑是循时间度向发展的。我们乐意阐明两种哲学的当代意义中的时间度向。这两种哲学回应了我们刚才提到的问题：柏格森[1]的自然主义的不足以及克尔恺郭尔[2]的

---

[1] 柏格森（Bergson，1859—1941），法国哲学家。（译者注）
[2] 克尔恺郭尔（Kierkegaard，1803—1855），丹麦神学家，哲学家。（译者注）

辩证意义。

只有在这两个度向的交接点上才能想象人所认为的原始破裂。由此我们可说人在每个时刻都是以自杀来构成他的世界。弗洛伊德大胆地表达了这个破裂的心理经验,尽管他所用的生物学的语汇如"死亡本能"看来很是矛盾。

在现代社会的"解放"了的人身上,这个破裂深刻地揭示了他内在的裂痕,这就是自我惩罚的神经官能症,包括了它的功能性禁忌的癔症—疑症的症状,它的幻化他人和世界的神经衰弱病的形式,以及它的失败和犯罪的社会后果。我们所接待的正是这样一个令人动容的受害者。他逃避开牢笼,不负责任,又违反了将现代人拘于最可怕的社会苦役的苛令。我们的日常工作就是要以一种默默的兄弟之情来为这个虚无的存在开启一条新的意义之路,要完成这个任务,我们总是力不从心。

# 精神分析学在犯罪学中的
# 功能的理论导论

在 1950 年 5 月 29 日的第十三届法语精神分析学家大会上的发言。

合作者为米歇尔·塞纳克

## Ⅰ. 论人类科学中的真实的运动

倘如说物理学从来就没有真正摆脱过内部一致的要求,这个一致性是认识的本身运动,那么各种人类科学就都没能回避它们的意义的问题,也没能让问题的回答构作在真实之上,因为它们是作为行为而体现在它们的对象的现实本身之中的。

人的现实隐含着这个启示的过程。就是这个事实使有些人把历史看作是刻写在史实中的辩证法。这更是一个真理,就它的对象而对主体施以"行为主义"防护的任何仪式都不能阉割掉它的创造性的和致命性的锋尖。这个真理使献身于"纯粹"认识的学者本人成为首要的负责者。

对于这一点没有人比精神分析家知道得更清楚了。在知晓主体对他吐露的隐情时以及在照技术规定行事时,精神分析家总是以启示来行动,而启示的真实规定了效率大小。

另一方面,寻找真实不正是在司法领域里的犯罪学的对象？寻找真实使它的两面合一:在警察一面的罪行的真实以及在人类学一面的罪犯的真实。

对于这种寻找,指导着我们与主体的对话的技术以及我们的经验在心理学里下了定义的那些观念能作出什么贡献呢？这个问题就是今天我们的话题:我们并不是要讲我们对犯罪研究的贡献——那是在别的报告里谈的,而是要提出这个贡献的合理范围。我们当然不是要不顾方法到处传播我们的学说,而是要重新思考我们的学说,就像我们总是被要求根据一个新的对象来这样做的一样。

## Ⅱ. 论罪行的社会学现实以及论精神分析学与它们的辩证基础之间的关系和法则

在社会学的背景以外是无法想象罪行以及罪犯这两个对象的。

在圣保罗陈述的圣爱的末世学的范围以外,法律制造罪行这个判断是真实的。

这个判断由以下的观察而被证实:没有一个社会没有一部人为的法律,不管它是传统的还是书面的,习俗的还是法理的。也没有一个社会里没有由罪行所定义的不同程度的犯法。

所谓原始人对团体规矩的"无意识的","强制的","本能的"服从是一个人类学的概念。它产生于一种想象的着重,这种着重也使其他关于"起源"的概念带上它的色彩,然而这种着重和这些概念都是神话式的。

最后,所有社会都是通过惩罚来表现罪行与法律之间的关系。惩罚的实施,不管其方式如何,都需要主观的同意。不管是不是由罪犯本人来执行法律规定为罪行的代价的惩罚,就像马林诺夫斯基①在他的杰作《原始社会里的罪行和习俗》中给我们讲述的特罗布里恩群岛上的那桩表兄妹间的乱伦案的结局那样（且不管造成行为原因的心理动力也不管自杀者的诅咒会在社团中造成的判决的动摇），还是说刑法规定的惩罚包括了涉及到不同的社会机构的程序，这种主观同意对于惩罚的意义本身都是必不可少的。

在个人心里促成这个惩罚的信仰，以及在社团中得以执行这个惩罚的机构，使得我们可以在一个特定社会中定义出一个观念，这个观念在我们的社会中是被称为责任。

然而，负责任的个体必须是永远同等的。譬如说，在原始社会里由于一个成员的行为而整体（原则上是永远封闭的，人类学家是这样强调的）被看作遭受到了一种不平衡，这种不平衡必须得到纠正。但那个成员作为个人负有如此少的责任以至法律常常要求某个主子或包含了这个成员的某个"内部团体"的全体来赔偿。

有时候整个社会被认为在结构上受到损害了，于是就要求助于以替罪羊为形式的祛恶过程，甚至借助外力的新生过程。我们的风俗里还带着这个集体的或神话的责任的痕迹，因为这个责任并没有试图通过相反的动力而得到再生。

还有，即使是在惩罚上触及犯罪的个人的情况下，他也不是在相同的功能中或者说以他自己的面貌而被当作有责任的：这只要想一下就很明白，根据法官是代表圣职部还是坐在人民法庭上的，要对自己行为负责的个人就会是很不同的。

在这里，通过对现代人的各种动因的区分，精神分析学可以为我们的时代理清责任这个观念的变动，以及提示由此而得到的罪行的客观化。精神分析学可以帮助实现这个客观化。

---

① 马林诺夫斯基（Malinowski,1884—1942），英国人类学家。（译者注）

事实上，由于精神分析学构成的经验只限于个人，它不能声称把握了任何一个社会学对象的全部，也不能讲它掌握了目前正影响着我们社会的全部动力；但是，它还是在社会里发现了一些看来在所有社会都起基本作用的关系的张力，就好像文明的毛病将要暴露出文化与自然之间的关节一样。只要施行正确的转换，我们可以把那些公式推广到能应用它们的那些人文科学中去，特别是推广到犯罪学中去。下文将显示这一点。

我们还要补充一点。主体的坦白是犯罪学的真实的钥匙之一，而重返社会则是犯罪学的用途的目的之一；这两点显然也是分析的对话的主要形式。这首先是因为分析的对话可以深入到最根本的意义中去，它就由此达到了包含在语言之中的普遍性。而这个普遍性不仅不能被排除出人类学之外，而且是人类学的基础和目的，因为精神分析学只是一个技术上的延伸，它探索的是那个赋予我们社会的生育以韵律的辩证关系，圣保罗的断言在这个辩证法中重现了其绝对的真理。

如有人问我们的言论是意向何处的。我们将回答说，去心甘情愿地冒那个摆脱临床的傲慢和预防的虚伪的风险，办法是将我们的言论证之于那几篇向我们描述了辩证法的高手的行为的对话中的一篇，特别是那篇《高尔吉亚》①。这篇对话的副题提到了修辞，很适宜于挖出当时的愚昧无知；这篇对话内包藏着一篇真正的论正义和非正义的运动的论文。

在这里苏格拉底驳斥了体现在这个古典城邦的一个自由人身上的主人的自负。在这个城邦中奴隶的现实构成了城的边限。通过承认正义的绝对性，这个形式让智慧的自由人通行。而正义在这个形式中是以对话者的助产术通过语言的惟一长处而建立在这

---

① 高尔吉亚(Gorgias，前487？—前380？)，古希腊哲学家，修辞学家。这里指柏拉图的同名对话篇名。(译者注)

个形式中的。这样苏格拉底还是让他看到了权势的激情的辩证法;这个辩证法像达那伊得斯①的桶一样没有底,苏格拉底也使他不得不承认他的政治身份的法律存在于城邦的不正义之中。苏格拉底从而使他拜倒在永恒的神话之前。惩治的意义就表达在这些神话中,对个人来说惩治的意义是补偿,对社团来说惩治的意义是榜样。然而他本人以同一个普遍性的名义而接受了他自己的命运,事先就屈从于使他成人的城邦的那个荒谬判决。

事实上回顾这个历史时刻是不无益处的,在这个时刻产生了一个传统,这个传统规定了我们所有的科学的产生条件。当精神分析学的创始人以一种动人的信心宣称,"理智的声音是低沉的,但人们不听从它它就不沉默"时,他的思想也是在这个传统中建立起来的。在这句话中我们相信是听到了苏格拉底对卡里克莱斯②说的话的遥远的回声,"哲学讲的总是同一件事。"

## III. 论罪行表达了作为心理病态动因的超我的象征机制。如果说精神分析学使罪行非现实化,它并不使罪犯非人化。

如果说不联系到某个象征机制就无法掌握罪行的具体现实,那么精神分析经验也是以致病效果而最初显示出这个象征机制是在直到迄今未知的何种深度上在个人的心理和个人的行为中活动着。这个象征机制的人为形式在社会中协调着,但它是深印在语言无意识地传递的根本结构之中的。

"思想综合"的心理学在重建个别功能时尽可能远地排除开

---

① 达那伊得斯(Danaides),希腊神话人物,被罚在地狱里用无底桶取水。(译者注)
② 卡里克莱斯(Calliclès),柏拉图的对话录《高尔吉亚》中的人物,是苏格拉底的辩论对手。(译者注)

了关系的意义;但弗洛伊德正是从这些关系的意义之一出发而开创了心理学。人们很奇怪地将这个心理学看作是深层的心理学,可能是因为它所取代的那个学说太肤浅了。

它发现了那些效果的意义,它很大胆地用这些效果在生活中引起的感情来命名这些效果:负罪感。

从那时以来,这个因误解而无处不在的真正的范畴在心理学中被技术性地或普及性地应用了。有时用得严谨有时用得隐蔽,有时明说有时暗取。没有什么比这种应用更说明弗洛伊德革命的重大了。——除了某些人要将这个心理学归结到一些"遗传的"或"客观的"形式上去的奇怪努力,以便能贴上一个"行为主义"实验论的保险。如果不是在人类事实中看出那些使人类事实成为人类事实的意义,这个"行为主义"实验论早就枯竭了。

更有甚者,我们受惠于弗洛伊德的创举的第一个**情形**正是一个罪行的情形,它以其最可憎的两个形式出现:乱伦和弑父。这两者的阴影产生俄狄浦斯的全部病因。弗洛伊德把这个情形的观念引入了心理学,结果这个观念在那里有了惊人的成功。我们要说这第一个情形不是一种显示了一个关系的抽象冲突,而是一场戏剧性危机,这场危机化解成一个结构。

我们可以想象,弗洛伊德医生在心理学里接受了这样一个社会性的成分后,他会希望对此作些变动。在1912年出版的《图腾和禁忌》中他想在原始罪行中揭示出普遍法律的起源。尽管这项工作可受某种方法上的批评,重要的是他认识到人是从法律和罪行开始的。作为临床医生的他已经显示,它们的意义一直支撑到个人的形式,这不仅是在他对他人的价值中,而且在他为自己的勃起中都一样。

于是就产生了**超我**的概念。这个概念最初是建立在那些可以解释早已观察到的心理病因结构的无意识审查的效果之上的;后来更用来阐明那些日常生活中的异常现象;最后这个概念是伴随着对一个庞大发病率的发现和相应于它的心理遗传的动力的:性格的神经官能症;失败的机制;性无能,受拘束的人(der gehemmte Mensch)。

这样就显露出了人的现代面貌。这个面貌与世纪末的思想家的预言恰成奇怪的对比。相比于风流人士造成的幻想,相比于宗教信仰的脱落和传统联系的松弛在道德家中引起的惶恐,这个面貌显得可笑。当老卡拉玛佐夫①问他的儿子"上帝死了,那么什么都允许了?"时,那个人自己还梦想着陀思妥耶夫斯基的主人公的虚无的自杀,或者还努力往尼采的气泡里吹气呢,他对着老卡拉玛佐夫的闪灼着淫欲的眼睛,以他全部的苦痛和他全部的姿态回答说,"上帝死了,什么也不允许了。"

自我惩罚的意义覆盖了这全部的苦痛和这全部的姿态。是不是要把这推广到所有的罪犯上去?因为按照那句带着立法者的冷酷幽默的说法,人人都应知法,这样每个人都应能预知后果,都应被看作是自找苦吃。

这个机制的看法迫使我们去划定精神分析学当作是来自**超我**的罪行和过错的到底是什么。它同时使我们能提出对这个观念在人类学中的影响的批判。

让我们回看一下那些**最初的**观察,亚历山大和斯塔伯以这些观察而将精神分析学引入到犯罪学中。这些观察的内容都是令人信服的,不管是那个"精神病患者的谋杀企图";还是那个医科学生的古怪偷窃。他非要干到柏林警察将他投入牢中才肯罢休,虽然他的学识才华足以使他得到学位,他却宁肯去干违法的勾当;还有那个"汽车旅行迷",这些病例都有说服力。我们还应重读玛丽·波拿巴对勒菲勃弗夫人的病例作的分析:罪行或过错的病态

---

① 卡拉玛佐夫(Karamazov),俄国作家陀斯妥耶夫斯基(Dostoïevski)小说《卡拉玛佐夫兄弟》中人物。(译者注)

结构是很明显的。下手时的受迫性质，重犯时的类似性，辩护时和坦白时的挑衅口气，动机的不可理解性，这一切都肯定了那种"主体所无法抵挡的力量所产生的强制"。在所有这些案例中法官都达到带这个意思的结论。

然而，借助于俄狄浦斯的解释，这些行为就完全清楚了。但是，使它们作为病态而有别于其他的，是它们的象征性质。它们的心理病态结构并不存在于它们所表达的犯罪情形中，而是在这个表述的**非现实**方式中。

为了让我们彻底弄明白，我们可以将这些行为与一件事对比。这事情在军队的大事记里常出现，它体现了方式的全部力量。这个方式既广泛又是由反社会分子所选中的，它是一个多世纪以来在我们的居民中征召祖国卫士或社会秩序卫士的方式。这也就是说由此组建成的集体表现出来的这样一个爱好，他们爱好在他们与他们的平民对手相遇的光荣日子里当着一个男子的面强奸一个或几个妇女。这个男子最好是年老并且事先已被制服而动弹不得的。没有什么可以使我们不认为干这事的这些人作为儿子，作为丈夫，作为父亲或公民在事先和事后是明显的有正常的道德感的。我们可以说这是一个社会新闻，按来源的不同其场景也多种多样的，确实说由于这种多样性对于传播来说还是饶有趣味的。

我们说这是一件确实的罪行，然而它恰是以一种俄狄浦斯的形式实行的。如果说得以完成这行为的英雄条件不常常使包括了作案人的团体负起责任来的话，这个作案者将是会得到正当的惩罚的。

让我们重拿起因莫斯[①]之死而再次引起我们注意的那些明晰的断言；社会的结构是象征性的；正常的个人运用这些结构

---

[①] 莫斯（Mauss，1872—1950），法国社会学家和人类学家。（译者注）

来从事现实的活动;而精神病患者以象征性行为来表达这些结构。

但是很显然,这样表述出来的象征机制只会是局部的,至多它表示了在社会凝聚的网络中这个个人所占据的破裂点。精神病的表现可以显示裂隙的结构,但这个结构只能被看作是对整体的探索中的一个成份。

这就是为什么我们必须最严格地区分出那些老是出现而老是谬误的企图。这些企图要在分析理论上建立起像模式个性,国民性,或**集体超我**这样的观念。我们可以想象,对于那些去探索更不肯定的客观化地盘的先锋来说,一个能以如此易见的方式显示人类现实的理论在施展着什么样的吸引力。我们不是听到过一个满心好意的教士对我们大讲他要将精神分析学的内容应用到基督教象征体系上去的打算?为了打消这些无谓的移植,必须总是将理论证之于经验。

在精神分析学当作心理病态而区分出的犯罪的第一类别中,象征机制已经得到承认。这个象征机制应该在经验中使我们能在外延上和在内涵上确指出俄狄浦斯机制的社会意义,也使我们能评判**超我**的观念对整个人文科学的影响。

然而,俄狄浦斯机制中产生的张力显露在心理病态效果中。这些效果的大部分,如果不是全部的话,与对弗洛伊德调查天才作出影响的历史时机一样,使我们以为它们表达了社会内的家庭团体的一个开裂。

家庭团体越来越缩小到它的婚姻形式上,而它的作用也越来越集中在孩子的最初认同和最早的纪律学习过程中的它的教养作用上。这两者都证实了上述我们的概念。这个概念解释了为什么随着家庭团体在社会力量方面的衰落,它对个人的禁锢力量却在增强。

为了讲清这些思想,我们只要提出这样一个事实就可以了。

在祖尼①和霍皮②这样的母系社会里,孩子一出生以后就按规定归他父亲的姐妹来管。这样,他来到世上之后就被纳入了一个亲属关系的双重制度中。在他生命的每一步这个制度就在等级关系中变得愈来愈复杂。

这样,一个所谓的母权家庭组织比起俄狄浦斯的经典三角来在构成一个个人尚能承受的**超我**上有什么优点的问题就是一个没什么意思的问题了。经验至今已经揭示,这个三角只不过是一个组合经过历史的演化而紧缩成的自然团体。在这个组合中父亲独有的作为他的原初结构中唯一残留特征的权威实际上显得越来越不稳了,甚至垂亡了;这个情形的心理病因影响必须联系到这个情形给予个人的团体关系的单薄性以及它的结构的永远增大的两可性上来看。

这个概念因潜在的犯罪这个观念而得到肯定。爱赫洪在将分析经验运用于青年人时得到了这个观念。他是以一种特别司法的名义而关心起青年问题的。我们知道凯特·弗里特兰特在"精神病性格"一类里发展出了一个遗传的概念。从爱赫洪到格洛弗这些博识的批评家们都显得有点惊异,为何理论无法将这个导致犯罪的性格的结构与神经官能症的结构区分开来。在神经官能症里张力是潜存在症状里边的。

在这儿展开的论述可使人看到,"精神病性格"是家庭团体的孤立在个人行为中的反映,这种孤立的例子总是表现了非社会性的立场;而神经官能症表达的是结构的异常。一个被封闭在达尼勒·拉加希很准确地称为想象的行为之中的主体是怎样转入犯法行为的,这不太需要解释,更需要解释的是神经官能症患者得以部

---

① 祖尼人(Zuni),居住在美国新墨西哥州西部的普韦希洛印第安人中的一支。(译者注)

② 霍皮人(Hopi),居住在美国亚利桑那州东北部的一个印第安人部落。(译者注)

分地适应于现实的那些过程：我们知道，这是些人们可以在症状的起源处辨认出来的自体成形的残害。

再者，"精神病性格"的这个社会学关系与凯特·弗里特兰特提出的它的生成是相当吻合的，如果我们可以把这个生成总结为主体一生中的冲动挫折的重复的话。这些冲动挫折像短路一样停留在俄狄浦斯情形上，但从来没能进而发展成一个结构。

**精神分析学**在把握由**超我**决定的罪行时造成了使这些罪行**非现实化**的效果。在这上面精神分析学当得起对它的那种隐秘的感恩。很久以来有责任执法的人中间的最优秀者都不由地怀有这种感恩心。

同样地，整个19世纪人们都注意到的在惩罚的权利问题上的社会良知的摇摆也是很典型的。刑罚学家们的思想是非常自信，只要一出现功利的动机就毫不含糊——那个时代在英国一个引起凶杀的轻罪，比如说小偷小摸，也被会看作是预谋的，而预谋是在谋杀的定义之中的（参见阿利美那著的《预谋》）——，但是面对那些表现了其本质超出功利领域的本能的罪行时，刑罚学家的思想也犹疑了。在功利的领域里是边沁①的思想在大行其道。

最初的答复是在犯罪学的早期由隆布罗索②的概念作出的。这个概念将这些本能看作是种返祖现象，并把罪犯看作是生物性上不稳定的种族的一种上古形式的幸存者。对于这个回答我们要说的是它暴露出的是这些作者的一个现实得多的哲学上的倒退。这个概念的成功的原因是它给予的满足，而舒适的上层阶级为其智力上的安逸和良心的不安要求有这些满足。

第一次世界大战的灾难终止了这些自以为是的想法，隆布罗索的理论也成了明日黄花了。对人类科学特有的条件的起码尊重

---

① 边沁（Bentham，1784—1832），英国法学家和哲学家。（译者注）
② 隆布罗索（Lombroso，1836—1909年），意大利医生和犯罪学家。（译者注）

甚至在对罪犯的研究中也确立起来了。我们在引论中重申了这些条件。

希列的《个人的冒犯者》(The Individual Offender)标志着向原则的回归中的重大一步。他首先提出了这样一个原则,即这个研究必须是深入的专题研究。精神分析学带来的具体结果标志着又一个重大进展。它对这个原则作了学说上的肯定,并发掘出大量的事实,从而成为决定性的一步。

同时,精神分析学解决了犯罪学中的一个两难困境:它将罪行非现实化,但又不将罪犯非人化。

更重要的是,通过转移的办法它打开了通向罪犯的想象世界的入口,而对罪犯来说这会是个通向现实的门。

请注意在罪犯的行为中这个办法的自发表现,以及倾向于对法官本身发生的转移,这样的例证是很容易收集到的。我们只举一个精彩的例子,那就是一个叫弗兰克的人对精神病学家吉尔贝的倾露心曲。吉尔贝负责让被告们能正常地在纽伦堡审讯中出庭:这个可笑的马基雅维利精神失常,正好让法西斯的疯狂组织将它的伟大勾当交付给他。这个人只要一看到体现在法官的容貌中的尊严,特别是英国法官的尊严("多么漂亮",他说),就会觉得悔恨翻腾在他的心里。

梅里塔·施密塔伯格在"重大"罪犯身上取得的结果应该在其诊后病历上继续得到追踪。然而这些结果的发表遇到了我们所有的医疗都遇到的障碍。

无论如何,明显地与俄狄浦斯机制有关的病例应该交付于分析者,而不应有任何妨碍他行动的限制。

怎么不以此来作他的全部考验呢?现在刑罚学显得如此的没道理,公众的良知都厌恶于将它运用到现实的罪行上去。就像人们可以在美国的那个著名案例中看到的那样。在一篇发表在《探索犯罪》上的文章里,格罗特雅纳报道了这个案子。在对伪装成海难的一件谋杀亲人案的审理中,虽然指控看来是压倒了被告,陪审团还是在公众的欢呼中宣告被告无罪。

我们来补充说一下使用**超我**这个观念而产生的理论上的后果,以此来结束我们的思考。我们要说,**超我**应被看作是与俄狄浦斯机制的社会条件相联系的一种个人的表现。这样,只有在那些家庭形态在解体的社会里,包含在家庭形态中的犯罪张力才会变得致病性的。

从这个意义上说,**超我**显示了张力,正如疾病有时候揭示了生理上的一个功能一样。

但是,我们关于**超我**的效果的经验,以及根据这个经验而对孩童的直接观察,都向我们显示了它是在一个很早的阶段出现了。它的出现看来是与**我**的出现同时,甚至更早。

梅兰妮·克莱因肯定了在行为的**幼儿**阶段善和恶的范畴的存在,由此就提出了在语言出现之前意义回溯性包含的问题。我们知道他的方法是怎么样的,他完全不在乎在幼小儿童的意图的极早期解释中的俄狄浦斯机制的张力所构成的相反意见,他以行动来破解了这个难题。然而围绕着他的理论也引出了激烈的讨论。

但是,在可以使成年人与自己的责任发生冲突的逃避行为中原初善恶对象的想象的长久存在将会使人把**超我**看作一种心理动因,这种动因在人身上具有一个属类的意义。这个观念并无唯心论之嫌,它深植在人生最初几个月特有的心理困苦的现实之中。我们中的一位强调了这一点,它表达了人对人类环境一种属类性的依赖。

这种依赖性在个人发展的一个难以令人相信的早期阶段就显得对个人是富有意义的。这是一个事实,精神分析学家不必回避这一事实。

如果说我们关于精神病者的经验将我们带到了自然与文化的结合处,那么我们在那里发现的是这个盲目的、隐秘的和强暴的动因。这个动因看来是在个人的生物一极上正与纯粹责任的理想相背反。而在康德的思想中这个纯粹责任是星空的永恒秩序的相应物。

为了重创出——照海丝那的优美说法——那个错误的病态宇宙,这个动因总是准备着从社会范畴的杂乱中浮现出来。但是这个动因只有在精神病状态中才能被把握住,也就是说只有在个体之中才能被把握住。

因此,没有一种**超我**的形式可以从个人推论到一个社会上去。我们唯一可设想的一种**集体超我**将会要求社会在分子水平上的完全的解体。确实,我们看到整一代青年狂热地献身于虚无的理想,这使我们在群众的社会现象的远景上看到这种解体的实现的可能性。然而这种社会现象必须达到普遍的水平。

## Ⅳ. 论在罪犯的现实的关系中的罪行:如果精神分析学定下了它的基调,精神分析学也指出了它的基本的社会动力

责任,也就是说惩治,是人之所以为人的根本特性之一。这个特性盛行于每个社会。

一个其理想越来越功利性的文明,一个致力于越来越加快的生产运动的文明,对惩治的赎罪意义是无从知晓的了。如果这个文明仍利用惩治的榜样作用,这是为了以纠错的目的而吸收它。再说,不知不觉中纠错的对象也变了。人道主义的理想消溶在群体的功利主义之中了。制定法律的群体由于社会原因而并不完全对其力量的基础的正义性有信心,所以它就求助于一种慈爱主义,在这个主义里既表达了被剥削者的反抗也表达了剥削者的良心不安。对他们来说惩治的观念也变得无法忍受了。在这里就像在别处一样,意识形态上的二律背反反映了社会的弊病。现在这种二

律背反在这个问题的一个科学立场上来寻找它的解决办法：这就是说对罪犯的精神病态分析。考虑到所有的那些预防犯罪和防止再犯的措施，我们还必须对这个病态分析加上一个可以称为刑罚学的清洁概念的内容。

这个概念把法律与暴力之间的关系以及一个普遍警察的权力问题都当作已解决了的。我们看到它在纽伦堡风光一时。虽然这场审讯的清洁效果还很可疑，这只要看看它所声称要消灭的社会罪恶被清除得怎样就知道了，但是为了"人"的原因，精神病医生是不会在那里缺席的。我们可以看到，这些原因是与对人的尊重有关而不太与近邻者这个观念有关。

事实上，与惩治的意义的变迁相应的是罪行的审理的平行变迁。

开始时对罪行的审理在宗教社会里是通过神意裁判或誓言考验来进行的。罪犯或者是以信仰的力量来被指定，或者将自己的命运交付上帝来判决。随着个人的法律人格越来越明确，罪行审理越来越要求个人承担起他的招供。这就是为什么在欧洲法律的人文主义进展在时空上是恰好与作为审理罪行手段的刑讯的流行相关连的。法律的人文主义进展开始于在波伦亚学院重新发现罗马法而发展到司法为王家法律人员所攫取以及人的权利的观念的普遍化。而刑讯则也是起始于波伦亚。直到今天人们似乎还没有充分明了这个事实的影响。

因为作为压迫手段的这个做法的到处受重视表现了对良心的蔑视，而这种蔑视掩盖了在执法时它到底对人有什么样的信任。

人权在意识形态上是建立在对人的存在的抽象之上的。如果说我们的社会宣布人权的时刻恰是刑讯不再被用于司法的时刻，这不是因为社会风气和缓了的结果。在19世纪的社会现实的历史背景中很难做出这个结论。这是因为从他的社会实体中抽象出来的新人已**不再可信**了，那是在双重意义上的不再可信，就是说，他既然已不再是天性向恶的,那么人们就不能加信于他作为罪犯的存在,也同样不能加信于他的供词。这样从此以后就需要他的理由和他犯罪的动机。这些理由和动机必须是能理解的,并能为所有的人所理解。这就隐含了主体的完全责任的两个条件:社会相似性和个人身份。提出这个说法的是那些试图重新思考处于危机中的"刑事哲学"的人中间的最出色的一位,他具有如此一种社会学的准确感,以致我们应该纠正这个不公正的遗忘。他名叫塔特。

在这以后,大法官署的大门就对心理学家打开了。但在那里很少看得到他的身影这个事实只是证明了他没有担起他的社会功能。

从这个时候起,罗杰·格勒尼尔所说的那个"被告的形势"就只能描述为是逆舛的真理的相会,只要到高级法庭去听一下任何有专家出庭作证的审讯就会看到。公诉人和辩护律师借以互斗的情感依据之间是触目的缺乏共同尺度。而专家要带来的则是陪审团的情感依据和客观观念,但是他不擅于辩证法,由于无法将所有的一切都锤打成一个不负责任的结论而总不能让人理解他所说的内容。

我们可以看到专家精神上的这种混乱会转而指向他的职能,形成一种不顾他的职责的明显的怨恨心情。有这样一位法庭专家,他反对对一个看来精神正常的被告作任何体格检查以外的检查。他依仗的理由是刑法并不要他对警察归罪于被告的事情作出结论;但是一份精神病专家意见书明确地告诉他一次简单的精神病检查就会表明审理中的行为只是个表象,在行为产生的那个封闭然又被监视着的地方这个行为只是个固念重复的姿态而不能构成一个暴露罪。

然而在量刑的时候专家却被赋予了一种几乎是权宜处置权,这只要他稍微利用一下刑法第六十四条关于他的用途的附加条款就可做到。

以这条条款为工具,即使他不能搞清造成主体行为的那股力量的强制本性,至少他可以找出**谁**在遭受这个强制。

但是,只有精神分析学家能回答这个问题,因为只有他具有主体的辩证经验。

请注意,这种经验让分析家学会掌握了其心理自主性的最初因素之一,也就是那个理论逐渐深化为代表了我动因的因素。恰恰正是在分析对话中主体承认这为自己的因素,更确切地说是在他的行为和他的意图中他供认的东西。而且,关于这个供认,弗洛伊德辨认出了代表其功能的最有特点的形式:这就是 Verneinung,否认。

我们可以在这里描写一下主体性借以交流的文化形式的整个符号学。我们可以从作为基督教人文主义特征的思想约束开始,人们已经够多地责备那些可敬的道德家耶稣会教士了,他们把思想约束的用法条例化了;接下来是凯特曼(kêtman)①,这是一种防卫于真理的练习。戈宾诺②在他的那些关于近东社会生活的深邃记述中告诉我们凯特曼是很普遍的;再看一下让,这是仪式化的拒绝,中国的礼貌以让作为得到别人感激的阶梯。我们这样描写是为了辨认出在西方社会里在声言无辜时最典型的表达主体的形式,并提出在寻找真正的意图时辩证过程碰到的第一个障碍是真诚。言语的最根本用途看来是为了掩盖真正的意图。

但是这只不过是一个结构的边缘。在**我**的生成的每个阶段都可以看到这个结构。这个结构表明是辩证法规定了适应机制的即便是最原初的成形的无意识的法则,这样就肯定了黑格尔的认识论,黑格尔写出了过程中的现实的生成法则:论题,反题,合

---

① kêtman,阿拉伯语,意为隐藏,隐瞒己见。(译者注)
② 戈宾诺(Gobineau,1816—1882),法国外交家和作家。(译者注)

题。非常有趣的是,马克思主义者们拼命努力要在组成数学的那些根本是唯心的观念的进展中发现这个过程的难以觉察的痕迹,但却漠视这些痕迹的形式最可能出现的地方,也就是说在那唯一的一个触及具体的心理学中,至少这个心理学承认是由这个形式指导的。

更有意思的是在号叫,断奶,闯入,俄狄浦斯,发身期,少年期这样一个系列中辨认出这个形式。每个时期都重建一个**我**的机制的新的合题,其形式对于在其中受挫折的冲动来说总是更加异化,对于在其中找到它们的正常化的冲动来说总是更不理想。这个形式产生于一个心理现象,这大概是精神分析学发现的最基本的一个心理现象:认同。认同的成形力量甚至表现在生物学中。每一个称为冲动潜伏期的阶段(它们的相应系列由弗朗兹·维特尔为少年**自我**而发现的系列补充完全)的特征都来自于欲望对象的一个典型结构的主导。

我们中间的一位描写过一个典型,这就是**幼儿**主体认同于镜面形象。他认为这是一个发生在最初时刻的最有意义的根本上是异化的关系的典型。在这个关系中人的存在辩证地构成了起来。

他显示了,每一个这种认同都发展出一种侵凌性。冲动的挫折并不足以解释这种侵凌性,除非只是在理解亚历山大先生喜好的常识(common sense)方面。——这种侵凌性表达了异化实现中的紊乱:对于这个现象的观念我们可用一个怪诞的形式来作例子。这个形式来自于对动物的实验,在实验中动物处于相反条件下的信号的不断增大的含混性(如从椭圆性到圆形)中。

这个张力显示了辩证的负面性,这种负面性存在于人的生命之力投入其中的那些形式之中。弗洛伊德以死亡本能的名称而将它辨认为"自我的冲动",这充分显示了他的天才的力量。

事实上自我的整个形式体现了这个负面性。如果说克罗多,拉雪希丝和阿托布①分担着管我们的命运,那么她们是齐心协力地在扭曲着我们的身份之线。

这样,每当与"他人"相合有误而使解决性的认同流产时,侵凌的张力就吸收进了受挫的冲动。它确定了一类对象,这类对象在自我的辩证过程停顿下来时就导致罪行了。

我们中间的一位试图显示的正是这个对象的结构的功能性作用,以及其与谵狂在两种偏执狂凶杀的极端形式中的相联关系,这就是爱梅病例以及巴本姐妹病例。后一个案例表明,只有精神分析家能够排除一般的想法而揭示出罪犯的现实的异化。而在这个例子中罪犯很容易让人相信他只是社会环境的一个产物。

安娜·弗洛伊德②,凯特·弗里特兰特和鲍尔比③作为精神分析家在青年犯的偷窃行为中确定下来的就是对象的这些结构。他们依据的是赠予排泄物的象征机制,俄狄浦斯式的索求,哺育者在场的挫折或者阳具手淫的挫折,——他们对此采取的行动中他们称之为教育部分的那部分行动是由这样一个观念所指导的,即这个结构是相应于决定了主体的行为的现实的类型的。

这个教育实际上是个活的辩证过程。按照这个过程教育者通过不加干涉而让自我特有的侵凌都为了主体而联结起来,同时又在其与他人的关系中异化,为的是他可以接下来运用经典分析的手法而将它们再分拆开来。

人们很钦佩在像爱赫洪④这样的先驱者的创举中所表现出来的机巧和耐心。但是这不能使人忘记它们的形式必须一直得到更

---

① 克罗多(Clothô),拉雪希丝(Lachésis)和阿托布(Atropos)为希腊神话中的三位命运女神。克罗多拿着纺锤而在出生一刹那拉出命运之线,拉雪希丝转动锭子卷起生命之线,而阿托布在死亡一刹那剪断线头。(译者注)
② 安娜·弗洛伊德(Anna Frend,1895—1982),奥裔英籍精神分析学家,为西格蒙·弗洛伊德之女。(译者注)
③ 鲍尔比(Bowlby,1907—1990),英国心理学家。(译者注)
④ 爱赫洪(A. Aichhom,1849—1949),奥地利精神分析学家。(译者注)

新,为的是克服"侵凌集合"对所有已知的技术都会开展的**抵抗**。

这样一个"纠正"行为的概念是与标名为遗传的心理学的精神完全相反的。这个心理学只是测量儿童回答问题的退化能力,而这些问题总是在成人思想范畴的纯抽象区域里提出来的。其实只要对这样一个根本性事实稍有了解就可以推翻这些问题。这个事实就是:儿童在刚学会语言时就能运用句法和小品词的精微之处,而按照思想"生成"的假设,只有到达了思辨家生涯的顶峰时他才会掌握这些精微的地方。

因为这个心理学声称要通过这些愚痴的方面而达到儿童的现实,那么,当那些不知自己在说什么的人喊出的"死亡万岁"使书呆子知道辩证法在血肉中火热地周转时,我们就可以提醒他让他迷途知返。

这个概念还确定了分析家根据人们称作对自我的违拗做法的研究的而作的对罪行现实的那种专家评估。不管这些做法是由偶犯的罪犯来承受的还是由惯犯来控制的。这些做法就是:时空背景的虚无化,刑罚学中那个所谓"享乐主义"理论幼稚地信奉的恫吓预防使这种虚无化成为必要;兴趣逐步地被拖入物体诱惑领域的过程;随着在行动中对眼前事物的梦游式的理解而产生的意识范围的减缩;这种减缩与排除行为者的妄想在结构上的协调;理想化的取消和想象的创造。根据一种无意识的自发性在这些取消和创造中插入了否认,推托,模仿,而作为主体的特征的异化现实就维持在这些否认,推托和模仿之中的。

我们在这里要说的是上面这一系列事情一般并不具有思考后的行为的那种随意性组织。对于精神分析家来说他在那里揭示出来的结构的异常之处也都是通向真实的道路上的标志。这样他就能更加深刻地解释那些常常是自相矛盾的痕迹的意义。这些痕迹中罪行的作者被指了出来,而且,这些痕迹表示的与其说是由行事不妥而来的错误,不如说是一个非常现实的"日常心理病理学"的失误。

　　精神分析家在**自我**的根源处发现的肛门认同使法医学用警察的习语称作的"名片"有了意义。罪犯留下的常常很触目的"签名"能指出在自我的认同的那个时刻发生了压制。通过这个压制我们可以说主体无法为他的罪行负责,也是通过这个压制他坚持在他的否认之中。

　　他一直坚持到那个镜子现象。布多尼也小姐最近发表的一个案例向我们显示了这个现象具有的使罪犯醒悟到什么使他犯罪的能力。

　　为了克服这些压制,我们是否要求助于那些麻醉程序中的一种?这些程序很奇异地被弄成了一个当今的问题,因为它们引起了捍卫意识不可侵犯性的卫道士们的惊呼。

　　没人会误入这条歧路,更不用说精神分析学家了,因为,与那个使无知者等待"禁令的取消"的含糊的神话相反,精神分析学家懂得压制的确切意义。这些压制划定了**自我**合成的限度。

　　此时,如果说他早已知道对于受压抑的无意识来说,当分析家将它回归到意识中时,产生治疗效率的并不怎么是揭示出的内容而更是重获旧事的动力,——对于支持了**自我**的肯定本身的无意识的规定则更加是如此;那么他就知道,不论是涉及到主体的动机还是涉及到他的行为,现实只能在一个对话的过程中出现,而麻醉的昏沉状态只会使对话缺乏实质。在这儿也像在别处一样,真实并不是一个人们可以在它的静止状态中抓住的材料,真实是一个在行动中的辩证过程。

　　因此,不要通过麻醉的手段来寻找罪行的现实或者罪犯的现实。麻醉引起的预言对于调查者来说是不知所云的,对于主体来说则是危险的。只要他具有一个心理结构,他就会在那里找到一个谵妄的"多产时刻"。

　　麻醉与刑讯一样都有其限度:它不能使主体承认他不知道

的事。

扎基亚斯的著作告诉我们在17世纪**医学—法学问题**就围绕着个性整体性的观念以及疾病可能给这个整体性带来的裂痕的观念而被提出来了。对于这些问题精神分析学贡献了检查的工具,这个工具处理的仍然是自然与文化之间的联结地带:在这儿是一个个人合成的地带,它处在一种双重关系之中,这个双重关系一方面是通向神经分离的裂口(从癫痫的狂暴到体质性遗忘)的形式认同,另一方面是通向团体内关系的张力的异化性的同化。

在这里精神分析学家可以向社会学家指出一个社会特有的导致犯罪的功能。社会要求有一个社会合作的非常复杂非常发达的垂直结合,这是为它的生产所必需的,因此社会就向个人提出要他们在社会里展开个人的理想,而这些个人理想倾向于浓缩成一个越来越水平的同化计划。

这个表述式提出的是一个过程。要简洁地表达这个过程的辩证性,我们可以指出,在一个个人主义理想被抬高到空前的水平的文明里,个人倾向于达到这样一个境地,在那里他们是在同一时间里和在完全相等的空间地段里思考,感觉,做和热爱事物。

然而,与所有的异化性认同相关联的侵凌性的根本观念使我们看到,在同化的现象中,从某个数量级开始是一定会有一个阈度,到了这个阈度一致化了的侵凌张力就倾泻至那些关节点,在这些关节点上大众就散开了而向各极分化。

再说我们知道,这些现象早已引起了雇佣劳工者们从纯收益角度出发的注意。这些雇工者不会花钱买话听,他们用在在霍桑西方电力公司进行的一个关于团体关系的长期研究上的花费,收益在雇员们的最佳心理状态上。

譬如说,主体及其亲人组成的生命团体与这个团体赖以取得生存手段的功能性团体之间的分离。对于这个分离的事实,我们只要说它使凡尔杜先生①成为可能就充分说明了它;一种欲望的形象的混乱,因为这些形象看来是越来越围绕着在社会大众中一致的对窥阴淫的满足而转,所以这种混乱更加巨大;以及对权势,财产以及名望的根本性热情在社会理想中的越来越大的卷入;凡此种种都是些研究的对象,精神分析理论能够对统计学家提供这些研究对象的正确坐标,以便在理论上作出他的测量。

同样的,政治家和哲学家也可在分析理论中得到他们的好处。在一个将其习俗统制了全世界的民主社会中意味着出现充塞了社会机体的犯罪,以至于犯罪在那里有了合法的形式;罪犯的心理类型掺入到破纪录运动员,慈善家和明星中去,甚至于它被归结为俯首劳动的普遍类型,以及有被缩小至广告用途的罪行的社会意义。

在这些结构中的一种个人的社会同化在被推向极端时就显示了它与一种侵凌张力的相联关系,而国家具有的对这种张力的相对豁免性对从另一种文化来的人说是很显然的(比如说对年青的孙中山就是这样)。当暴政按照一个早已被柏拉图描写过的形式过程取代了民主并作用于个人时,这些结构就显得被翻转了。暴政施于个人时个人就由加法的基数行为而归结为他们的序数数码。算术的其他三个基本运算也会很快跟上来的。

这样,如果说在极权社会里领导人的"客观罪过"使他们被当作罪犯和有责任者,那么刑罚学的健康概念所指示的那些观念的相对消失使所有其他人都得到好处。集中营开放了,决定谁被投入其中的因素更重要的是社会大众和被逐大众之间的某种数量上的关系而不怎么是起义的意图内容。

这种数量关系大概是可以按所谓的团体心理学所发展出来的机制来计算;这个关系也能使我们判定非理性的常数,这个常数相

---

① 凡尔杜先生为卓别林影片《凡尔杜先生》(*M. Verdoux*)的主人公,许多谋杀案的作案人。(译者注)

应了作为个人的根本性异化的特征的侵凌性。

受"良心的法则"支配的知识分子永远会觉得城邦里的非正义不可理喻,而正是在城邦的这种非正义里显示出了人按自己面貌创造自己的过程。

## V. 论"罪犯本能"的不存在:精神分析学终止在原始本能的客观化上并且主张一种无可变易的主观的经验的自主性

精神分析学对罪行和罪犯的心理客观化作了不少贡献,这我们已经陈述了。那么,对于它们的内在因素精神分析学是否也有什么可说的呢?

首先让我们来观察一下必须对那个思想进行的批判。许多上等人都相信这个混乱的思想。这个思想将罪行看作是"本能"冲破了阻吓的道德力量的"堤岸"而达到的爆发。这个形象很难消除掉,因为它给那些甚至是很严肃的头脑带来满足,它给他们看严密看守下的罪犯以及监护着的宪兵,宪兵是我们社会的特征,在这儿他们到处出现而令人安心。

如果本能意味着人的无可争辩的动物性,那么我们就不懂为什么动物性体现在理性生物身上时会更凶暴。那句箴言的形式:人对人是狼(homo homini lupus)使人误解它的意义。巴尔答萨·格拉西安[1]在其《醒悟的人》中写了一则寓言。在这则寓言里他描绘了人对他的同类的那种禽兽不如的残暴,从而表现了什么是道德家的传统;他还描绘了人的残暴对整个自然界的威胁使惊怖的食肉动物都退避了。

---

[1] 巴尔答萨·格拉西安(Balthazar Gracian,1601—1658),西班牙道德家和散文作家。(译者注)

但是这个残忍本身隐含着人性。这个残忍针对的是一个类己者,即使那是另一族类中的一个。没有哪种经验有像精神分析学那样深入地测出生活中的那个同值性,爱的悲悯呼叫告知了我们这个同值性:你打的是你自己;而思维的冷静推论也同样的提出这个同值性:人是在为纯粹威望的殊死搏斗中让别人承认的。

我们或可从另一个意义上用本能来指那些返祖行为,这些行为的暴戾是由原始的丛林法则引起的,而某种心理病理上的扭曲将它们像病态的冲动一样从它们本应拘束其中的低下层次里解放出来。如果我们这样来指本能的话,那么我们可以质问,自从人成为人以后,为什么就没有表现出挖土的冲动,种植的冲动,烹调的冲动,或甚至殡葬的冲动?

在精神分析学中当然包含着一个相当深入的关于本能的理论。老实说这是人们提出过的第一个可证实的本能理论。然而这个理论让我们看到本能是处在一个变质过程中,在这个过程中它们的器官,它们的方向以及它们的对象的构成就像是把将其部件尽可无穷替换的雅诺刀①。在那里分离出来的本能(Triebe)或冲动仅仅是组成一个能量同值的系统。我们参照这个系统来看心理交流。这些交流并不是被导入某种已建成的自然的或获得的通道,而是象征了甚至辩证地结合了器官的功能。在这些器官中出现了自然的交流,也就是说口、肛门和殖泄孔腔。

由此这些冲动对我们来说就显得只是出现在很复杂的关联之中。在这些关联中它们的扭曲并不能使我们对它们原来的强度产生偏见。所谓利比多过量这样的说法是没有意义的说法。

有许多人通过他们的过去经历以及通过他们与人的接触以及他们的外貌给人的"体格"的印象会给人以"犯罪倾向"的想法。如果从这些人中可以抽象出一个观念的话,这应是个残缺的观念

---

① 雅诺刀,指一样其部件全部被换掉但其本身却不变的东西。(译者注)

而非一个生命过剩的观念。他们的低生殖性常常很显然而他们的周围散发着利比多寒气。

如果说不少主体在他们的错失，暴露，偷窃，揩油，匿名污蔑，甚至在情感杀人的罪行中都在寻找性刺激，不管这个刺激的机制是什么，是施虐淫还是情景联想，这个刺激都不能当作是本能失控的后果。

当然，在接受犯罪学检查的主体身上，不少变态之间的联系是明显的，但是在要以精神分析学来估量这个联系时就要按照对象的固恋，发展的停滞，在**自我**的结构中的卷入以及构成个人案例的神经官能性压抑等观念来进行。

更具体的一个观念是我们的经验用来补足个人的心理普遍范畴的那个观念：原始本能，但比起其他来它要更加难以把握。

用这一切来组成一个内在势能的总和，这就是一个完全抽象的定义而毫无实际用途。

在理论称之为重复的自动性的那个机制中的那个具有根本性的形势常数中有一项看来是与此有关，受压抑的效果以及自我认同的效果是被排除了。这一项可能涉及到惯犯的事实。

**原始本能**可能也包含了那些命定的选择。这种选择显示在婚姻，职业或者友谊之中，它常常作为命定的人物的表露而出现在罪行之中。

另一方面，主体的"倾向"也并不是没有显示了与它们的满足水平有关的移动。我们很想就犯罪满足的某种标示所能有的效果提出问题。

但在这里我们可能已经到了我们的辩证行动的极限。我们能和主体一起在那里看出的真理并不能被交付于科学的客观化。

神经官能症患者和心理倒错者向我们坦承他们沉溺于迷人形象中时所得到的难以表达的欢悦。对于这种坦承我们可以测出一种享乐主义的力量，这种享乐主义将我们引入现实与愉悦之间的含糊关系中。如果我们参照这两个原则来描写正常化发展的意义,我们怎么会不被在这个过程的动机中的幻觉作用的重要性所深深吸引住。而人的一生又怎样地受制于自恋幻象!我们知道人生是以自恋幻象来编织其最"现实"的坐标的。而所有的一切不早已在摇篮边上用互不换算的爱和不和的天平称过了?

这两个对立将我们带到了智慧的门槛边。在这些对立以外并没有绝对的罪行。尽管有我们的文明将其推广到整个世界的警察行动,还是存在着以犯罪的实践联结起来的宗教组织。在这些组织中信徒们能寻回超人的存在。这些超人的存在在宇宙的平衡中照看着它的毁灭。

我们处在我们努力划定的界限之内,在这个界限内我们的社会理想减低了对罪行的理解并规定了对罪行进行犯罪学的客观化的条件。如果我们贡献了一个更合宜的严谨的真理,不要忘记我们是得益于一个特殊的功能:主体求助于主体的功能。这个功能将我们的义务归入到永恒博爱的领域里:它的法则也就是所有我们被允许做的行为的法则。

# 谈心理因果[*]

亨利·埃伊为讨论的日程定下了"心理生成"的题目。所有的报告和讨论都收集在一本题为《神经官能症和精神病的心理生成问题》的论文集中,由布鲁维的台斯格雷出版社出版。这篇报告是会议的首篇报告。

## 1. 对于一种关于疯狂的脏器理论,即亨利·埃伊的脏器—活力主义的批判

我们的主人三年前就邀请我来向你们解释什么是心理因果。我就被置于一个双重的位置之中。我被要求陈述有关这个问题的一个根本性立场:人们以为那是我的立场,实际上这也确是我的立场。然而我却应在一场已发展到相当深入的讨论中作我的解释,但我对这场讨论的深入却没有参与。我想以这样的方式来回答你们的期待:我争取在这两个方面都直截了当,然而人们也不能要求我面面俱到。

好多年来我都毫无发表我观点的打算。在人类的敌人手中我

---

[*] 此文是作为报告于1946年9月28日宣读于波纳伐尔的精神病讨论会。

们的时代蒙受的屈辱使我意在他处。我像丰特奈尔①一样醉心于这样一个狂想,让手上充满真理以便更好地抓住它们。我承认这是可笑的,因为它表示的是一个人在要作证时的限度。在这个连最短视的人都看得出对力量的迷恋只是又一次帮助了理性的诡计的时刻,如果我又能发言了,是不是要在这儿揭露出我们未能回应世界的运动对我们的要求的某种不是？我让你们来判断什么使我的研究失色。

至少我并不以为我有负于真理的要求,我很高兴真理可以在这里以言语交锋的礼貌形式来得到捍卫。

这就是为什么我先要向一个思考和教育的努力致敬,这个努力是一个生平的光荣和一个学业的基础。如果我对我们的朋友亨利·埃伊回忆说,按照我们最早的理论立场,我们是从同一方进入场地的；我这并不是仅仅为了惊讶于我们今天是如此的对立。

事实上,他在 1936 年在《大脑》上发表了他与朱利安·茹阿合作的出色研究《将杰克逊的原则应用于神经精神病学的一个动力概念的尝试》之后,我就注意到——我的那本杂志还带着痕迹——那些使他接近并会越来越靠近那个精神疾病学说的地方。我认为这个学说是不完备的并且是错的。在精神病学中这个学说是以脏器主义而知称的。

亨利·埃伊的脏器—动力主义是非常严格地和确实地处于这个学说之中的。一个事实说明了这一点。精神疾病,不管其本质是功能性的还是损伤性的,不管其表现是全面的还是局部的,不管其力量被认为是多么的生动,埃伊把它的生成都只归之于组成在身体的皮肤内部的器官之间的作用。在我的观点看来,不管人们把这个作用设想为多么的具有能量和具有聚合力,说到底这个作

---

① 丰特奈尔(Fontenelle,1657—1707),法国哲学家和诗人。(译者注)

用还总是建立在按照部分以外的部分(partes extra partes)范围的方式的分子相互作用之上的。经典物理学就是按这个方式建立起来的。我所说的这个方式可使人将这个相互作用以从函数到变数的关系来表达出来,这个关系构成了它的决定论。

脏器主义以从动力主义者甚至从格式塔主义者那里借来的机械观念而丰富自己。亨利·埃伊从杰克逊那里借来的观念当然有助于这个丰富。他的讨论本身对此也作了贡献:他并没有超越我刚才给出了定义的那些界限。从我的观点看,这就使他与我的老师克莱昂勃尔的立场或者与吉罗的立场之间的区别无足轻重,——已经说明的是这两位作者的立场揭示了一种在我看来是不可忽视的精神病学价值。我们会看到这是什么意思。

无论如何,亨利·埃伊无法否认我将他圈入其中的这个框架。这个框架是建立在笛卡尔思想的基础之上的,埃伊肯定是看出了这个基础,我请他去重新把握这个基础的意义。这个框架指示的只有一样,就是依赖心理现实的明显事实。自从笛卡尔将这个明显事实建立在延伸性的观念之上后,明显事实对我们每个人都是有效的。用亨利·埃伊的术语所说的"能量功能"与"工具功能"都一样地进入其中①。因为他写道,"不仅可能而且必须寻找出精神疾病的特定的大脑产出过程的化学,解剖学等的条件";还有,"减弱了能量过程的损伤,这些过程是心理功能的发挥所必需的。"

再说这也是不言自明的。我在这里要做的只是在一开始就划

---

① 我们可以在那本小册子里读到亨利·埃伊的最近观点的表述。这本小册子也刊登了 J·阿朱里亚格拉和 H·海刚在 1943 年的波纳伐尔的讨论会(也就是前一次会议)上作的报告。在这篇批评他的学说的报告中 H·埃伊加了一个导言和一个答辩。以下的一些引文是从那里摘出的(《神经学和精神病学报告集》,H·埃伊,J·阿朱里亚格拉和 H·海刚著,哈门出版社。有名的《今日科学和工业》丛书的第 1018 种)。其他引文只存在在打字稿之中,在这些打字稿中展开了一个自 1945 年以来进行的非常有成果的讨论。(原注)

清我所理解的我们之间的分界线。

这条线划清了以后,我首先要从事对亨利·埃伊的脏器—动力主义的一个批判。这并不是要说他的概念是站不住脚的,我们今天在场就向大家证明了这一点。这只是要显示,在以它的创导人的严谨智慧和你们的论战的辩证素质而作出的它的真正阐述中,它并没有真实思想的特性。

人们或许会惊讶,我并不顾忌那个哲学禁忌。自从在哲学界传布开那些所谓实用主义的思辨论题以来,这个禁忌就落到了科学认识论中的真实的观念上了。但你们将要看到真实的问题规定了疯狂现象的本质上的条件。如果回避这个问题,我们就阉割掉了这个现象的意义。我想向你们显示,这个现象正是以其意义而关系到人的存在本身。

为了过会儿用于批判,我还是留在笛卡尔一边,我用斯宾诺莎所给出的有名形式来提出真实的概念:Idea vera debet cum suo ideato convenire。就是说一个真实的思想应该(重音是落在这个词上,意思是这是它本身的必然)是与由它而来的思想一致。

亨利·埃伊的学说显得正相反,因为随着它的发展,它与它最初的和永恒的问题越来越相矛盾。

亨利·埃伊的巨大功绩是感觉到了这个问题并意识到了它的影响范围。他最近的著述的题目还是讲这个问题的:神经学和精神病学的限度的问题。如果这个问题没有牵涉到我们经验的对象所特有的本性,这个问题也就不会有比涉及到医学的其他专业时更多的重要性。我称这个对象为疯狂。我赞扬埃伊坚持使用这个术语。尽管对于有些人来说这个术语带有它古老的神圣的气味而显得可疑。他们想以某种方式将它归结为全部的现实(omnitudo realitatis)。

具体地说,将疯子与其他病人区别开来的除了他在住院治疗时是被关在疯人院的这个事实以外还有什么呢?或者更可以问,我们的对象的特性是实践的——社会的,还是理性的——科学的?

很明显,当亨利·埃伊到杰克逊的概念那里去寻找理性时,他只会远离这样的理性,因为,就其时代而言杰克逊的概念以其对机体关系功能的整体要求而非常了不起,但这些概念的原则和目的是将神经疾病与精神疾病都带到同一个消解阶层上。尽管埃伊对这个概念作了精细的矫正,他的学生海刚,福林和勃纳非很容易地显示给他看,这个概念无法从根本上区分痴呆的失语症,疑病症的功能性疼痛,带来幻觉的幻觉症,甚至某种谵狂造成的一些无辨觉症。

我自己也向他提出一个关于盖尔伯与戈尔德斯坦的著名病人的问题。贝纳利和霍赫海默从另外的角度也重新研究过这个病人。这个病人的大脑枕叶受损,两个距状突出被毁。他表现出围绕着心理失明的类别象征机制的选择性疾病,比如说他丧失了指示的行为但却相反保持了抓攫的行为,——这是一些高度无辨觉症毛病,我们可以将它们看作是整个感觉域的说示不能——,他还显示了意义理解上的缺失,表现为无法理解在智慧上是直截了当的类比,然而他却能在语辞对称中重获类比能力。这根源是一种奇异的"数学直觉之盲"(按照霍赫海默的用语)。然而由于他沉浸在现实之中,这种"数学直觉之盲"又不妨碍他机械地运算数学。但是沉浸在现实之中使他没有接受想象的东西的能力,也没有抽象推理的能力,更没有理解思辨的东西的能力。

这确是一个一致的和最高层次上的消解。我们附带地注意到这个消解一直影响到性行为的根本上。在性行为中计划的直接性反映在行为的短促性中,甚至反映在无所谓地中断的可能性中。

在这儿我们看到的不正是既整体又顶尖的消解的负面毛病吗?相反,在我看来在局限在视觉部位的损伤与扩展到整个象征领域的症状之间的对比足以表现了脏器临床的差距了。

他会对我说,不正是那个尚存个性对负面毛病反应的缺失使这个显然是神经性的病人与精神病区别开来？我将回答说完全不是这样。因为这个病人在他所保持的习惯性职业活动之外，还表示了譬如说对宗教和哲学思辨的向往。而这些思辨他是无法进行的。在医疗检查中他迂回地达到了一些他所不理解的目标，他有意地也有点机械地将这些目标通过可能的行为来把握。他为重新习得某些指示行为而达到确定他的躯体感知的方式是很值得注意的。然而更令人惊异的是他尝试着以语言来克服他的某些无辨觉症缺陷的做法。更令人感动的是他与医生合作分析他的疾病，他找出一些词（譬如 Anhaltspunkte：依据）来命名他的一些机巧办法。

我因此就要问亨利·埃伊，他靠什么将这个病人与一个疯子区分开来？如果他不给出他的体系的理由，我就有责任给他讲出我的体系的理由。

如果他以功能性消解的思维紊乱来作答，那么我将问他这与他所称为整体消解的在什么地方有区别？

事实上，在亨利·埃伊的理论中无论怎样正是个性反应显得是精神病的特点。这里就是这个理论表现出它的矛盾同时显示出它的弱点的地方，因为随着他越来越漠视心理生成这个思想，以至于在某个地方承认他不再能理解这个思想指的是什么①，我们看到他的报告中塞入了一个越来越充满了心理活动的"结构"描写。而在这个描写中这同一个内在的冲突重又显得更加是个巨大障碍，我将通过引证他的话来说明这一点。

我们看到他为了批判心理生成而将这个思想归结为一个想法的那些形式，他又是到这个想法的反对者那里去寻找这些形式，使得对这些形式的批判更加容易了。我照他们的样列举这些形式：情感震动——按其生理效果来设想；反应因素——在构成背景上

---

① 上引文，第14页。（原注）

来看；无意识的损伤效果——它们是按照他的说法为其保有者自己所放弃的；最后还有致病的建议，因为（我引原话）"最热烈的脏器主义者和神经学家们——我们不指名——保留了这个安全阀门并作为特殊的事实而承认一种心理生成，他们将这个心理生成从病理学的其他部分里驱逐了出去"。

在这一段中我只漏引了一个词，那就是无意识中的退化理论。这个理论是从那些最认真的理论中选出的，可能是因为它看来最难于被归结为，我再引用原话，"对自我的这种触及，这种触及说到底是与功能性消解的观念相混淆的"。在亨利·埃伊的著作中这句话以上百种形式被重复着。我抓住这句话是因为我要在这句话中显示他的心理病理学的概念中的根本性缺陷。

他对我们说，我刚才列举的内容概括的是"提起的事实"（原话），为的是表现心理生成。埃伊可以很容易地评论说它们"不如说表示的是别的东西"；而我们也可以同样容易地注意到这样方便的一个立场并不会给他带来窘迫。

在研讨学说的不同倾向时，因为缺少事实就必须给这些倾向加上"一种心理生成"，而这又是——我引原话——"与心理病理学事实毫不相符的"。那么为什么他必须急急忙忙地相信一定要使这一切都来自笛卡尔，同时又将一种绝对的建立在脏器与心理之间的二元论加于笛卡尔头上。就我来说，在我们青年时代的交往中埃伊显得也像是知道，这里涉及的应是延伸性与思想之间的二元论。我们相反感到惊讶的是亨利·埃伊怎么不在另一个作者那里寻找支持，对那个作者来说，只有当为身躯的激情所决定的混乱念头进入之后思想才会走入歧途。

或许事实上亨利·埃伊不依赖这样一位同盟者是对的。我显得是相当地信赖这位作者。但是幸运的是，在我们有了像巴宾斯基，安德鲁-汤姆斯和赖米特这样水平的笛卡尔主义心理遗传学家之后，他并不把"根本的笛卡尔式直觉"等同于一种更符合泰纳先生而不符合斯宾诺莎的心理—生理平行论。对源头的这种远离使我们相信杰克逊的影响要比它原先看来的更加有害。

被说成是来自笛卡尔的二元论被排除了,这样,以一种"与思想紊乱的心理生成的想法格格不入的心理生活的理论",我们就完全进入了亨利·埃伊的二元论。他在一句最后的话中讲出了一切,这句话的语调透着一种特别激动的声音:"精神疾病是对自由的侮辱和障碍,它们不是由自由行为引起的,也就是说是完全的心理—遗传的。"

亨利·埃伊的这个二元论在我看来是更成问题,因为它预定了他思想中的一个站不住脚的含混。我真的疑问,他所有的关于心理活动的分析是不是建立在一个它的自由活动与它的自由之间的文字游戏。我们在这里加上字的谜底:展开。

他与戈尔德斯坦一起提出,"整合就是存在"。由此出发,他就不仅要理解心理内容,而且要理解思想的全部运动。从合题到结构,从形式到现象,他事实上一直被拖入到存在问题之中去了。上帝宽恕我,我相信甚至在他的笔下找到了"辩证的等级机制"这个术语。我相信这个术语中的概念凑合会使已故的比勋想入非非。如果说对比勋来说黑格尔的字母表也是毫无意义的,那并不是歪曲他的思想。

亨利·埃伊的运动当然是很能带动人的,但是人们无法追随他很久,因为人们看到心理生活的现实在那里被粉碎在一个死结上。这个死结总是相像的,实际上是同一个死结。随着我们的朋友挣脱这个死结的努力,它更加牢固地收紧在他的思想的周围。通过一种显真情的必然性,心理机制的真实与疯狂的真实都一起逃离了他的把握。

当亨利·埃伊开始真的把那个如此奇妙的心理活动定义为"我们对现实的个人的适应"时,我觉得有了对世界的如此肯定的看法,以至于我所有的举动在那里都像是一个洞察一切的王子的举动。在我主宰的高度我做不到这些吗？对人来说没有什么不可能的事,那个伏州农民①用他无法模拟的乡音这样说。他做不到的事他就撒手不做了。或许亨利·埃伊以他在"心理领域"的"心理路程"的艺术令我倾倒,或许他请我停下来一会儿和他一起思考一下"领域中的路程",我还是耽在我的幸福之中。为的是很满足于在那里认出与我的说法相近的说法。那是在我的关于偏执狂精神病的论文的引言中,我试图为个性的现象作出定义。——但我未及觉察到我们并不是在走向同样的目的。

是的,我"惊跳"地读到"对二元论来说"(我想这仍是笛卡尔二元论),"精神是一个没有存在的精神",我记得笛卡尔建立在精神对自身的意识之上的肯定性的第一个判断是一个纯粹的存在的判断:我思故我在(cogito ergo sum),——对于另一个论断我也颇多感慨:"对于唯物主义,精神是一种附加现象"。我想到的是那一种形式的唯物主义,对它来说内在于物质的精神是由物质的运动来实现的。

但是,在亨利·埃伊关于神经紊乱的观念的讲座②里,我读到"以确实的心理因果的创造为特点的这个层次",我被告知"在那个层次集中了自我的现实",通过那里"心理生活,世界与自我的关系的生活的结构性双元得到了完备。这个生活是由精神的辩证运动而活跃的。这个运动则总是努力在行动的方面以及在理论的方面消除这个矛盾。但从来不能完全消除它,或者说至少努力地试着调和和协调对象的要求,他人的要求,身躯的要求,无意识的要求和意识主体的要求",读到这里我醒了过来并提出抗议:我的心理活动的自由行动决不包括我如此艰苦的努力。因为在我感觉到的对象和我的身躯之间决没有矛盾,对身躯的感觉正是由与最

---

① 伏州为瑞士西南部的一个州。(译者注)
② 上引文,第122页。(原注)

自然的对象的协和来组成的。我的无意识最平静地将我带向那些烦恼,我从没有想到把这些烦恼归咎于我的无意识,除非我通过精神分析学的精巧方法来研究它。所有这些都不妨碍我以一种顽固的自私心来与他人相处,并总是在我的意识主体的最高尚的无意识中这样做的。因为如果我不试图进入那个法国精神分析家们偏好的令人醉心的奉献性领域,我的简单经验并不会使我在自私问题上觉得难办。拉·罗什福柯把它叫做自爱,并以他怪诞的天才在所有的人类情感包括爱情的织体中找到它。

确实整个这个"心理活动"在我看来像是一个梦。这会不会是一个医生的梦?他千万次地听到耳边传过那个命运与惰性,投骰子和惊愕,虚假的成功和没看出的相遇等的混杂的连环,这个连环是人生的寻常格局。

不,这不如说是个自动机制造者的梦。埃伊过去曾对我多妙地嘲笑过这个梦。他很精辟地对我说,在所有的关于心理机制的脏器概念中,人们总可以找到躲藏着的"人内部的一个小人",他留神让机器作出回答。

在埃伊那里的那些意识水平的下降,那些类次状态,那些生理消解等等,如果它们不是人内部的患了头痛的小人那又是些什么呢? 也就是说痛在另一个小人身上,而那一个小人大概是在他的头里,这样无穷地套下去。因为波吕克塞娜①的古老论点还是有其价值,不管人们将人的存在的什么样的方式看作是基本的,是他的作为意念的本质还是他的作为机体的存在。

这样我不再梦想了。当我现在读到"在投射到一个更加精神化的现实之中后,就组成了一个理想价值的世界,这些价值不再是被结合起来,而是无尽地吸收其他成份,这些理想价值是:信仰,理想,生命计划,逻辑判断的价值和道德意识的价值"时,我很清楚

---

① 波吕克塞娜(Polyxène),古希腊神话人物。(译者注)

地看到确实是有些信仰和一个理想,它们在同一个心理机制里与一个计划联合在一起,不管是从逻辑判断来看还是从道德意识来看这个计划都同样的令人厌恶。这一切联合起来后就生产出一个法西斯分子,或者更简单地就是一个傻瓜或一个骗子。我的结论是,这些理想的结合起来的形式对它们来说并不包含了任何心理高峰,而它们的吸收行动与它们的价值并无任何关系,——因此在这里一定有错误存在。

先生们,在我的言辞中并无要贬低你们的辩论的影响的意思,也没有贬低你们取得的成果的意思,我恐怕很快就会因低估了其中的困难而脸红。为了证实脏器—活力主义,你们运用了格式塔主义,行为主义,结构的术语和现象学。你们显示了科学的资源但我显得是忽视了它们而求助于一些可能是太肯定的原则和采取了一个大概有点冒风险的讥讽,这是因为我觉得通过减除掉一些衡量中的术语,我会帮助你们更好地解开我刚才批评过的那个死结。但是要在这个死结扣住的头脑中完全成功地做到这一点,不是需要苏格拉底本人到这里来讲一下吗?或者让我来默默地听你们讲。

因为你们在一个真正的辩证法中展开你们的用语,这个辩证法是你们年青的学派的风格。这个辩证法足以保证你们进步的劲头。我自己也依靠这个辩证法,我在那里觉得很自在。而在其他地方占统治地位的那种对字句的崇拜则令我不适,特别是在精神分析学的小圈子里。然而,你们要当心在你们的意图引出你们的用语的这个范围之外你们的用语会引起的反响。

在人文科学的所有别的地方言语的使用都要求有更大的警觉,因为这种使用带进了它的对象的本身。

对于真理的所有不肯定态度都将会使我们的用语背离它们的意义,这种类型的误用从来都不是无所谓的。

你们发表了——很抱歉我提起一个个人的经历——一篇关于

《超越现实原则》的文章,在这篇文章里你们要对付的正是心理对象的地位这个重大问题。你们试图提出一个医生与病人之间经历过的精神分析关系的现象学。从你们团体的视野出发,你们抛开了那些关于"现实的相对性"的考虑,这些考虑使你们对自己的名目感到讨厌。

我知道,正是这种感觉使波立彻①这个杰出头脑不肯作理论陈述。在理论上他原是会留下不可磨灭的痕迹的。他转向行动,这个行动使我们无可挽回地失去了他。我们应该看到,要像他一样要求一个具体的心理学发展成科学的话,我们现在只是达到了提出一些形式上的假设的地步。我的意思是我们还不能提出任何一条决定了我们的效率的法则。

只要窥出史前人留在山洞壁上的痕迹的操作意义,我们就会想到对于我特意称之为心理材料的,他比我们实际上知道得更多。这是我们目前所处地步。由于不能像丢卡利翁②那样用石头造人,我们要当心不要将字词变成石头。

如果我们能通过思想的一个机巧而看到对象的概念呈现出来,然而在这个概念上建立起一门科学的心理学,这已经是很美妙的了。我总是宣称说这样一个概念的定义是必需的,我也宣布说很快就会有这样一个定义了。承蒙你们向我建议这个问题,我今天将试着发展这个定义,并且轮到我来接受你们的批评。

## 2. 疯狂的本质因果

为了这个目的,最切题的是从我们所处的情形开始:集合在一

---

① 波立彻(Politzer,1903—1942),法国哲学家和心理学家。(译者注)
② 丢卡利翁(Deucalion),希腊神话人物,他在毁灭人类的大洪水中幸存,并与他的妻子比拉一起用石头创造人。(译者注)

起来讨论疯狂的因果。为什么有这个机会？在一个疯子身上是不是有一个比我刚才粗略提起的盖尔伯和戈尔德斯坦的病例所具有的更重大的意义。那个病例不仅对神经学家而且对哲学家，可能更加是对于哲学家，显示出了人类认识的一种组成结构，即思想的象征机制在视觉感觉中找到的支撑。我和胡塞尔一样将这称之为Fundierung（即基础）的关系。

在疯狂中有个什么样的别的人类价值呢？

当我答辩我的关于"偏执狂精神病与个性的关系"的论文时，我的一位老师要求我陈述出我在论文里大体提出了什么。"总的来说，"我开始说，"我们不能忘记疯狂是思想的一种现象……"我不能说我这样说足以表示了我的意思：打断我的手势很是坚决，就像要我注意体面一样的坚决。"嗯，下面呢？"他指点说，"接着谈实在些的事吧。你不是要耍弄我们吧？请不要亵渎了这个庄严的时刻。你是不是真的以思想这个词就有资格进入我们这个博学的集体！（Num dignus eris intrare in nostro docto corpore cum isto voce：pensare！）"我还是被接受为博士，并得到了那些合宜于鲁莽头脑的鼓励话。

这样，为了你们的需要我在14年之后重新作我的解释，你们看以这个速度——如果你们不接过我的火炬的话，但请接过去！——对心理学对象的定义进展得不会远。在这里我与照亮世界的那些明智人士分手了。至少我希望到现在这个时刻世界的变动已让这些明智人士看够了，以至于他们中间没有人再会在柏格森的著作中找到那个满足了一代人的"精神需要"的膨胀了的综合。能找到的不会有别的而只是一种形而上学腹语术的奇异练习集合。

在谈论事实之前，我们是有必要先认清一下意义的条件。这些条件将事实作为事实来给予我们。这就是为什么我认为回到笛卡尔的口号不是多余的。

对于疯狂这个现象,如果他在他的《沉思录》里没有深入研究过,那么他在出发去征服真理时迈出的第一步中就以一种令人难忘的轻快而遇上了疯狂。我们以为这是很说明问题的。

"如果我不是将自己比作某些神经错乱的人的话,我怎么能否定这双手和这个身体是我的呢?这些人的大脑被他们的胆汁的黑色蒸气所扰乱所蒙蔽,所以他们一直声言他们是国王而实际上他们不名一文,他们说他们穿金饰紫的,而实际上他们是赤身露体,或者他们把自己想象为是一只大罐子,是玻璃身子。但是,怎么!这些是疯子,如果我照他们的模样从事,我也会是一样的出格。"

然后他讲别的去了。我们却会看到他是应该多谈一些这个疯狂的现象,这对他的研究不会没有好处。

让我们一齐来按照他的方法来重新考虑这个现象。但不是按照那个受尊敬的老师的方式。他打断的不仅仅是他的学生的解释的热情,——对他来说幻觉者的那些热情是个丑闻,所以他这样打断他们:"你在说些什么呀,我的朋友:这一切都不是真的,这一切,知道吗?嗯?"我们可以从这个干涉中得出一个意义的火花:真实是"包含在其中"的,但是是在哪一点上呢?毫无疑问,对于词的用法我们在这里不能比相信病人的精神来更相信医生的精神。

还是跟随亨利·埃伊吧。在他最初的工作中就像在笛卡尔的简单句子中那样,在那个时期大概这也不是通过一个偶然的相遇,他强调了信仰的基本力量。

这个现象具有它在人身上的歧义,具有它对认识来说的过分和不足——因为这比知道要差一点,但也可能更强:声称,这是担保,但并不是有把握——,埃伊非常出色地看到它不能从幻觉的现象和从谵狂的现象中被排除出去。

但是现象学分析要求我们不能跳越任何阶段,在这个分析中的任何急躁都是会使人前功尽弃。我要说只有思想调节好了形象才会在那里出现。在这里埃伊为了不犯他指责机械主义者犯的那种与病人一起发狂的错误,结果犯了一个相反的错误:他太早地将这个价值判断包括到现象中去了。在这之前的那个可笑的例子已使他付出了代价,这个例子本来是可以提醒他这样做会同时将理解排除在外的。通过某种思想的眩晕,他把他盯着的信仰的观念吸收到谬误的观念中去,而后者吸收了前者就像两滴水相遇了以后一滴水吸收了另一滴一样。这以后就错失了所有的操作。现象变得僵化了,成为判断的对象,很快就成了仅仅是对象了。

"谬误在哪里呢?"在他的著作《幻觉和谵狂》①的第170页上他叫道,"谬误在哪里呢?还有谵狂?如果病人没有犯错的话!事实上他们的叙述,他们的判断中的一切都向我们显示了他们身上的谬误(解释,幻想等等)"。在第176页也一样。他提出了对幻觉的两种"可能的态度",并如此地定义他自己的态度:"我们将它当作谬误。必须将它作为谬误来接受并来解释但又不被它的幻象所牵着走。如果我们不当心,这个幻象是准会引导我们将它建立在有实效的现象之上,从而构作起至少是毫无用处的神经学假设之上。这些假设之无用是因为它触及不到这个症状的基础:谬误和谵狂"。

读到这里人们不能不感到惊讶。他如此警惕于将被看作是异常感觉的幻觉的幻象建立在一个神经学假设之上的歧路,但自己又急急忙忙地将他称为谵狂的根本性谬误的东西建立到一个相似的假设之上去。同样,在他的书的第168页上他很正确地反对将作为异常感觉的幻觉当作一个"安置在大脑皱纹里的东西",然而他又毫不迟疑地将狂乱信仰的现象也放到了那里去,这个现象是

---

① 阿尔冈出版社,收在那个小小的绿色丛书中。(原注)

被看作是个不足的现象。

不管他继承的是个多么悠久的传统,他正是在这儿走上了歧路。是他的关于真实的观念使他跃出这一步。如果他在这一步之前停一下,他原本是可以避免走上歧路的。如果这个观念不推动知识的进步而因此知识就不可能进步了,那么我们下面会看到,在我们的条件下总有迷失方向的危险,即使我们采取最好的行动。

我们可以说谬误是一种不足,不足这个词是用的它在结算中的意义。但对信仰不能这样说,即使信仰欺骗了我们,因为在一种有力的思想的最高水平上信仰也会失误,就像埃伊自己现在就作出了这样一个证明。

那么错乱信仰的现象到底是个什么呢? 我们说,它是误认。这里包括了这个词所具有的根本性的矛盾。因为误认的前提是辨认,就像恒常的误认所表现出的那样。在这种情况下我们应承认,被否认的东西也在某种意义上是被辨认出来了。

对于不言而喻的事人们怎样坚持都是不过分的。埃伊就坚持说,就幻觉的现象属于主体这一点来说,幻觉是一个谬误——"揉进了主体的个性的面团并是由其本身的行为做成的"。我对使用"面团""行为"这样的词有保留,除此之外,在我看来很显然的是,在影响和自动机制的情感中主体并不把他自己的作为认作是他自己的。就是因为这一点所以我们都同意疯子就是疯子。但是值得注意的不正是这个事实:他一定得知道一些自己的作为。问题就是要知道他在不认出自己时在那里知道了自己的一些什么。

对于主体给予这些现象的现实来说,有一个比他在那里感到的感官性和他对之的信念更加有决定性的特性,这就是所有的现象。不管它们是什么:幻觉,解释,直觉,也不管他是在怎样的一种体化性和陌生性中经历这些现象的,这些现象总是针对他个人的:它们重复他,回答他,作他的回声,解读他,就像他识别它们,讯问它们,引动它们和解释它们一样。当所有的表达它们的方法都不能为他所用时,他的困惑就向我们表现出了他身上的一个疑问的开口:这就是说疯狂是整个儿地在意义的辖域里经历的。

对于我们提出的疯狂现象的人的价值的问题,疯狂由此具有的感人之处就作出了第一个回答。它的形而上意义则表现在这一点上:对于整个存在来说疯狂的现象是不能与意义的问题相分离的,也就是说对于人来说是不能与语言相分离的。

没有一个语言学家,没有一个哲学家能够再支持这样一种语言理论了。这种理论将语言看作是一个重复了现实体系的符号的体系,而现实则是由健康的体魄里的健康思想的一致同意所定义的,我只看到布隆代尔①在他的那部《病态意识》中像是相信这个理论。这部著作是已有的关于疯狂的和关于语言的最鄙陋的胡编乱造,它结果是碰上了无可言喻的问题,好像没有疯狂语言就提不出这个问题一样。

人的语言,这个他撒谎的工具,从头到尾都贯穿着真实的问题:

——语言或者暴露真实,因为在声音的气息(flatus vocis)的音韵中它表现了机体的遗传特性;在情绪的起伏中它表现了笛卡尔所说的"身体的情感",也就是说他的灵魂的情感;在自幼教养他的语义体系中它表现了构成他的人文性的文化和历史。

——语言或者将这个真实当作意图而显示出来。它将真实永久地向这样一个问题打开,即疑问用以表达了它的个别性的谎话的东西怎么会最终能够陈述出它的真理的普遍性。

整个哲学史都展开在这个问题之中。从柏拉图关于本质的疑难到帕斯卡尔关于存在的深渊,一直到海德格尔因为真理意味着显现而指出在那里的根本性歧义。

词不是符号,而是意义的关节。倘若我说"帘子"这个词,并

---

① 布隆代尔(Blondel,1876—1939),法国心理学家和医生。(译者注)

不是因为它约定俗成地指称一个物体而使意图会变得多种多样。工人，商人，艺术家或者是格式塔心理学家是以这些不同的意图而将这个词感觉为一件工作，一个交换价值，一个彩色形象或者是一个空间结构。在隐喻中这可能是树木的帘障，在文字游戏中这可以是皱纹和水的笑声①。在这些新词游戏中我的朋友莱里斯②比我强。根据法律这帘子是我的领域的边界；有时候是在我住的房间里的沉思的屏幕；靠着奇迹这是通向无穷的空间，门限上的未知者或者孤独者早晨的出走。因为念念不忘，这也显示了阿格丽品娜③在帝国枢密会议上的身影的运动；或者是夏特勒夫人看着吕西安·娄凡④走过的目光。由于误会，这也就是我击中的波娄尼修斯⑤："老鼠！老鼠！一个大老鼠！"如果是在戏剧的幕间叫喊起来，这就是我不耐烦或厌倦的话：下幕⑥！这最后也是作为意义的意义的形象，要显示这个意义就得要揭开它的面纱。

这样，在语言中得到揭示的和得到肯定的是存在的种种态度。在这些态度中"常识"表现了"世上最为广泛的事"，但是不至于达到可以在那些对于他们来说在这问题上笛卡尔太容易的人身上辨认出来的程度。

这就是为什么我们可以在一种人类学中将心理学具体地定义为荒谬的领域，也就是说所有形成言谈关节的东西的领域，就像情感的"词语"所表示的那样。在这种人类学中人的文化辖域很应

---

① 在法语中"帘子(rideau)"这个词与"皱纹(ride)"这个词以及"水的笑声(ris de l'eau)"谐音。（译者注）
② 莱里斯(Leiris,1901—1990)，法国作家与民族学家。（译者注）
③ 阿格丽品娜(Agrippine,16—59)，罗马皇帝克劳狄的妻子和尼禄的母亲。（译者注）
④ 夏特勒夫人与吕西安·娄凡都是司汤达小说《吕西安·娄凡》中的人物。（译者注）
⑤ 波娄尼修斯(Polonius)是莎士比亚的《哈姆雷特》中的人物，因躲在帘子后偷听而为哈姆雷特所刺杀。（译者注）
⑥ 法语中"戏台幕布"与"帘子"是同一个词，常被用来喝倒彩用。（译者注）

当地包括了自然的辖域。

让我们沿着这条道路来研究疯狂的意义。语言在那里表现出来的独特方式吸引着我们走这条路:那些话中的暗示,那些神秘的关系,那些同音字的花样,那些文字游戏,它们曾引起了吉罗先生的注意①,——我还要说那个独特的话音,我们必定要学会从词中听出这个话音的回响以便探测出谵狂来;那种因不可明言的意图而对用语的改造;那种在语义素中的思想的凝固(它恰是倾向于颓化成符号),那些词汇的混杂,那个生造词语的语言癌症,那种句法的粘合,那种发音的表里两重性,当然还有那种与逻辑同值的一致性,以及那种标示了谵狂的每一种从风格的统一性到熟套话的形式的特征。通过所有这一切疯子以话或以笔向我们表达他自己。

疯子所独有的认识应是在这里向我们显示出其结构。恰恰是那些机械主义者如克莱昂勃尔和吉罗对这些结构作了最好的描述。这大概不是偶然的。虽然他们借以理解这些结构的理论是完全错误的,这个理论正好是引人注目地将他们的精神加之于这些结构的一个本质现象上去:这就是在那里表现出来的某种"解剖学"。克莱昂勃尔在分析中一直提到的以那个有点古怪的名词来指称的"意识生成"只是这种对意义的限度的搜寻。这样他很违常理地以一种其影响只是涉及理解的方式来列举结构的辉煌展现。这些展现即是从情感谵狂的所谓"**公设**"一直到**思想自动机制**的那些所谓**基本**现象。

这就是为什么我说对于心理生成的论说他比任何人的贡献都大。无论如何你们将会看到我这是什么意思。

在观察病人方面克莱昂勃尔是我唯一的导师。在他之前是那

---

① 见《谵狂解释的语言形式》,载于《医学心理学年刊》1921 年第 1 期,第 395 页及第 412 页。(原注)

位非常精细和有趣的特雷内尔。为了在无知的教学界神圣地盘里立脚,我错误地过早抛开了特雷内尔。

我自以为在分析作为我的论文题目的偏执狂精神病这个例证时是依从了他的方法。我揭示了这个例证的心理生成结构并以大致有效的**自我惩罚的偏执狂**这个术语来指称它的临床实体。

这个女病人是以其书面写作的灼人意义而引起我的注意的。这些文字的文学价值使许多作家吃惊,从最先读到它们的法尔格①和克雷凡勒到很快就对它们作出出色评语的布斯盖②,以及以后收集了其中"无意"诗歌的艾吕雅③。人们知道我用来掩盖她身份的爱梅这个名字原是她小说创作中的中心人物。

我把我进行的分析的结果收集在一起,那是因为我相信在那里有一个关于疯狂的现象学,其陈述也是完整的。

在那里显示出来的结构的基本之点是可以表述如下:

a)在她的历史中那一系列迫害者都是几无变化地重复了一个恶意理想的个人化。针对这理想她的侵凌需要不断的扩张。

但是,她不仅老是谋求得到在现实中她能接近的体现了这个典型的那些人的欢心和帮助。——她还在其行为中倾向于做出她所抨击的那个恶行,虽然她并不承认:虚荣,冷淡以及不顾她的天然责任。

b)相反,她将自己说成是一个截然相反的纯洁和献身的理想,这些品质使她遭受她所憎恶的人的那些勾当的损害。

c)我们注意到还有一个她所认同其中的性的范畴的中性化。这种中性化是在她的写作中都得到承认的,并且恐怕是一直

---

① 法尔格(Fargue,1876—1947),法国诗人。(译者注)
② 见《龙街 14 号》杂志的第 1 期,艺术笔记出版社出版。(原注)布斯盖(Bousquet,1897—1950),法国作家。(译者注)
③ 见保尔·艾吕雅(Paul Eluard)的《无意诗歌与有意诗歌》,萨格编的小书《诗歌》第 42 期。(原注)

推进到想象的倒错。这种中性化是与经典的色情化的柏拉图主义相和谐的。她针对一些男性人物发展出了这个柏拉图主义。在她的实际历史中她的女性友谊是占上风的。

d) 这个历史是由为实现一个共同存在而进行的胜负未定的斗争来构成的,同时她又不放弃我们称之为包法利式①的理想。我们这样形容她的理想并无任何贬损的意思。

随后,她的姐姐在她的生活中越来越多的干涉将她一点一点地完全从她的母亲和妻子的位置上排除出去了。

e) 这个干涉事实上是卸除了她的家庭责任。

但是,随着这个干涉对她的"解放",产生并组成了她的谵狂的现象;到她完全独立时,以及这些现象也帮助她达到独立时,这些现象也达到了高峰。

f) 这些现象是以一阵阵的发作来出现的。我们将这些发作称为谵狂的**多产时刻**。许多人也愿意采用这个术语。

我们遇到了一些对于理解在一个心理生成的论说中的关于这些时刻的"**简单**"的提法的抵拒。在我们看来,在这个论说的以后由我们作出的深化中这些抵拒现在已经消解了。我们随后要说明这一点,只要这样做不至于破坏我们的报告的平衡性。

g) 要注意的是,虽然病人显然因为她的孩子被她的姐姐接走而痛苦,在我们看来她只要一看到这孩子就要发病,但是她拒绝认为她姐姐对她是有敌意的,她不认为她姐姐因为这或其他任何原因而对她是有害的。

与此相反的是,她以一种谋杀的意图去打击她认为是她的迫害者中的最近的一个。她为此付出了蒙受牢狱之难的代价,在过了一定的间隔之后她意识到了这个代价,她这个行动的效果就是使她失去了她的谵狂中的信念与狂想。

---

① 包法利为法国作家福楼拜的小说《包法利夫人》中的主人公。(译者注)

这样我们试图在精神病与病人以往经历的全部事实的关系中,与病人承认或不承认的意图的关系中,与谵狂时表现出来的看到或没看到的动机的关系中来把握精神病,——也就是说,就像我的论文的题目所说的那样,在其与个性的关系中来把握精神病。

在我们看来一接触之后从这里就显示出了一个误认的普遍结构。但是还是要懂得它。

无疑,我们可以说疯子以为自己是自己以外的一个什么人,就像关于"那些以为自己穿金戴紫的人"的那句话所讲的那样。在这句话中笛卡尔是采用了关于疯子的故事中最细末的那些故事。权威十足的作者也满足于此,对于他来说那个适宜于他对病人的同情的包法利主义是给出了偏执狂的钥匙。

但是,朱尔·德·戈蒂埃的理论涉及的是人的个性的最正常的关系:他的理想。除此之外,我们有理由说,如果一个人认为自己是国王的话他就是个疯子,那么一个国王认为自己是国王的话,他同样也是个疯子。

这正像巴伐利亚的路易二世以及其他王家人士的例子所证明的那样。人们很有权利以"合乎情理"的名义而要求处于这个境地的人"扮演好自己的角色",但是想到他们真的"信了这角色",人们就会觉得不安,即使这是通过对他们在世界的秩序中要体现一个功能的责任的崇高敬意。由此他们显得是天选的牺牲品。

在这儿转向的时机是由认同的中介或直接性来给予的,或者直截地说是由主体的自负而给予的。

为了让你们明白我的意思,我来举出那个讨人喜欢的多情少爷的形象来。他生于浮华,像人们所说的那样,"无所疑虑",特别是不思虑什么使他得到这个幸运的财富。常识习惯于根据情况形容他为"无知的幸运儿"或"小傻瓜"。他"自信",就像在法语里所讲的那样：在这里法语的妙处是强调了关键之处，就是说强调的不是一种品质的不相符合，而是强调动词的一个情态，因为主体总的来说是相信自己是什么：一个幸运的家伙。但是常理悄悄地希望有一个小障碍能使他明白他不是他相信的那个人。请不要对我说我是在耍小聪明，这个小聪明的水平表现在这句话里：拿破仑是个相信自己是拿破仑的人。但是拿破仑并不相信拿破仑。因为他太清楚波那巴是以何种手段创造出了拿破仑，以及拿破仑如何像马勒伯朗士①的上帝一样每时每刻地维持着他的存在。如果他相信自己是拿破仑，那是在朱庇特②决定遗弃他的时候，当他完蛋了以后，他以向拉斯·加瑟斯③编谎话来打发闲暇，为的是让后代相信他是相信自己是拿破仑的，这是要说服后代相信他曾经真的是拿破仑的必要条件。

请不要以为在这场正要将我们一直带到存在的辩证法的核心的谈论中我是在打岔了，——疯狂的基本性误认正是处在这一点上，我们的女病人充分地表明了这一点。

这个误认展现在反抗之中，通过这个反抗，疯子想要将他心中的法则强加于他眼中的世界的混乱之上。这是一个"荒唐的"事业，——但说它荒唐并不是因为它是没有适应生活的缘故。在我们的圈子里常常听到这个说法。对我们的经验稍加思考就可看出这个说法是令人丢脸地空洞。我说这是一个荒唐的事业是因为主体没有看出在这个世界的混乱之中表现出来的正是他实际的存在，因为他所感觉为心中的法则的只是这个存在的倒错的以及潜在的形象。这样他双重地误认了这个存在，并且恰恰是为了拆开这个存在的现实性和潜在性。然而他只有依靠这个潜在性才能逃

---

① 马勒伯朗士（Malebranche, 1638—1715），法国哲学家和神学家。（译者注）
② 朱庇特（Jupiter），罗马神话中的主神。（译者注）
③ 拉斯·加瑟斯（Las Cases, 1766—1842），法国作家，他陪伴拿破仑度过其最后日子。（译者注）

避这个现实性。这样他的存在就被封闭在一个循环里了。除非他以某种暴力来冲破它,以这个暴力他打击了在他看来是这个混乱的东西,但通过社会的反击他是打在自己身上。

这就是人们可以在黑格尔那里读到的疯狂的普遍格式①。所以不要以为我在创新,我况且还以为应该以一个有例证的形式来向你们介绍这个格式。我说:疯狂的普遍格式,意思是说我们可以看到它特定地应用于某个阶段,而人的辩证发展就是通过这些阶段而实现在每个命运之中的。命运总是能在那里得到实现的,就像在理想认同之中的存在的一个郁积。这个理想认同规定了一个特定命运的这一点。

刚才我想让你们感觉到这个认同的无中介的和"自负"的特点。现在这个认同表现为存在与他所拥有的最好的东西之间的关系,因为这个理想在他那里代表了他的自由。

为了用更宜人的话来说出这些事,我可以以一个例子来向你们说明。黑格尔自己在思想上也想到这个例子。那是当他在《现象学》中发展这个分析时②,如果我的记忆没错的话,这就是说在 1800 年,他同时在等待(请顺便把这记下以放入我刚才开了头的章节中去)着 Weltseele -世界的灵魂-的到来。他在拿破仑身上认出了这个世界的灵魂,目的是要向他揭示他有幸体现的是什么,虽然那人看来是完全不知情。我讲的例子是席勒的《强盗》中的主人公卡尔·穆尔。每个德国人都熟悉这个人物。

---

① 参见《精神哲学》,凡拉翻译,1867 年杰默·巴叶出版社出版;以及《精神现象学》,奥比叶出版社 1939 年出版了让·伊波利特(Jean Hyppolite)的两卷本出色译文。我们下面还要提到这部著作。(原注)

② 法国读者再也不能忽视这部著作了。让·伊波利特在他刚由奥比叶出版社出版的论著中以可以令最苛求的读者满意的方式将它奉献给法国读者了。并且在《新法兰西评论》中也将要发表亚历山大·科耶夫(Alexandre Kojève)五年来在高等研究院就这部著作而讲的课的记录。(原注)

更为我们所知,并且更合我的口味的是莫里哀的阿尔西斯特①。但首先我要指出,自从他被创作出来以后,他一直是那些饱学古典人文的俊彦之士的一个问题,这个事实说明我张扬的这些事并不如那些俊彦之士想让我们相信的那样无谓。他们将这些事称为是书呆子气的,这似乎不只是为了省去理解它们的努力,更是为了避免在理解了之后所不得不得到的对他们社会中的自己来说是痛苦的后果。

一切都由此开始:阿尔西斯特的"高贵灵魂"对于高贵头脑有着魅力,因为他是"饱学古典人文",所以无法抗拒这个魅力。这样莫里哀是不是证明弗兰特的世俗的殷勤是有道理的?上帝啊这怎么可能!一些人叫道;而另外一些人则以看透一切的睿智的口气承认说,照着世事去向,这只有这个样子。

我相信问题不在于弗兰特的睿智,而且问题的解决可能会使这些先生震惊:阿尔西斯特是疯了而且莫里哀显示他是疯了,——原因恰是在他高贵的灵魂中他不承认他自己是在催成他对之反抗的混乱。

我要说清楚,他是疯子并不是因为他爱了一个轻佻的或背叛了他的女人,我们刚才提到的那些学究大概是会把这归之于他本性上的不适应,——而是因为在爱情的旗帜下他被那种主导着那个幻象艺术的舞会的情感所卷走,在这种艺术中美貌的塞琳梅纳是所向披靡的:这个艺术就是无所事事者们的自恋,这种自恋给予所有时代以"世界"的心理结构。在这里这种自恋之上又加上另一种自恋,那一种自恋特别以爱的情感的集体理想化而显示在某些人身上。

在镜子之家的塞琳梅纳和簇拥在她四周的崇拜者们乐于玩这

---

① 阿尔西斯特(Alceste)是莫里哀戏剧《恨世者》(*Le Misanthrope*)中的人物。(译者注)

火花的游戏。况且阿尔西斯特也不比别人稍逊;如果说他容忍不了谎言,那只是因为他的自恋更加挑剔。当然,他以内心法则的形式而自己告诉了自己:

"我要人们都真诚;作为体面的人,
话语都是来自心底"
——是的,但是当他的心讲述时,它有些奇怪的叫声。这样,当弗兰特问他:
"您相信她在爱您吗?"
——"是的,自然啦!"他回答说,
"如果我不相信是被她爱着,我也不会去爱她。"
我不知道克莱昂勃尔是否会把这个回答看作是更出自情感谵狂而不是那么出自爱情。

尽管人们说在热恋中经受所爱者的败落的考验的那种妄想是很广泛的,我还是觉得阿尔西斯特有一种特别的语调。
"啊!什么也比不上我这个极端的爱,
在我的爱显示于众的狂热中,
它甚至会说出一些不利于您的祝愿,
是的,我希望没有人会觉得您可爱,
希望您落到一个悲惨的境地,
希望您出生时老天什么也没有赋予您"。
他是不是以这个美好的祝愿以及对歌曲"我更爱我的朋友"的偏好来追求卖花女的?但是他并不能将他对卖花女的爱"显示于众"。这就是他表达于此的感情的真正秘密:这是向所有人显示他的独特性的狂热,即使这是处在牺牲品的孤独之中。在最后一幕中他在这个孤独中得到了苦涩的欢快满足。

至于曲折情节的根源,那是来自于一个机制,我将这个机制与**自恋的自害侵犯**联系起来而不与**自我惩罚**联系起来。

使阿尔西斯特在听到奥隆特的商籁诗时怒不可遏的,是因为他在诗里认出了他的情形,是因为他被准确描绘而笑柄毕露。而他的对手那个蠢货在他看来像是他的镜中像;他那时说的狂怒的话语很清楚地显示出他是想攻击他自己。每当他的话的结果表明他达到了目的,他总是有滋有味地承受着这效果。

在这儿我找到了亨利·埃伊的概念中的一个特别的缺点。这个概念使他远离谵狂行为的意义,这个概念使他降格以求而把那当作是失控的一个偶然效果。然而医学法学的要求不断地向我们重提这个行为的意义的问题。对于我们经验的现象学来说这些要求是根本性的。

而作为机械论者的吉罗则要深入得多,在他关于**无动机谋杀**的论文①中,他努力于辨明,疯子在他打击的对象中想要击中的不是别的而正是他自己本身的祸根(kakon)。

让我们最后看一眼阿尔西斯特就离开他。他造成的牺牲品只有他自己,并让我们祝愿他找到他寻找的东西,那就是:

"在大地上,这个四散的地方,

作为一个体面人,人可有自由。"

这是为了记住最后这个词。因为并不是单单靠了嘲讽因而一丝不苟的古典喜剧才让他出现在这里的。

事实上古典喜剧表现的冲突的影响力并不是从产生冲突的行动的细微中可以看出的。这就像笛卡尔在《秘密笔记》中的高傲做法一样,那个影响力是"蒙着面前进"。在那里笛卡儿宣称将要登上世界舞台。

我或许会不在阿尔西斯特身上而是在使 1917 年的老革命家成为莫斯科审判的被告的命运中来寻找内心法则的活动。但是在形而上层次上在诗人的想象空间里表现的东西是与世界上发生的

---

① 发表于 1931 年 3 月的《精神病学进展》上,也可参见吉罗和加禹发表在 1928 年 11 月的《医学心理学年刊》上的文章"无动机谋杀,疾病的解脱性反应"。(原注)

最血腥的事是同值的,而在世界上造成流血的正是这个。

所以这并不是由于我回避主宰了我们时代的社会悲剧,这是因为我的木偶戏能更好地向每个人表示出每当涉及到他的自由时诱惑他的风险。

因为疯狂的风险可从认同的吸引力本身估量出。在这些认同中人投入了他的自由和他的存在。

疯狂决不是人的机体的脆弱性的一个偶然事实,它是开裂在他的本质中的一个缺陷的永久的潜在性。

疯狂决不是对自由的"一个污辱",它是自由最忠实的同伴,它像影子一样追随着自由的运动。

没有疯狂我们不仅不能理解人;并且,如果人身上没有将疯狂作为自由的限界而带着,人就不成其为人。

为了以我们年轻时代的谐趣来冲淡一下这些严厉的说法,我们说的确"不是谁想成为疯子就是疯子了",就像我们简洁地写在值班室的墙上的那样。

但是,围绕着疯狂的风险也不是谁想要就触及到谁的。

依靠一个衰弱的机体,一个放纵的想象力以及力不能及的冲突是不足以达到疯狂的。有可能以一个铁的体魄,强有力的认同,以及定于星相之中的命运的帮助能更肯定地导向这个对存在的诱惑。

这个概念至少有这样一个好处,它可使19世纪强调高等人物的疯狂的有问题做法烟消云散,——也可拆除就圣人或自由英雄的疯狂的问题郝麦与布尔尼西约①互相攻击的卑鄙手法的武库。

如果说感谢上帝,皮内尔②的工作使我们更人道地对待普通

---

① 郝麦(Homais)和布尔尼西约(Bournisien)是福楼拜的小说《包法利夫人》中的两个人物。(译者注)

② 皮内尔(Pinel,1745—1826),法国医生。(译者注)

的疯子,我们还是要承认这并没有使我们增加对更高风险的疯狂的尊重。

再说郝麦和布尔尼西约代表了存在的同一个表现。但是,你们是不是惊奇过,人们从来只嘲笑前者。除了我在上面讲述的重大区别之外,你们有没有本事用其他方法来解释这一点呢? 实际上是郝麦"深信",而布尔尼西约虽是一样的蠢但却不疯,他捍卫他的信仰。他是在等级制度上得到支持的,所以他保持着自己与他的真理之间的距离。只要郝麦变得"讲道理",承认"精神需要"的现实,他就会在这个距离中与郝麦达成一致。

通过我们对疯狂的理解我们这样就和我们的对手一样赤手空拳了,由此我们又重得到了提及圣女贞德的幻觉声音或者发生在大马士革之道上的事的权利。人们并不能因此要求我们改变我们真实声音的调子,也不要求我们自己在进行我们的判断时转入第二状态。

我们关于疯狂的因果的报告进行到这一点了,我是不是应该当心让上天不使自己误入歧途,是不是也应该看到,在提出说亨利·埃伊看错了疯狂的因果并说他不是拿破仑之后,我就落到了这个歪道上来了,就是说提出我知道这个因果,也就是说我是拿破仑,以此作为最后的证据。

然而我不相信这就是我的目的。在我看来,通过保持构成我们的疯狂经历的正确的人间距离,我是遵从了法则。这个法则在字面上是赋予了我们经验的外在样子:如果没有这个法则,那么医生就像是一个对疯子反驳说你说的不是真的人那样,是与疯子本人一样在胡诌。

趁这个机会我重读了我作为依据的那个观察报告,我觉得能够看到这一点:不管人们对结果是怎样判断的,我对我的对象总持有一种他作为人,作为病人,以及作为病例而应得到尊重。

最后,我相信,我将疯狂的因果扔进那个存在的不可测知的决定中,在这个决定中他懂了或误认了他的解放;他在那个命运的陷阱之中,这个陷阱在他没有征服的自由上欺骗了他。我这样做只是陈述了我们的变化的法则,就像那个古老的格言所说的那样:愿你长成你现在这个样子(Γἐναι, οἷος ἔσσαι)。

为了确定那里的心理因果,我现在将试着把握形式和行为的样式,这个样式规定了这个悲剧的种种方面,因为在我看来它是可以科学地被认同于**意象**这个概念的。

## 3. 想象样式的心理效果

主体的历史是发展在一系列或多或少典型的理想认同之中的。这些认同代表了最纯粹的心理现象,因为它们在根本上是显示了**意象**的功能。我们将自我只看作是这些构成的一个中心体系,在其想象结构以及其利比多价值中一定要把这个体系理解成是这些构成。

对于那些甚至在科学中也若无其事地混淆自我与主体的存在的人,我们不在他们身上花时间。我们可以看到我们是在哪儿与那个最流行的概念产生分歧的。这个概念将自我等同于机体的关系功能的综合。我们必须说这个概念是非驴非马的,因为这是用客观的内容来定义一个主观的综合。

我们在这里认出了亨利·埃伊的立场。这个立场表述在我们上面引用过的那段话里。这话是这样说的:"从根本上来看自我的损害是与功能的消解的观念相混同的"。

我们能以此来责难他吗?平行论的偏见是如此牢固,甚至弗洛伊德自己也背离了他整个研究的方向而拘于这个偏见;再说在他的时代去攻击这个偏见等于是使自己无法与人进行科学交流了。

确实,我们知道弗洛伊德将自我等同于"感觉—意识体系"。

这个体系是由机体得以适应"现实原则"的器官的总和所构成的①。

如果我们考虑一下在埃伊的概念中错误这个观念所起的作用,我们就会看到将脏器主义的幻象与一种现实主义的元心理学联结起来的联系。但是这并不能使我们接近一个具体的心理学。

同样的,如果我们相信他们的话,那么精神分析学中最聪明的人都在急切地要求有一个关于自我的理论。尽管如此,人们看到的最有可能的还是一个空缺,因为他们下不了决心将这位无与伦比的大师的著作中的陈腐的东西当作是陈腐的东西来处理。

然而梅洛-庞蒂的著作②确切地显示了,任何健康的现象学,例如感觉现象学,要求我们必须在任何客观化之前来思考经历过的经验,甚至在任何混杂客观化与经验的反思分析之前来思考经验。我来解释一下:最起码的视觉幻觉都表明,它是在对形象的观察一部分一部分地纠正它之前就为经验所接受的;人们就是如此来将所谓现实的形式客观化的。当反思让我们在这个形式中认出了延伸性这个**先验**的范畴时,而这个范畴的特点正是它是以部分以外的部分(partes extra partes)的样子出现的,这时仍然是幻觉本身给我们作出了**格式塔**的行动。而在这儿格式塔是心理学自己的对象。

这就是为什么对自我的综合的种种考虑都仍不能使我们不考虑主体中的自我现象:也就是说主体在这个名目下理解的一切。这一切并不恰恰是综合的,也不只是无矛盾的。从蒙田③以来我们就知道这一点了,更重要的是自从弗洛伊德的经验将这地方定为否认(Verneinung)的处所以来我们更应知道这一点。这是个主

---

① 参见弗洛伊德的"Das Ich und das Es",由让·克列维奇翻译的法译本题为《自我和自己》,收入1927年由帕沃出版社出版的《精神分析论文集》中。(原注)
② 《知觉现象学》,伽里玛出版社,1945年。(原注)
③ 蒙田(Montaigne,1533—1592),法国作家,哲学家。(译者注)

体以对自己的一个活动加以否定而恰在否定时刻暴露这个活动的现象。我要强调这里涉及的不是一个归属的否认,而是一个形式上的否定:也就是说一个误认的典型现象,并且是以一个我们强调过的翻转的形式:这种形式的最习见的表达是:——别去信……——这个形式已经给我们提供了这个与他人的深刻关系。我们将要强调这个关系在自我中的重要性。

再说只要稍微看一下我们的经验就会向我们显示没有什么将自我与其理想形式(Ich Ideal,这里弗洛伊德重又有他的权利了)分离开来,以及一切都将它限制在它所代表的存在的一边。因为几乎机体的全部生活都不为它所把握。这不仅是因为一般来说这个生活是被误认的,并且在大部分情况下它是没有什么需要去认识。

就自我的遗传心理学来说,它所取得的成果在我们看来是站得住脚的,特别是因为人们在那里排除了所有功能组合的预设。

通过我对我称为**多产时刻**的典型现象的研究,我自己给出了证明。这个研究是按照我在这里创导的现象学方法进行的。这个研究使我做了一些分析,在这些分析中产生了我的关于自我的概念。产生这个概念有个过程。一直听我这些年来在《精神病进展》杂志社以及在大学附属医院和精神分析学院里作的报告和课程的人能追踪这个过程。虽然我没有发表这些报告和课程,在这些报告和课程中有一个术语还是得到了流传,这个术语创造出来就是要让人耳目一新,这就是**偏执狂认识**这个词。

这个术语包含了那些现象中的一个根本性结构,我意图以此来表示这个结构与一个具有特别影响力的与世界的关系形式之间的亲缘联系,如果那不就是它们之间的同等关系的话。这里说的是那个反应,精神病学家认识这个反应,而在心理学里这个反应以**传递性**的名称而得到总结。为了不被完全地从人的世界里排除出去,这个反应在其最理想化的形式中(例如在对手关系中)是首先表现为自我的典型(Urbild)的模式。

人们确实观察到它以很有意义的方式主宰了原初阶段。在这个阶段幼儿有了自己个人的意识。你们知道,他的语言是用第三人称来表示这一点的,随后又以第一人称。我们只引证夏洛特·布勒①,她在观察儿童与其游戏伙伴的行为时辨认出了以完全为对方的形象所吸引住的动人形式出现的这种**传递性**。

这样幼儿会在惊恐万分中看着他的同伴的摔倒。或者认定自己挨了他自己打对方的那一巴掌,这在他并不是撒谎。这一系列现象,从镜面认同到模仿建议到仪容迷惑,我不一一细讲了。这位作者将一切都包括在一个辩证过程中,这个过程从妒嫉开始(圣奥古斯丁早已闪电般地瞥见了这种妒嫉的开蒙价值)而一直到同情心的最初形式。它们是处在一个原初的歧义之中的。我早已指出,这种歧义在我们看来是**映在镜中**。我的意思是说主体在他自己的情感中是认同于他人的形象,而他人的形象在他身上抓住了这个情感。

还有,产生这个反应有一个条件,这就是说同伴间的年龄差距必须在一个限度之内。在研究过的阶段中,这个限度在开始时不能超过一年的差别。

这里已经出现了**意象**的一个基本特征:最广义的一个形式的可见效果。这个形式只能在遗传相似性中得到定义,这样它涉及到作为原始条件的某种辨认。

我们知道出生后 10 天开始这些效果就对着人的脸面而产生了,也就是说是在刚刚出现最初的视觉反应时,是在除了盲目吮吸以外的所有经验之前。

---

① 夏洛特·布勒(Charlotte Bühler),《对人生最早年份的社会学及心理学研究》,1927 年由耶拿的弗舍出版社出版,也参见埃尔泽·科勒(Elsa Köhler)的《三岁儿童的个性》,1926 年莱比锡出版社出版。(原注)

这样，**意象**在人身上出现的第一个效果是一个主体**异化**的效果。这是基本的一点。主体是认同在他人身上并一开始就是在他人身上证明自己。如果回忆一下人类外在世界（Umwelt）的根本性社会条件，这个现象就不会显得很惊人了，——如果人们提起决定了黑格尔的全部思辨的直觉也一样。

他告诉我们说，人的欲望是在中介的影响下构成的。这是要让人知道他的欲望的欲望。他以一个欲望，他人的欲望，作为对象，这是说如果没有中介人就没有他的欲望的对象。在他最原始的需要中可以看出这一点，比如说他的食物就需要被加工好，——这我们可以在从通过劳动的整个辩证过程而展开的主人与奴隶的斗争开始的他的满足的发展中找到。

这个辩证过程是人本身存在的辩证过程，它一定会在一系列危机中实现他的独特性和他的普遍性的综合，同时将那个独特性普遍化。

这就是说，在这个使人得到一个对自己越来越恰当的意识的运动中，他的自由是与他的奴役的发展相混合的。

意象是不是具有这个在存在中导入一个他的现实与他的机体之间关系的功能？人的心理生活是不是以其他的形式向我们显示了一个相似的现象？

没有任何经验像精神分析学那样为显示这一点作出贡献。精神分析学当作情结的效果而揭示出来的这个重复的必要性就清楚地说明了这一点，虽然在学说中这个必要性是表达在那个惰性的和不可思议的无意识的观念之中的。

习惯与遗忘是一个心理关系被吸收入机体的征兆：一种形势，因为它对于主体来说既变得是不认识的又像他的身体一样是根本性的，就正常地表现为与他自己的身体得来的感觉相和谐的效果。

在经验中俄狄浦斯情结不仅显示为能够以其非典型的事故而引发歇斯底里的所有体魄效果，还能正常地构成现实的感觉。

一个既是强力也是性情的功能,——一个不再是盲目而是"明确的"规定,——一个主宰并裁决热切的破裂和妒嫉的歧义的人物,这种破裂和歧义打下了幼儿与他母亲以及与他同胞对手的最早关系的基础,这些就是父亲所代表的。由于父亲在最初的情感理解中较为"退缩"而显得更加如此。在学说中这个显身的效果以各种形式被表述出来,但是很明显地这些效果在学说中因其有害影响而显得被扭曲了。经验最早是通过这些有害影响而让人看到这些效果的。在我看来这些效果可以在它们最普遍的形式中表达出来:新的形象使一群人在主体中"絮凝"起来。这些人以其本身而代表了自主的核心,并为他完全改变了现实的结构。

我毫不犹豫地说,我们可以显示这个危机是有些生理上的反响的,——虽然它的动力是完全心理性的,一定"剂量的俄狄浦斯"可以被看作是具有那种服用某种去敏药之后的体液上的效用性。

再说,这个辖域里的情感经验对于在时空范畴里构成现实世界的决定性作用是如此的明显,以至贝特兰·罗素①在他的非常机械论的论文《思想分析》②中无法不将"距离感觉"的功能纳入感觉的遗传理论之中。以盎格鲁-撒克逊人特有的具体精神,他将这个感觉归之于"尊重的感觉"。

在我努力说明偏执狂精神病的基本现象的结构时,我曾在我的论文里提到了这个有意义的特征。

我只需要说,对这些现象的考虑引导我去充实了结构的清单:象征机制,紧缩和其他。弗洛伊德将它们解释为我想说是**想象方式**的结构,这样说是因为我希望人们将很快不用无意识这个词来

---

① 贝特兰·罗素(Bertrand Russell,1872—1970),英国数学家,逻辑学家和哲学家。(译者注)
② 勒费弗尔(Lefebvre)的译本 1926 年由帕沃出版社出版。(原注)

指表现在意识中的东西。

我曾发觉(我干吗不要求你们去参考一下我的那一章节呢?① 作为在研究中的真正的摸索,那个章节有见证的价值),我说我曾发觉在观察我的女病人时不可能以回想来确定某些直觉,回忆的幻觉,深深的怨恨以及想象的客观化的时间和地理位置。而所有这些只能联系到从整体上来看的谵狂的**多产时刻**上去。为了说清这一点我将提一下那个记述和那张照片。病人回忆说几个月前在某张报上读到这个记述和看到这张照片时曾很为吃惊。但是收集了报纸查了几个月都没有重新找出这个记述和这张照片。我承认,这些现象是初始地作为回忆,重申,系列,镜子游戏等而给出的,并且它们的存在并不能以任何方式而比梦更能定位在主体的客观时空之中。

这样我们就接近了一个对一个想象的时间和想象的空间以及它们之间的连接的结构分析。

再回到我所说的偏执认识,我试着设想网络的结构,参与的关系,串连起来的前景,幻象的宫殿。它们在这个世界的边缘上是举足轻重的,但俄狄浦斯使我们忘掉了它们。

我常常反对弗洛伊德从社会学来解释那个对人类精神来说是至关重要的发现的方式。是他给我们带来了这个发现。我以为俄狄浦斯情结不是在人的起源时产生的(如果描述人的历史不是个疯狂的尝试的话),而是产生在历史的边缘上,在"历史的"历史的边缘上,在"民族学的"文化的边限上。很显然它只能在家庭组织的父系形式中产生,——但它仍是具有一种无可争辩的起始价值。我相信在没有它的文化中,它的功能必是由入门经验来充任的。就像直到今天人类学都让我们看到的那样,它作为一个心理循环

---

① 《论偏执狂精神病》第二部分第二章第 202 到 215 页,以及第四章第三节第 300 到 306 页。(原注)

的终结的价值是与它代表了家庭情形这一点有关的,因为在其组成中它标志着生物性与社会性在文化性上的切合。

但是,人的世界所特有的结构包含着对各种倾向的实际领域独立的物体的存在,并具有象征运用及工具运用的双重可能,它在人的发展的最初阶段就出现在人身上了。如何来设想心理的生成呢?

我那个称为"镜子阶段"的构成正是回应了这样一个问题的立场,——或许称为"镜子时期"更好些。

我1936年在马林巴塔的大会上就此作了一个报告。或者说至少作到正好是第10分钟终止的那一刹那。那时担任大会主席的琼斯打断了我。他是以伦敦精神分析学会主席的身份主持大会的。他当主席的资格大概是来自于这样一个事实:我从来没有遇见一个对我说起他性格里有任何令人不快的地方的英国同事。但是,就像马上要迁徙的鸟似的聚集在那里的维也纳小组的成员对我的报告表示了相当热情的欢迎。我没有将我的论文交付大会的纪要集。但是你们可以在1938年出版的《法兰西百科全书》的《精神生活》卷里的我写的关于家庭的文章中看到短短几行的基本内容①。

我的目的是要表现出在发展的某个阶段的一个范例行为中的一些根本性的想象关系之间的联系。

这个行为不是别的而是10个月的幼儿在他的镜面形象之前的行为,——这个行为因为与猩猩的行为不同而引人注目。幼儿在智力的工具性运用上这时远未达到猩猩的发展水平。

我将这称为胜利地承担形象,附带着伴随它的兴高采烈的哑

---

① 见 A·德·蒙切(A de Monzie)创立的《法兰西百科全书》中由亨利·瓦隆(Henri Wallon)主编的第八卷、第二部分、第一节"家庭",特别是第 8′40—6 页到第 8′40—11 页。(原注)

戏,还有在极迅速地验完了镜子背面没有形象之后时在镜象认同的控制中的那种嬉戏的迎合,那是与猴子身上的相反现象正成对比的。这一切让我看到了那些被**意象**所认同地捕获的事实中的一个。而我正在寻求看清这个事实。

它以最直接的方式而与人的那个形象相联。我在人的认识的最原始的组织中遇到了那个形象。

这个想法得到了流传。它与其他研究者的想法相合。在这些研究者中我想引证赖米特。他在1939年出版的书中集中了他对心理中的**身体本身形象**的独特性和自主性的长期专心研究的发现。

确实,围绕着这个形象有一大串主观现象。从截肢者的幻觉,到替身者的错觉,到它在梦中的显身,以及与此相联的谵狂客观化。但是最重要的还是它的自主性,这个自主性是作为所有本体感受的感觉的想象的参照地点的。这在各类现象中都可以显示出来,亚里士多德的幻觉只是其中的一个例子。

在这个形象的档案中**格式塔理论**与现象学也都是有份的。精神分析学家们熟悉的各种具体心理学的想象的幻象,从性游戏到道德上的含糊,都使人们由于形象和语言的神圣精神的操作而想起我的镜子阶段。"嗨,"人们说,"这令人想起拉康的那个有名故事,镜子阶段。他到底说了些什么啊?"

说实话,我将我的关于这个现象的存在意义的概念推向更远,我将它放在它与我称为**人的出生的过早性**的情况的关系中来理解它,这也就是说在最初6个月中中枢神经系统的不完备和"落后"。解剖学家熟知这些现象;并且自有人类以来就表现在乳儿的行动和平衡的不配合上。这个情况恐怕与**胎儿化**的过程不无关系。布尔克将这个过程看作是人的脑囊的高等发展的动力。

正是基于这个发展的落后而视觉感觉的早熟才具有了其功能性预行的价值。在一方面这导致了在辨认中视觉结构的明显占上风。而我们已看到对人的形式的辨认是非常早的。另一方面,认同于这个形式的机会也由此得到了一个可以说是决定性的补足。这个补足将在人身上构成这个完全是根本性的想象的纽结。晦涩地,并且是通过学说中纠缠不清的许多矛盾,精神分析学还是出色地以**自恋**这个名字而指出了这个纽结。

形象与自杀倾向的关系确实是处于这个纽结之中的。那喀索斯①的神话基本上表现的就是这个关系。以我们的意见,这个自杀倾向代表了弗洛伊德用**死亡本能**或**原初受虐淫**的名称而试图置于他的元心理学中的东西。在我们看来这个自杀倾向取决于这样一个事实,即人的死亡在以一种总是含糊的方式反映在人的思想里之前早已为人在他度过的最初的悲苦阶段里感受到了。这个阶段是从**出生的创伤**一直到**生理早熟**的最初六个月,随后则反响在**断奶的创伤**中。

幼儿最早的游戏是那些掩蔽的游戏,弗洛伊德抓住了这些游戏的揭示性价值②。这是在心理世界的范围里弗洛伊德的直觉的一个最为令人注目的特征。人人都看到了这些游戏,但在他之前没人在它们的重复性中看到解放性的反复。而幼儿在那里接受了这个所有的分离和断奶的解放性反复。

靠着弗洛伊德,我们就能把这些游戏设想为是表达了那个否弃的驻波的第一次振动,这个驻波将给心理发展的历史加上其节拍。

这样,在这个发展的开始时,基本是异化的原初自我就与基本上是自杀性的原始牺牲联结起来了:

这就是说是疯狂的基本结构。

这样在自我与存在之间的这个原初的不谐和就将成为基调,这个基调将穿过心理历史的各个阶段而回响在整个和声音阶中。而心理历史的功能就是在发展这个基调时解决它。

---

① 那喀索斯(Narcissos),古希腊神话人物,因自恋其水中倒影而死。(译者注)
② 在他的文章《超越快乐原则》中。收入《精神分析学论文集》。(原注)

通过现实与理想的幻觉吻合而达到的这个不谐和的解决响彻在那个自恋自杀性侵凌的想象纽结的深处。

在这个外表的幻象中比如说沉醉的体格条件会起作用。但这个幻象要求得到自由的不可捉摸的赞同。就像在这个情况中可以看出的那样,即疯狂只出现在成人身上,出现在"理智的年龄"之后,这证实了帕斯卡尔的直觉:"儿童并不是人。"

儿童的最初的认同选择,"无邪的"选择,实际上除了神经官能症的悲怆的"固恋"外只是决定了这样一种疯狂,即人自认为是人。

这个说法是自相矛盾的,然而考虑到人并不只是他的身躯,并对他的存在并不能知道更多,这个说法就显出其价值了。

在这里就出现了人被其奴役的那个根本性幻觉,它对人的奴役远超过了笛卡尔意义上的那些"身体的激情"。那是作为人的激情。我要说这是典型的灵魂的激情:自恋。它将自己的结构加之于所有的欲望,即便是最崇高的欲望。

在身体与精神的相遇中,灵魂就显得是传统把它当作的东西,即单子的限度。

当寻找思想空白的人在想象空间的无影光芒中前进,并不去等待将要涌现的东西时,一面无光泽的镜子向他显示了一个表面,在这个表面上什么也反映不出。

我们以为可以将**意象**指定为心理学特有的对象,就像伽里略的惰性物质点的观念成为物理学的基础一样。

然而我们还不能完全地把握这个观念,这篇报告的目的仅仅是将你们引向它的隐秘的证明。

在我看来这个观念是与一个非广延的也就是说不可分的空间相关的。格式塔观念的进展将澄清对于这个空间的直觉。这个观念也是与一个封闭在等待和松弛之间的时间,一个阶段与重复的时间相关的。

　　它是建立在一种因果形式之上的。这是心理因果本身：**认同**。认同是一个不可化解的现象。而**意象**则是那个可以定义在想象的时空交织中的形式，它的功能是实现一个心理阶段的解决性的认同，也就是说个人与其相似者关系的一个变化。

　　那些不愿相信我的人可以提出异议说我用了一个预设的理由，说我毫无道理地提出现象的不可化解性为的只是建立一个形而上的人的概念。

　　这样我就来对这些聋子说说，向他们指出一些事实。我想这些事实会符合他们对于看得见事物的爱好，并至少在他们看来没有受到精神或存在的污染：我的意思是说我打算到动物世界里去找出这些事实。

　　很显然，如果心理现象有一个独立的存在的话，这些现象应该在动物世界里出现。还有，那些其外在世界（Umwelt）包含着如果说不是一个社会至少是一个同类的集合体的动物，当这个集合体在其特性中表现了人们称之为**群居性**的品质时，那么在这些动物中也应有我们的**意象**。还有，我在 10 年前将**意象**指为"心理对象"，并说弗洛伊德的情结的出现标志着人类思想的一个重大进步，因为它包含着产生一个真正的心理学的可能，——那时我还在多处写道，心理学在这里提供了一个概念，它能在生物学里显得至少与其他概念一样的富有成果。其他的那些概念虽然在被使用，很显然要更加不肯定。

　　自从 1939 年以来这个看法就得到了实现。在现在已相当多的事实中我只想指出两个"事实"来作为证据。

　　首先是 1939 年哈里森的工作，发表在《皇家学会学报》上[①]。

---

　　① 《皇家学会学报》系列 B（生物科学），第 845 号，1939 年 2 月 3 日，第 126 卷。伦敦出版。（原注）

人们很久以来就知道,雌鸽子在与其同类隔离时就不排卵了。

哈里森的实验表明,排卵是由对同类的特定形状的见识决定的,这与感觉的任何其他知觉形式无关,并且也不必要是见到一个雄性的形状。

雌鸽子与其他两性个体被放在同一的笼中,但是笼子是特制的,在那里受试的鸽子无法互相看见但可以毫无障碍地听到各自的叫声和闻到各自的气味,在这样情况下雌鸽并不排卵。相反,如果两个受试鸽子可以互相观察,即使是通过一块足以阻止任何交尾发生的玻璃,即使这一对鸽子都是雌性,排卵的现象也会产生。但产生的时间有变化:如果玻璃隔开的是一对雌雄鸽子,12天后发生排卵;如果是一对雌鸽子,则需要二个月。

更加值得注意的一点是:动物只要在镜子中看到它自己的形象也就会在二个半月后排卵。

另外一个研究者注意到,在孵蛋时雄鸽子会在嗉囊中分泌出乳液,但是如果它没有看到雌鸽在孵蛋,这个分泌就不会发生。

第二组事实见之于1941年萧凡的工作中,发表于《法国昆虫学会年鉴》上①。

这里涉及到的是一种昆虫,这种昆虫按照其表现为**散居**型或**群居**型而分为两个类型。确切地说就是蝗虫,也就是说那种俗称为蝈蝈的品种。它的成群结队的现象是与群居型的出现有关的。萧凡研究了又被命名为 Schistocerca 的这种蝗虫的两个类型,就像出现在 Locusta 以及其他相近的属类中的那样。这两种类型表现出很大的不同,不仅在本能上不同:性过程,吞食,活动;在外形上也相当不同,就像生物统计的数据以及色素组织所表明的那样。色素组织构成了这两个类型的特色外形。

我们只讲一下这最后一点。Schistocerca 的散居型在成长中

---

① 见1941年第三期的第133页和第272页。(原注)

经历五个幼虫阶段。在这整个成长过程中它一直是纯绿色的;但是群居型则在不同的阶段变出不同的颜色来。在其身体的不同部位有某种黑色条纹,比如在后大腿上那个最恒久的黑条纹。我毫不夸张地说,除了这些非常明显的特征之外,这些昆虫在生物学上是完全不同的。

人们注意到,在这些昆虫中群居型的出现是由在最初的幼虫时期对种族的特定形状的感觉所决定的。这样,两个散居型个体在成为同伴后就逐渐发展到群居型。通过一系列的实验:黑暗中饲养,对触须和触角的单独切除等,人们将这个感觉确定在视觉和触觉中,而排除了嗅觉,听觉以及共同活动。成为同伴的个体不一定是要处于同一个幼虫阶段。它们是以同样方式对成年个体作出反应,一个相近种属比如 Locusta 的成虫在场时也会产生同样的群居性,——但是一个更远的种属如 Gryllus 的成虫产生不了这个结果。

在经过深入的讨论之后,萧凡采用了一个特定形式和特定运动的观念。这些形式和运动是以某个"风格"为其特点的。这样的说法一点不令人生疑,因为这样说的人显然没有想到把它与格式塔的观念联系起来。我引用他的结论,这个结论的用辞表明他并无形而上的倾向。他说,"这里应该有某种辨认,不管我们以为那是多么原始的辨认,但是讲到辨认就不能不意味着有一个**心理—生理**机制"。生理学家就是这样的羞怯的。

但是这并不就是一切:从两个散居型的结合中产生群居型的比例决定于人们让它们来往的时间。还有,这样的刺激不断递增,以至随着间歇时间之后的交配的重复,生出的群居型的比例也不断增大。

相反,取消了形象的成形行动就导致了在世系中群居型数量的不断减少。

群居型成虫的性特点取决于一些条件。这些条件更好地表现了在我们刚才描写的现象中的特定**意象**的作用的独特性。虽然如此，我不愿意在一篇以疯狂中的心理因果为题的报告中继续谈这个领域里的事。

我只想趁这个机会指出这个同样有意义的事实。这就是说与亨利·埃伊在某处曾提出的说法相反，在神经系统的解剖学分化和心理表现的丰富性之间没有任何平行关系，即便涉及到的是智慧的表现，就如低级动物的行为中的大量事实所表明的那样。比如说蟹，我在好几个讲座中津津乐道地夸耀蟹利用机械力的影响来对付贻贝的机巧。

在结束的时刻我希望这篇关于**意象**的小小报告向你们表明的不是个讥讽的奇想，而是它所表达的内容，即对人的一个威胁。因为，如果说承认了**意象**的这个无法测量的距离以及自由的这个微小的刀刃对疯狂的决定性作用并不就足以让我们治愈疯狂了，那么，这能使我们引发疯狂的日子或许倒是不远了。因为如果什么也保证不了我们迷失在走向真实的自由运动之中，那么稍稍动作准定就会给我们将真实转变成疯狂。这样我们就将从人们可以不在乎的形而上因果的领域转入到科学技术的领域。这个领域就令人笑不起来了。

在这里或在那里已经出现了类似举动的尝试了。很快形象的艺术将玩弄**意象**的价值，某一天人们将看到对经受得起批评的"理想"系列的定货：在这儿"真正的保证"这个标签就有了其全部意义。

这个打算以及这种举动都不新鲜，新鲜的是其传统化的形式。

在这时刻，我向你们提出按照在这里发展出的原则而建立的谵狂结构和应用于精神病的治疗方法的方程式。

——从对所追求的对象的可笑依恋开始，经过疑病性固恋的残酷张力，达到否认的谵狂的自杀性深渊。

——从医学解释的镇静价值出发,经过引发的癫痫的中断行动,达到分析的自恋**净化**。

只要思考一下某些"光影幻觉"就可以建立一个格式塔理论。这个理论给出了一些可以被看作是小小奇迹的结果。比如说预言如下的现象:一个由涂成蓝色的块块组成的装置在一个一半黑一半黄的屏幕前转动,根据你看了或没有看这个装置,也就是说仅仅按照思想的调节,颜色会保持各各分开或者会混合起来;你会看到在转动的蓝色后面的屏幕上的两种色彩,或者看到组合起来的深蓝和灰色。

那么判断一下一个关于存在与世界的关系的理论在具有了一点准确性之后会给组合能力带来些什么!你们要知道一个在与我们完全不同的文化织体中长大的人的视觉感受是肯定与我们的视觉感受完全不同的。

有一天,对于我们的习惯于看兑币商的符号的眼睛来说,**意象**的面貌会显得比羚羊在岩石上留下的足迹还要难以察觉。沙漠上的猎人知道怎么看出这些足迹的隐隐的痕迹。

你们听到我为了给研究定位而喜好引用笛卡尔和黑格尔。我们的时代很时行"超越"经典哲学家,然而我却很可能从那篇了不起的巴门尼德对话①开始。事实上苏格拉底也好,笛卡尔也好,马克思也好,弗洛伊德也好,他们都无法被"超越",因为他们以热忱从事着研究,这个热忱在于揭示一个对象:真实。

就像他们中的一位曾经写过的那样。他是位语言大师。在他的手指间看来是滑过了自我的面具的线头。他叫马克斯·雅可布②,诗人,圣者,小说家。是的,如果我没记错的话,他在他的《掷骰杯》中写道:真实的总是新的。

---

① 这是柏拉图《对话集》中的一篇。(译者注)
② 马克斯·雅可布(Max Jacob,1876—1944),法国诗人。(译者注)

# 逻辑时间及预期确定性的肯定

## ——一种新的诡辩

1945年的3月,克里斯蒂昂·泽伏要求我和其他一些作家为他的杂志《艺术札记》的复刊号写稿。规划这一期的设想是要以目录页上的精选名单来填补它的封面上的两个数字之间的空档:1940—1944。这个空档对许多人来说都是有意义的。

我试了试这篇文章,我完全知道立刻使它找不到会是怎么样的。

希望它在我将它放在这里的前后文章之间能听起来不走调,即使它表明之后是在等待,为的是之前可以入列。

## 一个逻辑问题

监狱长召来三个选出的囚徒,对他们说出了以下通知:

"先生们,由于某些我现在不必告诉你们的原因,我将释放你们中的一个。为了决定哪一个,我将让一个你们将要接受的考试来决定你们的命运。

"你们在这里是三个。这儿有五个圆盘,它们除了颜色以外是完全一样的:三个圆盘是白色的,两个是黑色的。我将在不让你们知道我的选择的情况下在你们的每一个人的两肩之间放上一个圆盘,也就是说放在你们直接看不到的地方。因为这儿没有镜面,间接看到的可能性也排除了。

"这样你们有充分的时间来观察你们的同伴以及他们戴着的圆盘。当然,你们不准互相告知你们观察的结果,再说你们的利益也不让你们这样做。因为最先推断出他自己的颜色的人可以享受到这个释放的措施。

"还有,他的结论必须是建立在逻辑的理由上而不仅仅是建立在可能性上的。因此,只要你们中的一个准备好提出他的推断了,他就从这扇门出去以便我们可以单独地审定他的回答。"

这些话被接受下了以后,人们就在这三个人头上放上白色圆盘,但没有用黑色圆盘,我们记得黑色圆盘一共有两个。

这几个人怎么才能解决这个问题呢?

## 完美的答案

三个人互相看了一会儿之后,他们一齐走了**几步**而一同跨出了门。随后他们各自都作出了一个相似的回答,说出来就是这样:

"我是白的,我是这样知道的。既然我的同伴是白的,我就想,如果我是黑的,他们中的每一个都会这样的推理:'如果我也是个黑的,另一个会立刻看出来他是白的,所以会立刻出去,所以我不是黑的。'所以他们会一起出去,因为相信自己是白的;如果他们没有动,那是因为我是白的,像他们两个一样。根据这一点,我出了门来陈述我的结论。"

就这样三个人都以同样的结论的原因而出去了。

## 这个答案的诡辩价值

这个答案是这个问题所能得到的最完美的答案。它能不能在实验中得出呢？我们让大家自己去判断。

当然我并不是要建议真实地试验一下。然而我们时代的对立的发展将试验的条件给予了越来越多的人：我们确是担心，虽然在这里安排了全是赢家，事实或许会背离理论。再说我们也不属于那些哲学家，他们认为四堵墙的封闭只是对最高妙的人类自由的又一个帮助。

但是在虚构的无害条件下来进行，我们可以保证这个实验不会让那些喜欢吃惊的人失望。如果说在对恰当地选出的不同的有资格的知识分子小组进行试验以后我们使这个实验中显示出的东西可信了，那么可能这个实验对具有一定科学水准的心理学家来说是表现了这些受试人对他人的现实的一种特别的误认。

至于我们，我们只想关注提出的答案中的逻辑价值。它确是像一个古典意义上的诡辩的出色例子，也就是说在对问题进行哲学检查的历史时刻解决一个逻辑功能的形式的有意义例子。当然，故事中的倒霉形象是次要的；但是，只要我们的这个诡辩并不显得是与我们时代的现实毫无干系的，那么，以这些形象来带上这个时代的标记就不是多余的了。这就是为什么我们保留了这个诡辩的故事，就像那位机巧的晚间来客告诉我们让我们思考时的样子一样。

现在我们要求助于一个人，这人有时以哲学家的样子出现，更经常地是要在幽默家的言辞的歧义处找到他，但我们总能在政治家的行动秘密中找到他，他就是人们讨厌的好逻辑家。

## 对诡辩的讨论

任何诡辩首先都是以一个逻辑错误出现；对诡辩的反对很容易找到第一个论点。我们把为自己作出结论的实际主体称为 A，将思考着的两位称为 B 和 C。他是将自己的推理建立在 B 和 C 的行动上的。人们告诉我们说，B 的信念是建立在 C 的观望之上的，那么如果这个观望不存在了，B 的把握也就会逻辑地消失了。反过来在 C 与 B 的关系中也一样，这样两人就会处在不确定中。这样在 A 是黑的情况下没有什么会使 B 和 C 一定出去。由此的结果是 A 不能推断出他是白的。

对于这首先可以回答说，B 和 C 的思考是假设在他们头上的，因为看到一个黑的而产生这些思考的情形不是个真的情形。需要知道的是在设定这个情形时加给他们的它的逻辑发展是不是**错的**。但那是没错的，因为在这个假设中是两人中没有人**首先离开**这个事实使每个人认为自己是白的。很清楚，只要他们迟疑片刻就会使每一个都可能认定自己是白的，因为在逻辑上说只要有一个人看到两个黑的就不会有任何迟疑。但是在这推理的第一步中迟疑也在实际上被排除了的，因为没有人看到一个白的和一个黑的，所以就只有没人因为由此推断出的理由而出去的问题。

但是在 A 的推理的第二步上反对的意见更加强烈。如果他是走到了正确的结论上，认为他是白的，因为如果他是黑的那么其他两人很快会知道自己是白的而走出去，那么他在形成这个结论之时就要立刻推翻它，因为他一根据这结论动起来，他就看到别人和他一齐抬腿了。

在回答这个反对意见之前，我们先重提一下这个问题的逻辑题元。A 指的是接受试验的并为或不为自己决断的任何一个主体。B和C是作为A的推理的对象的其他两个人。但是我们刚才指出过,如果A能正确地将一个实际上是假的考虑归之于B和C,他要考虑的只能是他们的实际行为。

如果A因为看到B和C和他一起抬腿而重又怀疑他们看到他是黑的,他只要重新提出疑问而停下来就可以解决这个问题。他看到他们也停下来了:因为每个人都处在和他一样的情形中。或者更明确地说每个主体都是A,只要他是实在的,也就是说只要他是决定或不决定为自己作结论的。他就在同一个时刻遇到同一个疑问。但,不管A把什么想法加之于B和C,他将重又达到正确的结论,即他是白的。因为他重又提出——如果他是黑的,B和C是该**继续**下去的,——或者,他认为他们迟疑了,那么按照刚才那个论证,事实支持这个论证而会使他们怀疑自己是不是黑的,那么他们至少要**在他之前重又出去**(因为作为黑的他给他们的迟疑以肯定的影响,以致他们推论出自己是白的)。这是因为在看到他实际上是白的时而他们又不动,所以他自己采取主动,也就是说他们又一齐重新出去,去宣布说他们是白的。

但是人们还可以反对我们,说这样排除障碍并不使我们反驳掉逻辑的反对。这个反对意见随着行动的反复而重又出现,并在每个主体身上产生同样的疑问和同样的停顿。

不错,但是这必须有一个完成的逻辑进程。理由是这次A从共同的停顿中只能得出一个没有疑义的结论来。这就是说如果他是黑的,B和C完全不必停顿的。因为到了现在这一步他们就不必要第二次迟疑就可作出他们是白的结论了:事实上仅仅一次迟疑就足以向他们各人表明他们哪一个都不是黑的。如果B和C停顿下来了,A就只会是白的,这就是说这一次三位主体都得到了证实,再也不容反对或怀疑再次出现了。

经过讨论的考验这个诡辩保住了其逻辑过程的全部约束的严

谨性，条件是你要将两个暂停节律的价值结合进去。这个考验表明在这个行动本身证实了的是这一点。在这个行动中每个主体是由此而达到其结论的。

## 在这个过程中暂停举动的价值

将如此出现的两个**暂停举动**结合到这个诡辩中去是不是有道理呢？要决定这一点就必须检查一下它们在逻辑过程的解决中是起什么作用的。

它们实际上是在逻辑过程结束之后才起这个作用的，因为它们暂停下的行动表现了这个结束本身。你不能由此而反对说它们给答案带来了一个外在于逻辑过程本身的成份。

它们的作用虽然在逻辑过程的实施中是至关重大的，但这却不是一个证实一个假设时的经验的作用，而是一个内在于逻辑歧义的事实的作用。

初看下来，这个问题的内容可以分解如下：

1° 主体的特征可以有三种逻辑上可能的组合：两个黑的，一个白的；——一个黑的，两个白的；——三个白的。第一种组合已由大家的观察而被排除了。在其余两种组合之间还有一个未知数。

2° 解答这个未知数的是暂停举动的已知经验。这个经验相当于一个信号，这些主体运用这个信号以这个考验的条件所规定的形式来互相交流。这些条件禁止他们以一种有意的形式交流。这就是说知道他们看到的各自的特征。

问题不是这样的，如果是这样的话就会从逻辑过程中给出一个空间化的概念。每当逻辑过程呈现错误的样子时这个概念就出现了；仅它一个就阻挡了问题的解决。

我们的诡辩恰恰由于不容忍这个概念而成为对于经典逻辑来说的一个疑难。经典逻辑的"永恒"声望反映了还是被它自己承认的弱点①:这就是说它提供的只有**一眼可以看到**的东西。

相反,在这里有争论的现象成了有意义的成份这一事实使逻辑过程中的时间结构而非空间结构得到了重视。暂停举动所揭示的不是主体们所看到的,而是他们在他们没看到的东西中所肯定地找到的东西:这就是见到黑圆盘。使这些暂停举动有意义的并不在于他们的方向而是在于它们的**停顿时间**。它们的根本价值不是那个对平列在静态中②的两种组合的两元选择的价值,这两种组合又是由不可见到第三种而被拆散的。它们的根本价值是建立在一个逻辑过程之中的证实运动的价值。在这个逻辑过程之中主体将三种可能的组合转换成三节**可能的时程**。

这就是为什么虽然对于第一个错误解释所带来的唯一选择来说**单一**一个信号就足够了,而对于第二个同时是唯一有效的解释所需的两步证实来说**两个节律**是必要的。

暂停举动决不是逻辑过程中的一个外在的已知经验,它们是如此的必要,以至于只有经验才能使它们需要的每个主体的纯逻

---

① 同样的也反映了在这个传统中培养出的头脑的弱点,就像以下短信所表明的那样。在一个晚上经过选择的一小组熟识的人讨论了我们的这个诡辩,这个含义丰富的诡辩结果引起了真正的慌乱。过后我们收到了这封短信,写信的人在其他领域里还是富有进取精神的。除开头上的几句,这封短信带着艰难地澄清的痕迹。

"我亲爱的拉康,匆匆写上一笔来使您注意到一个新的困难:老实说昨天接受的推理并不是决定性的,因为没有一种可能的情况:○○○—○○●—○●●是可以归结到另一种情况上去(尽管表象不是这样):只有最后一种情况是决定性的。

"结果是:当 A 自以为是黑的,B 和 C 都不能出去,因为他们不能从他们的行为中推断出他们是黑的或是白的:因为如果一个是黑的,另一个就出去了,如果一个是白的,另一个也会出去,因为第一个人不出去(相反也一样)。如果 A 自以为是白的,他们也不能出去。在这里结果也是 A 无法从他人的行为里推断出他的圆盘的颜色。"

这样,我们的反驳者因为对问题看得太清楚了所以就看不到这一点:不是其他人的出走,而是他们的等待,才定下了主体的判断。他确是有点匆忙地反驳我们,由此他也泄露出我们要在这里显示的东西:在逻辑中匆忙的功能。(原注)

② 就像我们在上一条注释里引用的那位反驳者所说的那样是"不可归结的"。(原注)

辑的同时性不发生,并且使它们在逻辑过程中的功能失效。

实际上它们在逻辑过程中代表的是不同层次的下降。这种下降的必然性使时间动因的增大秩序显示了出来。这些动因是记录在逻辑过程中而被结合到它的结论之中。

就像我们可以在它们所组成的停顿时间的逻辑决定中看出的那样,这个逻辑决定,不管有逻辑家的反对还是有主体的疑惑,每次都是作为时间动因的主观展开而表现出来的。说得更清楚一点,是作为主体在一个形式要求中的逃避而表现出来的。

这些时间动因是诡辩过程的组成部分,它们可让我们看出一个真正的逻辑运动。这个过程要求我们检查一下这些时间的性质。

## 诡辩的运动中的时间调节:看的一刹那,理解的时刻以及结论的时刻

在诡辩中分离出了三个**明证的时刻**。它们具有不同的逻辑价值并且是由小至大的。倘若陈述出时序,这仍然是按照一个形式构造来将它们空间化。这个形式构造倾向于将言谈归结为一种符号的排列。倘若显示出时间的动因在每一个时刻都是以一种不同的**方式**出现的,这就是保持了它们之间的等级并揭示了一个调门的间断。这个间断对于它们的价值是至关重要的。但是,如果是在时间的**调节**中来把握每个时刻在交替中得以吸收掉的那个功能,而这中间每个时刻只有吸收了前面的最后一个时刻才幸存着,这也就是重建起它们真正的次序并且是真正地理解它们在逻辑运动中的生成。我们下面试图要做的就是这个,我们的出发点是一个尽可能严谨的关于这些明证时刻的表达式。

**1. A 面对两个黑的,他知道他是白的。**

这是一个逻辑排除。它是运动的基础。这个逻辑排除是先于

这个运动的，我们可以把它看作是被主体们与问题的已知条件一起掌握。这些条件禁止出现三个黑的组合。这一切都不取决于戏剧性的随机情况。这个情况在前言中就单独地说出了。只要以两个黑的：:一个白的这样的形式说出，人们就可以看出它的明证的**即时**价值，而它的闪烁时间几乎等于零，如果我们可以这样说的话。

但是它的构成一开始就受到了调节：——通过在那里体现出来的主观化，但这在"人们知道……"这个形式下仍然是无人称的——通过论题的联结，这个联结与其说是一个形式假说，不如说是代表了一个尚未规定的模式，我们说这是那种语言学家用**条件从句**和**条件主句**这样的术语来指称的结果的形式："A 为……，只有这样我们才知道……"。

一个时间动因挖开了一个间歇，使得已知的条件从句"面对两个黑的"演变成条件主句的内容"我是白的"：这里需要**看的一刹那**。在两项的逻辑等值式："两个黑的：一个白的"中，这个时间的调节引入了一个形式。这个形式在第二个时刻结晶为一个真正的假说，因为它针对了问题的真正未知数，这就是说主体本人的那个未知的特征。在这个过程中，主体碰到了下面一个组合，作为唯一一个可以承担黑的特征的人，他在逻辑运动的第一个阶段构成了这样一个明证：

**2. 如果我是个黑的，我所看到的两个白的会很快认识到自己是白的。**

这儿是一个**直觉**，通过这个直觉主体将他从看到的两个白的而得到的事实内容以外的某个东西**客观化**了；这是某个时间由其既是目的又是终结的结果所规定了（在其定下意义和定下限度这两个意义上），这就是说在看到一个白的和一个黑的情形下每一个白的**用来理解的时间**。他本身的问题的钥匙是在他同伴的无动于衷之中的。这个时刻的明证需要每个白的在另一个身上看到的

**思考时刻**的一个长度。主体用他加之于另两个的嘴唇的那些话来表明这个长度,这些话就像是写在一条横幅上的:"如果我是黑的,他将会毫不迟疑地出去。如果他停在那是思索,那是因为我是白的。"

但是,这个在其意义上被客观化的时间,怎么来测定其限度呢？理解的时间可以被归结为看的一刹那,但这一刹那的时间可以包括理解所需的所有时间。这样这个时间的客观性与其限度一起摇摆。存在着的只有它的意义与它创造出的**除了互关性外是无定**的主体的形式。通过一个相互的因果它的行动也中止在一个时间上,这个时间由于它客观化了的直觉的回归而陷塌了。通过时间的这个调节,到了逻辑运动的第二阶段,即开通了一条达到如下明证的道路：

**3. 我快去申明我是白的,为的是我这样看着的白的不比我先去认识到他们是什么。**

这里是对**自我的论定**。通过这个论定主体在一个判断的决定中结束了逻辑运动。在理解的运动中客观地维持着这个运动的时间动因曾摇摆过,现在这个运动的回归作为一个反思而在主体身上继续进行。在这个反思中这个动因以在这个运动本身中看着其他人的**看的时间**的主观方式而对他来说重新出现了。并且是逻辑地以结论时刻的迫切性而出现的。更准确地说,这个明证是在主观的阴影中展现出来的,就像日蚀的边缘上一个逐渐扩大的亮带。而在反思中理解时间的客观性正遭受着这个日蚀。

确实,要使两个白的理解他们面对一个白的和一个黑的情形的时间对于主体来说是显得与他自己理解这样一个情形需要的时间在逻辑上没有什么不同,因为这个情形不是什么别的而只是他自己的假设。但是,如果这个假设是真的,两个白的真的看到一个黑的,他们就并不需要设定这个条件。结果是,如果情况确是这样,两个白的就比他快了一个间歇时间,他很不幸地需要这个间歇时间来构成这个假设。这也就是他认为他是白的这个**结论时间**;如果他在这个结论中被他的同伴领了先,**他就再也不能辨认**他是不是个黑的。理解结论的时刻的时间一过去,就是结束理解时间的时刻了。如果不是这样的话,这个时间就失去其意义了。所以并不是由于某种戏剧性的偶然事件,赌注的重大,或者游戏中的竞赛等原因时间才紧迫,这是在逻辑运动的催促下主体才**加快**了他的判断和他的出走,"加快(précipiter)"这个动词的词源是头冲出在前,这给出了调节。在这调节中时间的张力在倾向中翻转到那个行为中。这个行动向其他人表明主体已作出了结论了。但让我们停留在这一点上,在这一点上主体在其论定中达到了一个真理,这个真理将要受到疑问的考验,但是他在没有先取得肯定时是无法检验其真实性的。时间张力在那里积聚起来,因为就像我们已经看到的那样,那是它的松弛的展开给它的逻辑必然性以节律。什么是这个结论性论定的逻辑价值?我们现在试图要做的就是要在它得以证实的逻辑运动中强调它的价值。

## 主观论定中的时间张力和在诡辩的演示中表现出来的它的价值

明证的第三个时刻的逻辑价值是陈述在论定中的,主体是以这个论定结束他的逻辑运动的。我们认为这个价值值得进一步深入探索。因为它显示了一种论定逻辑特有的一个形式。

这里表现出来的联结是发展在两个最初时刻——**条件主句**和**假设**——的命题关系之上的,它结合在结论的一个**起因**上,"为的是没有"(产生错误的迟延),在这里看来是露出了焦虑的本体形式,有趣地表现在同等的语法表达式中,"怕是"(迟延会产生错误)……。

很可能这个形式是与论定的主体的逻辑独特性有关系的:由此我们将它形容为**主体论定**,这就是说逻辑主体只能是认识的主体的**个人**形式,它只能用"我"来表达。换句话说,结束诡辩的判断只能由为自己作出论定的主体来作出,而不能毫无保留地让某个别人归之于他,——这与头二个时刻的**未定相互**主体以及非个人主体的关系正相反,这些关系在本质上是传递的,因为逻辑运动的个人主体在每一个时刻都承担它们。

对这两个主体的提及清楚显示了论定的主体的逻辑价值。第一个主体表达在"人们知道"的"人们"中,它给出一个思维主体的普遍形式:它可以是神,桌子或脸盆。第二个主体表达在应"互相"认出的"两个白的"中,它引入了**只是他人**的形式,也就是说作为纯粹的相互性,因为一个只有在另一个中才认出自己,并且只有在他们自身时间的同等中才能发现自己的特征。而结论的论定中的"我"是由于与他人的也就是说与相互性的关系的一个**逻辑时间节拍**而独立出来。这种通过其本身逻辑时间的离析而造成"我"的逻辑生成的运动是与它的心理诞生相当平行的。我们可以回忆一下,心理"我"是通过像嫉妒一样清醒着的倾向的补足而从一个不定的镜面传递中脱颖而出的;同样的,这里涉及到的"我"是由在逻辑时间的功能中与他人的**竞争**的主观化而定义的。在我们看来它以这个样子而给出了心理"我"的基本逻辑形式(而不是所谓的存在形式)①。

明示了诡辩结论的根本上是主观的(我们称为"论定的")价值的,是面对三个主体同时出走的一个观察者(例如监督着游戏

---

① 这样"我"这个逻辑陈述中的三分形式在这儿仍是"第一人称",但又是唯一的和最后的。因为语法的第二人称关系到语言的另一个功能。至于语法的第三人称,它是名不副实的,它是个指示词,既可用于话语的领域也可用于所有在那里个别化的东西。(原注)

的监狱长)的不肯定性,他无法肯定哪个人正确地得出他有什么特征的结论,因为他是依靠促使他走向出口的迟延时间的**主观明证**而抓住了判定他是个白的时机的。但是,如果他没有抓住这个时机,他也不会不这样做,但靠的是他人出走这个明证而与别人一起出走。只是他相信他是个黑的。观察者能够预见的只是,如果有个主体在被询问时会声言他是个黑的所以他才随着别人匆匆出去,他将是唯一一个作这样的声言的人。

最后,在这里论定的判断是以一个**行动**而表现出来的。现代思想已表明一切判断在本质上都是一个行动,而戏剧性的偶然事件只是在主体的出走中突出了这个行动。我们可以想象出结论行动的其他表达方式。使在诡辩揭示的主观论定中的结论行动与众不同的,是它预料了它的确定性,理由是它主观地负有的时间张力。以这个预料为条件,它的确定性在由这个张力的释放所决定了的一个逻辑加速中得到证实,目的是使结论最后完全是建立在全部客观化了的时间动因之上,并且使论定在最低程度上非主观化。下文将显示这一点。

首先,运动的最初直觉的**客观时间**重又出现了,这个时间好像是被吸入在开始的一刹那和结束的匆忙之间而显得像泡泡一样破裂了。疑惑一层层地剥削着**结论时刻**的主观确定性,在疑惑的影响下,它就紧缩成像是个在第一个**暂停举动**的间歇中的核心,它并且在**理解时间**中向主体显示了它的限度。对于其他两人**看的一刹那**越过了这个限度而结论的时刻则又回到了这个限度。

毫无疑问,如果说自从笛卡尔以来疑惑已被吸收到判断的价值之中去了,那么要指出的是对于在这里研究的论定的形式来说,这个价值更取决于把它引入的**预料的确定性**,而不那么取决于暂停它的疑惑。

但是,为了理解对论定的主体来说的这个疑惑的功能,让我们看一看对于观察者来说这第一次暂停客观上是意味着什么。我们已经使观察者对主体们的集体举动感兴趣了。暂停的意义只是这个：如果说直到这时都不可能判断他是作了什么结论，那么每个人都表现出一种对于他的结论的不确定性；但是如果这结论是正确的，他肯定可以加强它，如果它是错误的，他可以改正它。

因为，如果主观地说某人已经抢了先，如果他再停下了，那是因为他开始怀疑他是不是抓住了作出他是个白的**结论的时刻**，但是他马上会再抓住这个时刻，因为他已作了主观的试验。如果说相反他让别人走在他前头而定下他是个黑的结论，他就不能怀疑他是否抓住了结论的时刻，这恰是因为他没有主观地抓住这个时刻（因为他甚至可以在别人的新的主动行动中找到他自以为与他们不同的逻辑证实）。如果他停下来，那是因为他将他自己的结论如此紧密地从属于他人表现出来的结论，以至于当他们一暂停下他们的结论他马上暂停自己的结论。所以他怀疑他是个黑的，直到他们再次向他指明道路，或者他自己发现了道路。根据这条道路他这次将决定说他是个黑的，或者是个白的：或者错的，或者对的，这一点除了他自己以外对任何别人都是无法看透的。

但逻辑的下降继续向着暂停的第二时节进行。每一个主体如果重又抓住了结论时刻的主观确定性，这时会重又怀疑这个确定性。但是它现在被**理解时间**的已完成的客观化所支持。对它的怀疑只会持续在**看的一刹那**，因为单单别人现出的迟疑是第二次的了这一事实就足以排除他自己刚觉得的迟疑，因为它向他提示他肯定不是一个黑的。

在这里结论时刻的主观时间终于客观化了。证明它的是这一点：如果某个人尚未抓住它，现在他就不得不接受它了；因为主体或许在终止了第一个节律而着手其余的节律时相信自己是个黑的，通过目前这个第二个节律他也会被迫推翻他的判断。

这样，我们要说，在两个暂停举动得以完成的动作中，当这两个暂停举动的逻辑集合结束时，诡辩的确定性的论定就开始**非主观化到最低程度**。表现出这一点的是这个事实：如果说观察者在三个主体身上看到这两个暂停举动是同步的，他就不会怀疑他们中的任何一个在受到询问时都会声言自己是白的。

最后，我们可以看到在这个时刻如果任一主体都可以在被问到时表达他以主观论定证实过的确定性，这个论定是作为诡辩的结论而给予他的，会是这么说的，"我急急地结论说我是个白的，因为如果不是这样的话，他们会抢在我前头而互相认出是白的（如果我给他们以时间，他们会以我自己的作为而将我引入歧途）"。那么这同一个主体也能通过在逻辑运动中非主观化至最低程度的证实而表达这同一个确定性，即这么说的："当别人迟疑了二次不出去，你就应该知道你是个白的"。只要主体构成了诡辩的逻辑运动，这个结论就能以其第一个形式而作为真正的结论而被主体提出来；但是以这样的形式它只能被主体个人地承担起来，——但是以其第二个形式它就要求所有的主体都完成那个证实了诡辩的逻辑下降，并且可由任一个应用于任何另一个。甚至也不排除有一个主体，仅仅一个，是做到了这一步，但却并没有构成诡辩的逻辑运动，而只是跟从了在其他两个主体身上表现出来的证实。

## 作为本身对他者的时间化参照的诡辩的真理：作为一种集体逻辑的基本形式的预料的主观论定

诡辩的真理只有在它组成的论定的**推测**中才得到证实，如果我们可以这样说的话。它呈现为依靠它所针对的倾向。这个观念如果不是被归结为决定了结论时刻的时间张力的话就将是一个逻辑悖论。

在这个形式中真理显得是抢在了谬误前头并是在产生确定性的动作中独自前进；相反，谬误像是在其惰性中得到肯定，并且难以起身去追赶真理的征服者的创始行动。

但是对应于这样一个逻辑形式的是怎样一种关系呢？是相应于它在其运动中造成的一种客观化形式，这就是说是相应于一个"我"对于相互主体的共同尺度的参照，或者更可以说就被当作是他人的他人，即：他们互相是他人。这个共同尺度是由某个**理解时间**所给出的，这个时间体现为相互性的逻辑关系的一个基本功能。在每个关键时刻"我"对他人的参照都必须是时间化的，为的是将**终结理解时间的时刻**辩证地减缩为只持续了**看的一刹那**那么长。

只要让**他人**的逻辑题元显示出一点点的不一致，就可以表现出所有人的真理是如何的取决于每个人的严谨，并且，如果只有一些人达到了真理，那就会在另外的人那儿产生错误，如果不就是肯定错误的话。还有，在这个追逐真理的竞赛中，你如果不是所有的人，你就是单独来触及真实。但是每个人都是通过别人才触及到真实。

无疑，这些形式可以很容易地应用于桥牌桌上或者应用于外交会议上，甚至用于精神分析实践的"情结"运作之中。

但是我们想指出它们与集体这个逻辑观念的关系。

谚语说，三人成团（tres faciunt collegium）。**集体**早已完全地存在在诡辩的形式之中了，因为它是被定义为由相互关系维系着的一定数量的个人组成的小组。**普遍性**则相反，它是定义为抽象地包括不定数量的个人的一批人。

但是，要看到它是可以逻辑地应用于无限多的主体的，我们只需递归地发展这个诡辩的证明①,条件是"负性"的特征只能以与主体的数量相等而少一的数量参与其中②。但是随着集体性的增大,时间的客观化就越来越难于设想,这像是成了一种**集体逻辑**的障碍。人们是可以以这个集体逻辑来补足经典逻辑的。

但是我们将能显示,这样一种逻辑将给人们在"我是一个人"这样的断言中感到的不足带来一个什么样回答,不管那断言是以经典逻辑的何种形式而被人们设为人们想到的某个前提("人是种理性动物"……)的结论。

无疑,这个断言作为结论而以在这儿演示出的那个预料的主观论定的形式出现是更接近它真正的价值,这就是如下的形式:

1. 一个人知道什么不是人。

---

① 这里是一个例子,包括四个主体,四个白盘子,三个黑盘子。

只要想一下,如果他是黑的,B,C和D中的任一个可能就其他两人而想,如果他自己也是黑的,他们将很快就会知道他们是白的。B,C和D中的任一个就会很快得出结论说他自己是白的,但这情况没有出现。这时,A明白如果他们看到他是黑的,B,C和D对于他来说有不必要做这个假设的优势,他就赶快得出结论说他是个白的。

但是他们是不是和他一起出去?满怀疑惑的A停下了,所有人也一样。但是,如果都停下了步子,这意味着什么呢? 或者是其他人与A有同样的疑惑而停下来,A就可以放心地继续前进。或者A是个黑的,而B,C和D中的某人开始怀疑其他两个人的出走是不是表示他是个黑的,也开始想,如果他们停下脚步,这并不是说他自己是个白的,因为那两个也会疑惑一会儿他是不是黑的;然而他能想到如果他自己是个黑的,他们应该抢在他前头重新迈步,于是他能自己从这个多余的停顿中走出去,很肯定他确实是个白的。那么B,C和D不出去了? A说,这样我出去了。于是所有的人重又出去了。

第二次停顿。A想到,设定我是黑的,B,C和D中的某一个现在会有肯定的想法,如果他是黑的,他就不能把再一次迟疑归之于其他两个人,所以他是个白的。B,C和D就会抢在他前面再次走向外面。但这没有发生,所以A重又走起来,所有的人也和他一样。

第三次停顿。但A想到,如果我真的是个黑的,所有的人现在该知道他们是白的。如果他们停下来……

这样确定性是在三步**暂停节律**中得到证实的。(原注)

② 试将特征的这个少一的条件比较于精神分析学的主体的多一的精神分析功能。(原注)

2. 人们互相认出是人。
3. 我断言自己是个人,因为怕人家证明我不是人。

这个运动给出了所有的"人"的同化的逻辑形式,这正是因为它是作为一种野蛮状况的同化形式而出现的,然而它又保留了"我"的根本规定①。

---

① 继续阅读这部文集的读者请以后再回到这篇文章结尾处所提到的集体性,以便在那里置入弗洛伊德在集体心理学领域里所说的内容(《大众:心理学和自我分析》1920年):集体性不是别的,只是个人的主体。(原注)

# 就转移作的发言*

在1951年所谓的罗曼语精神分析学大会上宣读

在这儿我们还要来让人们的耳朵熟识主体这个术语。给我们这个机会的人将一直隐名,这可使我们不老是引证那些我们在以后将他与别人区别开的段落。

关于弗洛伊德在朵拉病例中的作用的问题。如果有人把这个问题看作是已解决了的,那么这就是我们努力的纯粹好处了。我们努力的目的是在达尼勒·拉加希以转移为题的报告结束时重开对转移的研究。在这篇报告中的新的思想是要以察加尼克效应①来说明转移。这个思想被塑造得已可在一段时间里讨人喜爱,而在这段时间里精神分析学显得是缺乏一个证明。

我们不指名的那位同事很婉转地再讲起报告作者,因为在这个效应中也一样可以讲到转移。我们相信找到了谈谈精

---

\* 这是拉康1951年在罗曼语精神分析学研讨会上的论文。

① 简单地来说,这里涉及到的是一种心理效应,这种效应是当一个未完成的任务使一个格式塔悬而未决时从这个未完成任务中产生出来的:譬如说从一般会感到的想给一句乐句以解决性和弦的需要中产生。(原注)

神分析学的有利时机。

但是我们没能做到,因为在这里我们预示了太多的我们自那时以来所讲的关于转移的内容(1966年)。

我们的同事B指出,察加尼克效应看来是取决于转移而并不那么决定转移。他的这个说法在心理技术中引进了我们所说的抗拒的效应。这些效应的影响是在于强调了个人在其作为人的反应中主体与主体之间关系的至关重要性,以及在对个人禀性的所有考验中这种关系的主导地位,不管这些考验是由一个任务的条件或一个情形的条件所决定的。

对于精神分析经验来说,我们应该知道这个经验完全是在这个主体与主体关系中展开的;这样说是表明精神分析经验有一个度向是无法归结到那种被看作是个人的某个特性的客体化的心理学中去的。

确实,真正意义上的主体在精神分析学中是由一个话语来构成的。在这个话语中精神分析者的在场本身就带来了一个对话的度向,即使他还未作出什么干预。

不管规则的约定给这个话语的原则加以何种不负责任性甚至不一致性,很明显这只是水利工程师式的机巧(参见对朵拉的观察,第15页),目的是保证能跨过某些水坝,以使水流会按它特有的重力法则而继续向前,这个重力名叫真实。实际上这就是那个理想运动的名字,话语将这个运动引入了现实。总而言之,**精神分析学是一个辩证经验**;在我们提出转移的本质的问题时,这个观念应该得到发扬。

在这个取向上我继续我的论述,我只有这样一个打算,那就是用一个例子来显示我们最后能达到什么样的论题。但首先我打算说几句话,这对于我们的理论建设是非常紧迫的,因为这关系到我们生活的历史时刻赋予我们的责任,同时也关系到我们所保持的传统。

如果一旦与我们一起将精神分析学看作是辩证的就显得是采用了一种我们的看法所特有的取向，那么这在我们看来是无视了一个直接的情况，甚至是无视了一个常识的事实，即人们在精神分析学中只运用语言，——我们是不是也能在心理学活动中对行为的无声特征的功能的特别注意里看出分析者对将主体看成客体的观点的偏好？如果确实有无视，我们就应该按照我们在类似情况中采用的方法来分析它。

大家知道我是这么想的，心理学以及所有的人文科学不管是情愿地或者甚至是不自觉地都经历了因精神分析学里来的观念而造成的观点的深刻变化，然而在这个时刻在精神分析家们那里看来是产生了一个相反的运动。我是这样描述这个运动的。

对于赫西俄德①来说，病人是宙斯派来并默默地向人走来；与他相反，弗洛伊德负责向我们表明有些病人是讲话的，并且让我们听到了他们讲的真理，——看来随着这个真理与一个历史时刻的关系以及与制度的一个危机的关系显得更加清楚了，这个真理在那些维持着这些制度的技术的实施者那里引起了越来越大的恐惧。

这些实施者有各种形式，从虔诚主义到整套的自然主义的预料，一直到最粗俗的效益的理想，我们看到这些形式躲避在一种心理主义的卵翼之下。这种心理主义将人物化，恶行累累。与它的种种恶行相比，物理科学主义的恶行只可说是小巫见大巫了。

因为，由于分析所揭示的动力的强有力，出现于现实之中的是不折不扣的一种新型的人的异化。这个异化既是由一个集体信仰的努力造成的，也是由技术的选择行动所造成的。这种技术将会有仪式所特有的那种造就作用：简单说就是造成心理人（homo

---

① 赫西俄德（Hésiode，前8世纪—前7世纪），古希腊诗人。（译者注）

psychologicus)。我抨击它的危险性。

就此我提出这样一个问题,我们是被它的构成所迷住,还是在重新思考弗洛伊德的成就时重新找回他的创举的真正意义以及维持其解救价值的办法。

我在这里申明一下——如果还需要这个申明的话——这儿的问题并不是针对像我们的朋友拉加希那样的工作的:方法上的谨慎;进展中的顾忌;结论中的开放,所有这一切对于我们都是保持我们的**实践**与心理学之间的距离的榜样。我把我的演示建立在朵拉病例之上,因为在尚称新奇的转移的经验中它代表了弗洛伊德承认分析者也起了作用的第一个病例。

令人惊讶的是,至今还没有人指出,弗洛伊德是以一系列的辩证反转的方式来讲述他的朵拉病例的。这儿并不是因一种安排材料的机巧而随着病人的意愿来呈现的;弗洛伊德是以一种决定性的方式来陈述这个材料的。这里涉及到的是结构的分成节律。对于主体来说真实就在这个节律中变形,这个节律不仅触及了他对事情的理解,并且还触及了他作为主体的地位。他的"客体"是取决于这个主体的,这也就是说,说明的概念是**等同**于主体的进展的,即是等同于治疗的现实的。

然而,弗洛伊德是第一次以**转移**这个术语来提出使分析遭遇到挫折的那个障碍的概念。对于我们进行的对构成了失败时刻的辩证关系的检查,单单这概念本身就至少是给出了回到根源的价值。通过这回归我们将试图**以纯粹的辩证关系**来将人们说在主体身上是负性的**转移**定义为作解释的分析者的行动。

然而我们将必须走过达到这个时刻的所有阶段,同时也在成问题的预见中呈现它。在这个病例的材料中这些预见向我们指示它原来是会在哪儿找到它的最终解决的,我们这样就发现:

**最初的一个发展**:这是范例性的,因为我们一开始就置身于肯定真实这个层次。确实在弗洛伊德一测试之后就有这个疑问:他是不是会显得与父性人物一样的虚伪？朵拉着手审讯，打开了一个回忆的卷宗，这些回忆的精确与神经官能症所特有的生平事迹的不确切恰成对照。K太太与她父亲在那么多年以来是情人，他们用有时是可笑的假话来掩饰这一点。最极端的是她被毫无抵御地暴露于K先生的殷勤之前，而她的父亲对于这些殷勤视而不见，这样就将她当作了一个丑恶交换的对象。

弗洛伊德深知社会谎言的顽固，所以并不会上当。即使这谎言是来自他认为对他应是完全信任的人的嘴里。因此他毫无困难地将对这个谎言的迎合从他的女病人的思想中挑除出去。但是在这个发展结束的时候他就面对了一个问题，这个问题在治疗的开始时是很典型的："这些就是事实，它们属于现实而不是属于我自己。您对它们怎么办呢？"对此弗洛伊德回答以这样的步骤：

**第一个辩证逆转**。这个逆转与黑格尔对"善人"的要求的分析相比毫不逊色。这个要求是以心灵法则的名义而针对世界发出的："瞧，在你抱怨的混乱中你起了什么作用呢"。于是就出现了：

**现实的第二个发展**：也就是说不仅是以沉默，而且是以朵拉自己的协助，更是以她小心的保护，所以这个假话才能持续，而这个假话使得两个情夫的关系可以继续。

在这儿我们不仅看到了朵拉参与了K先生的追求，而她就是这个追求的对象；而且她与这个四角舞中其他伙伴的关系也得到了新的说明，因为那是包括在一种珍贵礼物的微妙周转之中的了。这些礼物补偿了床笫之事的不足。礼物的周转从她父亲开始而再到K太太，再因女病人使K先生手头宽绰而又回到了她那里。这并没有损害她直接从最初来源里得到的厚礼，这厚礼的形式是平行的赠予。资产者总是以这种形式来作最适合于把补回合法妻子面子与保住家产结合起来的认错补过（请注意在这儿妻子人身的存在已被减缩到只是交换链中的一个侧面连接）。

同时，俄狄浦斯关系在朵拉身上显得是由与父亲的认同来组成的。这个认同为其父亲的性无能所促进；朵拉将这性无能感受为与他的富有地位的优势是等同的：这是由她的无意识的暗指所显示出来的，德语"富有"（Vermögen）这个词的语义使这个暗指成为可能。在朵拉表现出来的所有体格化的症状中都确实呈现了这个等同，她的发现则开始解除了这些症状中的很大一部分。

现在问题就成了：在这个基础上朵拉针对她父亲的情爱关系而表现出来的嫉妒意味着什么呢？这个关系是以一个如此占**优势**的形式出现，所以它需要一个解释，这个解释超越了它的动机。这儿有了：

**第二个辩证逆转**。弗洛伊德以以下这个评论来实施这个逆转：嫉妒的所谓对象并不是其真正的动机，它是掩饰了对竞争者主体这个人的一种兴趣。这种兴趣的本质很不易于结合到一般话语之中，它只能以这个反转的形式表达出来。由此出现了：

**真实的第三个发展**：朵拉对 K 太太着迷地喜爱（"她身体的令人醉心的白皙"）；向她诉说的有关她与她丈夫关系的状况的悄悄话，这种诉说一直达到了无人知晓的程度；她们互相交换好方法的明显事实，她们就像是派往朵拉父亲的她们的欲望的互派的大使。

弗洛伊德察觉到了这新的发展所导向的问题。

如果是因为这个女人您才如此苦痛地感受到失落，那么为什么您不痛恨她这个额外的背叛？也就是说所有关于阴谋和邪恶的指摘都是来源于她，在这些指摘中一切都联系起来指控您撒谎。什么是这个忠诚的动机？这个忠诚使您保守着你们关系中的最深秘密（那就是性的启迪，在 K 太太的指控中就可以看出来）。确实这个秘密将我们带到了：

**第三个辩证逆转**，这个逆转使我们看到了对于朵拉来说 K 太太这个对象的真实价值。这就是说这不是一个个人，而是一种奥秘，她本身的女性的奥秘。我们的意思是说她的女性体魄的奥秘，——就像在二个梦中的第二个梦里赤裸裸地表现出来的那样。

朵拉病例报告的第二部分就是对这个梦的研究。我们请大家回头再看看这两个梦，以便看出我们的评说使这两个梦的解释简单了多少。

在我们的面前已经出现了边界，在这边界旁我们的战车得转向了，以便最后一次反转它的路径。这就是朵拉所能达到的她的幼年时代的最遥远的形象（在弗洛伊德的一个观察中，即便是像在这里这样中断了的观察中，所有的回答不总是落在他的手中了吗？）：那是朵拉，可能还是个幼儿（infans）。正在吮吸她的左手拇指，而她的右手在扯她哥哥的耳朵，他比她年长一岁半。

我们在这里似乎是有了一个想象模具，朵拉一生所发展出的所有情形都是从这里铸出来的，——这是弗洛伊德将要提出的重复的自动机制的真正图解。我们现在可以测知对她来说女人和男人意味着什么。

女人，那是一个原初口腔欲望的不可脱开的对象，然而在女人那里她必须学会认出她本身的生殖本质。（我们很惊讶，弗洛伊德没有看出在 K 先生不在时所确定的失音症表达的是在"独自相对" K 太太时的情欲冲动的激烈呼唤，我们并不需要提出父亲经受的口交[fellatio]的感觉，并且每个人都知道舔阴[cunnilinguus]是那些开始力衰的"富有先生"们最经常采用的花样。）为了要达到对自己女人性的认识，她必须承担起自己的身体，做不到这一点时她就仍要遭受功能性裂解（我们可提到**镜子阶段**的理论贡献），这种裂解组成了体格化的症状。

但是，为了具备达到这一步的条件她只有唯一一个帮手，原初**意象**向我们显示了这个帮手是由向对象的一个开放给她提供的。这就是男性伙伴。在这个根本异化中她的年龄差距使她可以认同于这个男性伙伴。在这个异化中主体自认为**我**……。

因此朵拉就认同于 K 先生，就像她正在认同于弗洛伊德自己一样（她是在从"转移"的梦中醒过来时才感觉到属于两个男人的烟的气味这个事实并不是像弗洛伊德所说那样是表示了那涉及到某个更加压抑的认同,而是表示了那个幻觉是相应于回归**自我**的衰微阶段)。她与两个男人的所有关系都表现了那种侵凌性,我们在这个侵凌性中看到了自恋异化的本身度向。

回到对她父亲的情感要求代表了与 K 先生的刚开始的关系的退步,这是确实的,就像弗洛伊德认为的那样。

弗洛伊德窥见了这个奉献对于朵拉的有益的力量,但是只有她将自己作为欲望的对象接受下来了她才能把这个奉献作为欲望的表现而得到,也就是说要等到她把她在 K 太太身上寻找的意义挖掘完之后。

和所有的女人一样,由于那些是最基本的社会交换的原因(就是那些朵拉在她反叛的诉苦中讲述的交换),她的状况的问题在根本上就是自认自己为男人欲望的对象的问题,这就是对朵拉来说促动了她对 K 太太的崇拜的奥秘。这也就像她在圣母像前的长久沉思以及像她求助于她遥远的崇拜者一样,这个奥秘推动她转向基督教所给予的对这个主观绝路的解决办法,即把女人变成神圣欲望的对象或欲望的超验对象,这两者是同等的。

如果弗洛伊德在第三个辩证逆转中引导朵拉去认清对她来说 K 太太是什么,同时取得对她们关系的最深秘密的供认,他将会享受什么样的威望呵(我们只在这里提出正面转移的意义的问题),他将就此打开通向辨认男性对象的道路。这不是我的看法,这是弗洛伊德的看法。

但是这个欠缺对于治疗是致命的,他将这归之于转移的行动,归之于使他推迟解释的错误,然而就像他自己看到的那样,他只有两小时时间来避免这些效应。

但是每当他重新提起这个我们知道其后在他的学说中的进一步发展的解释时,他在书页下的一个注解里总是给这个解释加上一个对连结朵拉和 K 太太的同性恋关系的不充分的评估以作救助。

这是什么意思呢？这只是说第二个理由只有到了 1923 年才对他显得是首要的，而自 1905 年就先有的第一个理由就在他的思想上产生出许多结果来了。

我们应该怎么办呢？应该确实地相信他的这两个理由，并努力把握从两者的合题里能推理出来的内容。

于是我们就发现了这样一点，弗洛伊德承认长久以来他没有能在碰上这个同性恋倾向（可是他又对我们说那在歇斯底里患者那里是如此恒常的以致我们无法再夸大它的主观作用）时不陷入混乱以致他无法就此采取足够的行动。

我们说这是源于一个偏见。这同一个偏见在开始时歪曲了俄狄浦斯情结的概念，使他把父性人物的优势看作是自然的而不是规范性的：这个偏见被简单地表述在这个大家熟知的老调中："女孩子配着男孩子就像线儿配着针尖儿。"

弗洛伊德对 K 先生怀着一个历史久远的好感，因为是他给他带来朵拉的父亲，并且他在许许多多的评价中表达了这一点。在治疗失败之后他仍然梦想着一个"爱情的胜利"。

对于朵拉，在由她引起的兴趣中她个人的参与在观察中的许多地方都得到承认。老实说她使这个观察震颤，这个颤动超越了理论上的绕圈子而在那些构成了我们的文献中的一个类型的心理病理学论文中使这篇文章格调高昂得像一个被可恶地塞住了嘴的克莱芙王妃①。

正是因为过于设身于 K 先生的位置，所以这次弗洛伊德未能激动起阿刻戎②。

由于他的反转移所以弗洛伊德太经常地回到 K 先生使朵拉

---

① 克莱芙王妃，法国作家拉法耶特夫人同名小说中的人物。（原注）
② 阿刻戎（Achéron），希腊神话中地狱里的苦痛之河。（译者注）

产生的爱情上去;看到他总是顺着坦白的意思来解释朵拉作出的回答是令人觉得很奇特的,虽然这些回答是很多样的。在那次诊治中他以为已使她"不再反驳他了",并且在结束时他以为可以向她表示满意,可是她却以一种很不同的语调来结束这次诊治,"没有什么结果",她说。在下一次诊治的开始时她就向他告别了。

在湖边宣告的那一场景中到底发生了什么呢?这是一场灾难,朵拉由此就开始生病,并且让所有的人都把她看成是病人。对于她拒绝继续行使她支持他们的共同病症的功能来说,这是个有讽刺意味的回应(神经官能症的所有"好处"不都是有益于神经官能症患者一人吗?)。

就像是所有有价值的解释一样,只要专看文本就可以理解。K先生只来得及插上几个词,然而那是决定性的几个词:"我妻子对我不是无关紧要的。"他这了不起的话马上就得到了报偿:重重的一记耳光。在治疗以后很久朵拉还在一个短暂的神经痛中感到这记耳光的烫人的后果。这记耳光是向那个笨拙的人表示:"如果她对你不是无关紧要的,那么你对我是什么呢?"

那么这以后这个傀儡对她是个什么了呢?虽然他刚刚打破了她多年来生活其中的魔法。

在这个场景以后发生的怀孕的潜在幻觉并不与我们的解释冲突:大家知道这种幻觉是在歇斯底里患者身上按他们的男性认同而产生出来的。

弗洛伊德就要通过这同一个机关消失了,他是在一个更加隐蔽的滑动中掉下去的。朵拉带着一个蒙娜丽莎的微笑走开的,甚至又再出现,但弗洛伊德不会天真得相信她真的打算回来。

在这个时刻她让所有的人都认出了那个真实,但她又知道这不是真实,即便那是很真的,那最后的真实。以她的在场这唯一的**神力**,她成功地使可怜的K先生卷到了汽车的轮下。但是在她的治疗的第二个阶段所取得的她的症状的平静还是维持了下来。这样,辩证过程的停止造成一个表面上的倒退,但是重新取得的位置只有以对**自我**的肯定才能保持住,这可以被看作是一个进步。

关于这个转移,弗洛伊德在某处说他的工作是在治疗的进程后面隐形地进行着的,并且这个转移的效应"不可显示",那这到底是什么呢?我们能不能在这里将它看作是一个完全是相对于反转移的一个实体,而反转移是定义为在辩证过程的某个时刻分析者的偏见,激情,难堪,甚至不充足的信息等的总和?弗洛伊德自己不就告诉我们说,如果他真的蠢到去相信事情就像她父亲告诉他的那样,朵拉就会将父性人物转移到他身上?

这也就是说在主体中转移并无任何实在的地方,而只是在分析的辩证过程的一个停滞时刻中一些恒久方式的出现。主体以这些方式来组成他的对象。

那么解释转移又是什么呢?那只是以一个诱饵来填补这个死点的空白。但是这个诱饵是有用的,因为它即便欺骗人,也是重新推动了过程。

弗洛伊德说她将 K 先生表现出来的意图都加到他头上去了。朵拉在听到这一评论时即使加以否定,那也改变不了这些效应的影响力。朵拉可能会招来的反驳或许会使她不管弗洛伊德而走向一个有利的方向:会将她导向她的真正的兴趣的对象的方向。

他以 K 先生的替身的身份来参加这个事实可以使得弗洛伊德不过于强调 K 先生的求婚的价值。

这样,转移并不属于情感的某种神秘特性,即使它是以某种激动的样子出现的。这个激动的样子只有根据产生它的辩证时刻才具有其意义。

但是这个时刻并不太有意义,因为它同时表现了分析者的一个错误,即使这是个太要病人好起来的错误。弗洛伊德自己好几次指出过这个错误的危险。

这样,分析的中立性就具有了纯粹的辩证者的立场的真正意义。纯粹的辩证者因为知道凡是现实的就是合理的(反之也是),所以知道凡是存在的,包括他与之斗争的罪恶,都是并且将一直是与其独特性的水平同等的;并知道对于主体来说只有做到了将他的位置结合到普遍性中才会有进步:在技术上就是通过将他的过去投射到一个变化中的话语上。

朵拉病例对于我们的演示显得特别有用,因为在这个女歇斯底里患者身上**自我**的屏幕相当透明,以至于像弗洛伊德所说的那样没有哪个别的地方无意识与意识之间的阈限有像在这儿这样低,或者更确切地说是在分析话语和症状的**词**之间的阈限。

然而,我们相信转移总是具有指示分析者的偏离以及定向的同一个意义,总是具有向我们重申我们的作用的同一个价值,这个作用就是在病人主体性的正形戏剧化面前的有益的无为。

## 终于谈到了主体*

文章中若带有一点热情,那就肯定让它带上了令人遗憾的过时的痕迹。我们为罗马报告感到遗憾,虽然它是很枯燥的。报告中提到的当时情形没有一点可以让人宽恕这个缺陷。

我们发表它,是以为还是有兴趣来读它,包括误解。

即使是想要预防,我们并不想在原来的致词(给大会的)上再加上一个"给读者的致词";现在在我们一开始时就提到的我们致精神分析家的报告中的恒定部分因被一群求助于我们的人所采用而在这里达到了顶点。

增加兴趣不如说是我们的对付办法,如果揭示兴趣所要求的东西并不就是在分裂这兴趣的话;不管对主体的知觉来说这要求是什么。

我们打算谈谈主体,那份报告使主体成了问题;在现在将主体从那一个我们并没有抹煞它的地方重提出来只是尊重了这一个主体和我们约定的地方。

对于读者,除了以后我们的研讨会的规划所提供的指点外,我们不再做其他什么而只让他们独自读那些文章,那些文章并不更

---

\* 这是拉康为《拉康选集》专门写的一篇文章。用以引出他的罗马报告。

容易些,但它们本身能够被定位。

　　Meta 是标示着跑道上要紧挨着转弯的界线,这是一个隐喻,我们将此作为读者的助力,以使他想起这篇未曾发表的报告。从那时起在学年中的每个星期三我们都继续着这个报告,有可能读者帮助着这报告(如果他没有出席的话)在别处流布。

　　关于问题中的主体,教学精神分析学将是我们的出发点。我们知道人们为培训的目的而计划从事的一门精神分析学就是叫这个名称的,——特别是作为授权开业精神分析的一个因素。

　　当精神分析学为这个要求而特定时,它的一些被认为是普通的素材就被修改了,精神分析学家认为得对此防备。

　　如果他同意在这样的条件下进行精神分析学,这就包含了一个责任。看着人们在各种担保之下是怎样转移这个责任的,那是很有趣的。

　　如果事情像人们想要的那样被令人不快地重新明确了,所提出的内容被出乎意料地命名为"个人精神分析学①"(似乎还有其他的精神分析学),这在我们看来一点也没有关系到在我们这样接受的主体中这个提议所包含的内容。总而言之是忽视了这个提议。

　　如果我们在所说的主体中清除掉那些用心之后或许我们会看得更清楚;宣传的用语概括了这些用心:要扩展的成员,要传播的信仰,要保护的标准。

　　让我们从那里将出现在要求之中并被要求带入的主体抽取出来。请我们的读者走出第一步而来注意到这么一点:无意识赋予主体的那个基础不大能让它被归结于就与精确仪器的关系而言主观错误——要补充说,精神分析学不是独有一个更可靠的主体,它只是应能在其他学科的路径上也可说明主体。

---

① 这个方法使人避免决定一个精神分析学是还是不是教学的。(原注)

这个广大的行动不应当地分散了我们的注意而使我们不能正当地对待人们事实上所争论的内容：即人们称为病人（有意义地）的主体。这病人并不是严格地由他的要求而引入的主体，而是人们想由此规定的产物。

这就是说人们以网的行动来淹死鱼。以这个病人的名义，倾听也将是耐心的。为了他好，能测出他的帮助的技术也发展出来了。问题就是要使精神分析学能够耐心和能够测量。但是，无论如何，一直存在的对分析本身的结束的不肯定带来的效果是在病人和人们附属给病人的主体之间只留下那个差别，即人们许诺给主体的经验重复的差别，同时甚至肯定了它们之间的原则的同值性在反转移中也保持着其完全的效果。这样，教学法在什么地方成为问题了呢？

在这个评估中没有任何否定的意图。我们指出事情的一个状况，在这个状况中许多合时宜的评说都产生出来了；对技术的永远的疑问，激动的坦白中常常有的独特的光彩，一句话，就是丰富内涵，这种丰富内涵可以很好地被设想为是学说特有的相对主义的果实，并且是提供了学说的保证。

但是，考虑到日常使用法的不可触动，对于就教学法的结束而一直存在的缄默所提出的反对可能会不起作用。

授权精神分析者去从事教学的界限（在这里依靠年资是可笑的）维持不动，只有这个提醒我们在教学精神分析学中论及的主体成了问题，并且它在那里成了完整的主题。

是不是倒是把教学精神分析学设想成是完全的形式，在那里精神分析学的本质将得到阐明：对它加上一个限制？

在我们之前没有人想到过这样一个反转。然而这个反转看来是无可避免的，因为，如果精神分析学有一个特定的领域，治疗的考虑容许在那里有一些短路，甚至有些性情；但是，如果有一种情况禁绝了所有这类缩减，那就是教学精神分析学。

如果有人疑心我们是在主张用精神分析学所能提供的最可靠的东西来培训分析者,那他是没领会好我们的意思。因为这个出格的想法,如果它真的出格的话,涉及的不是精神分析者,而是文明中要补足的某个缺口。但是这个缺口尚未完全划定,所以没有人能夸耀说对此负起了责了。

只有一个理论在那里酝酿着,它合宜于将精神分析学保持在能维持它与科学的关系的地位上。

很明显,精神分析学是从科学中产生出来的。不可想象它会出现在一个别的领域里。

在它是弗洛伊德派的而不同与众时,在它与奥秘做法之间实际没有任何交接时(而许多看上去是邻近的实践是在奥秘做法中构作成的),它除了科学之外没有任何其他支持这一点也就不是偶然的,而是其后果。

那么怎么来解释目前在有组织的圈子里的概念构成中出现的明显的误解呢?人们尽可以胡乱行事,——从自以为的联合性倾吐感情,在这中间到了治疗的顶点时就出现了必须信以为是导入了利比多发展的至福;一直到被夸耀的得到了生殖的成熟的奇迹,附带上在所有的退化中活动的高妙的便利,——到处都能认出这个甚至没有讨论过的幻象:主体的完备性。人们承认甚至在形式上是将这看作是个合法能够达到的目标,即便在事实上应归咎于技术和历史后果的笨拙行动使这个目标处在一个遥远的理想的地位。

真正意义上的理论狂放的原则就是这样的。最货真价实的质疑自己治疗者的责任的人也显得会掉入这个狂放中,就像对概念的最严格的审视者也会掉入其中一样:我们以典型来证明这一点。前者,我们举费伦奇就两性融合的生理谵狂所谈的内容;后者,我们想到琼斯,我们可以就欲望的退化这个现象学的失误来衡量他。是他需要保证两性之间就那个丑闻之机的平等权利而滑入这个失误的。人们只有放弃了主体的完备性才能接受这个丑闻之机;阉割,这就是它的名称。

看到这些著名的例子,人人都从事的整体结构的调整是那么的频繁就不令人惊奇了。人们将疗法外推到发展上,甚至外推到人类历史上,——就像将阉割的妄想带到肛门阶段;由一个普遍的口腔神经官能症建立的基础,并没有可归之于它的界限;等等。至多我们得把这看作是表现了我们称作是个人变态的幼稚的那个现象。这事是被理解为是让位于某种启迪的。

在这些话里还没有提到个人精神分析学这个名词的虚妄。我们可以说这个名词所指的内容老是与这名词一样的虚妄。它只有靠非常实际的调整才得到自我认可。从这儿就又冒出了这个奇异的编造的益处的问题。

或许尚未硬朗的实践者不是对一个变得更加向往着起来迎接他的现实无动于衷的,或许他在这个情况中以神话的草样来回应面纱与他的经验之间的根本关系。

有一个事实否定了这个描述。这就是人们在那儿辨认出的不是真正的神话(指的只是那些在实地搜集到的神话),这些神话总是让人看到主体的不完备。人们在那里辨认出的只是这些神话的民间片断,确切地说是那些传布的宗教在它们的救世题材中所采用的片断,那些以为这些题材中包含着真理的人将讨论这一点,他们因为能以他们称之为解释学的东西来加强真理而高兴。

(这是种开发。一个健康的正字法改革将会使这种开发给出一个万熟①实践影响范围,比如说错哲家②的实践,或者糊哲学③

---

① 原文是拉康造出来的一个词 familionnaire,这是将 familier("熟悉的")与 millionnaire("百万的")合拼而成。(译者注)
② 原文是拉康造出来的一个词 faufilosophe。这是将 faux("错的")与 philosophe("哲学家")合拼而成。(译者注)
③ 原文是拉康造出来的一个词 flousophie,这是将 flou("模糊的")与 philosophie("哲学")合拼而成。(译者注)

的实践,且不需精细处理。)

　　根本的毛病出在知识的传授中,至多可以用那些职业来为之辩护。在这些职业里多个世纪中一直是在一层面纱后来传授知识的,而这层面纱是由伙伴的机构来维持的。一个技艺文凭和那些等级在那里保守着实质性知识的秘密(文科不搞秘术,在下面我们提到精神分析学的早年时要联系到文科)。

　　不管怎样的轻微,比较并不能维持。我们甚至可以说现实就是由对这个比较的不容忍而构成的,因为它要求的是主体的另一个位置。

　　在理论的名义下的是场喋喋不休的唠叨,它是如此的多变,有时看来乏味是它唯一的共同因素。这个唠叨只是填充了一个显示出空缺的地方,但人们并不懂怎样表述这个空缺。

　　我们尝试了一个代数式。在如此确定的地方它对应了人们所谓的象征逻辑在其范围所实施的工作:它规定了数学实践中的法则。

　　我们不是不觉得在这里是需要谨慎和当心。

　　需要做的是在经验组成于其中的移位和裂开的本身结构中保持主体获得的经验的可用性,这就是在这里我们所能说的一切,——请去看我们实际的发展。

　　我们在这里要强调的是我们打算开辟个科学位置,我们将分析在怎样的方式下这个位置已经隐含在精神分析学发现的最核心处。

　　在这儿是开创性的这个主体的改革应与产生于科学原则的那个改革联系起来。这后一种改革带有就一些歧义问题而言的某种延期,我们可以称它们为真实的问题。

　　在精神分析学产生之前就很难不看到有一个度向被引入了,我们可称之为症状的度向,它是由它代表了回复到真实这一点而组成的,就像是在一个知识的缺陷中一样。

这里涉及到的不是错误这个通常的问题,而是一个需要"临床地"理解的具体表现。在这个表现中揭示出来的不是一个表述的缺失而是一种真实,这种真实的指向是与那个表述或不是表述的论说不同,它扰乱了这个论说的美妙秩序……

在这个意义上我们可以说这个度向在马克思的批判中是得到高度的分别的,虽然在那里它没有被明指。他从黑格尔着手而实施的反转的一部分就是由真实的问题的回复(唯物主义的,确切地说是予以面貌和躯体)而构成的。我们甚至要说,事实上这个真实不是必然来掌握理性的诡计的线索的,那是黑格尔使之赋闲的微妙形式;这个真实是必然来扰乱这些诡计的(请读一下政治文章),这些诡计仅仅是在怪模怪样的装扮后才像是理性的……

我们知道应该以何种精确性来对待这个真实的论题和它在知识中的曲径——在我们看来这还是道地的哲学的原则。

我们提及这一切只是为了指出弗洛伊德行动的跳跃。

这个行动与众不同,它明白地将症状的地位与自己的地位联结起来了,因为在它的两个意义上它就是症状本身的行动。

与符号不同、与无火不起的烟不同。烟指示火并会叫人去扑灭火。症状只有在能指的辖域里才能得到解释。能指只有在与另一个能指的关系中才有意义。症状的真实存在在这个关联之中,症状保持着因代表真实的某种爆发而来的模糊。实际上它**就是**真实,与真实同出一块料,如果我们唯物主义地提出真实就是在能指连环上组成的东西的话。

在这里我们希望与玩笑的水平有别,某些原则之争一般就是进行在这个水平之上。

同时要问我们的目光应该从哪里接受烟向它提出的内容,因为当它从焚烧炉里冒出来而显示给目光时,这就是个常见的范例。

我们并不怀疑人们会同意说这只能是从它的能指价值而来。即使人们不愿意为标准所愚弄,只要烟所代表的东西是要通过生物的和社会的途径重新来看,对于唯物主义的还归来说,烟比起其他可以起而争议的东西都更加不是一个隐喻的成份。

倘若在主体这个关节上定位,那么从语言的后果到知识的欲望之间的道路就可能比起我们早知道的分隔主体与其有性存在或甚至其活体存在的距离要更加容易通过。

确实,我们在弗洛伊德经验的过程中提出的主体的结构并没有剥夺它在教学精神分析学中需要经历的多次移位和开裂的个人动情性。

如果教学精神分析学记载了突破了的抗拒,这是因为这些抗拒占据了主体组织于其中的护卫的空间。为了构画出其全部,只有在结构的一些标示点上人们才能跟上显出来的路径。

同样的,在无意识妄想中需要达到的作为现实的根本性窗口的东西的某种框架也是能被要求到的。

所有这些控制的价值都还是使阉割仍成为教学中的一个谜,主体只是回避了它而不是解决它。阉割是主体的那个根本迂回的关键,而在那个迂回中症状就产生出来了。

至少来说,如果在他的经历中将要建立起来的某种秩序随后把由他的话而来的责任给了他,他就不会试图要把他在妄想中从阉割中获取的东西归结到肛门阶段上去了。

换句话说,经验就将会有所防备而不赞同某些理论指导,这些理论指导是恰能在其传授中维持出轨的。

在这里需要的是重新恢复教学精神分析学与精神分析学的教学在其科学开放性中的同等地位。

这种科学开放性像别的一样是包含了这些最低条件的:作为工具而与工具的确定的关系;关于材料引出的问题的某种想法。在这儿这两个条件汇合成一个问题,然而这个问题并不因此简单化,这一点可能将结束另一个问题,而精神分析学是将它作为对科学的问题而重复于第一个问题的,因为它是由其本身而在更深一层上构成了一个问题。

如果在这里读者感到惊奇,这个问题怎么来得如此晚,又惊奇于这同一个安排,它使我们的教学有了两个最离奇的反响之后才从两位美国大学的学生那里得到我们的两篇文章(包括本篇)的精细的(也是成功的)译文,——那么读者应知道我们在我们的优先表上写着:先要有精神分析者。

至少现在我们可以满足于这一点,只要我们的建树留下的痕迹还存在,就会有**某些**精神分析者来回答一些主观急情,即便将**他们**称为真正的精神分析者那还是有点夸张,或者说还有点期望过高。

(1966)

# 精神分析学中的言语和语言的作用和领域*

## 前　言

　　特别是要记住,在自然中并不存在胚胎学、解剖学、生理学、心理学、社会学和治疗学的划分。在自然中只有一门学科:**神经生物学**。就我们的观察而言还要加上一个定语:**人类的**。

　　　　　　　　　　　（1952年某个精神分析学院用以作题铭的语录）

在开始以下的报告之前,需要先谈一下有关它的一些情况,因为这些情况影响了报告本身。

当时代表着整个法国精神分析学界的学会为其年会的例行的理论报告而向作者提议了这份报告的主题。以"法语精神分析学家大会"的名称,学会将年会这个令人尊重的传统坚持了18年,两年前又扩展到所有罗曼语系的精神分析学家（靠着语言的宽

---

\*　这是拉康递交给1953年9月26至27日在罗马大学心理学研究所举行的罗马大会的报告。

容,荷兰也被包括了进来)。大会将在 1953 年 9 月举行。

但在这之前,严重的意见不和在法国同行中导致了分裂。意见不和出现在创立"精神分析学院"的时刻。那个成功地使新的学院接受了他们的章程和规划的班子宣称他们要竭他们的全力来阻止那个试图提出不同概念的人在罗马发言。

但是,对于那些此后创立了新的法国精神分析学会的人来说,没有理由剥夺那些赞同他们学说的学生的发言机会,也没有必要放弃这个预定的胜地。

意大利同行对他们慷慨的赞助使他们并不感到是这个世界之城的不请自来的客人。

对于报告的作者,这个地点本身就是某种帮助,虽然对于他要谈论言谈的任务来说,这只是个微小的帮助。

因为作者记得,远在世上至尊高位在那里展示伟迹之前,奥路-热勒[①]在其《雅典之夜》中说"梵蒂冈山(Mons Vaticanus)"这个地名来源于"婴儿啼叫(vagire)"一词。这词指的是言语的最初尝试。

如果作者的报告也只是些初始的啼叫,至少他将以此为昭示而来更新他的学科的基础。这个学科的基础正是建立在语言之上。

传统的风格是要求一个处于汇编和综合之间的报告,为了不致过于违背这个传统风格,作者的创新从历史中汲取了足够意义而不采用动摇这个学科的根基的讥讽的风格。

因为报告的听众是那些等待我们的言论的学生,作者特别为这些学生构思他的报告,并为他们而摒弃了预言者们的规矩,这些规矩以繁琐细节来冒充严谨缜密,以肯定来混同于规律。

在导致目前这个状况的冲突中,他们对人们作为主体的自主

---

① 奥路-热勒(Aulu-Gell,约 130 年),古罗马学者。(译者注)

性表现了如此刻薄的漠视,以致起码是要对容忍这种出格的常见语调作出反应。

有一个毛病显示了出来,这个毛病大大超出了产生这个冲突的那些局部的情况。人们居然以为可以以如此独断的方式来解决精神分析学家的培养问题,这就提出了现行的培养方式是否恰恰引向一个永久的依赖地位的问题。

当然,被弗洛伊德看作是传授他的学说的保证的那些组织紧密的入门方式是取决于这门学科的地位,这门学科只有在完整的经验的水平上才能存在。

但是,这些方式不是导致了一种令人失望的形式主义?这个形式主义惩治冒险,抑制独创,由学究观点的盛行而产生一种谨慎顺从的原则,因此真正的研究失去锐气然后销声匿迹了。

在我们这个领域里涉及到的各种观念是如此的复杂,一个头脑在提出判断时,在任何其他领域都没有在这个领域里那样有暴露出其真实能力的危险。

然而,由于这个原因,我们就要把通过对原则的阐述而树立论题作为我们首要的如果不是唯一的意愿。

当然必须有一个严格的选择,但这个选择不应是由同道的吹毛求疵的评定而没完没了的拖迟,而应依照实际成果的丰富性和论战的辩证考验来决定。

我们也不因此而要颂扬分歧。相反,我们很吃惊地在伦敦的国际大会上——因为手续不齐,我们在那儿是乞求者——听到一位对我们很有善意的人士惋惜我们没有能以某个学说上的分歧来作为分裂的理由。这是不是说一个自命为国际性的学会除了维护我们的经验的共同性的原则外还有什么其他的目的?

很久以来情况就不是这样了,这似乎是个公开的秘密。当那位莫测高深的吉尔布格先生不理我们的要求,坚持说只有以科学论战的名义才可考虑组织分裂时,洞察一切的凡尔特先生反驳说,如果让各人的自以为有自己的经验支撑的各种原则互相辩驳,我们的大厦就会在巴比伦式的混乱中迅速倾覆。他的话没引起任何诧异。

我们认为,如果我们在创新,我们也并不喜爱以此炫耀。

我们这个学科的科学价值来自于弗洛伊德在其经验历程中提炼出的理论概念,这些概念还未经足够辨析,因此还保留着寻常语言的多义性,这些概念既得益于这些言外之意,又不免于误解的危险。在这种情况下,我们以为与传统的术语决裂还为时过早。

但是,在我们看来只有通过建立起这些术语与人类学的时下用语的同义关系,甚至与哲学的最新问题的相应关系,才能澄清这些术语的含义。在这些领域里,精神分析学常常只需收获就行。

我们觉得要紧的是要在那些用得滥俗的观念中发掘出意义来,这意义或得自其历史的回顾,或得自对其主观根源的反思。

这显然就是教师的功能,其他的功能都由此而来,经验的价值也是表现在这个功能上。

倘若这个功能被忽视了,那么在其作用皆靠意义的行动中意义就会消逝,技术规则也变得仅是些疗法而不再赋予经验以知识的力量,甚至不再有现实的标准。

因为任何人都不像精神分析学家那样的计较由什么来决定行动的本质。如果他不知道要将行动归于他的领域的哪个概念下,如果他不太留心使概念和行动合拍,他就很可能将行动看作是魔术性的。

我们借用来装点这篇前言的题铭就是一个很好的例子。

再者,这是不是与一种精神分析学教育的观念相合了呢?这样一种观念好比就是某个驾驶学校,它不满足于只行使颁发驾驶执照的权利,又以为自己能够控制汽车的制造。

这个比较自有其价值,但它与在我们最严肃的小团体中流行的观念相当。这些观念得自我们对傻瓜的说法,所以甚至没有内行人的玩笑的趣味。但由于其堂皇的蠢话的品质,却照样流布四方。

首先有这样一个人人知道的比喻,说是就像让申请人过早地从事实践;还有,说是就像让外科医生不经消毒就开刀。更有人为那些不幸的学生洒一掬热泪,因为他们因导师的争吵而受创伤,正如孩子因父母的离婚而受害一样。

最后一个比喻可能来自于对那些受到了我们称之为教学的压力的人的尊重。这压力使他们大受折磨。但是,听着老师们语调中的激动,人们不禁要问,是不是在不知不觉中幼稚的界限已被下移到了蠢笨的位置。

可是,这些陈年老调所掩盖着的事实还是值得认真的审视一番的。

作为一种真理的方法,一种破除主观迷雾的方法,精神分析是不是雄心过大,以致要对它自己的行业运用其分析方法?也就是说,对精神分析学家认为自己对病人所起作用的看法,对他们在思想界的地位的看法,对他们同行之间关系的看法,以及对他们教育任务的看法等进行分析。

或许,通过打开一些窗口迎进弗洛伊德思想的阳光,这篇报告会缓和某些人因陷入晦涩的象征行动而产生的焦虑。

无论怎样,指出这份报告的产生情况并不是因为我们想以写作时的仓促为理由而原谅它的明显的不足之处,因为这报告的意义及其形式都是从这仓促而来的。

况且,在对主体间时间的出色诡辩中①,我们说明了在逻辑加速中仓促起的作用,逻辑加速是真理的不可逾越的条件。

没有什么创造的东西不是在紧急状态中出现的,所有在紧急

---

① 参见《逻辑时间及预期确定性的肯定》。(原注)

状态中的东西没有不超越言语的。

然后,当时机来到人面前时,一切都变得是机遇的。人将他选择的派别和他反对的杂乱当作同一个理由,为的是理解它们在现实中的一致性和为了以信念而预先衡量他们的行动。

## 导　　论

　　当我们还在我们材料的远日点时我们还能判断它;当我们到达近日点时,炎热会使我们忘掉了它。

利希腾贝格

"肉体由太阳构成,这怎么会呢?"头脑简单的人问道。

R·勃郎宁《与某些人谈论》

　　人一旦发现自己力量的面貌时会如此的惊慌,他会逃避开他自己的这个表现了他的力量的赤裸面貌的行动。这就是精神分析学的情况。弗洛伊德的普罗米修斯式的发现正是这样的一个行动。他的著作向我们表明了这一点。而且,在他的学派里培养出来的每个工作者的每个细小的经验里也看得到这一点。

　　年复一年的,我们一直可以看到对于言语的功能和语言的领域的兴趣的这种反感。这个反感导致了我们的学术运动中的公开承认的"目标和技术的转变",然后这个转变与治疗效率的下降之间的关系还待澄清。在理论中和在实践中对客体抵抗的重视应该受到辩证分析的检查,这个分析肯定会在此看出一个回避主体的借口。

　　我们试着描述一下我们学术运动的中心题目。如果考虑一下可称之为我们的科学活动的文献材料,可以看出目前精神分析学的问题明显地可分为三大项。

　　甲)想象的功能,这是我们的说法。更直接的可说幻觉在经验的技术和在心理发展的不同阶段上构成客体时的功能。起因是对儿童的精神分析。对语言前阶段的构作的研究给研究者提供的吸引人的大有作为的研究范围也是产生这个题目的原因。在这儿,这些动因的积聚现在引发了回潮,提出了在解释幻觉时要给它们何种象征地位的问题。

乙)与客体利比多关系的观念。这个观念隐隐地改变着治疗的过程,更新了治疗进展的想法。由于把精神分析方法运用于精神错乱以及有时将分析技术用于其他来源的素材而开始了这个新的前景。精神分析学由此而通向了一种存在现象学,甚至可以说一种饱含慈善精神的行动主义。这儿有一个很明确的反应在起作用,要回到象征化的技术中心去。

丙)反向转移的重要性,以及与此相关的培养分析学家的重要性。对此的重视来源于治疗结束时的困惑,这些困惑是与将学生引入实践从而结束教学性分析时的困惑相联系的。我们可以在这里观察到同样的摇摆:一方面,人们大胆地将分析家本人看作是分析作用中不可忽视的一个因素,甚至是一个必须在结束时显示其行为的因素;另一方面,人们又坚决地宣称,任何解决办法都只能来自于对无意识动因的更深入的探索。

这三个问题都来自于先行者们在三个不同的前沿以生气勃勃的经验为支撑而开展的活动。除此之外,这三个问题还有一个共同点,它们都表现了分析家们所遇到的要摒弃言语基础的诱惑,而且恰恰是在那些语言因被使用于几乎是不可言喻的事物而特别需要检察的领域里。比如说母亲对孩子的教育,撒马利亚式的[1]帮助以及辩证的把握等。如果分析家进一步的为通用的语言而抛弃他自己的语言,并且还不明了对于无知这些语言会有什么回偿,那

---

① 撒马利亚(Samaria)是巴勒斯坦古地名。根据《圣经》,那儿的居民非常乐善好施。(译者注)

么危险就变得很大了。

说实话,我们很想更多地知道象征化对儿童的作用以及对充当分析家的母亲们的作用,包括那些给我们最崇高的会议以某种母系统治风格的母亲们。她们也未能免于语言的混乱。费伦奇在这里指出了儿童—成年人关系的法则①。

我们的智者关于完全的客体关系的想法可以说都不甚踏实,阐述出来后都显得很平庸,颇能使我们的行业失色。

毫无疑问,这些后果——在这里精神分析家很像那种现代英雄,他们以在离奇形势下的可笑业绩而闻名——只有靠回到对言语功能的研究来纠正。在这种研究中精神分析学家应该是高超的大师。

但是,自弗洛伊德以来,我们领域的这个中心园地看来荒芜了。请看一下弗洛伊德本人是怎样避免过多地深入到它的边境里去:他在对成年人的分析中发现了儿童的利比多阶段,然后他仅通过汉斯的父母亲来对小汉斯施加影响;他在偏执狂中发现了无意识的语言的一个完整的部分,但他为此只使用斯瑞伯在其精神崩溃的爆发中留下的关键文本。可是,靠着他的著作的辩证法,靠着他著作的意义的流传,弗洛伊德还是高踞于他大师的位子上。

这是不是说,如果现在大师的位子空置了,这不是因为他人已逝去,而是因为他的著作的意义越来越被抹杀了。只要看看在这个位子上发生了什么,就不难看到这一点。

毫无兴味地,甚至不情愿地,一种技巧在传授着,内容晦暗莫测,而任何清新的批评却会引起惊慌。说实话,这个技巧已形式化得像仪式了,以致人们会问它是否也可与固念神经症联系起来,正是通过这样的联系弗洛伊德令人信服地剖析了宗教仪式的用途以

---

① 参见费伦奇(Ferenczi)的《儿童和成年人之间的语言混乱》,发表于《心理学国际学报》1949年,第4卷,第225—230页。(原注)

及其起源。

如果我们考虑一下这个行动为自我维持而写作的那些文献内容,这个类似就更明显了。我们常常会得到一个封闭的圈子的印象,在那儿对术语的来源的无知导致了如何协调术语的问题,而要解决这个问题的努力又更加重了无知。

为了要追溯到分析文章颓败的原因,我们有权将精神分析的方法应用到维持这个方法的集体上去。

指出分析行为已失去了意义,这是对的,但也是无用的。就好像在没有找出意义时就试图以意义来解释一个症状。但是,我们知道,如果没有辨认出意义,那么分析行为只能被看作是在其操作的水平上的一个冒犯。如果分析家们因没有社会的"抵制"而安心,那么对现在是被"接受"(如果说不是被赞同了)的分析活动的容忍的限度仅仅取决于他们在社会上存在的数量。

这些原则足以使我们区别我们可以在我们的学说中看到的决定了防卫行为的种种想象的,实际的和象征性的条件——孤立,取消,否定,和普遍的漠视。

由此,如果以人数来衡量美国同行在精神分析运动中的重要性,那么我们能测出在那儿集合的各个条件的分量。

首先看象征性的条件。我们不能低估丙因素的重要性,在1950年的精神病学大会上我们将这个因素作为任何文化环境中的一个特征性常数而提了出来:在这里是非历史主义的条件。谁都承认在美国的"学术交流"中,非历史主义是一个主要的特征。但是在我们看来,非历史主义与分析的经验是完全南辕北辙的。另外,还更有一种当地的思想形式,叫做行为主义,它如此地主宰了美国的心理学观念,现在它显然在精神分析学中完全遮掩了弗洛伊德的影响。

至于其他两类条件,我们让与此有关的人来确定,让他们来体会,在精神分析学会的生活中,表现出来的机制里分别取决于团体内部的尊卑关系的和取决于他们的自由事业在整个社会上的作用的各是什么。以及他们中间一位最明智的代表所强调的会聚的观念有多大的价值。会聚的作用发生在移民主持的团体的异族性和刚才所说的条件所引起的功能影响下的社会距离之间。

无可否认，精神分析的概念在美国服从于个人对社会环境的适应，服从于行为范式的确定，服从于包含在人类关系（human relation）这个观念里的客观化过程。在当地产生的术语人类工程学（human engineering）里我们看到的正是一个特别排除人这个对象的立场。

正是为了维持在一个能坚持这样一个立场的距离上，在精神分析学的经验中最有活力的一些术语黯然失色了：无意识，性欲。看来不久提都不需要提到它们了。

我们不需要对拘泥形式的或招徕顾客的做法发表意见。我们学会的正式文件都记载并谴责了这类做法。使我们感兴趣的是这些法利赛人①和小店主的共同本质，这个本质使这两类人都难以应付言语。特别是在要 talking shop 即谈本行的时候。

无法表达动因，对于大师来说，这或许还无伤大雅，可却是与技艺的掌握格格不入。至少与教学所要求的掌握不相容。不久前，为了维护其至高地位而需要由老师在形式上上一堂课时，这个问题暴露得很明显。

由于这个原因，这些人在看到上述的边缘领域里的结果后还是坚定地坚持传统的技术的做法是很有疑义的。这个疑义的程度可由以"经典的"而不以"正统的"来形容这个技术的做法来衡量出。因为对于这个学说无话可说，人们就尽力于维持体面的门面。

就我们来说，我们认为，如果你不懂得作为这个技术的基础的那些概念，那么你既不能懂得这个技术，也不会正确地运用这个技

---

① 法利赛人（Pharisiens），是古犹太教的一个教派，以严守条文著称。（译者注）

术。我们的任务是要表明,只有转向语言的领域,只有按言语的功能来组织,这些概念才具有其完整的意义。

在这儿我们要指出,为了运用弗洛伊德的任何概念,阅读弗洛伊德的著作都是不可或缺的,既使是涉及到那些与流行的观念表面相似的概念也一样,我们现在记得的那个关于本能的理论的可悲结局正证明了这一点。这个理论是对弗洛伊德的改进,但其作者却忽视了其中弗洛伊德明确说是神话式的部分。很显然,作者必定会忽视这部分内容,因为他是通过玛丽·波拿巴①来理解弗洛伊德的理论的。他不断地将玛丽·波拿巴的著作作为等同于弗洛伊德的著作来引证。读者却毫无所知,他们是有理由相信作者是有将两者分辨开来的判断力的。然后在读了之后,读者仍感到他们并没能看到第二手引文的真正水准。就这样,从简减到归纳,从推断到假设,作者以他的错误前提的同义反复而导出这样的结论:有关的本能可以归结到反射弧。就像传统表演中的一叠盆子,盆子的翻倒是表演的最精彩处,结果表演者手中只留下不配对的两个碎片。从对利比多在情欲区的迁移的发现到普遍的愉悦原则转变成死亡本能的元心理学过程这样一个复杂的构造现在变成了一个二元项,一个是被动的情欲本能,这是照诗人偏好的捉蚤者的活动来创造的②。另一个是破坏的本能,简单地被等同于运动机能。作者有技巧能将一个误解的后果有意或无意地推到如此的极致,这倒是值得表扬的了。

## 1. 主体在实现精神分析时的虚语与实语

让真的和不变的话出于我口,让我的言语谨慎小心。

---

① 玛丽·波拿巴(Marie Bonaparte),法国精神分析学家。(译者注)
② 这里拉康指的是兰波(Rimbaud)的诗《捉蚤者》。(译者注)

(《内在的慰解》第四十五章:"不可轻信他人及言辞小疵")谈下去①。("因果主义"思想的格言)

不管精神分析法自以为是治疗的手段,教养的手段,抑或是探测的手段,它只有一个媒介:病人的言语。这一事实的显而易见并不是忽视它的理由。并且,只要有言语,就得要有回答。

我们将要证明,即使言语碰到的是沉默,只要有一个聆听者,所有的言语都是有回答的。这就是言语在分析中的功能的关键点。

但是,如果精神分析者不知道言语的功能是这样的,他只会更强地感受到要回答的要求。如果最早听到的是虚无,他会在自己内心感到这个要求,并且会在言语之外去寻找一个现实来填补这个虚无。

这样他就去分析主体的行为以找出他未言之事。但是,要获得他的首肯,又必须让他讲出来。这样分析者又重新获得言语,但是这时言语是回应了沉默的失败,是自己空虚的反响被感知之后作出的,所以变得可疑了。

但是,在他言语的虚无之外,主体的要求到底是什么呢? 原则上是对真理的要求,透过它还闪现着许多更低下的需要的要求。但首先是在试图诱惑对方的含混的缺口中的虚无本身的要求。在诱惑的手段中有主体的曲意迎合和主体自恋的创造。

"这就是内省了!"聪明人叫道,他对此的危险知之甚详。他承认,如果说他充分利用了内省,他肯定不是尝到其魅力的最后一个人。很可惜他没有空。不然的话如果他来到你的沙发上,你会听到许多有趣而深刻的事。

奇怪的是,尽管这样的人是在分析者们的经验中会最先遇到

---

① 法文原文中这是个双关语,也可表示"总是原因"。(译者注)

的,分析者却还在他们的精神分析中审视内省。其实只要赌注一收起,所有那些你以为在掌握中的美妙的事就会全消失。如果他参与了进来,他的账目也会显得很短。但我们这位朋友未曾预料的事会呈显出来,开始他会觉得很蠢,然后他就默默无言好一阵子。这是种常见的命运①。

这时他理解了合意的幻想引动的滔滔不绝的独白的幻象与无可逃逸的言谈的被迫工作之间的区别。心理学家颇有幽默地而治疗学家又很是狡黠地称这个被迫的工作为"自由联想"。

当然,这是项工作,因为人们还说它需要一个学习期,并进而去观察这工作在学习期的培养作用。如果这样看待它的话,它培养出来的除了熟练工人之外又会是什么呢?

那么,这项工作是什么呢? 让我们来检查它的条件,它的成果,以便更好地看清它的目的和它的利益。

我们顺便承认 durcharbeiten 一词的恰当,它相当于英语的 working through,而我们的翻译家对它束手无策。尽管我们语言的一位风格大师给他们提供了穷尽语义的练习:"推敲已有一百次,重新再锤炼……"②。但是,工作是怎样进展的呢?

理论告诉我们有一个三元组:挫折、侵凌和退化。这个表面的解释是如此的包罗万象以至显得是不言而喻的了。对此的直觉是迅速的。但是,因为这个说法已成老调,我们对这个显而易见的解释很觉怀疑。如果精神分析法突然发现了自己的弱点,不应该靠情感性来解救。情感性是个辩证无能的禁忌词,还有个动词**理智化**,它的贬义使这个无能反成了优点。这两个词将作为我们对主体③的愚钝的明证而留在我们的语言的历史上。

---

① 这一段落是 1966 年重写的。(原注)
② 风格大师指的是法国作家布瓦洛(Boileau),引文出自他的《诗艺》。(译者注)
③ 我们原先写的是"在心理学方面"。(原注)

我们不如探问一下这个挫折由何而来？是不是由分析者的沉默而来？对于虚语的一个回答，甚至是或者特别是赞同的回答常常以其后果表明要比沉默更令人沮丧。那么是不是主体自己的言谈中就含有了这个挫折？主体不是在越来越剥夺他自己的存在？那些无法揭示他本质的改正，那些不能制止他的地位摇动的支撑和防卫，那些予以气息活力的自恋的拥抱都并不因真诚的画像而变得首尾一致了，对此，主体最终只有承认，他的存在只是想象的产物，这个产物使他什么都无法肯定。因为在他**为他人**重建的工作中，他重找到了让他把重建当作另一个来做的根本性异化，这异化注定是要**由他人**来夺走他的重建的。

我们的理论家们以维持挫折的能力来界定**自我**的力量，而自我的本质就是挫折[1]。它不是主体的某个欲望的挫折，而是他的欲望在其中异化了的某个客体的挫折。这欲望越是发展，对于主体来说快乐的异化就越深入。因此这是更远一步的挫折，也就是说，倘若他将挫折的形式引入他的言谈，一直引入他在镜前将主体变成客体的被动形象中，他也不会满足，因为即使在这个形象中他达到了完全的相似，他在此看到的还是他人的快乐。这就是为什么对他的言谈没有合适的回答。一切涉及到他的误认的言语，主体都将视为是轻蔑。

主体在这儿经历的侵凌性与因欲望受挫而产生的动物性的侵凌性完全不同。这个说法令人高兴，可它还掩盖了另一个对所有人来说都不那么令人愉快的说法：奴隶的侵凌性，奴隶对工作中的

---

[1] 这里有一个理论上的以及实践上的偏颇的难点。因为，将**自我**认同于主体的约束，这是将想象的孤立混同于对本能的掌握，由此会造成治疗过程中的判断错误。在许多因过强结构而造成的神经官能症中，如果以增强**自我**来着手，那是个没出路的做法。我们的朋友米歇尔·巴兰不是曾写道，对于患早泄（ejaculatio praecox）的主体来说增强**自我**是有好处的？因为这会使他延缓他的欲望。可是，我们无法这样认为，因为正是由于他的欲望取决于**自我**的想象的功能，所以才有这个短路的行为。精神分析的治疗经验表明，这个短路是与自恋地认同于伴侣相关联的。（原注）

挫折回应以死亡的欲望。

由此我们就可以知道这个侵凌性是怎样回答所有的干预的。这些干预否定了言谈的想象的意愿,拆毁了主体构作的用以满足这些意愿的对象。这就是人们所说的对抗拒的分析。这些抗拒的危险的一面很快就显现了出来。幼稚的分析者的工作就表明了这一点。在主体的幻想中幼稚的分析者只看到侵凌的意义[1]。

也是这样的分析者,他毫不犹豫地主张采用一种以对过去的精巧解释来改换现时的主体的"因果主义"分析法,这样,连他的语调也暴露出他想避免的焦虑。这就是得知他的病人的自由让位于他的干预的自由的焦虑。他全力采用的救助办法或许在有的时候对主体有益,但它的重要性最多也不过和一个令人兴奋的玩笑一样。我们不必再谈论它了。

让我们还是注意这个现时和现场(hic et nunc)。有人以为应将分析的活动限于其中。这事实上可能是有用的,只要分析所发现的想象的意愿不因此而脱离它表达于其中的象征关系。关于主体的**自我**,只有能被主体以"我"的形式,也即是第一人称再表达出来的内容才是有意义的。

"我曾经是这样只是为了成为我现在的样子":如果这不是主体理解他的幻觉过程中的恒常特点,我们到何处去把握进展呢?

由此,分析者在通过其私下的举止甚至静态来追踪主体时是有危险的,除非他将这一切都作为无声的部分纳入其自恋的言谈中。甚至年青的分析者都敏感地注意到了这一点。

危险不在于主体的负面反应。危险在于将他拘禁于一种与以前一样虚假的他的静态甚至他的面像的客观化过程中,以形成他

---

[1] 我们在1966年的导论结束处赞扬过的工作也是这样。在下文指出了,如果侵凌性能由某种干预而增强,它只是分析挫折的一个副作用。作为这样一个副作用,它并不是挫折—退化这一对行动的原因。(原注)

的异化的新的地位。

与此相反，分析的艺术就是要中止主体的所有确信，直到所有的幻觉都消除完结。这个发展只有在话语中才标示了出来。

尽管这话语看来很空洞，这也只有当你从字面上来理解它时才这样的。这证实了马拉美①的话，马拉美将语言的平常使用比作于钱币的交换。钱币的正反两面的形象已磨光了，可人们在"默默中"还将它递来换去。这个比喻足以告诉我们，即便平淡至极，话语还保持着它信符②的价值。

即使它不交流什么信息，它也表示了交流的存在；即使它否认明证，它也申明了话语就是真理；即使它目的在于欺骗，它也是着眼于作证时的信誉。

再者，精神分析学家比谁都清楚问题是在于要将话语的哪一"部分"视为有意义的。在最佳情况下他就是这样工作的：将一段日常小事的叙述当作对能理解的人有意义的寓言故事；将滔滔宏论当作一个直接的感叹，或者相反地，将一个简单的口误当作一个非常复杂的表述，甚至将一声默默的叹息当作它所取代了的整篇的情感宣泄。

同样的，一个好的间断应该是能赋予话语以意义。目前的技术将诊治的中止只看作时间上的一个停顿，因此与话语的脉络无关。而中止应该起句读的作用，它有着一种干预的价值，目的是为了加速结论的时刻的到来，因此，我们应将结束不作为寻常行为而作为技术而有效地利用。

只有这样退化才能起作用。退化只是在分解其结构的每个阶段中**自我**重建的幻觉关系在话语中的实现，因为这个退化其实并

---

① 马拉美(Mallarmé,1842—1898),法国诗人。(译者注)
② 信符在这里指的是古代神秘宗教使用的瓦片，如果两个断片能合而为一，则可认为是真，作用略同于中国古代的兵符。(译者注)

不是真实的。在语言中它只是通过语调的转变,辞语的组合,以及"言辞小疵"来表达的。这一切在极端情况下也不超过成年人的假装的儿童般的(babyish)讲话。如果认为它有一个与客体有实际关系的真实性,那就是将主体置于一种异化的迷像中了,这只是重复了精神分析学家的一个遁词。

因此,最能使精神分析误入歧途的就是想以一种所谓的与主体的现实的接触为指针。这个直觉主义心理学,或者说现象学心理学的老调在目前有了新的含义。这是在目前的社会环境下言语作用淡化的症候。但是,如果将这个老调提高到以其自己规律排除一切实际接触的一种关系中,它的执念能力会变得十分显著。

年青的分析者或许会因为这个解决办法所意味着的莫测高深的天赋而接受这一套。但是,为了尽其可能地做,他们只有依靠他们所受的监督的成功了。从与现实的接触的角度来看,能否实行这样的监督也会成问题。相反,监督者在这里提出了第二种看法,实际地说,这个看法使经验变得对他至少和对被监督者一样的有教益。如果受监督者表现了不充足的天赋就更是如此了。有人以为,他们越是公开他们的技术秘密,这样的天赋就越是不可言喻。

这个奥秘的原因是在于被监督者在这儿起了主体的话语的过滤器甚至折射镜的作用。这样监督者看到的是完成了的一幅立体图像,显现的是三或四个音区,监督者在这上面可以读到这篇话语构成的乐谱。

如果监督者能将被监督者置于一个不同于监督这个可悲的词所意味的那样一个主观位置("监督"只有在英语里有一个好的替代词 supervision),被监督者在这样的活动中所能获得的最好结果是学会处于一种第二主观性的位置。原来是监督者处在这个位置上的。

这样他就可以找到通向传统的那种所谓分析者散漫的甚至不在意的注意力的说法所不精确地表达的状态的真正道路。关键是要知晓这个注意力对准的是什么。我们的所有工作都表明,肯定不是像有些人坚持要看到的那样是主体的言语之外的一个什么客体。如果分析要达到的是这个,它需要的就只能是其他手段,或者说,它就是唯一的一种没有达到其目的的手段的方法。

分析者所能达到的唯一客体,就是将他与作为**自我**的主体相联的关系。他无法根除这个关系,但他可利用它来管制他耳朵的受纳。生理学与福音书一致指出,可以这样正常的使用耳朵:聪而**不闻**;也就是说,用耳朵来察觉应该听到的东西。因为并没有第三个或第四个耳朵来实现人所希望的从无意识到无意识的传闻。我们以后再说应该怎样来看这种所谓的交流。

我们是从一个最困难的方面,也就是说从虚语着手来研究言语的功能的。主体似乎是徒劳地谈一个与他极其相似的人,可这人却从不承担起他的欲望。我们说明了在理论中和在技术上逐步地轻视言语的根源。我们应该像扶起一个翻倒的沉重的磨盘一样逐步地竖起我们运动的方向盘,就是说那些在事实上被排除在辩证过程之外的个人的心理生理因素。倘若认为分析的目的就是调整这些因素的惰性,那是让我们的运动堕于虚假。而技术的某个倾向似乎满足于这样做。

如果我们现在来看精神分析经验——它的历史,它的论证,它的治疗过程——的另一头,我们会发现与现时和现地(hic et nunc)相对立的是作为标示和作为疗法进展的动力的回想的价值,与执念的内在主观性相对立的是歇斯底里的主观间性,与对抵制的分析相对立的是象征的解释。实语的实现由此开始。

让我们来检察它所构成的关系。

请不要忘记,在勃罗尔[1]和弗洛伊德创造了他们的方法后不久,勃罗尔的一个病人安娜·O就将这个疗法称为"谈话疗法

---

[1] 勃罗尔(Breuer,1842—1925),奥地利生理学家和精神病学家。(译者注)

(talking cure)"。我们记得,正是治疗这个歇斯底里病人的经验使他们发现了被称作创伤事件的致病事件。

如果这个事件被看作是症状的根源,那么讲述这个事件(在病人的"故事[stories]"里),决定了这个根源的排除。人们立即给予它一个从心理学理论借来的术语"领悟"。这个术语颇得信用,但我们得对它像对其他不言自明的解释一样给予其应有的质疑。当时的心理学偏见反对人们在叙述中辨认出与声音的气息(flatus vocis)不同的另一现实。事实是,在催眠状态下叙述是与领悟脱离的。这就足以修改有关这些作用的概念了。

可是,为什么行为主义扬弃(Aufhebung)的勇士们不以此为例子来说明他们并不需要知道主体是否记忆起了过去的什么?他只是讲述了事件。至于我们,我们要说他叙述了事件,或者发展一下这个会令人想起另一个潘朵拉①的词,说他将事件付之词语,或付之史诗(épos)。这样他现时讲述了他本人的来历。他是用一种可使他的言谈为他的同时人听懂的语言来这样做的。同时,他也期待着同时人的言谈,因此在史诗(épos)的演出中会夹进一段用上古语甚至外语的过去的言谈,演出也会现时地由演员生动地进行,但却是以间接引语的方式独立于剧情的发展之外。并且,如果演出在举行,这不仅需要合唱队,还需要观众在场。

催眠状态的回忆可能是过去的重现,但更主要的是一种口头表达,因此需要许多东西在场。催眠状态的回忆与清醒时对那种在分析中被很奇怪地称之为"材料"的内容的回忆之间的关系正相当于在全体公民前演出的表现城邦起源神话的悲剧与或许也是由材料组成的但现代民族从中得知一个前进中的命运的象征的历史之间的关系。用海德格尔的语言来说,两者都将主体构作成曾

---

① "叙述"的法文原文为 verbaliser,它另有一义,指违章纪录。而希腊神话人物潘朵拉(Pandore)在法语俚语里也指警察。(译者注)

是者(gewesend), 也就是说, 作为曾经存在的那一个, 但是在时序化的内在统一中, 存在者标示的是曾经存在者的趋同。也就是说, 在某个过去时刻以后, 设想有了其他的遭遇, 那么就会产生另一个存在者, 使他的过去存在完全不同。

显露对过去的歇斯底里所具有的歧义并不完全来自于它的内容在想象和现实之间的摇摆, 因为它就是处于二者之内的。也不是因为它是谎言, 这是因为这个显露表达的是言语中真理的诞生。由此, 我们面对的是一种既非真也非假的现实。无论怎样, 这是一个最棘手的问题。

因为这个显露的真理就是在现时的现实中证实了这个真理的目前的言语。目前的言语还以这个现实的名义而树立了这个真理。而在这个现实中, 只有言语是过去的力量这一部分的见证。在事件发展的每个十字路口, 这个部分总是被排斥开的。

这就是为什么弗洛伊德用来衡量治愈程度的回想中的连续性条件与柏格森的重建持续性的神话完全不相干。依据这个神话, 每个时刻的真实性将因没有综合之前时刻的模样而损坏。对于弗洛伊德, 这儿涉及到的不是生物记忆, 不是直觉主义的神秘化, 也不是症状的错记, 这儿涉及到的是回忆, 也就是说是历史。对过去的猜测使对将来的诺言在天平上摇摆不定。这天平是仅仅架在日期的确定性的支架上的。让我们明确说明, 在精神分析的回想中涉及到的不是现实而是真理, 因为实语的作用就是将过去的偶然事件重新组织起来, 给予它们以未来的必然性的意义。这些必然性是由点滴的自由所造成, 主体靠着这点滴的自由来提出这些必然性。

弗洛伊德在"狼人"病例中进行的曲折迂回的研究证实了以上论述。依照以上论述他的研究才有其完全的意义。

在关系到确定最初情景的日期时, 弗洛伊德要求完全客观的证据, 但他至少设定了事件的所有主观演化。这在他看来对于解释主体重组自身的每一个关口的作用是必不可少的。也就是说，像他说的那样 nachträglish，即后补地①进行的对事件的所有重新组织。更有甚者，以一种几乎是冒昧的大胆态度，弗洛伊德声称在对过程的分析中可以将时间间断排除在外。在这些间断中事件不呈显于主体②。这就是说，为了**结论的时刻**，弗洛伊德取消了**理解的时间**。**结论的时刻**加快了主体的思考以决定要给予原先的事件以一个什么样的意义。

请注意，**理解的时间**及结论的时刻是我们在一个纯逻辑的定理中界定的两个功能③。我们的学生对此很熟悉，因为这两个功能对辩证分析很是有效。我们是通过辩证分析来指导学生进行精神分析的过程的。

主体是通过对别人的言语来承担起他的历史，这就是新的方法的基本思想。弗洛伊德将这个新方法命名为精神分析法。他是在1895年作这个命名的而不是像过去那个权威所说的是在1904年。自从这个权威不再躲在谨慎的沉默后面了以后，我们知道在1904年他仅知道弗洛伊德的著作题目而并不认识弗洛伊德本人④。

在对他的方法的意义的分析中，我们也和弗洛伊德一样并不否认表现在产生癔病症状的状态中的心理—生理的间断，更不否认这个症状只有通过重现间断状态的方法——催眠，甚至麻醉——来治疗。只是我们反对依赖这些状态。就像弗洛伊德一样，到了一定的时刻他就明确地禁止运用这些状态，无论是为了解

---

① 参见《弗洛伊德全集》第12卷第71页。又，该词的法文译名不甚确切。（原注）

② 参见《弗洛伊德全集》第12卷第72页最后一行。在脚注中有加以重点的 Nachträglishkeit 的概念。（原注）

③ 参见本选集的《逻辑时间及预期确定性的肯定》一文。（原注）

④ 参见《神经学杂志》。这里指出的谬误表明这个前文也提到的权威是如何与他的领导地位不相称的。（原注）

释这个症状还是为了治疗它。

如果说这个方法的独创性在于那些手段(但这个方法又放弃了这些手段),那是因为这个方法所保持的手段已足以划定一个领域,这个领域的限度就界定了它的行动的相对性。

它的手段就是言语的手段,因为言语赋予个人的功能以意义;它的领域就是具体的言谈,因为具体的言谈是被当作主体的个人间现实的园地的。它的行动就是历史的行动,因为历史构成了现实中真理的呈现。

首先,事实上当主体进入分析时,他同意处于一个位置,这个位置比诱惑他的所有指令都要更有组合性。这就是对话的位置。这个说法会使听众惊愕,但我们并不在意,因为这是个机会,这个机会让我们强调主体的谈话带进了一个听话人这个事实①。也就是说,言谈者②在其中构作成主体间性。

其次,对话包含了对话者的回答。正是在对话的基础上弗洛伊德所要求的重建主体动机中的连续性的意义才为我们所得。在实践中对这个目标的检验表明,主体只有在其言谈的主体间性的连续中才得到满足,而主体的历史正是构成在这言谈中。

这样,在某种现在称之为"真理液"的能使意识昏睡的药剂的影响下,主体能预卜他的历史。这儿,经常的曲解反倒暴露出了语言内在的讥讽。他的记录下来的言谈,即使是通过医生的嘴再传达回给他,因为是以这种异化了的形式传给他的,所以不会有精神分析对话时那样的作用。

---

① 即使他是"独白",他也是对着那个大写的他人讲的。这个他人的理论我们已经加强了。过去我们只使用主体间性这个术语,这个他人有助于重新启用这个术语。(原注)

② 我们从已故的爱德华·比勋(Edward Pichon)那儿借用这些术语。无论是就我们学说的发展而作的议论还是他对人的隐秘的探索,他都表现了他的洞察力。这种洞察力我们只能归之于他对语义学的研究。(原注)

这样,是在一个第三项的位置上弗洛伊德对无意识的发现才清楚地显示出其真正的基础,这个发现可以简单地表述如下:

无意识就是具体言谈中跨越个人的那个部分。主体自己并不拥有这个能力来重建其有意识言谈的连续性。

由此,关于无意识的概念的一个悖论就被排除了。如果我们将这个概念归结于个人的现实就会遇到这个悖论。如果将这个概念看作仅仅是无意识的倾向,那也解决不了这个悖论,除非避开那个清楚地表明无意识具有理念甚至思想的性质的经验。像弗洛伊德明白地指出的那样,当他无法避免无意识思想这样的自相矛盾词组,他就求助于这个祈告:"神宥斯辞(sit venia verbo)。"我们也遵从弗洛伊德而将过错归于辞语,但是是归于这个实现在言谈中并像捉迷藏一样从一人之口传向另一人之口的辞语。这个辞语赋予了接受信息的主体的行动以意义,这意义使主体的行动成了他历史的行动并给予他以真理。

在精神分析的领域中显示了自主的言谈中的现实,这样的一个领域一旦被区别开来,逻辑不扎实的心理学以在界限方面的(in terminis)矛盾为理由对无意识思想的反对就不能成立了。而精神分析学家的"可是,它还是在转动的!(eppur si muove!)"的呼声在影响方面几与伽利略的呼声相等。这不是一个事实经验的影响,而是一个虚设的实验(experimentum mentis)的影响。

无意识是我的历史中留着空白或填了谎言的一章:它是被查禁的一章。但真理还是可以找回来,通常真理已被写在别地某处。就是说:

——在恒常结构中:这是我的身躯,也就是说神经机能症的癔病内核。在那儿癔病症状表现了一种语言的结构并被解读为一种记录,这个记录一旦被接受之后就可以毁掉而不带来什么严重损失。

——在档案资料中:这是我童年的记忆,如果我不知道这些记忆的来源,那么它们也同样的奥秘难测。

——在语义变化中:这回应了我独有的词汇的内涵及意义,就像回应了我的生活方式和我的性格一样。

——在传统中甚至在传说中,它们以一种美化了的形式讲述我的历史。

——最后,在痕迹里。为了将被窜改了的章节与其前后的章节相衔接,必定会有歪曲,但这些歪曲不会不留下痕迹。我的释义会重建其意义。

认为为了理解弗洛伊德应该去读弗洛伊德而不是读费尼谢勒先生的著作的学生——确实,有这样想法的学生相当少,因此在我们的教学中无法推广这个做法——会知道,我们以上所说的,甚至包括说时的热情,都没有什么新奇。我们所用的所有隐喻在弗洛伊德的著作中都像音乐主题一样反复出现,而他的结构也由此而呈现出来。

这样的学生在他实践的每个时刻都从此会更容易知道,就像再次否定恰恰消除了否定一样,这些隐喻失去了其隐喻的度向;他也会看到,这是因为他是在隐喻的本身领域里操作。所谓隐喻就是在症状中活动的象征的转移。

在这之后,通过比较两种不同做法的内涵上的充实及其技术上的效率,他可以更好地判断那种引出费尼谢勒先生著作的想象的转移。这两种做法,一是着眼于个体发展的各个所谓器质阶段;一是探索主体历史的特定事件。这两者的区别正是与真正的历史研究和所谓的历史规律之间的区别一样。可以说,每个历史时期都有哲学家来散布符合当时流行价值的所谓的历史规律。

这并不是说,在顺着这条从波舒哀①,到汤因比②,包括了奥古

---

① 波舒哀(Bossuet,1627—1704),法国神学家、作家。(译者注)
② 汤因比(Toynbee,1889—1975),英国历史学家。(译者注)

斯特·孔德①和卡尔·马克思的里程碑的道路所发现的关于历史的普遍进程的意义中就没有什么值得保留了。当然,人人知道,无论是用以指导最近历史的研究还是以某种理由假定明天的事件,这些理论都不是很有价值。再说,他们也很谨慎,将他们的断言推到遥远的将来,同时也不拘泥于小节,肯常常接受些小修补以使他们能够预言昨天发生的事。

如果说对于科学发展来说他们的作用微不足道,他们的意义则别有所在:这意义就是他们的无可忽视的理想的作用。这个作用使我们去分别历史化的原生功能和次生功能。

如果说作为科学的精神分析学和历史学一样都是特性的科学,这并不就是说这两门科学处理的事实都是偶然的,甚至是人造的;也不是说它们的最终价值只局限于创伤的大致的表面。

在原生的历史化过程中产生了事件,换句话说,历史已经在舞台上形成了。一旦写成,人们在内心和在外界就演出了这历史。

在某个时期,在圣安托万区②的某次暴乱被其参与者感觉为国会或者王室的胜利或失败;在另一个时期,另一次暴乱被感觉为是无产者或者是资产者的胜利或失败。即便像雷斯主教③所说的那样在那些事件中总是"人民群众"付出代价,那些并不是些同样的历史事件。——我们的意思是说,在人们的记忆中它们留下的不是相同的回想。

也就是说,随着国会和王室这个现实的消失,第一个事件会重回到它的创伤的价值上去,这个价值如果不是被人特意地重振其意义,会逐渐地真正地隐去。相反,第二个事件的回忆即使在禁令

---

① 奥古斯特·孔德(Auguste Comte,1789—1857),法国哲学家。(译者注)
② 圣安托万(Saint-Antoine)为巴黎的一个街区。(译者注)
③ 雷斯主教(Retz,1613—1679),法国政治家、作家。(译者注)

之下还仍然强烈——就如同压抑下的遗忘是记忆的最活跃的形式之一一样——，只要还有人愿为无产者的崛起而贡献他们的斗争，也就是说，只要还有人相信辩证唯物主义的中心词汇还有其意义。

至此，不必再说我们将要把这些情况置于精神分析的领域里来看，因为它们早已处于这个领域之中了。这些情况在那儿导致的释读无意识的技术与本能的理论甚至冲动的理论之间的区别也是势所必然的了。

我们教会主体当作他的无意识来认识的正是他的历史。这就是说，我们帮助他完善事实的目前的历史化。在他的生存中，这些事实已经决定了一些历史性的"转折"。但是，如果这些事实有这个作用，这是因为它们已是作为历史的事实，已经是具有某种意义或者已经按某种秩序而被查禁了的。

因此，所有那些在某种所谓的本能阶段的羁留其实首先是历史的痕迹：你想忘掉或取消掉的片断，或者是给予责任的光荣的片断。但是被遗忘的在活动中重现出来，被取消的与在别处所说的正相对比；同样的，在象征中责任延续了主体卷入其中的幻觉。

简单地说，本能阶段在经历了以后就组织成主观性了。明确地说，幼儿的主观性将训导他把括约肌的行为作为胜利或作为失败记录下来。享受他的泄殖腔孔的想象的性欲，将他的排泄的冲动作为侵袭，将他的忍耐作为诱惑，将他的放松作为象征。这个主观性**本质上**与分析者的主观性**没有什么不同**。分析者试图回复他称之为生殖前期的爱的形式以便能理解这些形式。

换句话说，无论是在经历时还是在回想中，肛门阶段都同样的是历史性的，也都同样的是具有纯粹的主体间性质的。然而，将它视为一种所谓本能成熟的阶段的看法却将一些最聪明的人引入歧途，他们将这看作是动物门的一个阶段在个体生长中的重现。而这个阶段只有在蛔虫，甚至在水母身上看到。在巴林特①笔下,这个猜测是很巧妙的,然后在别人那里,这个猜测却导致了胡思乱想甚至呓语,说什么在单细胞体中可以看到侵入躯体的想象模式,而对这种侵入的恐惧制约了女性的性欲。如果是这样,那么为什么不在虾的身上看出**自我**的形象呢? 我们可以说这两者都是在每次蜕变之后重躲入甲壳内的。

在1910年至1920年之间,有个叫雅弗斯基的人创立了一套美妙的体系。在这个体系里"生物规划"直接与文化相接,他将甲壳类的历史相应点定为中世纪晚期,如果我没记错的话,其特点是盔甲的一时大流行。在他的体系里,所有的动物形态都有其人类对应物。即使软体动物和臭虫也不例外。

类比不是隐喻,求助于类比的自然哲学家们需要有歌德那样的天才。即使歌德的榜样也不是很令人鼓舞的。对于我们的学科没有比这更可厌了。正是明确地抛弃了它之后弗洛伊德才开辟了释解梦的特定道路,并同时达到了分析的象征的观念。我们要指出,这个观念与类比的思想是截然不同的。可是某种可疑的传统使得甚至我们中间的一些人还认为两者是一体的。

这就是为什么我们得用那些可笑之极的事例来使人醒悟。它们使人看到一种理论的荒谬之处,同时使人意识到那些并非是理论性的危险。

用弗洛伊德著作中选出的片断来构作而成的这个本能成熟的神话实际上导致了一些精神问题,这些问题的蒸汽凝结成了有关理想的云雾,然后倾盆而下,浇灌了初始神话。一些最高超的学者绞尽脑汁来建立能符合神秘的生殖爱(genital love)的要求的公式(有的观念非常古怪,恰与借用的术语相合,它们以承认有疑(non liquet)来作为它的尝试的标志)。可是,看来没有人因由此而产生的不妥而震动。相反,人们却由此而来鼓励所有的从事精神分析

---

① 巴林特(Balint,1896—),英国精神病学家。(译者注)

正常化的明兴豪森①来抓住自己的头发向上拉,希望能达到实现生殖客体,甚至达到实现客体本身的九重天。

如果我们精神分析学家是处于认识语辞的力量的位置上,我们并不能以此为理由而显示语辞问题的不可解决。也不能如圣马太的文本所记的基督对法利赛人的诅咒所表达的那样要:"捆起沉重无比的柴堆,压垮这些人的肩膀。"

我们试图在其中引入主体问题的那些术语的贫乏会使一些挑剔的人感到不足,他们只要将我们的术语与那些将过去围绕着自然和神恩②的争论直至混乱都组织了起来的术语相比较就会这样觉得。因此,这些术语的贫乏会使他们担心使用后得到的心理学和社会学的效果的质量。人们希望对于逻各斯(logos)的功能的更好的理解会澄清我们的奇异的超凡魅力的迷雾。

为了坚持在一个更清晰的传统里,或许我们可以说一下拉·罗歇富柯的著名格言,这格言说:"有些人如果从来没有听说过爱,他们就从来不会堕入情网"。我们不是从爱完全是想象的"实现"的这个浪漫意义上来看这个格言的。这格言将是对这种爱的一个狠狠的驳斥。我们将这条格言看作是对爱情得之于象征,对于言语引发的爱的成分的真正的承认。

只要去翻开弗洛伊德的著作就可以知道他是将本能的理论置于一个次要的和假设的位置上的。他坚持认为,这个理论在任何时刻也抵不上历史的一个细小的个别的事实。他在总结狼人病例时提到的**生殖自恋**足以向我们表明他对于利比多阶段组成的秩序的蔑视。再说,弗洛伊德在那里提到本能冲突的目的只是为了立

---

① 明兴豪森(Münchhausen,1720—1797),德国军官,曾参加俄土战争,以其所叙述的非常夸张的惊险故事而知名。(译者注)

② 对基督教疑难的这个引述还包含另一个更精确的引述,就是对冉森学派的帕斯卡尔的引述。他的至今还有效的挑战迫使我们重新考虑一切以获得隐蔽着的对分析者来说价值无限的东西。(原注)

即抛开这个说法,为了在主体以此来强调自身的那种"我没有被阉割"的象征性孤立中辨认出强制形式。主体的异性恋选择即系于这个形式,以抵御被带回到原始场景中的想象的母宫中的**自我**所承受的造成同性恋的拘禁的影响。这样的冲突实际上是主观的冲突,涉及到的只是主观性的变迁。因此,实际上是随着宗教的灌输或启蒙(Aufklärung)的教诲"我"赢了或输给了"自我"。通过它的帮助,弗洛伊德让主体实现这个冲突的作用,然后他在俄狄浦斯情结的辩证结构中给我们解释这些作用。

在对这样的病例的分析中我们看到完美爱情的实现不是自然的果实而是恩惠的结果。也就是说来自于主体间的协同,这个协同将和谐加之于承受他的碎裂的自然之中。

可是,你唠唠叨叨的要我们理解的这个主体到底是什么玩意儿?有个不耐烦的听众叫了起来。谁都知道个人感受到的一切都是主观的!

——天真的嘴里说出来的赞美将使我的余年忙碌,张开你的嘴来听我说吧,你也不需要闭上眼睛。主体远远超出个人"主观"地感受到的东西,他能一直达到真理,他也会从你刚闭上的嘴里出来。是的,他的历史的真理并不全在他的脚本上,可是他的地位标明在上,就在他因为只知道自己的回答而感到的痛苦的打击上,也在因混乱而使他不安宁的篇章上。

主体的无意识即是他人的话语,这一点在弗洛伊德针对他称之为心灵感应的现象的研究中显得最为清楚。这种现象是在分析经验的范围内表现出来的。这就是主体的谈话与他不可能得知的事情之间的巧合。这种巧合是与精神分析者作为对话者的另一个经验相联系的。在大多数情况下这个巧合是由语言上的吻合,甚至同音同形字的出现构成的。如果巧合中包括一个行动,这要么是病人行动出来(acting out),要么是病人的一个也在接受分析的孩子行动出来(acting out)。这是话语的交流网络的共鸣现象,对它的深入分析会揭示出日常生活中的类似事情。

人类话语无处不在,或许有一天它会在它的文本的全向交流的晴朗天空下得到把握。这并不是说它将更加谐和,而是说这就是我们的经验在一种表面的两相关系中加以两极化的领域。而任何一种将它的结构定为两项式的立场在理论上都是不足的,在技术上都是灾难性的。

## 2. 作为精神分析领域的结构与界限的象征和语言

我一直在给你说的事(Τὴν ἀρχήυ ὅ τι κὰι λαλῶ υμίυ)。
(《约翰福音书:第八章,第二十五节》

做些纵横字谜。
(给一个年青精神分析学者的建议)

为了承接上文,让我们重复一遍,正是通过将个别主体的历史简缩,分析才触及到关系性的格式塔(Gestalten)并将它们推演成一个有规律的发展过程。但是遗传心理学和差异心理学虽然能受益于分析,却是在分析的领域之外的。因为这两门学科所要求的观察和经验与分析的观察和经验完全是貌同神异的。

更进一步说:从日常经验(只有研究观念的专门家才会将它与感性经验相混淆)中得来的草创的心理学——也就是说,在暂且忘了日常忧虑之后,看到人们胜过列奥纳多①和戈雅②的怪诞人物形象的杂乱样子时感到的惊异,或者探索着的手在还没有为欲望而变迟钝时抚摸厚厚的皮肤而遭来的惊奇——,所有这一切都为一种讨厌这些无常变化躲避这些奥秘的经验所取消。

---

① 列奥纳多·达·芬奇(Léonard de Vinci,1452—1519),意大利艺术家。(译者注)
② 戈雅(Goya,1746—1828),西班牙画家。(译者注)

通常,一场精神分析直到完成也只给我们揭示很少一点我们的病人得自于以下状况的事情:他对事件和色彩的敏感性,他抓获东西的敏捷性,他的肉体的弱点,他维持及发明的能力,甚至他的口味的贪婪性。

这种矛盾现象只是表面的,也并不是由某人的失责而造成的。如果要将这个现象归咎于我们经验的不利的条件,这只是更加促使我们去检查其有益的部分。

这是因为这个现象并不因某些人的努力而得到解决,这些人就像柏拉图嘲笑的那些太喜欢现实以至去拥抱树木的哲学家,他们把逃逸中的现实刚露头的段落都当作是他们如此喜爱的经历过的反应。也是这些人,他们把超越语言的东西当作他们的目标,以某种固念症来回应我们的规则中的"勿触摸"的规定。按这条道路走下去,互相嗅闻就成了交流反应中的最高妙做法了,这是无复置疑的。我们并不夸张:在我们的时代有一个正在培训中的年青的精神分析学者,经过两三年无结果的分析,庆贺自己在对主体的这样的闻迹摸索中达到了一种客体关系。他因此得到我们同行的"有资格入门(dignus est intrare)"的普遍赞同,作为他的能力的证明。

如果精神分析学要成为一门科学——它现在还不是,如果它不想在技术方面蜕化下去——说不定它已经蜕化了,我们就要重新寻出我们经验的意义。

如果要达到这个目的,最好的作法是回到弗洛伊德的著作去。自认为是技术专家并不赋予你权利,让你因为不懂得第三个弗洛伊德而就以你自以为懂得的第二个弗洛伊德的名义来指责他;对于第一个弗洛伊德的无知也不能成为借口以便来原谅有人所谓五个重大精神分析是一系列选得不好讲解得也不好的说法,即使那人惊异于这些分析中包含的真理的种子散落了[①]。

---

[①] 这些话来自于那些最热衷于这个争论的精神分析学家中的一个的口中。(原注)

让我们重新看一下弗洛伊德对释梦（Traumdeutung）的工作。我们会重新记得，梦有一个句子的结构，或者用他的话来说，有一个字谜的结构，也就是说有一个书写的结构。在儿童的梦里出现的是这个书写的原生表意形态；而在成年人的梦里重现的是能指成份的语音和象征的使用。这种两重性使用我们可以在古埃及的象形字中看到，也能在中国至今还用的方块字中看到。

这还只是工具的破译。真正重要的工作开始于文本的翻译。弗洛伊德告诉我们重要的工作是给予梦的构作的，也就是说是梦的修辞的。省略和选用，倒词序和按词义的配合，倒叙，重复，同位，这些是句法的移位；借喻，谬词，换称，寓言，换喻，提喻，这些都是语义的压缩。通过这些弗洛伊德教会我们看出主体用以改塑他梦幻言谈的那些炫耀的或指示的，掩饰的或说服的，反驳的或诱惑的等等的意图。

弗洛伊德可能是在此规定了一条原则，就是说必须永远在梦中寻找出某种欲望的表达。但是要正确理解弗洛伊德。如果弗洛伊德承认，一个看来与他的理论悖逆的梦的动机就是那个他想说服的主体的要反驳他的欲望①，那么弗洛伊德怎么能不承认他自己的同样的动机呢？毕竟是从他人那儿他才获得他的规律的。

说彻底了，最显著的事实是，人的欲望是在他人的欲望里得到其意义。这不是因为他人控制着他想要的东西，而是因为他的首要目的是让他人承认他。

再说，从我们的经验我们谁都知道，一旦分析进入了转移的道路——对我们来说这表明它开始了，通过梦与分析论述的关系，病人的所有的梦都意味着挑衅，隐蔽的供认，或者回避。随着分析的进展，这些梦越来越变得只是起进行中的对话的因素的功能。

---

① 参见"逆向愿望的梦"，在《释梦》中；《弗洛伊德全集》第 2 卷第 156—157 及 163—164 页。（原注）

对于弗洛伊德的另一项工作开辟的另一个园地,日常生活的心理病理学,同样很显然,每一个忽略的行动都是一个成功的甚至讲究的话语,每一个口误都是间隔话语的堵塞物,明白人正可在其中窥出方位。

然而,让我们直接来看这本书关于偶然和偶然引起的信仰的部分,特别是他得以揭示出偶然得到或抽签而来的数字形成的组合的主观效用的事实。没有比这样的成功更能表现出精神分析领域的主导结构了。他附带地讲到的那些未知的智力机制的提法不过是因对象征的完全信赖而作的无奈的自谅,这种信赖因为意外的成功而摇摆起来了。

如果说为了在精神分析的心理病理学中确立一个无论是神经官能症的还是其他的症状弗洛伊德要求有一个两重意义组成的起码的过度确定,这两重意义即是在一个现在的**象征**的冲突中的来自它的功能以外的已死寂的冲突的象征;如果说为了寻找出语言形式与文本结构的结点相交缠的地方弗洛伊德教导我们要在自由联想的文本中追踪象征线索的错综分枝,这就非常清楚地表明,症状是完全地在语言分析中得到解决的。因为症状是像语言那样构成的,因为它就是语言,而言语得由它而释放出来。

对与那些还未深知语言本质的人,数字联想的经验能立即表明要把握的最根本的东西是什么。这就是排列了两可歧义的组合能力,由此能认识到无意识独有的活力。

事实上,如果那些通过截短挑选出的数目而得到的数字,通过应用算术运算合成的数字,以及通过以分裂数字来对原始数目反复相除而得到的数目①显示出对主体的历史有象征意义,这是因

---

① 为了理解这些做法的结果,必须熟知埃米利·勃瑞勒(Emile Borel)的关于**偶然性**的著作中的那些注释。从它一发表出来我们就大力推荐这些段落。他分析了从任一个数字里所获得的"重大内容"的琐碎细微性。(原注)

为在它们得以产生的最初的选择中它们已是潜在的了。这样，如果人们驳斥说以为这些数字决定了主体的命运的看法是迷信，那么人们还是得承认，在这些数字组合的本身存在中，也就是说，在它们所代表的具体语言中，蕴藏着分析揭示给主体看的他自己的无意识。

我们将看到，语文学家和人种学家们向我们显示了他们所处理的完全无意识的体系中表现出来的组合的可靠性，对于他们，这儿提出来的建议毫无奇异之处。

但是，如果还有人对我们的看法心存疑惑，我们就将再次求助于那个人的见证，这人在发现了无意识之后，应该说还指明了它的位置：他从不让我们失望。

虽然由于很显然的原因《妙语警句和无意识》不为人注意了，这却是一部无可争议的著作，因为它明白晓畅。在这部著作里，无意识的作用被描述得细致入微。无意识所显示出的面貌正是在语言造成的歧义中心智的面貌。无意识的至高权力的另一面是它的"讥刺"，由这个讥刺无意识的整个秩序在瞬间消失了。在这个讥刺里，无意识的创造性活动暴露了其绝对的无由性。无意识对现实的主宰表现在无意义的挑战上，在自由心智的恶意的风雅中幽默象征了一种尚未作最后决断的真理。

我们必须通过这本书的令人惊叹的引人入胜的迂回曲折来追随弗洛伊德的行踪直到他选定的这个最苦痛的爱的园地。

在这个园地里，一切都是实质，一切都是珠玉。心智躲藏在创造中而它又是创造的无形的支撑，并且知道它可在任何时刻有权利消除创造。在这个隐藏的王国里，无论是无信义的形式还是高傲的形式，无论是花哨的形式还是和善的形式，直至最受蔑视的形式，弗洛伊德都能使其秘密的光泽闪耀起来。这就是在摩拉维亚穿街走巷的媒人的故事，他是受咒骂的情欲的形象，像他一样也是贫困和苦难的产物，他在他的不事声张的行当中指引着学徒的贪欲,然后,他会在一句无意义的显露性的反驳中突然地嘲笑他。"那个脱口说出真理的人实际上是为抛开了假面而高兴",弗洛伊德评论说。

事实上是真理在他的嘴里抛开了假面,但是这只是为了使心智戴上一个更有欺骗性的假面:只不过是策略的诡辩,只不过是诱饵的逻辑,只是为了迷人的滑稽。精神总是在别处。"机智具有这样的主观条件性……机智只是我将它作为机智来接受才成为机智",弗洛伊德继续说。他懂得他所讨论的事。

在此,个人的意愿最清楚不过地为主体的发现所超越,在此,我们所作的两者之间的分别被最明确地感觉到。因为在我的发现中必须有某个外在的东西,这样我才会在发现中得到乐趣,而且这样地维持下去才能获成果。这一点来自于这样两个事实:弗洛伊德出色地指出,一个假定的第三位旁听者是必不可少的;机智话语经过间接引语的转述也不失去其力量。简单地说,指向介体而不是指向他人,轻盈飞逸的语辞的焰火照亮了这个介体。

机智的失败只有一个原因:说明了的真理的平淡无奇。

而这直接关系到我们的问题。只要看一下1920年前后的我们的出版物的目录就可以看到目前对于研究象征语言的轻视,这对我们的学术来说是反映了一个对象的变化。这个变化为了适应技术的新的目的而有迎合交流的最低水平的倾向,这可能是回答了最清醒的人对他们的成绩的相当灰暗的评估[1]。

确实,言语如何能穷尽言语的意义?或者照牛津的逻辑实证主义的更好的说法,如何说明意义的意义?除非是在产生言语的行动中。由此而产生存在在起源的歌德式的逆反。"起始处为行动"本身也逆反成:起始处是语言,并且我们生活在它的创造中。

---

[1] 参见 C·I·奥本道夫(Oberndorf)的《精神分析疗法的不如人意的结果》,载于《精神分析季刊》19号,393—407页。(原注)

但这是我们的心智的行为，并且是我们的心智不断地更新创造而维持住了创造。我们只有不断地超前于这个行为才能回到这个行为上去。

我们只要知道这条道路是这样的就行了，并不想作更多的尝试了……

没有人被认为是不知道法律的，这个说法体现了司法法典的幽默，然后它却表达了我们的经验建立于其上的一个真理并肯定了我们的经验。事实上没有人不知道法律，因为自从最初的致谢应接了最初的礼物以来，人的法律就是语言的法律。当然其间还需要有从海上来又从海上逃走的可恶的达达扬人①使得人们懂得害怕与无信义的礼物一齐来的欺人的话语。在这之前，对于以象征性的贸易的纽带联结共同社会的小岛的和平的阿尔戈人②来说，这些礼物，它们的行为及物品，它们作为符号的提升和它们的生产都是与言语密不可分的，以至于人们用同一个名字来称呼它们③。

是从礼物，还是从协同了它们的有益而无意义的口令语那儿才开始了语言和法律？礼物已是象征了。因为象征就是条约，它们首先是条约的能指，然后才构成所指。这一点在以下事实上显得很清楚：象征交换的物品，如从不盛物的瓶子，太重而无法举起的盾牌，干枯的禾束，插入地上的长矛等等，造出来就不是为了使用的，或者是因繁盛而成为多余的。

这种能指的无效化是否就是语言的全部本质了？如果这样来看，我们可以在比如说交配游行的海燕身上看到其起源，具体表现在它们在嘴上传来传去的鱼上面。如果我们应该在这鱼上看到是

---

① 即古希腊人，荷马以这个名字称古希腊人。（译者注）
② 为希腊神话中航海运行以获取金羊毛的英雄。（译者注）
③ 参见莫里斯·列纳哈特（Leenhardt）的《度·卡莫》（*Do Kamo*）第九及十章。（原注）

相当于节日的群体动员的工具，那么动物生态学家完全有理由将它看作是一个象征。

显然，我们并不害怕超出人类的范围来找出象征行为的起源。但是我们肯定不是通过探究符号的途径。在这条途径上朱尔·H·马瑟门先生①跟着许许多多别的人后面开展了他的研究。我们想就此说两句。这不仅是因为在描述他的做法时他用的那种胸有成竹的笔调，更是因为他的做法在正式期刊的编辑那儿得到的欢迎。这些编辑遵循一个从就业办事处那儿学来的传统，从来不放过任何能给我们的学术带来"好的关系"的东西。

请想一下，有个人在一条狗身上实—验—性—地再现了神经官能症。这狗被拴在桌子上，方法十分巧妙：铃声，随铃声而来的一盘肉，不速而至的一盘苹果，等等，等等。他自己向我们保证，他不会卷入到哲学家们关于语言问题的他所谓的"广阔的思绪"中去。而他呢，他要从你的喉口里抓出这个问题来。

你们知道，通过对其反应条件的精巧安排，我们可以让一只浣熊在看到了写有食谱的菜单后就往食品橱跑。我们不知道菜单上是否标有菜的价格，可至少可以再补上有说服力的一点来。只要服务使这头熊不满意，它就会回来撕碎这张说得太好听的菜单，就好像一个恼火的情人撕碎她的负心郎的信件一样。

这就是作者使他的从信号到象征的道路越过的拱桥之一。这是个双向道路，在回程路上可以看到的是同样精彩的艺术品。

因为，如果针对一个人，你将射向他眼前的一束强光与铃声关联起来，然后又将铃声与发出的命令：收缩（英语是contract），相关联起来，你就会看到，受试人只要自己说这个命令，只要自己默念这个命令，甚至只要在头脑里想到这个命令，他的瞳孔就会收缩。

---

① 参见朱尔·H·马瑟门（Massermann）的《语言、行为及动力精神病学》，载于《国际心理学杂志》1944年第1及第2号，1~8页。（原注）

而这是一个人们称之为自动体系的反应，因为一般来说这个反应是不受意愿影响的。如果作者的话是可信的话，赫琴先生就这样"在一组受试人身上创造出了对这个观念—象征（idea-symbol）'contract'的相关的根本性的反应的非常个体化的模式。通过这些个别的经验，这个反应可以引向一个似乎是遥远的根源上，这个根源事实上是属于生理基础的，在这个例子中，也就是防御过强光线而对视网膜的保护"。作者的结论说，"对于心理和体格的研究以及语言学研究，这样的经验的意义是不需要再强调的了。"

至于我们，我们倒很想知道经过这样训练的人是不是会对以下词组中的这个同样的字眼作出反应：marriage contract（婚约），bridge-contract（合约式桥牌），breach of contract（违反合同），或者对逐步缩短的音节作出反应：contract, contrac, contra, contr……严格的科学方法要求有个对比实验，这个实验可由法国读者在牙缝间喃喃念出这个字来进行。除了朱尔·H·马瑟门先生射向这个问题的强光以外，法国读者可能没受到其他什么条件训练。这样，我们要问问马瑟门先生，在受训过的人那里观察到的结果是不是在他看来还是那样的不需要进一步分析？因为，或者这些结果不再出现，这表明它们并不取决于语义的条件；或者它们继续出现，这将提出语义的界限的问题。

换句话说，这些结果显示了在这个字的作用中的能指和所指的区别，而在 idea-symbol 这个术语中，这个区别让作者漫不经心地抹煞了。我们不需要再询问受训者对 don't contract 的反应或对 contract 这个动词的所有变位形式的反应如何，我们只要向作者指出，将一种语言中某个成份定性为属于语言的，是在于对于使用这种语言的所有人来说这个成份表现为由同类成份构成的一个整体中的一个这样的成份。

这就是说，语言中的这个成分的个别效用是与这个整体的存在相关联，是早在这个成份与主体的某个经验的可能的联系之前就有的。只考虑这种联系而不顾及上述的关联,这就是否定了这个成份中的语言的功能。

回想起这些原则可能会使我们的作者不去非常幼稚地发现在现实关系中他儿时语法的范畴的字面上的对应。

这种蔚为大观的幼稚说法在这些领域里是属于相当常见的,如果不是因为这是一个精神分析学家的说法,本来是不值得我们如此费心的。这个人且还在他的说法里恰好容纳了精神分析学的某个流派的所有与弗洛伊德经验最相对立的成果。这个流派以**自我**理论为名义或以对自卫的分析技术为名义。这从反面证明了一个概念的健全与它的长寿之间的一致关系。因为弗洛伊德发现的正是人与象征体制的关系对人的本质的效用的园地,以及将它们的意义追溯到存在的象征化的最根本的动因中去。漠视这一点意味着忘却弗洛伊德的发现并使经验破产。

我们以为(我们这个说法并不是与我们的看法的严肃内容无关的),据我们的作者说弗洛伊德是因为羞怯而将为分析者准备的椅子置于病人的沙发之后,在这个椅子上,如果坐着的是上面提到的浣熊的话,也要比坐着对语言和言谈持如此意见的学者更好些。

因为,至少借了雅克·普雷韦尔①的光("一块石头,两所房子,三个废墟,四位挖沟人,一个花园,许多鲜花,一头浣熊"),浣熊已永久地进入了诗意的动物群,并以此在本质上参加到了象征的突出功能中去了。但是,那个老是漠视这个功能的长得和我们相像的人将自己永久地排除在这个功能能导致产生的东西之外。如果他的言谈在与我们维护的言语的技术相接触中显得不是很有成果,除了产生一些不能生产的怪物以外,那么给予这个与我们相似者在自然分类中的何种位置的问题就显得是一个无关宏旨的人

---

① 雅克·普雷韦尔(Prévert,1900—1977),法国诗人。(译者注)

道主义问题了。必须知道,既然他以不怕人家说他搞拟人说为荣,那么,我们将最后才用这个词来说他以他自身来作为万物的尺度。

让我们回到我们的象征对象上来。如果说它失去了它用途的分量,它自身质地还是相当结实的,它的无可估量的意义导致了一些分量的迁移,这是不是就是法律和语言了?可能还不是。

因为,即使在海燕群体中有某个头领,它当着别的海燕的张开的嘴吞下了那条象征的鱼,从而开创了海燕剥削海燕(我们有一天很有兴致地发展了这个妄觉),这也并不足以在海燕中再造那个奇异的历史,我们的这个历史的长翅膀的史诗使我们留恋在企鹅之岛上①。要建立一个"海燕化"的世界还需要一些别的东西才可。

这个"别的东西"完成了象征从而使其成为语言。要使从实用解放出来的象征物成为从现时和现地(*hic et nunc*)解放出来的词语,区别不在其声响的质地,而在于它的飘逸的存在,在这个存在中象征获致了概念的永恒性。

词语是以远隐组成的现显。以词语为中介,远隐可在一个初始时刻得到名称。弗洛伊德的天才是在儿童的游戏中找到了这个初始时刻的永久的再生。中国的占卜的卦所用的划在沙上的连线及断线也足以构成这对现显和远隐的伙伴。从这个对子产生了意义的世界而事物的世界则来排列于其中。

词语只有作为虚无的痕迹才能成立,其承载体于是不再会颓坏;依助词语,概念将消逝者留住而育化出事物。

说概念即是事物本身,这还不够。任何儿童都能驳斥学校的教诲而证明这一点,是词语的世界创造出了事物的世界。事物开始是混杂在将成的总体的现时和现地(*hic et nunc*)中,词语赋予它们的本质以其具体的存在,并将它无处不在的位置给予恒久者:万

---

① 指法国作家法朗士(France)的作品《企鹅岛》。(译者注)

世的财富($\kappa\tilde{\tau}\eta\mu\alpha\ \dot{\varepsilon}\varsigma\ \dot{\alpha}\varepsilon\acute{\iota}$)①。

这样,人能言谈,但那是象征使他成为人。事实上,如果厚礼能使异乡人认识于人,组成社团的人的群体的生活则是由联姻的规则决定的,这些规则限定了妇女的交换;并还由联姻规定的互相的馈赠而决定。正如西隆加的谚语说的,一个亲戚就是大象的一条腿。有一个优先的次序管制着联姻,以亲属名称表现的这个次序的规律对于人群来说就像语言一样,其形式是不可违逆的,而其结构则是无意识的。这个结构的和谐及其禁忌规定了人种学家所发现的普遍的或局限的交换。理论家们惊讶地在这个结构中看到了组合的整个逻辑,因此,数字的规律,也就是说,最纯粹的象征的规律,显然是蕴涵在原初的象征之中。至少,是人们所谓亲属关系的基本结构在其中展开的那些形式的丰富性使得数字的规律能在原初象征中为人所解。这使人有理由以为,只是由于我们对这些规律的恒长性无所意识,所以我们才相信在这个联姻的所谓复杂结构中我们有选择的自由,我们其实是生活在这些结构的统制之下的。如果说统计数字已表现这个选择的自由不是随便行使的,这是因为有一个主观的逻辑在引导着它的后果。

正是在这里,我们所认识的以其意义覆盖了我们整个经验的俄狄浦斯情结可以说是在这一点上划出了我们的学术规定的主观性的界限。也就是说,主体所知晓的他对联姻的复杂结构的运动的无意识的参与,为此他检验了在向乱伦逐步发展的运动中他的个别存在的作用。自从有了一个普遍的社团以来,这个运动就一直表显出来。

根本法律就是这样的一个法律,它在规范联姻时将受制于交媾法则的自然的统治置于文化的统治之下。乱伦的禁忌只是其主

---

① 这是古希腊历史学家修昔底德(Thucydides)的话。他说,"我撰写的历史是要成为万世的财富而不是迎合人们一时的兴趣"。(译者注)

观的枢纽,现代的趋势将禁绝于主体选择的对象减至母亲和姐妹,对这以外的对象也没有完全开放。

这条法律已被人熟知为是与语言的命令等同的。因为如果没有亲属关系的名称的话,任何权力都无法建立优先和禁忌的秩序。一代又一代的,这个秩序构织起了系属的脉络。在圣经和其他传统法规中,混淆世代都是秽恶的语言和罪人的秽行而备受诅咒的。

事实上我们知道,当因周围人的逼迫而陷于谎言时,家系的窜改会导致何等的祸害。主体甚至会与其个性分离。这种祸害在以下情况下同样的深重:一个男人在有了个儿子以后再去娶他老婆的母亲为妻,他原先的儿子就会有个弟弟,这个弟弟同时又是他母亲的弟弟。如果接下去(这个例子不是捏造出来的),他被一对同情他的夫妇所收养,而这对夫妇的一方是他父亲的以前一次婚姻中所生的女儿,于是他是他新的母亲的同父异母的弟弟。我们可以设想他是以什么样的复杂心情来期待新生儿的诞生。在这个重复出现的情景中,新出生的孩子将既是他的弟弟又是他的侄子。

同样,一个在第二次婚姻中出生的晚生儿子会有一个与他哥哥年龄相仿的年青母亲,在这样的世代之间的年龄错舛也会产生相似上述情况的后果。我们知道弗洛伊德就处于这样的情形。

通过象征确认的功能原始人以为自己是同名先辈的再生,而现代人身上这种功能则会引起一种性格的交替再现。在遭受父系关系错乱的人身上,这种功能则会产生俄狄浦斯的离异。这即是致病作用的经常性源头。父亲的功能,虽然只由一个个人来代表,也集中了许多想象的和实际的关系,这些关系对于构成父亲功能的象征关系来说,或多或少的都是不足的。

我们必须将**父名**视为这个象征功能的承载。从远古开始,这个功能就将父亲本身与法律等同。这个概念在分析病例时可使我们清楚地将这个功能的无意识作用与主体持有的与他自己体现的个人形象和行动的自恋的甚至实际的关系分辨开来。由此而产生一种理解方式,这种方式将影响治疗的过程。实践向我们证明了,也向我们的学生证明了,这个方法是富有效益的。在指导分析时以及在交流中我们经常有机会指出漠视这个方法所产生的有害的混乱。

这样,靠着语词的力量大债务的运动才得以持久。拉伯雷①在一个著名的隐喻中将大债务的经济一直推广到星际。我们并不惊奇地看到,在那个章节中通过亲属名谓的滑稽倒换,他预示了后世人种志学家的发现。也是在这一章中,他向我们显示他大体猜出了我们试图在此揭示的人的奥秘。

等同于神圣的**哈乌**或无处不在的玛纳的不可违逆的债务保证了在妻子和财产卷入的行旅中万无一失的循环会将别的妻子和财产带回到起点上来。这些别的妻子及财产都拥有相同的实体:列维-斯特劳斯②所说的零形象征。他将言语的力量归结于一个代数的符号。

象征符号以一个如此周全的网络包围了人的一生,在那些"以骨肉"生育出他的人来到这个世上之前,象征符号早就结合成一体了;在他出生时,它们给他带来星座的秉赋,或者仙女的礼物,或者命运的概略;它们给出话来使他忠诚或叛逆;它们给出行动的法则让他遵循以至他还未到达的将来,以至他的死后;依照象征符号他的终结在最后的审判中获得意义,在那儿语词宽宥或惩治他的存在,除非他达到了为死的存在的主观实现。

当在宇宙宏构的碎裂中混入了语言的混乱并加之以自相矛盾的命令时,如果在语言的循环使之集中于他一身的干扰和跳动中欲望不能保存他的部分的话,那么生活着的人就会在奴役和伟业中灭亡。

---

① 拉伯雷(Rabelais,1494—1553),法国作家。(译者注)
② 列维-斯特劳斯(Lévi-Strauss,1908—2009),法国人类学家。(译者注)

但是这个欲望,为了能在人身上得到满足,需要在符号中或在想象中,通过言语的吻合或通过争名望的斗争,来得到承认。

精神分析的成败就在于要使在主体中出现那一点现实。就象征的冲突和想象的羁留而言,欲望维系着这一点现实以作为谐和它们的手段。

至此就可以看到问题就是主体中的言语和语言的关系。

在我们的领域里,表现出了这些关系的三个悖论。

在不论何种本质的疯狂中,一方面我们必须看到不再要求被认识的言语的负性自由,也就是我们所说的转移的障碍;在另一方面,我们必须看到一种诡妄的特别构成,这种诡妄——编造的,幻觉的,宇宙性的——解释的,要求的,或理想主义的——在一种非辩证的语言中将主体客观化①。

言语的消失表现在言谈的陈词老调中,在这种陈词老调中,主体不是在说话而是被说了:我们可在其中看到以僵硬形式出现的无意识的象征符号。这些形式以及在我们的故事书中出现的装扮好的形式都是在象征符号的自然历史中有它们的位置的。但是如果说主体将这些象征认作是已有的那就错了:在治疗的尝试中主体被引导着去认识它们时遇到的阻力并不比在神经官能症中小。

顺便要指出,我们得在社会领域里确定出文化指定给主体的位置,特别是指派给他的与语言有关的社会服务,因为很可能在这里表现出一个使主体受断裂的作用影响的因素,这种断裂是由象征的不和谐而产生的,而这种不和谐则是文明的复杂结构的特性。

第二种情形表现在精神分析的发现的中心范围,就是说,各种不同的神经官能症的组织构造中的症状,禁忌,以及焦虑。

---

① 利希腾贝格(Lichtenberg)的警句:"一个自以为是王子的疯子与一个事实上的王子没有什么不同。前者是个负性的王子,后者是个正性的王子,除去他们的正负性号,他们是同类的。"(原注)

在这儿言语已从组织起意识的具体言谈中被逐出。但是言语或者是在主体的自然功能中得到支持（只要机体的刺激能在主体中引发出他个体的存在对其本质的开放，这使疾病成为活体向主体的存在的导引①），或者是在那些形象中得到支持，这些形象在外在世界（Umwelt）和内在世界（Innenwelt）的边缘上安排起它们的关系性组织。

这儿的症状是在主体的意识中被压抑的一个所指的能指。

这个写在肉体的沙盘上的和写在玛依婀②的面纱上的象征符号有语言的特征，因为它有语义的歧异。我们在它的构成中已指出了这一点。

但是，这是个职能齐全的言语，因为在它的数字的秘密中包容了他人的话语。

正是在解读这个言语时，弗洛伊德发现了仍然生活在人类文明的痛苦（Das Unbehagen in der Kultur）之中的象征符号③的最早语言。

歇斯底里的象形符，恐惧症的纹章，强迫性神经官能症（Zwangsneurose）的迷径，——性无能的魅力，禁忌的哑谜，焦虑的神喻——性格的表白纹章④，自我惩罚的印记，变态的伪装，这些就是我们的注释者破译的晦涩信号，就是我们的祈求所解决的莫可两义，就是我们的辩证法所消弭的人为制作。对被禁锢的意义的解放从揭示隐没了的文本开始再进行到奥秘给出的话再到言语的逊谢。

---

① 如要立刻得到对黑格尔的这句话的主观肯定，这只须看看在最近的瘟疫中一只站在路上的瞎眼兔子。它将它空虚的视力对着落日看着。这个兔子的人性一直达到了悲剧性的高度。（原注）
② 玛依婀（Maia），古罗马神话中的女神，她与朱庇特生下了信使神墨丘利。（译者注）
③ 在上下文中可以看出我给这个词下的定义。（原注）
④ 赖希的错误导致他将纹章误以为是盔甲。我们还将重提此事。（原注）

语言到言语的关系的第三个悖论是主体的悖论,他在话语的客观化中失去了他的意义。虽然这个定义显得非常的思辨性,我们不会不一眼就看出我们的经验在此中的存在。因为这就是主体在科学文明中的最深刻的异化。当主体开始对我们讲他自己时,我们最早遇到的也是这个异化。而且,为了彻底解决这个异化,分析必须竭尽其全部智慧。

在日常话语中我们可以找到最好的材料来提供一个典型的说明。维庸①时代的"是为吾"被倒转而成为现代人的"这是我"②。

我们在别处已指出,现代人的自我是在纯洁灵魂的辩证绝路上取得其形式的。这个灵魂在它谴责的世界的紊乱中看不到其存在的理由了。

但是对于主体来说要解决这个他的话语在那儿胡吒的绝路还是有一条出路的。对他来说可以在科学的共同工作中和科学在普遍文明中要求的用途中有效地建立起交流。在科学构成的这个宏大的客观化过程中交流能够成为有效的。科学也使他忘记他的主观性。在他的日常工作中他有效地参与在这个共同工作中,并以一个兴盛的文化的娱乐来充填他的空闲时间。从侦探小说到历史回忆录,从教育讲座到集体关系修正术,这个文化足以使他忘记自己的存在和自己的死亡,同时,在一种虚假的交流中误识他的生活的个别意义。

如果主体没有在一场常常一直回到镜子阶段的退化中重新碰到一个阶段的界限,在那儿他的**自我**具有他想象的种种勋绩,那么他在这个形势里陷入的轻信盲从就没有可确定的边界了。因此我们的责任就特别的重大,如果我们所做的是通过我们学术神秘的变动而给他带来进一步异化的机会,譬如说在分解的三位一体即

---

① 维庸(Villon,1431—1463),法国诗人。(译者注)
② 维庸时代的句式中"我"为主格,而现代句式中的"我"为宾格。(译者注)

**自我**,**超我和原始本能**之中。

在这儿,这是语言的一堵墙隔住了言语。现代文化的"正常"人常常议论的防备空话的措施只是加厚了这堵墙。

这墙的厚度可以通过上述的文化在它的范围内的甲、乙、丙区域里按居民人数生产的书刊的公斤数,唱片纹道的公里数和广播的小时数的统计数字来测定。这样的测定可能是会有用的。对于我们的文化组织,这将是个不错的研究对象。人们将会看到,语言的问题并不完全局限于在那个它的应用反映在个人身上的回旋的区域里。

> 我们内中空空,
> 我们塞得臌胀,
> 大家靠在一起,
> 头脑里全是稻草。哎呀![1]

等等。

只要上面所述的形式是真实的,也就是说主体不是在说话而是被说话,那么上面讲的语言和言语的情形与疯狂的异化之间的相似处就显然来自于精神分析法对于真话的要求。这个后果将我们目前讨论的悖论推到了极致。如果这个后果可以转而用来质疑精神分析学的健全性,我们承认这个质疑的切题性,可这是为了肯定我们本身。我们的这个辩证的转折是有权威撑腰的。首先有黑格尔对"颅相学"的抨击。其次我们只提一下帕斯卡尔的警告。

---

[1] 原文是英文如下:
We are the hollow men
We are the stuffed men
Leaning together
Headpiece filled with straw. Alas! (译者注)

在"自我"的历史时期的开创时候，他说："人们不能不疯狂，不疯狂只是疯狂的别一种形式。"

这并不是说，我们的文化是在创造性的主观性之外的黑暗中前进，相反，在更新象征符号的人的交流中，主观性从来就没有停止过努力更新象征符号的常有的力量。

指出维持了这种创造的那几个人，那将是混淆了不同的事物而让步于浪漫的观点。事实是，不管在哪一个领域里：数学，政治，宗教，甚至广告，只要有这个主观性，它就继续推动了人类整个的运动。一种同样的虚假的看法或许会使我们强调这个相反的特征：它的象征性质从来没有如此的明显。革命的一个讥讽就是，革命在进行中产生的是绝对的权力。这并不是如人们所说的因为权力是无名的，而是因为它归结为指称它的词语了。另一方面，教会的力量更加地存在于它们保持的语言中。这个权威，我们得说，弗洛伊德留在他文章的暗处了。在那篇文章里，他给我们描述了我们称之为教会和军队的集体主观性的情况。

在指导现代的主观性中精神分析学起了它的作用。精神分析学只有将这个主观性与在科学中揭示它的那个运动相协调才有望继续起这个作用。

这就是基础的问题。我们的学术在科学中的位置要靠这基础来保证。这问题就是形式化的问题。事实上它进行得很糟糕。

情况似乎是这样的，精神分析学又被医学思想的一个怪癖攫住了，而正是针对这个怪癖精神分析学才建立起来的。现在我们努力追上科学的潮流，与医学一样，我们相对科学的发展来说已落后了半个世纪了。

按照虚假的或模拟的实验方法的原则将我们的经验进行抽象的客观化，这就是我们看到的偏见的结果。如果我们要想把我们的园地按它真正的结构来垦殖的话，我们就必须清除掉这些偏见。

作为象征功能的实践者，我们居然会避而不去深入探索它，这实在令人吃惊。我们甚至没有认识到正是这个功能使我们处于这个运动的中心,这个运动开创了科学的一个新秩序,并且重建了人类学。

这个新的秩序其实只是意味着回到一个真正的科学的概念上去。这个科学的概念早已在从柏拉图的《泰阿泰德篇》开始的传统里得到了肯定的地位。但是我们知道,在实证主义的逆转中,这个概念已经衰败了。实证主义将人文科学置于实验科学大厦之巅,然而在事实上却使之从属于实验科学。实证主义的观念来自于对科学史的一个错误的认识,它是建立在经验的一个专门发展的声望之上的。

但是现在假设科学已重新发现了历来的科学的概念了,这就促使我们以那些最睿智的人所指出的方向来重新安排我们得之于19世纪的科学的分类。

只要了解一下各学科的实际发展就可以明了这一点。

语言学在这里可以作为我们的示范。因为它起了带领当代人类学科前进的作用。我们不能对此视若无睹。

**音素**是由可从语义来把握的最小的区别成分组成的对立组的功能。音素的发现是体现在数学化的形式中的,这指引我们触及到最根本的基础。在这个基础上,弗洛伊德的最后的学说通过现显和远隐的语音蕴涵而指出了象征功能的主观根源。

并且,将所有的语言都归结于这有限数量的音素对立,并开始了对最高层的语素的同样严密的形式化,这就提供给了我们从事我们研究的一定的途径。

为了得到我们的益处,我们得自己调整好自己。就好像在一条平行的道路上人类学已经做的那样。人类学按照神话素的同时结构来释读神话。

引人注目的是,列维-斯特劳斯提出了语言结构与管辖联姻和亲属关系的那部分社会法律之间的关联,从而阐明了弗洛伊德认为与无意识有关的那个领域①。

至此,我们不能不把一个新的科学分类按一个关于象征的普遍理论来进行。在这个分类中,人文科学作为主观性的科学重新据有中心的位置。让我们陈述它的原则,当然以后还可以加以发挥。

象征功能表现为主体的双重运动:人为他的行动定个目标,然而只是为了在适当的时候给予他的行动以一个基础的位置。在这个时候运行的两可中存在着一个功能的进化,在这个功能中行动和知识交递前行②。

下面的两个例子,一个是从学校里得来,一个是从我们时代最尖锐的问题中借来。

——第一个是数学的例子。第一步,人将他数过的两批东西客观化为两个基数字。第二步,运用这两个数字他完成了相加的行动。(比较康德在先验美学导论中引用的例子,《纯粹理性批判》第二版第四章。)

——第二个是历史的例子。第一步,在我们社会里从事生产劳动的人自认是属于无产阶级。第二步,以这个属性为名义,人们举行总罢工。

对于我们来说,如果说这两个例子取自于实际生活中相差最大的两个领域:第一个是永远可由数学法则来定夺的游戏,第二个是资本主义剥削的铁的脸面③,那是因为,虽然它们仿佛来得很远,它们的结果构成了我们的生计,而这正是由于它们在一个双重倒转中相遇:最有主观性的科学锻造出一个新的现实,而社会分工的暗角由一个鼓动性的象征而武装了起来。

---

① 参见列维-斯特劳斯的《语言和社会法律的分析》,载于《美国人类学家》第33卷第2期,1951年4—6月号,第150—163页。(原注)

② 以上四个段落是1966年重写的。(原注)

③ 这儿"铁的脸面"隐指法国政治理论家拉萨尔(Lassalle)的"铁的工资法则"的说法。(译者注)

在这儿,人们在精密科学和不能不称之为假设性的科学之间划出的对立就不能再被接受了。因为这种对立的基础没有了①。

因为精密是有区别于真实的,而假设并不排斥严密。如果实验科学从数学那儿获致其精密性,它们与自然的关系并不因此而没有了问题。

如果我们与自然的联系确实导致我们诗意地考虑我们在我们的科学中看到的运动是不是就是自然本身的运动,这是以——

> ……这个声音
> 当它响起时它自己认出
> 这不再是任何人的声音
> 就像浪涛和树林的声音一样②

那么很清楚,我们的物理学只是我们头脑的产物,数学符号是它的工具。

因为实验科学并不是那么由它所处理的数量来界定的,它更是由它引入的现实的尺度来界定的。

在对于科学来说必不可少的时间的测量中,这一点可以看得很清楚。只有惠更斯③的钟可以给出精确的时间,而惠更斯的钟只是实现伽利略关于物体的等值引力也就是说关于因恒等而成为一切下落的规律的均衡加速的假说的器具。

但有趣的是,这个器具在假说被观察证实之前就制成了。由此,这钟使观察无用而同时又成为观察的严密的工具④。

---

① 以上两个段落是 1966 年重写的。(原注)
② 引自法国诗人瓦莱里(Valérie)的诗《女神卜》。(译者注)
③ 惠更斯(Huyghens,1629—1695),荷兰物理学家,数学家及天文学家。(译者注)
④ 有关伽利略的假说和惠更斯的钟,参见亚历山大·柯瓦雷(Koyré)的《测量的实验》,载于《美国哲学学会论文集》第 97 集,1953 年 4 月。以上最后两段是 1966 年重写过的。(原注)

但是数学可以用来象征另外一种时间,特别是构作人的行动的主体间时间,有关人的行动的博弈理论已经开始提出一些规律。这个理论现在还被叫作战略,但是其实最好是命名为随机理论。

这几个段落的作者想要在一种辩论的逻辑中揭示时间的原动力。通过这种动力,协调于他人行动的人的行动在迟疑的节律中找到肯定的曙光;并且,在结束行动的决定中,人的行动给予已包容在内的他人的行动以未来的意义,并加以对过去的奖罚。

我们显示了,主体在**理解的时间**里预见了肯定,在加快**决定的时刻**的匆忙中,这个预见的肯定规定了他人的决断。这个决断使主体的活动成为真理或谬误。

从这个例子里我们可以看出,启发出布尔逻辑以及集合论的数学形式化能给人类行为的科学带来这个主体间时间的结构;精神分析的假设需要这个结构以达到其严密性。

另一方面,如果说史家技巧的历史表明这技巧的进步本质是历史学家的主观性与构成将事件人文化的原初历史化的主观性同一的理想,那么很显然,精神分析学在这儿找到了它确实的能力,这就是说在认识方面实现这个理想,以及在功效方面找到它的理性。历史的这个例子把纠缠着我们的技术及我们的理论的对经历过的反应的求助像幻影一样的驱散了。因为我们保持的事件的基本历史性足以使我们设想在现在主观地重建过去的可能性。

再有,这个例子使我们看到精神分析的退行是怎样牵涉着主体历史的前行的度向。弗洛伊德向我们指出在荣格[①]的关于神经官能症退行的概念中缺少了上述的这个度向。我们懂得了经验本身如何更新了这个前行,保证了它的接替。

参照于语言学给我们带来了一个方法,这个方法区分了语言的同时结构和历时结构,这使我们能更好地理解在解释抗拒和解

---

[①] 荣格(Jung,1875—1961),瑞士精神病学家和心理学家。(译者注)

释转移时我们的语言所取的不同的值,也能使我们区分压抑特有的作用以及固念神经官能症的个人神话的结构。

我们知道弗洛伊德曾经列出一张学科名单,这些学科应是一个理想的精神分析学院的附属科学。在这张名单上,列在精神病学和性科学之后的有"文明史,神话学,宗教心理学,历史和文学批评"。

决定技术教育**课程**的这些内容的总和一般来说是处在我们描述过的认识论的三角范围里,这个认识论三角给予分析理论和技术的高级教学以它的方法。

至于我们,我们愿意在这名单中加上:修辞学,根据亚里士多德的《论题篇》而来的技术意义上的辩证法,语法,以及语言美学的尖端:诗学,诗学中包含了被冷落的警句的技术。

如果有人觉得这些科目听起来很陈旧,我们却乐意接受它们而由此来回归到源头。

因为与发现和研究象征相关联的精神分析学的最初发展演变成带有中世纪称为"自由艺术"的那些学科的结构的特征。精神分析学与这些"艺术"一样缺乏真正的形式化,它也同样地组织成一些特选问题的总和。每个问题都是由强调人与其尺度的某个关系而形成。从这个个案性而产生了一种魅力,一种人性,在我们看来这就抵偿了它的表达方式中有点娱乐性的面貌。不要蔑视精神分析学最初发展中的这个面貌,它表达的正是在科学主义的酷烈时代的人的感官的娱乐。

我们确实没有理由来蔑视这些最初的发展,因为精神分析学没有为了提高层次而去从事与它的辩证结构相逆的错误的理论化。

它只是通过以适宜的方式对它的经验的根本方面进行形式化而来给它的理论和技术提供科学的基础。这些基本方面是:象征的历史理论,主体间的逻辑,以及主体的时间性。

## 3. 解释的反响和在精神分析技术中的主体的时间

在男人和爱情之间，
有女人。
在男人和女人之间，
有一个世界。
在男人和世界之间
有一堵墙。

安东纳·端答勒《公元二千年的巴黎》

因为我亲眼看见库姆女巫吊在瓶里，只要人家问她："哦，女巫，你想要什么？"她就回答："我想死。"

佩特罗尼乌斯《萨蒂利孔》

将精神分析的经验引回到作为它的基础的言语和语言上去，这就关联到它的技术。如果精神分析还没有变得不可言传，我们至少看到了一个倾向，这个倾向总是单方向的使解释越来越远离它的原则。由此，我们可以怀疑实践的这种偏离正道招来了新的目标，而理论也对这些新的目标开放。

更仔细的观察可使人看到，解释象征的问题先是使我们的小世界惊慌，随后变得令人难堪。弗洛伊德的成功显然是通过无所顾忌的灌输教条而取得的，这在现在看来很有点令人吃惊。细细地陈述朵拉，鼠人，狼人等案例对我们来说也有点过分。确实，我们中间的机灵人不放过这机会来怀疑这是不是一个好的技术。

事实上，在精神分析运动中，这种反感是与语言的混乱有关的。关于这一点，在最近的一次随便的谈话中，我们目前的等级体制中最有代表性的一位人物对我们说得很明白。

值得注意的是,由于每个人都自以为能在我们的经验中发现一个完全客观化的条件,并且这些理论试验越显得不现实,赞同这些试验的热情就越高,这样语言的混乱就逐渐在增大。

毫无疑问,分析抗拒的原则尽管是有道理的,在实践中却成了对主体的越来越大的误识的契机,这是因为没有将抗拒从它与言语的主体间性的关系上来理解。

确实,如果我们从头到尾地读一遍详细地讲述了鼠人病例的七次最早的治疗过程,我们就会看到弗洛伊德不大可能没有注意到抗拒产生的地方,我们现代的技术专家教导说弗洛伊德在这些地方错过了机遇,可是正是弗洛伊德的著述使得他们能够指出这些地方。这再次表明了弗洛伊德的著作论述这个题目的彻底性,这使我们敬佩不已。然而对他著作的任何阐述都还没能穷尽它的潜蕴。

我们的意思是,弗洛伊德不仅让自己鼓励主体去克服其最初的迟疑,他而且完全知道这样做在想象领域的诱惑作用。要明白这一点,只要去读一下弗洛伊德关于他的病人的表情的描写。他的病人在痛苦地讲述成为他的固念的内容的折磨,就是说老鼠被塞入他的肛门。"他的脸",弗洛伊德告诉我们,"表现了一种对莫名的快感的恐惧"。重复这个叙述的实际作用也没逃脱他的注意。他同样看到了病人将精神分析者认同于把这个故事强加入他的记忆的"残酷的船长"。他也认识到理论说明的作用,病人要有这种说明的保证才肯继续他的叙述。

然而,令人吃惊的是弗洛伊德非但没有去解释抗拒,他接受了病人的要求,甚至像是参与到病人的游戏里去了。

但是,他给予病人的解释的那种非常含糊,在我们看来甚至粗鄙的性质足以给我们以启示:这儿涉及到的不是他的学说,也不是学说灌输。这儿发生的是在他也置身其中的想象性参与的情形中的有默契的言语的象征礼物。这种参与的重要性以后显示在主体在其思想中建立的老鼠和他用以酬报分析者的钱币之间的象征等值关系上。

我们因此知道，弗洛伊德不仅没有漠视抗拒，他将这个抗拒作为引发言语的反响的手段。他尽可能地遵从他所给予抗拒的最早定义，利用抗拒来使主体牵涉到他的信息中去。况且他会突然转变话题，只要他看到了控制好的抗拒转而将对话维持在一种谈话的水平。在这种谈话中主体以躲避来延长他的诱惑。

但我们知道，分析就是要发挥在言语以不同层次的语言组成的总谱的多层音域上。症状的过度确定就是取决于这的。过度确定也只有在这个范围里才有意义。

这样我们就明了了弗洛伊德的成功的来源。为了使分析的信息切合主体的深刻质问，必须要使主体觉得这个信息是他独有的。弗洛伊德的病人有幸从宣导者的口中听到佳音，这就满足了他们的这个要求。

顺便请注意，在这儿主体如果翻阅一下刚出版的《日常生活中的心理病理学》，他就会有所预知。

这并不是说现在这本书就更加广为人知了，在分析家们中间也不是如此。但是，如果我们还是以弗洛伊德向鼠人说话的那种风格来谈，那么，弗洛伊德概念的普及至人们的普通意识以及这些概念的进入我们所说的语言的墙隔都会大大减弱我们的言论的作用。

但是问题不是对弗洛伊德的模仿。为了重新获得弗洛伊德的言论的作用，我们要求助的不是他的用语，而是规范他的言论的原则。

这原则不是别的正是从苏格拉底到黑格尔所实现的自我意识的辩证法。从凡是合理的都是存在的这个有讥讽意味的设定开始，然后迅速发展到凡是存在的都是合理的这个科学判断。但是弗洛伊德的发现表明只有当主体偏离了自我的意识时这个验证的过程才真正触及主体。而黑格尔对精神现象学的重建是将辩证法保持在自我意识的轴心上的。这使对"领悟"的追寻更加不能成立。除了其心理现象，领悟并不存在于特定时刻的当口，只有特定时刻才赋予普遍性以实体，不然的话，普遍性就消逝在泛泛之中。

这些看法划定了一些界限，在这些界限之内我们的技术就不可能漠视构作黑格尔现象学的时刻。首先是主人和奴隶的辩证法，或高贵灵魂的辩证法和心的法则的辩证法，以及一般来说使我们懂得客体的组成是如何从属于主体实现的一切。

黑格尔要求个性和共性之间的本质上的同一，这显示了他的天才，如果说这一要求像是个预言，那是因为精神分析学给它带来了完整的发展，提出了这个结构，在这个结构中同一性作为脱离于主体之外的，也不要求于未来的实现了。

我们只需说，对于我们来说这就反对了任何对个人中的整体性的提法，因为主体在个人身上引进了分裂，在集体中也引进了分裂，而集体与个人是同值的。精神分析学将两者都送回到了它们的幻影的位置上去。

这似乎是不会再被忘记了，如果恰恰不是精神分析学的教益本身是会被忘记的话。通过一个比人们想象的更合法的回转，精神分析学家自己来向我们肯定那是会被忘记的。他们的"新潮流"就代表了这种遗忘。

如果黑格尔另一方面又很恰当地给予我们所说的分析的中立性以一个有别于惊呆了的意义，这并不是说我们就没有什么可向苏格拉底的思想助产术的灵活性或者柏拉图向我们显示的技术的有趣过程学习了，即使这只是为了在苏格拉底和他的欲望中感受到精神分析的整个的哑谜，或者为了相对柏拉图的观察法而确定我们与真理的关系。我们这样做时必须尊重从柏拉图认为产生每个思想所必需的回忆到在克尔恺郭尔的重复中得到完善的存在的穷尽之间的距离①。

但是,在苏格拉底的对话者和我们的对话者之间有一个值得确定的历史差异。当苏格拉底依仗于他从奴隶的言谈中也可以获得的初浅的理性时,这是为了使真正的主人获致秩序的必然性。这个必然性证实了他们的力量,证实了城邦的基本词语的真理。但是我们要对付的是自以为是主人的奴隶。他们在普遍应用的语言中找到了他们的奴性的支撑以及歧义的联系。这样,我们甚至可以谐趣地说,我们的目的就是要使他们重新获得亨伯蒂·邓伯蒂②所表现的主权自由。亨伯蒂·邓伯蒂提醒爱丽丝,即使他不是所指的主人,在这所指中他的存在有了其形式,但他无论如何也是能指的主人。

我们总是回到我们对言语和对语言的双重引证上去。为了解放主体的言语,我们将他引入他欲望的语言中去。也就是说引入原初语言中去。在这个语言中,除了他告诉我们有关他的事,他还不知不觉地和我们谈,首先是以他的症状的象征来和我们谈。

事实上,在分析中揭示的象征活动中,涉及的确是语言。与我们在利希腾贝格的一句警句中看到的游戏意愿相应,这个语言有在所有语言中都能看到的普遍性特征;同时,作为一个在欲望通过被辨认而入文化的关口抓住欲望的语言,它又绝对是只属于主体的。

**原初语言**并不意味着原始语言,因为弗洛伊德完全是从我们同代人的梦中释读出这个语言。因为这个完全的发现,我们可将弗洛伊德比之与高博良③。并且,这中心范围是最早加入这个工

---

① 有机会时我们发展了这些提示(1966)。这四个段落是重写的。(原注)
② 亨伯蒂·邓伯蒂(Humpty Dumpty)为英国作家路易斯·卡罗尔(Lewis Carroll)的小说《爱丽丝梦游奇境记》中人物。(译者注)
③ 商博良(Champollion, 1790—1832),法国埃及学家,他破译了古埃及文字。(译者注)

作的先行者之一权威地界定的,他是给这个领域带来新意的极少数人中的一个。他名叫恩斯特·琼斯①,是大师授予七重戒指的人中幸存至今的最后一人。他据有一个国际协会的荣誉位置,这表明这些荣誉位置并不只是保留给圣物持有者们的。

在关于象征的一篇重要文章中②,琼斯博士在第 15 页左右指出,尽管存在着分析意义上的几千种象征,所有这些象征都关联到自身的躯体,亲属关系,诞生,生命,以及死亡等。

在这儿得到承认的这个真理使我们懂得,尽管从精神分析上来说这些象征都被压抑到了无意识中,象征本身并不显得有什么退化或不成熟。要使象征对主体产生作用,只需感知到象征就足够了。因为这些作用是在不知不觉中产生的。在我们的日常生活中我们知道这一点。对于正常的或患官能症的主体的各种反应,我们是以他们对一个行动,一个关系或一个物件的象征意义的回应来解释的。

因此,分析者无疑可以利用象征的力量,在他的言谈的语义涵味中有意地提到象征。

这将是以一种更新了的解释的技术来回到对象征功能的使用。

在这儿我们可以提一下印度传统所教导的**特赫伐尼**③,它在言语中辨认出其不言而意的功能。它是以一个小故事来说明这一点的,和别的例子一样,这个小故事显得很幼稚,然而它富有幽默,引导我们去发现它包含的真理。

故事说,有一个姑娘在河边等她的情人。当她看见一个婆罗

---

① 恩斯特·琼斯(Ernest Jones,1879—1958),英国精神分析学家。(译者注)
② 《论象征理论》,载于《英国心理学杂志》第 9 期。(原注)
③ 这是阿勃希那伐古泊(Abhinavagupta)在 10 世纪的说教。参见康蒂·香特拉·邦台(Kanti Chandra Pandey)博士的著作《印度美学》,查卡帕梵文丛书,第二卷,贝那瑞,1930 年。(原注)

门向她走来,她跑了过去,以最热情的语调喊道:"今天的运气多好啊!往常在这岸边吠得你心惊胆战的那条狗不在了。它刚被在这周围游荡的狮子吃掉了……"

狮子的不在场能与狮子的猛袭有一样的作用。如果狮子在场,它只能冲一次,弗洛伊德喜爱的谚语是这样说的。

事实上,象征的原初性使它们很像那些构成其他所有数字的数。如果它们是蕴涵在语言的所有意义之中的,那么,通过对它们的相互影响的细细研究,追溯隐喻的构成(隐喻中象征的转移消解了它联结的词的第二义),我们这样就能探索出言语全部的提示价值。

无论是教还是学,这个技术需要对一种语言潜能的深刻掌握,特别是具体实现在诗文中的那些潜能。我们知道,对于德国文学弗洛伊德就做到了这一点,靠了无与伦比的译文,在德国文学中还要加上莎士比亚的戏剧。弗洛伊德的全部著作都证明了这一点,同时也显示了在其技术和其发现中对文学的不断的依靠。此外,他还具有对古典作家的良好知识,具有民间传说的现代知识,并且还积极参与了在人类学领域里当代人文主义的征服。

我们可以要求分析的技术专家们不要把在这条路上追随弗洛伊德的企图看作是无用的。

但是,这样是要逆流而行。这可以从人们对措词(wording)的屈就态度中看出。人们像是将它看作新玩意,它的英语词形给了这个还难以定义的观念以微妙的支撑,以致人们对它不予重视。

当一个作者[①]惊异于获得一种不同的成功时,这个观念掩盖的事实并不太令人振奋。这个作者在解释同一个抗拒时"不加思索地"使用了"对爱的需要(need for love)"这个说法,而没有用他

---

① 恩斯特·克利斯(Ernst Kris)的《自我心理学和解释》,载于《精神分析季刊》,第 20 卷第 1 号,1951 年 1 月,15—29 页。(原注)

以前未加深究地(他自己这样指出)提出的"对爱的要求(demand for love)"。如果说这个轶事证实了分析是与作为论文题目的**自我心理学**有关,那不如说这是与分析者的**自我心理学**有关,因为这个分析胡乱运用如此拙劣的英语,分析者几乎可以语无伦次地做他的工作①。

因为,对于主体来说,need 和 demand 有着截然相反的含义。哪怕是在一忽儿的工夫里混淆这两个词都是对言语的**意味**的完全错识。

因为,在其象征功能中,言语的结果就是以言语建立的说话者的联系来改变听话的主体,也就是说,引入能指的作用。

这就是为什么我们要再次回到语言的交际的结构,要彻底消除对语言符号的误解。在这个领域里,这个误解是话语混乱的根源和言语谬误的原因。

如果语言的交际是被看作一种信号,发信号者依靠某种编码通过信号来告诉收信号者什么事情,那么我们就没有理由在涉及到个人时不信用任何其他符号:我们事实上有理由更加重视接近自然符号的一切表达方式。

这样在我们中间言语的技术就遭到冷遇。人们看见我们在寻找某个手势,某个苦脸,某个姿态,某个行动,某个颤抖,某个习惯动作的停止,等等。因为我们很精明,什么也阻止不了我们追逐出猎物。

我们将要说明语言符号的观念的不足,我们要用动物界的一个最明显地表明了这个不足的例子来说明。这个例子如果不是最近被发现出来,看来也必须为这个目的而创造出来。

人人知道,侦察食源后回来的蜜蜂是以两种舞蹈来向它的同伴说明一个近或远的食源的存在。第二种舞蹈特别有意思,因为

---

① 这一段是 1966 年重写的。(原注)

蜜蜂所作的称为摇摆舞(wagging dance)的8字形圆弧的平面以及它在一定时间里所绕圈数的频率精确地表示了相对太阳角度的(依靠蜜蜂对偏振光的敏感性,它们在任何时候都可以判定这角度)一定的方向以及可远达几公里的食源所在的距离。其他的蜜蜂以立即飞往指明的地点来回应这个信息。

卡尔·冯·弗里希通过10多年的耐心观察才破译了这种信息的模式,这里涉及到的确实是一种编码或一种信号体系。只是因其遗传的性质而不能被看成是约成的。

但它是不是一种语言?我们可以说,因为它的符号与其指向的现实之间的不变关联,它与语言是不同的。因为在语言中,符号的意义来自于语义的词汇分割,所处位置,以及词素变位中的相互关系。这与这儿的编码中的固定性是完全不同的。由此可以看出人类语言的多样性的全部价值。

另外,如果说上面描述的那种模式的信息决定了同伴(socius)的行动,后者从不再次发出这个信息,这意味着这种信息是局限于传递动作的功能,没有任何主体将信息作为交际的象征而从动作中分解出来①。

语言所得以表达的形式以其本身决定了主观性。它说:"你来这儿,当你看到这个时,你从这儿走"。这就是说,它在他人的话语中参证自己。在言语的最高功能中语言也是如此包裹着的,因为言语使发言者赋予听话者以一种新的现实。例如,以一句"你是我的妻子",主体肯定了他是婚姻中的丈夫。

这就是最根本的形式,所有人类言语都是由这个形式而来,而

---

① 这是写给那些还能理解这意思的人看的。他们在里泰(Littré)的辞典里寻找可以支持将言语看作"旁边的动作"的理论的根据。里泰确实是这样来译希腊词parabolê(但为何不译成"指向的动作"?)。但他们却没有同时注意到,这个词之所以有现在的意义,是因为在布道中 verbe 这个词自10世纪以来就被用来指体现了的逻各斯。(原注)

不是发展到这个形式。

这就产生了一个悖论,当我们开始表达我们关于作为辩证过程的分析的观点时,我们最敏锐的听众之一以为可以以此来反驳我们。他将这个悖论表达如下:人类语言构成这样一个交际过程,发话者从听话者那儿以逆反的形式得到他自己的信息。我们可以从反驳者的口中拿来这个表达式,从中可以认出我们的思想的痕迹。这就是:言语中总是主观地包含着它的回答;所谓"如果你没找到我,你就没有我"的说法是验证了这个真理;这就是为什么在偏执地拒绝承认时,难言之情是以反语的形式而出现在迫害的"解释"之中的。

再说,当你因碰到了一个和你说同样语言的人而兴高采烈时,你的意思并不是说你们是在所有人的言谈中相遇,而是说你们是由一种独特的言语相联。

这样我们可以看到语言和言语的关系中的内在对立。随着语言变得越来越功能性,它就变得越来越不适合于言语,而当它变得太独特时,它又失去了其语言的功能。

我们知道原始传统是怎样运用指称人或其神衹的秘名的,暴露这些秘名就是丧失自我或背叛神衹。我们的病人的诉说,或者我们自己的回忆都表明,儿童经常会自然而然地回到这种做法上去的。

最后,一种语言所具有的言语的价值是在其含有的"我们"的主体间性中测度出的。

在一种相反的对立中,我们观察到,语言的用途越是因接近信息而中性化,人们越是认为它充满**多余**。这个**多余**的概念来自于精确的研究中,因为这些研究是涉及实际利益的所以就精确。起因是有关长途通信的经济问题,特别是在一条电话线上通过几个对话的可能性问题。人们判定,为了使实际的交流成功,语音介质的很大一部分是多余的。

这对于我们是非常有教益的①,因为对于信息来说是多余的东西,恰恰就是在言语中起弦外之意的作用的东西。

因为在这儿语言的功用并非是传以信息而是予以提示。

我在言语中寻找的是别人的回答。使我成为主体的,是我的问题。为了使我为他人所认可,我是着眼于将至者而讲出已逝者。为了得到他,我用一个名字来叫他,为了回答我,他必须接受或拒绝这个名字。

我在语言中认同了自己,但这只是作为客体丧失在语言中后才做得到。在我的历史中所实现的,并不是已逝者的绝对过去态,因为这已不存在了,亦非我现在有过的完成态,而是对于我已要成为的来说将可能是的先将来态。

如果现在我面对他人来询问他,你所能想象的最复杂的控制机也无法将其回答做成反应。将回答定义为刺激—回答这个过程的第二项只不过是个隐喻。这个隐喻由假定动物有主观性而成立。然后又在物理模式中排除去这个主观性,这其实就是我们所说的先将兔子放在帽子中,然后又从中让它出来。但是一个反应不是一个回答。

如果我按一下电钮,于是灯亮了,在这里只是对**我的**欲望来说有一个回答。如果为了得到同样的结果我必须试验一下我还不知其状况的整个传输系统,那么只是对我的期待来说有一个问题。当我熟知这个系统并操纵自如时,就不再存在什么问题了。

但是,当我以我给予的不管什么样的名字来呼叫听我话的人

---

① 每种语言都有其传输形式。这样的研究是否合理是以其成功来决定的,所以我们可以用以来说明一个道理。比如说,考虑一下我们放在本文的前言之上的题铭。因为充满多余成分,它的风格显得平庸。但是,如果你除去这些多余成分,它的大胆就可以获得其应有的热情欢迎,听一听:"Parfaupe ouclaspa nannanbryle anaphi ologi psysoscline ixispad anlana-égnia kune n'rbiol'ô blijouter têtumaine ennouconç…"。这样纯粹的信息终于提炼了出来,意义在那儿抬起了头,存在在这儿显出了身影,我们胜利的智慧给未来留下了永恒的痕迹。(原注)

时,我向他提示主观的功能,即使他回绝,他也担负起了这个功能。

此时就出现了我自己的回答的决定性功能。这个功能并不如人们所说的那样仅仅是让主体接受为对他的言谈的赞同或反驳,实际上是一个承认或取消他作为主体的地位的功能。这就是每当分析者插话时他所负有的**责任**。

而且爱德华·格罗弗先生在一篇出色的文章①中提出的不正确解释的治疗效果的问题引导他作出正确性是次要的这样的结论。必须知道,所有的话语疗法都不只是以其结构而被主体接受,它还以其形式而起了构造的功能。恰恰是非分析的心理疗法,甚至普通医学"处方"的治疗能力可以被称为是建议的固念系统,是恐惧的歇斯底里建议,甚至是迫害的支撑。每种疗法都具有赞同主体对其自己的现实的错识的性质。

言语事实上是语言的赐予。语言不是非物质的。尽管微妙,它还是个实体。词语是在攫住主体的躯体形象中被理解的。它能充实歇斯底里,认同于男根羡慕(penis-neid)的对象,代表尿道向往的尿液流或者珍惜快感的滞留住的排泄物。

再说,词自身也会遭受象征的损害和完成以病人为主体的想象的行为。我们记得狼人将胡蜂(Wespe)一词的起首字母 W 阉去而构成其缩写 S. P.,这时他正从胡蜂格罗莎那儿得到象征的惩罚。

我们也记得构成晦涩的格言的残余的 S。在弗洛伊德从鼠人的数字中提出他的心上人的名字的字谜后,鼠人将他的祈愿都浓缩在这个格言中。与他的宣泄的最终的阿们一起,这个格言永远地以他的无能的欲望的象征的喷射来淹没那位女士的名字。

---

① 爱德华·格罗弗(Edward Glover)的《不正确解释的治疗效果:对建议理论的一个贡献》,载于《国际精神分析学刊》第 12 期,第 4 页。(原注)

同样，受亚伯拉罕的创始言论的启发，罗伯特·弗里斯的一篇文章①向我们表明，随着由分析关系临时决定的躯体形象中的情欲生成的转移，整个话语也能变成情欲化的对象。

这时，话语就起了阴茎—尿道，情欲—肛道，甚至施虐—口腔的功能。特别值得称道的是作者阐明了沉默的效用。沉默标示了主体感受到的对满足的禁绝。

这样，言语能在主体中变成一个想象的，或甚至实在的物体，由此而在多个方面噬没语言的功能。此时，我们就将它归于它所表现的抗拒之中而另行处理。

但是，这样做并不是为了将它列为危险的分析关系，倘若这样，它将失于其存在的理由。

分析的目标只能是真正的言语的产生和主体在和未来的关系中理解自己的历史。

坚持这个辩证法是与分析的任何客观化的取向相对立的。强调其必要性对于看清分析中呈现出的新的倾向的谬误是非常重要的。

我们在这儿还是通过回顾弗洛伊德来说明我们的观点。既然我们已开始利用鼠人这个病例，我们就继续看对鼠人的观察。

为了达到主体的真理，弗洛伊德甚至随心所欲地处理事实的精确性。在有个时候，弗洛伊德觉察到，主体的母亲向他提出的婚姻的建议在他目前的神经官能症的起源上起了决定性作用。我们在我们的研讨班上也指出过，弗洛伊德有这个领悟，这是与他自己的经验有关的。但是，他毫不迟疑地向主体解释其效果，说是他已故父亲禁止他与他想往中的女士结合。

但是，这不仅在事实上是不确切的，在心理上也是不准确的。

---

① 罗伯特·弗里斯（Fliess）的《沉默和讲述，对'分析规则'理论的一个补充》，载于《国际精神分析学刊》第 30 期，第 1 页。（原注）

因为弗洛伊德在这儿反复强调的父亲的阉割行动在这个病例中只起到了次要的作用。但是,这对辩证关系的观察是非常准确的。因此弗洛伊德在那个时候所作的解释立即导致了折磨人的象征的消解。这些象征将主体自恋地一边联结在他已故的父亲上一边联结在那个理想化的女士上。在一个固念者特有的同值关系中,这两个形象互相维系,一个是延续了这个关系的幻觉的侵凌性形象,一个是将其变为偶像的屈辱的崇拜的形象。

同样的,通过承认固念的债务①的强制的主观化,弗洛伊德达到了他的目的。在一个过于完善地表达了其想象的内容以致主体甚至不尝试去实现他的无效重建的脚本中,病人对付着这债务的压力以至于达到谵狂。弗洛伊德的目的就是要使病人在他父亲的不检点的历史中,在他父母亲的婚姻历史中,在那个"贫穷但漂亮"的姑娘的历史中,在他的失意的爱情历史中,在助人的朋友的不愉快回忆中,以及在主宰他出世的那个命定的星座中重新发现那个无法填平的象征债务的巨大缺口,他的神经官能症就是对这个债务的拒认证书。

在这儿,一点也没有要去借助于一个什么原始"恐惧"的可耻的魔影的样子,也没有去求助于很容易操纵的受虐淫,更没有提到有些分析者以护卫的分析的名义宣扬的固念的反强制。我在别处已指明,抗拒本身被尽可能长时间地顺着话语的发展的方向在使用。而且是在向其让步时我们才予以结束的。

就这样,鼠人能够以一种想象中的女儿的转移形式在他的主观性中引入了真正的中介。他将这个女儿交给弗洛伊德以便从他那儿得到姻系。然后在一个关键的梦中她向他显露了真实的面貌;这就是以黑褐的眼睛看着他的死亡。

---

① 我们将这作为 Zwangsbefürchtung 一词的同义词。这个德文词必须分解开来,但同时又不能损害其德语的语义的蕴涵。(原注)

再者，如果在主体那儿顺从的诡计是以这个象征的条约而结束的，为了充实他的婚礼，现实并没有使他失望。在战争的凶险中，这个年青人走向了和"我们可以寄予如此高的期望的如此多的优秀青年一样的结局"。在1923年的一条作为向他献辞的注释中，弗洛伊德以一种命定的严谨态度结束了这个病例，将这个病例提高到了悲剧的美的高度。

为了懂得在分析中如何回答主体，办法是要首先知道他的**自我**的位置。弗洛伊德自己将这个**自我**定义为是由言辞核心构成的。也就是说要知道主体是由谁以及为谁而提出**他的问题**的。倘若你不知道，你就会误解需要辨认出的欲望也会错认这个欲望所指向的对象。

歇斯底里病人在一种精巧的谋划中攫取到这个对象。他的**自我**则在第三位上，而靠着这个第三位的中介主体享受到这个对象。他的问题就体现在这个对象上。固念患者将对象带入他的自恋的笼中。在这些对象上他的问题在致命的形象的重重借口中来回震荡。他在征服他们高超的折腾时向一个包厢致以含糊的敬意，他自己在这个包厢里有位置，这是个无法自视的主人的位置。

人皆受制于其燕乐（Trahit sua quemque voluptas）；一个人认同于演出，另一个排出了一场戏。

对于第一种主体，你必须让他看到他的行动在于何处。对于他，表演出（acting out）一词具有其字面上的意义，因为这行动是在他之外的。对于另一种主体，你必须让他在不出现在戏台上的看客中辨认出你。死亡的中介将他与看客联结起来。

为了非异化主体，总是要在主体的**自我**和话语的**我**的关系上来理解话语的意义。

但是，如果你拘泥于主体的**自我**就是当场对你说话者这样一个想法，那么你是无法达到这个目的的。

分析论题的用辞加重了这个错误。这些用辞对于客观化思想是太有吸引力了,使定义为感觉—意识体系的**自我**,也就是说定义为主体的客观化的体系的**自我**被偷换为作为一个绝对现实的对应物的**自我**,这样,在一个被压制的心理主义思想的奇怪回潮中,在**自我**中重找到"真实的功能"。皮埃尔·雅内是按照这个功能来组织他的概念的。

这样的偷换只有在没有理解弗洛伊德的基本概念的理论时才会发生。弗洛伊德的**自我**,**原始本能**以及**超我**都是从属于他同时阐明的元心理学的,没有这个元心理学,这些概念就失去了意义。这样我们就在从事一个成果不断的心理学矫正术。

米歇尔·巴林特富有洞察力地分析了在创造一个新的精神分析的观念中理论和实践的相互影响。为了描述最后结果,他从利克曼①那儿借了个词,说是产生了一个**双体心理学**。

事实上没有比这更好的说法了。分析成为两个躯体之间的关系,在这两者之间建立起了幻觉的交流,在这交流中分析者教会主体将自己作为客体来把握。主体性在那儿归入了假象的一边而得到接受。言语则是作为搜寻经历的指引,这种搜寻成了最高的目标。但是辩证必要的结果是显示在这样的事实里:因为分析者的主体性是没有任何制约的,他的主体性就使被分析的主体遭受他的言语的所有呼唤。

主体内的形态一旦固定,它就实现在在场的主体的分工中。弗洛伊德的关于所有**原始本能**都得变成**自我**的说法在改变了以后就以一种不神秘的形式出现。变成**此物**的主体必得符合一个**自我**,而分析者并不难看出这个**自我**的盟友,因为实际上这儿涉及到的是他自己的自我。

分析中的关于自我的分裂(splitting)的许多理论表达的就是这个过程。主体的**自我**的一半越过了分隔分析者及被分析者的

---

① 利克曼(Rickman,1776—1841),英国建筑师。(译者注)

墙。然后是一半的一半,继此更进,这个渐近的过程一直进行但从不能完全取消可让他从分析的谬误上返回的余地,不管在主体自己的意念上这个过程被推进得多远。

但是,根据所有的说法都是护卫的体系这样的原则而受到分析的主体怎样才能抵御这个原则造成的分析者的辩证法所处的无方向性呢?

弗洛伊德对朵拉的观察出色地表现了辩证的过程,他的解释并没有这些危险。因为,当分析者的偏见(就是说他的反转移,这个词的正确用法在我们看来不应推广到错误的辩证原因之外去)使他的治疗误入歧途时,他立即以一个负转移的代价来抵消。由于这样的分析已使主体进行了真正的辨认,这个负转移的力量就特别的巨大。通常,接下来就是破裂。

朵拉病例中发生的正是这个情况。弗洛伊德执着地要让她在 K 先生身上认出她隐藏的欲望的对象。组成他的反转移的偏见使他在这上面看到她的幸福的可能。

朵拉自己可能也在这个关系上受骗了,但她仍然怨恨弗洛伊德也受了骗。当她在十五天后(这儿包含了她的"理解的时间"的命定的数字)又回来看弗洛伊德,我们觉得她走上了装着骗过人的样子的道路。这个更深一层的假装与弗洛伊德正确地看出的但没有认出其真正动机的她的侵凌意愿的汇合向我们表现了一个主体间合谋的轮廓。为其权力所支撑的对抗拒的分析可能在他们之间延长这种合谋。毫无疑问,我们现在具有的技术进步所带来的手段可使人为错误延伸到可怕的限度之外。

这一切都不是我们的成果。因为弗洛伊德自己在事后看出了他的失败的偏见根源。这根源就是在当时他自己也没有看出癔病者的欲望所向的对象是处于一个同性恋的位置上的。

很可能,导致精神分析学目前的趋势的这个过程从一开始就来自于分析者因言语的奇迹而产生的不安心情。他解释象征,于是将象征作为主体的肉体的苦难证书的症状就消失了。对我们的习惯来说,这种魔术是不健康的。说到底我们是学者,魔术不是什么站得住脚的做法。人们将这归之于病人的奇异思想从而推脱掉自己的责任。很快,我们要按照列维-布留尔①的福音书来向病人传教了。我们还是重新成为思想者吧,这样就重新建立起与病人之间的正确的距离。我们过于迅速地放弃了这个传统。皮埃尔·雅内关于癔病者与我们的高水平相比的微薄能力的那些话很高贵地表达了这个传统。在讲到这个可怜的人时,他告诉我们,"她一点也不懂科学,也想象不出人们怎么会对科学感兴趣……当人们想到作为他们思想特点的无控制,人们就不仅不会对他们那些谎言吃惊,这些谎言并且还是很幼稚的,人们相反会惊异居然还有那么多诚实的人",等等。

因为这些话表达了现在的许多不屑于对病人讲"他的语言"的分析家的感觉,所以可以帮助我们理解从那时以来发生的事。因为,倘若弗洛伊德也赞同这种说法,他怎么会在他最早的病人的小轶事里看到真理呢?他甚至释读了斯瑞伯这样的卑微谵狂,而将其升高到永恒地束缚于其象征的人的高度。

我们的理性是不是如此地衰弱,以至于自以为不堪担当学术话语的中介和象征对象的最早交换,以致再也得不到其原初诡计的同等能力。

是不是要向那些实践者指出"思想"的尺度的价值,这些人从事的经验与其说是行动的同值物不如说是内心的色情。

为了懂得如果在此时他对你讲话,那是因为我们都有一个能使你听懂他的话的共同的言语的技术以及他是通过你而对听不懂他的话的人讲的这个道理,他并不需要向你表明他并不为此而需借助于思想。

---

① 列维-布留尔(Lévy-Bruhl,1857—1939),法国社会学家。(译者注)

或许我们要仔细倾听隐藏在话语的空缺中的不言之言,但是那些不言之言并不是要像墙后边的敲击声那样来听的。

因为为了不再像有些人炫耀的那样只注意那些杂音,我们必须承认,我们并没有什么有利的条件来释读其意义:如果不绞尽脑汁,如何能释出本不是语言的东西?这样我们又回到了主体,因为无论如何我们是要将理解归之于他的活动,我们将他也置于我们的赌注中,这赌注就是我们理解他,我们等待着在一个回复中我们大家都赢。由此,经过这样的来回往复,他很简单地学会了自己定节奏。这是一种建议的形式,和其他的形式一样,人们不知道是谁在给出记号。如果要深入,人人都知道这个过程是很有把握的①。

在不到这个极端的中途中,有这样一个问题:精神分析是不是一种辩证关系,而在这个关系中分析者的无为引导着主体的话语走向真理领悟? 或者说它是一种幻觉的关系,在这种关系中"两个深渊相挨近",但直到穷尽所有的想象的退化时都不互相接触,就好像是极尽心理考验的一种 bundling②?

事实上,这个促使我们去越过语言之墙寻求主体的真理的假象是与那个使主体以为真理已给予了我们,我们已事先知道了真理,因此使他对我们客观化的干预完全开放的假象是一模一样的。

或许,他并不要为这个主观的错误负责,不管在他的谈话中谈到了还是没有谈到这个错误,它是潜在于他进入了分析并签下了其主要的协定这样一个事实之中的。我们已在此找到了人们可称为转移的构成效果的原因,这些效用是与接替它们的构成了的效

---

① 这两个段落是 1966 年重写的。(原注)
② 人们以这个名词来指称来源于凯尔特人而至今仍流行在美国的一些宗教教派中的一个习俗。根据这个习俗,未婚夫妻,甚至过路客人和主人的女儿可以同睡一床,但他们不得脱去衣服。这个词的原义是在于那个年青姑娘一般是裹在重重床单之中的(昆西讲过这个风俗,参见小渥伦关于阿米希教派中的这个习俗的著作)。这样,特里斯坦与伊索尔德的神话以及他们所代表的情结肯定了分析者通过耗尽其本能的幻象而追求奉献于神秘婚礼的灵魂的努力。(原注)

果由于现实的指示而有所区别的①。这样我们就更没有理由忽视这个时刻的主观性。

要记住,弗洛伊德在谈及人们归之于转移的情感时坚持要在其中分辨出一个现实的因素来。他的结论是,如果想要使主体相信在任何情况下这些情感都不过是神经官能症的简单的转移的重复,那么这是在糊弄主体。如果是这样的话,那么因为这些情感表现为是初始的,而我们自身的魅力总是一个随机的因素,这儿看来就有了一个谜。

但是,如果将这个谜置于主体的现象域来观察,而主体又是构成于其对真理的寻找,那么就可解开这个谜了。这只是要求助于历史的成果,佛教提供了这些成果(他们并且是唯一这样做的人),以便使人可在这个转移的形式中看到生存的错误。佛教徒们指出了三种:爱、恨和无知。在人们原先称之为正转移的活动中,我们将这些成果的同等物理解为分析行动的反效果,在这个存在的方面,每一种都能为其他两种所阐明,即使第三种常常因其与主体的接近而被遗忘而不为人接受。

这里,我们提一下那阵痛骂,那人以这痛骂来让我们见证某项工作(我们早已引证了不少次这项工作)在分析中对本能活动的过分客观化所表现出来的缺乏约束。这人与我们一样的使用**现实的**这个词,可看出他是受益于我们的工作的。他是以这样的话来"一吐为快"的:"现在必须制止这样的欺诈了,这种欺诈试图让人相信在治疗中发生了某些现实的事。"我们且不去谈以后的事,因为,非常可惜,分析非但没有治好圣经所说的狗的口疾,它的状况现在是更糟了,它在吞食别人的呕吐物。

这个玩笑并不是无的放矢的,因为它是要作出精神分析中从

---

① 这就规定了我们在下文称之为转移的承载的东西,特别是主体应知的事。(原注)

未有过的那些基本层次的分析,我们以以下的名词来定下了这些层次的基础:象征的,想象的和现实的。

在分析的经验中现实常常是隐藏在相反的形式后面的,但是要确定现实并不太困难。

比如说,它常常出现在我们习惯地以为是主动干预的行动中,但如果以此作为它的界限,那也将是个错误。

因为很清楚,从另一方面来看,分析者的自制,他的拒绝回答,也都是分析中的现实的一个成份。更准确地说,这个反面性因为没有任何特定的动机而是种纯粹的反面性,在这个反面性中存在着象征和现实的联结。我们可以这样来理解这一点:这个无为是建立在我们声言知道的凡是现实的都是合理的这个原则上的,同时也建立在随之产生的这样的想法上,即应由主体自己来寻回他自己的尺度。

然而,这个自制并不能无限期地维持下去;当主体的问题以真正的言语的形式出现时,我们以我们的回答来认可它。但是我们已经指出,真正的言语已经包含了其回答,我们只是以我们的句子来重复了他的下联。我们的意思只是说,我们所做的一切只是给予主体的言语以其辩证的标点。

由此,我们看到了象征和现实相联结的另一时机,我们在理论上也已指出了它,这就是时间的功能。有必要在此谈一下时间的技术效用。

时间通过不同的影响而在技术中起它的作用。

它首先出现在分析的整个长度上,包含了分析结束所具有的意义。对于结束的征候的问题来说,这是个先决的问题。我们将触及确定结束的问题,但眼下已很清楚,分析的长度在主体的预见中只能是未定的。

这有两个原因,我们只有在辩证的视野里才能看出:

——第一个原因与我们的领域的限制有关,并且是肯定了我们对这些限制的定义:我们不能为主体而预见他**理解的时间**有多长,因为它包含有一个我们无法掌握的心理因素。

——另一个原因在于主体。由于这个原因,确定一个结束就相当于在空间中的映射,在这个映射中他已异化于自己了。一旦预见了他的真理的到来,不管在主体间关系中会发生什么,真理已存在了。也就是说,我们重建了主体以为我们握有真理这个初始的幻象,我们以我们的权威来肯定了这个幻象,这样就将其分析导入歧途,后果是很难纠正的了。

在著名的狼人病例中发生的正是这样的情况。弗洛伊德充分理解这个病例的典型的重要性。在他关于已定的和未定的分析①的文章里他又重新强调了这个病例。

对结束的预定是弗洛伊德自己首先进行的(呵,可羞[proh pudor!])主动干预的最早形式。不管追随弗洛伊德榜样的分析者显示了多大的预言(以这词的本义)②的把握,这种预定总使主体与其真理异化。

在弗洛伊德的病例中可以找到两个事实来证实这一点。

首先,尽管有大量的证据表明原初场景的历史真实性,尽管他对此毫不怀疑,弗洛伊德的质疑也无法动摇他的信念,狼人总是不能在他的历史中记住这一场景。

其次,狼人以后以最完全的形式,偏执狂的形式,来表现出他的异化。

当然,这儿涉及到了另外一个因素,通过这个因素现实干预了

---

① 这才是弗洛伊德所用的两个术语的正确译法。老是出错的译者将它们译为"有结束的和无结束的分析"。(原注)

② 参见奥路-热勒(Aulu-Gell)的《雅典之夜》第二卷第四节,"在一场诉讼中,如要决定由谁来负责指控,如果有多个人要求负这个责任,这时法庭任命指控者的判断就称为预言。这个词来源于这样的事实:指控者与被控者是相联的两者,有其一必定有其二。但在上述这样的判断中只有被控者而尚无指控者,因此要通过预言来找出事件尚未给出的,找出还是未知的人,也就是说指控者"。(原注)

分析,这个因素就是钱的赠予。我们要在别的地方来分析这个因素的象征价值,但在我们已提到的言语和构成原始交换的赠予之间的联系中已可看出其影响了。而在这儿钱的赠予已由弗洛伊德的一个主动行动而被逆转,从这个主动行动以及从他坚持要反复谈这个病例的事实,我们可以看出这个病例留作悬念的在他那儿未解决的那些问题的主观化。没人怀疑这是造成神经错乱的一个因素,但是人们也说不出为什么。

人们不是不懂得,用精神分析学的教学的费用来抚养一个主体(狼人就是用集体的捐赠来支付其住宿的),为的是他作为病例而对科学的用途,这其实是将他完全地固定在对其真理的异化中了。

由露特·马克·勃鲁斯维克对病人进行的辅助分析的材料表明了前期分析的责任,显示了我们关于在精神分析的中介中言语和语言的各自地位的论述。

再者,正是在这个背景下我们才能理解露特·马克·勃鲁斯维克就转移而采取的微妙立场怎么会基本上是正确的(人们会记得在一个梦中出现过的我们的那个墙的隐喻,在关键的梦中的狼显得急于绕过这墙)。参加我们的研讨会的人都知道这一切,其他人也可以在这上面试一试①。

我们想要论及在技术中的时间功能的一个目前特别尖锐的方面。我们想谈谈每次治疗的时间长度。

显然这儿是一个属于现实的内容,因为它表示的是我们工作的时间。从这个角度来看,它是属于时行的职业规范的范围。

但是,它的主观影响却并不可低估。首先是对于分析者来说是这样。在最近的讨论中这个问题成了禁忌,这证明就这个问题精神分析家们的主观性还没有被解放。许多人,甚至大多数人小

---

① 这两个段落在 1966 年重写过。(原注)

心翼翼地甚至神经质地遵守一个标准的时间长度。而且没人注意到这个标准在不同时期和不同地方的变化。这一切都表明存在着一个问题,但是由于人们感到这个问题将使人深深地卷入对分析者的功能的质疑中,所以人们并不倾向于去解决这个问题。

另一方面,人们难以忽视这个问题对分析中的主体的重要性。以一种自知无理而愈加显得显豁的语调,人们声言,无意识需要时间来得到表露。我们同意这一点,但是我们要问,它的尺度是什么呢?是不是那个亚历山大·柯瓦雷称之为精确世界的尺度?我们可能是生活在这个世界里,但这个世界是新近产生的。我们可以将它追溯到惠更斯的钟的产生,也就是说是1659年那一年。但是,现代人的不安宁说明精确并不是一个解放的因素。这个重物下落的时间是不是因为对应了上帝在永恒中安置的星体的时间而变得神圣了呢?像利希腾贝格所说,上帝给日晷上发条。或许,如果我们比较一下创造一个象征物的时间和我们让这个象征物堕落的疏忽的时刻,我们或能得到一些更好的想法。

无论如何,如果在这段时间中我们的功能的作用还成问题,我们相信我们已经论述得很清楚在病人所实现的一切中工作的功能。由此,这段时间的现实,不管它是怎样的,现在带有了一种局部的价值,这就是接受这个工作的成果的价值。

我们起一个记录的作用,担负起在一切象征交流中都是最根本的功能,就是搜集真正的人多·加莫称为持久的言语的话[1]。

作为主体的真诚性的有责任的见证,作为他的话语的记录的受理人,作为他的准确性的坐标,作为他的正直的保证,作为他的嘱托的监督人,作为他的追加意愿的公证人,分析者具有书记官的性质。

---

[1] "多·加莫"以及"持久的言语"都引自于法国传教士兼人类学家列纳哈特(Leenhardt)关于新喀里多尼亚土著情况的著作《多·加莫》(*Do Kamo*)。(译者注)

但是,他仍是真理的主人,而话语则是这真理的进展。正像我们已经说过,分析者给予话语以辩证的标点。在这儿,他是被看作这个话语的价值的判定者。这带来了两个后果。

一次治疗的中断肯定会被主体感受为它的进展中的一个顿点。我们知道他是如何算计好这顿点的出现以便使之与他自己的拖延衔接,甚至与他自己的躲避相接,我们知道他是如何像掂量兵器一样地期待着中断,像搜寻藏身地一样地等待着中断。

不管是在圣经中还是在中国的经典中,这是象征性文本书写中的一个熟知的事实:无标点是歧义的根源。加以断句就定下了一个意义,改变断句就更新了或变换了意义,而错误的断句则等于窜改了意义。

草率地分割择时(timing)来打断主体的急行的时刻,会对话语导向的结论产生致命的有害,甚至会定下一个误会,或者给反驳的诡计以一个借口。

这种影响的结果给予新手们的印象特别的深。这使人觉得其他人只是在按部就班地照老办法干而已。

当然,我们以中立性来应用这条规则,这是保持了我们的无为的道路。

但,这个无为是有其限度的,不然的话就没有干预了:然而为什么在这一点上干预成为不可能了呢?这一点因此而与众不同。

这一点会在分析者那里具有固念的价值,这个危险正是在于它有助于主体的默合,这种默合不仅固念的主体会有,由于他的在工作的感觉而会在他身上达到特别的强度。我们知道这个强制劳动的调子。在这个主体身上这个调子一直伴随到他的休闲活动。

这层意思为他与主人的主观关系所支持,因为他等待的就是他的死。

固念的主体表现出来的是一个黑格尔在他的主人和奴隶的辩证关系中没有深入论述的态度。奴隶在死亡的危险前脱逃,而在一场为了声望的斗争中他有一个征服死亡的机会。然而,因为他知道他不是永生的,所以他也知道主人也不是永生的。于是,他同意为主人干活而且放弃工间的娱乐:因为不能确定主人在什么时候死,他就等待。

这就是怀疑和拖延的主体间关系的原因。这怀疑和拖延正是固念病人的性格的特征。

同时,他所有的工作都是在这个意图的名目下进行,并由此而变得双重的异化。因为不仅主体的制作被他人所窃,这还是所有工作的构成关系;而且主体也不能在作为他的工作的理由的制成物中辨认出他自己的本质,他自己"不在其中"。他已在主人死亡的那个预期的时刻,主人死后他才能活;但是,在等待主人的死时他将自己认同于死了的主人,由此,他自己已经死了。

然而,他努力地用在他的工作中表现出来的好心好意来欺骗主人。这就是精神分析法入门须知的忠实学生以他们的粗陋语言所说的**自我**努力诱惑它的**超我**。

这个主体内部的模式会立即失去其神秘色彩,如果我们是在一种分析的关系中来理解它的话。在这个关系中,主体的做到底(working through)是被用来诱惑分析者的。

一旦辩证的过程接近于质疑我们的主体的**自我**的意愿时,常常以恐惧或焦虑形式出现的分析者死亡的幻象就一定会发生,这决不是偶然的。

然后主体又开始精心地表现他的"好意"。

这时,怎么怀疑主人对于这样的工作的产品的蔑视的效果呢?主体的抗拒会由此而完全地被搅乱了。

到了这个时候,他原来是无意识的遁词开始为他所觉察了,人们看到他拼命地为这么多的努力找理由。

我们对此有这么多要说,这是因为在我们目前已结束的经验的某个时刻我们试验了人们称为短时间诊疗的方法,通过这个方法我们揭示了在男性主体心中的从肛门受孕的幻觉以及以剖腹产来解决的梦幻;如果不这样作,我们本来是会在拖延中继续听他对陀思妥耶夫斯基的艺术的评论。

再说,我们在此不是为了替这个方法辩护,我们只是为了指出在它的技术应用①中有一个辩证意义。

并不是只有我们才注意到了这一点,它与人们称之为**禅**的技术最终是相合的。在远东的一些学派的传统苦行中这种技术是作为主体觉悟的方法来应用的。

这个技术所达到的极端是与我们的技术所必有的限制不相容;但不至于这个极端,在分析中谨慎地应用它的原则在我们看来也比某些所谓对抗拒的分析的方式要更可接受,因为它本身没有主体异化的危险。

因为它是为了导出言语而拆散话语。

我们这样被逼到了墙下,被逼到了语言的墙下。这儿是我们的位置,也就是说我们和病人站在同一边。我们的墙也就是他的墙。在这墙上,我们试图回答他的言语的回响。

在这墙以外,我们看到的只有外在的暗昧,我们是不是就完全主宰了局势了呢?当然不是。在这一点上,弗洛伊德留给了我们关于负性治疗的反应的遗嘱。

据说,这个疑谜的关键在于一种原初受虐淫的动因,也就是说在那个死亡本能的纯粹的表现中。在其巅峰时期,弗洛伊德给我们指出了这个本能之谜。

对此,我们决不能轻视,也不能拖延着不去细察它。

我们注意到,有两类人联合起来拒绝完成我们的学说,一类人

---

① 不管是块奠基石还是块废料,我们在这一点上没有让步,这是我们的长处(1966)。(原注)

以**自我**的概念为中心来进行分析,我们已经驳斥了这个错误;另一类是像赖希①那样的人,他们在贯彻在语言之外寻找不可言喻的机体表达这条原则时走得如此之远,以至于为了探明机体表达他们会以两个蠕虫形的叠加来象征他们期待于分析的性欲高潮的诱导。在赖希的著作《性格的分析》中可以看到这个令人惊呆的模式。

当我们指出了联结死亡本能的观念和言语问题的深刻关系后,这种联合大概就能让我们积极地预测形成思想的严谨性。

只要稍微考虑一下就可看出,死亡本能这个概念颇有讥意,它的意义在于两个相反的词的结合上:在其最广泛的意义上,本能是制约了为完成一种生命功能的行为循环的法则,而死亡首先是以生命的破坏出现的。

然而,在生物学开创时比夏②给生命下了是抵御死亡的所有力量的总汇的定义,还有我们可以在凯能③的生理常数稳定性的观念上找到的最现代的关于生命的概念,即生命是一个体系维持其本身平衡的功能的概念。这两个概念都提示我们,在人们归之于生命的现象中,生命和死亡组成一个两极关系。

如果这只是一个生物学概念,那么,死亡本能这两个相反的词与重现现象(弗洛伊德将这些现象解释为自动性的定性)之间的谐和不应产生什么困难。

可大家知道这不是个生物学问题,因此我们中的许多人在这上面栽了跟头。许多人都停留在这些辞语的表面上的不谐和上,这可使我们注意到它表现出来的一种辩证的无辜,这种无辜或许会被语义学上的一个经典问题所扰乱,这个问题出现在一个定语

---

① 赖希(Reich,1897—1957),奥裔美籍精神分析学家。(译者注)
② 比夏(Bichat,1771—1802),法国解剖学家,生理学家。(译者注)
③ 凯能(Cannon,1871—1945),美国神经生理学家。(译者注)

词组中:恒河上的村庄。印度美学以此来说明语言的回响的第二个形式①。

确实,必须通过这个观念在我们称为弗洛伊德著作的诗学中的回响来理解这个观念。这是窥出其意义的首要途径,又是懂得从其著作的起始直到其巅峰的影响的一个基本方面。必须记住,比如说,弗洛伊德自己告诉我们他是在一次听公开朗读歌德的著名的《自然颂》时才决定从医的。这篇著作是一个朋友重新发现的,诗人在他的晚年认了他的笔在年青时的奔放的产儿。

在弗洛伊德生活的另一头,在他关于已定和未定的分析的文章中,我们可以看到在他的新的概念中对阿格里真托的恩培多克勒②的两个原则的引证。公元前五世纪时,在前苏格拉底时代中的对自然和思想的混同中,恩培多克勒将普遍生命的交替置于他的这两个原则的统辖之下。

这两个事实足以向我们表明这儿涉及的是个二元的神话,柏拉图对这个神话的宏扬也在《超越快乐原则》中被提及。这个神话只有被提高到现代人置身其中的判断的反面中才能在现代人的主体性中被理解。

这就是说,人们想要分解其成分而反倒不理解其内容的重复的自动机制所要达到的只是转移的经验的历史化的时间性。同样的,死亡本能主要表达的是主体的历史功能的限度。这个限度是死亡,但是并不是作为个体生命的最终结果的死亡,也不是作为主体肯定的经验的死亡。而是如海德格尔所说的那样,是"完全属于他的,无条件的,不可超越的,肯定的可能性,因此是不由主体来定的"。主体在这儿应是理解为是由其历史性所规定的。

事实上,这个限度在所完成的历史的每一时刻中都存在着。

---

① 这个形式称为"拉科沙那拉科沙那"。(原注)
② 恩培多克勒(Empédocle d'Agrigente,前490—前435),古希腊哲学家。(译者注)

它代表了实际形式的过去,也就是说,并不是其存在已被取消的物质的过去,也不是在记忆的产物中完善了的史诗的过去;也不是人们在其中得到未来的保证的历史性的过去,而是在重复中显得颠倒了的过去①。

这就是死者,他的主体性在三元组中造成了他的伙伴。他的中介在 Philia,"爱",和 Neikos,"不和",之间的普遍争斗中确立了这个三元组。

至此,为了理解重复游戏的原因,我们就不再需要依靠过时了的原初受虐淫的观念了。在这些重复游戏中主体性造成了对自己无告状态的控制以及象征的诞生。

以一种天才的直觉,弗洛伊德将那些遮掩游戏②指给我们看,为的是让我们认识到,欲望人文化的时刻也就是幼儿达到语言的时刻。

现在我们可以懂得,主体在这个时刻不仅通过承受欲望而掌握了欲望的失落,他并且在这时将他的欲望提高到第二种力量。因为,在物件的消失和出现的预见性**挑引**中,他的行动破坏了它使之出现和消失的对象。他的行动负化了力量的场域而成为了其本身的对象。这个对象立刻实现在简单发音的一对象征中,表明音素的两重性在主体中已有了历时的存在,而现有的语言则为其吸收提供了共时的结构,由此幼儿加入到了其环境中的具体话语的系统中去,马马虎虎地重复出他听到的语音,那儿(Fort)!,这儿(Da)!

Fort! Da! 正是在其孤独中幼儿的欲望成了别人的欲望,成了控制他的**另一自我**的欲望,其欲望的对象从此成了他的痛苦。

---

① "颠倒了的过去"是我们关于重复的最新说法(1966)。以前用的是不恰当的"永恒的回复"的说法。那时这是我们所能使用的最明确的说法。(原注)

② 遮掩游戏指的是幼儿将玩具扔开又拉回的游戏,这表明他开始主动地控制环境中物体的出现和消失。伴随着这种游戏,幼儿还发出一定的语音。(译者注)

即使幼儿现在转向一个想象的或真实的伙伴,他将看到他同样的服从于其话语的负面性,他的呼唤的功用在于使其伙伴消失;然后,他会在逐出的示意中找出让伙伴回到他的欲望的回归的召唤。

这样,象征首先是表现为物件的被扼杀,而这物件的死亡构成了主体中的欲望的永久化。

我们可以在其中看到人类遗迹的第一个象征是棺椁,在人来到他历史的生命的所有关系中都可以看到死亡的中介。

只有生命是持续的,是真正的,因为生命被传递下去而不迷失在主体与主体之间的长久的传统之中。我们不能不看到在怎样的高度生命超越了那个从动物那儿继承来的生命。在动物那儿个体消失在种类之中,因为任何纪念碑都无法将个体的短暂存在与另一个原模原样的再生个体的存在分辨开来。除了假设的门的变异外(一种主体性将融合这些变异,而人只能从外表来看待这种主体性),没有任何东西,除了与人相关连的经验,能将一个老鼠与另一个老鼠分辨开,或将一匹马与另一匹马分辨开。没有什么能作这样的分辨,除了从生到死的这个不恒定的过程。然而,恩培多克勒跳下了埃特纳①,在人类的记忆上永久地留下了这个存在为了死亡的象征行为。

人的自由都存在于一个三角关系之中,构成这三角的一是他以死亡的威胁迫使他人放弃自己的欲望而去享受奴役的果实,一是他为了那些给予人类生命以价值的理由而自愿的牺牲生命,一是被征服者的自杀性的舍弃,从而剥夺了主人的胜利,使他处于非人的孤独中。

在这些死亡的形式中,最后一种是种最高的迂回。通过这个迂回,欲望的直接的独特性重新征服了它不可言喻的形式,在否认

---

① 埃特纳,意大利的一座火山。(译者注)

中重新取得其最后的胜利。我们必须看到它的意义,因为我们要处理的就是这个形式。事实上它不是本能的变态,而是对生命的绝望的肯定,这是一种我们可以认出死亡本能的最纯粹的形式。

对于主体间的这种传环游戏主体说"不",在这种游戏中欲望在一瞬间显示出来然后又在他人的意愿中消失。主体耐心地从象征的情欲的绵羊般的聚集中抽出自己不稳定的生命,为的是在无言的诅咒中肯定它。

这样,当我们想要看到在言语的串联游戏之前,在早于象征诞生之前主体拥有的是什么时,我们发现的是死亡,从死亡中他的存在得到了其全部意义。实际上他是以死的欲望而自立于他人之前的。如果他认同于他人,这是将他固定于他根本形象的变换之中,而所有的存在都是被唤起在死亡的阴影之中。

如果说这死的意义表明了言语中的一个语言之外的中心,这并不只是一个隐喻,而是显示了一个结构。这个结构与圆形的空间不同,与人们喜欢用来模拟生物及其环境的球体也不同;它相当于一个关系组,象征逻辑是以圆环来表示它的空间关系的。

如果要给出一个直觉的表达,那么与其采用某个图形的表面还不如用一个雕像身躯的三维形状更合适,因为其边缘外形和其中心外形组成的是同一个区域①。

这个模式满足了辩证过程的无尽的循环性,当主体在直接欲望的至要歧义中或在承担他的为死亡的存在时他会理解他的孤独,这时这个辩证过程就产生了。

但,人们同时也看到,辩证过程并不是个人的,分析结束的问题也就是主体的满足实现在所有人的满足之中的时刻的问题,也就是说人的事业所联合起来的所有的人。在本世纪所有的事业中,精神分析学的事业可能是最高的了,因为它是作为忧虑的人和

---

① 这是我们五年来运用的拓扑学的前提(1966)。(原注)

绝对知识的主体之间的中介而开展的。这就是为什么精神分析要求主体长期的从不间断的苦行。

让无法使他的时代的主体性联结到他的地平线的人就此罢手吧。如果他对使他和许多生命都卷入到一个象征运动中去的辩证法一无所知，他怎么可能将他的存在作为这么多生命的轴心呢？他得了解他的时代引他去的不间断的巴比伦工程的螺塔，他得熟知他在语言的争议中他的翻译者的功能。至于巨塔所围绕的尘世（mundus）的昧暗，他得让神秘眼光来看出生命的将朽的蛇升上永恒的柱端。

如果有人指责我们的议论，说它将弗洛伊德的著作的意义从他或许希望具有的生物学的基础上移开而转而置于他的著作中富有的文化含义上去，我们只好一笑置之。我们既不打算向你们宣说代表前者的因素 b 的学说，也不打算宣说代表后者的因素 c 的学说，我们只想提醒你们语言结构的被忽视了的 a,b,c，以及让你们重新拼出言语中被遗忘的 b-a,ba。

因为，如果你不承认两者的领域及其功能，有什么妙法可以在由两者组成的技术中指导你呢？

精神分析的经验在人身上重新找到了言辞的不可违逆性，它是以自己的面貌来塑造了人。它运用语言的诗艺功能来给人的欲望以象征的中介。希望它能让你明白它的效果的全部现实是存在于语言的天赋之中①。因为所有的现实都是通过这个天赋而为人所得，人又以它的持续行动而维持现实。

如果说语言天赋所界定的领域足以包容你们的行动及你们的知识，那么它也足以让你们为之献身。因为它提供的是个不寻常的领域。

---

① 这里指的不是新手们常常缺乏的天赋，而是一种更经常是缺乏新手的天赋。（原注）

我们在《大森林奥义书》的第五部第一梵书中读到,当众天,人和阿修罗结束了向生主的学艺后,他们向他祈求,"请讲与我等听"。

雷神生天说,"*Da*,你们听到我了吗?"众天回答说,"你说了,*Damyata*,制服自己。"——圣典的意思是说上苍的力量还是受制于言语的法则。

雷神生天说,"*Da*,你们听到我了吗?"人回答说,"你说了,*Datta*,施予。"——圣典的意思是说人是由言语的施予而互相相识。

雷神生天说,"*Da*,你们听到我了吗?"阿修罗回答说,"你说了,*Dayadhvam*,发慈悲。"——圣典的意思是说下界的力量因言语的引动而激荡。

圣典继续说,在雷声中听到的神圣的话就是:驯顺,施予,慈悲,*Da*,*Da*,*Da*。

因为对所有人生天都回答:"你听到了我。"

# 典型疗法的变体*

　　这个题目与另外一个推动迄今尚未发表的典型疗法的论题的题目正成对应。这个题目是由1953年一个精神分析学家委员会负责的一个计划分配给我们的。我们的朋友亨利·埃伊为不同的流派所选中,他在《医学治疗百科全书》中按照他们的能力范围授予他们以普遍的责任。他自己也由精神病学中的治疗方法而在那里得到这个责任。

　　我们接受了这个份额,任务是对上述的疗法就其科学基础提出质疑。这样一个参考书的题目所给予我们的东西能够产生的就是这个唯一的科学基础的效果。那是隐含在一个偏向之中的。

　　那确实是个非常敏感的偏向:至少我们相信我们提出了这个偏离的问题,即使那可能是与创办者的意愿正相反。

　　是不是把这篇文章撤了下来以后就可以认为问题解决了呢?是上述那个委员会很快地以维持这样一部著作不过时的正常更新为由而撤下这篇文章的。

---

　　* 这是拉康为《医学治疗百科全书》写的条目,也发表在《精神病学》期刊上。后被编委从《百科全书》的1960年新版中撤下。

许多人把这看作是某种匆忙的表现,在这个情况下这种匆忙可以由某个多数派为我们的批评所定义的方法来解释。(这篇文章发表于1955年)。

## 一个两可的问题:把它查个明白

"典型疗法的变体",这是一个同义重复的题目,但并不简单①:它产生于一个矛盾,因此而很不平衡。这是不是它对医学知识的陈述的扭曲?或者说是问题内在的一种变形?

停下的一步成了进入问题的一步。停下来是要想起我们预感到公众的感觉:精神分析学不是一种寻常的治疗方法。因为**变体**这一栏目并不意味着按经验的标准或临床②的标准使疗法适合于病例的变体,亦不是指精神分析学得以有利于其他的那些变量,而是一种可以说是多疑的对方法及目的的纯粹性的担心。这个担心使人可以预见一种比这里指出的名目更好的素质的地位。

这里涉及的确是某种伦理上的严谨性。如果没有这种严谨性,那么即便是最富有精神分析学学识的疗法也只不过是种心理治疗。

这种严谨性要求一种我们以为是理论的形式化。但今天这种形式化只是与一个实用的形式相混淆:即要么能做要么不做。

这就是为什么从**治疗标准的理论**出发来辨清形势不是个坏办法。

---

① 在1966年我们要说我们认为这是卑劣的。我们嘴中说出来的东西使我们能更轻灵地重写我们的第一章。(原注)

② 除非是在结构中重提规定了我们的"诊所"的东西。那是在结构依然支持着的一个诞生时刻的意义上来作此规定的:维持这个结构的医生原先是压抑这个时刻的,他自己则因这个时刻而越来越成为迷失的孩童。参见米歇尔·福柯的《临床医学的诞生》,1964年法国大学出版社。(原注)

当然，精神分析学家对于运用统计学的基本要求的不经心只有在医学实际中有相似情况。但在医学中这种不经心是无害的，因为医学不太讲究像"有好转"，"很有好转"以至于"治愈"这样的简略评估的，医学学科教导医生要将急于下结论当作一个可疑的成份排除出去。

弗洛伊德提醒过要仔细对待他经验中这种态度的效果，治愈的狂热(furor sanandi)这个说法足以表明这种态度的危险，实际上他并不坚持要做出这个样子来。

他承认治愈是精神分析学疗法的一个额外的益处，但他是很警惕于过分渴望治愈的。并且是一直这样的警惕着，以至于每当为了治愈而有一个新的创造，他在心底里总有些不安，甚至以一个情不自禁的问题而在小组内部作出反应：这还是在精神分析学范围里吗？

在眼下这个问题里这个情形会显得是无关宏旨的。但是恰是要以一条线来划出它的影响范围。这条线在外面是几乎看不出的，却是一个圆圈的内在持有者，而这个圆圈并不因此而表现出有什么东西分隔开它。

不加讨论的真理有沉默的特权，精神分析学家在这个沉默中找到庇护，这使他们不受除了布局，普遍范畴理论和活力以外的标准的制约。而布局等标准他们又无法推行于外界。

即此，作为一门行业和作为一门科学的精神分析学只以具有一个治外法权的原则而出现。对于这个原则精神分析学家既无法放弃又无法不否认：这不得不使他依靠双重归属来使他的问题有效，也迫使他以无法确定的位置来保护自己。寓言中的蝙蝠就具有这种无法确定的位置。

对目前这个问题的一切讨论都是由一个误解而展开的。这个误解是在一个内在悖论的逆光中产生出来的。

这个悖论是所有的作者在讲到精神分析学的治疗标准时都涉

及到的,最有权威的作者也不例外。当人们求助于理论时这些标准就消失了。这是很严重的。理论是被看作给予疗法以其地位的。更严重的是,在这个时刻那些最常用的术语突然显得没有别的用处而只成了无能的标志或空虚的门面。

要知道这是怎么样的,只需去看一下在伦敦举行的最近一次国际精神分析学会大会上的论文就可以了。这些论文值得每篇都完整无缺地收入集中①。我们从其中一篇里摘出一段有分寸的评估(译文是我们自己的)。爱德华·格洛弗写道:"20年前②,我散发了一份调查表,为的是了解在这个国家(英国)里精神分析学家的实际技术做法和工作准则是怎样的。我得到了我们29位行业者中24位的完整回答。检查这些回答之后我看出在举出的63点上只有对6点有完全的同意。而这6点中只有一点可以被看作是根本性的,这就是分析转移的必要性。其他涉及到次要的问题,像接受礼物的不合适,在分析中避免使用技术术语,避免社会交往,拒绝回答问题,对先决条件的原则反对,以及很有趣的,支付失约了的诊治。"提及一个已是过去的调查表明了行业者的素质。这个调查针对的行业者只限于精英人物。提起这个调查是因为一个个人需要的迫切性,这个迫切性已成为公开的了。这个个人需要就是(这是文章的题目):确定"分析的治疗标准"。主要的障碍被指为存在于根本性的理论分歧之中,"我们不需要到远处去看就可以看到这样的分歧使精神分析学会分裂为二。极端的小组宣讲着互相抵触的观点。各个团体靠中间派而维持在一个令人不舒服的集团中。就像世上所有的折衷主义者一样,这些中间派赞颂折衷主义而利用了其缺乏独创性的特点。他们明的或暗的声言,原

---

① 见《国际精神分析学报》1954年第2号的全部内容。(原注)
② 上引《学报》第95页。这篇文章全文译出后载于作者最近的一部题为《精神分析学的技术》的集子中,法国大学出版社1958年出版。(原注)

则的分歧无关紧要,科学的真理只存在于妥协之中。尽管这些折衷派努力维持一个在科学和心理学大众面前的统一战线的外表,很明显,在一些最根本的方面,对立的团体所采用的技术之不同犹如白垩不同于奶酪①"。

这样,作者对于他在那里发言的全体大会有没有减少不同意见的可能不抱什么幻想,因为没有人抨击"那些装出来的并小心保持着的设想,即认为那些有能力参加的人都具有相同的观点,即使只是大体上相同;都运用着同一个技术语言;都遵循着同样的诊断方法和选择病例的方法;都实施着同样的技术流程,即使只是大致同样的。**所有这些看法都是经不起稍微认真一点的检查**②"。

在这个百科全书里列有最无争议的权威人士表达这样一个看法的文章和著作的书目长达10页,看来没有法子来求助于哲学家的常识以摸清分析疗法的变体问题。维持常规越来越成了团体的利益所在,就像在美国那样,在那里这个团体已成一股势力。

这样涉及到的与其说是个标准不如说是个地位。我们在上面称之为形式的东西格洛弗称之为"完善主义"。要懂得这一点只需看一下他是怎样说的:分析"在那里丧失了它的局限的分寸",这个理想把分析引向它的"无来由的无控制的"操作标准上去,甚至引到一种"没法检查的逃避任何有意义的讨论的**神秘主义**(原文为法文)③"。

这个神秘化——这实际上是个技术术语意指所有的使主体看不清其行动的效果来源的过程——令人吃惊,因为精神分析在一个相当广泛的舆论中被认为是充当了推断给它的角色。它历久而资深,享有好评。在人文科学的领域里,如果人们有此期待,那就

---

① 上引《学报》的第95页(原注)。
② 上引《学报》的第96页,重点是作者所加。(原注)
③ 上引《学报》1954年第2期第96页。(原注)

足以给出这个保证了。

由此产生的问题在像美国这样的国家里成了与公众有关的问题。在美国分析者的数量给他们的质量加以一个联结到集体上去的社会学因素的影响。

圈子里的人将技术与理论之间的一致性看作是必需的,但这并不更令人放心。

只有能在共时性上全面理解这些分歧才能够探到它们的不同的原因。

如果试着这样做一下,你就看到一个被动性,甚至主体惰性的广泛现象,这个现象的后果看来是随着运动的发展而在扩大。

至少那就是这个扩散所表示的内容;在概念的联结以及在它们的理解中我们都观察到这个扩散。

许多出色的工作努力要使这些概念重又严谨起来,并且显然是走的以它们的对立为论据的有力的道路,但是最终还是落到了纯虚构的合题上去,这些合题并不排斥对伪装的无动于衷。

我们由此而为创造的贫乏没有给基本概念造成更多的破坏而感到高兴。基本概念仍然都得之于弗洛伊德。这些概念能够抵御这么多要篡改它们的努力,这是一个显示了它们的坚实性的反证。

转移的概念即是如此,它经受了通俗理论甚至粗俗想法的考验而出现,这靠的是它的黑格尔式的坚固构成:当它将组成它的逻辑时间的所有歧义都加上去时,有什么其他概念能比它更能让分析事务表现出它的特性来呢?

这个时间的基础,就是弗洛伊德首创而我们修正的基础:回归还是纪念?别人就这个解决了的问题而滞留在事务上:它是真实的还是非真实的?拉加希[①]质疑于这个概念:重复的需要还是需

---

[①] "转移问题",《法国精神分析学刊》1952年16号,第1~2期。(原注)

要的重复？①

由此我们懂得这个实践者陷入其中的那个两难境地来自于水平的降低，通过这种降低他的思想就不出现在他的所作所为中了。从他的理论里抽出的这些矛盾使我们着迷，这些矛盾显然以某种扭曲的(ἀνάγχη)的语义学而强制着他的文笔。在这个语义学中我们可以从下面(ab inferiori)读出他的行动的辩证法。

这样一种外在的统一性就持续存在于分析经验的这些偏离之中。这些偏离围绕着它的轴心，其严格程度犹如一个弹头中散开的碎片在飞散时保持了围绕着它们构成的集束弹道的重心的理想轨迹。

我们指出这个误解妨碍了精神分析学的被承认的道路，这个误解的条件显得又为一个内在于其运动本身的一个误认所加重。

如果必须要重新回复到交呈于医学公众的条件上去，那么变体的问题就能得到预料之外的瞩目。

这个台基是很狭小的：它全都建立在一个以主体间性为基础的实践无法逃避其法则的这样一个事实之上的，这个实践想要得到承认就举出了这些法则的效果。

或许在这里会有闪光出现，这个闪光足以使人看到精神分析学借以扩展的那个隐蔽的治外法权显得是可以像对待一个肿瘤一样以外露法来处理。

但是，对于深植于一种误认之中的所有要求只有以明白直截了当的说法接受下来才是恰当的。

疗法的变体的问题在这里是以典型疗法的迷人姿态呈现出来的，这促使我们在这里只保留一个标准。这是医生所具有的引导其病人的唯一的标准，这个标准很少被讲出来，因为人们认为这是

---

① 在 1966 年所有听我们课的人都看到转移是知识时间的干涉。这篇文章虽然改写过了，但还是很忠实地按照我们当时说的话的。（原注）

个同义反复。这就是:精神分析法,不管是典型的还是不典型的,是人们期待精神分析家所做的疗法。

## 从精神分析家的道路到其持续:考察在其偏离之中

作为前一章的结尾的评论只有讥刺的证明。如果仔细地观察并且不放过插入语,我们看到它在教条地呈现在问题的明显的绝路上时是在重复这个证明,用的是一个先天的合成判断。从这个判断出发一种实际理由恐怕能重新到来。

因为,如果在其变体的问题上精神分析学的道路有了疑问,以至于它只能依靠一种典型,这样一种不牢靠的存在决定了要由一个人来维持它,并且那是要一个实在的人。

这样,在这条道路的歧义所加于实在的人的要求上我们将试着测知他所得到的观念,以及他从中得到的效果。如果他真的在这个歧义中继续他的工作,那是因为在大多数的人类实践中这种歧义都没能让人歇手。但是如果说在这个特定的实践中给予变体以限度的问题确有意义,那是因为在这里人们看不出这种歧义到何处为止。

至此,实在的人如将规定限度的心思托付给权威也没有什么要紧了。那些权威要么以回避来交账,要么安于错识它的严格性,避免碰上它的极限:在这两种情况里他将为他的行动所摆布而不是做出他的行动,但是他在那里施展了使他适应的才能而觉得更自在:他并没有觉察到当他在这里醉心于普遍实践的不良用心时他是将实践降低到了老套头的水平。机灵的人会传授这些老套头的秘诀,这些老套头已变得无可指摘了。因为它们是从属于同样的才能的,这些才能即使不在人世了,他们也保留发现的权利。

以这个代价,那些让自己不再太顾虑于自己的使命的人认为那个声音里的警告是支持了自己,那个声音讲出了他的实践的根本法则。这个警告就是：不要将这个使命看得太高。更不要太看重别的已立真理的先知。这样，大师以反面形式提出的这个告诫是要由此提出理解的规律，它只是揭示了假谦逊的谬误。

在真理的道路上我们不必远近搜寻就可以看到精神分析学所遭受的那种无法支持的歧义，谁都可以看到它。在讲述的意义这个问题里显示出来的就是这个歧义。只要听到一段话语，任何人就会遇到它。因为那个让语言得到其最幼稚的意图的说法：听到他"想说的"内容，就足以说明了他并没有说。而"想说"的意思也有两重，是由听者决定是哪一重：或者是说话者以这段对他讲的言语而想对他说的事，或者是这段言语告诉他关于说话者的情况。这样这段言语的意义不仅寓于听话者身上，并且由他的接受决定了**谁**讲了这段言语：是他赞同并相信的主体，抑或是这段言语所组成并给予他的另一个。

但是，分析者抓住了听话者的这个审定权而将它带到了第二层力量上去。因为，他对于自己以至对于说话的主体都以解释者自居，除此之外，在这段言语的所论内容中，他使主体受制于他加之于他的根本法则：这就是，首先，这段言语不停地继续下去；其次，这段言语毫无保留地进行下去，这不仅关系到它的一致性或它内在的理性，更涉及到针对他的呼唤的羞耻或它在社会上的可接受性，他这样就拉大了间距，这个间距使他可以主宰主体在构作的话语和构成了的言语的歧义中的超决定性，就好像他希望各个极端会通过一个将它们混同的显示而联结起来。但是这个联结无法实施，因为有那个所谓的自由联想拘于其中的不太为人注意的限制。这个限制使主体的话语保持在句法形式之中，在所使用的语言中句法形式将话语组织成分析者听到的言语。

这样，分析者持有了完全的责任，这是一种我们刚才从他的听话者的位置出发而定义的重大意义上的责任。这一种没有转弯抹角的歧义由于是由作为解释者的他所审定的而反响成一个秘密的警告，他即使保持沉默也无法拒斥这个警告。

况且作者们也承认了这个警告的分量。这个分量对他们来说是一直如此的隐晦，原因是有表现了一个不安的所有特征。这个不安存在在从解释理论的窘迫甚至不成形直到它在实践中运用的从无原因的迟缓所造成的一直在加大的稀缺之中。分析这个含糊的术语太经常地补足着解释这个术语因缺乏更新而造成的摇摆。这确是实践者思想上的一个逃避的效果。反转移这个观念的虚假的实在性，它的流行以及它庇护下的那些大吹大擂的原因是它被用作借口：分析者在真实的产生中考虑他应有的行动，从而躲避了起来①。

如果这次在一个精神分析学运动的**变体历史**中历时地追踪这个效果，回到它的共同根源上去，也就是说它在言语经验中的插入，我们似可以将变体的问题看得清楚一点。在某种戏谑的天主教教义中构成了这个问题。

再说，不必要有大学问就可以知道，这儿提出的真实的人为了说明他的技术而最小心使用的关键词未必就是他设想得最清晰的那些词。倘在这些词中深入一些就会使那些预言家脸红，他们的后辈因为羞涩而不在这上面考问他们。这使他们觉得很好。由于目前在训练上的风尚而造成的一种矛盾现象使这种羞涩现在扩展到了初学的人。

材料的分析，抵抗的分析，人人都是用这样的话来报道最根本的原则，就好像那是他们技术中最精微的词，自从后面那个说法流行开来前面那个说法就显得过时了。但是，对一个抵抗的分析之所以有意义，那是由一个"新的材料"而来的。而关系到怎样对待后者时就开始有不同了，甚至有分歧了。然而如果我们要像上面那样解释，我们就有理由问道，在这两个步骤中解释这个术语是否

---

① 这三段是重写的。（原注）

保持着同一个意义。

为了回答这个问题，我们可以回到1920年左右。那时产生了一个转折（这是在这个技术的历史上固定的用语）。这个转折自那时以来就被看作是在分析的发展中决定性的。在那个时候这个转折的起因是在于成果开始出现。直至今天我们还没法说明这些成果的被觉察，除非以这样一种看法，即认为必须赶在无意识重新封闭起来之前赶快做出无意识的清单来。在这个不管是真是假的看法中大师的情绪在事后起了预见的作用。

然而，"材料"这个词在那时候使技术中的所有的现象都变得不可信了。直到那个时刻人们才学会了从这些现象中找到症状的秘密。是弗洛伊德的天才将这一大片领域纳入了人类认识的范围。这个领域可以被称之为"精神分析语义学"，它包括：梦，没做的事，口误，记忆错乱，随意的精神联想，等等。

在"转折"之前，主体是通过对这个材料的解读而重新寻找回对他的历史的回忆以及决定了他的症状的冲突倾向。也是通过对秩序以及秩序缺失的恢复人们才可以测出症状的归结有多大的技术价值。注意到的这个归结表现了一种活力，在这个活力之中无意识被定义为确是一个构作着的主体，因为它维持着症状的意义直到这意义被揭示出来。我们在被压抑物与检查打交道的错乱的诡计中认出它来，从而直接地感觉到它。附带说一下，在这上面神经官能症与言语及文字中最普遍的真理的条件是相近的。

在这时候，如果分析者给予了主体他的症状的那个词，那个症状还是继续存在，这是因为主体抗拒着不来认出这个词的意义：于是人们得出结论说，首先要分析的是这个抵抗。要知道的是这个法则仍然是相信解释的，但是人们是要在主体这一边来寻找这个抵抗，而正要来到的偏向则是取决于这个抵抗的。并且很清楚，这个观念是倾向于将主体看作是构成在话语之中的。只要是到这个话语之外去寻找抵抗，那么这个偏向就无可救药的了。人们再也不回过头来就其失败而质问解释的构成功能。

这个在言语用途中的放弃运动使我们可以说从那时以来精神分析学就没有能走出它的幼儿病。幼儿病这个词在这里不只是句老生常谈。那是在这个运动所及范围里遇到的所有特性的幼儿病:在那里实际上一切都依靠那个方法的失误而维持着,而这个失误是由儿童精神分析学中最著名的人的名字所遮掩着的。

抵抗这个观念倒也不是新鲜的,弗洛伊德在1895年就看出了抵抗的作用。它是显示在系列话语的陈述之中的,主体是在这个系列中构作他的历史。弗洛伊德毫不迟疑地在这个过程中想象出这个概念,他把这个系列表述成以一个集束包含着一个致病核心,系列是围绕着这个核心而变化。他确切地说抵抗的作用是循着对这些系列的平行方向来说是横切的方向而生效的。他甚至提出了从这个作用与那个核心到正在回忆的系列的距离之间的反比例数学公式,通过这他找到了实现的方法的尺度。

很清楚,如果说对于在这样一个系列话语中起作用的抵抗的解释是与对于主体借以从一个系列转入另一个更"深"的系列的意义的解释不同,那么第一种解释是实现在话语的文本本身的,包括文本中的躲避,歪曲,删除,以至缺失和省略。

于是对抵抗的分析就展开了我们在上面谈到听话人的立场时分析过的那种歧义。那个问题重又提了出来:谁抵抗?——是自我,第一个理论回答说,其中可能包括个人的主体,但仅是从它的动力这个唯一的总括角度出发。

就是在这一点上技术的这个新取向跌入了一个陷阱内:它也这样回答,却忽视了这个事实,即它指责自我,而它的启示人弗洛伊德却刚刚改变了自我的意义,他将自我纳入一个新的普遍范畴理论,目的恰恰是要指明抵抗不是自我的特权,它也属于原始本能和超我。

从这以后,他的思想的最后努力再也不被真正理解了,这我们可以看出，转折风尚的作者们都还在将死亡本能翻来复去地讲，甚至还在主体能与分析者的自我或超我认同的那点上陷入混乱，但他们从不走出有价值的步骤，只是不断增加无可抵挡的误解。

通过把决定了谁是在言语中被接受的主体的正当抉择逆转过来，构作着症状的主体就被处理成是被构作成的，也就是说是作为材料；然而自我虽然是完全被构作成在抵抗之中，它变成了分析者要将其作为构成动因而求助的主体。

对于新的概念来说，不能说这里涉及到"整个儿"的个人，特别是就它保证了被称之为感觉—意识系统的器官的联结这一点而言（再说弗洛伊德不是将超我当作现实经验的第一个保障）。

事实上涉及到的是一个因为到处都完全失败而否定了自己的意识形态的回归①。

我们只要读一下安娜·弗洛伊德的《自我和护卫的机制》的开头几句②："在精神分析科学发展的一些阶段，对个人的自我的理论上的兴趣都是公开地被排斥的……对于心理生活的最深层到最表层的任何兴趣，以及研究中从原始本能到自我的任何转向一般来说都被看作是开始对分析有反感了"，就可以在她引入一个新纪元的焦虑语气中听出欧里庇得斯③在《腓尼基人》中的那种不祥的音乐，欧里庇得斯在这种音乐中写出了在斯芬奇回来的时候安提戈涅与英雄的行动的神秘关系。

从这以后，说除了自我让我们知道的以外我们对主体一无所知，这成了老生常谈。奥托·费尼谢勒像是说一个无可争辩的真

---

① 如果说在这几段里就像在我们的课程里一样我们减轻了它们与之斗争的一片乏味，为的是在重复时让写出的风格像是自己改进了，那么我们再加上这个脚注：在1966年我们说自我是自由企业的神学，其主神有三位：费奈隆，基佐和维克多·库杉。（原注）

② 译文是我们的。（原注）

③ 欧里庇得斯（Euripide，公元前480—公元前406），古希腊悲剧诗人。（译者注）

理那样宣称,"是由自我来完成理解词语的意义的任务的"①。

下一步就走到了混同自我的抵抗和自我的护卫。

弗洛伊德从1894年开始就提出了护卫这个观念。那是他首次将神经官能症联系到一个疾病功能的被普遍接受的概念上去时提出的。在他的有关《禁绝,症状及恐慌》的重要工作中再次提出这个观念,为的是指出自我是与一个症状同时形成的。

但是,在上面所引的著作中安娜·弗洛伊德唯一一次在语义上运用了主体这个词的情况,是用来指动词的主语,这充分表明了她在那里的越轨。在由此而造成的偏离中,自我是客观化了的主体,其护卫的机制则构成了抵抗。

从此,治疗就被看作是一个攻击,这种攻击在原则上确定了主体那儿有一系列的护卫系统的存在。这就肯定了被爱德华·格洛弗顺便嘲笑的"老调子"。由此人们也很容易自以为重要地到处提出"是不是已经分析好了侵凌性②"的问题。通过这个问题,傻瓜们就声言他们除了侵凌效果的转移外没有遇到过任何其他转移。

这样,费尼谢勒试图以一个回转来重整那些事情,而这个回转将事情搞得更混乱。如果说遵循他所划出的针对主体的护卫的行动次序也不是没有意思的,他是将主体看作一个堡垒的——由此的结果是所有的护卫在整体上只倾向于引开那个因太掩蔽其隐藏的东西反而暴露了它的护卫的攻击,而这个护卫从此成了根本的赌注,以至于它所包含的冲动因为是赤裸裸地显示出来而要被看作是保持这个赌注的最高手法——,那么在这个战略中留给我们的事实的印象就引入了觉醒,这个觉醒使得在所有真实的影子都消失的地方里辩证法又取得了只要给予实践以一个意义就会显得

---

① 《精神分析技术问题》,法国大学出版社,第63页。(原注)
② 《国际精神分析学刊》1954年第2期,第97页。(原注)

不是无用的权利。

人们再也看不到对所谓的深层的研究有什么理由以及以何为止,如果研究所发现的东西并不比其掩蔽物更真实的话;忘记这一点,则分析就会堕落成一场巨大的心理混乱。分析的实践在某些人那里的回声给人的感觉正是如此。

如果假装出假装的样子是辩证法的一个可能的步骤,那么在主体承认了真实以便人们将它当作谎言时,这个真实是与主体的错误有所不同的。但是这个区别只有在一个主体间性的辩证法中才有可能得到维持。在这个辩证法中构成了的话语中预设有构成的言语。

倘若要逃避这个话语的理由的内涵,那就是将它置于界外了。如果说在分析的起始前景中主体的话语可以在必要时或在偶然中因其在揭示真实中起的诱饵或阻挡的作用而被分开对待,那是以它的符号功能的名义,并且是以它现在被贬值的永久的方式。因为人们已不只是为了它的语速,它的语调,它的中断甚至它的音调而排除它的内容了。主体存在的所有其他表现都比它要受重视:它的开始和它的方式的表达,它的风格的用途和它的结束的致意。在诊所里态度上的反应要比一个句法上的错误更引起注意,并且其活力的显示要比其姿态的意义更受人关注。情绪上的一阵发作,腹中的咕噜声都将是被寻找着的抵抗展开的明证。生活经历的妄想在愚蠢中进行,甚至于要在互相探察中找出这最细微的证据来。

但是,随着人们越来越脱离包含着真正的分析关系的话语,人们继续称之为"解释"的工作更加专属于分析者的知识。在这条道路上这个知识或许增加了许多,但是请不要声称说我们这样是远离了知性分析,除非承认说这个知识是像建议那样传达给主体的,而对于这个建议来说真实的标准是陌生的。威廉·赖希在他的**性格分析**的方法中完全确定了治疗的条件,并将这正确地看作是新的技术的关键,他也承认只有在其坚持中才可望得到效果①。

建议这件事如此分析并不就因此而成了一个真正的解释。这样一个分析只是描述出了一个自我与一个自我之间的关系。我们在那个使用着的所谓分析者要使主体的自我中的健康部分成为自己的同盟的提法中就可看到这一点,如果我们再补之以精神分析学中的自我重复的理论的话②。如果人们着手去做这个主体的自我的两分法并推进于无穷,那么很清楚,到头来它会被归结到分析者的自我。

在这条道上,即使人们按照那个反映了回归到学者对"病态思想"的传统蔑视的提法来做,而对病人说"他的语言",这也无补于事,人们并不会将他的言语归还给他。

事情的根本没有改变,而是被在另一个前景中提出而得到肯定。这就是客体关系的前景,在技术中这个关系起着新近的作用。只是,如果求证于主体以好的客体的形式对分析者自我的摄取,这个摄取让人梦想着的就是对现代文咀人的心态而言一个休伦观察者③会从这个神秘膳食中推导出什么来,只要他也犯我们一样的错,从字面上来理解我们所谓的"原始"思想中的象征认同。

还是要有一位对分析的终结这个棘手问题发表意见的理论家来直截地提出,终结包含着主体与作为分析自我的分析者的自我的认同④。

---

① W·赖希,《性格分析》,见英译文,载于《精神分析学读本》,1950 年伦敦霍格特出版社。(原注)
② R·斯特瑞伯,《在精神治疗中自我的命运》,载于《国际精神分析学刊》1934 年第 2—3 号,第 118—126 页。(原注)
③ 休伦,北美的一个印第安族。(译者注)
④ W·霍法,《终结治疗的三个标准》,载于《国际精神分析学刊》1930 年第 3 期,第 194 至 195 页。(原注)

这个讲法拆穿了说只有这样一个意思：如果在与主体的关系中排除了在言语中的所有基础，那么分析者告诉他的只有一个预定的知识或一种直接的直觉，也就是说受制于他自己的自我的组织。

目前我们将接受这个疑难，在这个疑难中分析为了维持在偏移中的它的原则而被减低。我们将提出这个问题：为了能成为前来求助的每一个主体的真实的尺度，分析者的自我应该是什么样的呢？

## 论分析者的自我以及它在分析者那里的目的

在第二章的起始处我们来总结这个疑难项对第一章的绝路所取得的进展。这个疑难项宣布我们是打算以精神分析者的普通意义来对付这个进展的：当然不会就它所能冒犯的这一点而自以为是。

在这里我们还将进一步指出，同样的事情如果是被接受在另一个上下文中就要求有一个不同的话语。我们在准备自己的论说时提醒大家，如果说那个默契（Einfühlung），那个 S·费伦奇（1928 年，第 209 页）①只愿从前意识中得出的评定（Abschätzung）已胜过了那个有名的"无意识的交流"（在前一阶段中被不无道理地看作是真正解释的原则），这里涉及的是对被归于反转移②名目下的那些效果的目前大力提倡的一个逆转效应。

对于那些将自我的动因当作代表了主体的稳固的人来说，不得不继续进行在自我动因与其近邻的非关系中的吹毛求疵。

---

① S·费伦奇，《精神分析技术的可变性》，载于《国际精神分析学论丛》1928 年第 14 期第 2 号第 207—209 页。（原注）

② 也就是说分析者身上的转移（1966 年加的注释）。（原注）

需要求助于的是分析者给予的第一个感觉。这个感觉并不是说自我是他的强处,至少是在涉及到他的自我以及他可以把握的基础时是那样。

这不就是那个关节？这个关节使精神分析者也必然地成为一个被分析者,而S·费伦奇将这提高为第二条根本法则。分析者是不是会在弗洛伊德的判断前退缩呢？我们完全可以将这称为他的最后的判断,因为这是他在他逝世前二年做出的。这个判断就是:"在其自身的个性中他一般达不到他想让他的病人达到的那种正常的程度。"[1]这是个令人震惊的判决,并且是个无可挽回的判决,这个判决使精神分析者不能受惠于人们会为精英所做的那种原谅,即精英是从寻常人中选出来的。

于是精英就是低于普遍水平了。最有利的假设是将这看作是一种慌乱的影响,而上面所说的已显示了这种慌乱来自于分析行为本身。

S·费伦奇是第一代中最切题地疑问了分析者的个人需要有什么的一个作者,特别是就分析的结束而言。他在别处提出了问题的根本。

在他关于精神分析的可变性的精辟文章中,他是这样说的:"我想提请大家注意一个至今没有被涉及的问题,这就是对分析者在分析中的心理过程提一个元心理学的问题。他的利比多平衡表现了一个来回的运动:作为一个知性行动,这个运动使这个平衡在一个认同(在分析中对对象的爱)和一个对自己的控制之间摆动。在每天延长的工作中,他根本不能恣意沉醉于自由发挥他的自恋和在一般现实中的他的自私心,他只能在短暂的时刻在想象中这样做。我并不怀疑一个如此过分的在生活中罕有其匹的负荷迟早会要求做出一个专对分析者的健康安排。"

---

[1] 弗洛伊德的《已定的分析和未定的分析》,全集第16卷,第93页。(原注)

这就是这个突然的先决条件。它的价值在于显示了首先征服了他这个精神分析家的是什么。除此以外还有什么别的理由来将它作为一条温和道路的开场白呢？以其努力确定的可变路线作者想给我们划出分析者治疗的这条温和道路。

他应该在自身实现主体性的次序，这就是在每个十字路口用箭头标示出来的东西，在不太有变化的意见中一直单调地重复，以至人们不去探究这些意见在哪些方面是相似的。鉴别人的能力（Menschenkenntniss），对人的研究（Menschenforschung）这两个术语的罗曼蒂克上扬驱使他们走向操纵人的艺术和人的自然史。这种上扬使我们可以体会作者许可于自己的是什么，用一个可靠的方法和一个公开的交易，——对个人等式的缩减，——知识的次要地位，——懂得不坚持的帝国，——不迎合的好意①，——对于善举的祭坛的怀疑，——只攻击一种抵抗：无动于衷（Unglauben）或对自我太少（Ablehnung），——鼓励恶意的话，——对于自己知识的真正谦逊，——在所有这些指示里边不是有那个自我，它隐退了下来以便给解释中的主体之点让出位置？所以这些指示只在对分析者的个人分析中起效，特别是在其终结中。

哪儿是有关自我的分析的终结？怎样才能知道是在哪儿，倘若错认了它在精神分析的行动本身中的功能的话？我们可以借助于这样一条批评的道路，那就是将一个工作测试于它所支持的那些原则之上。

让我们来试一下所谓的性格分析。这个分析是以建立在那个发现之上而被提出来的，那个发现表明主体的个性是与它所感觉为异样的症状一样地构造起来的。也就是说像症状一样个性也含有一个意义，那就是一个被压抑的冲突的意义。而显示这个冲突的材料的出现是在治疗的一个先期阶段的第二步中取得的。W·

---

① 费伦奇没有想到有一天这会被用到广告牌上。（原注）

赖希在其至今在分析中成为典范的概念中①明确地提出,它的终结是让主体把这个个性看作是一个症状。

无疑,这个观点在结构的客观化中是有其成果的,比如说是在这样一些结构中,如所谓的"阳具自恋"性格,"自虐"性格。这些性格因为看来是非症状的而至今被认识不清。当然还有那些因其症状而受注意的性格如歇斯底里性格和冲动性格。不管他们的理论有什么样的价值,将这些性格的特征集成一组就是对心理学认识的一个可贵贡献。

由此更加需要细看一下在赖希作出的总结中他大力推行的那种分析的成果是怎样的。这成果是这样的,使分析在主体那儿成立的那种变化的程度从来没有使区别原初结构的距离仅仅参差起来②。于是,当结构在它们的特征的客观化中被"变成症状"了以后,主体在对这些结构的分析中所感到的好处使人不得不更明确说出它们与分析所解决的张力是什么关系。赖希提出的全部理论都是建立在这样一个思想上的,即这些结构都是个人抵挡性欲高潮的奔流的一个防御。单单这种奔流在经历中的至要地位就能保证它的和谐。我们知道这个思想将赖希引到了哪些极端,以至精神分析学界都背弃了他。但是,虽然这种背弃不无道理,可没有人说出赖希错在什么地方。

需要看到的是,因为这些结构在看来是引发了它们的张力解决了时仍存在,所以它们起的只是一个支撑或材料的作用,就像分析所证明的那样,这个材料可能是像神经官能症的象征材料那样排列起来的,但在这里这个材料由想象功能而得到效率,就像它在造成本能行为的方式中显示出来的那样。这些行为是由对动物进

---

① W·赖希的《性格分析》,载于《国际精神分析学论丛》1928年第14期第2号。英译又载于《精神分析学读本》,1950年,伦敦霍格特出版社。(原注)

② 上引文第196页。(原注)

行的品性研究所揭示出来的。而这个研究并不是没有受到从分析来的移位甚至认同的概念的强烈促动的。

所以,在他关于性格的分析中,赖希只犯了一个错误:他名之为"铠甲"(character armor)并作出如此处理的,其实是个纹章。在治疗之后,主体保留了他得自自然的纹章的重量,只是纹章的标志被抹去了。

如果这个混同成为了可能,那是与想象功能有关。在动物那里想象功能是在对同类的性定位中,以及在引发了生殖行动的炫耀中,甚至在领土划定中的生命之导向。这个功能在人那儿显得是被完全转向到了自恋关系中去了。自我就是建立在这个关系之中的。自我创立出一种侵凌性,其协同性指示了一个意义,我们试图指出这个意义就是那个自恋关系的全部:赖希的错误就在于他公开拒绝了这个意义,这个意义位于死亡本能的思路之中。死亡本能是弗洛伊德在其思想登峰造极之际提出来的。我们知道死亡本能是分析者平庸与否的试金石,他们或者否定它,或者歪曲它。

所以,只有靠那个自身显示为一个防御的东西性格分析才能够建立起一个关于主体的真正神秘化的概念,如果对这个概念应用其自身的原则的话。

为了要在一个真实的前景中恢复其价值,我们需要记住,精神分析学在揭示人的欲望中走得如此之远是因为它顺着神经官能症和个人的边缘主体性的脉络而跟随了一个欲望所特有的结构。这个欲望显得是将个人塑造于一个意外的深度,这个欲望就是想要使自己的欲望被承认的欲望。在这个欲望中完全证实了人的欲望是在他人的欲望中异化的。按照逻辑替换的所有变化,这个欲望实际上在其根源、方向和对象上给予了分析中发现的冲动以结构①。但是,即便我们追溯它们的历史直到非常之久远,这些冲动

---

① 弗洛伊德的《冲动及其命运》,全集第 10 卷,第 210—232 页。(原注)

也并不显得演化自一个自然满足的需要,它们只是在那些阶段中变形,这些阶段重现了性变恋的所有形式。这至少是精神分析经验中最明显最有名的内容。

但是人们更容易忽视自恋关系在那里显示出来的举足轻重地位。这个关系也就是第二个异化,在这个异化中主体就被带上了他的存在和他的虚假的内在两重性,附带着他在变态对子中自我认同的那个立场的完全歧义。然而,精神分析学在对人的认识中迈出的一步更是在于在变态中被突出的真正的主观意义而不完全在于达到了一个被承认的客观化——唯一的科学文献的演化显示了这一点。

然而,由于忽视了它形成的那个年代,自我理论在精神分析学中受到了一种根本性的误解。在弗洛伊德的著作中这个年代是从1910年到1920年。在这个年代里自我理论显得是完全植于自恋关系的结构之中的。

实际上在精神分析学的第一阶段对自我的研究并不如安娜·弗洛伊德小姐在上面所引文章中所想说的那样是构成了一个嫌弃之点,不妨说正是人们自以为推进了这个研究以后,它才在事实上促成了它的倾覆。

把爱—激情的现象看成是由理想自我决定的概念以及已提出来的在他那儿是很急迫的仇恨的问题,这是弗洛伊德思想在上面所说的年代里需要让人思考的两点,如果你们想要恰当地理解自我与他人的关系的话。这个关系很明确地出现在那个合并的题目中《集体心理学与自我的分析》①,这是弗洛伊德开始他的思想的最后阶段的文章之一,在这个思想中他最终在普遍范畴理论中确定了自我。

---

① 弗洛伊德的《集体心理学与自我的分析》,全集第8卷,第71—161页。(原注)

但是要理解这一成就我们必须掌握在原初自虐观念中以及写在《超越快乐原则》①里的死亡本能的观念中,还有在客观化的否定根源的概念之中它的发展的轨迹。最后这个概念他是在 1925 年的一篇有关 Verneinung(否认)的文章中提出的②。

单单这个研究就给予对在转移,在抵抗以及在《文明病》③中的侵凌性的不断高涨的兴趣以意义,它显示了在这里涉及到的并不是人们以为处于生存斗争根源的侵犯。相反,侵凌性的观念对应于主体将自己的撕碎,他知道这个撕碎的原初时刻是他看到了在其全部的格式塔中理解的他人的形象预示了他行动失调的感觉,以后他反过来将这个感觉组织成支离破碎的形象。这个经验既引发了梅兰妮·克莱因夫人在自我的根源处重新构作出来的那种抑郁反应,也引发出了对在镜面上出现的形象的欢快的认为己有。这个现象为六至八月那个时期所特有。本文的作者认为这个现象与自我的理想原型(Urbild)的构成一起典型地表现出在主体中自我功能的真正想象的本质④。

这样,正是在生命的最初几年里仪容及威吓的经验中个人才被导入掌握这些功能的幻象之中的。在这个幻象之中他的主体性一直是分裂的,这个幻象的想象教养被心理学家们天真地客观化为自我的综合功能。但是这个教养不如说是显示了使人进入那个主人与奴隶的异化辩证法的条件。

这些经验在动物那里也可以看到,那是在本能轮回的许多时刻,特别在是生殖轮回的先期炫耀中,包括这中间的所有伪装和畸变。如果说这些经验确是导向了那个目的是永久地构成人的主体

---

① 弗洛伊德的《超越快乐原则》,全集第 8 卷,第 1—69 页。(原注)
② 弗洛伊德的《否认》,全集第 14 卷,第 11—15 页。(原注)
③ 弗洛伊德的《文明病》,全集第 14 卷。(原注)
④ 拉康的《精神分析学中的侵凌性》(1948)以及《镜子阶段》(1949),贝本文集。(原注)

的意义,那是因为那些经验是在经受过的无能的张力中接受这个意义的。这个无能是为过早的诞生所特有,而自然学家在人的解剖发展中看出这个过早诞生的特性。在这个事实中人们理解了自然和谐的这个开裂,黑格尔要求这个开裂,将它作为多产的疾病这个生命的幸运错失。在这个疾病中人为了与其本质相区别而发现了他的存在。

确实,除了这个死亡的触及以外没有其他的真实。他在出生时在人的想象功能取得了新的声誉之后接受了死亡的印记。因为在动物那里在这个功能里显示出来的确是这同一个"死亡本能",如果我们停下来考虑一下这一点:在用于性轮回中特定的同类固恋时,主体性并不有别于迷住它的那个形象;个体在那里只是作为这个形象的暂时代表,只是作为生活中得到表征的这个形象的通道。这个形象只向人表露了它的致命的意义,同时还有死亡:它存在着,但是这个形象只是作为他人的形象而交给他的,也就是说从他那里夺来的。

这样,自我一直只是主体的一半;并且是他在找到时丢失的那一半。人们由此明白他很珍视这个自我并且试图在自身上或他人那里所有显得是重复了他的地方抓住自我,以及试图在所有在形象上与他相似的地方抓住自我。

为了使理论里称之为"原始认同"的意思不显得神秘莫测,让我们说主体在从言语的召唤到最直接的同情这些根本不同的关系方式中总是加之于他人一个想象的形式。这个形式带着无能经验的一个或几个重叠的印章。这个形式在主体中是通过这个经验而成形的。这个形式不是别的就是自我。

这样,我们再回到分析的行动上来。一旦他根据规则的条件而不再有不被受理之虞时,主体总是天真地试着将他的话语集中到产生这个形式的想象世界的焦点上来。这个想象的形式从其根源保存着视觉完整倾向,在这个倾向中有了一个条件的原因:这个条件是如此的关键以致人们可以在技术的所有变体中感觉到它，但它又从来没有被清楚地说明过。这个条件就是分析者在诊疗时所坐的位置，这个位置使主体看不到他。事实上自恋形象由此而更纯粹地产生出来，而留给他的诱惑的退化变形的余地也更大。

然而分析者大概知道，相反，他不可以回答主体让他在这个位置上听到的无论多么曲折的呼唤，不然的话他就会看到转移的爱形成起来。这个爱除了其人为的产生之外与爱—激情并无区别。在这时产生它的条件已因其效果而失败，而分析话语也被化为提出来的现显的沉默。分析者还知道，随着他的回答的缺失，他在主体那里引发出负性转移的侵凌性甚至仇恨。

但他知道得不太清楚的是，在他的回答中他作出回答的位置比他回答的内容更重要。只要分析抵抗的原则要求他将其客观化，他就不能以采取了不让主体牵着鼻子走的预防手段而满足。

确实，只要他想让自己的目的与对象一致，而主体的自我即是对象的形象，或者说与他的性格的特征一致，他就像主体一样天真地使自己受自己的自我的魅力的摆布。在这里的效果与其说是要在魅力产生出的幻象里测知，不如说是要在魅力决定的他与对象的关系的距离里测知。只要关系是固定的，主体就知道在哪里找到他。

在这个时候，他就进入了一个更加彻底的同谋的游戏。在这个游戏中，分析者的自我对主体的塑造只是他的自恋的借口。

如果说这个错失的真相没有在人们提出的理论里公开显示出（我们在上文里指出了这个理论的形式），那么在那些现象中已经有了证明。在费伦奇的真正的学校里训练得最好的一个分析者已经以非常敏锐的方式为那些他认为是结束了的病例的特点而分析了这些现象：他给我们描写了那种自恋的热切，主体为这种热切而憔悴，而人们催着他到现实这个冷水盆里消消这种热切；或者那种在他的告别中的某个无以形容的情感的辐射，他甚至注意到分析者也参与到了这种辐射中去了①。相反的证明也可以在同一个作者的失望的承认中看到,这位作者无可奈何地承认有些人只能期待在仇恨中与分析者分手②。

这些结果准许了转移的一个用法,这相应于那种称之为"原初"爱的理论的。这个理论将母亲—孩子关系中的相互的贪占当作模式③:在所有可想见的形式中都表现出一个纯粹是双重的观念,这个观念现在来主宰分析关系了④。

如果说在分析中的主体间关系确是被设想为两个个人的关系,这个关系只能建立在一种持续的至关重要的依赖性的单元之上。这个依赖性的想法已歪曲了关于神经官能症的弗洛伊德的概念(遗弃的神经官能症),因为它只能实现在主体的被动—主动的两极之中。米歇尔·巴林特为了陈述出使他的理论成为必须的死路已明确地承认了这种两极性的各项。这样的错误自有其人的价值,这一点我们可以在作者笔下的弦外之音的微妙性中看到。

这些错误如要得到纠正就必需求助于由言语在主体之间构成的中介。但这个中介只有在想象关系本身中提出一个第三项后才是可以设想的:这就是要死的现实,死的本能。人们已指出这个本能是自恋的魅力的条件。这个本能的效果以一种显著的形式存在在那些结果之中。我们的作者将这些结果看作是在自我与自我的关系中进行到结束的分析的结果。

为了使转移的关系不受这些效果的影响,分析者必须在他自

---

① 巴林特,"论分析的终止",载于《国际精神分析学刊》,1950 年,第 197 页。(原注)

② 巴林特,"爱与恨",载于《原始爱及精神分析技术》,霍格特出版社,伦敦。(原注)

③ 巴林特的《对母亲的爱和母爱》,载于《国际精神分析学刊》,1949 年,第 251 页。(原注)

④ 巴林特的《精神分析学中目的以及治疗技术的改变》,载于《国际精神分析学刊》,1950 年,第 123—124 页上有关"双体心理学"的评论。(原注)

我的自恋形象中排除掉这个形象构成于其中的欲望的所有形式，以便将它归结到在各个面具之下维持着这个形象的唯一的面貌：这就是绝对主人的面貌，即死亡。

正是在这儿对自我的分析得到了它理想的终结。主体在一个想象的退化中重新找到其自我的根源之后，就通过一个重新记忆的进程而在这个终结中达到分析的结果：这就是他的死亡的主观化。

这是对分析者的自我来说可望得到的结果，就此我们可以说他只可以认识唯一一个主子的威望：这个主子就是死亡，为的是使他在众多的命运中度过的生命成为他的朋友。这个结果看来是人可以达到的，——因为它并不意味着对他来说和对任何人一样死亡超过了威望——，这个结果只是来满足上面费伦奇所定义的任务的要求。

然而，这个想象的条件只能在一种苦行中实现。在人那里这种苦行是通过一条道路而得到肯定的，在这条道路中所有的客观知识将越来越处于一种搁置起来的状态，因为对于主体来说，他自己的死亡这个真实并不是一个可想象的对象，而分析者也和别人一样对此一无所知，除了他是一个要死的人这一点之外。至此，只要设想他为了达到"为死的人"而将他的自我的所有魅力都减缩了，那么所有其他知识，不管是直接的还是组成的，都无法得到他的偏好而由他造成为一种权力，如果那知识还没有被消除了的话。

他现在可以在他所愿在的位置上回答主体了，但他却不要任何决定这个位置的东西。

只要思考一下就可看到这就是那个摇摆的深刻运动的原因所在。这个摇摆使分析在每次做了被诱惑的要使其实践更加"主动"的尝试之后都回到一种"等待"的实践上来。

但是分析者的态度并不能就此而流之于一种不着痛痒的自由的不肯定。而善意的中立性这个应用着的指示并不给出足够的说明。倘若说这个指示将分析者的好意从属于对主体的有益处,它并不由此而让他处置自己的知识。

这样我们就来到了这样一个问题:在分析中分析者应该知道什么?

## 精神分析者应该知道的是:无视他所知道的

前一章所论及的想象条件只能被理解为一种理想条件。但是,如果说作为想象的一部分并不意味着就是幻觉的,那么我们说被当作是理想的并不就成了非现实的了。因为在数学中的理想点,以及那个所谓的"想象"解法,在给出完全在现实中确定的转换中心和图形及函数的收敛节点时确是现实的一部分。对于分析者的自我的条件情况也是如此。这个条件是存在在从我们在上面提到其重要性的问题里得来的形式中的。

问题现在转到了分析者的知识上来了。这个问题的力量在于它不包括这样一个回答,即分析者知道他在做的是什么。因为正是他在理论上和在实践上漠视了这一点这个明显的事实使我们将问题转到了这儿。

只要分析者说不出他的行动是个什么,分析就改变不了现实中的什么,而对主体来说分析又"改变了一切",这是被认为确切无疑的,那么主体用来表示对治疗他的人的力量的天真的信心的那个说法"神奇思想"只是显得是对他自己的无知的掩饰。

如果确有不少机会来揭示在分析中及分析以外运用这个说法而造成的蠢事,那么这里就是一个最好的机会来询问分析者到底凭什么认为他的知识是特别的。

愚蠢地借助于"经历过的"这个词来形容自己从分析中得来的知识,就好像所有从经验中来的知识并非这样似的,这并不足以将他的思想与那个自以为自己与其他所有人都不同的思想区别开来。我们也不能将这个说法的虚夸归咎于说了这话的**人家**,确实**人家**并没有理由说他与其他人不同,因为他是根据他可以对之说话这一点来将与他相类者认作一个人的,但是如果他这样说的意思是说他与大家不一样,那他并没有错,因为他是根据可以为他的话所触及这一点而将一个人认作是与他同等者。

然而分析者与众不同,因为在他**讲**话时,他将一个人人共有的功能付之于一个不是大家都能的用途。

他为主体的言语所做的正是这个,即使他只是在沉默之中接受这个言语,就像我们在上文里显示出的那样。因为这个沉默包含着言语,就像我们在保持沉默这个说法里看到的那样。说起分析者的沉默,这个沉默并不是说他不出声,而是说他的闭嘴来**代替**回答。

在继续深入之前我们先要疑问:言语是什么?我们将试着使这里的所有的词都达意。

但是没有一个概念给出了言语的意义,甚至概念的概念也做不到,因为言语不是意义的意义,但是言语在它以其行为所体现的象征中给予意义以其支撑。

所以这是一个行为,作为行为它必定有一个主体。但是至少可以说在这个行为中主体又必定有另一个主体,因为不如说他是在那里作为另一个而确立起来的,并且是在那个两者的悖论合一中确立起来的,关于这个合一我们在上文中已表明,通过其手段,这一个为了成为与自己等同而信从于另一个。

这样我们可以说言语表现为一个交流,在这个交流中主体为了让他人证实自己的信息而以一种逆转的形式来宣布自己的信息。不仅如此,在这个交流中这个信息以宣布他是同一个而将他变形。就像在习常的信念中显示出来的那样,"你是我的妻子","你是我的师傅",这样的声明的意思就是,"我是你的配偶","我是你的学生"。

言语显得真是一种言语,是因为它的真实并不是建立在人们所谓与事物的相称上的:这样真实的言语就反常地恰与真实的话语相对立,它们的真实是这样区别开来的:言语的真实是由主体们因他们互有关联而辨认出自己的存在才构成,而话语的真实是由对现实的认识而构成,因为主体在物体中瞄准了现实。但是在这儿区别开来的这两种真实由于互相涉及对方的道路而变质。

这样,真实的话语在从一定的言语中析出许诺的素材时就使言语显得在说谎,因为许诺承担起未来来,而正如人们所说,未来不属于任何人;并且还多义,因为许诺在构成其变迁的异化中一直超越了它所涉及的人。

但是,真实的言语在质问什么是真实的话语的意义时会发现意义总是提及到意义,没有什么事可以用符号以外的东西来指示;由此总是使真实的话语显得必定会出错。

出于让人承认自己的用心,主体在一个中间话语中向他人发出言语,心里记着他所知道的他已有的存在。这个中间话语处于言语的相互指责的沙里伯特和西拉①之间,怎么会不被迫走上诡计的道路呢?

为了说服,话语确是这样展开的,说服这个词包含了在同意的过程中的战略。即使我们不太参与到这件事中去,甚至不太参加到对一个人类惯例的支持中去,我们知道斗争是围绕着用语而进行的,即使事物是一致的。在这里又表现出言语这个中间项的压倒优势。

这个过程在主体的恶意中完成,主体在欺骗、歧义和错误之间掌握着他的话语。但是如果人并没有完全信服于言语,也就是说没有双方都乐于言语的话,为了一个如此脆弱的和平的斗争就不

---

① 沙里伯特是墨西拿海峡的大漩涡,西拉是它对面的岩礁。喻在两重危险之间。(译者注)

会成为主体间性的最普遍的场合了。

人的存在从属于承认的法则，在这种从属关系中人给言语的通道所贯穿；由此他就听到所有的建议。但是，由于主宰了他的自我和他人关系的那些自恋幻象的原因，他在信念的话语中延迟和迷失。

主体的恶意是中间话语的构成部分，甚至在坦陈友情时也不缺少。这种恶意就又加上了误认，在误认里安插下了这些幻象。这就是弗洛伊德在其普遍范畴理论里称之为自我的无意识功能的东西，他以后又在否认的话语（Verneinung, 1925）中显示了其基本形式。

如果说对于分析者来说他必定接受这样一个理想条件，即自恋的幻象对他变得透明，这是为了使他能接受他人的真正言语。现在涉及到的是要理解他是怎样通过他的话语而辨认出这个言语的。

当然，这个中间话语即便是作为欺骗的话语和错误的话语也是证明了真实确立于其中的言语的存在的，因为话语是以如此自荐才得以维持的，也因为即使话语公开地以谎言的话语而出现，它也是更有力地肯定了这个言语的存在。如果说我们以这个真实的现象学途径找到了钥匙（这把钥匙的丢失使得逻辑实证主义去寻找"意义的意义"），那么这不是也使我们在这把钥匙上辨认出概念的概念？因为概念的概念是显示在行动中的言语中的。

这个言语组成了真实中的主体，但又是永远对他禁止的，除了在那些他生存中的稀有的时刻，在那些时刻他糊里糊涂地试着以发了誓的信念来掌握言语。说对他禁止指的是中间话语一定会使他误认这个言语。然而在所有的言语可以在他的存在中被读到的地方它都在讲，也就是说是在言语造成存在的所有层次上。这个矛盾正是弗洛伊德给予了无意识这个观念的意义的矛盾。

但是，如果说这个言语还是能被窥及，那是因为任何真实的言语都不仅仅是主体的言语,言语只有在建立在另一位主体的中介之上时才能运行,由此它就向一个无尽的——但可能不是无定的,因为它是封闭的——言语连环开放。在人类社会中辨认的辩证法就具体地实现在这个连环之中。

正是由于分析者让主体的中间话语沉寂以便向真实言语连环开放,所以他能在那里加上他揭示性的解释。

当我们观察一个具体形式的真正的解释时就能看到这一点。举一个例子,在普遍称为"鼠人"的那个分析中,重大的转折发生在弗洛伊德明白那个怨恨的时刻。这个怨恨是在刚开始选择妻子时她的母亲向他建议的那种算计在主体心中引起的。这样一个建议包含着不准主体与他以为他爱着的女人订婚的禁令,弗洛伊德将这个禁令联系到他父亲的言语上去,而不顾一些明显的事实,特别是最主要的那个他父亲已死的事实。这很令人吃惊,但在一个更深的真实的层次上这样做是有道理的。看来弗洛伊德是不知不觉地猜出了这个层次,在以后主体提供的那一系列联想中也显示出了这个层次。这个层次正是处于我们称为"言语连环"的那个地方。这个连环为了能在神经官能症以及在主体的命运中被倾听到而伸展到个人以外很远:也就是说这样一种信念的缺乏也主宰了他父亲的婚姻。而这样一种含糊掩盖了金钱方面的背信罪,这种背信使他父亲被逐出军队而又定下了他的婚事。

这个连环并不是纯粹由事件组成的,再说这些事件都发生在他出生之前,那是由一个言语的真实的缺失所构成,这更严重因为更加微妙。这个缺失并不比一个更有损于他的荣誉的恶行要轻微,前者造成的欠债显然给整个婚姻生活蒙上阴影,而后者的债从来就没有偿还过。这个言语连环给出了一个意义,在这个意义里可以理解那个对赎还的模拟。主体在巨大的固念忧虑的过程中将这个模拟酝酿成了谵狂。正是这个忧虑使他去求助于弗洛伊德。

当然我们并不是说这个连环就是固念神经官能症的全部结

构。但这个连环在神经官能症患者的个人神话的文本中与妄想的经络相交叉。在这些妄想中死去的父亲的阴影和他思想中的理想的夫人连在了一起而组成一对自恋形象。

但是，如果说弗洛伊德的解释在拆开这个连环的全部潜在影响时做到了解开神经官能症的想象经络，这是因为对于在主体的法庭上公布的这个象征债务来说，这个连环是使它更是作为活的见证而不是作为受遗赠人来出庭的。

应该考虑到，言语并不是仅仅以一种象征的承担来组成主体的存在的，而通过那个人类得以区别于自然界的联结的法则言语从出生之前就不仅决定了主体的地位，并且还决定了他的生物存在的来到人世。

再者，据说弗洛伊德之所以能探及到主体得以读出他的命运的那个意义的关键之点，那是由于他自己也曾被人建议过要在家庭问题上谨慎从事——我们通过伯恩菲尔德而从他的著作中的伪装的分析的一个片断里知道这一点——也可能正因为他当时没有作出相反的回答所以他在治疗中就错失了辨认的机会。

或许弗洛伊德在这样的病例中显示出来的惊人领悟力并不是没有多次地掩盖了他的自恋的效果。这种领悟力虽然并没有受惠于按形式进行的分析，它还是让人从他晚期的理论构作的高度上来看到，对他来说存在的道路是已扫清了的。

这个例子使人感觉到对于懂得分析评论弗洛伊德的著作有多重要，但它在这儿只是作为最后跃入眼里的问题的一个跳板，这个问题就是：**经验提示给分析者的事物与他的训练所必需的规矩之间的对比。**

虽然这个对比从来没有从根本上被构思出来过，甚至也没有被粗略地陈述过，这个对比还是显示出来了。就像所有的被忽视的真理一样，它是显示在事实的不驯从中的。

首先在经验的层次上，在这个层次上没有人比泰奥多尔·赖意克说得更好了。我们只需说一下他的书中的这个警告声：Listening with the third ear①，用法语说就是"用第三只耳朵来听"。他指的是那两个人人都有的东西，条件是它们重新获得福音书对之争议的那个功能。

人们在那里可以看到他为什么反对想象退化的规划的定期接替的要求。对抵抗的分析提出了这个接替的原则。也看出他反对更系统化的计划（planning）的形式的理由，planning 是在这个形式中发展。但是他也以无数活的例子来提醒大家通向真正解释的道路。在读他的著作时人们也不会不看到他借助于占卜，可惜这个借用没有定义好。倘若占卜这个词的用法是重新用来指它原先指称的法律上的神意裁判的话（奥路-热勒《上古之夜》第一卷，第二册，第四章）。这个重指提醒我们人的命运取决于那个给命运带来言语的指责的人的选择。

我们并不对笼罩着分析者培训的那种不安少感兴趣。仅举一个反响，我们来看看纳特博士 1952 年 12 月在美国精神分析学会所作的主席致辞里的那些声明②，在那些倾向于"改变精神分析培训的作用"的因素旦，他在举出了申请培训的人数增加之外，又指出在培训机构里"教学的更加有组织的形式"，这与以前导师进行的培训的类型正相反（"原先的导师类型的培训［the earlier preceptorship type of training］"）。

至于对申请人的录取，他是这样说的，"过去他们首先是些内向的人，具有爱好学习和沉思的特点，他们倾向于成为有强烈个性的人，甚至把他们的社会活动局限于与同事讨论疗法和理论，他们博览群书，熟知精神分析学文献"……"相反，我们可以说最近 10

---

① 花园城图书公司，纽约，1951 年（原注）。
② R·P·纳特，《美国的精神分析学组织的当前条件》，载于《美国精神分析学会学报》1953 年 4 月第 1 卷第 2 期，第 197—221 页。（原注）

年里的大部分学生并不内向；他们只愿读学校大纲里指定要读的文献，他们只希望尽快完成培训。他们的兴趣只在于诊所而不在研究或理论。他们被分析的动机只是因为这是培训要求做的……某些学校在贪多急躁中的部分投降以及它们满足于对理论的最肤浅的理解的倾向，就是我们目前在精神分析者培训中面临的问题的根源。"

在这个非常公开的演讲中我们清楚地看到毛病是显得多么的严重，同时这个毛病几乎没有甚至说根本没有被把握住。人们所希望的不是要那些被分析者更"内向"，而是要他们懂得他们在做什么，解决办法也不是要那些学校不那么有组织，而是要人们不要在那里教授一个已消化了的知识，即使这个知识总结了分析经验的素材。

但是，首先要明白的是，不管这样传授的知识是怎么样的，它对于分析者来说毫无培训价值。

因为在他的经验中积累起来的知识关系到想象的事物。知识不停地在想象的事物中碰撞，以至于它只好靠系统地探索主体来调节自己的步伐。知识这样才成功地组成了捕捉欲望的形式的自然史，甚至主体认同的自然史。无论在科学中还是在见识中都没有如此严谨地列举出这些认同的丰富内容，也没有由它们的行动而进行探索过，长久以来仅仅在艺术家的幻想中展示它们的丰采和魅力。

但是，在一个真实的话语中非常难于将捕捉想象事物的效果客观化，在日常生活有其主要的障碍。由此分析者一直有这样的风险，就是说在无法肯定科学在现实中的限度时，分析者会构作一种坏科学。除此之外，即使这是一种正确的科学，在分析者的行动中它也只是一种骗人的帮助，因为它只涉及积蓄而不关系到动力。

在这方面的经验并不偏向理论中的所谓"生物学"倾向，这个倾向当然只是在名称上是生物学的；它也不偏向那个人们称之为

"文化论"的社会学倾向。第一种倾向的"冲动"和谐的理想依仗着一种个人主义的伦理,但在人们的设想中这种理想并不能显示比顺从集团的理想更加能达到人道化的效果。通过这第二种理想第二种倾向引来了"灵魂工程师"的觊觎。在它们的结果中我们可以看出的区别只有一个自行成形的接植与代替它的矫形肢之间的差距。就本能的功能而言(弗洛伊德称之为神经官能症的"伤疤"),在第一种情况下留下的跛腿只使第二种情况里的升华所追求的补偿手段具有一种不肯定的长处。

确实地讲,如果说精神分析学是很接近科学中的那些上面提到的领域,以至它的某些概念也在那里得到应用,那么这些概念在这些领域的经验里并无基础。分析为使自己的经验在那里被吸收而作出的尝试也被悬置着,这种悬置使分析只有在那里被当作一个问题提出来时才得到考虑。

还有,精神分析学是一种由于其目的而从属于主体的独特性的实践。弗洛伊德为强调这一点甚至说在每一个病例的分析中我们必须重新探讨分析科学(见《狼人》中的许多地方,整个病例的讨论是围绕着这个原则进行的),他这样说时已很明确地向被分析者指出了他培训的道路。

确实,分析者只有在他的知识中承认无知的症状才能入门。所谓无知的症状是指其在分析上的意义而言,这就是说症状即是被压抑物在妥协中的回归,而压抑和在别处一样是对真实的查封。无知在这里不能被理解为知识的缺失,而是像爱与恨一样,是作为一种存在的激情。因为与爱和恨一样,无知也是一条存在得以构成的道路。

应该给予整个精神分析培训以其意义的就是这个激情;只要看到它组织了培训的情形这个事实,这一点就很明显了。

人们试图把教学性精神分析的内在障碍看成存在于申请者心中的心理学态度,申请者相对分析者而言是持这个态度。这样的看法并没有从根本上指出这个障碍。这个障碍的根本是在申请者的决定的根源中促动申请者的那个知识或力量的欲望。人们也不知道这个欲望是应该受到像神经官能症的爱的欲望一样的对待，长久以来人们明智地知道这只是爱的反面，——最优秀的作者们要说的不正是这个吗？他们宣布说所有的教学性精神分析应该分析使申请人选择了分析者职业的动机①。

揭示无知的正面结果是非知，这不是知识的否定，而是知识的最高超的形式。只有有了导师或导师们就这个非知对他们的训练的行动之后申请人的培训才会圆满，不然的话他们只能是个机器人分析者。

只有在这里我们才能理解无意识的关闭。我们已在分析技术的巨大转折的时刻指出了这个关闭的谜。就这个问题弗洛伊德曾简略地预言有一天分析的效果在全社会的传布会导致这个关闭②。只要分析者不"再讲话"，无意识就关闭了。他不讲话是因为他已知道或以为已知道要讲什么。这样，如果他对也知道那么多的主体讲话，主体就不能从他说的话里辨认出他独特的言语中的正产生出来的真实。这就解释了弗洛伊德给出的解释中的那些对我们来说令人吃惊的效果。那是因为他给主体的回答是他自己确立于其中的真实的言语。为了在真实中联合两个主体，言语必须是一个对两人来说都是真实的言语。

这就是为什么分析者应该追求这样一种对他的言语的把握，以至言语与他的存在等同。因为他在治疗中不会需要讲很多，甚至只需讲得如此之少以致人们会以为他不需讲任何话，他每次都可以利用上帝的帮助，也就是说主体自己的帮助，而将治疗进行到

---

① M·吉特逊，《正常申请人的分析中的治疗问题》，载于《国际精神分析学刊》1954 年第 35 期第 2 号，第 174—183 页。（原注）

② S·弗洛伊德，《精神分析治疗的未来的机会》，《全集》第 8 卷，第 122—123 页。（原注）

底。主体自己讲出那些言语来,他在这些言语中辨认出他的存在的法则。

他怎么会对此感到惊奇呢？在他向病人负责的孤独之中,他的行动就如外科医生所说是并不属于意识范围的,因为他的技术使他知道这个技术揭示的言语是一个无意识的主体的事务。这样,分析者比什么人都更应该知道他在这些言语之中只能是他自己。

这不就是对那个折磨着费伦奇的问题的回答？这问题就是,为了使病人把自己的坦白说完,分析者是不是也要坦陈其心？确实,甚至在他的沉默中分析者的存在也在行动。只是在支持他的真实的最低点上主体才说出他的言语。但是,如果说按照言语的法则主体是在作为他人的他身上找到他的身份的话,那是为了在那里保持他自己的存在。

这个结果与巴林特非常细致地描述过的(见上文)自恋认同距离很远,因为自恋认同让主体在一种无尽的幸福中更加地向那个分析称之为超我的卑劣可怕的形象开放。超我应该被理解为抛弃了(Verwerfung)言语的律令之后在想象事物中打开的缺口①。

毫无疑问,一个教学性分析并无此效果,如果主体在那里找不到更适宜于证明他的经验的纯真性的东西的话。比如说把将他引荐到分析者那里去的人当作是分析者的妻子而爱上了她。这是个大概由于其似是而非的符合常规而有趣味的妄想。但是他并不可由此而自诩在那里获得了经历过的俄狄浦斯的知识。这个知识不如说是注定了要逃避他的,因为就这一点而言他所经历的只是安菲特律翁②的神话,并且是以貌似者的方式经历的。这就是说是什么也没理解。这样一个主体,即使他以其许诺而能显得非常精

---

① S·弗洛伊德,《狼人病例》,《全集》第七卷,第111页。(原注)
② 安菲特律翁为古希腊神话人物。宙斯化成安菲特律翁的样子去他家设宴待客,这时安菲特律翁本人回家了。可是对宾客和家人来说,举行宴会的才是安菲特律翁。(译者注)

细,在他要就变体的问题发表意见时我们怎么能指望他不人云亦云地说些流言呢?

为了避免这些结局,教学性分析必须不能突破其目的。所有的作者都注意到对教学性分析的条件的讨论都是在一个审查过的形式中进行的。教学性分析的实践就在随着人们声称带给了它的那些保证的形式主义的不断增大而越来越黑的昏暗中突破了目的:米歇尔·巴林特非常明晰地说出了并显示了这一点①。

确实,对于分析来说,研究者的数量本身并不能给在客观性中构成的科学带来质量的效果。100 个平庸的精神分析学家并不能就使科学认识前进一步;而一个医生,作为一部精彩的语法著作的作者(请不要想象为某种可亲的医学人道主义的作品),在其一生中在一个分析者小组的内部保持了交流的风格,而不为小组中的冲突及屈从的浪潮所动。

这是因为由于分析是基本上在非知中发展,在科学史中它是属于科学史上的亚里士多德定义之前的状态,这个状态称为辩证法。弗洛伊德以其著作中对柏拉图的引证,甚至对苏格拉底前作者的引证而表明了这一点。

但是同时它远不是孤立的,也不是能被孤立起来的;分析是处于一个巨大的概念变化运动的中心。在我们的时代这个运动重新构作了那么多被不恰当地称为"社会的"科学;改变或重新找到了数学这个最典型的精确科学的一些分枝的意义,结果是重新立下了建立在推测上的关于人类行动的一门科学的基础;这个运动在人的科学的这个名称下重新排定了主体间性的科学的集合。

为了看清在其技术与学科的思路中言辞所带来的那些困难问题,分析者可以在语言学的现代最具体的发展中学到许多东西。

---

① 米歇尔·巴林特,"分析培训和教学性分析",载于《国际精神分析学刊》1954 年第 35 期第 2 号,第 157—162 页。(原注)

再说我们可以非常意外地在无意识的最独特的现象——梦和象征——的制作中辨认出陈旧的修辞学的那些修辞格。在使用中这些修辞格给出了最细致的说明。

为了懂得历史在主体的个人生活中的功能，历史学的现代观念对于分析者也是必不可少的。

更加适当的是象征的理论，这个理论以其奇特的面貌而被用于我们可以称之为古生代的那个时代，并且是属于所谓的"深层心理学"的辖域。精神分析学应该将重新修整的这个理论引入它的普遍功能之中，没有什么研究比对整数的研究更恰当了。这些整数的非经验来源值得再三深思。还有，即使不去进行现代博弈论的富有成果的练习，甚至不去讲究集合论的那些非常有启发的形式化，只要像本文作者所努力教授的那样学会正确地数到四（也就是说在俄狄浦斯的三元关系中加入死的功能），我们就会有足够的材料。

这里涉及到的不是规定下一个计划的内容，而是要指出，为了让分析占据一个公共教育的负责人应该承认的突出位置，分析必须接受对其基础的批判。没有这个批判，分析就会在集体贿买的效果中堕落。

应该是由其内部纪律来避免在分析者培训中的这些效果，并由此而澄清变体的问题。

到了这个时候，我们才能够懂得弗洛伊德在介绍其"典型疗法"的那些现在已成为标准的形式时的极度保留态度，他是这样说的：

"我要明确地说，这个技术是作为最适合于我个性而才得出的，我不想贸然否认，一个秉性不同的医疗个性会就病人和要解决的问题作出别的处置。"①

---

① S·弗洛伊德，《就精神分析疗法而给医生的建议》，《全集》第 8 卷，第 376 页，这一段落是作者译的。（原注）

这样，这个保留态度就将不再被看作是表达了他深深的谦逊，而将被看作是肯定了这个真理，即分析只有在一个博学的无知的道路上才能得到其全部能力。

# 弗洛伊德事务或在精神分析学中回归弗洛伊德的意义\*

据 1955 年 11 月 7 日在维也纳神经—精神病医院作的一篇报告扩展而成。

献给西尔维亚

## 这篇报告的时间和地点的情况

在这几天里,为了让世界重新听到它的歌剧的声音,维也纳以一种悲怆的形式重又展开了它擅长的谐和文化的汇合的永恒使命,——我想我是正逢盛会,来到此地谈论这个城市与一场哥白尼式的认识革命永远相联的幸运:我的意思是说这里是弗洛伊德作出发现的圣地。我们可以说,通过这个发现,人的真正中心不再是在人道主义传统所指出的地方了。

那些在自己的家乡并不是完全不为人知的先知们或者也免不了有一个黯然失色的时期,即使那只是在他们死后。作为一个外乡人,对于造成这个时期的种种力量还是三缄其口为宜。

---

\* 载于《精神病学进展》1956 年第 1 期。(原注)

再说，我作为其先行使者而问弗洛伊德的回归是意在别处；这儿在座的阿尔腓烈德·费特斯坦医生作为当时维也纳精神分析学会的主席指出了的一桩象征性的丑闻足以让人注意到我们的目标所在。这就是在弗洛伊德构作其英雄的著作的住屋前放置纪念牌的仪式。丑闻并不在于这个纪念牌并不是由弗洛伊德的同胞献给他的，而是在于它并不是由那些弗洛伊德门下的国际协会所献。

这是种很说明问题的失责，因为这暴露出一种反叛，这种反叛并不来自于那个弗洛伊德出于传统只是其过客的国土，而是来自于他留给我们照看的领域，来自于那些弗洛伊德任以捍卫这个领域的责任的人。我指的是精神分析学运动，在这个运动中事情已发展到这样的地步，回到弗洛伊德的口号意味着一个逆转。

自从弗洛伊德信息的最初声音伴着维也纳钟声的回音传至远方以来，许多偶然事件都纠集到了这个历史中来了。他的声音显得是被窒息在第一次世界大战的沉重的崩溃中了。随着第二次世界大战造成的巨大的人类创痛，他的声音的传播重又开始。这创痛是传播的最有力的工具。仇恨的煽动，不和的忿乱，战争的恐慌，随着这一切的嚣张，弗洛伊德的声音传到我们这儿；同时我们又看到了负有弗洛伊德信息的人流连四方，他们遭受迫害并不是偶然的。这个传播一直推进并回响到了我们世界的边缘。我们并不能因为在那儿历史有了限度而说历史失去了意义；如果认为在那儿历史不存在了那就大错特错了，因为那儿已有几世纪的历史因为太短的地平线的缺口而更加沉重，但在那儿成为那儿的事业的特征的意愿否定了历史：美国所特有的非历史主义的文化。

在由这个文化构成的社会里，这个非历史主义规定了人在其中得到承认所必需的融合。移民们需要回答的就是这个要求。而他们为获得承认只有自己的差异可以强调。但是，他们的功能是以历史为其原则的，他们的信条是一种在现代人和上古神话之间建立了桥梁的信条。形势是如此的严峻，机会是如此的诱人，他们不得不向诱惑让步:放弃原则而将功能建立在差异之上。请分辨清楚这个诱惑的性质,这不是方便的诱惑或是利益的诱惑。抹煞掉一个学说的原则当然要比抹煞掉出身的痕迹更容易,以其功能来为要求服务也更加有利可图。但在这儿,将其功能归结为差异,这是屈从于功能内在的一个幻觉,这个幻觉将功能建立在差异之上。这是使其返回到那个反动的原则上去。这个原则包涵了病者和医者的两重组合,包涵了知者和昧者的对立。当这个对立是现实的时候,当然只能抱歉地将这个对立视为真的。在一个有如此需要的社会环境中,当然也只有由此而进而成为灵魂的经理人员了。最败坏人的舒适是知性的舒适,正如最恶的腐败是最优秀者的腐败一样。

我从荣格那里听到,当荣格和弗洛伊德受克拉克大学的邀请去美国,在他们到达纽约港看到那个有名的照耀全宇宙的雕像时,弗洛伊德对荣格说,"他们不知道我们给他们带去的是瘟疫。"这句话是作为狂妄的证明而归于弗洛伊德的,这话的反讽和忧郁遮盖不住其令人不安的光彩。为了套住这话的作者,复仇女神只要照这话办理就是,我们恐怕她是在这上加了一张回程的头等票。

事实上,如果这样的事发生了,我们只有自己可以责怪。因为随着对不愉快记忆的压抑,欧洲已经在那些来自欧洲的人的关注、风格以及回忆中消失了。

我们不是要来同情你们的被遗忘,倘若这能让我们自由地向你们说明一些人在法国精神分析学会的教学中提出的回到弗洛伊德的打算。对于我们,这并不是一个被压抑者的回归,而是要在自弗洛伊德死后精神分析学所经历的反命题阶段中找到证据来表明精神分析不应该是什么,要和你们一起重新光大那种即使在其走入歧途时也支撑着精神分析学的东西。这就是弗洛伊德以其自身存在而保持着的原初意义,我们在这儿就是要解释这个意义。

我们怎么会丢失这个意义的呢?它是在最明了最严谨的著作

中表明给我们的。我们怎么会变得犹疑不定的？对这些著作的研究告诉我们它里面的阶段和转折都是弗洛伊德以其一贯有效的考虑为保持这意义最初的严密性而安排的。

弗洛伊德的这些文字是可与人类在别的时代以最高的赞语尊崇的文字相媲美，因为它们经受了评论的考验。人们重又发现了按照传统来使用评论的好处，这不仅是要将一个言论重置于其时代的范围之中，而是要看它对自己提出的问题的回答是不是被对现实问题的回答所超越。

4年以来，从11月到7月我在每星期三举行2个小时的研讨班专门研讨弗洛伊德的著作，即使我的评论着眼于他的著作的全部，我至今还只讲了他四分之一的著作。你们恐怕不会感到意外如果我告诉你们我以及听我课的人在这些著作中有了真正的发现。这些发现包括那些尚未发掘的概念以及要由我们的探索来找出的治疗上的细节。它们表明了弗洛伊德试验过的领域要大大超过他有意将我们引入其中的那几条途径，更表明了他的常常予人以无微不至的印象的观察其实并不局限于他要证明的内容。那些与精神分析无关的学科的专家们，我指导他们读这些著作，他们中间没有人不为进行中的研究所动容，不管是他在《释梦》(*Traumdeutung*)中让我们跟从的研究，还是在《狼人》中的观察或在《超越快乐原则》中的观察。那是多么出色的训练思维的练习！多么精彩的值得传播的思想！当你看到从你那儿学了这些内容的学生向你显示了他们的实践中的有时是马上出现的变化，当你看到在他们自己还未意识到时他们的实践就变得更简洁更有效时，你会赞叹这种思维训练的方法的严谨和这个思想的真理力量。在我的谈话中我无法详尽地向你们陈述这一工作。承蒙霍夫教授的好意我才有机会在这个富有非凡回忆的地方讲话，与我志同道合的多曾特·阿诺德教授提议我现在和你们谈，而我的多年好友伊高·加鲁苏先生告诉我在维也纳我会遇到怎样的接待。

但是我不能不提一下靠着我们学院在维也纳的主任苏希尼先生的合作而我拥有的听众。因此，在我将要开始谈论我准备讲的回到弗洛伊德的意义时，我不禁要怀疑，因为他们没有听我演讲的专家那样的有准备，我会不会使他们失望？

## 反 对 者

我现在知道我的答案：——绝对不会，如果我将要说的内容是恰如其分的话。回到弗洛伊德的意义，就是回到弗洛伊德所讲的意义，而弗洛伊德所讲的内容的意义可以传播给任何人，因为这是讲给所有人听的，任何人都会对此有兴趣的：只要说一句就可以使人看到这一点，弗洛伊德对真理提出质疑，而没有人会对真理问题无动于衷的。

必须承认，对着你们亮出真理这个词是个不寻常的做法，这个词几乎是声誉狼藉，体面的人避之唯恐不及。然而我要问一下，这个词是不是实际上存在于精神分析实践的中心，因为这个实践一直在我们身上以至我们的体魄中重新发现真理的力量。

为了什么无意识要比在主体中抵抗它的护卫更值得得到承认？护卫的成功使它显得很是现实。在这里我不是要重提尼采的关于生活的谎言的那些低劣说法，也不是要惊异于人们会相信信仰，也不是承认人只要愿意就能意愿。我只是要问，确认无意识倾向的那种平和态度从何而来，如果它不是比在冲突中制约它的东西更真实？再说，近一段时间以来这种平和气息显得不足了，因为精神分析家们不满足于将归于自我的护卫看作是无意识的，他们越来越将其机制——对象的移位，针对主体的逆转，形式的退化——认同于弗洛伊德在倾向中分析过的那种动力。这种动力在那儿看来是继续发展，只是改变了名号罢了。当人们承认冲动本身可以被护卫带入意识以便使主体不在那儿认出自己，我们这是不是就走到了极端了呢?

为了在一篇首尾一致的演讲中讲清楚这些晦涩的东西,我仍然使用那些不合我意的重建了支撑这些词的两重组合的词语。问题不在于技术进展的树木会遮住了我在此探索的理论的森林,问题是只差一点点人们就会以为是身在蓬底森林①。恰恰是那个藏身于每棵树之后的人,他看到一些树木比另一些更真实,或者说,树木不全是强盗。如果不是这样的话,人们会问那些不是树木的强盗在哪儿。在一定的场合下与一切有关的这一点点可能是需要人们来解释一下的。这个真理,如果没有它人们就无法看清面具上的脸形,在这个真理之外就只有迷津而没有其他什么妖魔了。那么这个真理是什么呢? 换句话说,如果什么都是同样的现实,它们从什么地方可以分辨出真假来呢?

在这儿粗大的木鞋走上前去套在鸽子的爪子上。我们知道,真理就是载在鸽子身上的,有时又将鸽子一齐吞掉:有人叫了起来,你是个搞意识形态的,而我们采用的只是经济的标准。现实的所有安排并不都是一样的经济的,但是当真理达到了之后,鸟儿飞走了,并不受我们的问题的损伤:为谁而经济的?

这次事情走得太远了。反对者讥笑了,"我们看出是怎么回事了。先生要搞哲学了。过一会儿,柏拉图和黑格尔就要出场了。只要听到这些名字就够了。这些名字担保的东西都得搁到一旁去。无论如何,就如您说的那样,这些事与人人有关,那么就不会使我们这些专家感兴趣。在我们的文件中甚至没有一个类别可以放入这些东西"。

你们以为我在这篇演讲中开玩笑。决不。我完全担保。

如果对于人类知识弗洛伊德带来的只是确有真实事物这样一个真理,那么也就没有什么弗洛伊德的发现了。弗洛伊德这样只

---

① 蓬底森林位于巴黎北面,过去以盗贼出没其间而闻名。(译者注)

是置身于体现了一个人道主义分析传统的道德家行列中而已。这个传统是欧洲文化的天空中的银河,其中巴尔答萨·格拉西安和拉·罗什福柯是一等星宿,而尼采是迅速爆发而又迅速暗淡的新星。弗洛伊德是他们中的最后一位,大概与他们一样也为灵魂的行为的真实性这样一个基督教的关怀所触动。弗洛伊德做到了将整个决疑法都填入温情国①的地图,在那儿你不需要定方向就得到规定于它的种种服务。他的客观性事实上是严格地与分析的形势相关联的。圈在划定了其领域的四面围墙之内的分析形势完全可以不必知道北方在哪儿,因为人们将这看作就是长沙发的纵轴。这纵轴是被认为指向分析者本人的。精神分析学是关于在这个领域里建立起来的幻觉的科学。这是个独特的经验,同时却也不是个雅致的经验。对于那些希望入门到人的疯狂原则的人来说,我们不能过于推荐这个经验,因为,即使它是与种种癫狂有涉,它是揭示了这些癫狂。

　　这种很有节制的语言不是我创造出来的。我们能听到所谓的经典的精神分析学的狂热捍卫者将精神分析学定义为完全由形式规范了其实践的一种经验。我们不能更改这些形式的分毫,因为这些形式是在一个偶然的奇迹中得到的,它掌握了能达到一种超越历史的种种现象的真实的途径,在那儿对秩序和美的偏好有其永久的基础,就是说前俄狄浦斯关系的对象,粪便,屁股上的皮疹。

　　这个立场是无法驳斥的,因为规则是由结果来验证的,而结果是被看作支持了规则的良好根基的。但是,我们的问题越来越多。这个偶然事件是怎样发生的?现代分析家将分析关系都归结于前俄狄浦斯的把戏,而弗洛伊德只有将它置于俄狄浦斯的位置上才感到满意,这样一个矛盾是怎么来的呢?关在温室中的这种新牌

---

　　① 温情国,17世纪作家德·斯甘德里和其他小说家创造的寓言国家,在那儿爱是唯一的事业。(译者注)

号的经验的密合怎么会成为原本像是向所有的创造天地开放的进程的最后一步？将这个问题反过来问也一样。如果说在这个有选择的酝酿中对象是由实验心理学以外的途径发现的,那么实验心理学以自己的方式能不能重新找到这些对象呢？

我们从有关人士那里得到的回答很明确。经验的动力,即使是按他们的条件促动的,不可能仅仅是这个幻觉的真理,幻觉的真理终究是真理的幻觉。一切都是从一个个别的真理,从一个揭示开始的,由此,现实对于我们就不再是以往那样了。就是在这一点上,理论的无意义的嘈杂继续抓着生动的人类事务,似乎是为了阻止实践堕落到那些无法出头的不幸的人的水平(我使用这个词是为了排除鲜廉寡耻的人)。

必须说,一个真理在得到了之后并不是很容易被辨认出来的。这不是因为有预立的真理,而是因为真理很容易与围绕它的现实相混淆。为了将它们分辨开来,人们长期来只找到一个办法:加以一个智慧的印记;为了对真理表示崇敬,人们也只有一个做法:把它看作是来自另一个世界的。并不是由于人的某种盲目真理才只有当在那个有名的形象中人举起的光芒突然照出她裸露的身体时给人显得那么美丽。人们必得做出傻乎乎的样子才能假装不知道这以后发生了什么。但是,如果要想知道在这之前去哪里找她,你就还有那种牯牛般直率的蠢笨。那个形象并不怎么帮助你找到那口井,那井是个肮脏甚至秽臭的地方,而首饰匣却是个完整保存所有珍贵形式的地方。

## 事务谈论其自身

但是,弗洛伊德口中的真理直截了当,毫不转弯抹角:

这样,对于你们我就是那个即现即隐的美人儿的奥秘。

你们这些如此想要将我隐藏在礼仪的浮华装饰之下的人们。我并不因此而不承认你们的窘迫是真诚的,因为即使你们成为了我的使者,你们高举我的旗帜并不比穿戴你们自己的和你们一样的衣服更使你们有价值,你们这些幽魂。进入你们以后我要去哪儿呢?在进入到你们里边之前我又在哪儿呢?或许有一天我会告诉你们?但是为了使你们能找到我,我告诉你们怎样来认出我。人啊,听着,我来授予你们这个秘密,我,真理,我在告诉你们。

是不是要让你们注意到你们还未知道这个秘密?你们中间的一些人,他们自认为是我的情人,这或许是按照了在这一类的吹嘘中以自己来奉承自己为最妙的原则,他们含含糊糊地,笨拙地(这显露出真正使他们感兴趣的是他们的自尊)提出,如果没有我的援手,哲学中的错误,他们的错误,就不可能存在。因为老是以他们的思想来拥抱这些女孩,他们最后觉得她们又乏味又无用,于是就开始根据古时贤良的风尚而对付起粗俗意见了。这些古时贤良知道将这些意见置于何处:说书人的,辩护士的,骗子的,或谎言者的。他们也知道在哪儿能找到它们:在家园,在公共广场,在作坊或在市场。他们看到,如果不做我的寄生虫,那些粗俗意见对我更有用,谁知道呢?做我的武装,做我的力量的特务。对"鸽子飞"①,对一些似乎经过坚持不懈谬误就突然变为真理的不少例子的观察,使他们走上了发现这个道理的道路。谬误的言谈,它在行动中的表达,可以不顾证据而证明真理。于是,他们中的一个就试图将理性的诡计抬举为值得研究的对象。可惜的是他是个教授。如果你们用驴子耳朵来对付他的言论,你们就太幸运了。在读书的时候人家将这驴耳朵戴在你们头上,现在你

---

① "鸽子飞"是一种儿童游戏。(译者注)

们中听力不佳的人则用它来作助听筒。那么,保持住你们模糊的历史感,让那些机灵的人在我未来的铺子的担保上建立起谎言的世界市场,全面战争的交易,以及自我批评的新法律吧。如果理性真如黑格尔所说的那么狡黠,它没了你们也能完成它的业绩。

但是你们并没有因此而使欠我的债期变得过时或遥遥无期了。它或者是昨天之后或者是明天之前。你们急冲冲地赶去还债也好,赶着去躲债也好,这都没有关系,因为在两种情况中它都是从背后抓住你的。不管你想靠欺骗来逃避我还是想在谬误中追上我,我都能在误解中找到你。对于误解,你没有什么护身之处。最尖刻的言语稍有失误的地方,也就是它缺乏欺诈的地方。我现在宣言这一点,而在好的或坏的同伴中装做若无其事,那才是更难的。但是,若你们更加警觉,那也是无济于事的。即使礼仪和政治的联合法庭裁决一切倚仗我而如此非法的公式表现的事都不可立案,你们也不会因此解脱,因为最纯正的意图也会因不得不说出以下的事实而惶恐,即:失误的行动是最成功的行动,其失误满足了最深藏的希望。再说,你以为将我不置于你身上而置于存在本身可以更牢靠地拘住我,而眼看到我从森严堡垒中逃逸出,这是不是足以来审定你的失败了呢?我游荡在你认为从本质上来说最不真实的地方:在梦中,在最为贡戈拉①式的俏皮话的奇义中,在最为荒唐的文字游戏的荒谬中,在偶然中,不在法则中而在其随机中。我改变世界的面貌的最有把握的方法是给予它克娄巴特拉的鼻子的侧影。

由此,你们可以削减在你们竭力延伸的意识的通道上的

---

① 路易·德·贡戈拉(Luis de Gongora,1561—1627),西班牙诗人。(译者注)

交通。这些通道是**自我**的骄傲,而自我又被费希特①冠以先验的荣耀。真理的长途交通不再经过思想了:怪事,看来现在是要经过事物了:字谜,现在我通过你来交流。就像弗洛伊德在他的关于梦和关于梦的意义的著作中专论梦的作用的第六章的第一段里讲的那样。

但在这儿你们要小心:那人费了这么大劲才成为教授,这或许会使他不受你们的冷淡,或许会使他不引你们入歧途,拟人的说法在继续进行。好好听他说的话,他是说的我,言讲着的真理。要理解他的最好办法是从字面上来理解他。在这儿事物可能是我的符号,但我再说一遍,那是我的言语的符号。如果说克娄巴特拉的鼻子改变了世界的进程,那是因为它进入了世界的话语,因为要长久或短暂地改变世界,只要而且必需是一个讲话的鼻子。

但现在你们必须运用你们自己的鼻子,可是为的是一些更自然的目的。让一种比你们所有的范畴都可靠的嗅觉在我引起的赛跑中引导你们:因为如果说理性的诡谲尽管蔑视你们还是向你们的信仰开放的,我,真理,是对付你们的大骗子。因为,我的道路不仅是通过虚假的,而且是通过在伪装的差错中找到的太狭的裂缝的,通过梦的密不透风的迷云的,是通过平庸的无由的迷恋的,是通过荒诞的迷人的绝路的。去搜寻吧,你们这些听了我的话而变成了的狗,索福克勒斯②宁肯让猎犬去追踪阿波罗的偷儿的奥妙的痕迹而不去跟踪俄狄浦斯血腥的足迹,他肯定自己在科劳③的那个不祥的会面地上可以找到真理的时刻。听从我的呼唤进入竞技场吧,随着我的

---

① 费希特(Fichte,1762—1814),德国哲学家。(译者注)
② 索福克勒斯(Sophocle,前496—前406),古希腊悲剧诗人。(译者注)
③ 科劳,古希腊地名,索福克勒斯的家乡。(译者注)

声音叫唤吧。这样你已经失落了,我否定自己,我向你们挑战,我隐藏起来,你们说我在保卫自己。

## 盛　典

我们知道现在人们都等着回到阴影中去,这个回归给出了一个谋杀聚会(murder party)的信号,这是由不让任何人出去的禁令造成的,因为任何人现在都可以将真理藏在他的衣襟下,或者如在"唐突的珍宝"的情爱虚构中那样藏在肚子里。总的问题是:谁在讲？这个问题并不是无关宏旨的。可惜的是回答都太匆忙了。首先利比多受到了指控,这将我们带到了珍宝的方向。但是我们要看到,如果说自我给得不到满足的利比多制造了障碍,它有时却又是它的活动的对象。当玻璃碎片的爆裂声告诉大家是沙龙里的大镜子被打坏了,因为急急忙忙地被叫来帮忙的自恋的假人儿是从那儿进来的,这时人们感到自我马上就要崩溃了。一般来说**自我**是被看作凶手,或者看作是被害人,由此,好主席斯瑞伯的神圣光芒就开始将其网络撒向世界,本能的狂舞越发的复杂起来了。

在这儿,我将这出喜剧在它的第二幕的开头处就停了下来,这出喜剧比人们想的要有益得多,因为这出喜剧使其丑角戏涉及到认识的悲剧,而这丑角戏只属于那些演出但却不懂这悲剧的人的,这样这出喜剧给那些人重建了纯真性,而他们总是离纯真性越来越远。

但是,如果我们的主角适宜于一个更严肃的比喻,那就是将弗洛伊德看作是一个被从一开始就甩掉了的猎狗所放弃的阿克特翁①,而他竭力地要使猎狗来追逐他,但他又无法放慢自己的奔跑,唯有对狄安娜女神的热望引导着他的奔跑,这一跑跑到洞穴里

---

① 阿克特翁(Actéon),古希腊神话中人物,因撞见出浴的狄安娜女神而被变为鹿,最后为自己的猎狗所撕食。(译者注)

才停下。洞穴里潮湿阴暗,看上去很像真理的所在地。为了给他解渴,狄安娜献给他死亡的平坦水面以及世界上最为理性的话语的半神秘的边际。这是为了让我们可以认出那个象征取代了死亡的地方,以便可以掌握生命的最初的肿胀。

我们知道,这个边际和这个地方还远远没有被他的弟子们所达到,即使他们不是不想随他去那儿。在那儿被撕碎的阿克特翁不是弗洛伊德,而是那些能为这个热望鼓动起来的分析者。按照乔尔达诺·布鲁诺①在《英雄的怒火》一书中揭示的这个神话的意义,这个热望使这些分析者成为他们自己思想的猎狗的猎物。

为了了解这种破裂的程度,必须听听从最优秀的方面以及从最拙劣的方面都响起的要把他们带回打猎的出发处的呼声,说的是真理在那儿给我们当食粮的话,"我在讲",为的是接下去讲"没有言语不是语言"。他们的喧嚷淹没了以下的一切。

"废话!"一边这样的开了腔,"对于语言前表达你们又如何说呢?对于手势和哑剧,对于声调,对于歌的曲调,对于情绪和亲密的触摸又怎么说呢?"听了这话那一边应答了起来,"全都是语言,当我感到害怕心跳加快,那是语言,当我的病人听到高空飞机的轰鸣就昏了过去,那是为了**说**她所保有的对过去轰炸的记忆"。——是的,思想的雄鹰,当在划破夜空的探照灯的巨笔中飞机的形状画出了你的肖像时,那是天空的回答。

但是,在尝试了这些前提后,人们并不对任何人在其伟业中会用到的交流的形式的使用提出异议,不管是信号还是形象,是实质还是形式,即使这实质是同情的实质,优点并不是用好的形式来讨论的。

我们发觉自己只是在跟着弗洛伊德重复他的发现的话:那在讲话。可能是在人们最没预料的地方,在受苦的地方。如果说有

---

① 乔尔达诺·布鲁诺(Giordano Bruno,1548—1600),意大利哲学家。(译者注)

一段时间只要听听那说了什么就能作出回答（因为只要听到了，回答就在里边了），然而要知道开创时的大人物，那些安乐椅上的巨人都为大胆行为所遇到的灾难而吃惊，他们的座席不再是金玉良言的导体，而他们是有资格端坐在这金玉良言的面前的。无论如何，从那时起，人们加剧了精神分析学和精神分析家之间的会面，希望可以达到那个雅典人地步，而雅典娜可以全副武装地从弗洛伊德的头脑里飞出。我要说那嫉妒的命运，这同样的命运，败坏了这些相遇：在面罩下面本来每个人应看到他期待着的女神的，啊哟，一想起来就要恐怖地叫了出来，另一个占据了女神的位置，原来在那儿的那一个现在也已不在那儿了。

让我们定下心来再跟着真理重复她所说的关于自己的话。真理说："我在讲。"为了要在所讲的内容中辨认出这个"我"来，说不定我们不应去抓住这个"我"，而要去注意讲话中的骨节。"没有言语不是语言"这句话提醒我们语言是一种由法则组成的序列，从这些法则中我们至少可以知道它们排除的是什么。例如，语言与天然表达不同，它也不是一种编码，它也不就是信息，钻研一下控制论你就会懂得这一点。它也不大能归结为上层建筑，唯物主义自己也对这个邪说起了警觉，这要看看斯大林的谕旨。

如果你要知道得更多，去读一下索绪尔，正如一个吊钟会遮住太阳，这儿的索绪尔不是在精神分析学中人们看到的那个人，而是费迪南·索绪尔，他可以说是现代语言学的奠基人。

## 事物的秩序

一个精神分析学家应该很容易掌握能指和所指这个根本性的区分，并开始运用这两个网络，这两个网络组织起互不重叠的关系。

第一个网络，能指的网络，是语言材料的同时结构，因为在那儿每个成份由于与其他成份相异而获应用,这就是唯一的规定了语言的不同层次上的成份的功能的分布的原则,从音素对立的对子一直到组合的短语。当代研究的任务就是要提炼出其中恒定的形式。

第二个网络,所指的网络,是实际说出的言谈的历时总和,这个总和对第一个网络作出历史的反应。同样,第一个网络的结构掌握了第二个网络的通道。在后者中占主导地位的是意义的单位,但这个单位显然并不在对现实的单纯指称中得到解决,它总是指向另一个意义。这就是说,意义只是在对事物的总体掌握中才能得到实现。

意义的源头不能在它通常肯定能得到其特有的羡余度的那个层次里看到,因为它总是多出于事物的,它让事物在羡余度里漂移。

单单能指就足够保证了整体的作为一个整体的理论上的一贯性。最近的科学进展肯定了这个足够性,回想起来,人们看到在初始语言经验中也隐含了这个足够性。

这就是将语言与符号分别开来的基础。在这些基础之上,辩证法具有了一种新的尖锐性。

这是因为黑格尔据以建立他对好魂灵的批判的看法(根据这个看法,他的批判被说成是恰恰靠它反对的混乱为生(在"靠着为生"的所有意义上,包括经济意义))避开了同义反复,但只是为了去保持好魂灵的相同本体,而这个相同本体无意地为存在中首要的混乱作中介。

不管那是怎么样的辩证法,这个看法动摇不了黑格尔用它来对付的自负的谵狂。这个自负仍然跌落在陷阱里,这个陷阱是由意识提供给迷恋上了情感的**我**的幻觉构成的。**我**将情感树立为心的法则。

黑格尔可能将这个**我**定义为一种法律存在,这就比作为实际存在更具体，过去人们曾以为能将法律存在从实际存在中提取出：这可以从它具有户籍身份和财务身份这一点看出。

但，要等到弗洛伊德的到来才使这个法律存在对实际存在的最隐秘的领域里的混乱负责，就是说在机体的虚假整体上。

我们以与生俱来的开裂来解释其可能性，人的实际存在在其自然关系中表现了这种开裂；用以来解释的还有将想象的成份重新把握起来进行象形的，表音的甚至语法的使用。这些想象的成份是散布在开裂之中的。

但是，为了显示症状的能指结构，我们并不需要这个创生。释读了之后，这个结构是明显的，表现为深印在肉体上的，在人的象征功能中无处不在。

将建立在语言上的社会与动物社会区别开来的，使我们可以全面地在人类学上看到这个区别的是这样一个事实：成为这样的社会的特征的交际具有除了要满足交际的欲望以外的基础，也就是我们称之为"作为整体社会事实"的天赋。当主体混和构成的集合具有一个不同的结构时，上述的事实就被引伸到很远，一直到被用来反对将社会定义为个体的集合。

这是将作为原因的真理的影响从另一个通道引入，并要求对因果过程作出修正。修正的第一步看来是要承认这个影响是有其内在的异质性①。很奇怪，唯物主义思想看来忘记了它是借助于异质性才发展起来的。人们将对一个情况更加感兴趣，这个情况比书呆子们对弗洛伊德的抗拒更令人注目，这就是这个抗拒在普遍意识中遇到的默契。

如果说全部因果关系都表明了主体卷入其中，那么，毫无疑问，所有的次序的冲突都应由主体负责。

我想我们在这儿提出精神分析治疗问题的用辞足以使人感到

---

① 这个重写的段落说的是我们以后才发展起来的一条思路。（原注）

它的伦理学并不是个人主义的。

但是在美国的范围里,这个实践被迅速地降格为取得"成功(success)"的一种手段和一种"幸福(happiness)"的存在方式。应该说,这就是对精神分析的否定。这来自于一个纯粹而基本的事实,太多的信奉者从来都不想理解弗洛伊德的发现,他们也不打算去理解,甚至不在压抑的意义上去理解。因为这儿涉及到的是全面漠视的机制。甚至在它的集体的形式中,它也刺激起谵狂。

倘若将分析的经验更严格地参照到语义学的普遍结构上去(这种结构是经验的基础),那么,他们本来是会理解这一点而不需要我们去说服他们的。

因为,我们刚才谈到的作为辨认出的真理的接受人的主体恰恰不是在有意识的快乐或辛劳的异化的或多或少是直接的材料中可以感知到的**自我**。这个区别是与被前意识的功能的深渊分隔开的弗洛伊德的无意识和他的新教程(Neue Vorlesungen)的第 31 条的弗洛伊德的遗嘱,"它在哪儿,我也在那儿出现(Wo Es war, soll Ich werden)"之间的巨大区别一样。

弗洛伊德的这句话的能指结构表现得很是突出。

让我们来分析这句话。与这句话的英文译文所不可避免的形式恰相反:"Where the id was, there the ego shall be",弗洛伊德没有写 das es,也没有写 das Ich。而他是习惯于这样来指称这些动因的,10 年来他是在这些动因中组织了他的新的结构。考虑到他严谨的风格,他不如此写这几个词就使这句话有了特别的意味。即使我们不必一定要通过一个对弗洛伊德著作本身的评论而指出他确实是写了 das Ich 和 das Es,以此来坚持存在在无意识的真正主体和以一系列的异化认同构成的它的内核的**自我**之间的区别,无论如何,在这儿显然是:Wo,那儿;Es,没有 das 和任何其他客体化冠词的主语;was,在,这是存在的地点,在这个地点;soll,这是宣布了一种道德上的责任,就如在这句话之后结束全章的那句一样①;Ich,我,我须在那儿(正像人们在说:"这是我"之前说的是"我是这");werden,变成,就是说,并不是到达,也不是出来,而是在那个存在的地点产生。

这样,我们愿意不遵从指导翻译的那些意义结构的原则而在法文中稍微的灵活一点,以便使那些能指的形式能切合那个意义的分量。德语比法语更好地表达了这个还不好掌握的意义。因此,我们要使用与德语的 es 同音的主体这个词(sujet)的起首字母;同时,我们至少暂时地容忍一下 es 这个词的最初译法 soi,后来代替 soi 的那个 ça 在我们看来并不更合宜,因为它是对应了德语的 was ist das? 中的 das:das ist:c'est。这样,如果我们坚持同等的形式,那个将出现的省音了的 c' 导致我们创造出一个动词 s'être,它表达了绝对主体性的形式,而弗洛伊德在其彻底的奇异性中恰当地发现了它:"在它所在的地方,——我们可以说——,在它绝对所在的地方,——我们要使人理解为——,这是我的责任我出现在那儿"②。

你们看到,它们并不是出现在功能的语法概念中的,需要分析的是在每个主体中**我**和**自我**是不是和是怎样区分以及相交的。

在入门过程中造就工作者的语言学概念教会他的就是要等待症状表现出它的能指的功能,也就是说与同一个名目在医学中一般表示的自然标志所不同的地方。为了满足这个方法上的苛求,他必定要在分析对话(我们将试图说出这个对话的结构)引起的意义中辨认出它的常规用法。但是这些意义他认为只有在上下文中才能有把握地掌握住,也就是说是在一个片断中。对于每个人

---

① 那是"Es ist Kulturarbeit etwa die Trockenlegung der Zuydersee"即这是一个就像排干须德海一样的文明化工作。(译者注)

② 不知是哪个魔鬼使法译本的作者将这句话写成:"自我一定要将原始本能逐开"。确实我们可以在这句话中欣赏到熟练于这类行为的调门。(原注)

来说,这个片断是由源于这个片断的意义和在分析话语中这片断的渊源的意义所组成。

这些基本的原则很容易应用于技术上。通过阐明技术的本质,这些原则排除了许多歧义,这些歧义因为存在在转移和抗拒这样的重大概念中,就完全搞糟了人们在实际中的使用。

## 对抗拒者的抗拒

我们来考虑一下抗拒这个概念。这个概念越来越与护卫的概念相混淆,以及与在这个意义上的一切减缩的行动相混淆。我们不能不看到这些行动所带来的强制,由此,我们应该提醒大家,分析要处理的最初的抗拒是话语本身的抗拒,因为这首先是意见的话语,所有的心理的客体化都显得是与这个话语紧密相联的。事实上这就造成了精神分析的寨主们在 20 年代左右同时地达到了他们的实践的死点:因为他们知道得既太多又太少,以致无法使他们那些知道得同样多的病人承认真理。

但是那时所采用的要应用于对抗拒的分析的最基本的原则远没有导致到一个有利的发展。原因在于如果你不明白一个原则的内涵,即使你将它作为最紧要的行动也无助于达到它的目标。

但是,对抗拒的分析正是向着加强主体的客体化的立场而开展的,以至于目前这个指向表现在引导典型治疗行动的原则之中。

我们不仅不能将主体置于观察的状态中,我们必须知道,如果让他这样做,我们就进入了一种误解的循环。在治疗中没有什么东西能打破这个循环,在批评中也一样。在这个意义上所有的措施只有以辩证的结果来证明其有用了,也就是说,用来表明其绝路的价值。

但我走得更远,我要说,你不能一方面自己去进行主体的客体化,另一方面又选择合宜的方式对主体讲话。这理由不仅是因为正如英语里的谚语所说那样,你无法又吃了蛋糕又把它保存了下来,也就是说你不能对同样的物体作两种其结果互相排斥的行为。更深一步的理由是,正如那个一仆不能服侍二主的说法表达的那样,人不能使其存在适合于两种方向相反的行动。

因为心理学方面的客体化是在原则上服从于一条误认的法则的,这条法则制约了既作为被观察者又作为观察者的主体。这就是说,你要对他说的并不是关于他的事,因为他自己就能这样做了。在这样做时,他也甚至不是在对你说话,如果你必得对他说话,那么他在讲自己时涉及到的是另外的事,按字面上说也是另外的事,是这事在对你讲。而且这事是他无论说什么都没法懂得的,如果这个对你讲的话没有引起你的回答,如果你在以这个逆转的形式获致其信息之后不回过来给予他以认出这个信息和使他看到这个真理的双重满足。

我们能不能认识这个以这种方式认识的真理?知与物的一致(Adoequatio rei et intellectus),自有思想家以来真理的概念就是这样定义的,这个定义将我们引上了他们思想的脉络。像我们这样的智力是可以达到对我们说话或甚至在我们内心说话的事物的水平的。即使这事物隐藏在仅仅为了使我们开口的空洞的话语背后,我不信它会找不到讲话的对象。

我祝愿你们得到恩惠,现在要讲起来,现在该由那些将这事付诸实践的人发言了。

## 幕 间 曲

但是,你们在这儿也不要期望太高。自从精神分析事务成了寻常事情,它的干事们变得衣冠楚楚以来,他们组成的铺子已使得牺牲合于体面模样。对于精神分析学家从来就不多的思想来说,这是很合宜的:给予每个人的廉价思想补足了每个人所缺乏的部分。我们是消息灵通的人,知道事物主义①不太流行了,所以我们的风向标又起作用了。

"你们是在寻找那个你们分辨出来却又禁止我们看到的**自我**抑或其他什么事物?——他们反驳我们说,——我们是将自我客体化,可这又有什么坏处呢?"在这里精巧的鞋悄没声息地移向前来给我们当脸一家伙:你们是不是以为**自我**可以被当作一个事物,我们可不靠这样的主张。

在弗洛伊德的第二个普遍范畴理论的圈子里与**自我**的共居已有35年了,其中10年是不平静的关系。但是最终经过安娜·弗洛伊德小姐的调停,这关系被规范成了其社会声誉不断高涨的婚姻,根据精神分析家的长期经验,人们告诉我将由教会来为这个婚姻祝福了。从这35年中,你得到的只是这样一个抽屉里的东西。

确实,这个抽屉里堆得满满的是旧的新玩意和新的旧玩意,这堆杂物总能娱人耳目的。**自我**是个功能,自我是个综合,一个功能的综合,一个综合的功能,它是自主的!这很不错。这是从上司们的高超里得到其权威的实践在其最神圣的地方最新迎进的护身符。在这个用途上它与另一个正同值。人人都知道,对于这个确实的功能,最过时的,最肮脏的,最讨人厌的东西是最为有用。如果说它的发明者因此而在它被使用的地方受到尊重,那还说得过去。更了不起的是这使他在有见识的圈子享有了使精神分析学加入到了普通心理学的法则里去的荣誉。这好比阿迦汗阁下②并不满足于他那对他的国际令誉并无损害的庞大财富,又被授予诺贝尔奖金,奖励他对他的狂热信徒中传授了跑马赌博的详细规则。

最近的发现更是最好的:就如近来我们在人文科学中播弄的

---

① 事物主义(Chosisme),是指罗伯·格里耶、沙洛特等人创导的法国新小说的特征的名称。(译者注)

② 阿迦汗三世(Aga Khan,1887—1957),伊斯迈里穆斯林教主。(译者注)

一切一样，自我是一个操作性的观念。

在这儿，我要靠我的听众来求得这个天真的事物主义的帮助。尽管有轮番不停的工作的要求，这个事物主义使他们一直很得体地坐在椅子上听我说。我希望借助于这个事物主义使我的听众和我一起打断这个操作。

在什么地方这个操作将平常分析中的**自我**的观念理性地与其他东西区别开来，比如说与眼前这张桌子区别开来。它们的区别是如此之小，我保证可以说明，与它们有关的话语（有关系的就是这一点）是完全吻合的。

因为这张桌子与**自我**一样都从属于能指，也就是说是词。这个词将它的功能提升到包括有争议的记忆中的经书桌和高贵的通乡家具这样的普遍水平，这个词使这张桌子不仅仅是伐下的经过木匠精心加工的木头，目的是为了与需要的创造性的风尚密切相联的商业上的用途。这些需要保证了它的交换价值，条件是它制作得法，不会很快地因磨损而在其最后的使用中被用于满足一个最实在的需要，这就是说，去被用作取暖的木柴。

另一方面，与桌子有关的意义比起**自我**涉及的意义来说一点也不失尊严。证明就是在有的情况下它的意义包括了**自我**本身，如果按照海因兹·哈特曼先生赋予它的功能某个我们的同类能够变成我们的桌子的话。这就是说他保持一种适宜于赞同的姿态。这大概是一种操作性功能，它将使我们这个同类在其本身排出桌子的所有可能的价值：从甘刚巴街的小驼背的索价昂贵的出租① 开始，这次出租使得小驼背比现代史上的这第一次投机风潮的起落更加出名。接下去又有家用日常的种种用途，充实空间，金钱交易，使用收益；一直到我们已经说过的用作燃料。

---

① 甘刚巴街(Rue Quincampoix)为巴黎市中心的一条街。在一次金融投机的狂热中，一个驼背让人在他的背上写票据而赚了大钱。（译者注）

这还不止，我准备让我来为这个真的桌子代言，让它谈谈它的存在，虽然它是个器具，它还是有个个体的存在；谈谈它的历史，虽然在我们看来它是完全异化了，它还是留下了历史学家想要的所有的记忆的痕迹：供应商的文件、字据和笔记；谈谈它的命运，虽然它像是死寂的，它的命运却是悲剧性的，因为桌子是要毁坏的。它从劳动中产生，它的一生遭受偶然事故，挫折，变迁，名望以至命定的遭遇。桌子则是这些命定事件的相联点，它还有个结局，不必隐瞒这就是它的结局，因为人们知道这是它的结局。

　　经过这段拟人描述，如果你们中间有人梦见自己是这个会说话或不会说话的桌子，那实在没有什么可希奇了。梦的解释现在已成为一件广为人知或者很寻常的事了，那么，如果去译读一下在梦者深藏其欲望的字谜中这桌子所具有的能指的用法，如果分析一下这个用法对有或无话语的桌子的意识产生的对意义的或多或少两可的引证，我们就触及到了所谓的桌子的前意识。

　　这儿我听到一个抗议，虽然这个抗议像乐谱纸一样的齐整，我不知怎样来说出它来：事实上它属于在任何语言里都没有名目的东西，它因为一段是以完全人格这样的模棱两可的提法讲出来的，就归纳出了在这个原地踏步的进步的社会里蹩脚的现象学精神病学向我们大肆宣讲的一切。这可能是好魂灵的抗议，可它的形式只适应于非驴非马的东西，亦东亦西的方式以及现代的左派和右派的知识界的那种非明非暗的手法。确实，只有在那个方面，那些滋长混乱的人的假造的抗议才找到其高贵的联系。听听这抗议的声调。

　　这调子温和但沉重：人们向我们指出，前意识也好，意识也好，都不是桌子的，而是属于察觉到它们的我们的，并且是我们给予其意义的。再说这非常省力，因为是我们制造了这东西。但是，即使这儿涉及到一个更自然的东西，也不可不加思索地在意识中将高级形式吞下去，不管在宇宙中我们多么软弱，这个高级形式保证我们有一个永久的尊严。请在唯灵论思想的辞典里查阅一下芦苇这个词。

必须承认,在这儿弗洛伊德促使我变得有失恭敬了。在某处一个顺便的议论中,好像又没有直接谈及,弗洛伊德以他的那个方式表达了即时触发的方式,在普遍意识的活动中这些方式总是被采用的。

如果说桌子这么容易就可相似于我们,以至于只要将它在我们之间谈一下,我的话就可以使人们上当,那么,对于意识问题来说,桌子和我们之间的差别就真的那么大吗?这样,如果将桌子和我们中间的一个一起置于两面平行的镜子之间,就会看到它的无尽的反映,这就是说它与看着的那个人比人们想象的要更加相似,因为如果看到自己的形象以相同的方式重复,这个人在看自己时也是以别人的眼睛来看自己,因为如果没有作为另一个的他的形象,他不能看到自己。

换句话说,**自我**超越其他事物的地方不在于构成意识的幻觉的那种反思的无穷的虚假重复。尽管它虚妄之极,这种虚假重复还诱使着那些人绞尽脑汁去在那里看出一个所谓的内在性的进展。然而这实际上是一种形态现象,这种现象在自然界中的分布是与作为它条件的纯粹的外在性的安排同样的是随意的,只是人过分经常地推广了它们。

在另一方面,如何才能把前意识这个名词与桌子的假模假样分开呢?或者与其他东西的潜在的或实在的假模假样分开呢?这些东西通过与我的情感合拍而以这些假模假样进入到意识之中来。

我很乐意承认自我是感知的所在地而不是桌子,但在这里它反映的是它感知的事物的本质而不是它自己的本质,因为意识是它特有而它的感知大部分是无意识的。

还有,我们并不是偶然的在我们要对付的抗议中看到其来源是在那些现象学的杂乱形式中,这些形式迷惑了对人类行为的技术分析特别是那些医学上需要的分析。如果说它们的廉价原料(这儿借用一下雅斯贝斯先生[①]在评价精神分析学时爱用的一个形容词)就是给予了雅斯贝斯先生的著作以其风格的东西,也就是说和给予了他的铸铁的良心导师和白铁的思想领袖的雕像以其分量的东西一样,那么这些东西并不是无用的,其用途一成不变:引人入歧途。

比如说,在这儿他们就用这些东西来使人不达到这个事实:桌子并不讲话,这个假抗议的声张者不愿看到这个事实,因为如果听到我同意了他们这一点,我的桌子立刻就变得能言善语了。

## 他人的话语

"你们在分析中处理的自我,——它对他们说——,在什么地方要强过我桌子?

"因为,如果它的健康是定义为对一个被一般看作为适宜它的现实的适应,如果你们需要利用'自我的健康的部分'来消除大约是另外部分中的对现实的不协和之处,并且是按照你们将分析情景看作是简单的和无碍大雅的原则才定出这些不协和处的,这些不协和处一直会出现直到你们使主体和你们一样的看待它们,那么,很清楚,划定主体的自我的健康部分的标准只有是不是与你们的看法一致这一条。要被看作是健康的,你们的看法就成了事物的准绳,病人是不是痊愈也完全看他是不是彻底地采纳了你们的准绳。严肃的作者常常承认,当病人完全认同于分析者的**自我**,分析就结束了,这就证实了这一点。

"无疑,这个概念可以如此平淡地表达出来并被接受,这让人

---

[①] 雅斯贝斯(Jaspers,1883—1969),德国心理学家,哲学家。(译者注)

看到，与那个天真人好欺的老说法相反，天真人蒙骗别人更容易。人们宣言必须对主体讲"他的语言"，然而在这话语中对这个宣言的反悔又是那么经常地出现，这个宣言所显示的伪善更能使人看到他们天真到了什么程度。我们还得克服听到他们要用孩子气（babyish）言谈时的恶心。如果没有这种言谈，有见识的父母以为就没法将他们可怜的必需安抚下来的孩子引导到他们高明的理性上去！对于愚蠢的分析给神经官能症患者的**自我**的软弱这个观念所带来的影响我们须作这简单的致意。

"但是，我们在这里并不是要在恶心和晕眩之间作梦。尽管我是个向你们说话的桌子，我是个理想的病人，因为你们不需要对我费心机，成果一上来就得到了，我预先就治好了。因为这只是要将我的话语换成你们的话语，我是一个完美的自我，因为我没有别的什么，我依赖你们来告诉我那些我的调整结构无法让你们直接使我与之适合的事情，就是说所有那些不是你们眼镜的屈光度的事，以及你们的纸的大小尺寸等。"

在我看来，对于一张桌子，这已经是讲得很不错了。我或许是在开玩笑，在它按我的意愿所说的一切之中，它没有自己的话要说，因为它自己也是一个词，它是作为语法主语的**自我**。瞧，这儿又升了一级，很可以由老兵在论辩请求的壕堑里获得，也可以给弗洛伊德的箴言以一个说明，这个箴言说，"原始本能在哪儿，我也得在哪儿。"这样表达的这句箴言表明了翻译的不足，这印证了我们的看法。在这个翻译中，以动词的第三人称式而将主语 Ich 名词化，又用"原始本能"一词固定了 Es 的变值。再说，尽管桌子能言善谈，它不是个自我，只是我的话语中的一个手段。

而且，说到底，只要考虑一下它在分析中的用处，可以看出自我也是一个手段。我们能将它们比较一下。

正如桌子很恰当地指出的那样，比较起**自我**来，它的长处是它不是抗拒的手段，正是由于这一点我选择桌子作为我的话语的承担者，以便减轻我的**自我**卷入到弗洛伊德的话中会引起的你们的抗拒。倘若经过我的隐匿之后你们尚存的抗拒能使你们在我所说的话中发现"有兴趣"的内容我就很满足了。以"有兴趣的"这个委婉语来指称对我们只是稍有兴趣的内容，这也是有原故的。这个说法是在它的反题中完成了循环。由这个反题，对普遍兴趣的猜测就被称做是无私利的了。

但是，瞧一瞧，我所说的是不是引起了你们的兴趣，这正如人们说的是以赘词补足了代称法：就其本身来说，桌子很快就会拆成零碎以作为我们争斗的家伙。

好，这一切对**自我**也一样，只是就其状态来说，它的用途显得是相反的。作为从主体的无意识向你讲的言语的手段和抗拒其被辨认出的武器，它在发言时是碎裂的，而在用于拒听时是完整的。

事实上，是在想象的统一的分解中才组成了自我，主体才找到它的症状的能指的材料，意义就是从自我在主体中引起的那种兴趣而来。而这些意义又将话语从症状上转开。

## 想象的激情

自我的这个兴趣是一个激情，它的本质早已在道德学家的笔下有所揭示，他们把它称为自尊心。但是只有精神分析的研究才做到了分析它与本身身体形象的关系的活力。对于和这个一直是由我的相似者来表示的形象的关系，这个激情带来一个意义，这个意义引起我如此大的兴趣，使我如此的依赖于这个形象，以至于它结果将我的欲望的对象全都联结到另一个的欲望上去了，这要比这些对象与它们在我心中引起的欲望之间的联结更紧密。

这里涉及的对象是在视觉所构作的空间里会出现的物体，也就是说是人的世界里特有的物体。说到这些物体的欲望所赖以产生的知识，人们还远不肯承认那句老话，那话说人们只能看到自己的鼻子尖。相反，人们的不幸在于他们的世界是从鼻子尖那儿才开始，他们只有用看到自己鼻尖的一样的办法才看得到他们在这个世界上的欲望，这就是说用某面镜子。然而，刚刚看到这个鼻子，他们就爱上了它。这就是自恋用来包容欲望的形式的第一个意义。这不是唯一的意义。如果只看到这一个意义，那么人们就无法理解为什么侵凌性越来越成为分析中的一个重要问题。

对于阐明这一点，我想我本人也作了贡献，我将称为**镜子阶段**的活力看作是人作为类别的过早出生的一个后果。从这儿就产生了仍是幼儿（infans）的个人狂喜地认同于那个包含了鼻子的映影的整个的样子，就是说认同于他的身体的形象：这个行动应该说是一瞥之下做成的，它是与让我们看到黑猩猩的智力的那个啊哈属于同一类的（在我们的伙伴脸上看到奇迹时我们总是会惊叹不已的），它总是接着导向一个可悲的后果。

正如一个聪明的诗人很正确地指出的那样，镜子在映回我们的形象之前最好能考虑一下。因为主体在那时还什么都没有看见。只要在他的某个类似者前面，比如说在一个公证人的鼻子前重现了这个同样的捕获，上帝就知道主体会被牵着鼻子带到哪儿去，因为早就看到官方的头儿们习惯于把他们的鼻子伸向哪儿去的。我们所有的其他东西：手，脚，心，嘴，以至眼睛都不愿跟着去，这就受到了合作破裂的威胁。一旦感到了这威胁的恐慌，就要采取严厉的措施。凝合起来！也就是说，求助于镜子的蜜月为之欣喜的形象的力量，求助于左边和右边的肯定了的神圣的结合，虽然如果主体仔细看一下就会发现它是次序颠倒的。

但是，这个结合的最好的典型莫过于另一个的形象本身，也就是说工作中的公证人的形象。就这样，人们不恰当地称之为自我的综合功能的这个控制的功能在利比多异化的基础上导出了其随后而来的发展，就是我们过去称之为人类认识的偏执原则。按照这个原则认识的对象都要受到想象重制的法则的影响，由此而认可了无穷无尽的一系列的公证人,这种认可并不取决于公证人的行业公会。

但是,组成自我的原型(Urbild)的异化的决定性意义对于我们来说存在于构成了主体中的自我对自我的双重关系的那种排除关系中。如果两者的接合会使得在比如说公证人和被公证人之间有互补的角色分布,那么主体中自我与另一个的过急的认同则使这种角色分布组成不了和谐,甚至没有行动上的和谐。组成的则是争斗中的永恒的"你或我"。在这中间涉及到的是每个主体中的两个公证人的一个或是另一个的存亡。这个形势体现在"你也是一个"这样的传递性争吵中,这是侵凌性交流的原始形式。

我们这样看到自我的语言被归结到什么中去了:直觉的悟性,冥思的指令,语言反响的侵凌反驳。对此还要加上普通话语的自动的破碎物:唠唠叨叨的教诲和谵狂的反复,只比桌子稍稍复杂一点的东西所重造的交流的方式,对前者的一种反馈(feed back)的构造,对于后者是一张唱片,最好是在要紧的地方走音的。

然而,正是在这个语域上对抗拒的分析表达了出来。它因退化的相似情况而得到印证。与客体的关系提供了它的外表,这个强制行动只会有在现行技术中常见的三种出路之一。或者是越过幻觉的纸的束缚而跃向现实的冲动的跳跃:在与建议相反的一般意义上的行动出来(acting out);或者是排除对象本身的短暂的轻躁症,这个症状恰好以一种自大狂的陶醉来描绘,我们的朋友米歇尔·巴林特以其更加增进我们友情的诚实的笔调,将这种陶醉看成是在现在的标准下分析结束的标志;或者是作为至少是(a minima)疑病症的体质化的一种,在理论上这是很谨慎地纳入医生—病人的关系中的。

利克曼建议的双重身体心理学(two body psychology)的度向其实是一种隐藏了双重自我分析(two ego analysis)的幻觉,这种幻觉是站不住脚的,就如同这个度向的结果是一致的一样。

## 分析行动

这就是为什么我们说在分析情景中不仅仅只有两个主体在场,而是各自拥有两个对象的主体。一个是自我,另一个是他人,后者以小写的 a 来表示①。然而,根据一种我们必须熟知的辩证数学的特性,它们在组成主体 S 和 A 的对子时一共只有四项,因为在 a 和 a′之间起作用的排斥关系使在主体的冲突中有这样标记的两对缩成一对。

在这个四人戏中,分析者将对拖累,阻刹和扭转言语的有意义的抗拒施加影响。在这个四重奏中他自己加入排斥的初始符号,这符号表示的是意为现显或者远隐的或许。这个符号在形式上揭示出了包括在自恋的培养(bildung)中的死亡。附带说一下,在称为象征的现代逻辑的运算手段中缺少这个符号,这表明了它的辩证的不足,从而使它更加不适合于人文科学的形式化。

这就是说,分析者具体地干涉分析的辩证法。这或者是在他是一个大写的 A 的他人时以他的沉默来装死,像中国人所说的尸位,或者是在他是一个小写的 a 的他人时,他放弃他自己的抗拒。在这两种情况下,在象征及想象的各自的作用下,他都使死亡现显。

然而,为了知道为什么他要干涉,什么时候是时机以及如何行动,分析者还得辨认和区别开这两种情况。

最根本的条件是他必须深知他的言语所向的那个大写的他人的根本性不同,深知他面对的第二个小写的他人。在他面前展开的话语中,第一个他人通过第二个他人讲,讲的也是这第二个他人。只有这样他才能成为话语为之而发的那个人。

---

① 法文的"他人(autre)"是以 a 开头的。(译者注)

我的桌子的寓言以及说服人的话语的一般做法都会向分析者表明,如果他对此考虑一下就会看到,任何话语,不管它依靠的是什么惯性,不管它借助于什么样的激情,都只是它对之打招呼的聆听者讲的。人们称之为针对个人的(ad hominem)论点的话被运用这论点的人看来只是一种要从他人那儿真正地得到言语的允纳的诱惑手段。这个言语在两个主体之间构成了一个默契的或明言的条约,这个条约在两种情况下都超出了争论的理由。

一般来说,人人都知道他人以及自己都是不为理性的限制所摆布的,也不在原则上接受讨论的规则。如果没有人们所说的在一个基础上的明言的或暗含的一致,这种讨论是不可能的。这种一致几乎总是意味着对讨论结果的预先的一致。人们所说的逻辑或法只不过是被费尽心机地适应于历史的一个时刻的一组规则。以表明来源的印记,古希腊广场,古罗马论坛,教会,甚至政党等来确切地表明了它的时空位置。因此,除了大写的他人的诚意,我对这些规则不指望什么,只是在万不得已的情况下,如果我认为可以或者必定那样做时,我才运用这些规则,目的也只是为了逗乐不诚之心。

## 言语的寓所

大写的他人于是就是那个由讲话的我和听话的另一个组成的地方。一个所说的已经就是回答了,而另一个决定听一下那一个是否已经讲过话了。

反过来,这个地方延伸到主体中所有由言语的法则统治的领域,也就是说远远超过了从自我那儿得到指令的话语的范围。自从弗洛伊德发现了无意识的领域以及构作这个领域的法则以来,我们就知道了这一点。

并不是由于某些幼时欲望不可消解的这个谜的原因而无意识

的法则才决定了可分析的症状。在对对象的关系中或多或少固定的或退化的欲望对主体的想象的塑造并不能完全解答这个问题。

如果我们承认在这些规定中要辨认的欲望制约了将要得到辨认的欲望，并将这个欲望原样地维持着直到它被辨认出，那么，在转移中这些欲望的反复的坚持和在一个能指中它们的永久的记忆就有了足够的和必要的理由。而压抑攫住了这个能指，也就是说，在这个能指中，被压抑者回归了过来。

回忆的法则和象征辨认的法则在它们的本质上以及在它们的想象记忆的法则的表现上，也就是说在它们的情感的回响的法则上或本能的印记(Prägung)的法则上是不同的，即使将前者作为能指组织起来的成份都是从后者予以意义的材料中借用而来的。

想要触及到象征记忆的本质，只需要像我在我的研讨班里做的那样研究一下最简单的一串象征，即表示现显和远隐的交替的一行符号，每个符号按照你采用的纯粹的或不纯粹的方法随便选出。然后你将这个符号串加以最简单的发展，就是将三元组记成一个新的符号串。你于是会看到句法规则出现了，这些规则排除了一些可能性，直到前行者所要求的补偿都被除去了。

弗洛伊德对无意识的发现一开始就将他带到了象征法则的这个决定作用的中心去。弗洛伊德对我们反复说他的那个无意识与至那时为止这个词所指的所有内容都毫无关系，在这个无意识中他看出了作为结合和姻亲关系的法则的动因，从释梦(Traumdeutung)开始，他就将俄狄浦斯情结作为这里的中心动机。就是这使我能告诉你们为什么无意识的动机局限于(弗洛伊德从一开始就讲了这一点并且他从来没有动摇过)性欲。实际上，从根本上来说，姓系之间交换妇女的最早组合是建立在性的关系上的，并将这关系协合于优先联姻和禁忌关系的法则上的，然后将礼物的互换和主题词语的交换发展成维系了人类社会的基本商业及具体话语。

相反,维持个体的具体领域是与欲望和劳动的划分而非劳动本身的分工相关联的,这在给食物带来了直到最复杂的消费品生产的形式都有的人文意义的第一个转变中就表现出来了。这个领域清楚地表明它是构作成主人和奴仆的辩证关系的:在这个关系中我们可以辨认出想象的殊死争斗的象征的出现,而在这上面我们刚才界定了**自我**的基本结构。这样,对于那个具体领域仅仅反映在这个结构上这一点就没有什么可惊异的了。换句话说,这就解释了为什么另一个普遍的大欲望,饥饿的欲望,像弗洛伊德所一贯坚持说的那样并不出现在无意识中所待辨认的内涵中。

弗洛伊德的意图这样就更清晰了。对于任何不满足于死背他文章的人这是很显然的。在提出自我的形态时,弗洛伊德的意图是要在自我的领域和他首先发现的无意识的领域之间,一直到它们之间的不明确的相互干涉中,重建严格的分离,揭示出相对后者来说前者的"横"的位置,而它以其在言语中的自己的意义来抗拒对这一点的辨认。

在这儿就存在着负罪感的意义和情感失落,本能阙失及从属性的意义之间的对比。在主体的行动中发现前者是精神分析历史的第一阶段的主题,而后者则是目前阶段的中心。

目前后者以在对前者的遗忘中得到加强而风行,这是给一个普遍的幼稚化作准备。这样说并不夸张,精神分析学已经因其原则而在容许自己进行大规模的社会神秘化活动。

## 象征的债务

我们的行动是不是会发展到压抑在其实践中所包含着的真理?我们的行动是不是会让真理沉睡,而弗洛伊德在分析鼠人的激情时将这真理永久地提供给我们来辨认了,即使我们必须越来越将我们的注意力从这上面移开。这就是说,人的诞生是伴随着叛逆,假誓,食言和空话而来的,而在症状中来扰乱欲望的宴席的那个石像客人正是娴熟于这一切的。

因为,儿童据以从他父亲那儿过早地接受存在的虚无的验证的生涩葡萄,以及他母亲在哺他以她真正的绝望的乳汁时诱使他的虚假希望的话的愤怒的葡萄串要比断绝掉想象的享乐或剥夺他这些真实的关怀更令他的牙齿酸痛。

我们能不能在象征的游戏中脱身?在这游戏中实际的错误为想象的引诱而付出代价。我们是不是要将我们的研究偏离开由法则而来的东西?这个法则由于不容忍对主体的忠诚而被主体漠视并误认。是不是也要偏离从必要性而来的东西?这必要性由于冒名顶替地出现在他面前而在自身内受到摒弃然后再被注意到。这就是说是从那些动力而来的东西,那些动力在象征链的断环上从想象中提出那个可怕而污秽的形象。在这个形象中应该看出超我的真正意义。

必须明白,我们对那个自称是要分析抗拒但实际上越来越鼓动起护卫的分析的批评只是针对这样一个事实,就是说它在原则上和实践中都迷失了方向,我们的目的是让它回到它合理的目标上来。

分析为幸福和成功的效果而致力于其中的这个双方合作的活动在我们看来只有一个价值,就是减弱了自我呈显其中的那个名誉的效果对在分析时刻讲出的言语的抗拒。

我们相信,在对这个言语的坦承中分析应该找到它的中心重点,这个言语的转移是令人费解的现时化。人们也不要因我们刚才的说法而以为我们以某种使人想起羯磨(karma)的神秘方式来设想这个言语。因为在神经官能症的病态悲剧中令人瞩目的就是一种混乱的象征化过程的荒谬模样,人们越是深入探究,它的张冠李戴就越是可笑。

知与物的一致(Adoequatio rei et intellectus):在所有格的rei

中我们可以发掘出一个同音的谜，rei 在不改变重音时又可以是 reus 的所有格，这个词指的是诉讼的一方，特别是被告，在隐喻中又是指欠人东西的人。在最后我们惊异地发现我们是以这个句子来表达提出我们智慧的问题的那种特别的相合。这问题的回答在于象征的债务。对这债务，主体作为言语的主语负有责任。

## 对未来分析者的培养

因此，我们将回到语言的结构上来从而继续对那些言语据以偿还其债务的方式进行分析。语言的结构是明显地可以从最初揭示出来的无意识的机制中察觉出来。

语言和习俗的历史，以及文学和艺术品中所包含的意义的那些不管是不是显于记忆的回响，这对于理解我们的经验的文本都是必要的。只要翻一下弗洛伊德的著作就可以看到大量的这个事实的证明，因为他自己从这些源泉汲取了灵感并取得了思想的方式和技术的武器。更有甚者，他还将这作为精神分析法教学的任何组织的条件。

这个条件被忽视了。在挑选精神分析人员时也不注意这个条件了。这个忽视对于我们现在看到的结果不是没有关系。这向我们表明，只有在技术上吸收进了这些要求我们才能补足这个缺失。只有通过掌握语言学家的方法，历史学家的方法，甚至数学家的方法，一代新的实践者和研究者才会重新找回弗洛伊德经验的意义及其动力。通过这些学习这新的一代就可避免于心理—社会的客观化。精神分析家将会因把握不定而在这个客观化中寻找他的工作的实体，然而这个客观化只会给他带来他的实践堕落并解体于其中的不恰当的抽象。

这个改革须是一个机构性的改革，因为这个改革只有通过与别的学科的随时交流才能维持下去。这些学科是定义为主体间的科学,或者说称为假设科学,我以这个名称来指那一系列正在更改人文科学的含义的研究。

但是,这样一个方向只有靠一个真正的教育才可得以坚持,也就是说它要不断地受检验于人们所说的创新。因为构成经验的协议必须注意到这个事实:经验带来了那些抓住经验使之脱离主体的效用。

这样,由于去指摘魔术思想,人们就看不到这是魔术思想,事实上这是权力思想的遁词。这些思想总是准备着在一个靠其与真理的联结才维持下去的行动中产生出其新蘖。

弗洛伊德正是着眼于这个与真理的联结而宣布不可能同时赌三注:教育、管理、精神分析。为什么会这样的呢?如果不正是因为主体只能在那儿阙如,只能逃出弗洛伊德为真理保存着的边缘的缘故。

因为真理在那儿显得本质上是复杂的,效益上很菲薄,与现实格格不入,执拗于性别的选择,是死亡的亲属,总而言之,相当的非人性,或许是狄安娜……,阿克特翁,因追逐女神而太有罪了,在这个猎物中,猎手,你变成的影子被逮住了。让猎犬们跑吧,你的步子不要加快。看它们的能力,狄安娜会认出这些狗的……

# 无意识中文字的动因或自弗洛伊德以来的理性[*]

## 穿紧身衣的孩子们

> 哦,海中的城邦,在你们那儿我看到你们的市民,男人和妇女,手和脚被那些听不懂你们语言的人所紧紧捆绑。你们只能在你们之间倾诉你们和着泪水的怨言,悲伤,叹息,你们的苦痛和对失去自由的痛惜,因为那些捆绑你们的人不懂得你们的语言,正和你们也不懂他们的语言一样。
>
> 列奥纳多·达·芬奇《笔记》[①]

如果说第 3 期的《精神分析学》的主题[②]要求我提交这篇演讲,我是因为在下文会看到的内容而约束自己将它置于书面语和口头语之间:它将是介于两者之间。

---

[*] 这是 1957 年 5 月拉康对巴黎大学文科学生会哲学组的演讲。以后发表在《精神分析学》1958 年第 3 期上。
[①] 《大西洋手抄本》第 145 节,伽里玛出版社,第 2 卷,第 400 页。(原注)
[②] 精神分析学和人文科学。(原注)

书面语的特点在于其**文本**的主导性,它的意义在于话语的这个因素——它可以紧缩以至于按我的意思不给读者以出口而只给一个入口,我宁肯这是个困难的入口。因此,这篇东西并不是我的意义上的书面文章。

我答应在我的研讨班上每课都有新的内容,这使我至今都不发表这样的文章,除了其中的一次,这一次的内容也很平常。除非是为了其中的论题,最好是不要再提那一次的文章。

因为我放弃这个要求的理由所具有的紧要性只是重新掩盖了那个困难。这就是说,如果将这个要求维持在我现在讲授的课程的水平上,它有可能就会超过言语太远了。而这言语的不同的节拍对于我进行的培养是至关重要的。

这就是为什么我利用了文科学生联合会哲学组要求的会谈为机会①。它适合于我的演讲的内容:它必要的普适性能符合听众的不寻常的素质,它的唯一的目的会得到他们的共同的文学素养的支持,我的题目就强调了这个素养。

确实,怎么能够忘记弗洛伊德经常地和始终地坚持说这个素养对于培养一个分析者具有最高的重要性,他将文学世界(universitas litterarum)看作是建立精神分析学的理想地点②。

因此,靠着迅速地重建这篇讲话的行动并通过了它所针对的人就更划分出了那些这篇演讲不为其作的人。

我指的是那样的一些人,他们为了精神分析学的某种目的而愿意让他们的学说利用某种假的身份。

这是一种陋习,它在思想上的影响是使得真正的身份也显得

---

① 谈话是 1957 年 5 月 9 日在巴黎大学的笛卡尔会堂作的,然后在喝饮料时进行讨论。(原注)

② 参见《外行分析的问题》,《弗洛伊德全集》第 14 卷,第 281—283 页。(原注)

是一种借口了。我们至少希望这种精巧的伪装瞒不过那些最敏锐的目光。

这样我们好奇地观察着《国际精神分析杂志》在象征和语言等题目上的转变，这个转变靠翻阅着萨丕尔①和叶斯柏逊②的大部著作的潮湿的手指而支持着。这些练习尚且生疏，特别是调子不对头。进入真实时的那种严肃劲儿不免令人发笑。

而今天的精神分析者只要一触及到言语就一定会觉察到真实的到来，从言语中他的经验才得到其工具，其框架，其材料，直到其犹疑的背景杂音。

## 1. 文字的意义

我们的题目意味着，精神分析在无意识中发现的是在言语之外的语言的整个结构。一开始我们就要请知情的头脑注意，要当心从无意识是本能的领地这个想法里得到的东西。

但是，怎样来看待这个文字呢？要仅仅从字面上来看。

我们称之为文字的，是具体的话语从语言中借用的物质支撑。

这个简单的定义意味着语言并不与在讲话的主体中服务于他的各种身体和心理功能相混淆。

这首要的原因是，主体在其精神发展的某个时刻进入语言时，语言早就存在了。

请注意那些由大脑组织的纯质地损伤而造成的失语症，这些组织是语言的那些功能的大脑中心。从整体上来说，这些失语症的缺失显得是分布在意义产生过程中的我们这里称为文字的指称

---

① 萨丕尔（Sapir, 1884—1939），美国语言学家和人类学家。（译者注）
② 叶斯柏逊（Jespersen, 1860—1943），丹麦语言学家。（译者注）

效果的两个侧面的①。下文对此还要进一步阐明。

主体也一样,如果说他显得是语言的奴仆,他更是话语的奴仆。从他出生之时开始,即便那时只是以他的姓名的形式,他已加入到了话语的广泛活动之中去了。

指出社团的共同经验或指出这个话语的内容并不解决问题。因为这个经验是在话语确立的传统中获得其根本的尺度的。早在历史戏剧出现于其中之前,这个传统就奠定了文化的基本结构。这些结构本身表现了一种交换的次序,这个次序即便是无意识的,在语言所允许的变换之外也是无法想象的。

这样的结果是,人类学的自然和文化的双元结构正在被一个人类状况的三元概念所取代——自然,社会和文化。很可能这三元中的最后一个会被归结于语言,也就是说归结于那个根本上区别了人类社会和自然社会的因素。

但是我们在这里既不下论断也不继续发挥,让能指和劳动的原始关系仍留在黑暗中。为了就**实践**在历史生成中的普遍功能插上一句我们的话,我们只想指出,即使在那些以生产者优先的政治权利而可能重建了从生产到意识形态关系的因果级别的社会里人们也没有创造出一种新语言,这种语言与社会主义现实的关系可以从根本上排除任何文学形式主义的可能性。②

---

① 这个问题对于推翻蒙蔽了整个领域的"心理功能"的看法是很有启发的。在对失语症的两大形式的纯语言学分析中这个问题显得十分清楚,现代语言学的带头人之一罗曼·雅可布逊理清了这两大形式。参见他最易懂的著作《语言基础》(与莫里斯·海勒合著)的第二部分的第一至四章,以及尼古拉·儒范编纂的他的文集《语言学论文集》。(原注)

② 我们记得关于在共产主义社会里创造一种新的语言的争论确实进行过。斯大林以这样的话作了判决:语言不是一种上层建筑。这使还相信他的哲学的人松了一口气。(原注)

我们只依仗那些前提,因为语言在这些前提中成了科学研究的对象而证实了这些前提的价值。

在这儿语言学①占据了这个领域中的领头位置,围绕着这个领域各个学科的重新组合表明了一场知识的革命:交际的需要使我们将这个领域归入这本书的题为"人文科学"的章节中,虽然那儿会有些混乱。

为了指出语言学学说的产生,我们要说,像所有的现代科学一样,它是产生在作为其基础的一个算式的构成时刻。下面就是这个算式:

$$\frac{S}{s}$$

它的意思是:能指在所指之上,"之上"由分开这两个步骤的横线来表示。

这样表示的符号应该归功于费迪南尔·索绪尔,虽然在1906—1907年,1908—1909年和1910—1911年的三门课程的不同讲义中的许多模式中它并不是完全以这个形式出现的。他的一群学生虔诚地把这些讲义集中起来以《普通语言学教程》的题目发表,这个非常重要的著作传授了一个名副其实的教诲,也就是说,人们只能随他进止。

所以因 $\frac{S}{s}$ 的形式化而向他致敬是完全正当的。在各种不同的学派中,这个形式化是现代语言学的特征。

由此,这门科学的论题事实上就取决于能指和所指的基本位置,它们是两个在一开始就由一个抵拒着指称的界限分开的不同的领域。

---

① 语言学,我们说,就是对存在在其结构中以及在其法则中的语言的研究。这就排斥了不恰当地归入交际理论名下的抽象编码的理论以及称为信息理论的由物理学组织起的理论,甚至所有的或多或少假设地普遍化的符号学理论。(原注)

这就有可能精确地研究与能指的专门的联系以及在产生所指的过程中它们的功能的范围。

因为这个根本性的区分超出了从古典时代以来形成的关于符号的任意性的辩论,也超出了从那个时代就感到的词与物之间在命名时也有的两相配合所遇到的绝路。在幼儿(infans)主体学母语时或在用学习外国语的所谓具体的方法时指向物体的手指的作用所给人的印象是与此恰相反的。

顺着这个思路最终被表明的是①,没有一个意义不是靠着引向另一个意义才得以成立的:极端地讲,没有一种现存的语言会有能不能完全表达所有的所指的问题,语言存在的一个功效就是它满足了所有的需要。如果我们去把握在语言中的物体的组成,我们只会看到它存在于概念的层次,这与任何名称都不同。如果我们将事物(chose)看作是一个名词,它将破裂于存在在我们语言中的原因(cause)和保存着它的拉丁形式(rem)的没有(rien)的相异双重性中。②

这些考虑对于哲学家是有用的,但却使我们偏离了对语言本质的探索。如果我们不摆脱能指完成了代表所指的功能这样一个错觉,或者说,不摆脱能指以其存在而作某个意义的名称这样一个错觉,那么我们就不能继续这个探索。

即使表达成后一种方式,其谬误还是一样。这种谬误使逻辑实证主义去寻找意义的意义(the meaning of meaning)。它的热衷者用他们的语言是这样称它的目标的,通过这种寻找,我们看到意义最深厚的文本经过分析就只剩下些无意义的琐事了,因为只有这些无意义的琐事可以承受数学算式,而这些算式本身是毫无意

---

① 参见圣奥古斯丁(Saint Augustin)的《论指导》。我在1954年6月23日我的研讨班上评论了其中的《论话语的意义》一章。(原注)

② 法文中"事物(chose)"一词来源于拉丁文 causa,但其意义则来源于拉丁文 res,而 res 的宾格 rem 则演变成法文词 rien(没有)。(译者注)

义的。①

然而,如果我们从 $\frac{S}{s}$ 这个算式中只提取出上项和下项的平行的观念,两者都以整体出现,那么这个算式就会成为一个谜的神秘符号。当然,情况并不是如此的。

为了理解其功能,我先作一个有毛病的图解,人们一般是以这个图解来说明它的用途的。这个图解是这样的。

从这个图解,我们可以看到它非常易于导致到我们刚才所说的错误的方向上去。

我以另一个图解来取代它给我的听众看。如果说我的图更加正确,那只是因为这图在不合适的尺度上夸张了。精神分析家还没有放弃这个不合适的尺度,因为他正确地觉得,只有按这个尺度他的循规蹈矩才有价值。我的图如下:

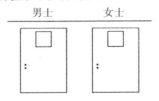

---

① 理查德先生(Richards)是关于适合这个目标的方法的一本著作的作者。在另一本著作中他给我们显示了其应用。他为此选择了《孟子》中的一页"孟子论心智"。这叫做从片断见全貌。对其经验的纯粹性的保证比起对其方法的精密来毫不逊色。这位读了包括《孟子》在内的经典的专家到了北京,那是演示的力量不顾费用而将他带到了那儿。

而我们不花费什么也被带到了茫然之乡,因为看到那件只要思想稍微触及便会发出洪钟声响的青铜器一下子被变成了擦那张最令人惊愕的英国心理主义的黑桌子的破抹布,可惜的是很快就将这破抹布与作者的头脑等同起来了。在穷尽了对象的意义和自己的良知后,这两者中只剩下这个头脑了。(原注)

在这儿我们可以看到,并不需要将试验中有关的能指的范围大大扩展,只要通过将两个意义互补而相联的词并列,仅仅将名词范围增大一倍,我们就会惊讶地看到意料不到的意义的出现:两扇相等的门,以及供外出的西方人方便的密室,象征了西方人看来与绝大部分的原始民众一样都服从的必需。他将他的公共生活服从于分开解手的法则。

举这个例子并不是要以下流的一击来击昏关于唯名论的论辩。这只是要表明能指是如何在事实上进入所指的。也就是说以一个并不是抽象的形式来提出它在现实中的位置的问题。因为一个近视眼患者眨巴着眼睛凑近这两小块上釉的载着它的牌子时完全有理由问他是不是在这上面能看到能指,而在这个情况下的所指在内殿的双重的庄严行列中接受其最后的荣耀。

但是任何编造出来的例子都没有实际的经历那么生动。对于这一点我没有理由为我编造出上述的例子而感到不满足,因为它引发出了一个我最信任的人的童年的回忆,我很幸运地知道了这个回忆,它在这儿是最有用的了。

一列火车到站了。在车厢里面对面地坐着一个小男孩和一个小女孩,姐姐和弟弟,他们靠着窗口,从窗口里可以看到沿着站台上的房屋在移动:"看!——弟弟说,正到了女厕。""傻瓜!——姐姐回答说,你没看见我们是到了男厕。"

在这个故事中的铁轨体现了索绪尔的算法中的横线,以这个恰好的形式表明对意义的抗拒可以不只是辩证的。除此之外,只有不去窥察那些小孔(在这儿这是个很合宜的形象)才会混淆在这儿的所指及能指的位置,才会看不到从哪个放射中心能指将其光辉折射到未完成的意义的黑暗中去。

这是因为能指将给意识形态战争的无限力量带来完全是动物性的并且注定要忘记在自然迷雾中的异见,这个异见对于家庭毫不留情,对于神祇则是个折磨。对于这两个孩子,男与女从此就是两个国度。异向的翅膀将他们的灵魂拉向各自一方。这两个国度不可能再和议,因为它们事实上是相同的,如果承认了一方的优越必得损害另一方的荣誉。

让我们在此歇一下。这听来像是法国的历史,自然,这要比提起英国的历史要更有人性些。英国史是注定要从斯威夫特院长的鸡蛋的大头跌向小头。①

剩下的是要设想一下能指的 S(在这儿可以从它在窗外强调其欢迎的复数式中看到)是要走过怎样的台阶和走廊才把其手肘搁到通风口上去。就像冷暖风一样,愤慨和蔑视通过这通风口而吹到外面去。

有一点是肯定的,如果说带横线的 $\frac{S}{s}$ 的算式是恰当的,从一边到另一边的跨越不论在什么情况下都不带有什么意义。因为算式本身只是能指的函数式,所以只能表现在这个转移中的能指的结构。

而正如人们在谈论语言时都说的那样,能指的结构在于它是联结起来的。

这就是说,不管人们从何处开始来描述这些单位的相互间的越界和它们越来越多的包容,这些单位都要服从两个条件,一是都归结到最小的分辨单位,一是都按照有限的规则而组合起来。

这些最小单位就是**音位**,这是语言学的重大发现。我们不能在这个名词所指的声音变化中寻找它的任何**语音**实体,它是一个区别性结合的共时体系,这对于辨认任何语言的词汇都是必要的。由此,我们看到言语本身的一个基本成份是预定要铸成在活字模中的,在迪多或加拉蒙②的小写字体中有效地表现了我们称之为

---

① 在斯威夫特(Swift)的小说《格列佛游记》中,两个国家因应从小头打破鸡蛋还是从大头打破的争论而长期打仗。(译者注)

② 这是两位创造了以他们名字命名的印刷字体的印刷家。(译者注)

文字的东西，也就是说能指的定位了的结构。

能指的第二个特性，就是说它是依照有限的规则而组合起来的，肯定了拓扑基层的必要性，关于这个基层，我常用的能指连环这个名称说出了个大概：项链上的一环，而这项链又是合拢在由环组成的另一条项链的一个环上的。

这就是结构的条件，这些条件，譬如语法，决定了能指的构成性的重叠的秩序，直到比句子更高一级的单位；譬如词汇，决定了能指的构成性包容，直到词组。

在上述这两个理解语言的用法的研究的范围内，我们很容易看出，只有能指和能指之间的关联才提供了对意义任何研究的标准。这正如对一个语法素或意素的**运用**这个观念所表明的一样，这个观念指的是比有关的单位更高一级的上下文。

但是，并不是因为语法和词汇的研究局限在一定的范围之内就可以以为在这之外就是意义的一统天下了。这样想的话就是犯了一个错误。

因为，从某种意义上来说通过在意义之前展示出它的度向能指以其本质预见到了意义。在句子层次上，我们可以在它停顿在有意义词之前时看到这一点；我决不……，仍然……，可能还是……。在这里它的意义并不少，并且因为足以使人期待而更加显得紧迫。①

但是这个现象并不是不一样，以**可是**来后退一步就可使其出现，它像苏拉密②一样美，像贞洁少女一样诚实，它为了婚礼打点了女黑人，它为了拍卖而打点了女穷人。

从这一点，我们可以说，意义**坚持**在能指连环中，但连环中的

---

① 这里，披着这个形式的语言幻觉有时给我们打开了一扇与精神错乱的弗洛伊德式结构交往的门。这个交往至今还没有被注意到。（原注）
② 苏拉密（Sulamite），《圣经》中《雅歌》中的恋人的名字。（译者注）

任何成份都不**存在**于它在某个时刻本身所能表示的意义中。

因此就有了这样一个观念：在能指之下所指不断地迁移。F·德·索绪尔以一个形象来说明这个观念，这个形象很像《创世记》的手写本里的微型插图上的上下水纹的波折起伏。在双重的流体中标出着细细的雨丝，在这中间垂直的虚线是用来限制对应的部分的。

全部经验都是与此相反的，这使我在我的关于精神错乱的研讨班的某个时候谈到了"固定点"，在这个模式中，为了说明对话在主体中实现的戏剧性变化中的文字的主导性，这些"固定点"是必要的。①

F·德·索绪尔认为是线行性构成了能指连环，因为它恰合于一个声音的说话以及我们书写的横行。如果事实上这个线行性是必要的，那么它也不是足够的。它在能指连环中只是由于其时间上的方向性而成为必要的。在所有的语言中它甚至被作为一个有意义的因素："彼得打保罗"一句话，如果掉换其词项，这话就颠倒了它的时间。

但是，只要听一听诗歌(F·德·索绪尔可能就这么做了②)，就可以在那儿听到多声调，而整个话语显得是排列在总谱的好几个谱线上的。

事实上，没有一个能指连环不是维持着从某一点上可以说是垂直的由观察到的上下文而联结起来的一切，好像是悬挂在它的

---

① 我们是在1956年6月6日就《阿达利》(Athalie)的第一幕的例子而谈了这一点的。必须承认有一个高雅的批评者在《新政治家和民族》上顺便地将拉辛(Racine)的女主人公们称为"高级婊子"，这是与我们选这个例子有关系。这使我们不去提及莎士比亚的野蛮戏剧。在分析界提及这些戏已成为必不可少的了，因为它起了让庸人们附庸风雅的作用。(原注)

② 1964年让·斯塔罗宾斯基(Jean Starobinski)在《法兰西信使》上发表了索绪尔遗留下来的有关改字词以及这些词在从古拉丁农神体诗到西塞罗文中的次语法用途的笔记，这使我们现在确知他是这样做的(1966)。(原注)

每一个单位的节点上的。

这样我们重新来看我们的词"树",但不再是作为一个单独的名词,而是作为那些节点中的一项。我们看到并不是因为"树(arbre)"恰是"横线(barre)"的改字词所以它才能越过索绪尔算式的横线。

因为,倘若将它(arbre)分解成它的元音和它的辅音的双重鬼魂,它仍然由欧洲栎树(robre)和悬铃木(platane)而带出它以力量和尊严而在我们的植物界里所具有的意义。受惠于它在希伯来文的《圣经》中的所有的有它的象征的上下文,它在一个没有绿叶的小丘上树起了十字架的影子。然后,它被缩略到两分法的符号的大写的 Y。这个大写的 Y 除了在史化纹章的形象中之外,并不受益于树,虽然树是表示世系的。环形的树,小脑的生命的树,农神的或月神的树,在雷电运行的树形中跌落的晶体,在火烤过的龟背上是不是你们的模样画出了我们的命运?或许是你们的闪电在"语言的多样中的同一(Εv Π άυτα)"之中让存在的缓慢蜕变从一个无名的夜晚里显身:

"在它的非凡头脑的闪耀中,树说,不! 它说,不!"

这两句诗我们以为要和它们的回应一样在树的泛音中来听:

"暴风雨一视同仁地对待它的头脑就像它对待一棵草一样"①

---

① 诗句引自法国诗人保罗·瓦莱里(Paul Valérie)的诗《致悬铃木》。原句如下:
Non! dit l'Arbre, il dit; Non! dans l'étincellement
　　de sa tête superbe
Que la tempête traite universellment
　　comme elle fait une herbe。(译者注)

因为这阕现代诗是按照能指对称的同样的规则构成的,这种对称的和谐统辖了斯拉夫的原始姿势和最精美的中国诗歌。

就像在树和草选择的共同存在方式中可以看到的,这是为了使矛盾的符号:说"不!"和"像那样对待",能出现;也是为了通过从"非凡的"的特殊性到"一视同仁地"的归结的类别对比而在头脑(tête)和暴风雨(tempête)的浓缩中完成那个永恒时刻的无法察觉的闪耀。

但是,我们要说,只有存显在主体中这个能指才能起作用。正是为了满足这个条件我才认为它已到了所指的层次。

因为,重要的并不是主体隐瞒了什么。(倘若"男厕"和"女厕"是以这个小男孩和这个小女孩不识的语言写成的,他们的争吵只会变得更加集中于词上,但是同样地易于含有意义。)

能指连环的这个结构所揭示的是这样一种可能性:因为我与其他主体共有这个语言,也就是说,因为这个语言存在着,我就能利用这个语言来指称与它所说的是**完全不同的事**。比起掩饰主体的思想(一般是无法定义的)的功能来,言语的上述功能更值得重视。这也就是在对真实的寻找中指出主体的位置的功能。

事实上,我只要在短语中植上我的树:爬树,或者加之以对上下文的描述而给词带来的讥刺的光照:树起,就可以使我不再受制于无论多么正式的某个事实的**公告**中了,如果我知道真理,我就可以让人也知道,尽管有我在树枝间的折腾所构成的由能指在**字里行间**实行的所有的查禁。按照我想让大家听懂我还是只想让几个人懂我,我的折腾可以是挑衅性的甚至丑角式的,也可以是只有内行的眼睛才看得出的。

影响到语言的这个真正能指的功能有一个名称。我们在我们儿时的语法书的最后一页上学到了这个名称。被谪降到次要章节以使人懂得对风格的最后思考的昆体良①的影子看来在那儿因看

---

① 昆体良(Quintilien,约30—约100),古罗马修辞学家。(译者注)

到结尾的迫近而加快了他的话。

在修辞法中,或者在比喻中(从"比喻"这个词而有了我们的动词"找到"),我们有了这个名称,这个名称就是**换喻**。

关于换喻,我们要用的就是在语法书里给出的例子:征帆三十。船字不见了,多读这个例子又可看到它还有一个借用义①可用,这会使我们不安。这个不安与其说是使人看不到那些著名的帆,不如说是使人看不清这个例子要说明的定义。

我们确实是说,以局部来代整体。如果真的这样来理解,这个局部并没有告诉我们它要估量的舰队的规模:事实上,只有一张帆的船是很少见的。

由此可见,船与帆的联结只存在在能指里面,换喻实际上是建立在**词与词**之间的联结上的②。

---

① 在法语中"帆(voile)"这个词作动词用时为"voiler",有遮盖的意思。(译者注)
② 我们在此向罗曼·雅可布逊(Roman Jakobson)先生致敬,我们的这个提法得益于他的著作。通过他的著作一个精神分析学家总是可以组织起他自己的经验。有了他的这些著作,"个人交流"就不是必要的了。我和他之间的"个人交流"并不比任何人少。
我们在这个忠实的间接形式中看出了那不朽的一对的风格:罗森克兰茨(Rosencrantz)和古尔顿斯理(Guildenstem)。将他们拆散是不可能的,即使是因为他们的命运的挫折要去拆散也是不行的。因为这结合是由和雅诺的刀一样的进程而维持着的,他们的结合的原因在于他们两个就是整个社会(Gesellschaft),就是协会本身。我指的是国际精神分析学协会。歌德就为了这个相同的原因而赞扬了莎士比亚创作的他们的对应人物(见《威廉师傅的学徒期(Wilhelm Meisters Lehrjahre)》)。
我们得细细品味歌德的这个段落:"那轻盈的上场,那挨近过来和弯下身,那允诺,那抚摸和谄媚,那机灵劲和巴结讨好,那整个的一切和空虚,那合法的劣迹和无能为力,这一切怎样通过一个人表达出来的呢? 如果人全都会,这至少有十多种,倘若它们正是社会中的东西,它们就是社会(Dieses leise Auftreten, dieses Schmiegen und Biegen, dies Jasagen, Streicheln und Schmeicheln, diese Behendigkeit, dies Schwänzein diese Allheit und Leerheit, diese rechtliche Schurkerei, diese Unfähigkeit, wie kann sie durch einen Menschen ausgedruckt werden? Es sollten ihrer wenigstens ein Dutzend sein, wenn man sie haben könnte; denn sie bloss in Gesellschaft etwas, sie sind die Gesellschaft...)"。
在这儿我们要感谢《关于言语在精神分析技术中的作用的几点看法》(《国际精神分析学报》1956年11—12月号)一文的作者,因为他指出他的那些看法是从1952年的一项工作"而来"的。这就解释了事实上1952年以来的工作都没有被吸收进去。而作者并不是不知道这些工作,因为他提到我是他们的编者(这是原话,我知道editor(编者)的意思是指什么)。(原注)

我们以换喻来指称能指为产生意义而构成的实效场地的一个侧面。

来说说另一个侧面,它就是**隐喻**。让我们马上来说明它:《基耶词典》在我看来正是给出了并不是生造的例子,我也不去别处搜寻其表演了,就用维克多·雨果的有名诗句:

他的禾束既不吝啬也不怀恨

在我的关于精神错乱的研讨班上我用这个例子来讲述隐喻。

我们要指出,现代诗歌和超现实主义流派使我们迈了一大步,让我们看到,如果说为了产生诗意的火花,也就是说为了创造隐喻,我们不需要结合最相远的所指形象,那么,所有的两个能指的结合都是同样地构成隐喻。

这个极端的立场是建立在称之为自动写作的试验之上的;而这个试验是那些先行者确信了弗洛伊德的发现之后才去尝试的。但是因为其原则是错的,所以这个试验一直是混乱的。

隐喻的创造性火花并不来自于将两个形象提示出来,也就是说,并不是来自于将两个能指同等地呈现出来。它在两个能指之间发出,其中一个能指取代了另一个能指在能指连环中的位置,被隐没的那个能指以其在连环中的(换喻的)联系而继续现显。

**以一个词来代替另一个词**,这就是隐喻的定义。如果你是个诗人,如果你要玩一玩隐喻,你就能产生出一首连续的奔流,一个迷人的隐喻的织体。另外,要获得让·塔尔迪厄[①]在这个题目下构作的对话的醉人的效果,就得有从那里表现出来的意义是绝对多余的这个证明,这个证明完全令人信服地表现了市民喜剧。

在雨果的诗里,很显然,从禾束既不吝啬也不怀恨这个看法里

---

[①] 让·塔尔迪厄(Jean Tardieu),法国诗人,戏剧家。(译者注)

是没有任何高见出来，因为这儿的问题不是禾束有没有这些特性的优点或缺点，两者以及禾束都是布兹①所有，布兹摆布着禾束而承受着这两种情绪，但他没有将他的情感告诉他的禾束。

如果禾束指的是布兹（这确实是这样的），这是它在能指连环中取代了他的位置，在这个位置上他正等着要通过扫除吝啬和怨恨而升高一级。但从此禾束把他从这个位置上彻底赶出去了，布兹现在被扔到了外面的黑暗之中，在那儿，吝啬和怨恨将布兹收容在它们的否定的空缺中了。

但是，一旦**他的**禾束篡夺了他的位置，布兹再也不能回来了，将他系在那儿的那个细小的"他的"联系是又一重障碍，因为那是将维系着他的这个所有者的称号联结到吝啬和怨恨中去了。他的确实的大度在禾束的慷慨面前变得**丝毫不剩了**，从其本质上来看，禾束并没有我们的矜持和拒斥，就是在它的聚集中，按我们的尺度来看也仍然是奢侈的。

但是，如果在这个丰盛中赠送者带着赠品消失了，这是为了让赠送者在他消失于其中的形象的周围重新出现。因为这是生殖力的辐射，这个辐射带来了这首诗颂扬的惊喜，也就是说老人在他要做父亲的神圣环境中所得到的许诺。

这样，是在一个人的专有名字的能指和隐喻地取消了它的那个能指之间产生了诗意的火花。这个火花对于实现父亲关系的意义非常有效，因为它重建了神话的事件，在这个事件中弗洛伊德重新发现了在人的无意识中的父亲之谜的过程。

现代的隐喻并没有一个不同的结构。由这个结构而吟出的句子：

"爱情是在阳光下欢笑的一块石头"

---

① 布兹是上引雨果诗中人物。（译者注）

在一个度向上重创了爱情,我看这个度向是可以挡住在一个自恋的利他主义的迷象中的一直要产生的滑动的。

可以看到,隐喻恰恰处于无意义中产生意义的那一点上,也就是说在弗洛伊德发现的那个过道上。从这个过道回来,就有了一个词,在法语中就是"词"这个词,这个词不是别的正是机智的能指①,在那儿可以感觉到,通过嘲弄能指,人向自己的命运挑战。

但是,再回到本题上来;人在隐喻中找到的是什么呢? 如果不是绕过社会禁忌的障碍的力量又会是什么呢? 这个给予压抑中的真理以场地的形式不正是表现了内含在它的身影中的驯服性?

读一读列奥·施特劳斯的著作是有好处的。在这部著作中②,作者在那块向来是向选择自由的人提供庇护的土地上思考着写作艺术与迫害之间的关系。通过紧紧地抓住联结了这个艺术和这个条件的那一种相同本性,他让我们看到了在真理加于欲望之上的作用中的某种东西的形式。

可是,难道我们没有觉得,在追踪文字的踪迹而去达到弗洛伊德的真理以后,我们已经燥热了一段时间? 他的火焰在到处燃烧。

当然,正像人们所说,文字使人僵死而心智使人生动。我们不反对这个说法,我们刚才在这儿指出了误入文字寻找的一个高贵的牺牲品。但是我们又要问,没有文字,心智如何存活呢? 倘若文字没有证明是它在人身上生成了他的所有的真理的效用而心智一点儿也与此没有关系,那么心智的自负就仍然得不到驳斥。

这个揭示是弗洛伊德作出的,他的发现被他称之为无意识。

---

① 这正是德语 Witz 的同义词。弗洛伊德在其第三部关于无意识的重大著作中以此为主题。要寻到这个德文词的英语同义词更加难,这很说明问题。wit 这个词,由于从戴夫南特(Devenant),霍布斯(Hobbes)到蒲柏(Pope),到艾迪生(Addison)的讨论而内涵太重,使它主要与 humour(幽默)有关,这就是另外一回事了。英语中还有 pun(双关语)一词,但它太狭隘了。(原注)

② 《迫害和写作的艺术》,列奥·施特劳斯(Léo Strauss)著。(原注)

## 2. 无意识中的文字

在弗洛伊德的全集中,每三页中有一页涉及到语文学,每二页中有一页讲的是逻辑推理,到处都有对经验的辩证理解,越是直接的关系到无意识,语言分析的分量就越大。

这样,在《梦的科学》中,每一页上谈的都是我们称之为话语的文字的内容,它的脉络,它的用途,它在有关材料中的固有性。弗洛伊德的这部著作以及他的全部著述打开了通向无意识的通衢大道。弗洛伊德预告了我们这一点,当他在本世纪初的日子里推出这本书时①,他私下所说的只是肯定了他一直到最后都在宣称的事:在他的教诲的这个一掷孤注中包含的是他的全部发现。

由于他的叙述不可以推迟,第一章的第一个句子就是:梦是个字谜。弗洛伊德又指出,对这句句子要从字面上来理解,就如我上面说过的那样。这是由梦中的这个同样的文字结构(也就是说音位结构)的动因而来的,在这个结构中话语中的能指联贯了起来并得到了分析。就像弗洛伊德特地指出来的那些不寻常的形象那样,比如屋顶上的船,头是个逗号的人等,梦中的形象只是由其能指的价值而值得注意,也就是说由其可使我们读出梦的字谜所建议的"谚语"的能力。这个使解读的行动成为可能的语言结构就是**梦的意义**的根源,就是释梦(Traumdeutung)的根源。

弗洛伊德以各种方法来说明,形象的能指的这个价值与它的意义毫无关系。他以埃及的象形字为例。埃及象形字中的鹰是字母 aleph,小鸡是字母 vau,它是联系动词的一个形式,也表示复数。如果从一篇文章中鹰和鸡出现的次数来推断这篇文章是有那么一点点与这两种鸟类有关,那就太滑稽可笑了。在这个书写体系

---

① 参见他的通信,特别是他的信札选中的第107号和第119号信。(原注)

中，弗洛伊德找到了一些能指的用法，这些用法在我们的语言中已不存在了。例如定语的用法，这个用法将一个范畴形象加到一个动词的形象上去，他这样做是为了让我们看到，所谓的"象形字"也是个文字。

但是，即使在这个名词上没有混乱，在没有受过语言学训练的精神分析学家的头脑里也会有有利于那个象征的偏见。这个象征来自于自然的类比，甚至是来自于本能的对齐接缝的形象。现在，除了对此有所纠正的法国学派以外，我们甚至要区别察看咖啡的渣痕和解读象形字，我得要在这个区别上将技术重新约束到其原则里来。在这个技术中没有任何东西肯定了偏离了无意识的途径。

必须指出，人们难以接受这一点。上面驳斥的思想上的恶习是如此的深，人们可以听到今天的精神分析学家承认他们是在解码，而如果他们有决心随弗洛伊德走完其各个阶段的路程后（请看商博良的雕像，导游说），他们就会明白他们是解读。两者的区别在于这样一个事实，一个密码之所以是密码只是因为它是个迷失了的语言。

而走这些路程，也就是继续进行释梦（Traumdeutung）。

Entstellung，意为移位。在这上面弗洛伊德指出了梦的功能的普遍的前提条件。这就是我们在上文随索绪尔说的所指在能指下面的滑动。这个滑动在话语中一直进行着（我们要说，那是无意识地进行着的）。

然而，能指对所指的作用的两个侧面都出现在那儿。

Verdichtung，意为压缩，这是能指的重叠的结构。隐喻就存在于其中。这个名词将 dichtung 也压缩在自己里面，这表明这个机制对于诗歌也同样的自然，以至于它包含了传统上是诗歌的功能。

Verschiebung，意为迁移，德文的这个词要更接近这个表现为换喻的意义的转移。自从弗洛伊德提到了它以后，它一直被看作为无意识中对付禁忌的最合适的手段。

将这两个在梦的作业（Träumarbeit）中起关键作用的机制与其在话语中的同类的功能区别开来的是什么呢？什么也没有，除了加在能指材料上的条件，这叫做 Rücksicht auf Darstellbarkeit，这应译为：对于构成场景的手段的注意（如果在这儿译为：显出形象的可能性的作用，那就太有差距了），但是这个条件构成了在书写体系内部起作用的一个限制，它决不是将这个体系化解在一个形象的符号学中以使它与自然表达的现象合流。我们或许可以以此来说明图像表达的某些样式的一些问题，但是我们并不能因为这些图像样式因其不足而被书写系统所遗弃这一点而将它们看作是发展中的一个阶段。让我们这么说，梦很像沙龙中的这种游戏，在这个游戏中你要通过无言地摆出姿态来使观众猜出一句熟知的话来：梦中虽然有话，但在本质上还是一样，因为对无意识来说，言语和别的东西一样只是构成场景的一个成分。正是因为在这个游戏或在梦中缺乏表现因果关系，矛盾，假设等的逻辑联系的分类材料，它们才表明它们做的是书写而非哑戏。梦中显示出来它用以表达这些逻辑关系的微妙方法要比游戏中一般用的自然得多。这些方法是弗洛伊德的一个特别研究的对象，在这个研究中再次证明了梦的作业遵从的是能指的法则。

其余的发展在弗洛伊德看来是第二位的，它是从其内容得到其价值的：幻觉和白日梦，或者用弗洛伊德喜欢的词 Tagtraum，以表示它们的满足欲望（Wunscherfüllung）的功能。既然这些幻觉可以是无意识的，它们的特征就是它们的意义。弗洛伊德告诉我们，这些幻觉在梦中的位置是，要么它们被用作无意识思想（Traumgedanke）的句子的能指成份，要么用于我们在这儿谈的第二位的发展，也就是说用于他所说的与我们清醒的思想无法区别（von unserem wachen Denken nicht zu unterscheiden）的功能。要说明这个功能的作用，最好的办法是将它比之于镂花模版所刷出来的色彩层,它们在看来像是有人像的图画上显出那些本身令人厌倦的字谜或象形字的复影。

请原谅,我像是在这儿重读弗洛伊德的文章。我这样做不仅仅是为了表明如果不重下论断我们就可以获益匪浅;我更是要在最初的,根本性的和从未再提起过的创见的背景上来看精神分析学以后发生的事。

从一开始,人们就忽视了在弗洛伊德最先以最精确的形式确定的在无意识的地位中能指的组织作用。

这有两个原因,其中最不明显的一个原因当然是这样一个:弗洛伊德给出的形式化表达式本身并不足以令人看到能指的动因。因为,在《释梦》出版的时候,它要比语言学的形式化水平先进得多。我们可以显示,以其本身真理的力量,它为语言学的形式化开辟了道路。

第二个原因从根本上说正是第一个原因的反面。如果说精神分析学者们只是被从无意识中得出的意义吸引住了,这些意义是从看来是它们本身固有的辩证关系中得到其最奥秘的吸引力的。

我在我的研讨班上说明过,正是从要纠正这些不断加剧的偏颇效果的必要性出发,我们才能理解为什么弗洛伊德出于保卫他的发现以及修正他的认识的最初用心觉得应该在建立其学说的过程中作出这些似乎是方向的转变,更确切地说是航向的调整。

因为,我再说一遍,在弗洛伊德当时所处的情况下,那时与他的研究对象有关的学科没有一个处于同等的科学发展水平,在这种情况下,他至少一直都将他的对象维持在其本体论的尊严之中。

剩下的就是神明的事务了,它现在发展到如此地步以至于分析者在想象的形式中找到他行动的指向。我刚刚指出,这些想象的形式似乎是用防染剂画在它们肢解的论文中的,分析者的目标也是照着这些形式而调整的。他们在对梦的解释中,将这些形式混杂于象形鸟笼的幻象解放中。更普遍地,他们将对分析的终结的控制视为存在在这些形式出现的地方的对这些形式的扫描搜寻①中,存在在认为这些形式既是退化完结的见证又是主体应在其中得到其特征②的重塑客体关系的见证的这个想法之中。

采用这些立场的技术可能是富有各种效果的;以治疗为挡箭牌,这些技术就很难以被批判了。但是一个内在的批判可使人看到一个明显的不协调,这个不协调存在在这个技术所用的行动方式——就是说所有的手段,包括"自由联想",都依靠以弗洛伊德的无意识的概念为基础的分析的法则——和对这个无意识的概念的完全的漠视之间。这个技术的最坚定的支持者认为他们并不需要有一个转向机。因为,在他们看来分析的法则只是得自于一个幸运的偶然机遇,所以要虔诚地遵循这个法则。这也就是说,弗洛伊德从来没有领悟出他在做的是什么。

而返回到弗洛伊德的论文就会证明,相反,在他的发现和他的技术之间有一个绝对的一致性,同时也可使我们将他的程序置于其应有的位置上。

这就是为什么对精神分析学的任何纠偏都必须先回到这个被发现的真理上去,在其原生的时刻是不可能蒙蔽这个真理的。

因为在分析梦时,弗洛伊德打算给予我们的不是别的,只是无意识的最广泛的法则。弗洛伊德告诉我们,梦之所以有效的原因之一就是在于在正常的主体身上和在精神错乱者身上,梦都同样地揭示了这些法则。

而且,在这两种情况下,无意识的效用并不消失在醒来的时刻。精神分析学的经验就是在于它确定了我们的所有行动都是在它的范围之内的。但是无意识在心理学范围里也就是说在个人关

---

① 我们知道,这是一种通过机械地检查对象的整个领域而保证可以找到对象的一种搜寻方法。(原注)
② 特征研究只涉及到机体的生长,所以漠视了主体被分别用在幻想,冲动和升华的结构。我发展了这个结构的理论(1966)。(原注)

系的功能里的存在需要得到澄清:它决不是与这个范围有同等的广延的。因为我们知道,如果说无意识的动机在有意识的作用中以及在无意识的作用中都出现,那么,相反地,我们要指出一个简单的事实,就是说,有大量的心理作用可以被正确地称为无意识的,如果无意识的就是指排除了意识的性质。但是这些心理作用在其本质上与弗洛伊德所说的无意识毫无关系。因此,将这个意义上的无意识的与心理的这两词混同起来是误用了术语。比如说人们就这样将无意识对于体质的一个作用称为是心理的。

需要做的就是要界定无意识的普遍范畴理论。我要说的就是下面这个算法规定的理论:

$$\frac{S}{s}$$

这个算式可以使我们发展出有关能指对所指的作用的理论,这个理论是与它以下的转换式相合的:

$$f(S)\frac{1}{s}$$

我们显示的是横向的能指连环的成分以及所指中的垂直的附属物的双重存在的作用,这些作用按照换喻和隐喻这两个根本性结构而进行分布。我们可以以下式来表示:

$$f(S\cdots\cdots S')S \cong S(-)s$$

这就是换喻的结构,它表明是能指与能指之间的联结导致了可以使能指在对象关系中建立一个存在缺失的省略,同时又利用了意义的回指的价值来使能指充满了企求得到它所支撑的缺失的欲望,放在( )之间的符号——在这儿表现了横线——的继续存在,这个横线在第一个算式中表示不可分解性,在这个不可分解性中构成了能指与所指关系中的对意义的抵抗。①

---

① 符号≅表示全等。(原注)

现在来看

$$f(\frac{S'}{S})S \cong S(+)s$$

这是隐喻的结构,它表明一个能指替换另一个能指而产生了意义的作用,这是诗的作用,或者说创造的作用,也就是说,有关的意义的出现①。置于( )之间的符号 + 在这儿表明超越横线——,以及这个超越对于意义出现的构成值。这个超越表示了能指进入所指的条件,我在上面已经通过将它临时地混同于主体的位置而指出了它的时刻。

现在要来注意一下这样引入的主体的功能,因为它是我们的问题的枢纽点。

**我思故我在**(cogito ergo sum)并不仅仅是在对科学的条件进行反思的历史高潮中组成了的一个关于先验的主体的明彻性与其存在的肯定之间的联系的论断。

或许我只是物体和机制(因此仅仅只是现象)。但无疑,只要我这样想,我就存在。哲学家们大概已对此作了重要的修正,特别是这一点:在思想者(cogitans)中,我只是将自己构成对象(cogitatum);此外,通过极端地澄清先验的主体,我与其计划之间的存在性联系看来是确定无疑的,至少是在其现实性的形式下是如此,而

"我思故我在",在我思中有存在("cogito ergo sum", ubi cogito, ibi sum)

就克服了反对意见。

当然,这将我限制在只是因为我想我是在我的思想中才存在,

---

① 在这个式子中 S' 指的是产生意义作用(或意义)的项,我们看到这一个项在换喻中是隐匿的而在隐喻中是呈现的。(原注)

在这时我是真的这样想的,这只与我有关,如果我说了出来,也与任何人都无关①。

以其哲学上的相似物为借口而规避它只是表现出了禁忌。因为主体的观念对于一门科学的运行比如现代意义上的战略是不可或缺的,战略的算计是排除了所有的"主观主义"。

这也是阻挡自己进入弗洛伊德世界的路径。我们说弗洛伊德的世界正像我们说哥白尼的世界一样,弗洛伊德自己将他的发现比作于所谓的哥白尼革命,指出在他的发现中人自居为宇宙中心的地位再次成了问题。

我作为能指的主体所据的位置与我作为所指的主体所据的位置是共有中心的还是各具中心的?这就是问题所在。

这儿涉及的不是要知道我是不是按我的样子说我;而是要知道,在我说自己时,我是不是和我所说的那个一样。在这儿运用思想这个词并没有什么不方便之处,因为弗洛伊德用这个名词来指无意识中,也就是说在我刚揭示出的能指机制中,起作用的那些成份。

同样的,哲学的我思(cogito)是在那个幻象的中心,这个幻象使现代人在对自己的不确定中对自己非常的有把握,甚至在他很久以来已学会的对自尊陷阱的疑虑也改变不了这个自信。

还有,如果将换喻的武器转而来对付它为之服务的恋旧,我拒绝在同义反复之外找什么意义,如果根据"战争就是战争","一文钱就是一文钱"的说法,我决定只成为我自己,如何使我摆脱掉我存在在这个行动本身的证据呢?

同样,如果我转向寻找意义的另一个隐喻的方向,如果我致力

---

① 如果我提个比如说"为什么要有哲学家"这样的问题,从而使自己更坦率而不那么自然,这时情况就会完全不一样,因为我提的不仅是个哲学家们一直提的问题,而且是个他们最感兴趣的问题。(原注)

于成为我自己,致力于达到我自己,我也不怀疑即使我迷失其中,我还是存在其中。

弗洛伊德转换的变化就是存在在这几点上,在这几点上显而易见的东西将被经验的内容所推翻。

这个换喻和隐喻的意义游戏,包括了它的活跃的头绪,这个头绪将我的欲望或者铆定在对能指的拒绝上或者铆定在存在的缺失上并还将我的境遇连结到我的命运的问题上,这整个游戏一直到其终结是进行得非常微妙的。在它进行的领域里我不存在,因为我无法处于其中。

这就是说,我刚才使我的听众迷惑的那几句话是不足的:我在我不在的地方思想,所以我在我不思想的地方存在,这两句话使专心听它的耳朵能感觉到串在语言链上的意义环是以怎样的歧义来逃脱我们的把握的。

需要说的是:在我是我的思想的玩物的地方我并不存在;在我并不以为在思想的地方,我在想我的自身。

这个两面的哑谜恰合这个事实,就是说所有的真理都只出现在这个不在场的层面中。通过这个层面,当人们掌握了其独一的钥匙时,创作中的所有的"现实主义"具有了换喻的价值,而在另一个层面中意义只有顺着隐喻的双重拐弯才能得到:索绪尔的算式中的 S 和 s 并不是在同一水准上的,人们如果自以为是处于它们的共同轴线上那就是自欺欺人了,这个共同轴线无处可寻。

至少直到弗洛伊德作出他的发现为止,那是无处可寻的,而如果弗洛伊德的发现不是这个,那就什么也不是了。

在其令人失望的歧义中无意识的内容所给予我们的所有主体中的真实当中是以直接的内容为最稳定;这些无意识的内容是从真理中得到其价值,并且是在存在的尺度上:我们存在的核心(kern unseres Wesen),这是弗洛伊德的原话。

隐喻的双重引发的机制就是决定了分析意义上的症状的机制。在性创伤的晦涩的能指和在目前的能指连环上取代它的用词之间产生了火花,这个火花在一个症状中(将身体或者功能用来作能指成分的一个隐喻)定下了有意识的主体无法懂得的意义。而在这个有意识的主体身上这个症状可以得到解决。

欲望给所有的"自然哲学"造成的谜,它模拟无穷深渊的狂热以及它包含了知识的愉悦和以快乐来统制的愉悦的私下的串通并不与任何本能的失常有关,那只是与它被纳入换喻的轨道有关——这些轨道永远地伸向对**他物的欲望**。由此就有了它在能指连环上的同一点上的"变态"的固定。在这一点上回忆的图像停下不动了;在这一点上偶像的令人着迷的形象成了雕像。

当没有什么需要即使在得不到满足时也不会被极端情况下的机体自身的消耗所损坏时,那就没有任何其他办法来想象无意识的欲望的不可毁灭性。坚持在转移中复制自身的连环,也就是说已死欲望的连环是存在在记忆中心的,这个记忆与也叫这个名字的我们现代的思想机器(建立在意义组合的电子设施的基础上的)中的装置相似。

主体以其症状呼叫的是欲望在其历史中的真理。这正如基督说,假如以色列的子孙不替石头说话,石头就会自己说话。

这也是为什么只有精神分析学家能够在记忆中分别出再记忆的功能。深植在能指中的再记忆以历史对人的主宰而解决了追想的柏拉图的疑难。

只要读一下《关于性的三篇论文》就可以看到弗洛伊德是从一个回归的辩证法来引伸出达到对象的所有过程的。虽然这部著作被盖满了为大众作的假生物学的注解。

这样,从荷尔德林①的回归(νόστος)出发,弗洛伊德在不到20

---

① 荷尔德林(Hölderlin,1770—1843),德国诗人。(译者注)

年之后就到达了克尔恺郭尔的重复。这就是说，弗洛伊德的思想在其起始就受制于谈话疗法（talking cure）的唯一的简单然而不可更改的后果。其后，他从来没有摆脱过将他从逻各斯的煌煌原则导向重新思考恩培多克勒①致命的二律背反的那种活跃的顺从。

他作为科学家对机关神（Deus ex machina）②的求助，如果不是发生在他指为梦域的"另一个场景"上则是无法想象的了，这个机关神（Deus ex machina）因为是让观众看到机器控制了控制者本人而就不那么可笑。原始父亲的猥亵而可怖的形象，在俄狄浦斯的永久的失明的赎罪中也无法穷尽，如果弗洛伊德不是服从于超越了他的偏见的例证的力量，怎么想象一个19世纪的科学家会重视他的《图腾和禁忌》超过他的其他任何著作。在这部著作之前当代的人种学家俯首信服就像信服一个生长中的真正的神话一样。

而且，那种特定的象征创造的必定繁盛（例如人们称为儿童性欲的理论）是回应了与神话一样的必要性。在这些创造中产生了神经官能症患者的冲动的动机，一直到其细节。

这样，你们可以由此知道我的评论弗洛伊德的研讨会目前进行到哪一点。小汉斯在五岁时为其象征的环境所忽视，他突然面临着被他现实化了的他的性和他的存在的疑谜。在弗洛伊德和弗洛伊德的学生他的父亲的指导下，他围绕着他的恐惧的明澈的能指，以一种神话的形式，发展出了有限数量的能指的所有可能的组合变化。

在这个行动中我们看到，即使在个体水平上，要在通过穷尽了在置解决办法于能指方程式中时遇到的所有不可能的可能方式之

---

① 恩培多克勒（Empédocle，前490—前435），古希腊哲学家。（译者注）
② 指古希腊戏剧演出中用机关布景转出的解围之神。（译者注）

后人才会有不可能的解决方法。这个演示非常有意思,它可说明一个观察到的现象的迷径,而直到现在人们只从这个观察里提取毁坏的材料。需要懂得的还有:在症状发展和它的治愈的同等范围中显示了神经官能症的性质:恐惧症的,癔症的,固念症的等等的神经官能症都是存在向主体提出的一个问题,"由主体出世之前它所在之处而来"(弗洛伊德在向小汉斯解释俄狄浦斯情结时用的就是这句话)。

这儿涉及到的是只在闪电般的一刻出现在动词"是"的空白中的存在。我已说过,这个存在为主体提了它的问题。这是什么意思呢?它不能对着主体提问题,因为主体无法来到它提问题的地方,而是它**对主体的地方**提问题,也就是说它**以主体**来对这个地方提问题,就像人们**用**笔来提一个问题,也像亚里士多德的人用他的灵魂来思考。

这样①,弗洛伊德将自我引入了他的学说里,将自我定义为其特有的抗拒。我努力要使人理解的是这些抗拒是属于接合诱饵意义上的想象的本质。动物生态学在炫耀的和争斗的动物行为中向我们显示了这一点。我努力要人看到这些诱饵在人身上的残存,也就是说弗洛伊德提出的而我在"镜子阶段"发展的自恋的关系。即使弗洛伊德在将包含了选择感觉行动的感知功能的综合置于自我时显得是让自我大量地为现实负责。正像传统所做的那样,这个现实也只会因此而更加包括在**自我**的停顿中。

因为这个**自我**首先是由它集中起来以对付无意识信息的想象的惰性而得以分辨出来的。自我的作用只是为了用对话语来说最根本的抗拒来掩盖作为主体的这个移位。

这就是为什么费尼谢勒作为一个实践者而在其技术问题中使我们感觉到的那些护卫机制的穷尽(然而他在理论上将神经

---

① 以下两个段落是68年12月重写的,目的是使其易读。(原注)

官能症和精神错乱都归结于利比多发展中的遗传上的不正常,这是道道地地的陈词烂调)是表现为无意识机制的反面的,这一点费尼谢勒既没有讲到也没有看到。迂回说法,夸张,省略,悬念,预示,收回前言,否定,打岔,讥刺,这些是修辞手法(昆体良称为 figurae sententiarum),就像错词,低调语,换称法,形象法是比喻一样。在称呼这些机制时这些名词还是最恰当的,使人不得不使用它们。当在被分析者实际讲出的话语的修辞中起作用的是这些手法时,我们能不能将它们仅仅看作是一种说话的方式呢?

目前的精神分析学者们顽固地将抗拒的本质视为是情绪的一种持续性,以使抗拒与话语无关。这样做,他们只是跌倒在弗洛伊德通过精神分析发现的基本真理的力量之下。这就是说,对于一个新的真理,我们不能只满足于给它让出位置来,要做的是在这真理中找到我们的位置。真理要求我们不安宁,仅仅习惯于真理并不能使我们达到真理,人会习惯于现实而拒斥真理。

然而,对于学者,占卜者,甚至江湖骗子来说,他们必须是唯一的知情者。在最简单的甚至是有病的灵魂的深处都有某种东西要开放,这个想法还勉强可以接受,然而某人做出一副他和他们一样的知道该如何的看的样子……,这样,原始思想,前逻辑思想,陈旧思想,甚至很容易归于他人的巫术思想等等的范畴都被抓来帮我们的忙了,这就是说,那些玩意儿通过给我们打显然是太狡猾的哑谜而使我们气都喘不过来,那是很不合适的。

要像弗洛伊德一样的解释无意识,就得要像他那样具有对文艺的百科全书式的知识,再加上专心的阅读《飞叶》(*Fliegende Blätter*)①。而我们的任务并不更轻松,因为我们赖以工作的是由暗指,引语,双关语,模棱两可语等织成的网线。我们的职业是不

---

① 这是 19 世纪下半叶到 20 世纪上半叶德国的一份滑稽报纸。(译者注)

是就是给琐事琐语解毒?

可是,我们必须作出决定。无意识不是初始的,也不是本能的,它所知道的基本的东西只是能指的基本单位。

那些在无意识的问题上可说是经典性的著作:《释梦》、《日常生活中的心理病理学》和《机智话及其与无意识的关系》只是例子的网络,它的发展是存在在联结和替换的语式中(只是由其特有的复杂性而演成 10 倍,弗洛伊德有时在文章之外描述过这个情景),这些语式就是我们用来表述能指的**转移**功能的。在释梦(Traumdeutung)中正是在这样一个功能的意义上而引入 Übertragung(转移)这个术语的。以后这个术语被用来指称分析者和被分析者之间的主体间联系的有效动力。

这样一种图式不仅是构作了神经官能症的每个症状,而且唯有它们可使神经官能症发展出其进程的主题及其解决。弗洛伊德所作的分析得到的观察出色地表明了这一点。

我们现在回到一个更小一些的事例,这个事例也更易于处理而可成为盖在我们的看法上的最后一个印鉴。让我引用关于拜物教的一九二七年的文章,弗洛伊德在文章中讲了一个病例①,那个病人要看到鼻尖上的亮光(Glanz auf der Nase)才能得到性的满足。分析揭示了,病因在于在这个病人的过去讲英语的年代里,他在观看鼻子时(在主体幼年的已"忘掉"的语言中是 a glance at the nose,而不是 shine on the nose)带上了对他母亲的阳具(也就是弗洛伊德揭示了其突出能指的引人瞩目的缺失存在)的难熬的好奇。

从一开始就引起对分析的抗拒的是对于在深渊中有一个想法被听到了这样一个想法开放的深渊,而不是像人们所说的是由于强调了人的性欲。许多世纪以来性欲就是个主宰了文学的对象。

---

① 见《恋物癖》,《弗洛伊德全集》第 14 卷第 311 页。(原注)

以一个可笑的神奇变化,精神分析学的进展使性欲成了一个道德的动因,一个奉献性和吸引性的摇篮和期待处。灵魂的柏拉图式坐骑现在得到祝福和通了神灵,直接地跑向了天堂。

在弗洛伊德式的性欲还没有成为神圣时那个无法容忍的丑闻是它居然会是如此的"知性"的。在这一点上它显得是有资格当所有要毁坏我们社会的恐怖分子的配角的。

在精神分析学家们努力于重塑一个善意的精神分析学(**自主的自我**这个社会学的诗是其顶峰)时,我想告诉听我演讲的人他们可以靠什么来认出坏的精神分析家:那是靠他们用来轻视所有那些沿着弗洛伊德的经验的真正路线开展的技术和理论的研究的那个词。那就是:**知性化**,这是一个对所有那些害怕饮真理的醇酒而唾弃人们的面包的人来说都是极可憎的词。而他们的唾沫在面包上却只能起到酵母的作用而已。

## 3. 文字,存在和他人

在我的位置上思考的是不是另一个**自我**?弗洛伊德的发现是不是在心理经验的层次上表示了对摩尼教的肯定?①

事实上不可能有什么混乱:弗洛伊德的研究所导向的不是第二重性格的某些有趣的病例。即使在我们刚才讲到的英雄时代,在那个性欲如同童话中的动物一样会讲话的时代,上述的那个趋向会造成的恶魔的气氛也没有形成。②

---

① 我的一位同事是走到了这一步,他疑问在以后的学说中的原始本能(Es)是不是个"坏的自我"(大家可以看出来我是和谁同事,1966 年)。(原注)

② 但注意在当时人们可以以怎样的语调来谈论无意识的调皮的游戏。西尔伯勒(Silberer)的一部著作被题为《无意识的机会和调皮诡计》(*Der Zufall und die Koboldstreiche des Unbewußten*),这在眼下的灵魂工程师的氛围中会显得完全的不合时。(原注)

弗洛伊德的发现所揭示给人的目的是在他的思想的高峰时以下的令人感动的话来表示的：Wo es war, soll Ich werden，我必须达到那一个所在之处。

这个目的就是重新结合的目的，协和的目的，我要说，是重新和好(Versöhnung)的目的。

但是，如果我们看不清人所面对的自己和本身的完全的不同心性，也就是说看不清弗洛伊德发现的真理，我们就会搞错精神分析作用的范围及其途径，就会使它成为一种妥协的行动。它现在实际上已成了这种妥协，也就是说成了弗洛伊德在精神和文字上都最反对的东西，因为他一直将妥协说成是对于他的分析所要救援的所有的苦痛的帮助，我们可以说，求助于妥协，不管是明说的还是暗中的，都是将精神分析行为导入歧途，使它堕入黑暗之中。

但是，去和我们时代的道德说教的伪善相联，口口声声地说"完整人格"也是不够的，这只是就治疗的可能性说几句连贯的话。

弗洛伊德的发现在人身上揭示出其裂缝的彻底的他主性，这个他主性无法再掩盖起来，除非你竭尽欺诈之力。

我维系于他人比维系于自我更甚，因为在我承认的我的本性的深处是他在策动我，那么谁是这个他人呢？

只有在相异性的第二度上才能理解他的存在，相对于我和我自己的重复就像我和一个相似者的重复而言，这个相异性已经将他人置于一个中介的位子上了。

如果我说无意识就是大写的他人的话语，这是为了指出对欲望的辨认与辨认的欲望在那儿结合的彼处。

换句话说，这个他人就是大写的他人，甚至我的谎言也提出这个他人以作为它在其中存在的真理的保证。

在此就可以看出，真理的度向是随着语言而出现的。

在这之前,在观察动物行为时完全可以分离出来的心理关系中我们必须承认主体的存在,这并不是依靠什么投射的幻影,心理学家的拿手好戏就是到处赶跑这种幻影。承认主体的存在是因为有显然的主体间关系的存在。在它的隐蔽警戒中,在它设下的陷阱中,在伪装掉队而将猛兽引开时,出现了比在引人出神的炫耀或争斗时更多的东西。但是,在这儿没有什么东西超越了为了某个需要的诱惑的功能,也没有什么东西肯定了在面罩以外的一个存在,在这个以外处整个自然可就其意图而受到质问。

为了使问题本身可以出现(我们知道弗洛伊德在其《愉悦原则以外》一书中达到了这个问题),必须要有语言。

我可用一个与我的战斗计划相反的动作来诱惑我的对手,这个动作所以有其欺骗的作用正是因为我在实际中为我的对手做了这个动作。

但是,在我开始与我的对手进行和平谈判时用的建议是存在在一个第三地点里的,这个地点既不是我的言语也不是我的对话者。

这个地点就是意义约成的地点。这个意义约成可以在一个犹太人对他的同伴的可笑的抱怨中看出:"为什么你对我说你要去克拉科夫,这使我以为你是要去朗伯格,而你实际上是去了克拉科夫?"

当然,我刚才说的兽群的行动也可以从一个游戏战略的这个约成范围来理解。我是靠了一条规则来骗过我的对手的,但这样我的成功是在背叛的含义上来得到估价的,也就是说是在与作为真诚的保证的大写的他人的关系中得到估价的。

在这儿的问题是属于一个范围,这个范围的他主性被完全误解了,因为它被视为只是任何一种"他人的感觉",或者我们称呼它的什么名目。"他人的存在"在过去曾经通过隔离了现象学家的小圈子的墙壁而传到了精神分析学的米达斯王的耳里①,我们知道这个新闻是通过芦苇而传播的,"米达斯,国王米达斯是他的病人的他人,这是他自己说的。"

他冲破的是哪扇门？他人,哪个他人？

年青的安德烈·纪德②被他母亲托付给他的女房东来管,他偏要让女房东把他当作一个能负起责任的人,显示式地摸出钥匙(这把钥匙在能开其他同样的锁时才是假的),打开了那把她认为是她教育意图的有尊严的能指的锁。他是要做给那个旁人看的吗？那个将会来干涉的人？那个他会对她笑着说,"你怎么能拿这把可笑的锁来使我驯服？"的人？但是,她隐藏在一边一直等到晚上,经过适当的不自然的迎接后训斥了这个孩子,这时这个他人就不仅仅是这个显示了怒气冲冲的脸的人,并且还是另一个安德烈·纪德。他在当时以及事后回想时,不再很清楚他到底想做什么。对他的真诚的怀疑使他连同他的真理都变了。

这个混乱的天地就是所有的人间趣剧在里边演出的天地。我们应该仔细看一下这个天地,为的是搞懂分析所借以开展的途径,这样不仅可以在那里重建秩序,也可以创造出可能实现这个重建的条件。

我们存在的核心(Kern unseres Wesen)。弗洛伊德教导我们注意的不仅是这个,在他之前有许多人都已经用那个"认识你自己"的无用的格言这样做了,弗洛伊德要求我们重新检查的是通向这个核心的途径。

或者说,他要我们达到的不是那个可以成为认识的对象的东西,而是他所说的造成我的存在的那个东西。他告诉我们,我在我

---

① 米达斯(Midas)王是古希腊传说中人物。(译者注)
② 纪德(Gide,1869—1951),法国作家。(译者注)

的任性使气，我的怪癖，我的恐惧以及我的迷恋中比起我的规规矩矩的个性来同样地甚至更高地表现了这个东西。

疯狂，你不再是暧昧赞词的对象，聪明人以此来安排他的恐惧的不可攻破的寨穴。如果他在那儿住得还舒服，那是因为一直在那儿挖那儿的侧室和迷径的至高的动力就是理性本身，这是同一个逻各斯在起作用。

再说，怎么来想象一个像伊拉斯谟这样的学究，虽然被他的时代的"社会事业"所要求但毫无干这些事业的才干，然而他却在宗教改革的进程中有这样一个突出的地位？在这个改革中每个个人和所有的人对人来说都关系重大。

这是因为只要稍微触及了一下人与能指的关系，在那时是注释过程的改变，你就改变了历史的进程，移动了人的存在的泊位。

也由于这一点，弗洛伊德理论从各方面来看都能够带来我们在自己的生活中经历到的变化，虽然这个理论是如此的不被理解，虽然这个理论的后续者是多么的混乱，这些变化构成了一个不可把握的然而是彻底的革命。更多的引证是不必要的了[①]：所有那些不仅关系到人文科学，而且关系到人的命运的东西都受到了弗洛伊德的理论的影响：哲学，形而上学，文学，艺术，广告，宣传，我相信由此还到经济。

而这只是弗洛伊德规划出其纯粹的道路的巨大真理的一些不和谐的效果。必须指出这条道路没有再被那些建立在对象的心理范畴化上的技术所遵循，今日那些不去跟从弗洛伊德的发现的精

---

[①] 我只举一个最新的例子，出自于弗朗索瓦·莫里亚克（Mauriac）的笔下。在5月25日的《费加罗文学》上他表示抱歉不能"讲他一生的故事"。他说，如果说没人再能像过去那样讲其身世，那是因为"半个世纪以来，弗洛伊德，不管你怎样看他"已做了他的工作。他有一回听从了那个老调，说这只不过是让我们从属于"我们身体的故事"，但他很快地回到了他作为作家的敏感肯定会觉察到的道理：我们的话语如果要讲得彻底，它谈出来的就是我们的亲近邻里的灵魂的最深的坦白。（原注）

神分析学者就是处于这个情况。

再者,他们的行动所主张的粗俗的概念,以及仅仅是作为装饰的假弗洛伊德理论的花边,加上他们的行动所越来越享有的低落名声,这一切都显示了对弗洛伊德的根本性的背弃。

通过他的发现,弗洛伊德将物体和存在之间的边界带进了科学的圈子里,而这个边界曾经看来是划出了它的局限。

尽管这表示了和预见了对于到目前为止所有关于认识的设想所以为的人在存在中的形势的重新质疑,我请求你们不要满足于将我所说的内容标签为海德格尔主义的一个表现,即使加上一个"新"的前缀。这对于加"新"前缀的垃圾筒式的风格没有增加什么新内容,通过加这个前缀人们习惯于不加思索地求助于拾掇思想的飘零片断。

当我讲到海德格尔,或者说当我翻译他时,我努力让他所说的话具有其独立的意义。

如果我讲到了文字,讲到了存在,如果我区别小写的他人和大写的他人,这是因为弗洛伊德把这些用语作为指称了转移和抗拒的效果的术语而指明给我了。我从事精神分析实践(这是种无法成功的实践,许多人喜欢跟着他这样说)的 20 年来,我一直在吃力地与这些效果搏斗,这也是因为我必须帮助其他人不至于在那里迷失方向。

这是为了使他们继承的园地不至于荒芜,为此要使他们明白,如果说症状是个隐喻,这个说法不是个隐喻,说人的欲望是个换喻也同样的不是个隐喻。不管人们愿意不愿意,症状**确是**个隐喻,而欲望**确是**个换喻,即使人们嘲笑这个说法。

还有,如果要使我让你们对这样一个事实愤慨,就是说经过这么多世纪的宗教的虚伪和哲学的大话,还是没有任何有效的关于隐喻和存在问题的连系以及换喻和存在缺失的连系的论述,那么在作为这个愤慨的产生者和受害者的对象中得有个什么来回答这个愤慨,这个东西就是人道主义的人和他从他的意愿中得到的无可挽回地肯定了的信誉。

(1957年5月14至26日)

(注意:这篇文章与我1960年4月23日在哲学学会上作的报告一致,那篇报告是就贝勒门先生在那次会上作的关于他的将隐喻当作修辞功能的理论的讲演而作的。)

# 论精神错乱的一切可能疗法的一个先决问题<sup>*</sup>

（这篇论文包含了在1955—1956学年的头两个学期中我在我的研讨班中讲的最主要的内容，第三学期的内容没有包括在内。）

谨以我在同一个地方辛劳三十三年的所作献给这地方的守护神圣安娜，同时献给随我来到那儿的青年。

## Ⅰ. 导向弗洛伊德

1. 在将弗洛伊德的理论应用于精神错乱以来已有半个世纪了，但这个问题还是要重新思考，也就是说这个问题还处于原状（statu quo ante）。

我们可以说，在弗洛伊德之前，对精神错乱的讨论并没有脱离一个理论背景，这个理论背景说是心理学，其实只是在学校（出于我们的尊重，应是大写的学校）中科学的长久的形而上炖煮后剩下的"世俗"的残渣。

如果说我们有关自然（physis）的科学在其越来越纯粹的数学

---

\* 这篇论文最初发表在《精神分析学》杂志第四卷。

化中几乎已经没有这个炖煮的气味,以致我们都可以问是不是有了掉包,那么关于非自然(antiphysis)(也就是说那个人们以为是能够测量前述自然的活体)的情况就不是那样。非自然的烧焦的气味毫无疑问是泄露了在这个炖煮中长久以来的烧脑子的做法。

因此,对理解认识来说是必不可少的有关抽象的理论就变成了关于主体的能力的抽象理论。最激进的感官的要求也没能使这个理论对于主观效用来说有用一点。

一直都有的要以情感的平衡力量来纠正这个理论的后果的尝试都不会成功,如果你不去先问一下感受情感的是不是同一个主体。

2. 我们在学校(小写的学校)里学会永远地回避的就是这个问题:因为即使承认了感知者(percipiens)的身份的替换,它在构成被感知者(perceptum)的统一性中的作用还是没有得到研究。这样,在 percipiens 中 perceptum 的结构的多样性只涉及到辖域的多样性。从根本上来讲也就是感官(sensoriums)的多样性。从道理上讲,如果感知者(percipiens)能掌握现实,这个多样性总是可以克服的。

这就是为什么那些要回答疯子的存在所造成的问题的人不能不在他们自己和疯子的存在之间隔上一张学堂的书桌,这书桌是庇护他们的绝好围墙。

我们事实上可以把所有的观点都视为同类,不管这些观点是机制论的还是动力论的,不管将起源看作是来自机体的还是来自心理的,不管将结构分析为由分解产生的还是由冲突产生的。所以这些观点,不管是多么的巧妙,都是在这一点上一样的:以幻觉是个没有对象的被感知者(perceptum)这个明显的事实的名义,它们只限于向感知者(percipiens)来索求这个被感知者(perceptum)的原因,却没有人看到在这个调查中有一步骤被省略掉了,这一步骤就是质问一下这个被感知者(perceptum)给予被要求来解释它的感知者(percipiens)的是不是一个单一不变的意义。

对于所有无成见的对言语幻觉的研究,这一步骤似应有其位置,因为我们将要看到,幻觉既不能被归结为某个感官(sensorium),也根本不能归结为给予它以统一性的一个感知者(percipiens)。

将言语幻觉看作是本质上为听觉的,这是一个谬误,因为我们可以设想极端的例子,在那里言语幻觉不会有一丝听觉性(比如说在一个聋哑人身上,或者某种幻觉拼读的无声辖域中),更是因为随着不同的目的聆听的行为是不同的,有时它的目的是为了言语链的连贯性,也就是说在构成序列后造成的每一刻的超强判定,这与在意义出现时它的值每一刻的悬而未决一样;有时它是为了与言语中的声响变化一致,为了进行像语调,语音,甚至音乐强度的音响分析。

这些简单的回顾足以表明与被感知者(perceptum)的视野有关的主观性的不同(在询问病史时和在对"声音"的病理分类中这个不同是完全被忽视了)。

但是,人们或许认为可以将这个不同归结于感知者(percipiens)的客观化水平。

可是,情况不是这样的。因为,主体是在主观"综合"给予言语以意义的层次上表现出所有的悖论来的,他是在这个独特感知中的这些悖论的患者。在他人讲话时这些悖论已经出现了,这一点清楚地显示在主体服从他的可能性之中,因为这种可能性使他倾听,使他小心。只要做了听话者,主体就受制于一个建议,对此他无法逃避,除非他将他人看作是一个不属于他的话语的传声筒,或者是一个他对此有保留的用意的表达者。

但,主体与他自己的言语之间的关系更引人注目,在这个关系中,重要的事实被他只有听到自己才能讲话这样一个纯粹音响的现象所掩盖了。人只有分裂开才能听到自己声音,这一点在意识的行为中没有什么特别的地方。医疗者们更进了一步,他们观察到了发音器官的初始动作从而发现了言语动作幻觉。但是他们并没有由此而指出关键之点的所在,这是因为在语义链中感官(sensorium)是无关紧要的,而

 a. 语义链以其声音而自加于主体,

 b. 它原样地接受它的主观份额所包含的现实,这个现实是与时间相协调,完全可在经验中观察到的。

 c. 作为能指的它的结构决定了这个主观分配,这个分配按规律来说是分布的,也就是说是有几个不同的声音的,因此它将所谓统一性的感知者(percipiens)作为多义的而提出来。

3. 我们将用从1955—1956年的一个治疗示范中出现的一个现象来说明我们刚才说的话,我们在这里讲的研讨班的工作也是在这一年进行的。应该说,只有完全地服从于(即使是有准备地服从)病人的主观立场才能得到这样的发现。人们老是费劲地将这些立场归结为对话中的一个病态的过程,因此引起了主体的不是没道理的迟疑而使理解这些立场更加困难。

我们要说的实际上是那种两人的谵妄,很久以来我们就在母女关系中指明了这种谵妄的典型。在这种谵妄中,被侵入的感觉发展成了受监视的妄想,而这种被侵入的感觉只是从两人情感关系特有的抵御发展而来的,这种抵御可以滑向任何一种精神病症。

那是一个女儿,在我们的检查过程中作为证据告诉我们说她们母女俩都遭受到她们的邻居的辱骂,这个事情涉及到的是她们的女邻居的一个朋友,在开始时她们之间和睦的亲密关系结束之后,这个女邻居据说就一直在折磨她们。这个男人在争吵中是个间接的参与者,在病人的指控中也不重要。据这个女病人说,当他们在过道上相遇时,他对她说了这难听的"母猪"。

听到了这一点,我们并不打算在这个骂人话中看出一个回骂"公猪",以映射的名义太易于从中推断出这个回骂来。但实际上这种映射在这类情况下只是代表了精神病医生的映射。我们只是问她在这一时刻之前她自己可能说了什么。这个询问是有结果的。她微笑着承认,在看到那个男人时她确实喃喃地说了这句她以为那个男人没什么可为之生气的话:"我刚从肉铺子来……"

这句话指的是什么呢?她难以说出,从而使我们有责任来帮助她讲出来。就其字面上的意义来说,我们不能忽视这个事实,就是说这个女病人刚刚突然地抛弃了她的丈夫和她的夫家,由此而结束了她母亲反对的一门亲事,此后也不给人以下文。她这样做是因为她相信那些乡下人只有一个办法来对付她这样一个百无一用的城里人,那就是将她利利落落地割成碎片。

为了理解这个拘于两人关系的女病人是怎样应付她掌握不了的形势,我们是不是要引入肢解了的身体这个幻觉呢?这个问题并不重要。

对于我们眼下的目的,只需要这病人承认她的句子是暗指的,并不需要她搞清楚在在场和不在场的人中间,这句句子到底暗指的是谁。因为作为直接用语的句子的这个主语"我",按其语言学上称之为转换者(shifter)①的功能,只要它所暗指的因其可能是密谋的意愿而仍不确定,就使发言主语的指定处于不定之中。在停顿之后,这个不确定由"母猪"这个词的出现而结束,这个词因为

---

① 罗曼·雅可布逊(Roman Jakopson)从叶斯柏逊(Jespersen)那里借用了这个术语来指语言编码中的那些词。这些词只从信息中的关联成分(归属,时间,说话地点)中得到其意义。以皮尔士(Pierce)的分类来看,它们属于象征—标志,人称代词是其中突出的例子,掌握它们的困难以及它们功能上的不足说明了这些能指在主体中引起的问题(参见罗曼·雅可布逊的《转换者,言语范畴和俄语动词》,哈佛大学1957年)。(原注)

其咒人的分量而不可能等时地随着摇摆不定。就这样,话语就在幻觉中实现了其否决的意愿。在现实中不可言喻的对象在被否定的地方听到了一个词,因为这个词占有的是个没有名目的地方,它只有通过以回应的连系来脱离主体才能顺从主体的意愿,它以其贬斥的对句来回答因"我"这个标志而归予女病人的上句的低声抱怨,在其含糊不清中又很像是爱的倾吐,当它没有能指来称呼它的道喜辞的对象时,它就运用了最粗鄙的想象的中介。"心肝,我吃了你……","你要乐疯了,小老鼠!"

4. 在这里提出这个例子来只是要生动地表明不实现的功能并不完全在象征之中。因为,要使它在现实中的爆发无可怀疑,它必须像通常的那样以断裂的链环的形式出现①。

我们在这里也触及到了所有被感知到的能指都有的在感知者(percipiens)中引发出同意的效用。这种同意是由第一者的明显的歧义暴露了第二者的隐蔽的两可而造成的。

当然,所有这一切在传统的关于统一的主体的看法中都可以作为幻觉的效果。

只是令人惊异的是,这种看法如果就其本身来说对幻觉只能作出与一个疯子的工作一样贫乏的分析,即使这个疯子可能会是像写出《一个精神病人的回忆》的斯瑞伯一样不平凡。这部作品在弗洛伊德之前就受到了精神病学家的热情欢迎,在弗洛伊德之后也被看作是不仅仅初学者需要读的了解精神错乱现象的值得推荐的著作②。

当我们在1955—1956年的关于精神错乱的弗洛伊德式结构

---

① 比较1956年2月8日的研讨班,在那次的研讨班上我们探讨了"晚间的宁静"这个"正常"说法的例子。(原注)

② 这部回忆录的英译本的译者在其导言中就表达了这样的看法。导言中还叙述了这本书的遭遇。英译本是在和我们的研讨会同一年上出版的。(原注)

的研讨班中遵从弗洛伊德的建议进行重新分析时,这部著作给我们提供了结构分析的一个基础。

在这个演讲中可以看到,这些现象一旦出现,就会有我们的分析所发现的主体和能指之间的关系,只要你根据弗洛伊德的经验而知道该在何处找到它。

但是,如果恰当地进行从现象开始的工作,也会重新找到这个地方。30年前我对偏执狂的第一个研究使我到达了精神分析的门口,那正是这么个情况①。

事实上,雅斯贝斯所谓的其症状为标志的那个心理过程的错误概念在用于精神错乱时是最不合宜的了,因为在精神错乱中症状是最为清楚地组织在结构本身之中,只要我们懂得如何去理解症状。

这就要求我们用人与能指之间关系中的最彻底的决定因素来界定这个过程。

5. 但是,我们并不一定要达到这一步也会对斯瑞伯的回忆录提出的言语幻觉的种类感兴趣,也会看出那里指出的差异是与人们"传统"地按其涉及感知者(percipiens)的方式(他的"信仰"的程度)及此事的现实性(听觉)而分辨出的差异完全不同,也就是说那是些与它们的言语结构有关的差异,只要这种结构已经存在在被感知者(perceptum)中。

如果只考虑幻觉的文本,语言学家马上就会在这中间区别出编码和信息这两种不同的现象。

在这个分析方法中属于编码现象的是那些使用我们译为基

---

① 我的导师豪叶在写给我本人的信中以这样的恰当的话来评价我的题为《论偏执狂精神病与个性的关系》的医学博士论文:"一燕不成春"。在谈到我的参考书时他说:如果您将这些书都读了,您真吃了苦,因为我是全都读了。(原注)

础语言(Grundsprache)的声音,斯瑞伯对此是这样描述的。(S. 13 - Ⅰ)①"这是一种有点陈旧的德语,但是很严谨,这一点在它所富有的委婉说法上可以看出。"在别的地方他有点遗憾地提到了"它的简洁而高贵的道地的形式。"(S. 167 - Ⅻ)

这一类的现象是以其形式(按照病人语言的规则而新构成的复合词)和其使用而实现在新造的用语中的。幻觉给予主体以构成新的编码法的形式和使用法:例如,主体首先是靠着幻觉才有用以指称它的基础语言(Grundsprache)的命名。

这与语言学家们称为**本名**的信息很相近,因为在这里是能指而非其所指是交流的目的。但是,信息与其自身的这个独特而又正常的关系在这儿又是重复在这些信息是由一些存在所支撑的关系上的,这些信息又是以与能指的关联的方式很相似的方式来表述了这些存在之间的关系。也是从这些信息中来的可以译成"神经关联(Nervenanhang)"的那个词正证明了这样一个说法,因为存在之间的情感及行动都可归结于神经的联结和分离,更是因为这些神经和与它们同质的神圣光线(Gottesstrahlen)一样只是它们所支撑的言语的实质化(S. 130 - Ⅹ:那些声音说:"不要忘记光线的本质就是它们必需讲话。")。

这儿的这个系统与能指的自身构成的关系是要算在元语言的问题的份下的。但是,在我们看来,如果这个关系的目标在于规定语言中的不同成份,它即表明元语言这个观念是不妥当的。

再说,我们在这儿遇到的是人们错误地称为本能的现象,因为在这儿意义的效果预示了意义的发展。事实上这里涉及到的是能指的一个效果,因为它的肯定的程度(第二度:意义的意义)具有的是与哑谜的空白相称的分量,而这空白首先出现在意义本身的

---

① 括号中的 S 以及数字指的是原版的《回忆录》的章节及页码。很幸运的是在英译本的边缘上也保留了原版的页码数。(原注)

位置上的。

在这个情况中有趣的是,随着对主体来说这个能指的高度张力的下降,也就是说随着幻觉变成老调、变成重复,并且这些陈词老调被说成是属于那些无智慧无个性甚至在存在的辖域里真的消失了的人的,随着这一切的变化,我们说,话音就表达出了Seelenauffassung,即表达了"灵魂的概念"(按照基本语言)。这个概念表显为一个思想的目录,这个目录完全可以作为一本经典心理学的书,在讲话中这个目录是与一个学究式的意愿相联系起来的,然而主体仍然可以就此作出非常切题的评论。我们注意到,在这些评论中所用语的来源是小心地区别开来的。比如说,当主体使用了 Instanz 这个词(S 在 30 - Ⅱ 的注释及 11 到 21 - Ⅰ 的注释)时,他在注释中证明:这是我所用的词。

由此,在心理布局中的回忆思想(Erinnerungsgedanken)的极端重要性没有逃脱他的注意。他很快就在诗意的和音乐性的重复语调中看出了这个证据。

我们的病人很可贵地将这个"灵魂的概念"形容为"灵魂对人生和人类思想所作出的有点儿理想化的表现"。他自信"窥见了人的思想情感过程的真髓,许多心理学家都会羡慕他"。

我们非常乐意承认这一点,因为,与心理学家们不一样,他如此幽默地指出其作用范围的这些知识他并不以为是得自于事物的本质。如果他以为应当利用这些知识,那是通过一个语义分析来做到这一点的,这我们在上面已指出了[①]。

但是,为了接上我们的思路,我们来看看我们用来与上面的现象对立的信息的现象。

这儿涉及到的是中断的信息,由这些信息而维系着主体和他

---

① 我们只是继续了弗洛伊德对他的赞扬,弗洛伊德甚至在斯瑞伯(Schreber)的谵狂本身看出了一种对他的利比多理论的预示。(原注)

的神圣对话者之间的一种关系,这些信息给予这个关系以一个挑战(challenge)或者一个忍耐力考验的形式。

对方的声音实际上将涉及到的信息限止在句首,但其意义的补足对于主体并无任何困难,除非是由于它侵扰人,冒犯人的特性和令人沮丧的惰性形成问题。对于我们分析的这个现象来说同样重要的还有他表现出来的从不害怕反驳对方,以致总能拆穿人家设给他的圈套的勇气。

但是我们在此再次细察一下幻觉的触引(或者更好地说是开场白)的文本本身。主体给出了以下的这样一个结构的例子(S. 217-XVI)。(1) Nun will Ich mich...(现在我自己要……);(2) Sie sollen nämlich...(你自己得……);(3) Das will Ich mir...(我肯定要……)。我们就引用这些。对于这些他要以在他看来并不可疑的意义的补充来回答,这就是说,1) 使自己明白我是个傻瓜;2) 至于你,显示出(基本语言的用词)是上帝的否定者,纵情于声色,且不说别的什么;3) 好好想一想。

我们看到,句子总是在可以称之为标志词的词组那儿中断,或者是那些其作用是上面所定义为转换者(shifter)的词,或者是在语言规则中由信息本身来指明主体的位置的词。

在这之后,句子的词汇部分,也就是说不管语言规则是正常的还是病态的在其使用中定义的那部分被省略了。

人们准会惊讶于在这两类现象中能指的作用的重大,也会因此而去探讨一下在它们构成的联结中到底有什么:有关规则的那些信息构成的规则与简缩为规则中指称信息的那部分信息之间的联结。

所有这一切必须要非常小心地归到一个图形上去①。在同一年中我们试图以这个图形来表现组织了主体的能指内在的关联。

---

① 参见本选集中的《主体的倾覆和在弗洛伊德无意识中的欲望的辩证法》。(原注)

在这儿有一个形态结构,这个形态结构是与现象形式和它们在中枢神经的通道所具有的直接的对称性的要求而会让人想象出的形态结构是不同的。

这个形态结构是处于弗洛伊德所开创的研究方向上的。在从梦幻中发现了无意识的领域之后,弗洛伊德着手描述无意识的动力,但并不为其在脑皮层上的位置操心。但恰恰是这个形态结构为人们探究大脑皮层作了最好的准备。

因为只有在对语言现象作了语言学分析以后我们才能有理由来建立这个现象在主体中组成的关系,同时划定实现这个现象的"机器"(以这个词在关于网络的数学理论中的纯粹组合的意义)的范围。

同样可注意的是,正是追随弗洛伊德的经历使得本文的作者走上了在这里描述的方向。现在来看看这个弗洛伊德经验给我们的问题带来了什么东西。

## II. 弗洛伊德之后

1. 在这儿,弗洛伊德告诉了我们什么呢?我们首先说对于精神错乱,弗洛伊德的贡献造成了一个回复。

这个回复可以立即在那些概念中提到的过于简单的成分中看出,所有这些概念都遵从了一个根本性的模式:如何使内在的外显出来?因为主体在这儿徒劳地包括了一个晦暗的原始本能,实际上在精神错乱的动因中它是作为**自我**,也就是说是以在目前的精神分析取向中完全表达了出来的方式,是作为这同一个摧残不了的感知者(percipiens)而被提出来的。这个感知者(percipiens)对于它的同样不变的相应物现实具有完全的支配力。而这个支配力的模式是取之于普遍经验都可感知的一个事实中的,这就是情感映射的事实。

现有的这些理论以其完全没有受到批判的方式而令人注目，以这种方式而映射的机制获得了应用。没有什么支持这个机制，可是却改变不了它。治疗中有证据说明在情感映射和其所谓的谵狂效果之间，在比如说不忠者的嫉妒和酒鬼的嫉妒之间没有任何共同之处，但这个证据也改变不了什么。

人们将弗洛伊德对斯瑞伯病例的分析误解为只是事后的唠叨。尽管弗洛伊德在其分析斯瑞伯的尝试中应用了语法归纳的形式以表达精神错乱中与他人关系的转向，也就是说否定"我爱他"这句话的不同方法；在此，这个否定判断由两个步骤组成，第一步是改变动词的意义：我恨他，或者是改换主语或宾语的性：这不是我，这不是他，是她（或相反）；第二步是主语的互相改换：他恨我，他爱的是她，是她在爱我。尽管弗洛伊德指出了这些，在这个归纳中涉及的逻辑问题没有引起任何人的兴趣。

更有甚者，弗洛伊德为映射不足以说明问题而在其文章中明确地予以排除；而同时开始发展对压抑的一个长长的详细的和精致的阐述，这其实也给解决我们的问题留下了余地。但是，我们只想说，在精神分析学尘土飞扬的工地上，这些地方还是空白着。

2. 自那以后，弗洛伊德又写了《自恋问题引论》。人们照样地利用这部著作，按照着原理的变迁让感知者（percipiens）来吸收和压抑利比多。这个感知者（percipiens）能够将现实像气球一样的一会儿扩大一会儿缩瘪。

弗洛伊德给出了自我构成方式的第一个理论，按照这个理论，自我是在由无意识决定的新的主体布局中根据他人而构成的：人们却以欢呼在这个**自我**中重新找到老牌的感知者（percipiens）和综合的功能而来回答弗洛伊德的这个理论。

除了采纳了**现实的丧失**的观念之外人们没有从弗洛伊德的理论中吸收别的什么有关精神错乱的有用的内容，这也就没有什么可奇怪的了。

这还没有完。在1924年,弗洛伊德写了一篇尖锐的文章,题为《在精神官能症和精神错乱中的现实的丧失》。在这篇文章中他指出问题并不是现实的丧失,而是取代了现实的那个力量。这篇文章是白写了,因为问题是早就解决了;零部件的仓库在内边,根据需要可以随时拿出来。

事实上即使卡当先生在研究斯瑞伯的精神错乱的阶段时也满足于这样一个模式。出于探明前心理阶段的用心,他观察到了抗拒本能引诱的防卫,以及在这个病例中抗拒手淫和同性恋的防卫,这是为了说明幻觉形象的出现,这个幻觉形象是感知者(percipiens)造成的在倾向和实际刺激之间的一个幕墙。

这个简陋的东西居然在一段时间里满足了我们!如果说我们曾经以为它足以解决精神错乱中的文学创作问题的话。

3. 再说,当一个倾向在现实中的干系要为这两者的退化负责时,有什么问题会是精神分析学的论述的阻碍呢?有什么会使那些愿意不加区别地谈论退化的人感到厌倦呢?他们并不区别结构中的退化,历史中的退化以及发展中的退化(弗洛伊德总是将它们作为形态的,时间的和遗传的而区别开来)。

我们不打算在这儿多谈结论的内容,我们的学生熟悉这些内容,其余的人不会对此感兴趣。我们只想让他们一齐思考一下只要提到作为弗洛伊德大厦的框架的那些特点时就会产生的陌生的感觉,这是从注定要在发展和环境之间团团转的那个猜测出发一定会有的感觉。这些特点包括弗洛伊德坚持的对于两种性别的男根的功能所具有的同等价值(长期以来这就是那些喜欢找一个虚假的"生物的"也就是自然主义的出口的人的绝望之处),作为主体承担起其性别的规范阶段的阉割情结,由于在所有个人历史中都有的俄狄浦斯情结的持续存在而必然产生的杀父的神话。还有最后的但不是……(last but not...),对象的重复的动因在爱情生活中产生的重叠的作用,这个对象总是被看作是独一无二的。如果必要,我们还可以指出弗洛伊德的关于冲动的观念所具有的完全是异端的性质;指出倾向,它的方向和它的对象之间的在原则上的分立性;指出不仅有它原生的"倒错",而且还有在系统的概念中它的含义,在他的学说的开始阶段弗洛伊德就以幼儿性欲理论的名目划出了这个含义的地位。

人们不会不看到很久以来我们离这些特点已经很远了,我们陷入到一种教育的自然主义之中,在这个自然主义中除了满足的观念和它的对应物失望之外没有任何其他原则。但弗洛伊德从来没有提到过这个观念。

弗洛伊德所揭示的那些结构可能仍然支持着今天的精神分析学想要加以引导的那些把握不定的动力,不仅是支持了其可行性,还支持了其行动。一个淘空了的技术更加能够制造"奇迹",如果没有一种使其效果堕落成那些社会性建议和心理迷信的含混效果的附加的迎合的话。

4. 令人惊异的是,严谨的学风只表现在那些事情的进程使之局处一边的人身上。比如伊达·玛加尔派恩夫人。她使我们敬佩,读她的著作可以感受到一个扎实的思想。

她为解释精神错乱而对限制在压制同性恋冲动的因素之中的完全不肯定的老调的批评是非常有力的。在论及斯瑞伯的病例时她轻松地表明了这一点。被说成是在偏执狂精神错乱中起决定作用的同性恋实际上是结合在其过程中的一个症状。

在斯瑞伯身上刚以他的一个半睡半醒的念头的形式而出现第一个迹象时,这个过程已经开始很久了。他的这些梦醒之间的念头以其不稳定性而给我们提供了各种自我的 X 光断层照相。那个念头以其形式而向我们充分表现了其想象的功能:做一个正在承受交媾的女人真美妙。

伊达·玛加尔派恩夫人虽然开始了一个正确的批评,但她还是没有看到,弗洛伊德如此强调同性恋问题首先是为了表明这个问题是谵狂中的宏大的想法的条件。更重要的是,他以此来揭示了据以进行主体的变化的相异性的方式;换句话说,也就是谵狂的"转移"相替出现的地方。她如果信从促使弗洛伊德在此也坚持提到俄狄浦斯的那个理由则会更好得多,但她不相信俄狄浦斯。

这个困难本可以引导她去作出一些肯定会启发我们的发现,因为对于人们称之为逆反的俄狄浦斯的功能迄今什么都还没有人说过。玛加尔派恩夫人宁愿不求助于俄狄浦斯,却代之以一个生育的妄想,人们可以在两种性别的幼儿身上观察到以怀孕的妄想的形式出现的这种幻想,她将这种妄想看作是与疑病症的结构有关的①。

这个妄想确实重要。我要在这儿说一下,当我第一次从一个病人那儿看到这个妄想时,那是通过一个在我的行医生涯中有里程碑意义的途径取得的,这个病人既不是疑病症患者,也不是癔病患者。

这个妄想,她觉得有必要与一个象征结构联系起来,这在现在看来是令人惊讶的(mirabile)。但是为了在俄狄浦斯之外找到这

---

① 要想证实这一点必然会误入歧途。玛加尔派恩(Macalpine)夫人正是这样。她一方面很明智地停留在暗示性激励的性质上,病人自己将这个性作为过于有说服力而记了下来。而就他向病人提议的睡眠疗法弗莱希席希(Flechsig)法官对着斯瑞伯(Schreber)极力地进行暗示性激励(一切都表明他平时是要持重得多);另一方面玛加尔派恩夫人又长久地解释她以为由其言谈暗示的生育的用词(见《回忆……》第396页,12至21行),她依靠的是用来指称治疗对疾病的作用的动词deliver的用法,以及她很勉强地用来转译谈睡眠的德语词ausgiebig的那个形容词prolific的用法。

然而,deliver这个词就其所转译的内容来说是没有什么可讨论的,理由很简单,因为没有什么可翻译。我们将德文原文看了又看。这个动词或许是作者忘了写了,或者是排版工人忘了排了。玛加尔派恩夫人在翻译中不知不觉地加了进去。当她在后文像她希望的那样重又找到了这个词时,她确实是该高兴了。(原注)

个象征结构,她就去寻找人类学的旁证,但是在她的著作中我们看见她没有很好地融合人类学的材料。这儿涉及到的是英国传播学派的一个著名代表所支持的"太阳石"论题。我们知道这些概念的价值。但是,在我们看来这些概念一点也不有助于玛加尔派恩夫人想要说的无性生殖是"原始"概念的想法①。

玛加尔派恩夫人的错误在于其他地方,她所达到的结果与她所寻找的正是截然相反。

按照她开创的对转移观念的看法,她将幻想孤立在她称之为心理内部的动力中,这样一来,她结果是把治疗需要着手的地方定为精神病患者对自己性别的不肯定,为此她比较了这样的治疗的良好结果与任何暗示了对一个隐蔽的同性恋的承认的做法在精神病患者身上引起的灾难性的结果。

然而,对自己性别的不肯定恰是歇斯底里的一个寻常的特征,玛加尔派恩夫人反对将歇斯底里混杂到诊断之中去。

这是因为没有一种想象的形成是特定的②,没有一种想象的形成是在结构或过程的动力中起决定作用的。这就是为什么当我们希望更好地达到目标而忽视了象征联结时我们就被注定了会既偏离了结构又把握不了那个动力。弗洛伊德是在发现无意识时同时发现这个象征联结的,两者其实是属于同一实体的:他总是引证俄狄浦斯,这就是为了向我们指明这个联结的必要性。

---

① 参见上文所引玛加尔派恩夫人的著作的第361页及第379至380页。(原注)

② 我们要请教玛加尔派恩夫人(参见《回忆……》第391到392页),9这个数字在各种各样的时间长度中有关:9小时,9天,9个月,9年。她在病人的病史中到处都挖掘出这个数字,为的是在病人的焦虑导致了在钟面时间上延迟开始上面所述的睡眠疗法时也重新看到这个数字,以及在同一个回忆个人生活的时刻病人重新又在4天与5天之间犹豫。这样一个9的数字是不是要看作是属于想象关系的符号,而这个关系被她分解为生殖的幻想?

这个问题会使所有的人感兴趣,因为它与弗洛伊德在《狼人》中运用V这个数字的做法不一样,这个V的数字被认为是在一岁半时的一个场景中从挂钟的指针上看到并记住,然后又在蝴蝶翅膀的拍动和少女的交叉的腿等上重新看到。(原注)

5. 没有认清这一点的失误是不能归咎于玛加尔派恩夫人的,因为这个失误没有被纠正而一直在精神分析学里扩散。

这就是为什么精神分析学家们为了界定精神错乱和神经官能症之间的可以确定的起码分别而只得依靠**自我**的责任来说明现实,我们可以说这是将精神错乱的问题留在其原状(statu quo ante)中。

然而,有一个地方被确切地指明了出来是这两个问题之间的分界处。

他们在有关精神错乱的转移的问题上甚至非常过分地注重于这个分别。如果在这儿一一列举所有就这个问题讲过的内容,那就有点太不宽容了,我们只想把这作为向玛加尔派恩夫人的才智致以敬意的机会。她以如下的话来概括目前在精神分析学中盛行的聪明人的立场:每当精神分析者声称能治好精神错乱时,他们面对的就不是一个精神错乱症。①

就这一点,有一天米达斯在规定精神分析学的意义时是这样说的:"很明显,精神分析学只有对具有他人的主体才是可能的。"米达斯在这桥上来回地走,将这桥看作是个荒地。他只能这样认为,因为他不知道河流就在那儿。

他人这个项精神分析家们至今还没有听说过,对于他这只有芦苇的低语的意义。

## III. 跟从弗洛伊德

1. 人们在许许多多的经验中感受到了一个作为他物的度向,他们并非没有想到这一点,而是想到了,但却没有想他们是在想,这就好像是忒勒玛科斯②在想花费的钱财。令人惊讶的是这个度

---

① 参阅上引玛加尔派恩夫人著作《回忆……》的引论,第13至19页。(原注)
② 忒勒玛科斯(Télémaque)是《奥德赛》中人物,奥底修斯之子。(译者注)

向从来没有被思考到可以被那些由思想的念头保证了会思想的人恰当地说出来。

欲望,烦恼,幽禁,反叛,祈祷,熬夜(我希望特别注意这一点,因为弗洛伊德特别地提到这一点,他在他关于斯瑞伯的著作中间引用了尼采的《查拉图斯特拉如是说》的一段①),恐慌都表明了这个异地的度向,为了看清这个问题,我不把它们看作是幽默可以纠正的种种情绪;我将它们看作是集体机体的永恒原则,在这些原则之外人类生命看来是无法维持长久的。

很可能,那个最可设想的思想之想在把自身想象为这个他物时会容忍不了这个潜在的竞争。

但是,一旦我们实现了没人设想过的这个异地和人人都有而又对人人封闭的地方之间的概念上的联结,这个厌恶就变得很明显了。弗洛伊德在这个地方发现,不必要想到,也就是说不必要有人会想他比别人想到得更好,那也在想,那想得糟糕,但那确实在想:他就是以这样的说法向我们宣布了无意识:那些思想的法则虽然与我们每天的高尚的或低下的思想的法则不一样,那些思想却仍然是连贯的。

因此,再也无法将这个异地归结为思旧的或者某个失去的或未来的天堂的想象的形式;人们在那儿找到的是幼时情愫的天堂,在那儿哦,我的天哪,妙事可不少。

再说,如果我们还有什么疑问,我们可以去看看弗洛伊德将无意识的地方称作是什么。他用了费希纳②的一个给了他深刻印象的词(费希纳在其实验活动中并不是我们的教科书里描述的那样的一个现实主义者):ein anderer Schauplatz,(另一个舞台);他在

---

① 天亮之前(Vor Sonnenaufgang):《查拉图斯特拉如是说》,第三部分,第四支歌。(原注)

② 费希纳(Fechner,1801—1887),德国生理学家,哲学家。(译者注)

他开创性的著作中重复了这个词20多次。

我们希望这阵清凉水流会重振人们的思绪,现在让我们来看看这个他人与主体之间关系的科学表达式。

2. 为了"确定思想"和稳定在这儿有难处的灵魂,我们将这个关系应用于已提出过的在这儿简化了的L模式。

L模式:

这个模式表示,主体S的情况(神经官能症或精神错乱)取决于在他人A那儿发生的事。那儿所发生的事都是连贯成一篇话语(无意识是他人的话语)。弗洛伊德一开始就试图为那些在特别有利的时刻让我们听到的这个话语的片断:梦,失言,俏皮话等定出其句法。

如果主体不是这个话语的参与者,他怎么会对这个话语发生兴趣呢?他确实是个参与者,因为他被这个模式的四边都牵住了,这就是说:S,他的不可言喻的愚蠢的存在;a,他的客体;a',他的自我,也就是说以其形式在客体中的反映;以及A,即可以向他提出他的存在的问题的地方。

分析经验的真理表明,向主体提出的存在的问题并不是体现为他在自我中引起的焦虑,这只是他的伴随物中的一个成分。这个问题是个表达清楚的问题:"我在那儿是什么?"这问题关系到他的性别以及他在存在中的偶然性,也就是说,一方面他是男的,或可能是女的;另一方面,他可以不是,两者演化其奥秘,把他系结在生殖和死亡的象征中。存在的问题包围了主体,支撑了主体,侵入了主体,甚至将主体撕裂粉碎,在分析中遇到的紧张,悬念,幻想等表明的就是这种情况;当然还要补充一点，这些都是作为在他人中构成这个问题的话语的成分而出现的。正是因为这些现象是组织在这个话语的修辞法中的，它们才确定了症状，才可被解读，才能在被解读之后得到解决。

3. 因此要强调，这个问题并不是在无意识中以不可言喻的形式出现的，这个问题在那儿是一个问题的提出；也就是说，在任何分析之前它已由分离的成分组织起来了。这一点至关紧要，因为它们就是语言学分析要求我们当作能指而分离出来的成分。在这儿它们在其纯粹的功能中被观察到，纯粹到一方面非常离奇，一方面非常真实。

——非常离奇，因为它们的句子存在在相对主体来说的相异性中的，就像独处荒漠尚未解释的象形字的相异性一样的彻底；

——非常真实，因为在那儿唯一可以无歧义地出现的是它们在所指上施以结构而给所指导入意义的功能。

因为能指在世界上开辟的轨迹肯定会要继续扩大并去寻找作为存在而提供给它的缺口，以至于在去理解能指是否遵从所指的法则时会有歧义存在。

但是，在主体的存在的问题上而不是主体在世界上的位置的问题上，情况就不是这样。从这个主体的存在的问题开始，可以发展到它在世界内部与客体的关系，以及世界的存在的问题，因为在其辖域之外这个存在也能成为问题。

4. 在弗洛伊德将我们导入其中的无意识他人的经验中，必须要注意到的是这样一点：这个问题的样子并不是在那些形象的原型变形的繁盛中，不是在植物性的肿胀中，不是在闪耀着生命的搏动的灵性的光环中。

在这儿存在着弗洛伊德的方向与荣格学派的全部区别,荣格注重于这些形式:利比多的转形(Wandlungen der libido)。这些形式可以提高到一种占卜的最高层次上,因为人们可以用恰当的技术在一个可确定的地方来造就它们(推进想象的创造:梦、画画等);我们可以在我们的模式中看到它伸展在 a 和 a′ 之间,也就是说在自恋幻象的面纱上,完全可以以其诱惑和抓获的效能而维持住任何反映到它上面的东西。

弗洛伊德摒弃了这样的占卜,这是在于它忽视了一个能指组织的指导性的功能,这功能的作用来自于它内在的法则和材料,这材料必定是贫乏的。

同样,在自认为是正统的团体中这个组织的风格是由弗洛伊德用语的力量维持着,即便这个用语被分裂了,两个学派的深刻分歧就存在在这一点上,以至于到目前情况,这两个学派中没有一个能说清楚他们分歧的理由。由于这样的情况,两者的实践的水平看来很快就要降低到梦想阿尔卑斯山和梦想大西洋的方式之间的距离。

但用夏尔科的那句弗洛伊德非常喜欢的话来说,"这并不妨碍"他人在 A 位置上的存在。

因为如果去掉了这一点,人甚至就无法留在自恋的位置上了。似乎是通过弹性的作用,气息(anima)回到精神(animus),而精神(animus)回到动物上。在 S 和 a 之间,动物和它的外在世界(Umwelt)之间保持了比起我们的来显然要更紧密的"外在关系",但是我们无法说它与他人的关系是不是不存在,我们只能说这个关系只有在神经官能症的零星片断中才能被我们窥见。

5. 在主体的存在中提出问题的 L 模式有一个组合的结构,我们不能将这个结构与它的空间形式相混同。就这一点而言,是能指本身组织在他人之中，特别是组织在它的四项式的形态之中。

为了维持这个结构，我们在那里找到了三个能指，在这三个能指中可以辨认出俄狄浦斯情结中的他人。这三个就足以象征在爱和生殖关系的能指之下的有性繁殖的意义。

主体在他的现实中给出第四项，这现实就这样被逐出体系之外了，它只有在能指的游戏中以死亡的方式进入体系之中。然而随着能指的游戏让它指称了，它就成为了真正的主体。

这个能指的游戏并非是静止的，因为其每一个部分都由真实的他人的祖系的全部历史所驱动，这些真实的他人是为能指他人在主体的同时性中的名称所蕴涵的。还有，这个游戏是作为规则而在每一个部分之上建立起来的，所以它已经在主体中组织起了三个动因：自我（理想的），现实，超我。弗洛伊德的第二个形态规定了这三个动因。

在另一方面，主体是作为死亡而进入这个游戏的，但他是活着进行游戏的，他在那个时刻宣布的花色是他必须在其生命中选定的。他这样做时利用了想象形象的一个集合(set)，这些形象是从活动关系的无数形式中选出来的。这个选择有点任意，因为为了对应于象征的三项组，在数量上必须缩小。

要这样做，（自恋关系的）镜面形象通过双极关系而以统一的作用联结到整个称为破碎体魄的想象成分上去了。这个双极关系提供了一个对子，这个对子不仅仅是由发展和结构的天然协和安排好了来作母亲—孩子的象征关系的对应物。镜子阶段的想象的对子表现出反自然，它与人所特有的过早出生有关，这个想象的对子恰能给予想象的三角以一个基础，在某种程度上象征关系能覆盖这个基础（参见 R 模式）。

这个想象中的过早出生打开了一个缺口，在这个缺口中镜子阶段的效果层出不穷，正是通过这个缺口人才**能够**想象自己是有死的。这不是说人没有与象征的共存也能这样想象的,我们要说的是如果没有这个使人与他自己形象异化的缺口就不会产生这个与象征的共存,在这个共存中人成为会死亡的。

6. 在这个三元组的第三项上主体则相反认同于他活着的存在,这个第三项不是别的正是阳具形象,弗洛伊德在其发现中揭示了这个功能中的男根形象,这曾引起了轩然大波。

为了直观地表现这个双重三元组的概念,我们现在就画出这个我们称为 R 模式的图式来。这个模式表现了被感知者(perceptum),也就是说客体的条件的线条,因为这些线条不仅仅取决于现实,它们划定了现实的范围。

我们来看一下这个象征三角形的顶点:I 为自我的理想,M 为原生客体的能指,P 是父名在 A 的位置。我们可以看到在男根的能指之下的主体 S 的意义的同形确定能够影响到由 MimI 的四边形所限定的现实领域的维持。这个四边形的另外两个顶点 i 和 m 代表了自恋关系的两个想象的项:自我和镜面形象。

R 模式:

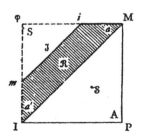

这样我们可以在 i 和 M 之间,也就是说在 a,放上 $Si, Sa^1, Sa^2$, $Sa^n$, SM 等片断的终端,在这些片断里置有侵凌、色情等关系中的想象的他人的形象,这些形象都是在这些关系中得到实现。同样的,在 m 和 I 之间有 $Sm, S'^1_a, S'^2_a, S'^n_a$, SI 等片断的终端,在这些片

断中自我得到了辨认,这是从它的镜面的原型(Urbild)一直进行到自我理想的父亲的认同①。

那些参加过我们从1956年到1957年的研讨会的人知道我们是怎样利用在上面提出来的想象的三元组(幼儿作为被企望者实际上构成了顶点I)以便交还给客体关系②它合法拥有的经验的资本。这个客体关系由于这些年来人们以它的名义认可的种种蠢话而有点名声不佳了。

事实上这个模式所揭示出来的关系并不是与前俄狄浦斯阶段有关的。这些前俄狄浦斯阶段并不是不存在,但分析起来却是无

---

① 在这个R模式中确定客体a有助于了解它给现实的领域所带来的是什么(这个领域挡住了它的进路)。

从那时以来我们坚持发展这一点,我们宣布这个领域只是在隔离了妄想的屏幕之外运行的。这还需要认真注意。

或许有必要承认,模式R所展示的是一个投射图。虽然它像是谜一样的,但对于了解它的结果的人来说是完全可读通的,特别是当你想要依靠它时是这样。

特别要看到,我们并不是随便地也不是游戏式地选择了这些顶点的字母,这些字母是互相呼应的:iI,mM;这些字母圈住了这个模式中唯一有效的切层(就是mi和MI的切层),这些顶点明白地表明这个切层在领域中划出了一个莫比尤斯长条。

这就把一切都说了,因为从此这个领域就只是妄想的代表。而这个切层给予妄想以其全部结构。

我们要说,由于能够在此分离出两个异质的成分(在我们的妄想的算式中标为$8 \diamond a$),这个切层就能揭示整个表面的结构,这两个成分是,$8$,即由长条划去的S,要在它出现的地方等它,也就是说覆盖了现实的领域R,以及a,它对应了J和S的领域。

因此,$8$,由欲望划去的S,是作为妄想中的表达的代表,也就是说作为在开始时就压抑掉的主体而在这里支持着现实的领域,而这个现实的领域是只有依靠客体a的萃取才得到维持,然而又是客体给予了它以范围。

各个层次完全由J领域在R领域中的侵入而向量化了,这在我们的文章中是只有作为自恋的效用而得到结合;测量这些层次就使我们不可能再想要通过某个后门而使这些效用(也就是"辨认的体系")以某种方式在理论上确立现实。

听过我们关于形态的演讲(这只有组织起妄想的结构才能证实)的人会知道在莫比尤斯长条中没有什么可测量的东西是要出现在结构之中的。就像这儿涉及到的实际一样,它是归结到切层本身的。

对于我们有关形态的研究的目前情况,这条脚注是一个显示(1966年7月)。(原注)

② 这是这个研讨班的题目。(原注)

法想象的(方向正确但步子不稳的梅兰妮·克莱因夫人的著作足以证明这一点);这些关系是与在俄狄浦斯的回溯作用下组织起来的性成熟前阶段有关。

在分析中,幼儿与母亲的关系并不是由其生存的依赖性构成的,而是由其对她的爱的依赖构成的,也就是由对她的欲望的欲望构成的。所有的变态的问题都在于设想幼儿在这个关系中是如何认同于这个欲望的想象的对象的,母亲自己在男根中象征了这个对象。

由这个辩证法而产生的男根中心主义就是我们在这儿要说的全部内容。它当然完全是由能指在人的心理中的侵入所规定的,并且是完全无法从心理的任何与其表示的本质的预定的和谐中推断出来。

这个想象的作用只有由于本能所特有的规范性的偏见才被看作不协调,然而正是这个作用决定了今天已结束了的漫长而又有害的关于男根阶段是原生的还是次生的争论,即使不是为了这个问题的重要性,这场争论也值得我们注意,因为它使恩斯特·琼斯博士[①]使出三头六臂的本领,一边声言他与弗洛伊德完全一致,一边坚持一个与弗洛伊德截然相反的立场,这个立场使他成为英国女权主义者们的捍卫者,虽然立场或许有些差异,这些女权主义者热衷于"各有各的"原则;男孩们有男根,女孩们有……

7. 弗洛伊德将这个男根的想象的作用揭示为象征过程的枢纽,在两个性别中这个过程完成了阉割情结对性的疑问。

男根的功能现在被缩小到部分对象的作用而已。在精神分析的圈子里这个功能黯然失色,这是一个深刻的神秘化过程的后果。

---

① 恩斯特·琼斯(Emest Jones, 1879—1958),英国医生和精神分析学家。(译者注)

在这个过程中文化保持了它的象征,这就是说,异教只有在其最秘密的秘事的终结时才产生了它。

事实上这是在我们看来由无意识控制的主观的布局中的一个意义,这个意义只是由我们称为隐喻的成分引出,这确切地说就是父亲的隐喻。

因为我们选择与玛加尔派恩夫人对话,这就把我们带到了她要引证"太阳石主义"的需要。通过"太阳石主义"她声称看到了被编了码的一个前俄狄浦斯文化中的生殖,在这个文化中父亲的生殖功能被排除了。

在这个意义上人们所能提出的不管是以什么形式出现的任何看法只是更强调了决定了父亲关系的能指的功能。

因为在那个精神分析家们仍然在探讨学说的时代里的另一场辩论中,恩斯特·琼斯博士以一个比以往更切题的看法而提出了一个仍然不恰当的论点。

在谈到有些澳大利亚部落的信仰状况时,他拒绝承认这个事实,就是说除了难以理解的例外,没有一个人类群体会不知道这个经验事实:没有一个妇女可以没有经过交媾就生孩子,也不会不知道这两个事情之间要有多少时间。在我们看来这完全应该归功于人类观察实际的能力,然而,在我们目前的问题中这个观察没有任何重要性。

这是因为,如果象征的环境需要,父亲的关系完全可以归于妇女在某个源泉或某个巨石边与居住其中的精灵的相遇。

这表明将生殖归之于父亲只能是一个纯粹能指的效果,是宗教教会我们提出的父名的效果,而并不是认出真正父亲的效果。

当然,你并不需要一个能指才成为父亲,或才死去,但是如果没有能指,没人会知道关于这两个状态的任何事。

对于那些无论如何也不肯从弗洛伊德的文章里寻找一点可以补足他们从教员那儿获得的知识的东西的人,我要指出弗洛伊德是如何地强调我们刚刚说到的两个能指关系之间的相似性,每当神经官能症患者(特别是固念症)以联结他们的主题而表现出这个相似性时,弗洛伊德总是这样做。

事实上弗洛伊德不会不看到这个相似性,因为他的思考必然地使他将作为法律制定者的父亲的能指的出现与死亡,甚至与父亲的谋杀联结起来,由此他表明如果说这个谋杀是个主体因此永久地受制于法律的欠下债务的那个富有结果的时刻,那么表示这个法律的象征的父亲确是个死了的父亲。

## Ⅳ. 在斯瑞伯方面

1. 我们现在可以进入斯瑞伯的谵狂的主体中去了。

我们已经说过,男根的意义应该是由父亲的隐喻在主体的想象中引发出来。

在能指的布局中这有个确切的意思,在这儿我们只能提一下这个布局的形式化模式,对于参加了今年我们关于无意识的形成的研讨班的人来说,这个形式化模式并不陌生,这就是:**隐喻的程式**,或者说**能指掉换的程式**:

$$\frac{S}{S'} \cdot \frac{S'}{x} \longrightarrow S\left(\frac{1}{s}\right)$$

在这里大写的 S 是能指,x 是未知的意义,而小写的 s 是隐喻引出的所指,而隐喻由在能指连环中 S 和 s 的替换组成,在这儿用斜线划掉来表示的 S′ 的排除是隐喻成功的条件。

这也可用在父名的隐喻上,这个隐喻以父名来取代最早由母亲缺席的行动来象征的地位。

$$\frac{父名}{母亲的欲望} \cdot \frac{母亲的欲望}{对主体的所指} \longrightarrow 父名\left(\frac{A}{男根}\right)$$

现在让我们试着来设想一个主体立场的情况,在这个情况下对于父名的呼唤回应的不是真实父亲的缺失,因为这个缺失是完全与能指的现显相适合的,而是由能指本身的不足来回应。

这并不是一个完全没有料到的概念。能指在他人中的现显事实上是一种一般来说主体无法达到的现显,因为一般来说这个现显是维持在一种压抑(verdrängt)的状态之中的,由这个状态它以其重复(Wiederholungszwang)的自动机制而坚持表达在所指中。

从弗洛伊德的好几篇文章中我们来提取一个术语,这个术语是这些文章中的一个有机部分,如果这个术语不是指称与压抑内容不同的无意识的功能,这些文章就会都站不住脚了。让我们把作为我们关于精神错乱的研讨班的核心的看法当作是已经表达清楚了,这个看法就是,当弗洛伊德将他的思想试验于精神错乱时,他的这个术语提到的是他的思想的最必然的蕴涵,这个术语就是摒斥(Verwerfung)。

在这个辖域里它是被组织成为这个赞同(Bejahung)(也就是赋予的判断)的隐失,弗洛伊德是将这个赞同(Bejahung)作为否定(Verneinung)的一切可能的应用的必要前提而提出来的。他是将否定(Verneinung)当作存在的判断的。然而,他将这个否定(Verneinung)作为分析经验的一个成分分解出来的整篇文章都表明它承认了它所取消的能指。

因此最初的赞同(Bejahung)就是用于能指的,其他的文章也使人看到这一点,特别是他写给费利丝的第52封信。在这封信中它被特地作为在符号的名目 Zeichen 之下的一个原初感知的成分而单独提出来。

因此对我们来说摒斥(Verwerfung)就是表示能指的**取消**。我们下边会解释,回应于呼唤父名的地点的可能是他人中的一个简单而单纯的洞,这个洞由于隐喻效用的缺乏而会引出一个相应在男根意义的地方上的洞。

这是我们可以想象斯瑞伯所说内容的唯一可能的方式。斯瑞伯将结果说成是损害的结果,他只有能力部分地揭示这个结果,在那儿他告诉我们,与弗莱希席希和斯瑞伯的名字一起,"灵魂的谋杀"(Seelenmord:S. 22 - Ⅱ)起了一个根本性的作用。

很显然,这儿涉及的是在主体的最隐秘的生活感情的关节中引起的混乱。在斯瑞伯宣布的要给予他以他的方式尝试的转弯抹角的解释作的补足之前,查禁已砍去了文章的一部分,这个查禁使我们有理由以为他在文章中将一些活着的人的名字与一些当时的习惯不容公布的事情联系在一起了。再说,下面一章完全缺失而弗洛伊德只能满足于运用其洞察力而依靠引用《浮士德》《自由射手》和拜伦的《曼弗雷迪》。这最后一部作品(他以为"阿赫里曼"这个名字就是从这里借用来的,这也就是在斯瑞伯的谵狂中的上帝的变名的一种)在他看来是在这个引用中具有了其主题的全部价值:主人公由于父亲乱伦的对象的死亡给他带来的恶运而死。

至于我们,我们像弗洛伊德一样决定信赖这个文本。虽然它有许多令人遗憾的删削,它仍然是在可信性方面无与伦比的一个文件。我们要在这本书完全体现的最为发展的谵狂的形式中来着力揭示出一个结构,这个结构显然与精神错乱的过程本身是相像的。

2. 在这条道路上,带着一点弗洛伊德从中看出蕴涵着被辨认出的无意识的主观色彩的惊奇,我们注意到谵狂将其全部花样都铺陈在归于言语的创造力周围,这些言语的神圣光芒(Gottesstrahlen)就是词类的换用。

这在第一章里就像一个主题音型一样开始出现:作者一开始就专注于这个事实,即无中生有对于思想来说是可惊的,因为这与经验从物质变化中给他提供的证据相矛盾,现实就是在这些物质变化中得到其基础的。

他以对他这样的人来说更加熟悉的思想所构成的对比来加重

了这个悖论:他表明自己是一个熟读海克尔①的元科学主义的威廉时代的有教养的(gebildet)的德国人,靠着这一点,他给我们提供了一张阅读书单,说到这里,这是我们补充加瓦尔尼②所说的人的头脑概念的机会③。

这是个在那时对他仍是不可思议的一个思想。在这个思想侵入的考虑过的悖论中斯瑞伯看到了一个证明,证明有些不属于他的思想的事发生了。对于这个证明只有我们在上面从精神病学的立场中揭示出来的那种偷取论点的手法才有办法抵挡。

3. 尽管这样,就我们来说,我们还是只去看斯瑞伯在他的第十五章(S. 204 – 215)中提出的那一系列现象。

在这个时刻我们知道在上帝的话将他拘束于其中的思想的强迫游戏(Denkzwang)中他的继续参与关系到一个重大的赌注,这就是上帝撒下他不管,我们下面还要讲这个威胁。我们也要看到上帝具有的漠视的能力,他把主体看成是已被消灭了的。

主体的存在就这样中止在回答的努力中,这个努力在思及虚无(Nichtsdenken)的时刻中变得缺失了,这种思及虚无是(照斯瑞伯说来)能最人道地从休息中要求得出的。按他所说会产生以下情况:

a. 他称之为呼叫的奇迹(Brüllenwunder),这叫声发自胸腑,未及意料而令他措手不及,不管他是独自一个还是和被他的样子吓坏了的别人在一起,他的嘴突然对着无法言喻的空虚张大,刚才安置在嘴里的雪茄也掉了。

b. 从"独立于大众之外的神圣感官"发出的求救叫声

---

① 海克尔(Haeckel,1834—1919),德国自然科学家。(译者注)
② 加瓦尔尼(Cavarni,1804—1866),法国艺术家。(译者注)
③ 这儿特别涉及到的是海克尔的《自然创造史》(柏林,1872)和奥托·加沙里(Otto Casari)的《人类史前史》(莱比锡,1877)。(原注)

("Hülfe"rufen)。这个叫声的悲切调子是从上帝退缩其中的最遥远的隔绝中产生的。

（在这两个现象中主体的破裂在其能指方式上是非常不易辨认出的,所以我们要反复强调。）

c. 将到的表现,或者是在感知域的隐蔽地段,或在走道上,或在隔壁房间里。这个表现虽然不是很奇异,也好像是专为主体发生的而强加给主体。

d. 在下一个层次出现的遥远的,也就是说感觉不到的,在园林中,**在实际中**的奇迹的创造。这指的是新的创造,玛加尔派恩夫人很细致地指出这些创造总是属于飞翔类:鸟和昆虫。

这些谵狂的最后的流星般显现不就是像耕作的痕迹或者像是边缘的作用？它表现了在主体中默不作声的能指首先让一个意义的光芒从黑夜中射到了现实的表面上,然后它又以从虚无的基层的下面射来的亮光使现实通亮。

如果我们严格地应用**在现实中**出现现象的标准,这些物体是唯一配得上称为幻象的。在幻象作用的顶端,这些物体要求我们在它们的象征的密切联系中重新考虑这个三元组:创造者,物体,被创造物。在这里被创造物被分离了出来。

4. 我们从物体的位置而上溯到被创造物的位置,被创造物主观地创造了物体。

以其多样而独特,在其统一性中多样(这就是赫拉克利特①的特征,斯瑞伯就是这样给他定义的),这个上帝被紧缩到一个许多王国组成的等级体系,被降低到偷取分裂身份的人物,这个等级体系本身也值得研究。

这些人物被吸收到斯瑞伯的自身中去就威胁到了他的完整

---

① 赫拉克利特(Héraclite,约前540—约前470之间),古希腊哲学家。（译者注）

性。上帝是蕴含在这些人物之中的。上帝并不是没有一个超维空间的本能的支持。在这个空间中斯瑞伯看到了意义的传递沿线（Fäden）产生，这个线路实现了一个椭圆性轨迹，按照这个轨迹，这些传递由枕骨进入了他的脑壳。（S. 315 - P. S. V）

然而，随着时间的转移，在这些表现之下上帝让那片无知的人物的园地越来越向远方伸展，那些不知自己说了些什么的人物的园地，那些空洞的东西，如那些神奇的鸟，那些会说话的鸟，那些天庭的前院（Vorhöfe des Himmels）的园地。在那儿厌恶女人的弗洛伊德一眼就看到了那些是他的时代的理想的年青女子的白鸟，他由此而以主体过后给他的专有名词①证实了这一点。我们只想说，以其惊奇的效用这些形象比在她们身上的音节的相似和纯粹的同音（Santiago = Carthago, Chinesenthum = Jesum Christum etc. S. 210 - XV）要更有代表性。她们是以这些同音或近音来得到应用的。

同样的，上帝的存在在其本质上退缩到规定了他的空间的越来越远的地方去，这个退缩可以从他说话的越来越慢上直觉地感到，一直慢到断断续续地拼字的节拍中，(S. 223 - XVI) 这是非常有效的。即使斯瑞伯不专门告诉我们这个上帝是被排除在所有其他的交流之外的，我们只靠这个退缩的过程也能把主体的存在结合在其中的那个独特的他人看作是特别适宜清理言语在其中喧嚷的地方的。斯瑞伯很抱歉告诉了我们这个，但是不管他有什么遗憾，他必得看到：上帝不仅不为经验所动，他也无法理解活着的人，他只能从外表（这看来是他主要的方式）来理解人，内心是他无法企及的。保存了我们的行为和思想的一个"记录的体系"（Auf-

---

① 专有名词与声调的关系是要置于语言伸向信息和伸向编码的双重取向的结构之中的。我们已经考虑了这一点。参见 I. 5.，是这个结构决定了在专有名词上的机智话的性质。（原注）

schreibesystem)当然是以和缓的方式使我们想起守护天使记载我们蒙受教诲的童年的笔记本,但在这之外请注意测量肾或心的痕迹的缺失。(S. 20 I)

就这样,当灵魂的清洗(Laüterung)消除了他们的个性的所有残余之后,一切都会归结到这个繁文缛词的永恒的存在了,只有上帝才要在这些繁文缛词中看出人类的机巧所构作的作品。(S. 300 - P. S. II)

在这儿我们不会不注意到"Novae species insectorum"的作者的侄孙(约安纳-克里斯蒂-达尼尔·冯·斯瑞伯)强调说所有这些奇迹的产物都不是什么新的种类,也不会不补充说,与玛加尔派恩女士不同,她在那儿看出了从圣父的膝头向圣母传送逻各斯的丰富信息的神鸽,对我们来说这些产物不如说是使我们想到了魔术师从他的背心和袖子的开口处变出的白鸽子。

到此,我们最终就感到惊异,受制于这些神秘怪事的主体,虽然是被创造出来的,居然并不怀疑能以其言语来抵挡他的上帝的惊人愚蠢所设下的陷阱,也不怀疑能战胜毁坏而维持下去,他相信上帝以宇宙秩序(Weltordnung)的名义而有权利进行针对他或针对任何人的毁坏的。这个权利虽然是在他的一边的,却造成了这个创造物取胜的唯一的例子。而他的创造者的"背信弃义"的行为所造成的一系列混乱使这个胜利丧失了,"背信弃义"这个词是有保留地说出来的,在文中是用法文说的。(S. 226-XVI)

没想到对于马勒伯朗士的不停的创造有一个奇怪的对应物,就是这个顽固的创造物。他以其语言的支持和以其对言语的信心而免遭堕落。

看来我们得重温一下中学哲学会考考过的那些哲学家,在这些作者中我们大概是太轻视那些与造成我们的心理人无关的作者。在这个心理人中我们的时代发觉了一个有点平淡的人文主义的尺度,你们是不是也这样以为?

> 马勒伯朗士的还是洛克的,
> 更加聪明的就是更加疯狂的……

是的,但是是哪一个呢?亲爱的同事,这就是问题所在。好吧,不要再做这样僵硬的样子了。你们什么时候才会觉得自在了呢?要在你们自己的家里?

5. 现在让我们试试把主体在象征辖域里组成的位置带到在我们的 R 模式中确定它的三元组中去。

在我们看来如果被创造出来的 I 占据了法律留下的空位置 P,创造者的位置在那儿就是由这个根本的 liegen lassen(抛开)来标示出,在那儿那个使母亲的原生象征化 M 可以形成的缺失就由于排斥了父亲而得到了暴露。

从一个位置到另一个的一条线路成就于言语造成的人物,它占据了被拒绝了主体的希望的孩子的位置(参见"后记"),这条线路可以看作是绕过了由排斥父名而在能指的园地里掘出的洞穴(参见下文 I 模式)。

在这个洞穴里主体失去了能指连环的支持,这个主体并不要是无法言喻才成为可怕的。围绕着这个洞穴进行着斗争,在这个斗争中主体得到了重建。主体为他的荣誉而进行这场斗争,天庭的阴道(这是上文提到的字 Vorhöfe 的另一个意义)和群起而围攻这个洞穴的四边的神奇的年青女子作出了解释,在这些凶悍妇人的喉咙里发出崇敬的嘶叫"Verfluchter Kerl!(该死的汉子!)",这也就是说:这是个粗壮的兔子。可惜,这是句反话。

6. 在想象的领域里早已为他打开了相应于象征隐喻的缺失

的一个豁口。这个隐喻只有在完成了 Entmannung(阉割)后才能得到解决。

对于主体这开始是种恐怖,然后作为一个合理的(vernünftig)妥协而接受下来(S. 177 – XIII),从此成了不可宽恕的立场(S. 第179页的注-XIV),以后又是有关宇宙的赎罪的未来动机。

如果说这样的话我们还没有与阉割(Entmannung)这个词了结,它肯定会使站在我们认为是她的立场上的伊达·玛加尔派恩夫人比起我们来更加窘迫。或许她以为可以通过将阉割(emasculation)换成非男性化(unmanning),甚至通过确保在准备中的标准版本中保留这个译法而把事情弄妥贴。《全集》(Collected Papers)第三卷的译者就天真地以为这样翻译是足够达意了。或许她在这里抓到了某些难以觉察的词源上的含义,从这些含义就可以分辨这些词,然而这些词都是被作了同样的使用①。

但是,为了什么目的呢?玛加尔派恩夫人把动摇一个器官的存在作为不恰当而予以排斥,联系到她的回忆录,她只愿将这个器官和平地吸收到主体的内脏里去。她是不是想要由此来向我们表示这个惊惧的躲躲闪闪的人,当他发抖时就躲在这个人里面,或者是显示良心的反对,《萨蒂利孔》的作者就狡黠地细细描述过这种良心的反对。

或者她是相信在阉割情结中涉及的从来就不是一个实际上的阉割?

她大概是有理由注意到将主体的女人化(Verweiblichung)和去势(这是 Entmannung 的意思)看作同义时会产生意义不清。但是她没有看到这个意义不清就是产生它的主体结构的意义不清:这个主体结构包含了这个在想象的层次接近于女人化的东西,也

---

① 参见上引玛加尔派恩著作的第398页。(原注)

就是说那个使他丧失了他本可以正当地等待赋予他身体一个阴茎的遗产的东西。此中的原因是,如果"是"和"具有"在原则上是互不相容的,它们在涉及到丧失时至少在结果上是可以混同的。这并不妨碍它们在以后又互相有决定性的不同。

只要看到病人并不是因为被排斥在阴茎之外而因为要成为阴茎才注定要成为妇人,我们就会明白了。

象征的等式姑娘 = 男根(Mädchen = Phallus),或者英语的等式姑娘 = 男根(Girl = Phallus)的根源在想象的路径中。对于这个等式,费尼谢勒先生写了一篇有价值的然而还有点迷乱的论文①。通过这些想象的路径,孩子的欲望就能认同于母亲的存在缺失了。当然她自己是由象征的法则被引导到这个存在缺失中去的。这个缺失是在这个法则中形成的。

这同一个动力使妇女们在实际中为了实行亲属关系所安排的交换而被用作物体,即使她们不喜欢我这样说,这种交换有时在想象中永久进行下去,同时,在象征的辖域里平行地传递的是男根。

7. 主体通过认同来承担母亲的欲望,这种认同,不管它是怎样的,一旦动摇了就引起了想象的三脚支架的分解(很可注意的是,他是在他躲藏在里边的他母亲的房间中有了他第一次的自杀冲动的焦虑的迷惘,S. 39 – 40 – Ⅳ)。

很可能无意识的预言很早就告知了主体说,因为他不能成为他母亲缺失的男根,他就只有成为男人们缺失的女人这样一个解决办法了。

这个妄想的意思就在这儿。对这个妄想的叙述在他的书中很引人注目。我们在上文中引用过在他的第二个疾病的潜伏期里的

---

① 《象征等式:姑娘 = 男根》,载于《精神分析学学报》1936 年第 12 期,英译文载于《精神分析季刊》1949 年第 10 期。(原注)

这个妄想,这就是:"做一个正在交媾中的女人真美妙"。这个斯瑞伯作品中的简单的难题就这样被确定了下来了。

这个解决办法然而是不成熟的。因为对于一般会随之出现的 Menschenspielerei(这个词出现在基本语言中,在我们的日常用语中就是:人们的斗殴)来说,人们可以说对勇敢的人的召唤不起作用,原因在于那些勇敢的人与主体一样的不太可能了,也就是说也同样的缺失了男根。这是因为在主体的想象中与在他们的想象中一样都少了与他们的脸的外形平行的一条线,这可以从小汉斯的画画中看出来,熟知儿童画的人也都知道这一点。因为其他人从此就不过是些"草草勾成的人的影子",以这样来翻译 flüchtig hingemachte Männer 是结合了尼德蓝先生关于 hinmachen 的用法的评论和爱德华·比勋在其法文用法上的神来之笔①。

结果是,如果主体不能漂亮地赢回来,这个事情就要不光彩地原地踏步了。

他自己也说出了后果(在1895年11月,也就是说他的病开始后的第二年),他用的是 Versöhnung 这个名词。这个词有赎罪,抵偿的意思。考虑到基本语言的性质,其意义应当更接近 Sühne 的原始意义,也就是说接近"牺牲"这个意义,然而人们加重的是它的"妥协"的意思(参见上文,理性的妥协,主体以这个理性的妥协来接受他的命运)。

在这里,弗洛伊德远远超出了主体本身的理性化,他又似乎矛盾地承认主体知道的和解(在法语中选出的就是这个平凡的意义)是在和解中包含着的对方的欺诈中得到其动力的,也就是说在对于上帝的配偶总会结成一个能满足最高傲的自尊的联盟的考

---

① 参见尼德蓝(Niederland)的"斯瑞伯(Schreber)病例的三个意见",载于《精神分析季刊》1951年第10期,第579页。爱德华·比勋(Edward Pichon)是将这些词释成法文《草草凑成的人的影子》的译者。(原注)

虑中得到动力。

我们可以说在这里弗洛伊德很明显地没有遵从他自己的规则,因为他把在他的普遍概念中抛弃的东西又接受为谵狂的一个决定性时刻,这就是使同性恋的问题决定于宏大的想法(我们设想我们的读者都已读过弗洛伊德的著作了)。

这个违背规则有其必然性,就是说在那个时候弗洛伊德还没有写好《自恋问题引论》。

8. 三年之后(1911—1914)他就不大可能不看到愤慨位置的转换的真正动力,最初是 Entmannung 的想法使主体愤慨的;恰恰是在这三年之间**主体死了**。

那些永远消息灵通永远提供够水平的信息服务的声音使他事后知道的就是这个事件,一同告诉他的还有将他载入讣告栏目的报纸的名称和日期。(S.81-Ⅶ)

至于我们,我们满足于确定我们得到了医学证明。这在一个合适的时刻使我们看到了病人堕入一个僵硬的恐慌的图景。

像通常一样,他对这个时刻的回忆并不缺乏。这样我们就知道,人们通常是脚先入冥间,而我们的病人为了做一个冥间的过客,他改变了这个习俗而把脚留在外面,也就是说以图凉快的这个有倾向性的借口又从后门溜了出来;可能这样就重新表现了出生(让那些只对想象的变化有兴趣的人来评价吧)。

但是,这可不是一个你可以在 50 岁过了以后还可以重新开始的营生,免不了是要有陌路感的。由此就产生了那些声音,我们可说是编年史者的声音,所给予他的那幅把他看作是"一具麻风病死尸带领另一具麻风病死尸"的忠实画像。(S.92-Ⅶ)应该承认,这是一个相当出色的对于落到了与自己的心理复本冲突的境地的个性的描述。但是这个描述使主体在形态上而不是在遗传上向镜子阶段的退化变得明显了。因为与映象他人的关系退缩到了其致命的尖锐程度。

在这个时候他的身躯只是些外来"神经"团的集结,只是他的迫害者的个性的碎片的堆栈处(S. XIV)。

在谵狂中确实表现出来的上述这些情况与同性恋的关系在我们看来使得一个对理论中的这个说法的应用的更严的规范化成为必需的了。

这个问题是重大的,因为,如果不以我们觉得决定性的象征关系来说明的话,在诠释中使用这个术语必定会导致严重损害。

9. 我们相信这个象征的决定作用表现在想象结构重建于其中的形式之中。在这个阶段,这个形式表现出弗洛伊德自己区别开来的两个方面。

第一个方面是变性的做法,这完全可以与那种许多观察都描述了其特征的"变态"相提并论①。

再者,这些观察的对象都坚持要以其最为纠偏的要求来获得他们的父亲的同意,甚至他们的父亲的参与。我们要指出,我们在这儿揭示的结构可以使人明了为什么会有这种奇怪的坚持。

无论如何,我们看到我们的主体纵情于一个色情活动,他强调说这是绝对的独自进行的,然而他又承认从中得到满足。要知道这些满足是他在镜中的形象给予他的。当他用女性饰物将自己装扮起来后,他说他的上身没有哪个地方可以不让喜爱女人胸部的人信服(S. 280 - XXI)。

我们以为这要与在他的皮肤中的那些称为女性快感的神经的发展联系起来,这种发展被说成是在体内感觉到的,特别是出现在说是在妇女们身上产生情欲的那些区域里。

---

① 参见让-马克·阿勒比(Jean-Marc Alby)的出色论文,《变性研究新论》,巴黎1956年。(原注)

还有一点,不停地专心于观看女人的形象,不停地思念着女性的什么东西,这使神圣的感官只有更好地得到满足,这一点使我们转到了利比多狂想的另一个方面去。

这个方面将主体的女性化与神圣交媾的和谐联系了起来。

弗洛伊德由此而将苦修的意思看得很清楚,他突出了所有将苦修中具有的"灵魂的快感"(Seelenwollust)和作为死去灵魂(abschiedenen Wesen)的状态的"至福"(Seligkeit)联系起来的一切。

现在这个受到祝福的快感变成了灵魂的至福,这就是一个事实上至关重要的转变。我们注意到,弗洛伊德指出了这个转变的语言上的动机,他说他的语言的历史可能会说明这一点①。

这只是在就文字在无意识中出现的层面而犯一个错误。与文字的动因相一致,这个层面不是词源的(精确地讲就是历时性的)而是同音的(精确地讲就是共时性的)。事实上在德语的历史上没有什么东西能将 selig(极乐的)和 Seele(灵魂)联系起来。也没有什么能把使情人们"陶醉"的幸福(尽管弗洛伊德在引用《唐璜》的唱段时指的就是这个)和天堂里的生活给那些所谓快活的灵魂带来的幸福相联系起来。死者在德语里被说成是 selig,只是由于从拉丁语借了词的缘故,以及由于在这种语言中有福的记忆(beatae memoriae)是说成 seliger Gedächtnis。他们的 Seelen 还是与它们过去住过的湖(Seen)有关,而与他们的至福没有什么干系。还有,无意识关心更多的是能指而不是所指。"我的已故父亲(feu mon père)"可以在无意识里表示那人是"上帝之火(feu de Dieu)",甚至是命令对准他"开火(feu!)"。

把这个打岔止住吧。我们还是在世界之外,它与无限地推迟实现其目的是完全吻合的。

---

① 参见弗洛伊德《关于堕入偏执狂的自我描述的精神分析学论述》,《全集》第8卷。(原注)

毫无疑问,当斯瑞伯完成了向妇女的转变,神圣受孕的行为也产生了。无庸置言,上帝是不可能在一个不明不白的对器官的穿越中做到这一点的。(S.3-导言)(不要忘记上帝是讨厌活人的)。因此斯瑞伯是在一个精神行动中感觉到胚胎萌芽在他体内的苏醒。在他的病的开始阶段他已经领略到了这个萌芽的颤动。

或许斯瑞伯那样的新的精神人类完全要在他的腹中产生出来,为的是腐恶而该死的当今人类会由此而新生。这确是一种赎罪,因为谵狂被登记了起来,但是这是一个目的是未来的人的赎罪,因为目前的人已经腐败,这个腐败是与肉欲攫住圣光有关的,这种肉欲将圣光钉牢在斯瑞伯身上。(S.51-52-V)

在这里显示出了幻象的样子,他的许诺延迟于其中的不定的时间更加突出了这个幻象,狂想表明的那种中介的缺失深刻地规定了这个幻象。因为我们可以看到它嬉戏模拟了那对最终存活者的情形。在一场人类灾祸之后,这一对最终存活者以其重新在大地上殖民的力量而面临了动物繁殖所具有的那种整体性。

在这儿,我们可以将线路逸向自恋欣赏和理想认同这两个分枝的转折点置于创生物的符号之下。但是其意思是说它的形象是想象捕获的诱饵,而这两个分枝根植在这个捕获中。也是在这儿,线路围绕着一个洞穴转,正是在这个洞穴中"灵魂的谋杀"定下了死亡。

另一个深渊是不是由在象征中向父亲隐喻所作的无效呼吁的简单效果而造成的呢?或者我们应该将它视为是由男根的省略而次生出来的?主体为了解决这个省略而将男根移到镜子阶段的屈辱的开口中去。为了导向这个解决方法,这个阶段与原初母亲的象征化的现在是遗传的关联不会不被提出来。

我们是不是能在精神病过程之后的主体结构的模式中找到模式 R 上的几何点呢?在下面的模式 I 中我们试着这样做做看。

很可能这个模式有点过分,所有想要表达本能的形式化都不免于有点过分。

模式 I：

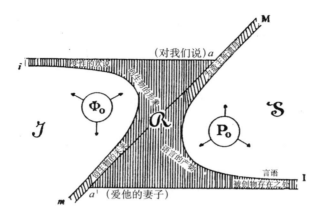

这就是说,这个模式表现出来的得自于模式 R 的由字母表示的功能的扭曲只有在将其用于重振辩证时才能得到理解。

我们只在这儿指出在这个双曲线的两个弧形中在顺着它们的渐近线的一个主导直线的接近两个弧形的地方有一个联系被显示了出来。这就是在联结谵狂的自我和神圣的他人的双重渐近线中从时空中它们的想象的分离到它们关联的理想的合流之间的联系。但是我们必定要看到弗洛伊德也感觉到了这个形式,因为是他本人在此用了渐近的(asymptotisch)这个词①。

相反,对于主体来说实际创生物的整个厚度插入在自恋其形象的欢悦和言语的异化之间,在这个异化中自我的理想取代了他人的位置。

这个模式表明精神错乱的最后阶段并不表示了震动的后果所造成的固定下来的混沌,它表示的是效率线路的显现。当涉及到完美解决一个问题时,这个显现就使人讲话了。

---

① 参见弗洛伊德的《全集》第 8 卷第 284 页及脚注。(原注)

这个模式以重要的方式体现了存在在弗洛伊德所作研究的多产原则中的内容。因为事实是除了一篇文字之外弗洛伊德没有任何其他依靠，这篇文字不仅是个见证，而且是精神错乱的最后阶段的产物，然而弗洛伊德是第一个揭示了这个进程的发展过程。他第一个使人看到它的规定性，我们也可以说就是在这个过程中最为有关的唯一的组织性：导致意义的结构的组织性。

　　在集中到这个模式中之后，各种关系都显示了出来，作用于想象的能指诱导的作用正是通过这些关系决定了主体的颠倒，治疗是在世界的昏暗光线中指出这个颠倒的。这使为回应它的新的能指的作用成为必要。

　　在我们的研讨班中我们指出，上帝之前的王国以及上帝之后的王国的象征性的交替，内部以及外部，阿里曼以及奥姆兹①，就主体的"政策"（基本语言的用词）的转变，这都给了想象分解的不同阶段以回答（另外，病人的回忆以及病情证明都充分地指示了这些阶段），这些回答的目的都是为了重建一个主体的辖域。

　　至于我们在这儿强调的能指的异化效力的问题，我们注意到1894年7月的一个夜晚的深渊，在那天左位上帝阿里曼在其法术的最有力的机关中向斯瑞伯显露真容，并以这个简单的词呼叫他，听他说，就是基本语中常用的这个词（S.136-X）：婊子（Luder）！

　　要翻译出这个词光去查一下《沙赫-维拉脱辞典》是不够的，而法译文就只是满足于这样做了。尼德蓝先生将它译为英语的lewd，意为婊子，这在我们看来不可取，他是要设法将这个词与"软蛋""娼妇"的意思联结起来，当这个词用于破口漫骂时是这个意思。

　　但是如果我们考虑到作为基本语的特征的陈旧性，我们有理

---

　　① 阿里曼和奥姆兹是琐罗亚斯德教中的两个神祇，一为善神，一为恶神。（译者注）

由将这个词与法语的诱饵(leurre)和英语的诱饵(lure)的词源联系起来。这是一个更好的针对此人的(ad hominem)的说法，人们可以期待从象征中得到这个说法：大写的他人是会很不恭敬的。

还有 R 区域在模式中的分布问题。因为这个分布表达了现实为主体而复原的条件：对于他来说这像是个岛屿，在用它的恒常来测试之后，这个岛屿的坚实性就加之于主体了①。对于我们来说这与使岛屿成为他可居住的作用有关，但也与扭曲现实有关，也就是说想象的 J 和象征的 S 进行了奇怪的改变，这些改变使现实降到了它们之间差异的园地中去。

我们必须从现实在其过程、原因以及效果中的功能中得出一个从属的概念，在这儿这个概念很重要。

我们不能在这儿再深入论述那个我们对于主体来说是什么的问题，虽然这个问题至关重要。他是把我们作为读者来对我们讲话的。我们也不再深入研究他与他妻子的关系的变化结果。他最初是要为她写这本书的。在他的病中她的来访总使他情绪激奋，在承认他的谵狂的倾向的同时，他向我们肯定他"不忘旧情"。(S.第179页的脚注-XIII)

在模式中保留 Saa′A 的线路象征了我们在检查了这个病例后的看法，这个看法是说与作为相似者的他人的关系，甚至一个在亚里士多德以为是夫妇关系的根本的那样一个意义上的崇高的友情关系，都是与和大写的他人的关系的错失可以并存的，以及可以和这个关系所包含的极端的不正常并存的，这种不正常在老式的诊疗中是不恰当地但有点近似真相地被当作是部分谵狂。

然而，如果像许多其他的模式一样这个模式会使人只看到一

---

① 在想象分解的极盛时，主体在其谵狂的感觉中表现了一种特别的对这个现实的标准的依靠，这个标准就是老是回到同一个地方，还有为何星辰引入注目地代表它的原因：这就是那些声音以羁系于大地的名义而指出的动机。（原注）

个直感的形象而忘掉了这形象背后的分析,那么还不如将这个模式扔开更好。

只要对此考虑一下我们就可以看到,倘若人们看不到我们为何建立这个模式的道理,那么玛加尔派恩夫人就显出她的水平来了。对这位评论者我们在此作最后一次的赞扬。

我们在此要说明的是,如果要认清疯狂的悲剧那么理性就要行动起来,将骚乱的事串联起来(sua res agitur),因为这个悲剧就存在在人与能指的关系之中。

人们会指出与病人一齐发疯的危险,这不能吓倒我,就像它没有吓倒弗洛伊德一样。

我们和他一样认为,当涉及到的是一个不是来自语言之外的主体而是来自主体之外的言语的信息时,倾听一下讲话的人是适宜的。因为只有这时我们才听得到斯瑞伯在他人中获得的这个言语;从阿里曼到奥姆兹,从恶意的上帝到缺席的上帝,这个言语孕含着种子,在这个种子中能指的法则形成了起来"Aller Unsinn hebt sich auf!"(所有的无意义都消除掉!)。(S. 182 – 183 – XIII 以及 312 – P. S. IV)

在这里我们又回到(让以后研究我们的人来搞清楚为什么我们中断了10年)在与亨利·埃伊的对话中我们所说的话[①]:"没有疯狂就无法理解人的存在,而且,如果他没有保持着作为其自由的限度的疯狂,他就不会是一个人的存在。"

## V. 后　　记

遵照弗洛伊德,我们说他人就是他所发现的称之为无意识的回忆的场所。他将这个回忆看作是一个问题的对象。这个问题没

---

[①] 参见"谈心理因果",1946 年 9 月 28 日在波纳伐尔会议上作的报告。(原注)

有解答,因为它规定了某些欲望的不可消解性。对于这个问题我们的回答是能指连环,这个连环一旦被引入原初象征之中(这儿[Fort]!那儿[Da]!的作用将这个原初象征表示得很明显,弗洛伊德将它们在自动重复的来源中的作用揭示了出来),就按照逻辑的联结而发展,这些联结对所要指称的东西的制约,也就是说对已在的存在的制约,是通过能指的作用来实施的,我们将这些作用描述为隐喻和换喻。

正是在这个范围里的一个事故以及在这范围里完成的事情的一个事故,也就是说父名在他人的位置上的缺失,正是在父亲隐喻的失败中我们指出了一个阙失,这个阙失给予精神错乱以其基本条件和其区别于神经官能症的结构。

这个看法我们在此作为对精神错乱的一切可能的治疗的先期问题而提出,它的辩证发展超出了这一点,但我们不打算追踪下去,我们要说为什么。

首先需要讲一下在我们的停顿中发现了什么。

一个并没有将斯瑞伯与上帝的关系从他的主观面貌中分离出来的视野给这个关系蒙上了反面的特征,这些特征使它看来不像一个存在与另一个存在的结合,而倒像是种混合,并且在由厌恶一起构成的贪食中,在承受了苛求的勾结中,一点也没有显示出存在和欢悦,我们这是直呼其名了,这个存在和欢悦照亮了神秘的经验:这个由你(Du)的关系的令人惊奇的缺乏表明的并且确立的对立。这个你(Du)即我们所说的你(Tu),在一些语言中保留了这个词(Thou)来指上帝的呼唤和对上帝的呼唤,这是言语中他人的能指。

我们知道科学在这个地方通常有的虚假的羞涩,这种羞涩不过是学究的虚假思想的伴随物,这种学究以经验的不可言喻性,甚至以"病态的良心"来作为他们放弃努力的理由,而这恰是在因为不是不可言喻而需要作出努力的地方,因为那是在讲着,在那个地方经验不仅不隔绝而是要交流,在那里主观性显示了其真正的结构,在这个结构中能分析的与能表达的完全一致。

再者,我们将谵狂的主观性带到了有全景的高度,从这个高度我们转向科学的主观性:我们的意思是指那个从事科学研究的学者与支持科学的文明人共有的主观性,我们并不否认,在我们居住的世界的这个地方我们见得多了所以不能不疑问起那些标准,以这些标准人们转移我们的视线不让我们用一种有根据的比拟法将他们归入社会性精神错乱的范畴中去。这些人说着关于自由的话,但这只能说是些疯狂的话(我们有一次研讨班就专门讲这个问题),这些人有个关于真实的概念,但在这个概念中的决定论只是个掩饰,只要我们将它推广到偶然的领域就马上不行了(在一次试验中我们让我们的听众证明了这一点),这些人有个信仰,这信仰使至少有半个世界的人集聚在圣诞老人的象征下(谁都会看出这一点)。——如果我们没有搞错的话,帕斯卡尔在我们之前就确定了这个社会性精神错乱的范畴。

这样一个精神错乱是与人们所说的良好秩序相容的,在这一点上没有什么疑问。但是这并不使精神病医生(即使他是个精神分析学家)有权利用他自己与这个秩序的相容性而自以为掌握了一个关于**真实**的完整的思想,而他的病人则显得无力对付这个真实。

在这种情况下,或许更好的做法是排除掉那个他理解精神错乱的基础的想法:这使我们的注意力回到了对它的治疗的目的上去。

为了了解将我们和他分开的道路的距离,我们只要指出那些朝圣者在这路上留下的那么多的迟缓。人人都知道关于转移机制的任何论述都无法做到在实际中使转移不被看作一个纯粹是两项的并且在其基础上彻底混乱的关系。

让我们提出这样一个问题,如果只在它的作为重复现象的基本价值上来理解转移,那么在迫害者身上要重复的是什么呢？弗洛伊德在这些迫害者身上指出了它的作用。

我们得到了一个虚弱的回答:按照你们的做法,可能是父亲的不足。以这个作风,人们会写得五彩缤纷:精神错乱者的"亲友"成了传记和性格研究的形形色色的名目的仔细检查的对象,这些名目都是由心理回想从戏剧人物(dramatis personae)以及他们的"人间关系"中抽取而得到的①。

然而,还是让我们按照我们揭示的结构的内容来展开吧。

要使精神错乱产生,verworfen(缺失)的父名,也就是说从不到达他人的位置上的父名就必须被要求到与主体的对立中来。

父名在这个位置上的缺失使他在所指中打开了一个口子,这个缺失于是就通过这个口子引发了能指的一连串变迁,由此产生了想象中的日益扩大的灾难,一直发展到这样一个水平,在那儿能指和所指又稳定在一个谵狂的隐喻之中。

但是,父名怎么会被主体呼叫到唯一的那个它可以达到主体但又从来没有出现在那儿的位置上去？通过一个真正的父亲,而不是任何别的什么,也不一定是要主体的父亲,是通过某个父亲。

但是,这个某父亲必得要到主体过去没能呼叫他去的位置上去。只要这个某父亲处在某个以想象的 a – a′ 结合,也就是说以我—对象,或理想—现实的结合为基础的关系中的第三者位置上就可以了。这在它导出的色情侵凌的园地中涉及到了主体。

让我们在精神错乱的起始中来寻找这个悲剧性的关口。对刚生了孩子的妇女来说,这关口表现在她丈夫的身上,对坦白悔罪者来说,它表现在他的忏悔神父身上,对堕入爱河的少女来说,它表

---

①　参见安德烈·格林(André Green)的论文《精神分裂症患者的家庭环境》(巴黎,1957年)如果有可靠的指向使它转向更好的成功的话,这篇论文的固有价值就不会受损了。特别是那个对被很怪地称为"精神错乱的裂隙"的情况的处理。(原注)

现在与"小伙子的父亲"的相遇上,无论在哪种情况下我们总能看到它,如果我们到小说所说的那种"情景"里去寻找就更容易找到它。顺便说一下,人们应该知道这些情景对于小说家来说是真正的源泉,也就是说是个"深层心理"缓缓渗出的源泉,而任何心理观察原都是达不到那儿的①。

现在再来看父名缺失(Verwerfung)的原则。必须承认父名在他人的位置上重叠了象征第三者的能指本身,因为它构作了能指的法则。

对于那些在寻找精神错乱的"环境"的坐标中像痛苦的灵魂那样从令人失望的母亲游荡到令人噎食的母亲的人来说,这个尝试并没有什么代价,然而他们也会感到在转向家中父亲的形势的一边时他们热了起来,就像人们在捉迷藏游戏中所说的那样。

父亲的失职是分布在咆哮的父亲,和善的父亲,全能的父亲,卑微的父亲,局促的父亲,可笑的父亲,护家的父亲和游荡的父亲之中,这种分布总是令人焦虑。在摸索着找寻父亲的失职时要想从以下的看法中得到一个释能的效果就未免有点过分了,这个看法就是说,在这里成问题的威望的效果是回复到主体的想象中的双亲的竞争中去的。在这些效果中(感谢上帝!)俄狄浦斯的三元关系并没有完全被忽略,因为对母亲的崇敬在这儿被看作是决定性的。这些效果是回复到所有的体面的童年中经常地如果不是说必定地提出的这个问题的内涵中来的:"你更爱谁,你爹还是你妈?"

并不是说我们要削减什么东西才把这两者联系起来;相反,因为这个问题正是父母亲打算用来掩饰他们的结合或分离的秘密的问题,也就是说是那个他们的孩子完全知道是全部毛病所在并就此提出的问题。在这个问题中幼儿肯定会显示出他对他父母亲的

---

① 我们祝愿顺着这个方向研究的我们的那个学生交上好运。批判会使他得到一个正确的路径。(原注)

幼稚化的厌恶,他的父母亲实际上是真正的幼儿(在这个意义上说在他们家中除了他们没有别的幼儿了)。

对此人们会说,重点恰恰是要放在爱和尊重的关系上,在这种关系上母亲将父亲放或不放在他的理想的位置上。我们首先要回答说,很奇怪,人们从来没有注意到这些同样的关系颠倒了的情况,由此可以看出这个理论加强了儿童记忆缺失所加在父母的交媾上的遮盖。

但是我们要强调的是,对于母亲以怎样的方式来适应父亲的身体,这不需要十分注意,要注意的是她是怎样重视他的言语或者说他的权威的话;换句话说我们要注意的是在推行法则时她给父名保留了个什么样的位置。

在以后父亲与这个法则的关系要从其本身来考虑,我们会看到这个悖论的原因的。在父亲实际上具有立法者的功能或利用这个功能的情况下,父亲形象的破坏性效果特别经常地出现,不管他确实是属于立法者,还是他装作是个法则的卫士,是正直或献身的典范,是道德家或是技能高手,是利用了救世的一个业绩,是利用了某个有用物件或这个物件的缺乏,利用了民族或利用了出生,利用了救护或卫生,利用了遗产或合法性,利用了纯洁,丑恶,或帝国。所有这些理想都给他提供了太多的机会使他处于过失,缺乏,甚至欺诈的境地上,总而言之处处将父名排除在能指中它的位置之外的境地上。

不必要上述这么多的情况就可以达到这个结果。所有对幼儿进行过分析的人都不会否认看到了行为的谎言及其损害。但是,谁又说过看出的谎言是蕴涵了对言语的组成功能的提及?

显然,为了指出最平常的经验的真正意义,稍微严厉一点没有什么过分的地方。在检查和技术中人们可以期待得到的结果则要另外来评定。

在这里我们只指出可以使人看到那些作者的笨拙的事例,那些最有才华的作者都是笨拙地运用他们从弗洛伊德那里得来的最有价值的思想来处理在精神错乱的产生中父亲关系的转移这个最为重要的领域。

尼德蓝是个很好的例子,他注意到了弗莱希席希的谵狂的世系表,这个表是由斯瑞伯的真正的上辈的名字组成的:高德弗里德(Gottfried),高德利伯(Gottlieb),费希特高德(Fürchtegott),特别是达尼勒(Daniel),这些名字父子相传。他给出了这些名字在希伯来语中的意思,它们都围绕着上帝(Gott)的名字而来。这就揭示了一个重要的象征的连环,由此而表现了谵狂中父亲的功能。

为了辨认出父名的动因仅仅看到它显然是不够的。如果没有分辨出父名的动因就没有机会来掌握住主体感受到的色情侵凌被构作在其中的那个连环,也没有机会来因此而将应该称之为谵狂同性恋的内容置于其应处的位置上。

那么,他怎么会停留在上面引用过的斯瑞伯的第二章的最初几行话所表示的内容上呢?这是那种为不让人听懂而说的话,所以必定使人留心,为了让我们懂得他是其牺牲品的滥用的原则,作者将弗莱希席希和斯瑞伯的名字平等地联系到灵魂的谋杀上去;如果从字面上来看,这平等到底是什么意思呢?我们得留点东西让将来的注疏家们来钻研。

在同一篇文章中尼德蓝尝试着通过主体而不是通过能指(当然他并不用这些术语)来确定在谵狂的产生中父亲功能的作用,这个尝试也不是很确切。

如果他确实是以为能够在主体对父亲关系的承受中指出精神错乱的产生机遇(这是他的论文的主题),那么,将斯瑞伯记下的他对父系关系的希望的失落和他的升任于最高法院看作是同值的就是自相矛盾的了。在最高法院中他的头衔 Senätspräsident 表示了给予他的父亲(元老)的身份:这是说明了他的第二次发病的原因,这不涉及他的第一次发病。他竞选国会席位的失败以同样的方式解释了这第一次发病的起因。

然而,如果提及在任何情况下父亲关系的能指都被用到的第三位置,那就正确了,那也消除了这个矛盾。

但是,在我们所谈的范围里,是原生缺失(Verwerfung)的问题决定了一切。前面的种种考虑并不让我们不及准备。

达尼勒·高德罗伯·莫里茨·斯瑞伯是莱比锡大学的一个矫形外科学院的创建人,教育者,或者用英语更好地来说,教育主义者(éducationnaliste),是"具有要给大众带来健康、幸福和快乐的使徒式责任感"①的社会改革者,是那些目的在于让职工们保有莱园式理想主义的小块绿地的始作俑者,至今在德语中这些绿地还被称作"斯瑞伯花园"。还有发行至40版的《室内医疗体操》,这书里插图中的"草草勾成的"小人儿似乎是被斯瑞伯提到过的。(S.166-Ⅻ)倘若考虑到斯瑞伯的这些业绩,我们可以认为限度已被超越了。在这些限度上自有的和自生的趋向了自然,趋向自然的,趋向自然主义,甚至趋向自然化;在那儿韵致转变成了晕眩,祖产转成了组织,敬礼转成了惊跳;在那儿纯粹的转成了恶化,在那儿不足为怪的是幼儿像普雷韦尔著名诗中的那个打渔小水手那样把假冒的鲸鱼打发回(verwerfung)去,按照这个不朽段落的描写,他先是将网络从一头到另一头地穿了个透。

毫无疑问弗莱希席希教授的形象以其研究者的庄重态度(玛加尔派恩夫人的书中有一张照片显示了以一个巨大的大脑半球为背景的他的侧面像)并没有能补足突然看到的初始的Verwerfung的空白("Kleiner Flechsig!"小弗莱希席希!那些声音叫道)。

至少这是弗洛伊德的概念,因为这个概念在主体在弗莱希席希身上进行的转移中指出了那个使主体堕入精神错乱的因素。

由此,几个月以后,神圣的呼叫的合唱就在主体的耳中响起,

---

① 这是伊达·玛加尔派恩的原话,她引用了作者的一本书的题目:《人类物质生活幸福美满教程》。(原注)

为的是让父名在屁股上带着上……的名字而去让人操……①,也为的是儿子有把握在经过考验之后没有比"干"②这整个世界更好的事可干的了。(S. 226 - XVI)

这样,我们世纪的"内在经验"向我们表露其算计的最后一句话就被提前 50 年而说出在斯瑞伯受其攻击的神正论中了"上帝是个婊……"③。

在这个词中那个能指"肆虐"在现实中的过程就达到了顶点,这发生在父名的破产公开了以后,——也就是说能指的破产。这

---

① S. 194 -XIV:"Die Redensart 'Ei verflucht'... war noch ein Uberbleibsel der Grundsprache, in welcher die Worte'Ei verflucht, das sagt sich schwer'jedesmal gebraucht werden, wenn irgend ein mit der Weltordnung unerträgliche Erscheinung in das Bewuβtsein der Seelen trat, z. B. 'Ei verflucht, das sagt sich schwer, daβ der liebe Gott sich f... lässt'"(俗语"唉,该死"是基本语言的一个残留,在这里每次都会需要有"唉,该死,这话不好说"的话语,如果你带着世界秩序而得到了一个灵魂意识的不可容忍的形象的话这也就是说"唉,该死,这话不好说,让亲爱的上帝去让人操……")。(原注)

② 我们以为可以从 Grundsprache(基本语言)中借用这个委婉语。与他们的习惯相反,那些声音以及斯瑞伯本人倒不用这个委婉语。

需要指出在这个转弯抹角中像在别处一样将弗洛伊德经验表现的东西降低为无害甚至傻里傻气的东西是伪善做法。我们相信这样指出是更好地完成我们科学的严谨性的责任,我们指的是人们常常对以下说法的无法定性的用法:在分析的这个时刻,病人退化到了他的肛门阶段。如果病人在卧榻上"方便"了,或者流口水了,倒要看看分析者是怎样一个脸色了。

这一切都是隐蔽地回到了躲藏在 inter urinas et faeces nascimur(人生在秽物之间)的说法背后的升华。言下之意是这个污秽的来源只涉及到我们的身体。

而精神分析发现的完全是另外一回事。不是人的破衣烂裳而是人的存在本身处在垃圾中了。他最初也是在垃圾中嬉戏的。因为他的欲望必将运作其中的象征化的法则在部分对象的位置上将他网入囊中,在这个部分对象中他在来到世界上时把自己给了自己,他来到的是一个他人的欲望主宰的世界。

在斯瑞伯的描述中这个关系当然是清楚地表达了出来,为的是毫无歧义地讲给拉……的行为听,——就是说在那里感到了他的存在的成分集合了起来,而这些成分散落在他的谵狂的无限之中时他就痛苦。(原注)

③ 说出的形式是"Die Sonne ist eine Hure"(太阳是个婊子[S. 384 - App])。对斯瑞伯来说太阳是上帝的中心形象。这儿涉及的内在经验是乔治·巴塔耶(Georges Bataille)的著作中一部中心作品的题目。在《爱德华达夫人》(Madame Edwarda)中他将这个经验描写成独特的终点。(原注)

个能指在作为能指的场所的他人中是他人的能指,而这时他人则是作为法则的场所的。

对于这个精神错乱的一切可能的治疗的先期问题我们暂且讲到这里。我们看到,这个问题导入了一个需要形成的在这个治疗中的转移行动的概念。

要说出在这个领域里我们能做什么还为时过早,因为这意味着现在就"走出弗洛伊德",而超越弗洛伊德目前还不可能,正如我们看到的那样,弗洛伊德之后的精神分析学却是回到了前面一个阶段。

至少,这使我们只能有一个目标,这就是要重新达到弗洛伊德所发现的经验。

因为使用他建立起的技术而又不涉及这个技术所用于的经验,这就像是船还在沙滩上时就拼命划桨一样蠢。

(1957 年 12 月至 1958 年 1 月)

# 治疗的方向和它的力量的原则*

1958年7月10日至13日在华渥蒙讨论会上提交的报告

## I. 今天谁在分析？

1. 每场精神分析都带有被分析者的个人的特征,这似乎是不言而明的。但是如果对分析者个人的作用感兴趣,这就显得是很大胆了。这就是为什么在听到时髦的关于反转移的论述时我们会感到一阵战栗。这些论述有助于掩盖概念上的不恰当:想一想,如果我们显出我们是由和我们摆弄的人一样的泥土做成的,那么我们会表明出怎样的一种水平的心灵呢?

我在这儿用了一个坏词,但对于它所指向的人来说这个词是轻巧的;目前人们毫不掩饰地承认在精神分析的名义下他们做的是"病人的情绪的再教育"[22]①。

将分析的行动置于这个水平是排开了一个原则的立场。从这

---

\* 这是受法国精神分析学会的邀请而提交给在这一天举行的国际讨论会的第一篇报告,它发表在《精神分析学》的第六卷。(原注)

① 方括号内的数字提示的是本文最后所附的参考书目目次。(原注)

一点看来就反转移所说的一切,即便不是毫无用处的,也都是起了转移目标的作用,因为我们在这里想要赶走的伪装是处在这个范围之外的①。

我们并不是就此来声讨今天的精神分析学中的反弗洛伊德的东西,因为在这上头我们得感谢它扔开了假面具,因为它炫耀说它超越了它其实不懂的东西,它从弗洛伊德的学说中只取这么一点点,足以使它觉得它就它的经验所讲的与这学说不一致就够了。

我们打算表明由于在什么上面缺乏力量来维持一个**实践**而最后堕落成一种权力的实施。这在人类历史上是常有的。

2. 肯定是精神分析者指导着治疗。这个治疗的第一条原则,也就是人们从一开始就细述给他的原则,那条他在学习时时时遇到以至于他耳熟能详的原则,就是他决不能指导病人。天主教信徒所熟知的那种道德指导意义上的良心的方向是与精神分析水火不相容的。如果精神分析学给道德神学造成问题,这决不是良心方向的问题,在这里我们要提醒说良心的方向给自己也造成问题。

治疗的方向是另一回事。它首先表现在让主体应用分析的规则。这个规则就是那些指令。人们不会不在那被称之为"分析情景"的原则中看到这些指令的存在。这样称呼的借口是说如果主体没有思考的话到时他反而会更好地应用这些指令。

在最初的交谈中这些指令是以规矩的形式而提出来的。即使分析者很少谈论这些规矩,我们可以认为一直到这些规矩的提法的变化形式这些规矩都传达了分析者信奉的学说,直到他得到了结果为止。这使他仍然持有着巨大的偏见,在病人身上这些偏见等待在同一个地方:这依照的是这样一个观念,即文化的传播使他

---

① 这是为了以一个词来转而反对一个社团的精神。只有以这个词才能认清这个精神:现在弗洛伊德的那句可使他与先苏格拉底哲学家们平起平坐的句子:Wo es war,soll Ich werden(我必将到它所在处)在法文中被译成了:自我必将赶走原始本能。(原注)

懂得了这过程以及疗程的目的。

这已足以向我们表明,从开始的指令以来,方向的问题就显得是无法顺着有确定意义的交谈的路子来提出。这使我们现在必须在这个阶段上停顿一下以便以其后果来说明它一下。

我们只要指出,就其实情来说,这个阶段就在于让病人忘掉所涉及的仅仅是言语,但是分析者因此也忘掉这一点那就是不可原谅的了[16]。

3. 再说我们已经说了,我们想要从分析者的角度来引入主体。

我们要说,在这个共同事业的基本投资中病人并不是唯一的一个付账有困难的人。分析者也得要支出:

——恐怕是要以话来支付,倘若这些话在经过分析步骤的变迁后被提高到解释作用的水平上去的话。

——但也要以他本人来支付,因为不管他有什么,他将他本人作为分析在转移中发现的那些独特现象的承载而借出去。

——人们或许会忘记,他要以他最内在的判断中的本质的东西来支付,为的是卷入到一个直入存在的心腹的行动中去(弗洛伊德写道[6]:Kern unseres Wesens):他是不是一个人在那儿置身局外呢?

请那些祝愿我们战斗顺利的人不要为我担忧,不要以为我又让敌手任意攻击,这些敌手乐于看到我跑回我的玄学思辨中去。

是从他们满足于效益的意愿中产生了这样一个说法:分析者不是以他所说的或所做的来治愈病人的,而是以他是怎样一个人这一点来治愈病人的[22]。显然没有人去向说这话的人询问其理由。当他对着他遭受的嘲笑摆出一个索然无趣的微笑而靠着善意,靠着他自己的善意(必需要善良,在这环境中没有什么超越)来结束关于转移的神经官能症的没完没了的争论时①,也没有人来叫他注意体面,当行李在搬运时明显地让人看出里面装满了砖块时,谁会忍心去盘问在这行李的重压下直不起腰的那个人呢?

然而,不管是谁提起来的,一个存在就是一个存在;我们有权利询问他来这里是做什么的。

4. 因此我将分析者重新放到被告席上,因为我自己也是一个分析者。这样做的目的是要说明因为他的本身是涉及其中的所以他是更加的对他的行为无把握。

作为我看到的话和行为的解释者,我决定我的上谕并随我意来说出它来,除了上帝我就是唯一的主子,当然我远不能得知我的话的效果,但正是因为这样而心明而尝试着对付这些效果。换句话说永远可以自由选择我的干预的时刻、次数以及内容,以至于规则看来是被安排成决不会妨碍我的行动。与此相关联的是"物质"的层面,在这个层面下我的行动获得它产生的东西。

5. 至于对转移的处理,我的自由却是因我本人所受到的复制而受到异化,人人都知道精神分析的秘密要在这里寻找到。但人们却并不因此而不自以为以下的这个深奥的说法是一个进步:精神分析学必须是当作一个两人的情景来研究。或许人们会在此加上限制行动的条件;但是这样构成的情景仍然是用来表达(除了上面提到的情绪再教育以外也没有别的什么花样了)那个驯服据说是软弱的自我的原则,这驯服是由另一个据说是强盛因而能完成这项工作的自我来进行的。人们是毫无顾忌地说这个看法的,这可以从那些令人惊讶地

---

① 《如何结束分析治疗》,载于 1954 年第 4 期的《法国精神分析杂志》,第 519 页,要看到这个说法的影响的程度,请看诺台的"精神分析家",载于《精神病学进展》1957 年第 4 期,第 689—691 页。(原注)

笨拙的遗憾中看到,就像那个明言不屈从于"从内心而来的治愈"[22]①的讲法那样。但更有意义的是看到在这一段落里提到的主体的赞同只是在第二阶段中由一个强加的效果而产生的。

我们在这儿列举这些歧途旁门并不是为了取乐,这是为了给我们的航道标明这些暗礁。

事实上,所有的分析者(即使是那些误入歧途的人)都在惊讶于那个似乎与其他关系一样的两人关系的一个最出意外的效果时感到了转移。分析者会想他必须在这儿接受这个不因他而产生的现象。我们知道弗洛伊德坚持强调在病人身上这个现象是自然产生的。

一些时候以来,在那些我们觉得很有趣味的伤筋动骨的修正中,那些分析者们喜欢暗示说他们长期以来抵制的弗洛伊德所坚持的这种看法表现的是弗洛伊德逃避情景的观念所要求的参与。你们看,我们是很跟上潮流的。

然而,对于我们来说,不如说是他们的那个以反转移的名义将情感轻巧而高兴地扔到情景以其分量来平衡的天平的秤盘上去的动作表现出了一种良心的不安,这种不安是与拒绝看到转移的真正本质有关连的。

我们并不能将被分析者使分析者承担的他的那部分妄想当作是和一个理想的赌徒猜测他的对手的意图一样的东西来推理。或许那也是有谋略的,但是我们不能被镜子的隐喻所迷惑,尽管这个隐喻是适合于分析者表现给病人的完整的表面的。在这儿面无表情守口如瓶的目的与在打桥牌时的目的并不一样。更好的说法是分析者在这儿给自己取得桥牌中称为明家的帮助,但这是为了使

---

① 我们向我们的读者保证在以下的文章中不再用这类愚蠢的说法来使他们厌倦,这些说法只有一个用处,那就是表明分析的论述已经堕落到了何种地步。我们也要向我们的外国听众表示谦意,他们在他们的语言中大概也有类似的货色,但可能没有同样的平庸。(原注)

第四者出现,这第四者将在这儿变成被分析者的伴侣,分析者则要用他的计谋来努力使人猜出这个伴侣的活动:这就是联系,或者说克己;分析中的游戏的注金使分析者接受这个联系。

我们可以继续使用这个隐喻,根据他是处于病人的"右边"或"左边"来推理出他的活动;也就是说他是处于在第四者之前或之后行动的位置,或者说是在明家之前或之后出牌。

但是可以肯定的是分析者的情感在这场游戏中只可能有一个位置,那就是明家的位置;如果明家变得主动了,游戏会继续进行但没人知道谁在引导。

这就是为什么分析者在战略上比在战术上有更多的限制。

6. 让我们更进一步。分析者在指导他的战略和战术的他的政策中有更大的限制。在这个政策中他如果以他的存在的空缺而不是他的存在来确定他的位置则会更好一点。

换句话说:为了从根本上改进行动据以改变现实的结构,如果说他不在使行动成为可能的事情中重新开始,并且他也不记住行动中有肢解了的成份这个悖论的话,那么通过他对病人的看法他对病人的行动就会不受他的控制。

对于今日的精神分析家,这个与现实的关系是不言自明的。遵照教育者的永久的威权的原则,他们估计着病人脱离这个关系的程度。只是他们依靠教学的分析来保证将其水平在分析者中间维持在一个足够的水平上。由此我们一直感到,为了处理向他们提出的人类的问题,他们的观点有时候有点局部化了。这只是在个人的层次上将问题退回了一步。

当他们描述在主体身上减轻那些归咎于他的转移和他的抗拒但是由现实确定的偏颇的过程中所用的分析做法时,听他们就"很简单的情景"而作的喊叫并不能令人放心。分析提出这些"情景"来测知深浅。算了吧!如果教育者是如此轻率地判断他自己也有过的经历,那么这个教育者不像是能被教育好的。

对于这样一个理解我们可以设想,倘若这些分析者是依靠自己对现实的感觉来造出这个经验的,那么他们会给这个经验以别的扭曲;这是一种想起来就令人羞耻的优先权。他们自己也有点觉察了,这就是为什么他们是如此小心地要保持住外表。

我们可以想象,为了支撑住这个如此虚构的概念,大洋对岸的一些人就觉得有必要引入一个稳定的价值,一个测度现实的尺码:这就是自主的**自我**。这是非常不同的许多功能的所谓结合起来的一个集合,这个集合给了主体的内在的感觉以支持。因为它不受人本身的冲突的影响(non-conflictual sphere)[14],所以人们就把它看作是自主的。

我们可以认出这是一个最为学院式的内省心理学早就作为站不住脚而扔开了的过时的幻象。然而,这个倒退却被欢呼为是回归到"普通心理学"的老家去。

不管怎样,这个倒退解决了分析者的存在的问题①。一队自主然而不那么平等(但是在他们的足够的自主中他们能从哪个出产地的印记上来被认出来呢?)的自我就被献给了美国人,目的是为了将他们引向幸福(happiness),同时又不打扰自私的或不自私的自主性,这些自主性以其无冲突领域铺设了通向幸福的美国道路(American way)。

7. 总结一下。如果分析者只需要对付抗拒,他会三思然后才作出解释,实际情况也就是这样。如此的谨慎使他也完成了任务。

只是,如果他作出了这个解释,这个解释是会作为来自由于转移而认为他是的那个人而被接受的。他是不是会同意利用这个张冠李戴的错误呢?精神分析学的规矩并不与此矛盾,条件是他要讲清楚这个效果,倘若不,分析就只是个模模糊糊的建议。

---

① 在法国,那个上面引证过的关于存在的空谈家就直接跳到了这个结论:精神分析家的存在是天生而有的。(原注)

这个立场是无可争议的,除却这么一点,就是说分析者的话将仍然是被当作是来自于转移的他人而听到的,主体从转移中的解脱也就被直至无限(ad infinitum)地推迟下去。

因此,由于主体认为分析者应该是个什么人(是在他处的某个人),一个解释有可能回来,从回到的地方这个解释就能影响回答的分布。

但是,谁来说分析者是个什么人以及谁来从事解释的工作呢?如果他要对我们回答的就是他是个男人这一句,那么让他自己说出来。所有的问题都在于他有还是没有要说的:然而正是在这里他掉头逃了,这不仅是为了无耻的神秘,更因为在这个"有"中涉及到了存在,以及如何。我们在下面会看到这个如何亦并不容易。

再说他宁可退回到他的自我,退回到他知道一点儿的现实上去。这样他就以这个我和这个自我与他的病人在一起了。如果他们之间是剑拔弩张的话,那该怎么办呢?在这儿人们很机巧地指望于人在那个位置上应该有的智慧,那个位置目前被叫作**自我**的健康的部分,那个与我们想法一致的部分。

我们可以作出结论,这使我们回到原先的问题,这结论是或许我们重新创造分析。

或许重新改造分析:将转移处理成抗拒的一种特殊形式。

许多人都这样说。我们是向他们提出了作为这个章节的题目的问题:谁是分析者?是那个利用转移来作解释的人?是那个将转移解释成抗拒的人?或者是那个将他关于现实的想法强加于人的人?

这个问题将它所针对的人逼得更死,它要比另一个问题更难以逃脱,那是:谁在讲话?我们的一个学生替病人在他们的耳边大声地吼了这个问题。因为他们急急忙忙的回答是:与我们是同类的一个动物;而对于那个变化了的问题令人难堪的重义反复的回答就是:我。

非常直截了当。

## II. 什么是解释的位置

1. 前面所讲的一切没有回答一个新入门者所想到的所有问题。但是,将目前所争议的问题都围绕着分析的方向集中了起来。因为目前的情况反映了治疗的方向的眼下的使用,我们这样做是恰如其分的。

这就是说在目前的分析中解释所占的是较不重要的地位。这并不是说人们已丧失了解释的意义,而是说这个意义总是首先表明了一种窘迫。没有一个作者在对付这个问题时不是通过将它与其他言语的干涉区别开来而着手;这些言语的干涉都不是解释,它们是阐明,是酬谢,是回答一个要求,等等。当这种做法逼近中心问题时,它就显出真相来了。它决定了任何目的在于使主体看清(洞察 insight)他自己的一个行为特别是这行为的抗拒的意义的话语都会得到另一个名称,比如说冲突。尽管是主体与他自己的言说的冲突,这仅仅是一个说清问题的话语,而不能被称作解释。

有个作者的努力使我们感动,他试图搜尽关于形式的理论以找到一个可使他表达解释给故意的歧义带来的解决和解释给不完整带来的封闭的隐喻,这实际上是在事后才完成的[2]。

2. 我们感到主体中的一个蜕变的本质在这儿不见了,对于思想来说这特别的不幸,因为正是在这个蜕变要成为事实时它逃脱了思想的把握。如果我们不彻底地接受一个能指的功能的概念,没有什么标记可以指出解释是在哪儿起作用的。这个概念掌握了主体在哪儿是臣属于能指一直到为能指所骗走。

为了能看懂无意识重复的历时变化,解释必须在组织起来的能指的同时结构中引入某种能使翻译突然成为可能的东西,——确切地说就是那个使他人在隐藏编码中能起作用的东西,这是指的在其中表显为缺少的成份的他人。

一旦一个作者在确定疑难时紧抓住经验的关联不放,在找到分析真理时能指的重要性就会隐隐地出现。要想知道没有能指这个术语会使你付出多大代价,你只要读读爱德华·格洛弗的著作就可以了:他在表达最切题的观点时发现到处有解释,没有办法在哪个地方止住解释,甚至在普通的医疗处方中也有解释在。他由此而说(也不知道他是不是明白他自己说的意思),症状的形成是主体的一个不准确的解释[13]。

这样设想的解释成了某种像燃素一样的东西,它在任何不管对错的理解中出现,只要它是维持了想象的火焰和那个纯粹的行列的火焰,这个行列以侵凌性的名称而成了目前技术的宠物(1931年——,它是非常之新以致今天也适用,参见[13])。

只是在这场游戏的此时此刻中解释最终达到的内容里解释才与阅读事物的印记(signatura rerum)有别,荣格在那里与勃埃姆①竞争。跟随他到那儿实在不合宜我们分析者的胃口。

但是,与弗洛伊德同步就是另外一回事了。为此就应该懂得拆开时钟。

3. 我们关于能指的学说首先是一门学术。通过这门学术我们培养的人要熟知在所指出现时能指的各种效用的方式。这是唯一一个可以设想从解释中会产生新东西的方式。

因为解释并不是建立在任何神圣原型的假设上的,它是建立在无意识具有语言的完全结构这个事实上的,建立在有个物质在那儿按规律行动的事实上的,这些规律是对实在的语言,对实际上在讲或者曾经被讲的语言的研究所揭示出来的。

刚才格洛弗启发我们所用的燃素的隐喻是从它提及的错误中

---

① 勃埃姆(Boehme,1575—1624),法国神秘主义者,著有《论事物的印记》。(译者注)

获致其恰当性的:就像燃烧中的燃素不是从物体中散发出来的一样,意义也不是从生命中发出的。我们不如将意义说成是生命与符号的 O 原子的结合①,首先是符号的。因为它首先表示的是现显**或**远隐,根本上是带来了联结这两者的"**和**",因为在表示现显或远隐时,它在远隐的基础上建立现显,在现显中建立远隐。

我们记得,弗洛伊德在以其坚实的步伐寻找重复的自动机制的模式时,他停顿在一个遮盖游戏和一个两音节交替断续的相交之处。那个儿童对这两个音节的变换使他吃惊。

同时,在这里显出了作为无意义的物体的价值(幼儿使这出现又消失)以及对于音位分辨来说完善发音的次要性。关于这一点,没有人会说弗洛伊德没有权利把这分辨立即译解为那儿(Fort)！这儿(Da)！这个他作为成年人所说的德语的用语[9]。

这是一个在幼儿主体之前存在的象征辖域扩展的出发点。幼儿主体必得按照这个辖域来组织起来。

4. 我们略去了解释的规则。这不是因为这些规则无法表达出来,而是因为这些规则的表达形式需要有许多我们因为无法压缩在这儿而尚未讲清的发展。

我们只是要指出,在读关于解释的常规评论时,我们总感到很遗憾。从已提出的材料中得出的东西是如此之少。

举例来说,每个人都以自己的方式表明,为了证实一个解释的可靠性,要紧的不是这个解释是不是令人信服,因为我们是会在解释之后出现的材料中看到可靠性的标准的。

但是,心理化的迷信在人们头脑中的影响是如此之强,他们总是在主体同意的意义中来寻找这个现象,完全忘掉了弗洛伊德关于作为一种承认的形式的否认(Verneinung)的论述。我们至少可

---

① O,与其是将它读成氧气的象征字母,像上面的隐喻提出的那样,还可以读成零,因为这个数字象征了能指结构中的位置的基本功能。(原注)

以说我们不能将否认(Verneinung)完全不当作一回事。

理论就是这样说明在实践中抗拒是怎样产生的。当我们说在分析中没有别的什么抗拒而只有分析者自己的抗拒时,我们要说的就是这个意思。

5. 严重的是,今天的分析家们像是将分析效果的次序搞颠倒了。按他们的说法,比较起人们最终能理解(大概是"从内心")的一个更大的关系的开端来说,解释只不过是一个吞吞吐吐的说法。

在这儿解释成了一个软弱提出的要求,而我们必须要来救援这个软弱。同时要使他接受解释而又不抛弃它是相当困难的。两者是同在的,因而说这是个不好办的方式。

但是,这只是分析者的情感的结果:他的由无知而不是由谬误造成的恐惧,他的那种不是要满足而是不想使人失望的爱好;他的那种不是要引导而是要控制的需要。这里涉及到的不是某某人的反转移:如果治疗者不克服它,涉及到的是一个两重关系的结果,而如果他将这种两重关系当作他行动的理想,他怎么会去克服它呢?

大概是首先要生活下去(Primum vivere):必须防止破裂。倘若把为这个目的而幼稚并诚实地讲授的教养说成是一种技术,这还说得过去。但是,倘若把让病人来到诊所的实际需要与分析关系混淆起来,那么你就是搞错了并且将初学者长期地导入歧路。

6. 由此看来,转移成了分析者的保险,而与现实的关系成了决定战斗的场所。推迟到转移加固以后才来的解释从此就从属于对转移的缩减。

由此的结果是它被吸收在一个做到头(working through)中,这个名称完全可以直接地译成转移的工作。它成为了对开始时的羞怯进行一种报复的遁词,也就是说成了导向在加强自我的名目下一切强制行为的那种不懈努力的遁词[21—22]。

7. 但是,如果去评论一下弗洛伊德的做法,比如他在狼人的病例中的做法，我们会看到，那种使人吃惊的先期灌输其实只是次序的颠倒而已。也就是说他一开始就让病人确定他在现实中的位置，即使这个现实会导致一个症状的骤生，我甚至要说是导致一个症状的系统化[8]。

另一个著名的例子：他促使朵拉认识到，在那个她抱怨其危害的她父亲世界的大混乱中她不只是自己参与其中，她是其中的枢纽，如果没有她的赞同，这个世界是没法继续的[7]。

我早就指出了善良心灵与它所指责的现实相关的位置的逆转的那个黑格尔式的过程。需要做的不是使它适应现实，而是让它看到它已经非常适应着现实，因为它参加了现实的创造。

但与他人一起走的路程到此为止。因为转移已完成了它的工作，表明在此涉及的是与自我和世界的关系不同的其他东西。

在向我们叙述这些病例时，弗洛伊德看来并不总是很清楚。因为这一点所以这些病例很珍贵。

因为他立即承认这就是他的能力的来源，在这一点上它是与建议没有区别，但他同时承认他的能力只有在他不用这能力的条件下才会给他问题的解决，因为在这时它就承担了转移的全部发展。

从这个时刻起他就不是对他身旁的人说话了，这就是他拒绝面对面谈的原因。

弗洛伊德的解释是如此的大胆，将它普及之后，我们就看不出它的测知未来的意义。当他揭示那个他称为冲动(Trieb)的趋向时(这是与本能完全不同的另一回事)，他的发现的新奇性掩盖了冲动(Trieb)本身包含的能指的出现。但是，当弗洛伊德指明了我们只可称之为主体命运的轮廓的内容时，在他的判决作用于其中的歧义的面前我们就提瑞西阿斯的面容①质疑自己。

---

① 提瑞西阿斯(Tirésias)是希腊神话人物。他因窥见雅典娜洗浴而受到变瞎的处罚，但又得到能作预言的能力。（译者注）

因为描绘出的轮廓与主体的自我的关系是如此之小,与他能在双重关系中现时(hic)和现地(nunc)表现的东西的关系也如此之小,在鼠人病例中正恰巧触及到了管辖他父母婚姻的契约和正巧触及到了发生在他出生之前的事时弗洛伊德才在那儿找到了这些混淆一气的条件:刚好保住的名誉,情感上的背叛,社交上的妥协和规定的债务。这些条件的强制性脚本给他带来了病人,看上去像是密码的一个翻印,——并且在那儿造成了他的道德生活和欲望都迷失其中的那些绝路。

但是,最令人瞩目的是,达到这个材料的通道是由一个解释打开的,在这个解释中弗洛伊德假定了鼠人的父亲会对鼠人倾心的圣洁的爱加以禁止,这就说明了不管是怎样的形式,这个爱的联系都带上不可能的标记。我们至少可以说这个解释是不准确的,因为它与它所假定的现实不一致,但是它又是真的,因为弗洛伊德在这儿表现了他的直觉,以这个直觉他预示了我们就固念神经官能症中的他人的功能所说的内容,他说明了在固念神经官能症中的这个功能是可以由一个死者来完成的,而在这个病例中这个功能由父亲来完成最好,因为他实际上是死了,是到达了弗洛伊德认为是属于绝对父亲的位置的。

8. 如果我们的读者或我们的学生觉得我是在对着他们的耳朵反复唠叨这些例子,那么请他们原谅。

这不仅是因为我不能谈论我自己的分析来说明解释起作用的范围,现在解释显得是与历史同步,如果在进行着我们的许多分析的消息灵通的范围里谈论解释,那一定是会有泄露病例的真名的危险。但这不是个主要理由,因为我在这样的情况下成功地做到过谈得不多不少,就是说既做到了让人理解我的例子,但除了其本人之外,谁也认不出说的是谁。

这也不是因为我认为鼠人是弗洛伊德治好了的一个病例。因为倘使我补充说我以为在鼠人死于战场上这个悲剧性的结果中分析是有一定干系的,那么那些心怀恶意的人会从中找出什么来辱骂呢?

我要说的是,弗洛伊德作出那些根本性的发现的线路是处在治疗的方向上的,如我刚才指出的那样,这个方向是按照一个从纠正主体与现实的关系,到转移的发展,再到解释这样的过程而定下来的。在有关固念神经官能症的动力和结构方面我们至今还依靠这些根本性的发现。一切都在这里了,不多一点,不少一点。

现在提出的问题是,是不是因为我们颠倒了这个秩序我们才失去了这个线路?

9. 我们可以说的是,人们以为将发现者开创的做法合法化了的新的道路验证了术语的混乱。只有通过个例才能揭示出这个混乱。我们重讲一个已被我们的教学使用过的例子;当然这个例子是来自一个出色的作者,由于他的出身,他特别地对解释的层次敏感。这个作者是恩斯特·克里斯,涉及到的是他明白地说从梅里塔·施密塔伯格那儿借用来的一个病例。

那个主体在他的学术生活中受禁,特别是无法达到出版他的研究成果的地步——这里的原因是他的剽窃他人成果的冲动,他显然无法控制这个冲动。这就是这个主体的悲剧。

梅里塔·施密塔伯格将这个病理解为一个少年罪的重现,那个主体过去偷窃点心和书籍。从这个角度她着手分析这个无意识的冲突。

恩斯特·克里斯自称按照一个更加有条理的解释来重新处理这个病例。他说他的解释是由表面而到深处。他将他的解释从属于他认为应该支持的哈特曼的自我心理学,这对于估价他实际做的并不重要。恩斯特·克里斯改变了病例的背景。他从一个只是病人的冲动的重复的事例出发,而给了病例一个所谓的新的开端的深刻见解(insight)。在这个事例上克里斯很高明地不满足于病人的说法。病人说他刚完成的一个工作中的想法是他不由自主地从一本著作中拿过来的。事后想起来了他是后来才用这本著作来检查出了。克里斯去核对证据,他发现一切都符合科学研究的常规做法。简单地说,他确信在病人自认为是剽窃者时他实际上并不是个剽窃者,他由此要使病人看到,他想成为剽窃者的目的是阻止自己成为一个真的剽窃者,——人们把这称为对冲动之前的护卫的分析,这在这儿表现为受别人的思想的吸引。

由于这个处理将护卫与冲动看作是同心的,也就是说,一个是照另一个塑造出来的,所以这个处理可以预定为是错误。

证实这个处理确实是错的,是克里斯以为是肯定了它的那件事。这就是说,在克里斯以为可以问病人他对这个反转过来的解释是怎么看的时候,病人遐想了一会儿以后回答说,有一段时间以来,在诊疗以后他总是在一条聚集了许多吸引人的小饭馆的街上逛荡,为的是在菜谱上瞧到他最爱吃的菜:新鲜脑子。

病人的这个承认与其说应被看成是以其引入的物质而赞同了处理的成效,在我们看来不如说是在其构成的关系中具有一个做出来(acting out)的改正的价值。

病人显出的这个马后炮的样子在我看来像是对主人说她的招待有缺失。他的样子不管怎样强制性的,那仍是一个暗示(hint),这可能是个过渡性的症状,它告诉分析者:你没说准。

我要重复说,事实上你没说准。我要对恩斯特·克里斯留给我的印象说,就像在马林巴登大会以后他留给我的印象那样。在那儿,我作了我的关于镜子阶段的报告后的第二天,我请了假,很想去探探柏林的奥林匹亚的当时的潮流,这潮流里满是许诺。他和善地反对我说:"不好这样做"(他是用法语讲这句话的)。他那时已经完全倾向于要体面地做事了。说不定是这个倾向改变了他的做法。

恩斯特·克里斯,是不是这个倾向误导了你?或者只是因为你的意图是直截了当的,就像你的判断毫无疑问是直截了当的那样,然而事情却是曲折的。

在这里至关紧要的不是你的病人不偷窃。不是他……。不是不;而是他偷了个空。要使他明白的正是这一点。

与你以为的正好相反,使他相信他偷东西的不是他防备偷窃的念头的护卫,而是他竟然有一个自己的想法,这个想法从来没被他想起,或者只是稍微想到过。

催使他去分辨在他与他的同伴讨论时他的朋友从他那儿拿去的他的或多或少有独创性的想法,那是毫无用处的。上帝在这个过程中也会认不出自己来。

这个想要新鲜脑子的欲望没能使你重振你自己的概念,没有使你想起罗曼·雅可布逊有关换喻的功能的说法?我们以下再要谈这一点。

你在谈梅里塔·施密塔伯格时,把她说成好像是把罪过与原始本能混淆了起来。我对此并不是那么有把握。我在看她引用这个病例的文章时,看到她的题目的写法里包含了一个隐喻。

你把病人当作一个着了邪的人来处理,而他却给你伸来了他食性幻想的打捞竿:为的是给你一个机会以稍微地超出你的时代的疾病分类学水平,这时作出诊断:精神厌食症。由此,你通过还给这一对词以其本来意义而神态清新起来。这对词的常用法使它变成了表示病因的不可信的杂货。

在这个病例中,就精神而言,就思想以此来生存的欲望而言,是厌食症。这把我们带到了肆虐在木筏上的坏血症上,我和瘦削的处女们一齐登上了这个木筏。

在我看来,她们源于象征原因的拒绝与病人对他思考内容的厌恶有很大的关系。你告诉我们,他爸爸已经不是很有智谋的了。是不是他的因思想丰富而著称的祖父使他对思想反感了?怎么才能知道呢?当然,你将能指"大"置于亲属关系之中是有道理的。这至少是与父亲就钓得的最大的鱼而进行的争斗的根源。但这个纯形式的挑战倒是告诉我他的意思是:没什么可煎。

这样在你的那个叫做从表面开始的过程和上面强调的弗洛伊德方法中的主体的纠正之间是毫无共同之处的。再说在弗洛伊德的方法中这个纠正并不是由任何构造上的优先性而造成的。

还有,这个纠正在弗洛伊德那儿是辩证的,它从主体的话开始,又回到主体的话上。这就是说,一个解释要成为正确的条件是它必须是……一个解释。

对客观性下决断是一种偏颇,即便只是因为剽窃是相对流行的习惯而言的①。

但是,认为表面是个肤浅的层次也是一个危险的想法。

为了不搞错欲望的位置,也必要有另一种地形学。

当欲望在病人的环境中已被覆盖的时候将欲望从地图上抹去,这不是对弗洛伊德的教诲的一种最好的继承。

这也不是排除深层的办法,就像皮疹是在节日时期开满颜面一样,深层是在表面上被看到的。

## Ⅲ. 转移的现状

1. 我们必须依靠我们的同事达尼勒·拉加希的工作来获得关于那些研究的正确的历史。这些研究围绕着弗洛伊德而继续着他的工作,在弗洛伊德将他的成果传给我们了之后,这些研究都是针对弗洛伊德发现的转移而作的。拉加希的工作是超出了这个目标的,它给这个现象的功能指出了许多结构上的区别,这对于评论

---

① 例子:在克里斯最后去了的美国,出版的书会带来头衔。像我这样的讲课必须每个星期都作出优先权的保障以防止一定会发生的偷窃。在法国,我的思想是通过渗透的方式进入一组人中间的,在这组人中人们遵从禁止我讲学的命令。因为在那儿受到诅咒,思想只能充作某些纨绔子的装饰。这没有什么关系:不管人们引用我还是没有,这些思想激起的空间使人在那里听到另一个声音。(原注)

转移是至关重要的。我们只要举出他提出的有关它的最终本质的那个重复的需要和需要的重复之间的非常有关系的交替。

如果我们相信在我们的讲学中汲取了他的工作所包含的成果,那么可以说,通过他引入的次序,他的这个工作揭示的讨论所注意的那些方面常常都是很片面的,特别是在分析中这个术语的寻常用法是如何与最有争议也最为粗俗的做法密切相联的:将转移看作是病人对于分析者的那一系列的或那全部的正面或负面的情感。

为了确定我们的学术界目前处在什么状况中,我们可以说对于以下各点并没有共同认识也没有清晰分析,而这些都是应该有的:在治疗开始时观察到的最初的迷恋中表现出来的效果和在当转移的神经官能症看来超出了分析的手段时使病人与分析者的关系难以中断的一系列的满足中所表现出来的效果是不是病人与分析者关系的同一个效果?在分析的第二阶段维持了沮丧、侵凌、衰退的节律的是不是仍然是与分析者的关系和它的根本性的失望?在这个节律中具有了分析的最丰富的效果。当那些现象里都有明白地牵涉到分析者的形象的幻想时,怎么来设想这些现象的归属呢?

这些难以消除的含糊之处的原因在一个富有洞察力的杰出研究中表达了出来:在我们尝试改进转移的问题的每一步骤中,使我们的努力成为必需的技术上的分歧没有给对这个观念的真正的评价留下余地[20]。

2. 这个观念对于我们要在这里讲到的分析的行动是如此的关键,我们可以以它为尺度来衡量拖延着不去考虑它的理论的偏颇程度。这就是说按照这些理论具有的对转移的处理来评价这些理论是不会错的。这种方便做法是得到了证实的,因为对转移的处理和转移的观念是一回事,即使在实践中这个观念几乎没有什么发展,它还是归于理论的偏颇一类的。

另一方面,这些偏颇的同时存在并不就能使它们互相补全。由此可见这些偏颇都有一个根本的缺陷。

为了使之有些条理,我们将理论的那些特点减缩到三点,即使这样要使我们选择一些立场,但因为这是一个报告,所以这并不要紧。

3. 我们要将发生论与一个独特的技术联系起来,用发生论是因为它试着将分析的现象建立在有关的发展的时刻上,以及它试着依靠对幼儿说的是直接的观察。技术指的是那个将这个过程的主要内容集中在对护卫的分析上的技术。

从历史的观点看这个联系是显然的。我们可以说它也仅从历史上看是成立的,因为这个联系只是由它所要求的一致性的失落才构成了起来。

我们可以看到它是开始于对于无意识的自我这个概念的正当的信任上,弗洛伊德的学说是以这个观念为方向的。从这一点而进一步到那个假设,即由护卫的功能集合起来的机制应该会表露出一个显示的法则,这个法则与弗洛伊德试着要在那里将冲动的产生与生理学关连起来的一系列的阶段是可比较的,甚至是相吻合的。这一步,就是安娜·弗洛伊德在她的著作《护卫的机制》中建议要跨出的,目的是要在经验中考验它一下。

这有可能成为对发展与弗洛伊德引入心理学的显然要更为复杂的结构之间的关系进行富有成果的批评的机会。但是,结果没有达到这个高度,因为人们太想要试着将这些被认为是与进程无关的机制插入到感知和活动发展的可观察到的各阶段中去以及插入到智力行为的上进性能力的可观察到的各阶段中去。

我们可以说安娜·弗洛伊德对这样一个探索寄予的希望没有实现:在这条道路上没有揭示出任何对这个技术有说明力的东西,虽然由分析阐明的对孩子的观察所看到的细节有时是很意味深长的。

在这里起着为失败了的分类法作遁词作用的模式（pattern）的观念主宰了一个技术，这个技术在努力找出一个不现存的模式（pattern）时，自然而然地倾向于根据与模式（pattern）的差异来作判断。这个模式（pattern）在这个技术的迎合中得到其合标准的保证。这个蹩脚工作所总结出的成功的标准我们提起来也脸红：工资加高了一级，与女秘书的暧昧关系的成功解脱，在婚姻，职业和政界中完全受压抑的力的有控制的释放，这些在我们看来都不值得提及到生命与死亡的本能的冲突上去（而在分析者的计划［planning］和他的解释中都说到了），即使这只是为了给他的话加上堂皇的"经济的"修饰语，以至于他可以以与弗洛伊德的思想完全相反的意思而继续说下去，就像两个相同又作对的力量的游戏一样。

4. 在我们看来在其分析的景观上不那么低下的是他的理论的另一面，在这一面上出现了躲避了转移的东西：这就是从客体关系得来的轴心。

这个理论不管目前在法国受到了什么样的贬斥，它像发生论一样有其高贵的起源。是亚伯拉罕开创了这个领域，而部分客体的观念是他创造性的贡献。这儿不是表现其价值的地方。我们更感兴趣的是指出这与亚伯拉罕从转移中析出的那个特征的部分性的关联。亚伯拉罕析出这个特征为的是将其含糊不清地提高为爱的能力：也就是好像这是病人的体质的一个成份，从中可以看出他能治愈几分，这也特别是唯一的一个对精神错乱的治疗在这上面会失败的成份。

我们在这里实际上有两个等式。定义为性欲的转移（Sexualübertragung）的是我们在法语中称为客体爱的那种爱（在德语中是 Objektliebe）的根源。转移的能力测出了向现实的通路。这里的明显的漏洞是必须着重指出的。

发生论是要建立在主体中形式产生的次序上的，与发生论的预设相反,亚伯拉罕的观点是可以以一个目的来得到说明的。这个目的自以为是本能性的,因为它是以一个无法消除的客体的成熟为自己形象的,这个大写的客体主宰了客体性的阶段(以其情感的实体,这是与客观性相当不同的)。

这个关于客体的外质概念很快就显出其危险性来了,它堕落到一种将生殖前性质与生殖后性质对立起来的粗陋的两分法中。

这个原始的论题是通过给生殖前性质加以各种特征而发展起来的,这些特征取之于非现实的映射,取之于或多或少定了量的内向性,取之于对得之于护卫的满足的限制,取之于由孤立而加之以客体的条件(相对毁坏的效果来说这个孤立是特别的有保护性);也就是说是客体关系的所有缺陷的一个大杂烩,目的是表现由此而产生的主体的绝对依赖性的动机。尽管有他的有成见的混乱,这个描述或许会是有用的,倘若它不是被当作用来生产"从生殖前形式到生殖形式的过程"的废话的底片而制作出来的话。在这个生殖形式中,冲动"不再具有那种不可屈从地、无限地、无条件地拥有的需要的特性,那种拥有带有一种毁坏的色彩。冲动是真正地温和的,亲爱的,如果主体不是显得有奉献性的,也就是说,无私利的,如果这些客体(在这儿作者想起了我的评论)是像在前一种情况中一样的彻底的自恋的客体,他在这儿则是能够理解,能够使自己适应他人的。再说这些客体关系的内在结构表明,对于主体的幸福来说,客体参与到他自己的快乐中去是必不可少的。客体的便利,欲望和需要(好个杂拌菜!)①受到了最高度的考虑"。

但是这并不妨碍"自我有一种稳定性,这种稳定性不会因为一个重要的客体的丧失而动摇。它是独立于它的客体的"。

"它的组织决定了它使用的思想方式从根本上是逻辑的。它并不自然而然地对理解一个混乱的现实的方式进行压制。情感思

---

① 括号内的话是本文作者的。(原注)

想和魔力的信仰只在那儿起完全是次要的作用。在广度和在重要性方面象征化并不超出它在平常生活中的地位(!!)①。主体和客体之间的关系是一种最为发展了的关系(原话!)②"。

这就是许诺给那些"在成功的分析结束时感觉到在他们过去以为就是性的欢乐的经验和他们现在体验到的经验之间的巨大差别的人"的东西。

我们可以理解,对于那些从一开始就有这种欢乐的人来说,"总而言之,生殖关系是平平静静的"[21]。

确是平平静静的,除了不可抑制地在动词中变位,屁股撞在吊灯上,而吊灯的位置在我们看来是标了出来,以便将来的注释者可以在那儿找到永久的机会。

5. 当亚伯拉罕将客体关系作为典型地表现在收藏家的活动中而提示给我们时,如果我们真的要听从他的话,说不定规则并没有在这个有教益的矛盾中给出,而不如说是要在组成欲望的某条断头路上去找。

使客体以破裂和分解的样子出现的说不定不是什么致病因子。这个献给生殖的和谐的荒唐颂歌与现实有什么关系呢?

是不是要在我们的经验中剔去俄狄浦斯这场戏呢?弗洛伊德构作了这场戏正是为了解释在即使是最成功的爱的生活中也是寻常事的那些障碍和冷遇(Erniedrigungen)。

是不是我们要将黑上帝伪装成色欲这个好牧人的卷毛绵羊?

在从爱情中生出的奉献中可能是有升华在起作用。但我们应该努力在升华的结构中探索得更远一点,我们不能将升华与完美的性欲高潮相混淆。弗洛伊德总是不赞成这样做的。

最糟糕的是,那些沉溺在最自然的柔情中的心灵会转而来疑

---

① 括号内的话是本文作者的。(原注)
② 括号内的话是本文作者的。(原注)

问道，他们是不是符合了生殖关系的谵狂的常规，——这是没听说过的负担，我们像福音书谴责过的人那样将这负担捆好而置在无罪的人的肩上。

然而，在读我们的文章时，如果有什么传到了将来，那时人们不再知道这些激动的话在实践中是对什么而发的，人们就可能猜想我们的技艺是用于在性腺发育过迟的人身上引发出性饥饿，——虽然对于性腺的生理学我们什么也没有贡献，因为那实在没有什么需要去了解的。

6. 一座金字塔需要三个面，即便这是座异端的金字塔。那个合拢了在转移的概念的缺口中得到描述的二面角的平面在努力弥合起它们的各个边，如果我们能这样说的话。

如果转移具有被带回到分析者是其代表的现实中去的好处，如果这里涉及到的是要在一个封闭形势的温室里使客体成熟，那么被分析者就只有一个客体（如果我们可以用这个说法的话）可供他咀嚼，这就是分析者。

由此而得到了主体间摄取的观念，这是我们的第三个错误。很可惜这个观念被建立在一个双重关系之中了。

因为这儿涉及到的是一条联结的道路，这条道路的各种各样的按它们信奉的普遍范畴而适应它的理论源头只能保存这个隐喻，同时根据它们认为踏实的行动的水准而变换它：在费伦奇那儿是摄取，在斯特雷奇那儿是与分析者的超我的认同，而在巴林特那儿是自恋的末阶段忧虑。

我们的意图是要引起对这个奇异消费的实体的注意。如果我们得再一次与在我们门口发生的事论理，那是因为我们知道分析经验是从个体那儿汲取其力量的。

由此，在治疗中对于分析者的形象为此付出代价的吞噬男根的妄想的重视在我们看来值得提一提，这种重视与治疗的方向是一致的，治疗方向在维持作为双重关系的客体的病人和分析者之间的距离时一直坚持了这种重视。

因为尽管一个作者系统化了其实践的那个理论十分蹩脚,他还是作了分析,而在谬误中显示出来的一致性证明了实际走过的歧路。

在这儿得到例证的,是在主体现显在欲望里的方式中的男根能指的特别功能,但这是被表明在可以说是盲目的经验中的:这是因为分析的形势完全没有指向真正的关系。与所有其它有讲话的形势一样,分析形势要置于一个双重关系中就不能不被粉碎掉。

象征结合的实质被漠视了,道理很明显;在分析中也不可能完成任何真实的事情,这样,只要粗通我的学说就可以看出在发生的事中任何不是想象的事都不会被看出来。因为要把头撞在墙上,你不必要先知道房子的布局:如果不知道倒更好。

在我们还与作者进行辩论的那个时期,我们自己就向作者指出,如果只依靠客体之间的一个想象的关系,那么可以安排的就只有距离这一个度向了。他并不同意这个看法。

将距离作为神经官能症患者与客体的关系展开于其中的唯一的度向会导致无法克服的矛盾。不管是在系统的内部还是在相反的方向这些矛盾都非常明显以致不同的作者都从同一个隐喻出发而组织自己的印象。与客体的太远或太近的距离有时会显得混同到模糊的地步。在费伦奇看来成为神经官能症患者的特征的不是客体的距离而是与主体的过于亲近。

决定人们的意思的是他的技术的用法,而**接近**的技术,虽然在一篇尚未译出的英文报告中这个词的效果奇异古怪,表现了在实践中的一个倾向,这个倾向简直到了固念症的程度。

我们简直没法相信,所建议的将距离缩小到零(在英语中是nil)的理想怎么没有让作者看到在这里集中了他的理论中的悖论。

不管怎么说,这个距离无疑是被当作一个普遍的参数,它调节着消除神经官能症的技术的变异(不管对变异度的争论显得多么的转弯抹角)。

这样一个概念得之于固念神经官能症的特殊条件的部分并不能完全归属到客体的帐上。

是能够记下这个概念从固念神经官能症那儿取得的结果,但这看来也不是它的功绩。如果我们像克里斯一样能够从第二手来观察一个分析,我们可以证实,这样一个拥有无可争议才能的技术在一个男人的纯粹的固念神经官能症的治疗病例中引发了一场迷恋,这场迷恋并不因为是柏拉图式的就不狂热,也不因为是就他周围的同一性别的客体中的最易得到的一个产生的而不显得是不可抑制的。

将这说成是暂时的变态会使行动着的乐观主义者满意。但是代价是,在这个对关系中太受忽视的第三者的不常见的重新确立中要承认不能过于依赖与客体关系中的亲近的力量。

7. 非概念化对技术的侵蚀是没有止境的。我们已经提到过发现这样的随意分析,我们很痛心地惊异于人们对此的无动于衷。在一项工作中,能够嗅嗅分析者显得是一个要真去达到的目的,为的是表明转移的好出路。

人们可以在这里感到一种不自觉的幽默,这是这个例子的有意思的地方。雅里①会喜欢这个例子的。总而言之,这只不过是将分析形势的发展当作真实的以后一定会有的后果:确实,除了味觉,嗅觉是唯一的一个可使距离缩小到零(nil)的度向,这是在实际中缩减。在那里能找到的用于治疗的方向的标志以及表明它的能力的原则的标志就不太可靠了。

但是,在一个滑向像人们所说的毛估估的做法的技术中漂荡着的笼子的气味不只是个可笑的特征。我的研讨班的学生都记得

---

① 雅里(Jarry,1873—1907),法国作家,以闹剧著称。(译者注)

那尿的气味,这个气味成了一个过渡性变态的病例的转折点。为了批评这个技术我们研究了这个病例。我们不能说这个病例与引起了观察的那个事故没有关系,因为病人正是在透过厕所墙的裂缝来窥视一个在解手的妇女时才突然掉换了他的利比多,显然没有什么东西注定他会这样做:到那时为止的与有男根的母亲这个幻想相连的他的幼时情绪是以恐惧症的样子出现的[23]。

但是这关系也不是直接的。同样,将这个窥淫癖看成是对正确的诊断来说在这个不典型的恐惧症中包含着的裸露的逆转,这也是不正确的:那是处在病人担心自己因太高的个子而受人讥笑的忧虑之下。

我们已经说过,给我们以这个出色的著作的那个分析者表现了一种罕见的洞察力,她反复解释梦中出现的一个盔甲,甚至到了折磨病人的程度,这盔甲是处在追逐者的位置上,另外还具有了一副灭蝇喷雾器,那是作为有男根的母亲的象征的。

我是不是该讲讲父亲?她问自己。她以病人的历史中父亲没有出现这一点来说明她没有转向是对的。

我的学生会在这儿惋惜我的学说没有能够帮助她,因为他们知道我教他们以什么样的原则来辨别作为取代缺失的他人的全能能指的恐惧客体和辨别作为在能指划分中看到的客体的所有变态的基本偶像。

如果不懂得这一点,那么这个有才华的新手有没有想起在安德烈·布勒东的《关于小小现实的论述》中的盔甲们的对话?这会使她找到途径。

但是我们无法作这样的期待,因为她那时从指导那儿接到的是要持续地打扰以使病人回到现实形势中来的指示。毫不奇怪,与西班牙女王相反,她是有脚的,她在她要求病人守规矩的严峻态度中自己强调了这个事实。

当然,这个做法与这儿审察的这个做出来(acting out)的无害结局是有关的:因为分析者一直是处在施加阉割的位置上的,她自己也清楚这一点。

然而,为什么把这个角色分给母亲呢?在这个观察的病史中一切都表明她一直是起着中介人的作用。

衰退的俄狄浦斯受到了补偿,但是总是以一种天真而迷人的形式,这个形式就是对分析者的丈夫的完全是强迫的甚至是武断的提及,喜欢以这样的形式是因为这位丈夫自己是个精神病医生,是他提供了这个病人。

这不是一个常见的情况,无论如何要排除它,因为它不属于分析的形势。

这个治疗的不漂亮的转向并不是使人对其结局有保留的原因,作为堕落的代价的最后一次偏了向的治疗的酬金所具有的不无恶意的幽默对将来并不是个坏的征兆。

我们能提的问题是,在其本身过程是向着引出真实效果而发展的时候,什么是分析和重新教育之间的界线呢?在这个观察中比较生平情况和转移的形成时我们看到的是:释读无意识给我们带来的东西实在少,少到我们要问:在哑谜的蛹茧中是不是最大的一部分还原封未动?这个哑谜以过渡的变态为名是这篇教育文章的内容。

8. 但是,非分析者的读者不要误会:这儿所说的一切都不是为了贬低这项可用维吉尔的话"坚忍不拔(improbus)"来形容的工作。

我们没有别的目的,只是要提醒分析者,如果看不到效果是真正在哪儿产生出来的,他们的技术就会变样。

他们不倦地试着确定他们的技术。我们不能说,经过退缩到谦虚的立场,经过走向虚构,他们发展出的经验还是没有结果的。

对遗传的研究和直接的观察远远没有与一个真正分析的活力脱离。我们自己花了一年的研讨班的时间来重新讨论客体关系的题目,我们由此表明了一个概念的代价。以这个概念对儿童的观察是通过重新确定在客体产生中母子关系的功能而进行的:我们指的是中间性客体的观念,这个观念是 D·W·温尼科特提出来的,对于解释拜物教的起源这是个关键的观念[27]。

还有,理解弗洛伊德的重大概念时的那种明显的不肯定是与加重了实际劳作的弱点相关应的。

我们要说的是,在试图把握他们的行动的真实本质时碰了壁了,研究者以及各种团体才将他们的行动变成为权力的行使。

他们用这个权力来取代与存在的关系,这个行动是在存在上起作用的,由此而使其存在的手段特别是说话的手段丧失真实的显要性。这就是为什么是一种很奇怪的被压抑内容的回归来使一个求助于存在像求助于某个现实的材料一样的错误从最也不愿意受累于这些手段的尊严的意图中产生,而这时候流行的话语抛开了一切傲慢的陈词滥调所看不到的疑问。

## Ⅳ. 如何以你的存在来行动

1. 在精神分析学的历史上很早就出现了分析者的存在的问题。这个问题是由那个最为分析行动的问题所困扰的人所提出的,这对我们来说是毫不奇怪的。可以说费伦奇 1909 年的文章在这方面是开创性的,他早就预示了在这个课题中所有在以后得到发展的论题。

如果说费伦奇将转移看作是医生的本人被摄取入主体的布局中,这儿涉及到的人不再是作为一个反复的强制或一个不和谐的行为的承载,或者是作为妄想的人物。他的意思是指把精神分析者在两重对立中作为一个体现了的纷争的现时和现地而提出的一切都吸收到主体的布局中去。这个作者是不是走到了极端而说治疗的完成只有在医生向病人承认他也在遭受遗弃时

2. 是不是一定要付出这个可笑的代价才能看出主体存在的缺失是分析经验的中心？是神经官能症患者的激情展开的场所？

匈牙利学派现在已是星流云散了。除了匈牙利学派，只有英国人以他们的冷静的客观性做到了表达出这个神经官能症患者在想要肯定自己的存在时感到的缺口，由此不明言地将存在位居其中的与他人的关系从包含了热忱和蒙骗的人间关系中区分出来。

要懂得神经官能症患者的真正担忧，我们只要引证埃拉·夏普的非常切题的话就可以了[24]。这些话的力量在于它们的幼稚中，这位医生和作家的人所共知的直率风格反映了这种幼稚。她甚至有这种虚荣心，为了正确地知道被分析者话语的意图而要求分析者无所不知，这不是个寻常的品性。

我们必须感谢她在训练实践者时将文学修养置于最重要的位置，尽管她自己并没有觉察到在她向他们建议的书单中想象的作品占了大部分，在这些作品中男根的能指几乎不加掩饰地起着中心的作用。这表明书的选择既是由经验来引导的，而原则的指示也很得当。

3. 还是英国人，不管是土生土长的还是归化的，他们最为肯定地把分析的结束定义为主体与分析者的认同。当然，关于这儿的认同涉及的是他的自我还是超我，意见还有分歧。由于没有分辨象征的，想象的和现实的这三个领域，人们就没有能很好地掌握弗洛伊德揭示出来的主体的结构。

我们只是想说，这些为对抗而发的话在形成时肯定会对提倡它们的人有所压力的。在实践中由梅兰妮·克莱因倡导的幻觉客体的辩证法倾向于在理论上以认同的形式出现。

因为，这些客体不管是部分的还是整个的，总是有意义的：乳

---

① 1966年改写了倒数第二句句子以及下一段的第一句句子。（原注）

房,粪便,男根。主体可能会得到它们亦能失去它们,会由它们而毁灭或保存它们;但是,根据在他的根本性妄想中它们起作用的地方,他**就是**这些客体。这个认同的方式只是显示了下滑的病理。在一个他的需要都被降低为交换价值的世界上主体被推向了这个下滑。而这个下滑本身只有在能指清点他的生命时加于他的生命的屈辱中才得到其根本的可能性。

4. 为了帮助主体,精神分析者看来应该不受这个病理之害。我们看到,这个病理正是一条铁的法则的一部分。

正是因为这一点人们就想象精神分析者应该是个快乐的人。再说,人们来向他要求的不正是幸福吗?如果他自己没有一点幸福,他怎么能给人幸福呢?这只是个常识问题。

事实是,在一个幸福的尺度变得很复杂的时代,我们并不回避作出幸福的许诺;首先是因为像圣茹斯特①所说的那样幸福已成了一个政治因素。

公正地说,从亚里士多德到圣弗朗西斯(塞尔斯的)的人道主义的进步并没有使幸福这个疑难圆满。

我们知道,去寻找幸福的人的衬衣只会是浪费时间。而所谓的幸福的影子是要避之唯恐不远的,因为它会散布灾难。

分析者要采取的操作的层次就是与存在的关系,教学分析为这个目的而能给予他的机遇并不只是按照指导他的分析者以为已解决的问题来计算的。

有一些存在的不幸是小心翼翼的学校和那个保证了主宰的虚假羞耻都不敢从自己身上砍去的。

需要构成一个吸收了弗洛伊德对欲望的征服的伦理学:为的是将分析者的欲望的问题置于它的尖端上。

---

① 圣茹斯特(Saint Just,1767—1794),法国大革命时代的政治家,理论家。(译者注)

5. 只要对过去的工作的影响有所感受,对特别在这个领域里的分析思想的堕落就一定会觉得特别令人吃惊。

在努力于理解各种各样的事情时,大部分的分析家就以为理解本身就是个目的,这个目的只能是个幸福的结局(happy end)。然而,物理学却向他们表明,取得最宏伟的成功并不意味着人们就一定知道他们是在向哪个方向前进。

为了思想,常常最好是不要理解。人们可以上天入地地理解但却没有任何思想从中产生出来。

这就是行为主义者们的起点:他们放弃了理解。然而,由于缺乏在我们这个非自然(antiphysis)的领域里的任何其他思想,他们就转而采用我们理解的东西,这东西他们也不懂得:我们可以因此而更感到骄傲。

奉献性的观念是一个说明我们在道德方面可以说出些什么的例子。这是一个固念病患者的妄想,本身是不可理解的:人们说一切都为了与我同样的他人,但却没有看到大写的他人极力要成为不一样的焦虑。

6. 我们并不自以为可以教会精神分析家们什么是思想。他们知道这是什么。但这不是因为他们自己学到了这一点,他们是从心理学家那儿学到的。他们温和地重复说,思想是个行动的尝试(弗洛伊德自己也未免于此误,然而这并不妨碍他成为一个强韧的思想者,其行动是完成在思想之中的)。

确切地说,分析者的思想是一种消解的行动。这使人有希望,如果能使他们思想,他们会重新拾起思想而重新思考它。

7. 分析者是一个人们可以对之讲话,并且可以自由地对之讲话的人。他的用途就是这个。这说明了什么呢?

人们所说的所有有关联想的话都只不过是心理主义的包装。引出的文字游戏很遥远。再说,由于它们的规则,它们其实是最不自由的。

在分析中被请来讲话的主体在他所讲的话中并不表现出一种太大的自由。这并不是因为他被严密的联想所限制,他当然是为这严密性所压制,但这主要是因为联想会导向一个自由的言语,导向一个实语,这是一种使他感到痛苦的实语。

没有比说出一些可能是真实的事更令人害怕的了。因为他就要由此而重新成为完全真实的了,如果他曾经真实过的话。上帝知道,当某物由于是真实的而再也无法怀疑了时会发生什么事。

这是不是就是分析的过程了呢:一个向着真理的进程?我已听到学徒们嘟囔着我在使分析知性化,而就我所知:我是最为着力于保存那无可言说的东西的。

我们的倾听是适应于话语之外的内容的,我比谁都清楚这一点,因为我走的是听到的而非叩诊的途径。是的,当然不是叩诊抗拒,张力,后仰痉挛,苍白色,肾上腺素猛增等重组了更强自我的途径:我倾听的是听到的。

听到并不强迫我去懂得。我听到的并不就不再是话语,即使它像感叹词一样的不成章。因为感叹词也是属于语言的而不是一种表达情感的呼叫。这是一种词类,在一定的语言中它的句法效用与其他词类相比是毫不逊色的。

对于我可能听到的,如果我一点也不懂得,我没有什么可再说了;对于我所懂得的东西,我肯定我搞错了。但这并不妨碍我去回答,在分析之外的同样的情况下发生的也是这样的事。人人都认为我使说话者受挫,他第一个受挫,我也受挫,为什么?

如果我使他受挫,那是因为他向我要求什么东西。这就是回答他。但是他知道得很清楚,回答只会是些言语。与他能从随便什么人那儿能得到的一样。由他向我讲话这个事实,他要我……:他的要求是不及物的,不包含任何宾语。

当然,他的要求是展开在一个隐含的要求的范围里的,为了这个隐含的要求他才来这儿的:要治好他,把他显示给他自己看,让他知道精神分析是怎么一回事,使他有资格成为分析者。但他知道,这个要求是可以等待的。但他目前的要求与这都无关,这甚至不是他的要求,因为毕竟是我提出让他讲话的(只有主体在这里是及物的)。

总之我做到了在寻常商业中人们希望也能如此容易做到的事:以供应来创造要求。

8. 但是我们可以说,这是一种彻底的要求。

玛加尔派恩夫人要在分析的规则中来寻找出转移的动力,她或许是有道理的。但是她还是走入了歧道,在一无物件的情况下指出了通向幼儿退化的大门[24]。这倒不如说是个障碍,因为人人知道,儿童精神分析家更是清楚,为了维持与儿童的关系需要许许多多小物件。

通过要求的中介,整个的过去,直到最幼年时的底细都露了出来。主体做的就是要求这件事,他是依靠要求而生的,而我们则接着干下去。

因为只有通过这条途径分析的退化才能构成并实际上显示出来。我们这样讲就好像主体开始装儿童了。可能会有这样的情况,而这种假装并不是什么好兆头。在人们认为是退化的情况中这种假装常常在观察中被发现。因为退化表现的只是在要求中使用的能指回到了现在,而对要求则有规定存在。

9. 再回到出发点。这个形势解释了原初的转移,以及在这个转移中有时有的爱情的宣布。

如果是爱情,那是给出人所没有的东西,实际上主体会等待人们给他爱情,因为精神分析者没有其他东西可以给他。但是甚至这个没有他也不给他,而不给更好;这就是为什么人们大多是宁愿付他钱来得到这个没有,为的是表明在其他情况下这个没有是不值什么钱的。

甚至当原始转移在更多的情况下停留在影子的状态时,这并不妨碍这个影子来梦想,来重提它的要求,如果它没有什么可要求的话。这个要成为空虚的要求只有因此而更加纯粹。

人们注意到分析者还是给出了他的存在,但我相信这首先是由他的倾听引出的,而倾听只是言语的条件。如果不是这样的话那为什么技术要求他非常隐蔽地给出他的存在呢?他的存在是在以后才被注意到的。

再说,他的存在的最尖刻的感觉是与主体只好沉默的时刻相联系的,也就是说,是在他甚至在要求的影子之前后退的那个时刻。

因此,分析者是承受要求的人,这不是像人们所说的是为了挫折主体,而是为了使包含了挫折的能指重新出现。

10. 应该提醒的是,原初认同是产生在最早的要求之中的。这个原初认同作用于母系的全能之中。这个认同不仅将需要的满足系于能指机制之上,而且将需要分割,筛选,按照能指结构的表现而重塑。

需要遵从与能指在其双重性中遵守的同样的约成条件:最小单位对立的同时性以及替换和组合的历时性。通过这两重性,语言即使不完成一切也是组织了人间关系的一切。

由此就产生了我们在弗洛伊德的谈论中可以看到的他在超我和现实之际的摇摆。超我并不是像他在有的地方说的那样是现实的根源,超我划出了现实的路,然后在无意识中再找回最早的理想的痕迹;在这些痕迹中,倾向在能指取代需要时构成了受抑物。

11. 至此已没有必要到别的地方去寻找认同于分析者的动力了。这种认同会是形形色色的,但是永远是认同于能指。

随着分析的发展,分析者要轮流地对付主体的要求的各种各样的说法。就像我们下面要说的那样,他只能从转移的位置来回答。

再说,谁没有强调过所谓分析的容忍性假设的重要性?但是,我们并不需要一个特别的政治制度就会使不禁止的变成了必定的。

那些我们可以说是对挫折的后果着了迷的分析者只取一个建议的立场,这个立场使主体只好重述其要求。人们称之为情感再教育的大概指的就是这个了。

在这儿恐怕比在其他地方更需要善心。但是善心无法治愈它产出的痛苦,想要主体好的分析者重复着他学来的话,但有时他是学坏了。谬误的教育总是把为主体好来作为其理由的。

人们设想一种分析的理论,与弗洛伊德的分析的微妙表述不同,这种理论将症状的动力归结为恐惧。在由这个理论而来的实践中深印着我称之为下流而凶恶的超我的形象,在这个实践中对于转移的神经官能症来说没有其他出路,只有让病人坐在窗口,指给他看窗外大自然的旖旎风光,对他说,"去吧,你现在是个乖孩子了[22]"。

## V. 必须从字面上来理解欲望

1. 今天我们听人说,一个梦,说到底就是一个梦[22],弗洛伊德在梦中认出了欲望,这是不是没什么意义的了呢?

欲望,而不是倾向。要读了《释梦》才会知道弗洛伊德称为欲望的是什么东西。

我们必须审察一下 Wunsch(希望)和其英语同义词 wish 这些词。要将它们与 désir(欲望)区别开来。那几个词爆发在其中的这个潮湿爆竹的声音所提示的不是别的正是淫欲。而那些词的意思只是愿望。

这些愿望会是虔诚的,思旧的,碍手碍脚的,滑稽的。一位太太曾做一个梦,引起这个梦的欲望就是要给向她讲述了梦是欲望的理论的弗洛伊德一个证据,说明梦不是欲望。要注意的一点是这个欲望是组织成了一篇诡谲的话语的。同样重要的是要看到,在弗洛伊德满意地辨认出这个梦的欲望和得到他的信念的证实之后,这件事对他的思想中欲望的意义的影响。

他更加推进了欲望的离奇性。因为一个惩罚的梦可由其意愿而表达对惩罚所压制的事物的欲望。

我们不要停留在这些分类标签上,虽然许多人误认为这就是科学的成果。让我们来读原文;让我们跟随弗洛伊德的思想去走过那些曲折转弯。不要忘记,他自己在一个科学论述的理想的指引下探索这些曲折转弯时说,是他的对象强制他这样做的①。

人们看到这个对象是与这些曲折同一的。因为在他的著作的第一个转折处,他在接触到一个癔病患者的梦时就遇到了这样一个事实:一个昨夜的欲望是通过移位,确切地说是通过提及另一个妇女的欲望而得到满足的。而这个昨夜的欲望是由另一个类型的欲望而维持在它的突出的位置上的,因为弗洛伊德将它列为想要有一个未被满足的欲望的欲望[7]②。

让我们来点一下在这里起作用以便将欲望提高到以几何级数增大的力量上去的回应的次数。单独一个指数不足以表示其程度,因为要区分这些回应的两个不同的层面:一个欲望的欲望,也就是说一个由另一个欲望来指称的欲望(在那个癔病患者身上的那个要有一个未被满足的欲望的欲望是由她对鱼子酱的欲望来指称的;其能指是对鱼子酱的欲望)是处于一个不同于那个一个欲望取代了另一个欲望的领域的(在梦中,她朋友的对熏鲑鱼的欲

---

① 参见他的第118号信,致费利丝;1899年9月11日,收入《从开始以来》。(原注)

② 以下就是那个女病人讲给弗洛伊德听的梦:"我想请人吃晚饭,但是我只有很少一点熏鲑鱼了。我就想去买一点。然后我记起来这是星期天下午,所有的商店都关门的。我想打电话给供应商,但是电话出毛病了。就这样我只好放弃了请客的打算。"(原注)

望由病人的对鱼子酱的欲望所取代,这构成了一个能指对另一个能指的取代)①。

2. 我们在此发现的情况并不是显微而来的,正像我们并不需要特殊的工具就可以看出树叶具有它从属的树的结构的特征。即使你从来都没有看到过一棵有叶子的树,你也会立即意识到,一片叶子比起一块皮肤来要更可能是树的一部分。

癔病患者的梦的这个欲望,其实和弗洛伊德的这部著作中相同地方的任何片断一样,都概括出了这本书解释的所谓的无意识的机制:浓缩,迁变等等;都指出了它们的共同结构:欲望与语言的这个标记的关系,这个关系是弗洛伊德理论里的无意识的特点,它改变了我们关于主体的概念。

我想我的学生会欣赏我介绍给他们的能指与所指这对基本的对立,我指给他们看,在这个对立上开始有了语言的能力。当然,在设想有关这个对立的练习时,我让他们好好地忙一阵。

我重申一下那些自动的法则,按照这些法则在能指连环中形成了:

a) 一个词对另一个词的取代,这产生了隐喻的效果。

b) 一个词与另一个词的组合,这产生了换喻的效果[17]。

将它们应用于这儿的例子,我们立即看到,在我们的病人的梦中,熏鲑鱼这个她朋友的欲望的对象是她所能提供的一切;弗洛伊德提出在这儿熏鲑鱼取代了鱼子酱,他又以为鱼子酱是病人的欲望的能指,他这就是向我们建议将这个梦看作是欲望的隐喻。

然而,一个隐喻不是什么别的,只是一个实际意义的作用,也就是说主体到欲望的意义的某种过渡。

主体的欲望在这儿是被当作她的话语(有意识的)包含的内

---

① 由此弗洛伊德给予癔病认同以其原因,指出熏鲑鱼对她朋友起的作用与鱼子酱对病人起的作用是一样的。(原注)

容,也就是说是被当作前意识的(这是很显然的,因为她的丈夫要去满足她的欲望,但女病人在使他相信了她有这个欲望之后,又坚持不让他去做任何事,当然,还得要由弗洛伊德来将这命名为想要有未被满足的欲望的欲望),然而,必须要更往前溯才能知道这样一个欲望在无意识中是什么意思。

但是,梦不是无意识,弗洛伊德告诉我们,梦是无意识的康庄道。这是向我们证实了无意识是通过隐喻的效果而活动的。梦揭示的就是这个效果。向谁揭示呢?我们马上要谈这一点。

现在我们要看到,如果欲望是被表达为未被满足的,它那是由能指来表达的:鱼子酱作为它的能指象征了它的不可企及。但是,一旦它作为欲望而移入了鱼子酱,对鱼子酱的欲望就成了它的换喻:这是由它所处的缺失而必需的了。

就像我给你们讲过的那样,换喻就是那种由如果不回指别的意义就没有任何意义的情况而成为可能的效果,在那种情况中产生了它们的共同点,这就是那一点点的意义(常常与无意义混淆)。我说,这一点点的意义表现为欲望的基础,它给予欲望以变态的模样,在出现的癔病中人们很容易去揭示出变态。

这个样子包含的真实情况是,欲望是缺失的换喻。

3. 现在来看人们称为《梦的科学》的那本书《释梦》,或许还是称为梦的预言为好,更好的是称为梦的意味。

弗洛伊德并不声言说他在那本书里处理了所有的梦的心理学问题。只要读一下这本书就可以知道,那些很少探索的问题(关于梦的时空,关于梦的感官材料,关于彩色的梦和无色调的梦等的研究既少又差;如果说眩晕、卑劣和沉重感出现在梦中,嗅觉,味感,触觉是不是出现在梦中呢?)弗洛伊德也不去触及。说弗洛伊德的学说是门心理学那是太不准确了。

弗洛伊德远不是那样含糊的。相反他提醒我们他只对梦的构作感兴趣。这是什么意思呢?这就是我们以其语言的结构来解释的内容。弗洛伊德怎么会想到这一点的呢？这个结构是费尔迪南·德·索绪尔在以后才提出来的呀。如果说这个结构是与他自己的说法重合的，那就更令人惊异了，弗洛伊德预见了这个结构。但他是在哪儿作出这个发现的呢？是在一个意义流中，这个意义流的奥秘在于主体不知道在哪个地方来假装是它的组织者。

要他在那儿作为欲望者而认清方向，这与使他在那儿看到自己的主体身份正好相反。因为欲望的溪流是作为能指连环的变迁而流动的。而主体得要利用一个联接通道才能在那儿追上他的反馈(feed-back)。

欲望只是将分析使之主观化的东西臣属于它。

4. 这就将我们带到了上面未解答的问题：在分析者到来之前，梦是向谁表露它的意思的呢？在它被看到之前，在有解读它的学识之前这个意思就是存在的。

这两者表明，梦是为了辨认出……欲望而产生的。我没能一下子将"欲望"这个词说出来。因为，如果弗洛伊德关于无意识所说的话是对的，如果分析是必需的，那么欲望只有在解释中才能被把握住。

但是，我们再说一遍，梦的构作是源于欲望的；是源于得到辨认的欲望的，为什么我们的话在这儿又卡住了一下呢？好像刚才是"辨认"将"欲望"这个词吸入自己的光辉中，这里"辨认"这个词又黯淡了下来了。归根到底，人们并不是在睡着了的时候受到辨认的。弗洛伊德告诉我们，梦首先是用来满足睡觉的欲望的，这里没有任何矛盾之处，它是利比多的自恋的回缩和现实的取消。

再说，经验告诉我们，如果我的梦与我的要求（不是像人们不恰当地说的那样是现实，现实可以维持我的睡意）一致了，或者在梦中出现的内容与对他人的要求来说是同样的，那么我就醒了。

5. 说到底，一个梦就是一个梦。像我们看到的那样，那些不屑于在分析中利用梦的人已找到了更加可靠更加直接的途径来使病人回到正确的原则和回到正常的欲望上去,那些欲望满足了真正的需要。哪些欲望?就是普通人的欲望。我的朋友!如果这使你感到害怕,那么你就去听从你的精神分析者,就去登上艾菲尔铁塔看看巴黎有多美。可惜的是有人上了第一层平台就跨到栏杆外面去了,而且正是那些他们的需要被调到正常水平上的人。我们可以说,这是治疗的负性反应。

谢谢上帝,并非每个人的反感都发展到这个程度。只是症状像疯长的杂草那样重新冒出来:重复的冲动。

当然,这只是一个误会:人们并不是因为回忆了起来才治好的,人们是因为被治好了才回忆了起来。自从人们找到了这个说法后,症状的繁生就不再是个问题了,现在只有分析者的繁生了,病人的繁生已经解决了。

6. 这样,一个梦只是一个梦。有个也涉足于教育的精神分析家写道,这是自我的产物。这证明如果要去唤醒做梦的人也没有什么危险:这个梦在大白天也在进行;那些不喜欢做梦的人也有这个梦。

但是对于这些人,如果他们是精神分析家,他们一定要读一读弗洛伊德关于梦的著述,不然的话就不可能懂得弗洛伊德所说的神经官能症患者的欲望。被压抑,无意识,解释,以至分析本身等都是什么意思,也不可能把握他的技术和他的学说中的任何东西。我们将看到我们在上面选用的那个小小的梦里所具有的对我们的论述有用的丰富内容。

我们的这个机智的癔病患者(弗洛伊德这样形容她)的欲望,我说的是她醒了时的欲望,她对鱼子酱的欲望,是一个样样称心的妻子的欲望。她恰恰不要样样称心。她当肉铺老板的丈夫善于给予她那些每个人都需要的满足,他毫不含糊,爽爽快快地对那个正在不知为了什么隐秘的目的而恭维他的有趣的脸庞的画家说:"没门!一个俏婊子的一片屁股就是你要的东西,如果你要我来给你,你还不如趁早滚开吧!"

这是一个他的妻子没有什么可以抱怨的男人,是个阳气十足的类型。他会保证在他亲热之后,他的女人不会再需要自慰。再说,弗洛伊德也向我们说明了,她非常爱她男人,她一直在挑逗他。

但是,在这里她却不要仅仅在这些真正的需要上得到满足。她要有些别的没道理的需要。为了使这些需要真的是没道理的,她愿这些需要得不到满足。这就是为什么对于那个机智的肉铺老板娘要什么东西这个问题,人们可以回答:鱼子酱。但是这个回答不可能是正确的,因为也就是她自己不想要鱼子酱。

7. 这还不是全部的奥秘。这条死胡同非但没有关闭住她,她在那里找到了钥匙,找到通向欲望的领域的钥匙,世上所有的机智的癔病患者的不管是肉铺老板娘还是其他人的欲望的领域。

这就是弗洛伊德以其侧面的观点而看到的内容,他以这种侧面的观点来抓住真实,这样就冲破了实证思想用来解释一切的那些抽象:在这儿是塔尔德①喜欢讲的摹仿。在这个特例中需要应用弗洛伊德给出的癔病的认同这个关键因素。如果我们的病人认同于她的朋友,那是因为在这个未被满足的对熏鲑鱼的欲望中她是无法被摹仿的。上帝诅咒这熏鲑鱼,如果这鱼不是上帝自己熏制的话!

这样,病人的梦是回答了她的朋友要来她家用餐的要求。除了她家的菜肴很可口以外我们不知道为什么她会有这个要求,或许是肉铺老板娘一直想着的那个事实,就是说她丈夫一直讲她的好话。而她苗条瘦削,那身材是不会令他喜欢的,他只喜欢丰满的人。

或许,在他满足于一切的时候,他也有一个不顺遂的欲望?这是与在梦中使她的朋友的欲望成为失败的要求的动力是同一个的动力。

---

① 塔尔德(Tarde,1843—1904),法国社会学家。(译者注)

因为,即使这个要求是非常确切地由新问世的电话这个小道具象征出来的,这也是毫无目的的。病人的通话没有成功,她倒要看看另一位胖了起来而让她丈夫享受一下。

但是另一位怎么会被一个不会被满足的人(他是那个一片屁股的男人)所爱上呢(只要她丈夫考虑到那另一位就足以使病人想到这一点了)?这就是真正的问题,这一般来说就是癔病认同的问题。

8. 这个问题就成了主题本身。在这个问题中那个女人认同于男人,一片熏鲑鱼占据了他人欲望的位置。

这个欲望是完全不够的(怎么用单单这一片熏鲑鱼来招待所有的人呢?),我在最后(在梦的结束)必定要放弃请客吃饭的欲望(也就是说我对他人欲望的寻找,这是我的欲望的秘密),全都没搞成。你说梦是欲望的实现,您怎么来说明这一切呢,教授?

受到这样的质问时,好久以来分析者们都不再回答了,他们自己也不再去探究他们的病人的欲望了:他们将欲望归结为他们的要求,这使将那些欲望改变成他们自己的欲望的任务变得简单得多了。这不就是一条合情合理的道路吗?他们采纳了这条道路。

但是有时候欲望并不是那么容易地被变走了。因为它以鲑鱼这种漂亮鱼儿的样子,置于像这儿的宴席的桌子中间,那是太显眼了,只要像在餐馆里那样盖在一块细布下送上来,揭开布时就会产生古代神秘仪式结束时的那种效果。

成为一个男根,即便是个瘦削的男根。这不就是与欲望的能指的最后认同?

对于一个女人来说,这并不是显而易见的事。我们中间也有不少人不愿与这个字谜有任何干系。我们是不是要重述一遍能指的作用以至于再让阉割的情结和那个只靠上帝来解脱我们的对阴茎的期望回到我们手中?弗洛伊德在达到这个关头时不知如何办好,他看到这以外只是一片分析的沙漠。

是的,但他是推进到了那一步,那儿比起转移的神经官能症来说要少受侵扰,转移的问题使你只有将病人赶走,同时又要他慢慢地走开以便把他的那些苍蝇也一齐带走。

9. 我们还是来讲述一下构作欲望的是什么。

欲望是要求在其本身中造成的间断中显示出来的东西,条件是主体在构成能指连环时将存在缺失表现了出来,又加之以吁请接受对这个缺失的他人的补足,如果作为言语的所在的他人又是这个缺失的所在的话。

要他人补足的就是这个,而这又正是他人所缺乏的,因为他也缺失存在,他被称之为爱情,也同时是仇恨和无知。

存在的激情,这也就是要求在表现于其中的需要之外所提示的。因为在要求中表现出来的需要得到了满足,所以主体就更加地丧失了它了。

更有甚者,在那儿需要的满足只显得是个使爱情的要求受到粉碎的诱饵,它使主体沉沉睡去而游荡到存在的边缘中去,这时存在在主体中讲述。因为语言的存在即是物体的不存在。弗洛伊德在梦中发现了欲望的位置,而过去要将梦置于现实中的一切思维的努力都归于失败了,这一点就足以启示我们了。

存在,或者不存在,睡,或许做梦,儿童们的所谓最简单的梦(像分析形势一样的"简单")只是显示了神奇的或禁忌的东西。

10. 但是,儿童并不是老是这样在存在的胸怀里睡去,特别是倘若那个对他的需要有其自己的想法的他人也插手其中,不去给他他所没有的东西,而是填塞给他他已有的那个噎人的稀饭。也就是说将他的照料与他的爱的天赋混淆起来。

我们以最多的爱来喂养的儿童拒绝了这个食粮,他玩弄这个拒绝就像玩弄一个欲望一样(精神厌食症)。

在这个边缘地我们比在任何其他地方更能看到的是仇恨找回了爱的零钱,而不被原谅的是无知。

说到底,拒绝满足母亲要求的儿童是不是在要求母亲在他之外另有一个欲望呢?因为这是他所缺少的通向欲望的途径。

11. 由这些前提而来的原则之一是:

——如果由于话语的存在而加之于主体的那个在能指的呈现中表现他的需要的条件而使欲望确实处在主体中;

——如果像我们在上文指出转移的辩证关系时暗示的那样必须确立一个大写的他人的观念,以此作为言语展开的场所(弗洛伊德在释梦(Traumdeutung)中讲到的另一个舞台(eine andere Schauplatz);

——由此就必须提出,欲望是由语言制约下的一个动物产生的,人的欲望就是他人的欲望。

这指的是与上面所谈的原初认同的功能完全不同的另一个功能,因为这儿涉及到的不是主体承接下另一人的标志,而是主体要在那个缺口中找到他的欲望的结构的条件,这个缺口是由那些来给他代表他人的人身上的能指的效果所打开的,因为他的要求是从属于他们的。

或许在这儿我们可以顺便窥见这个隐蔽作用的原因;这个作用使我们在认识梦中的欲望时不太利落。梦中的欲望并不是由在言语中说"我"的主体所承接下来的。虽然是在他人那儿表述出来的,它还是话语,弗洛伊德正要开始陈述出这个话语的本来面貌的语法。这样,它的祝愿并不是以祈使式的变位来改变其陈述句的句式的。

在这儿,从一个语言学的角度看,我们称为动词的体的形式在这里是处于完成体(这是 Wunscherfüllung 的真正意义)。

是梦中的这个欲望的存在(扭曲 Entstellung)[①]解释了为何梦

---

[①] 不要忘记这个词最早是在《释梦》中谈梦时使用的,这个用法给出了梦的意义以及这个词的意义:扭曲,英国人将其应用于自我时就这样译的。指出这一点就可以使人评价在法国对"自我的扭曲"这个术语的用法,那些爱讲"加强自我"的人并不警觉于那些英语词"假朋友"(词不是没有什么大关系吧)而将这个术语简单地理解为"一个扭曲了的自我"。(原注)

的意思在这里掩盖了欲望,然而只要一有争论,它的动机就消失了。

12. 欲望产生于要求之外,因为当要求将主体的生活联结到它的条件上去时,它精简了需要;欲望又是植入在要求之中的,因为现显和远隐的无条件的要求以无有的三种形象的形式而提出了存在的缺失。而这个无有是爱的要求,否定他人的存在的恨的要求以及在它的企求中不知自身的无可言喻的要求的基础。我们可以形象地将这个现形的疑难说成是从受伤的倾向的有活力的后代那儿借来的沉重的灵魂,而从能指序列中的现实化的死亡那里借用了其微妙的身躯。在这个现形的疑难中,欲望是作为绝对的条件而得到了肯定。

无有是出入于驱动人的意义的圆舞圈中的,欲望比无有更虚,它是征程的余痕,就像是能指的剑加在在讲话的主体的肩上的标记。比起所指的纯粹激情来,它更是能指的纯粹行动,在活体成了符号时,这个行动停了下来,使它成为无意义的。

这个断裂的时刻被一个血淋淋的碎片的形式纠缠不休:生命付出了一磅肉以便使它成为能指的能指,但这一磅肉由此就不可能再还给想象的身躯了;这是施以防腐香料的俄赛里斯的失去了的男根①。

13. 就像弗洛伊德看到的那样,在寻找欲望时这个能指的功能是知道何时结束分析的关键。没有任何手段能取代它而获得这个结果。

为了说明这一点,我们来描写一下在对一个固念病患者的分析结束时发生的事故,也就是说是在经过了一个长时间的工作之后。在这个工作过程中,我们并不满足于"分析主体的侵凌性"

---

① 俄赛里斯(Osiris)为古埃及神话中的冥神,他被他兄弟谋杀并肢解成碎片。他的妻子伊希斯将碎片重又拼合,但是缺少了他的阴部。(译者注)

(也就是说,随便地处理他的想象的侵凌行为),相反我们让他看到在他双亲中的一个毁灭另一个的欲望的游戏中他所取的位置。他猜出了他无法有所欲望而又不去毁灭他人,由此又猜出了作为他人的欲望的他自己的欲望。

为了做到这一点,我们向他揭示了在各个时刻他为了保护他人所做的活动,这是通过在转移的工作(做到底 Durcharbeitung)中挖掘出一个叙述的所有机巧办法而做到的。这个叙述区分了小写的他人和大写的他人,又使他在保留给大写的他人的烦恼的屋子里整理另外两个之间的把戏(小写的 a 和它的影子,自我)。

当然,为了将他带到这个十字路口而在这个固念神经官能症的熟知的地方团团转是不够的;为了认出这个十字路口而将他导上一条从来不会是笔直的路也同样是不够的。所需要的不仅是一张重建起来的迷宫的地图,也不是一卷已经作好的地图,首先需要的是掌握总的组合,这个组合显然是决定了迷宫的变化,而更有用的是,它告诉了我们各种障眼法,甚至那迷宫时时的变化。因为在这个固念神经官能症中两者都不缺少,这个病中的对比的构造还没有被充分地指出来,将这个构造归于表面的形式是不够的。在这么多的诱惑人的,反叛的以及镇定的态度中要抓住与表现相联结的焦虑,要抓住并不妨碍慷慨施舍的愤懑(有人居然会主张固念病病人缺乏奉献性!)以及支撑了不可动摇的忠诚的精神变易。在分析中所有这些都是一变俱变的,在局部地方也有缺陷,但是大体仍然存在。

现在我们的主体技穷了,他只好给我们玩一个相当特别的猜牌赌博,说它特别是因为它显示了欲望的结构。

我们要说他是到了成熟的年龄,就像人们可笑的说法所说的那样,他不抱幻想,他很乐意以他自己的更年期来欺骗我们,为的是为他的性无能辩解,也为了指责我有这个毛病。

事实上,利比多的重新分配肯定会使一些东西失去其位置,即使它们是不可移动的。

简单地说,他无力使他的情妇满足,他就想运用他关于夫妇关系中潜在的第三者的功能的发现,他建议他的情妇去和另一个男人睡觉,来看看会怎么样。

但是,倘若她仍然处于神经官能症给予她的位置,倘若分析触及了她,这是因为她长久以来就病人的欲望作出的同意,更是因为她对欲望所维持的无意识的设想所作的同意。

因此,毫不奇怪,不停顿地,也就是说当天晚上,她做了个梦,她立即将这个梦告诉了我们的那个苦恼着的病人。

她有一个男根,她在她的衣服下感觉到了它的形状,但这并不妨碍她仍有个阴道,特别不妨碍她仍然要这个男根进来。

我们的病人一听之下立即雄风大振,他马上漂亮地表现给他的同伴看。

这儿包含了一个什么样的解释呢?

从我们的病人向他的情妇提出的要求,我们猜到,他长久以来要求我们来肯定他被压抑的同性恋。

弗洛伊德很早就预见了他所发现的无意识的这个效果;在退化的要求中,一个较弱的要求将吸收分析所推广的真理,从美国那儿传回来的分析超过了他的预见。

但是人们想,我们还是不肯轻易接受这一点。

让我们注意到,做梦者也不是更加的配合,因为她的脚本里排除了任何一个共同纠正的人。这使一个新手也会只去考虑她的文本,只要这个新手是按我们的原则培养出来的。

但是,我们不去分析她的梦,我们只分析这个梦对我们的病人产生的效果。

如果我们要他在那里看到我们贡献的那个因进入历史而不那么流传的真理,我们那就是改变了我们的做法了。这个贡献就是:拒绝阉割(如果像是拒绝阉割的话),首先就是拒绝他人的阉割

（第一是母亲的）。

真实的看法不就是科学；没有科学的良知只是无知的帮手。只有在这里讲述出特殊性时我们的科学才能传播开来。

这儿的机会是独特，能表明我们以下的说法来讲的情形：无意识的欲望是他人的欲望——因为做梦的目的就是要在要求之外而来满足病人的欲望，就像事实表明它是成功地做到的那样。虽然这不是病人的梦，但它对我们仍然是很有价值的，只要它是对病人而来的，就像分析者能清楚地指明的那样，即使这梦并不是对我们而来的，不像被分析者那样是说给我们听的。

这是一个让病人看到在他的欲望中男根所具有的能指功能的机会。因为为了让他重有这个器官的用途，男根在梦中就是这样起作用的；我们将要以在他的欲望所在的结构中梦所指向的位置来表明这一点。

那个女人除了做梦以外，她还对他说了话。如果在这段话语中她以具有男根而出现，是不是就由此而重获了她的色欲的价值？具有男根并不足以重使她回到一个物体的位置上去。这个位置将她用于一个妄想中，由此，作为固念病病人的他就能在一个不可能中维持他的欲望。这个不可能保持了换喻的条件。这些条件在那些选择中规定了一个逃脱的游戏，而分析打乱了这个游戏，但那个女人以一个诡计又重建了这个游戏。这个诡计的粗鄙下面有一种很好的精巧的意思可以用来表明包含在无意识之中的科学内容。

因为，对我们的病人来说，光是具有男根并没有什么用处，因为他的欲望是成为男根。而在这儿女人的欲望让步于他的欲望，因为她向他表明什么是她没有的。

各种来源的观察都强调了公布一个阉割者母亲的重要性，即使回想给予它以很小的重要性。这样的母亲就像应该的那样在这儿摆出了大模样。

我们以为从此全都结束了。但是在我们的解释中这没有什么用处。在解释中提出这一点并没有什么结果,除非将病人又带回到他在他的欲望和他的蔑视之间游移的时刻:无疑是对他的暴躁脾气的母亲抱怨太强欲望的蔑视,他的父亲留给了他这个太强的欲望的形象。

但是,这与其说是要告诉他这一点还不如说是像他的情妇所**说**的那样:在她的梦中,具有男根并不减少她对男根的欲望。在这里,他自己的存在缺失受到了触动。

这个缺失来自于一个逃逸:他的存在总是在别处。就像人们所说的,他将它"搁在旁边了"。我们说这个是为了说明欲望之难?——不如说欲望是由困难而来的。

不要让我们因为主体由于做梦人有了一个男根而不会从他那儿取走男根这一点得到了保证而受蒙骗,即使这只是为了明智地指出这个保证过于强大而不能不是脆弱的。

因为这恰恰会看不到,如果这个保证不必要被印现在一个符号上,它就不会要求有那么大的分量;也会看不到,这个保证起作用是为了原样地表现这个符号,为了使它在它不可能在的地方出现。

特别牵系住固念精神病病人的那个欲望的条件就是它的对象的来源的标记,他觉得欲望受到了这个标记的损坏,因为其来源是:走私。

有一种特别恩惠的方式,那就是总是想象着否定自然。在这里隐藏着一个好意,在我们的主体身上这个好意老是在等待。只有辞退了这个好意,主体才能有一天让它进来。

14. 在治疗的方向中保持欲望的位置的重要性使得我们必须按照要求的效果来为这个位置定向。目前在治疗的效力的原则中只有这些效果被考虑到。

生殖行为事实上是要在欲望的无意识构成中找到其位置,这是精神分析的发现,也正是由于这一点人们从来不想要对病人的幻想让步。这个幻想以为给他满足其需要的要求提供方便就会解决他的什么问题(更不会根据古典说法"正常交媾恒量反复

(coïtus normalis dosim repetatur)"来授他以权)。

为什么人们会想法不同,认为对于治疗的进展来说随便怎样地处理其他要求更加重要,借口是这些要求是退行性的?

让我们再回到这个出发点来:首先是对主体来说他的言语才是信息,因为这个言语是在他人的位置上产生出来的。他的要求是由这个事实而来的并且照此而形成的;这并不是仅仅因为这个要求是服从于他人的规则,这也是因为它是依照他人的位置(甚至时间)而得到标记的。

在主体最为自由地说出的言语中这一点可以很清楚地看出。对他的妻子和他的主人,为了使他们接受他的信言,他是以"你是……(这一个或另一个)"来呼叫的,但并不明言他是谁,仅仅只是低声咕哝出一个针对他自己的谋杀的命令,这个命令靠着法语的多义性而传到了耳中。

欲望虽然像我们在这儿看到的那样总是在要求中出现,它也是处于要求之外的,欲望也同样在另一个要求之中,在这个要求中那个在他人的位置上回荡的主体与其说是以一个回归的协议来消除了他的存在还不如说确立了他在那儿提出的一个存在。

这就是说,只有从消除了主体从他的话语中得到的标记的那个言语那里才能得到宽恕,这个宽恕将他还给他的欲望。

但是,欲望不是别的,正是这个言语的不可能性,这个不可能性通过回应第一个要求而只能以完成那个断裂(Spaltung)而加重了它的标记,主体因为只有在讲话时才是主体而承受了这个断裂。

(这就是贵族的私生子的斜线所象征的,我们以这斜线来标出主体的 S 以指出它是这一个主体:$\mathcal{S}$[①]。)

---

① 参见本选集中《主体的倾覆》一文中的我们的图式($\mathcal{S} \Diamond D$)和($\mathcal{S} \Diamond a$)。符号 $\Diamond$ 包含了这些关系:包容——发展——合取——析取。它在两个括号里表示的连系能让人看懂加斜线的 S;在要求的切断中淡化着的 S,在欲望的对象前淡化着的 S。也就是说冲动和妄想。(原注)

人们在分析中置于首位的退化(或许是时间上的退化,但是条件是指明这儿涉及的是回忆的时间)只与要求的能指(口头的,肛门的,等等)有关,并且只有通过这些能指才对相应的冲动有意义。

将这个要求限于其位置,这会通过减轻需要而在欲望上造成一个减缩的外貌来。

但是,这只是笨重的分析的一个结果。因为,假如要求的能指维持了欲望固定其中的(弗洛伊德的Fixierung)那些挫折,那是因为欲望只有在它们的位置上才是征服性的。

不管它是令人沮丧的还是予人满足的,在分析中对要求的一切回答都使转移回到了建议中去。

在转移和建议之间有一个关系,这就是弗洛伊德的发现。这就是说转移也是一个建议,但这是一个只由爱的要求而起作用的建议,这个不是任何需要的要求。只有当主体是能指的主体时这个要求才如此的构成,这一点使我们在将要求带回到从中借来那些能指的需要中去时能够测出精神分析者们所不缺乏的东西。

但是,我们不能混淆两个不同的认同,一个是我们已谈过的与要求的全能能指的认同,一个是与爱的要求的对象的认同。第二个认同也是一种退化,在确定第二种认同的方式时弗洛伊德强调了这一点。在他写《大众的心理学和自我的分析》时作的第二个普遍范畴理论中他区分出了这一种认同。但是这是另一种退化。

这是一个可使人走出建议的出口。这是作为退化而与对象的一个认同,因为它是由爱的要求而来,开创了转移的过程(开创,而不是关闭它)。也就是可以在那儿揭露认同的一条道路。这些认同在制止这个退化时给退化以节律。

但是,这个退化并不取决于要求中的需要,就像肛门要求并不能解释施虐淫欲望一样,因为,如果以为粪疙瘩是个本身有害的东西,这只是理解的一个平常的陷阱("理解"在这儿是用雅斯贝斯给它的贬意"你理解……",这是一个没有什么可让人理解的人以为可以促使什么也不理解的人去理解的开场白)。但是这是要成为脏物的要求,当主体显出这个想法时,这个要求就使人觉得应该婉转一点。这是存在的不幸,上面我们已提到过这一点。

谁不会把教学的分析推进到这个转折点呢?在这个转折点上颇有震动地显示出的所有在分析中讲出的要求,特别是那个来自它的根源的要成为分析者的要求(这个要求这时到了实现的时候了)都只是些目的在于将一个不稳定的和可疑的欲望维持在它的争议的位置上的转移。这个欲望不知道要从主体中得到什么才能掌握分析的方向,或者只是有分寸地做一个解释。

这些想法向我们证明,分析转移是很自然的事。转移将主体置于它的要求的地方,置于一个主体只靠他的欲望才站得住的位置上,就这一点而言,转移本身已是建议的分析了。

正是为了保持这个转移的框架所以挫折必须占了满足的上风。

当抗拒与建议相对立时,抗拒只是个要维持其欲望的欲望。因此,要将抗拒列入正面的转移这一类,因为这是一个超越要求的效果而保持了分析的方向的欲望。

可以看出这几个建议是有点改变了人们在这个问题上的一般接受的看法。如果这些建议可使人看到人们在某些地方是搞错了,我们的目的就达到了。

15. 这儿就症状的形成谈几点看法。

弗洛伊德在对主观现象:梦,失言,和俏皮话等的演示性研究中指出它们在结构上是相同的(当然,对于我们的学究们来说所有这一切都是够不上他们所获得的经验的水平的——他们从哪儿得到的!——以至于他们从不想到重新去研究它们)。自从这个研究以来,弗洛伊德反复强调:症状是多因素决定的。对于那些每天辛劳而许诺我们有一天要将分析全归结到其生物性根源的人来说,这是不言自明的事;说起来是那样的容易,因为他听也不听。然而,下文呢?

这里先将我的有关多因决定只有在语言的结构中才可想象的说法搁一搁。我们先问一下,在神经官能症的症状中间,有什么要说的呢?

这是说,在主体身上回应了一个规定的要求的那些效果要受到与他人(这儿是他的相似者)相对的一个位置的效果的干涉。这个位置是他作为主体而维持着的。

"他作为主体而维持着"的意思是说语言使他有可能将自己看作是个机关布景操作手,或者甚至是所有想象攫取的导演。如果不是这样的话他将只是这种攫取的一个活的木偶。

妄想是这个原始可能性的绝好表现。这就是为什么所有要将妄想归结于想象的企图都因为他们不承认其失败而是一个永久的错误概念。克莱因学派走得如此之远,但他们还囿于这个错误概念,因为他们没能甚至想一下能指的范畴。

然而,一旦定义为在能指结构中起作用的形象,无意识的妄想这个观念就不再造成任何困难了。

我们说,在其根本的用途上,妄想是主体用来将自己维持在其消失中的欲望的水平上的手段。说是消失中的是因为要求的满足要将对象从主体那儿偷走。

哦!但是这些神经官能症患者,他们是多么的难侍候,怎么来做呢?这些人没法搞懂他们,家中的父亲就如是说。

人们长久以来甚至自古以来说的就是这个,精神分析者们仍没有改进这个。低能儿称这为非理性的,但却没有看到,如果以为现实的就是合理的(这使我们的诠释家站不住脚了),然再看到合理的就是现实的,那弗洛伊德的发现就得到肯定了。由此,他可以说,欲望中出现的无理的东西是作为现实的(也就是说语言的)合理性在现实中的过境而产生的效果。在这个现实中合理性早已划出了它的封锁沟。

因为,欲望的悖论并非是神经官能症患者所独有,而是因为在他与欲望斗争的方式中他注意到了这个悖论的存在。这使他在人类尊严的次序中占了个不差的位置,也没有给那些蹩脚的分析家们以什么荣耀(这不是一个估价,而是在有关人员的正式祝愿中形成的一个理想)。这些分析家在这一点上达不到这个尊严。另外一些分析家一直含蓄地指出了这个令人吃惊的差距。但人们不知道如何来区分这两类分析家,因为如果这后一类分析家不首先起来反对第一类分析家的谬误,他们自己也决不会想到自己来做这个区分的。

16. 可以说是为了减弱妄想所以神经官能症患者相对欲望的立场以其现显而影响了主体对要求的回答,换句话说就是对他的需要的意义。

但是这个妄想与它干涉其中的意义没有任何关系。要求的实现取决于他人,从这一点上讲意义事实上是由他人而来的。但是妄想是处在一个更广大的环路的归路上时才达到这儿的。这个环路将要求带到了存在的极限,使主体质疑那个他作为欲望而出现其中的缺失。

不可思议的是,人类行为中许多非常突出的特征居然没有被分析所阐明。我们指的是那些使人类行为成为依仗于歌谣的武功的特征。这伟业的一面,这功勋的一面,这由象征扼杀的结果的一面,那使它成为象征性(不是以这个词的通俗用法所指的异化的意思)的东西,使人最后会说去着手干的东西,这个使欲望本身在历史上总是为了它的成功而被掩饰起来的卢比孔河①,对于所有这一切,分析家称为做出来(acting out)的经验只给他以一个近似

---

① 意大利北部一条河名,公元前49年凯撒越过此河与庞培决战,喻破釜沉舟的冒险行动。(译者注)

实验性的入门路径,因为他掌握了其全部机巧;在最好的情况下分析家将上述这一切贬为主体的一个重新发作,在最坏的情况下将这一切归咎于治疗的失误。

分析家们对于行动所具有的这个虚假羞耻是令人惊愕的。这个假的羞耻后面隐藏着一个真的羞耻:对他自己的行动的羞耻。当他的行动堕落到下流时,这是最高的行动之一。

为了将他要解释的转移的信息降低为现实的谬误意义(这实际上只不过是神秘化),分析家就要插入其中。当他这样做时,另外还有什么东西呢?

今天的分析家自以为抓住了转移的地方是他所定义的妄想和所谓适应了的回答之间的差距。如果不是适应于他人的要求那又是适应于什么呢?如果他不自以为有权利依照他自己的现实的尺度来否定妄想的一切价值,这个他人的要求靠什么来具有比得到的回答更强或更弱的实质呢?

当他必须以这个途径进入妄想并且作为想象的牺牲而献给繁盛着愚蠢的欲望的虚构时,他循进的途径本身背弃了他。他作牺牲时成了一个意想不到的尤利西斯,这个尤利西斯将自己作饲料来喂肥喀耳刻的猪。

你们不要说我这儿是在诋毁某个人,因为恰恰在这一点上那些无法以其他方式来表述他们的实践的人都感到忧虑并疑问道:我们不就是在妄想中供给主体以满足,而分析正是在这个满足中堕落?他们反复问自己的就是这个问题,就像是毫无办法地在无意识的困扰强制下的不厌其烦地重复问。

17. 就这样,在最好的情况下今天的分析家们将他们的病人搁在完全是想象的认同的地方。癔病患者拘于这个认同,因为他的妄想使他牵系在认同之中。

就是这同一个地方,弗洛伊德在其最初的年代里曾想通过将爱的呼唤强行加于认同的对象而将他太快地拉出来(对于伊利莎白·冯·R,是她的姐夫[5];对于朵拉,是 M.K.;对于那个女性同性恋病例中的那个年青的女同性恋者,他看得更清楚。但由于他以为自己在实际中因负性转移而成为目标了,结果他失误了)。

直到写出《大众心理学和自我的分析》一书中有关"认同"一章时,弗洛伊德才清楚地区别出认同的这第三种方式,这个方式是由它维持欲望的功能所规定的,是由它的对象的超然而确定的。

但是我们的精神分析家还是坚持:这个没有干系的对象是客体的实质。餐我身躯,饮我热血吧(这个亵神的引用是他们写下的)。被分析者得拯救的神迹就在这个想象的奔放之中,而分析者则是其奉献物。

他们以为会帮他们一把的自我怎么没有受到加强了的异化的制约呢?而他们是将主体引向了异化。在弗洛伊德之前心理学家们早就知道了(虽然他们没有用这样的话来讲),如果说欲望是存在缺失的换喻,那么自我就是欲望的换喻。

最后的认同就是这样操作的,分析者以这个认同为荣。

如果涉及到的是他们的病人的自我或超我,他们就犹豫,或者不如说,他们觉得无所谓;但他们的病人所认同的,是他们的强盛的自我。

在刚才引用过的文章里,弗洛伊德完全预见到了这个结果,他指出了在引导者的产生中最微不足道的东西会起的理想的作用。

分析的心理学越来越转向群体心理学甚至群体心理治疗学,这不是毫无成果的。

让我们观察一下在分析群体中群体心理学的效果。说为教学目的的被分析者在某个人们想要把握的层次上趋同于他们的分析者的形象,这并不是事实。不如说同一个分析者所分析的人会共有一个特征,这个特征在每个人的总体状况中可能完全是次要的,但它表明了分析者的工作的不足之处。

这样,那个以为欲望的问题不过是个揭开恐惧的面纱的问题的人就将他指导的人们都蒙在这层裹尸布中了。

18. 我们这样就到达了权力的狡黠原则。这个权力永远是向盲目的方向开放的。这是行善的权力,没有什么权力有其他的目的,所以权力是没有止境的。但这儿涉及到的是别的事情,涉及到的是真理,唯一的真理,有关真理的效果的真理。自从俄狄浦斯走上这条道路以来,他就放弃了权力。

那么治疗的方向是哪儿呢?或许,要正确地勘定它只需了解一下它的手段就行了。

我们看到:

1）言语在那儿具有全部的权力,治疗的特别权力。

2）按照规则,我们远不能将主体引向实语,也引不到首尾一气的话语上,我们只是让他自由尝试。

3）他最受不了的是这个自由。

4）要求是分析中正好被悬置起来的内容,分析者不能满足任何一个要求。

5）因为对于主体承认他的欲望没有设任何障碍,主体要被引向甚至被规定去的就是这个承认。

6）从根本上说,对这个承认的抗拒只可能来自于欲望和言语之间的不相容性。

或许有些人,甚至我的经常性的听众中的一些人会对我的话语中出现上面这些建言而感到惊讶。

我们在这儿感到,让分析者来回应哪怕一丁点儿要求是一个强烈的诱惑。

更有甚者,怎么阻止主体将这个以治愈的要求的形式出现的回答归之于他呢?这是适合主体看作是他的话语的那个范围的,主体完全有理由这样做,因为我们的权威胡乱地承担起了这个话语。

我们现在可以摆脱这个涅索斯的内衣①,这件内衣是我们给我们自己编织成的:分析是不是按照广为传播的标准回答了要求的所有愿望? 谁来清洗分析文献这个奥吉亚斯的牛厩里的庞大粪堆?

为了在这个沼泽地中发掘出利奥那多的圣约翰的举起的手指,现在分析者应该约束自己去保持怎样一种沉默呢? 目的是解释可以重新找回那个存在不居住的地平线。他的暗示的能力应该施展在这个地平线上。

19. 因为要把握欲望,因为欲望只能从字面上来把握,因为是文字的网络决定了和多重决定了它的神鸟的位置,所以就一定要要求捕鸟者是一个文人。

弗洛伊德的著作中的文学成份有一个苏黎世的文学教授已开始发掘出来了,但我们中间又有谁论述过它的重要性呢?

这不过是表明了问题。让我们更进一步地看。让我们来问一下,就其本身的欲望而言,分析者(分析者的"存在")现在应该处于怎样的情况了?

谁会继续幼稚地将弗洛伊德看成是一个维也纳的循规蹈矩的市民? 访问他的安德烈·布勒东因为没有看到他身上有什么迷恋酒神祭司的痕迹而大吃一惊。现在我们只有他的著作了,我们能不能在他的著作中看到一个与弗朗索瓦·莫里亚克的人为河流无关的火的河流呢?

有谁能像他那样的在坦陈自己的梦时编织出上面串着将我们与存在相联的指环的绳索? 又以握紧的手在人类激情的捉迷藏游戏中拿来这个指环让它一瞬间的闪亮。

谁又像这位诊所医生那样痛斥那些将需要的担子全归于他人

---

① 涅索斯(Nessus)为希腊神话人物。赫拉克勒斯杀了涅索斯,但穿了染有其血的内衣后而丧命。(译者注)

的人对愉悦的垄断?

谁又像这位专心于寻常苦痛的开业医生那样无所畏惧地探寻生活的意义? 问的结果不是说生活没有意义,这是摆脱干系的方便做法,而是说生活只有一个意义,在这个意义中欲望是由死亡承担着。

欲望之人,这个欲望他不情愿地跟随着走过许多路程,在这些路程中他在感受,支配和了解中看到自己。而且,像一个入门于陈旧奥秘的人那样,他知道揭示出这些路程的无双的能指:这个男根。对于神经官能症患者来说接受或给出这个男根都是一样的不可能,因为他知道他人或者没有,或者是有的,但在这两种情况中他的欲望都不在此:他的欲望是成为男根。在发现自己不是男根之后,人,男的或女的,就必须接受具有它或不具有它。

在这儿就有了这个最后的断裂(Spaltung)。在这里主体表达在逻各斯之中。就这一点上,弗洛伊德在其与存在一样广阔的著作的最高点上开始写出"无穷的"分析的解决办法,然后他的逝世在那儿加上了这个词"无有"。

## 附言及文献目录

这篇报告是我们的讲学的选段。我们在大会上的演讲以及对演讲的回答使这个报告有了个新的地位。

我们在那里提出了一个图式,这个图式正是表达了这儿就分析的场所及其活动而提出的方向。

在这儿我们列出我们的文章里提到的著作,按作者的姓氏字母排列。

[1]亚伯拉罕,卡尔(Abraham, Karl),《癔病的心理性别差异和早期痴呆》,1908。

[2] 台弗罗,乔治(Devereux,Georges),《对抗和解释的选时的一些标准》,1950。

[3] 费伦奇,桑多(Ferenczi,Sandor),《内引和传染》,1909。

[4] 弗洛伊德,安娜(Freud,Anna),《自我和防御机制》,1936。

[5] 弗洛伊德,西格蒙(Freud,Sigmund),《论癔病》,1895。

[6] 弗洛伊德,西格蒙(Freud,Sigmund),《释梦》。

[7] 弗洛伊德,西格蒙(Freud,Sigmund),《一个癔病分析片断》,1901。

[8] 弗洛伊德,西格蒙(Freud,Sigmund),《关于固念神经官能症的笔记》,1909。

[9] 弗洛伊德,西格蒙(Freud,Sigmund),《愉悦原则以外》,1920。

[10] 弗洛伊德,西格蒙(Freud,Sigmund),《大众心理学和自我的分析》,1921。

[11] 弗洛伊德,西格蒙(Freud,Sigmund),《完结的分析和无完结的分析》,1937。

[12] 弗洛伊德,西格蒙(Freud,Sigmund),《在防卫过程中自我的断裂》,1938(未完稿)。

[13] 格洛弗,爱德华(Glover,Edward),《不准确解释的治疗效果:对建议的理论的一个贡献》,1931。

[14] 哈特曼,克利斯(Hartmann,Kris)和罗文斯坦(Loewenstein)自1946年以来在《儿童精神分析研究》上发表的一系列文章。

[15] 克利斯,恩斯特(Kris,Ernest),《自我的心理学和精神分析治疗中的解释》,1951。

[16] 拉康,雅克(Lacan,Jacques),在罗马的报告《精神分析学中的言语和语言的作用和领域》,1953。

[17] 拉康,雅克(Lacan,Jacques),《无意识中文字的动因或自

弗洛伊德以来的理性》,1957。

[18]拉加希,达尼勒(Lagache,Daniel),《转移问题》,1951。

[19]勒克莱尔,塞尔杰(Leclaire,Serge),《精神错乱的心理治疗原则探索》,1957。

[20]玛加尔派恩,伊达(Macalpine,Ida),《转移的发展》,1950。

[21]《今日精神分析学》,集体著作,51—52页,102页。

[22]《今日精神分析学》,集体著作,133页,132页,135页,136页,162页以及149页。

[23]R. L.《精神分析治疗过程中的暂时性性变态》。

[24]夏普,埃拉(Sharpe,Ella),《精神分析技术》。

[25]施密塔伯格,梅里塔(Schmideberge,Melitta),《智力障碍和食欲紊乱》,1934。

[26]威廉,J. D.(Williams,J. D.),《完全的战略家》。

[27]温尼科特,D. W.(Winnicott,D. W.),《暂时的客体和暂时的现象》,1953。

# 男根的意义[*]

这里发表的是我 1958 年 5 月 9 日用德语在慕尼黑的马克斯-普朗克学院作的演讲。是保罗·马都塞克教授邀请我前去演讲的。以下是这个演讲的未作修改的原文。

如果你对当时一般流行的思想方式有所了解的话,你就可以从这篇演讲想象到我们第一次从弗洛伊德的著作中引用的术语,例如"另一舞台"等在那儿会引起怎样的震荡。

再举一个现在在聪明人的圈子里流行的术语"后加"(Nachtrag),如果后加使这个努力不切实际,人们只要了解这一点:这些术语在那时是闻所未闻的。

我们知道,无意识的阉割情结有着一个枢节的作用。

1. 这个作用存在在分析意义上的症状的动态结构中,我们的意思是指在神经官能症、变态及精神错乱中可分析的部分。

2. 这个作用存在于给第一个效用以其比率的发展的节制中,也就是说在主体中一个无意识位置的确立。如果没有这个位置,

---

[*] 这是拉康 1958 年 5 月 9 日在德国慕尼黑的马克斯-普朗克学院用德语作的一次演讲。

主体将无法与一个他的性别的理想范例认同,也将无法在性关系中平稳地回应他的伴侣的需要,甚至也无法正确地接受他生出的孩子的需要。

人(Mensch)在承接其性别时有一个内在的矛盾:为什么他要通过一个威胁,甚至以一个丧失的方式来承接他的性别的特征?我们知道在《文明及其不满》一书中,弗洛伊德甚至提出了人类性欲的不是可能的而是根本性的失常的问题。他最后的文章之一谈的是那些后遗症无法由有限的(endliche)分析解决的问题,这些后遗症是由男性无意识的阉割情结和女性无意识的对阴茎的羡慕(penisneid)而产生的。

这不是唯一的一个疑难,但那是弗洛伊德经验以及由此产生的元心理学引导入人的经验中的第一个疑难。它无法由生理学的条件来解释掉:在俄狄浦斯情结的结构的基础上必定要有这个神话,这就足以表明了这一点。

如果就这个问题而提出遗传记忆的获致的话,那只不过是个诡计;不仅因为这种获致颇可质疑,它仍然让问题原封存在:如果认为阉割是乱伦的惩罚,那么谋杀父亲与根本法则之间究竟是什么关系呢?

只有从诊疗事实出发才可以对此有个有益的讨论。这些事实表现了主体与男根之间的一种关系,这种关系的建立是与解剖学上的区分没有关连的,由此,这是一种在妇女身上以及就妇女而言的特别棘手的解释,特别是在以下几点上:

1. 由于这个原因,年青女孩哪怕是在一会儿的时光中会认为自己是被阉割了,这儿阉割指的是剥夺男根的意思,并且是由某个人的行动而被剥夺的。这个人首先是她母亲,这是很重要的一点,然后是她父亲,但那是以一种人们可以认出是转移的方式进行的,这儿转移是用的它分析上的意义。

2. 由于这个原因,男的和女的都更根本性地认为他们的母亲是有一个男根的,是作为男根母亲的。

3. 从这个原因,相对地说,只有阉割是作为母亲的阉割而被发现之后,阉割的意义才在事实上(治疗中很明显的)对症状的构成起作用。

4. 这三个问题集中成了发展中的男根阶段的原因的问题。我们知道弗洛伊德以这个名称而描述出了生殖的第一次成熟:一方面那是以男根特征的想象的主宰和手淫愉悦为特征的,另一方面在女性身上这种愉悦是集中在提升到男根作用的阴蒂上的。这样,看来在两性中一直到这个阶段的结束,也就是说一直到俄狄浦斯的低落,阴户是不被本能地当作生殖插入的地方的。

这个无知很像技术意义上的漠视,它有时是伪造出来的,所以更加有这个嫌疑。这个无知不是只与那个寓言相配合的吗?在这寓言中郎戈斯①向我们讲述了在那个老妇人的教导下达佛尼斯和克兰奥的开窍。

这样有些作者就把男根阶段看作是压抑的一个效果,把男根起的作用看作是一个症状。但在确定这是一个什么症状时就有了困难,有的说这是恐惧症,有的说这是变态,有时又说是一样的。在最后一种情况下看来什么都有问题,不仅没有任何有意思的将恐惧的对象变成偶像的转换,而且,如果这些转换是有意思的,那是因为它们在结构中的位置的不同。如果要请那些作者将这些不同从现在时兴的称之为客体关系的角度来讲清楚,那是不会有什么结果的。在这个问题上除了那个勉勉强强的部分客体的观念之外没有其他论述。这个观念自从卡尔·亚伯拉罕提出以后没有受到过批评,这是很可惜的,因为在目前的这个时代这个概念给了人们好多便利。

还有,关于男根阶段的讨论现在已消失了。读一读1928年到

---

① 郎戈斯(Longus,公元前3—前2世纪),古希腊作家。(译者注)

1932年间的那些文章,那时的学术的激情是令我们感到清新的,再想到精神分析学传播到美国之后遭到的衰败,这又令我们颇为怀旧。

如果只是概述一下这场辩论,我们肯定会歪曲当时各种立场的真正的多样性,如果只举最有名的,也有海伦·德尔彻、卡伦·霍尼、恩斯特·琼斯等几位。

恩斯特·琼斯就这个题目写的三篇文章是特别地意味深长的,特别是作为其基础的并以他创造的术语"非呈现(aphanisis)"表达的观念,他非常准确地提出了阉割与欲望的关系,但同时又清楚地显示了他无力把握住他的那个术语很逼近了的问题。这个术语给我们以这个问题的钥匙,它似乎是从作者本人的不足之中自己冒出来的。

特别有趣的是,他成功地根据弗洛伊德自己的一封信而发展出一个完全与之相反的立场。这是在一个困难的体裁里的一个真正的典范。

但是,鱼儿并没有就此被淹死,它像是在嘲笑琼斯为重建天然权利的平等而作的辩护(这个平等不是在辩词结束时大行其道吗?结束是用的圣经:上帝创造了男人和女人)。他将男根的功能正常化为部分的客体,这到底使他赢得了什么呢?如果他不得不讲到男根在母亲身体里作为内在客体的存在(这个内在客体是随梅兰妮·克莱因揭示的妄想而变的),如果他又无法与梅兰妮·克莱因的学说划清界限,将这些妄想联系到一直出现在最幼年的极限的俄狄浦斯的形成上去。

在重提这个问题时,我们倘若追究一下为什么弗洛伊德会采取这个明显的自相矛盾的立场那会是有益的。我们将不得不承认,他比任何其他人都更好地认清了他所发现的无意识现象的秩序。因为缺少对这些现象的本质的足够的论述,弗洛伊德的后继者都注定是要或多或少地误入歧途的。

七年以来我们进行着对弗洛伊德著作的评论。在这个评论的原则中我们有这样一个设想,这个设想使我们得到了许多成果,这个设想的最主要一点就是:将能指的观念提高为对分析现象的一切论述都不可或缺的部分,能指是就其在现代语言学中与所指相对立而言的观念。现代语言学是在弗洛伊德身后产生的,所以他未及注意。我们认为,从一个似乎与语言学无涉的领域出发,弗洛伊德预见了现代语言学的定理。正是在这一点上弗洛伊德的发现显示了其深度。相反地,弗洛伊德的发现给予了能指和所指这一对立以其应有的实际作用,这就是说,能指在决定效果中起主动的作用,而可被指者在这些效果中显得是承受了其印记,由这个激情而变成所指。

　　这个能指的激情从而成了人类状况的一个新的度向,因为不仅人讲话,而是在人身上,通过人,话在讲,他的本质变成由语言的结构显示其中的效果所构成,他成了语言结构的素质,由此而在他身上回响着言语的关系,这一切都超出了思想心理学所能看到的范围。

　　由此,我们可以说发现无意识的后果还没有被理论所看到,虽然在实践上这个发现引起的震动已超出了人们的测度,即使后退着来看也一样。

　　要说明的是,将人与能指的关系置于中心并不是一种人们平常说的"文化主义"的立场。比如说,在就男根的争论中卡伦·霍尼就预示了这个立场,他采取的看法被弗洛伊德称为是女权主义的。我们要讲的不是人与作为社会现象的语言之间的关系。要讨论并不是任何与人们知道的意识形态的心理生成类似的问题。那种问题并没有由于必然地求助于一个完全是形而上的观念而过时,在一个借重实际的拙劣做法中人们可笑地以"情愫"的名目来表达这个观念。

　　弗洛伊德在谈到梦时将无意识的场景称为另一个舞台(eine

andere Schauplatz)。我们的问题是要在制约这另一个舞台的法则中重新找到那些效果;在组成语言的物质上不稳定的成份的串连层次上可发见这些效果。按照由换喻和隐喻组成的所指的生成的两侧,能指中的组合和替换的双重游戏决定了这些效果。在这个测试中一个数学意义上的拓扑学出现了,我们很快看到,如果没有这个拓扑研究,仅仅是看到分析意义上的一个症状的结构都是不可能的。

我们说,在他人中那在讲着。他人指的是在所有他插手的关系中借助于言语时涉及的地方。如果说不管主体听到没听到,在他人中那在讲着,这是因为主体依照对于所指的觉醒的一个逻辑上的先行而在那儿找到了他的有意义的位置。对于他在这个位置上也就是说在无意识中讲的内容的发现使我们看到他是以何种断裂(Spaltung)的代价而构成的。

在这儿,男根以其功能而得到说明。在弗洛伊德的学说中男根不是一个妄想,如果妄想指的是一个想象的效果的话。它也不是一个客体(部分的,良好的,恶劣的,等等的),因为这个词倾向于将有关事实看成是一种关系。它更不是它所象征的阴茎、阴蒂或什么器官。弗洛伊德以古人的模拟物来指它不是没有道理的。

因为男根是个能指,在分析的主体内在构造中这个能指的功能可以揭开这个能指将其维持在奥秘中的功能的面纱。因为这个能指是用来整个地表示所指的效果的,而这个能指以其现显而规定了这些效果。

现在让我们来检查一下这个现显的效果。它们首先是由于人讲话而产生的需要的变异。说变异是因为不管他的需要是怎样彻底地从属于要求,它们总是异化了再来到要求那儿。这不是它的实际附属的效果(请不要以为在这儿重又看到了神经官能症的理论中的那个附属的赘生观念),而是形成这样的能指形式的效果,以及由从他人的地方发出它的信息这个事实而有的效果。

在需要中异化的东西构成了根据假设是不能够表达在要求中的一个原初的压抑（Urverdrängung）。这东西然而出现在它的衍生物中，这个衍生物在人身上是以欲望（das Begehren）的样子出现。从分析经验中来的现象研究能够表明欲望是有着悖逆的，变异的，不规则的，古怪的甚至骇俗的性质。由这个性质它就与需要相区别了，这个事实是确实无疑的，不需要再去提醒真正的道德家们了。过去的弗洛伊德学派似乎应该给予这个事实以其地位。但是精神分析学却相反成了一贯的蒙昧的先锋，它在一个理想中将欲望在理论上和实际中归原于需要从而否定了这个事实，这使它更加令人厌倦。

这就是为什么我们在这儿要从要求出发来陈述这个地位。要求的自身特点在挫折的观念中（弗洛伊德从来没有用过这个观念）被抹煞了。

要求本身涉及到的是它所要满足的以外的别的事。它要求的是一个现显和一个远隐。与母亲的原初关系表现的就是这一点，母亲孕着那个他人，这个他人是要置于他能满足的需要**之内**的。她是将他作为有"特权"来满足这些需要而构成的，也就是说有不让这些需要拥有唯一可以满足它们的东西的能力。这个他人的特权这样就给出了他所没有的禀赋的根本形式，这也就是人们所说的爱。

由此，通过将所有能供给的东西都转换成爱的考验，要求就取消了（aufhebt）这所有能供给的东西的独特性，而它能为需要赢得的满足也沦落（sich erniedrigt）为只不过是爱情的要求的破灭（在抚养幼儿的心理学中这一切都是非常显而易见的。我们的保姆兼分析者是信奉这个心理学的）。

所以就有了被取消了的这个独特性在要求**之外**重新出现的必要性。它实际上是在那儿出现的，但同时保存了爱的要求的无条件性所显示的结构。通过一个不是简单地否定了否定的逆转，纯粹损失的力量在一个磨灭的残余中迸发出来。欲望以"绝对条件"来取代要求的无条件性：这个条件事实上解开了爱的考验中不合于需要的满足的那个成份的症结。因此，欲望就既不是对满足的渴望，也不是爱的要求，而是从后者中减去前者所得到的结果，是它们的开裂(Spaltung)的现象本身。

我们可以想象性的关系是怎样占据欲望的这个封闭的领域并且在那儿定其前程的。这是因为这个领域是为了产生那个奥秘而划定下的，这个奥秘是性的关系向主体双重"指意"而在主体中引出来的：它所引出的要求以对需要的主体的要求的身份而回复过来；还有在所要求的爱的考验中对涉及到的他人而言的歧义。这个奥秘的缺口在一个使它明显的最简洁的表达式中显示了决定它的东西，这就是：对于性关系的同伴的每一个来说，作为他人的主体都不足以成为需要的主体，也不足以成为爱的对象，但他们应该作为欲望的原因。

这个真理是处在精神分析学领域里所有关于性生活的谬误的核心之中的。它也是那儿的主体的幸福的条件：为了以柔情的成熟（也就是说对作为现实的他人的唯一求助）来解决缺口问题而依赖于"生殖"的德性，以此来掩饰这个缺口，不管其用心是多么的诚挚，也仍然是一个欺诈。在这里要说的是法国的分析者们以他们的那个生殖奉献的虚伪观念开创了道德说教的走向，在救世军合唱队的伴奏下，这个趋向一直在发展。

无论如何，人不能企求成为完全（成为"完整的个性"，这是现代心理治疗的又一个错误的前提），只要他在行施他的功能时必有的移位和集中的变化标志出了他的主体与能指的关系了，他就不能这样的企求。

男根是这个标志的优先的能指，在这个标志中逻各斯的部分与欲望的出现结合到了一起。

我们可以说，这个能指是作为人们可以在性交的实际中获得的最为令人注目的东西,也是作为在本来意义上(排印上的)最有象征性的东西而选出来的,因为它在那儿相当于(逻辑的)系词。我们还可以说以其肿大它还是生命流的形象,因为它是出现在繁殖之中的。

所有这些说法都只是更加遮掩了这样一个事实,就是说男根只有被遮掩了后才能起它的作用,也就是说作为潜在的符号本身。只要一提高到(aufgehoben)能指的功能,所有的可指称物都带有这个潜在性。

男根就是这个扬弃(Aufhebung)本身的能指,它以其消隐而引出(导入)扬弃(Aufhebung)。这就是为什么 I' Αιδως(Scham)之魔①恰是在上古神怪故事中男根被揭显出来(参见庞培别墅中的著名图画)的那一时刻冒了出来。

它就成了以这个妖魔的手而加之于所指的那个斜线,将它作为它的意义联结的杂种后代而标示了出来。

这样就产生了在将主体通过能指来引出来时的一个补足条件:这条件解释了它的开裂(Spaltung)以及它完成于其中的干涉的行动。

这就是说:

1. 主体只有在划掉他所指称的内容时才指示出他的存在,这就像他只有想要在为自己而被人爱中才出现一样,这个幻象不能简单地被当作是语法的而排除掉(因为它取消了言谈)。

2. 这个存在中的活跃部分在接受男根的压抑(Verdrängung)的标志时在原初的压抑(urverdrängt)中得到它的能指。

男根作为能指给出了欲望的理由(这是指这个词在用作谐和分割的"平均和极端的理由"时的意义)。

再者,我现在将它用作一个算法。为了不将我的演讲无限地

---

① 羞耻之魔。(原注)

拖长，我为了让你们掌握它的用法，只好依靠我们共有的经验的回应。

如果说男根是个能指，这意味着主体只有在他人的位置上才能达到这个能指。但是因为这个能指在那儿总是被遮掩着的，并且是作为他人的欲望的理由的，主体要辨认的就是这样一个他人的欲望，也就是说作为在有意义的开裂（Spaltung）中的分割的主体的他人。

在心理生成中出现的情况证实了男根的这个能指的功能。

这样，首先那个克莱因的情况有了一个更正确的表述。这就是说幼儿从一开始就明白母亲"具有"一个男根。

然而，发展是序列在爱的要求和欲望的考验的辩证关系之中的。

爱的要求只能受害于欲望，这个欲望的能指对它是陌生的。如果说母亲的欲望是男根，幼儿就要成为男根来满足她。这样，欲望内在的分裂已经被感觉到是存在在他人的欲望之中的。这在于这个分裂是与主体满足于向他人提供他能得到的回应了男根的现实内容这一点相对立的，因为对于他要成为男根这个爱的要求来说，他所拥有的并不见得就比他所没有的更有价值。

这个他人的欲望的考验，临床表明并不是由于主体在那儿知道了自己有或没有一个男根而成为决定性的，而是由于主体知道了母亲没有男根而成为决定性的。这就是经验中的那个时刻。如果没有这一时刻与阉割情结有关的任何症状的（恐惧）或结构的（对阴茎的羡慕 Penisneid）的后果都不会发生。在这儿欲望的联结就表现了出来，因为男根能指是它的标志，还带着没有得到它的威胁或怀念。

当然，他的前途取决于父亲在这个过程中引入的法则。

但是，如果只谈男根的功能，我们可以指出两性关系必须服从的那些结构。

我们要说这些关系是围绕着一个存在和一个拥有展开的。这两者因为与一个能指,即男根,相关而有一个相逆的效果,这个效果是一方面在这个能指中给主体以现实,另一方面是使要指称的关系非现实化。

这一切都是通过了一个显出的样子的干预而成的。这个看来的样子取代了拥有,为的是一方面保护它,另一方面在他人中掩盖其标记。这个样子的作用是完全地映射出每个性别的行为的理想的或典型的表现,一直到其终点,就是到那场喜剧中的交媾。

这些理想从它们能够满足的要求中获得力量。这个要求永远是爱的要求,并且附带有将欲望归结为要求这一点。

虽然这种说法显得很自相矛盾,我们还是要说,女人是为了成为男根,也就是说成为他人的欲望的能指,而抛弃掉她妇女性中的重要的一部分,也就是说假面舞会中她的所有装饰。她希望成为她所不是的那个来被欲求来被爱。但她是在她向之提出其爱的要求的人的身躯上找到她的欲望的能指的。或许也不可忘记,以这个指称功能为外表的器官是从这个功能得到其偶像的价值的。对于女人来说结果是在一个同样的对象上集中了爱的一种经历和找到其能指的欲望。以自己的样子(参见上文),这种经历在理念中夺回了它给予女人的东西。这就是为什么我们可以观察到,在女人那儿满足性的需要的缺失,也就是说性冷淡症,比较来说可以得到相当的容忍;然而,欲望内在的压抑(Verdrängung)比起男人来也要弱一点。

相反,在男人身上欲望与要求之间的辩证关系产生了一些效果,弗洛伊德将这些效果归于它们所从属的那些关节点上,属于爱情生活所特有的贬值(Erniedrigung)的范围。在这里我得再次赞赏弗洛伊德的高明手段。

如果男人确实可以在他与女人的关系中满足他的爱的要求,因为男根的能指使他成为给予她以她所没有的东西的人,那么相反的他对男根的欲望会使其能指在不停地旁向"另一个女人"中浮现出来,这个"另一个女人"会以不同的名目来指称男根,或者是处女,或者是妓女。结果是在爱情生活中产生了生殖冲动的一个离心倾向。这使男人觉得阳萎要难以忍受得多,同时欲望内在的压抑(Verdrängung)也要更加强大。

但是我们也不能由此而以为这种显得是构成了男性功能的不忠就是他所特有的了。如果我们仔细观察,我们会看到在女人身上也有同样的交叠;不同之处只是在这一点:爱的他人作为失去了他所给予的东西的人在倒退中是不易被觉察的。在这个倒退中他取代了同一个男人的本身,而她是钟爱这个人的特征的。

在这儿我们可以补充说,与组成欲望的男根标志一样,男性同性恋是形成在欲望这一面的;相反,正如观察所显示的那样,女性同性恋是指向了一种失望,这种失望强化了爱的要求的一面。这些看法也得联系到假面的功能来看。在要求的失落得到解决的认同中,这个假面的功能起了主导的作用。

在欲望的男根标志中有内在的压抑(Verdrängung),这使女性在假面中找到藏身之处。这个事实有一个有趣的后果:人类的雄性炫耀显得是女子气的。

这个从来没有被说明的特性的原因也相应地可被窥见了。我们可以再次体会到弗洛伊德的直觉的深湛。这就是他为什么提出只有一种利比多的原因,他的著作表明他是将这种利比多看作是男性的。在这里男根能指的功能达到了一种最深刻的关系:这就是古人称之为 $Νοῦς$(精神)与 $Λογός$(逻各斯)之间的关系。

# 主体的倾覆和在弗洛伊德无意识中的欲望的辩证法\*

本文是我在一个大会上的发言,这个大会是由"国际哲学讲座"在雷沃蒙组织举行的。这次大会的主题是"辩证法"。让·伐尔邀请我出席。大会从1960年9月19日开到23日。

这篇论文在时间上早于勃纳伐勒大会,在那次大会上有下面那篇论文。这时间上两文的先后使我们决定发表这篇论文。

这样做是为了让读者看到相对我们公之于世的内容来说,我们教学的内容总是有所领先的。

(在这里出现的图式是我们在关于无意识的形成的研讨班上画出来的。这个图式是在吃惊的听众面前为了说明俏皮话的结构而特别构作成的。这个结构是作为讨论的起点而提出的。这是1957年度的第一个也是最后一个学期。有关的简介包括这个图式发表在当时的《心理学学报》上)。

---

\* 本文是拉康于1960年9月在主题为"辩证法"的国际哲学讲座的专题演讲。

人们称之为精神分析学的实践是由一个结构组成的。在座各位都是精通哲学的,当然不会对这个结构无动于衷。

作为一个哲学家就是要对人人对之感兴趣却又不甚了了的事感兴趣。这是个很有意思的说法,这个说法的特点在于它的确否是无法决定的。因为要判定它必须要等到人人都成了哲学家。

我是要说它在哲学上的确否,因为黑格尔在他的《精神现象学》中所给予我们的**历史**的模式就是这样的。

这样的总括它可以使我们有方便地确定主题的方法:与知识的关系。

也可以方便地显示这样一种关系的歧义。

科学在现代世界的效用也表现了同样的一种歧义。

创造科学的学者自己也是个主体,并且以其本身素质,他还特别有权作为主体。科学不是从天上掉下来的这个事实就表明了这一点(它的诞生不是没有波折的;在它的出生之前是有一些失败的:流产或早产)。

然而这个主体应该知道他所做的是什么,至少我们是这样假定的。但他却不知道在科学的效用中使大家都感兴趣的是什么。至少在现代世界情况看来是这样的:在现代世界人人都像科学家一样在这一点上茫无所知。

就这一点我们也应该谈谈科学的主体。有一种认识论也想要达到这个论点。但是我们可以说这种认识论在这里表现的多是企望而不是成功。

希望人们明白这一点。我们由此而教育性地引证黑格尔,为的是为了我们的教学的目的而使人理解主体的问题,以精神分析学恰当地倾覆了它的样子来理解它。

使我们有资格顺着这条道来探索的当然是我们进行这个实践的经验。使我们决心这样做的,是理论中的一个缺陷,这个缺陷在传授中又更受到了歪曲。听从我们研究的人可以证明这一点。这些歪曲既是对实践本身颇有危害,并且都是来源于缺乏科学的地位。提出这样一种地位起码需要的条件的问题,这大概不是一种不老实的开头。事实证明这样一种开头涵蕴深远。

在这里我们并不是要依仗于一种社会性的严责,特别不是依仗于我们不得不反对的在美国和英国以精神分析学的名义进行的旁门左道的那些结论。

我们将要尝试的正是为这种倾覆定义。我们要向大会致歉;我们刚才提到了大会成员的出色素质,我们抱歉的是不能在会上讲述得比会外更多。也就是说将面对大会作为我们演述的支点。当然得由我们来对它证明我们的这个做法。

利用这种做法的便利,我们把以下思想当作是已知的:经验主义不能成为科学的条件。

第二步,我们遇到的是一门已经构作成的学说,它名叫心理学,带着科学的标志。

然而我们否认这个标志。原因恰是我们将要证明的。弗洛伊德的经验所确定的主体的作用彻底拆穿了这个名目下的内容。不管人们以什么样的形式来重新装扮它的前提,它只是在维持一个学院式的框架。

测定的标准是主体的单一性。这是这种心理学的前提之一,在这种心理学里甚至还是征兆之一,表明这个题目总是越来越孤立,似乎这是某种认识的主体的回归,似乎心理性的价值在于与机体重合。

在这里必须考察一个思想。在这个思想中传统的思考都汇集在一起来修饰那个很有道理的词"认识的状态"。不管这儿涉及到的是柏拉图的热情的不同状态,还是佛教的等持(samadhi)的不同程度,或者是来自生成幻觉的经历(Erlebnis)的不同程度,我们应该知道的是一个理论所认可的是什么。

那是在认识所具有的相同本性的水平上来认可。

很显然,在黑格尔当作其基础的逻辑化的扬弃(Aufhebung)里,黑格尔并不太重视这些状态。现代科学也一样,现代科学可将其看作是认识的一个客体,可借此来确定某些坐标,但从来不是一种可以称为生成认识的或导知的苦行。

这就是为什么引证这些话对我们是有意义的。

我们以为人们对弗洛伊德的实践所知已详,当然知道在他那儿这些状态并不起任何作用,——但是,人们没有能在总体上把握的是这样一个事实:这个所谓的深层心理学从来没有想要洞察到什么,也不以其大纲而给予这些状态以任何价值。

这就是人们没有强调的那个差距的意义,在要解释歇斯底里的现象时,弗洛伊德就是从这个差距出发来讲类催眠状态的。他宁可用歇斯底里的话语,这就是一个重大的事实。我们在勘定偏执狂认识时所说的"有成果的时刻"并不是引用弗洛伊德的话。

在充满了难以置信的无逻辑思维的环境中,我们不大容易使人理解什么是我们所做的询问无意识的含义,也就是说询问到它给出一个回答。这个回答不是一种惊喜,不是一种大白话,而是"说出了为什么"。

如果说我们将主体引导向某处,那是引向一种译解,这种译解以无意识中存在着一种逻辑为前提,在这种逻辑中可以看出一个质疑的声音,甚至一个推理的过程。

所有的精神分析学的传统都表明我们的声音只应在恰好的地方干涉进去,如果要预演那个声音,那么得到的只会是封闭。

换句话说,信奉弗洛伊德学说的精神分析无论如何不能像是在过渡的仪式中那样投身到一种原型的或者不可言喻的经验之中去。如果某一天有人说出了这样的话而他又不是个傻瓜,那就说明那时候所有的界限都被打破了。当然我们还没有到这一步①。

这只是考察我们的主体的途径。因为需要做的是最接近地掌握弗洛伊德自己在他的学说里称之为是"哥白尼式"的一步。

是不是取消一个特权就足够了呢？在这儿是地球处于中心位置的特权。进化的观念随后又将人从一个相类似的位置上排除了出去。这给人一种感觉，只要继续下去就会有成果。

但是，是不是这就是主要的成果或进步了呢？是不是它使人看到的只是那另一个真理——如果我们能这样称那个天启真理——由此而威望大跌？是不是日心说不将地球置于中心而仍推崇中心就不引人入歧途了？黄道线可能是给出了一个令人更加振奋的我们与真理的关系的模型，随后它又不怎么吸引人了，因为事实上它只是地球上的判断。

无论如何，并不是由于有了达尔文人们才不以为自己是最高级的生物，他使人们相信的恰恰是这一点。

在一个语言的暗示中运用哥白尼的名字是有些更为隐秘的来源的，这些来源涉及到我刚才写的与真实的关系：这就是说省略的出现并不是配不上那个所谓高级的真理被赋予名称的地方。并不因为这个革命只是关于天体的运行就不那么重要了。

从这个时候以来，在这儿停止下来就不只是意味着撤销一个传统宗教的蠢话，这个蠢话显然还大有市场；这更是意味着将知识的机制与真理的机制更紧密地结合起来。

因为，正像在我们之前已有许多人都指出的那样，哥白尼的著

---

① 即使试图以像心灵感应这样的，或者像迈尔斯挖掘出来的哥特式心理学那样的心理现象来引人入胜，最恶俗的游戏者也无法进入到弗洛伊德已占据了的领域，因为他要将他从这些现象里得到的东西以严格意义的译解以后的样子提出来，并处于当代话语的对证的作用之下。

即使无耻卖身，精神分析理论也仍然是假装贞洁的（这是人所共知的妓院的一个特点）。就像萨特以来人们常说的那样，是毕恭毕敬的：她并不在随便什么地方拉客的（1966 年加注）。（原注）

作并不是像人们以为的那样哥白尼式的,原因是这个双重真理的原则还保护着知识。必须说直到那时这个知识显得是很为自满的。

这样我们就专注于这个真理与知识的敏感的边界上。初看起来我们的科学又采纳了最初的关闭边界的办法。

如果说科学进入世界的历史对我们来说还是相当令人激动以至于我们不知道有些东西在这个边界上动了起来,那么说不定就为此而精神分析学表明了它代表着一个将要到来的地震。

从这个角度出发我们来重看我们期待着从黑格尔的现象学那里得到的帮助。这就是在那儿划出一个理想的解决,或许可以说是一个持续修正的解决,在这修正中真理不停地消解它内中使人不安的成份,而真理在其本身不是别的只是实现知识时所缺乏的东西。经院哲学作为原则提出来的二律背反因为是假想的就被当作是已解决了的。真理不是别的,只是知识只有通过运动它的无知才知道的东西。这是个真正的危机,在这个危机中以我们的范畴来说只有产生了一个新的象征形式才可解决想象的问题。这个辩证法是趋同的,是作为绝对知识而走向规定了的结合点的。以其被压缩了的样子,它只是象征与无可希望的现实的结合点。那么这是什么呢? 只能是与自己认同的完成了的主体。这意味着在那里主体已经是完善了的,他是整个进步的最根本假设。事实上他是被叫做这个进步的基质;他名为 Selbstbewuβtsein,即自我意识,全意识的存在。

老天保佑事情就是这样的。但是我们的科学,以古希腊数学为其诞生,它的历史显示出的却是迂回,这种迂回不大符合这个内在论。我们不要被普遍科学包容狭窄科学的现象迷惑;理论决不是按照辩证法来开展的:正题,反题和合题。

再说,物理学中那些会使负责任的良知大叫起来的重大变化的声响使我们想起,对于这个知识还是对于其他知识,真理的时钟总是在别处响起的。

为什么我们没有看到,精神分析学对科学的冲击之所以令人惊讶地被好好地接受下来了,这是因为它显示了一种理论上的希望而不仅仅是个混乱?

当然,我们指的不是那个离奇的旁向转移,通过这种转移某个心理学的范畴就来沾精神分析学的光了,这个心理学由此而强化了它获利于社会的下贱应用。由于我们已经说过的原因,我们认为心理学已经无可挽救地注定灭亡了。

无论如何,我们对黑格尔的绝对主体和对科学中被取消了的主体的双重引证是一个必要的说明,由此可以表达弗洛伊德的行动的重大意义:真理进入了科学的领域;同时,真理出现在它实践的领域里,因为被排斥之后真理绕到了那里去了。

尽管黑格尔的刻划是非常有力的,我们可以说良知的苦难只是知识的悬置而已。谁看不到良知的苦难和弗洛伊德的文明的病痛之间的距离呢?尽管他只是在一句似乎是随意的话中给我们指出了分隔主体和性的只能是歪曲的(在英语中应该说 skew)那种关系。

在我们对弗洛伊德的理解中,没有什么东西是依赖于律令的星相学的,而心理学家满腹是这种星相学的。没有什么是从品质,或者是从密度而来;没有理想主义可以依靠的现象学。在弗洛伊德园地里,尽管有这样的文字,我们并不能用良知这个衰亡的特征来将无意识建立到它的否定上去(这个无意识产生于圣托马斯),情感也不适合于演原始感应主体的角色,因为没有什么东西是起这个作用的。

依照弗洛伊德,无意识是一个能指的连环。这个连环在某个地方(他说是在另一个舞台上)不断重复和持续,为的是在断裂中和思考中起作用。这些断裂是由实际的话语提供的。而思考是以它而成形的。

我们给出上面这样的陈述,这是为了既符合弗洛伊德的文字,又包容了他开创的经验。在这个陈述中关键的词是"能指"。这个词是现代语言学从古代修辞学中取来而发展成一个学说的。我们不能在这里详谈这个学说发展的各个阶段。但可以说费尔迪南·索绪尔和罗曼·雅各布逊的名字分别表示了其起源及目前的高峰。并且要记住结构主义这个领头科学在西方的根子远在产成了形式主义的俄罗斯。1910 年的日内瓦和 1920 年的彼得堡这两个时空就充分说明了为什么弗洛伊德没能拥有这个工具。但是历史的这个缺失只是使以下这个事实更加意味深长。弗洛伊德描写的无意识得以运行的作为原始过程的那些机制正包括了这个学派认为是决定了语言的作用中最根本性方面的功能,就是说隐喻和换喻。这也就是说语言的作用在话语中出现时的共时和历时的两个度向上能指的互换和结合的作用。

一旦语言的结构在无意识中得到确认,我们可以设想怎样的一种主体呢?

出于方法上的考虑,我们可以试着从将"我"看作是能指这样一个纯语言学的定义开始。在这个定义中,主体只是一个转换者(shifter)或指示物,它在话语的主语中指示当时正在说话的主体。

这也就是说,它指示言谈的主体,但又不指称它。这是很显然的,因为言谈的主体的所有能指都可能不出现在话语中,况且有些能指是不同于"我"的,这不仅在人们不太确切地称为第一人称单数的情况下是这样;即使我们把它置于复数的祈使句中,甚至置于自呼的"自己"中也仍一样。

我们觉得是在 ne① 这个能指中看到了言谈的主体,这个 ne 被语法家们称为是赘词 ne,这个名称本身就表现了最好的语法学

---

① 原文为法文,这是法语中在某些特定结构中出现的但又无本身意义的一个小品词。(译者注)

家也具有的认为 ne 这个词是任意而来的离奇看法。在他们表现出一无所知之前，让我们给予这个 ne 以分量来改变他们的看法吧（在本句中如果略去了 ne，我的话就失去了攻击的内涵了）①。但是我怕他们会因此而把我赶走（如果你忽略了这个 ne，它的消失会使对嫌恶我的担心变得只是一个怯生生的陈述，从而将我的言谈的重点降为是在话语中安置上我的位置而已）②。

如果说因为他们使我烦了而我对他们说："tue"③，我除了是在那个我用以打量他们的"tu"④中又会在什么地方呢？

别气乎乎的，我这只是绕了个圈来指出诊疗的扭曲的行径中我不喜欢掩饰的东西。

这就是说，当涉及到无意识的主体时，怎样正确地回答这个问题：谁在讲？因为这个回答不可能来自这个主体，分析的全部经验都告诉我们他不知道他说的是什么，甚至也不知道他正在讲。

由此，两个主体之间的交谈所处的位置正是为了达到消褪（fading）的效果而传统主体的透明性分裂的地方。这些效果以其隐晦而用一个越来越纯粹的能指来确定弗洛伊德的主体：这些效果将我们引到口误和妙语相勾结而混同的边缘，引到那个省略是最为暗示的地方，它是如此的富有暗示而可搜寻出那个现显，我们甚至可以惊奇，对存在（Dasein）追索为何没有利用它。

为了使我们的探索对分析者来说不是毫无用处的，我们必需将一切都联系到话语的断裂的功能上去，最重大的断裂就是分隔能指与所指的横线。我们感兴趣的主体就在这里惊见自己，因为

---

① 在法文原文中，"在他们表现出一无所知之前"是一句运用了小品词 ne 的句子，所以有括号内的评论。（译者注）
② 在法文原文中，"他们会因此而把我赶走"一句中用了小品词 ne，所以有括号内的评论。（译者注）
③ 这是法文动词"闭嘴"的过去分词。（译者注）
④ 这是法文代词"你"。（译者注）

为了在指称中结合起来,他以前意识的名义而存身于此。由此我们达到了这个悖论,就是说分析时的话语中只有迟疑或中断才是有价值的:如果分析时刻本身不是组成了一个在虚假的话语中的断裂的话,或者说话语做到了使自己成为空洞的言语,或者成为马拉美①所说的人们"默默地"传递的磨损的货币。

能指连环中的这个断裂是唯一可以用来证实主体的结构是现实中的中断的东西。如果说语言学将能指提高为所指的决定者,那么精神分析就是揭示了这样一个关系的真相:意义的缺失是它的话语的决定者。

就是在这条道路上完成了那个律令,弗洛伊德将这个律令提到前苏格拉底的箴言那样的高妙境地:我必须到它曾在的地方(Wo Es war, soll Ich werden)。我们对这句话已多次评论了,我们在下面还要不同地解说它。

我们只探究一下它的语法:它曾在的地方……,这是什么意思呢? 如果仅仅是曾有过的它(用未定过去时),那么现在说了这话之后怎么就会使我到那儿了呢?

但是法语翻译成了:它曾在的地方。让我们利用一种单独的未完成过去时,在它曾在的那一忽儿的地方,在它只存在一瞬间的地方,"我"变成了消失在我所说的之外的存在。

否定自己的言说;取消自己的言谈;消散中的无知;错失中的时机。残留在这儿的除了那为了从存在中堕出而必须有的东西的痕迹以外还会有什么呢?

在《心理事件的两个原则的构成》一文中弗洛伊德叙述了一个梦,这个梦饱含着一个亡父的鬼魂回来的悲痛。在这个梦中有这样一句话:他不知道他是死了。

我们已经以这句话为起头来说明过主体与能指之间的关系。

---

① 马拉美(Mallarmé,1842—1898),法国诗人。(译者注)

这种关系是由言说构成的,而存在由于自己的言谈带来的言说的摇摆而震颤不已。

如果说一个人只有在人们不告诉他他所不知道的真理时才能存在下去,那么这个存在所依靠的"我"又是什么呢?

他不知道……,如果他知道得多了一点,啊!千万别让这发生!与其让他知道,还不如"我"死。是的,这样我才来到这儿,这曾经在过的地方:谁知道我是死了?

"我"作为主体是以不在的存在而来到的。这个主体与一个双重疑难相协调:一个真正的存在却会因自知而破灭;一个话语却是由死亡来维持。

我们是不是要把这个存在与黑格尔作为主体而铸就的对历史发表绝对知识的主体的存在相比较?我们记得他说过他曾受到疯癫的诱惑。我们的道路不就是克服疯癫的道路吗?因为它直达这个言语的虚假的真相。

在这儿我们不再发展我们关于疯癫的学说了。这个末日审判式的打岔只是为了表明在关于主体与知识的理论上,弗洛伊德和黑格尔之间的距离有多远。

而欲望的辩证法所得以区分的方式是最为可靠的根源了。

在黑格尔那里,最低量联系的负载是流向欲望的,是流向 Begierde(欲望)。主体必需保持与过去的知识的这个最低量联系,这样真理就会潜在于知识的实现之中。理性的计谋意味着主体从头到尾都知道他要的是什么。

而就在这儿,弗洛伊德让真理与知识之间的联结重又松开了,从这个松弛中产生了革命。

原因是欲望与他人的欲望结合了起来,而且在这个连环中包含着知晓的欲望。

弗洛伊德的生物主义与那种低劣的说教毫无共同之处,这种说教你们可以在精神分析的郎中那儿领教到。

如果要让你们感受到弗洛伊德的生物学调子,就必须使你们经历人们害怕的死亡的时刻。因为,如果是要说明他的学说中的死亡的时刻,那是完全误解了他的学说。

从我们给您准备的入口进去,请在弗洛伊德给予所有生命体的回归无生状态的隐喻中辨认出那个生命以外的余地。语言因为在讲述而保证了存在有这块余地。这块余地正是存在以能指的身份而安置的地方,它安置的不仅仅是由其身躯而成为可交换的东西,而且是其身躯本身。在那儿可以看出,客体与身躯的关系并不是被规定为一种可以全部表现在那儿的部分认同;因为相反,这个客体正是身躯作为存在的赌注的意义的原型。

在这里我们接受人们向我们提出的要将弗洛伊德所用的"本能(Trieb)"译为一个本能的名称的挑战。英语"冲动(drive)"可以很好地将它译过来。但是我们不这样做,倘若我们不能有效地运用"冲动(pulsion)"这个拼凑的词,我们可以勉强地用"飘移(dérive)"这个法文词。

由此,我们坚定地认为,不管有没有生物学上的观察结果,在大自然要求活体为满足其需要而必有的各种认识方式中,本能就是那种人们因其不能成为知识而惊叹的认识。然而,在弗洛伊德那儿涉及到的是另一种东西。那是一种知识,但却没有一丝的认识。因为它是写入一个话语中的,就像古代的信使奴隶一样,主体在他的卷发下戴着判他死刑的书简,但他既不懂其意义也不懂这文本,也不知那是以何种语言写成的,甚至也不知道人们是乘他睡着时刺在他剃光了的皮上的。

这个故事并没有夸大无意识所关系到的那一点生理学。

我们可以从反例来体会精神分析学从问世以来给生理学作的贡献:这种贡献等于零,即使说到生殖器官也一样。任何奇想异念也改变不了这个判断。

精神分析学当然牵涉到体魄的实际以及其精神道路的想象的

实际。但是，如果要在发展的可能的全景中看出其影响程度，我们首先要了解到那些作为疗法的或多或少是局部性的整合在那儿首先是作为一个纹章的成分，作为身体的纹章的成份而起作用的。人们解释孩童的图画的作法也证实了这一点。

这就是悖逆的特权的原则，我们过后还要谈到它。这个原则也就是无意识的辩证关系中的男根的原则，然而由局部客体而来的理论不足以解释它。

我们现在得说，精神分析学已堕落到如此愚蠢的地步，它只是因其是当代的而还引起一点兴趣。如果说为了批判这个精神分析学我们在黑格尔那儿寻找某种根据，那么，说我们是迷惑于存在的纯粹辩证的穷尽分析就是毫无道理的了。当某个哲学家给人以这个误解时，我们只能认为他是不负责任的①。

我们远不是屈从于逻辑的归结法。在有关欲望方面，我们觉得使它不可归结于要求的理由也同样地使它不等同于需要。简洁地说，欲望是述说出的，而正是因为这一点它是不可被述说的，我们的意思是指在适合它的话语中，伦理的而非心理学的话语中。

现在我们要把我们在最近五年的教学中发展起来的分类法更向前推进一步，这就是说引入一个图式；我们必须提醒大家的是我们在这里只使用了这个图式的许多用法中的一个，它公开的构成和改进是为了在其图形上标明我们经验的素材中的最为实际的结构。在这儿它可以给我们显示相对由能指在其陈述中规定的主体而言，欲望的位置在哪里。

---

① 这里指的是那位请我们来这个会议的朋友。几个月以前他表达了他个人的本体论对一些在他看来太倾向于黑格尔主义的"精神分析学家"的保留态度，似乎在眼前这个团体中我们之外的某个人给了他以抨击的机会。

这是在风吹散开来的(恐怕是不小心)他的笔记上随意记下的几页里这样说的。

对此我们使他同意说，为了使他以有趣的用语写在私人手记上的他的本体论有意思，我们觉得他用的"显然不是，但也有可能"这样一个语式很能迷惑人。（原注）

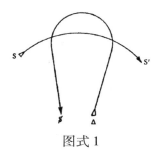

图式1

这就是我们可以称之为它的基本单位的样式(参见图式1)。构作在这里的是我们所谓的定位点。通过定位点能指就限制住了意义的滑动,这种滑动本来是会无止境的。意义连环是被看作由向量 $\overrightarrow{S \cdot S'}$ 所承载。且不去探究逆向的微妙处,在这个逆向上产生了与向量 $\overrightarrow{\Delta S}$ 的双重交叉。只有在这后一个向量上我们看到了逮住的鱼儿。这鱼儿在其自由遨游中要表示逃脱了把握的东西就没有那种努力要将它淹死在前文本中的意愿更适宜。前文本也就是在需要的回复的行为模式中可以想象到的现实。

在这个定位点中你们可以找到句子的历时的功能。因为句子只有通过它最后一个词才完成它的意义。每个词都为其他词的结构所预设,并且相反地由其追溯作用而规定了它们的意义。

但是同时的结构更加隐蔽,正是这个结构把我们带到了起源处。这是组成了初始归属的隐喻。"狗喵喵地叫,猫汪汪地喊①"表达的就是这种归属。以这样的歌词,通过将事物与其叫声分离,儿童们一下子把符号提高到能指的功能,把现实提高到意义的辨析;而且,通过怀疑相似性,开辟了同样一件事的需要证实的客体化的多样性。

这样一种可能性是不是就要求一种有四个边角的分类法了呢?这就是一个看来没什么而实际上会带来一些麻烦的问题,倘

---

① 这是法国一首儿歌里的词。(译者注)

若以后的构造是要依照它的话。

我们不细谈其具体的步骤了。我们立即告诉你们在这个最初的图式上的交叉的两个点的功能。标为 A 的一个点是能指富藏的地方,这并不是说是它的编码的地方,因为在那儿保存着的不是一个符号相应于一件事物的一比一的对应关系。能指只形成于一个共时而可数的集合中,在这个集合中每一个能指仅依靠与其他相对立这个原则而存在。标为 s(A) 的另一个点我们称为断句,在断句那里意义构成为一个终极产品。

请注意这儿有个不对称。一个点是地点(地方而不是空间),另一点是时刻(断句而不是延续)。

两者都具有给予能指的那个奉献的性质,而能指是由现实中的缺口构成的。这两者一个是秘藏的空穴,另一个是寻找出口的探测。

主体对能指的屈从产生在从 s(A) 到 A 随后又从 A 回到 s(A) 的路程中的。这个屈从是一个圆圈。因为落实在那儿的断定由于不能结论在除了其自身的音节之外的任何东西之上,也就是说由于它找不到一个有把握的行为,所以它只能指向到在能指的组成中它本身的预示上,这个预示本身是无多大意思的。

要化这圆为方的话(如果这真能做到的话),就必需要将安置在 A 的意义动源补充足。这个 A 现在象征了他人的地点。就此我们看到这个他人不是别的正是现代的博弈战略的纯粹主体,正是那个完全可由推测的算计得出的主体,即使真正的主体为了在那里维持其自己的算计不能去注意任何一般称为主观的那些错失,也就是说心理上的错失,而只要注意到可以穷尽的组合法的唯一的一个记述。

然而这个圆是无法化为方的,因为主体只有通过从那儿退出,只有通过造成缺失才能构成。根本上就是因为它既必须在那儿算个数,又只能以缺失来起作用。

他人作为能指的纯粹主体的预设位置,甚至在像黑格尔所说的或正与黑格尔所说的相反的那样作为绝对主人到那儿存在之前,就在那儿保有一个主宰的地位了。在关于信息的现代理论的陈词滥调中所忽视的就是这样一点:只有当编码是他人的编码时你才能谈论编码;而在信息中谈到的恰是他事,因为主体是由他而构成的。由此,主体发出的信息就是从他人那里接受到的。这样 A 以及 s(A) 的标志就是有根据的了。

在精神错乱的主体身上编码的信息和信息的编码是以纯粹的形式区分开来的。这个主体有了那个预先的他人就足以存在了。

附带说一下,我们观察到那个作为言语的场所的他人必须被接受为真理的见证。如果没有他人构成的这一度向,言语的欺诈就不能与伪装区别开来了。而在斗争中或在性的炫耀中这两者是很不一样的。伪装是施展在想象的捕获之中的,伪装是构成原始舞蹈的逼近和捕获的游戏的一部分,在这个舞蹈中这两种根本性的形势有了其节律,同伴者也组织了起来。由此我们冒昧地说这是他们的"蹈性"。再说,在被追逐的时候动物也显得会这样做。有时候它们伪装出一个起点来来搞乱踪迹。我们甚至可以说猎物具有尊重盛大狩猎的行为的高贵品性。但是,动物不伪装做伪装。它不留下那种想让人看作是假的踪迹,而欺诈就是在于让人看出那些踪迹是假的。而实际上却是真的,因为这些踪迹导向的是正确的路径。动物也不擦去踪迹,如果它这样做,它是将自己作为能指的主体了。

所有这一切都被哲学家们说得混乱不堪了,虽然那些还是职业哲学家呢。但是很清楚,只有当伪装进入到了能指的范围里了言语才能开始;并且,为了使能指所维持的言语会撒谎,也就是说装作真理的样子,能指就需要有另一个场所,即他人的场所,他人的见证,而不是需要其他什么同伙。

真理不是从它所涉及的现实而是从别的地方来获得它的证明的:是从言语中获得的。因为是从言语中它得到那个标志使它在虚构的结构中站住。

最初说出的话颁令制律,传晓神喻;它给予另一个现实以一种奥秘的权威。

倘若您将一个能指当作这个威权的标记,也就是说这个潜在的权力,这个可能性产生的标记,您就有了那条连续的线条。通过占据了主体从能指那儿得来的隐形标志,这个线条在组成了理想的我的最初认同中异化了主体。

这就是记号 I(A) 所表明的,在现在这个阶段我们应该以 I(A) 来取代逆向向量上的 $g$,由此而将其尖端带到它的始点去。

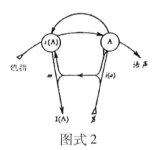

图式 2

这是个逆转的效果。由这个效果而主体在每一步上都变成与以前一样的样子,并宣布说他将会成为——总是以先将来时态来说。

在这里要加入对于认识我来说至关重要的一种错识的歧义性。因为,在这个回顾中主体所能把握的是他在他的镜中看到的他的预见到的形象。我们不再在这儿重述我们的"镜子阶段"的功能了,这是最早的基本点,我们提出这个基本点来反对理论所偏好的所谓的"自主的自我"。学术上重建这个概念是在一种现在偏向适应成功的疗法中支持错误。这是一个精神退缩的现象,这种现象与战乱离散中同道的老化有关。同时,这也是将一种高超的实践降低到适合于"美国生活方式"的标签①。

无论如何,主体在自己身躯的变异了的形象中看到的是相似的种种形式的范式。这种种形式通过向世界上映射自恋形象的一个变体而给客体世界抹上一层敌意的色彩。这个自恋形象在镜中相遇时是有欢欣的效果,而在与相似者相冲突中就变成了发泄最隐秘的侵凌性的场所了。

那个形象就在一个点上固定下来了,主体在这个点上作为自我的理想而停留了下来。从此,自我就成了制约的功能,成了仪容的游戏,成了定下来的对斗。在它经受着的它想象本质的拘捕中,它掩盖了它的双重性。这就是说,它在一个无可争议的存在(这是一种在费奈隆②的沉思中表现出来的幼稚想法)中得到的意识对它来说不是内存的而是超越的,因为这个意识是由从理想到自我的连续线条所支持着的(笛卡尔的"我思"没有看错这一点③)。由此,超验的自我自身就相对化了;它被卷入到了一个开创了认同自我的误识中去了。

这一个通过能指进行的循着主体化的道路的从镜映形象到自我的构成的想象过程在我们的图式上是由$\overrightarrow{i(a) \cdot m}$的向量来表示的,这个向量是单向的,但是是双重构成的;第一次是在$\overrightarrow{8 \cdot I(A)}$短路通过,第二次是回来在$\overrightarrow{s(A) \cdot A}$上通过。这表明自我并不是由陈述为话语的"我"来完成,而是作为它的意义的换喻来完成(达莫瑞塔和比勋④把这当作是充实的人称,与此相对立的是微妙的人称,后者不是别的就是上面提到过的转换者(shifter)的功能。)

---

① 我们保留这个段落只是为了纪念一场已成过去的战斗(1962年注:我们在想什么呢)。(原注)

② 费奈隆(Fénelon,1651—1715),法国思想家、作家。(译者注)

③ 括号里增加的内容记下了有关认同的进展,那是以后的发展(1962年)。(原注)

④ 达莫瑞塔(Damourette)和比勋(Pichon)为法国语法学家,著有语法巨著《从词到思想》共7卷。(译者注)

对于我们来说,在笛卡尔"我思"的历史过程中将意识提高到对主体是根本性的地位,这是错误地强调了行动中的我的透明性,而忽视了决定主体的能指的晦暗性。意识(Bewuβtsein)用来掩盖自我(Selbst)的混乱的那个滑动在《精神现象学》中恰好是以黑格尔的严谨作风显示出了他错误的原因。

将精神现象移向与他人(也就是说以小写的 a 标志的相似者的他人)的想象关系的运动显示了它的效用:这就是损害平衡的侵凌性;围绕着这个侵凌性相似者之间的平衡就瓦解而成主子与奴才的关系。这种关系中充满了诡计,而通过这些诡计理性就大行其非个人的统治。

自由之路的这个创始的奴役大概是种神话而非实际的创生,我们能够揭示出隐藏其中的内容,正是因为以前没有人这样揭露过它。

引发出奴役的斗争被说成是纯粹的威望的斗争,这是很对的。斗争争夺的是生命,这也很好地回应了遗传的过早诞生的危险。黑格尔没有注意到这一点,而我们以此作为镜像捕获的动力源。

死亡被拖入了赌注的功能中去了——但这个赌博比帕斯卡尔的赌博更加诚实,尽管那也涉及到了一场扑克,但在这里加注是有限制的。由此,死亡显示了它是被从预设的规则以及最终的规则中剔除了出去。因为被征服者要成为奴隶,所以他不能死,换句话说,在延续暴力之前先得有约定,我们称为象征的东西压过了想象的东西。由此,我们可以质问:谋杀是否就是绝对的主子?

因为不能由死亡这个效果来作决断。问题是要知道是哪一种死亡[1],是生命带着的死亡还是带着生命的死亡。

---

[1] 这儿牵涉到的是我们在有关第二个死亡的精神分析伦理的研讨会上讲过的内容。我们很想和达伦·汤姆斯(Dylan Thomas)一样主张没有两个,但这样一来剩下的是不是就是主子一个了呢?(原注)

在关于什么使主子们的社会凝聚的问题上人们常常指出黑格尔的辩证法有不足之处。我们不这样责备黑格尔,我们只想强调一下在我们的经验中非常明显的症状,也就是说压抑的固定。这实际上就是理性的诡计那个论题。上面已指出了的它的错误并没有减少它的诱惑力。据说奴隶因害怕死亡而放弃快乐接受劳作,而劳作正是他获致自由之路。没有比这个说法在政治上同时也在心理学上是更明显的欺骗了。奴隶很容易得到快乐,而快乐使劳作不易摆脱。

理性的诡计靠着一种个人神话的腔调而迷惑人。固念症病人的这种神话是人所皆知的,而在知识阶层里很有这种神话的结构。但是,只要固念症病人不受到教授的恶意之害,他就不大可能不明白他的工作究竟是怎么一回事。这工作就是要使病人重获快乐。他常常在主子的死亡中找到借口,这样就无意识地赞扬了黑格尔书写的历史。但是从死亡中得到什么呢?他只是简单地等待这个死亡。

事实上,他是在他所在的他人的场所来从事这场游戏的。因此所有的危险都无关紧要了,特别是那个在"自我意识"中格斗的危险。对他来说死亡只是逗笑。

这样,对于弗洛伊德所说的关于欲望的话哲学家们最好不要轻视。

轻视的借口是,具有着那些挫折效果的要求将他们从那个已沦为陈腐说教的实践中得知的一切都淹没了,甚至再宽容也提高不了这种实践的地位。

是的,弗洛伊德发现的谜一般的创伤只是不表露的渴望而已。精神分析学的成长靠的是观察孩子以及孩子气的观察。我们不多谈实例了,它们都是那个样子,很有教益。

并且那儿是从来没有幽默的地位的。

那些作者现在都非常注意要得到一个受人尊敬的位置,因此对于无意识由其语言的根基而具有的离奇的一面不屑一顾。

有些人以为,据说是在主体的根源处的需要的不和谐是产生在对要求的欢迎中的。但这些人也无法忽视这个事实,即任何要求都要以某种名义靠能指的展示而来到。

如果说人在刚出生后无力移动甚至无力自活下去的这个体质上的命运(ananké)支持了一个依赖的心理学,但这如何能否定这样一个事实,即这个依赖是由语言的世界来维持着的?事实就在于由于以及通过语言需要被多样化了繁复化了,以致其影响范围看起来是到达了另一个领域里了,人们将它联系到主体或者政治上去。总之一句话,这些需要达到了欲望的境地,其中包括那些必须与我们的新的经验对证的东西,包括对那些道德家来说是永久的悖论,包括神学家们注意到的无穷的标志,甚至包括它的地位的岌岌可危,这种可危性表达在萨特发出的这个最新的呼声中:欲望是无用的情绪。

精神分析学所涉及到的欲望关系到它最自然的功能,因为种族的延续依靠这个功能。精神分析学所揭示给我们看的并不是说在欲望的动因中,在其适应中,直截地说在其常态中它是受摆布于主体历史的偶然事件的(将创伤当作偶然的观念),而是说所有这一切都需要求助于结构的成份,这些成份在起作用时完全可以抛开偶然事件。这些偶然事件的不和谐的,意外的,难以解释的影响力看来是在我们的经验中留下了点疙瘩,这使弗洛伊德都承认说,性活动中得有一点某种不太自然的精神失常的痕迹。

如果你们以为弗洛伊德的俄狄浦斯的神话就在此与神学了结了,那么你们就是搞错了。因为仅仅挥舞性的对立是不够的。应该做的是理解到弗洛伊德要以这些坐标来使我们思考什么。这些坐标重新指向他一开始研究的问题:父亲是什么?

——弗洛伊德回答说,就是死了的父亲。但是没人听他的。至于拉康以父名的题目重提起的内容,遗憾的是一个不太科学的情景使他老是得不到正常的听众①。

然而,分析的思考大致上是围绕着一些原始人群对生殖者功能的成问题的错误认识而进行的。人们甚至打着"文化主义"这面走私的旗帜对权威的形式进行争论。然而,我们甚至无法说人类学的哪个分支对权威下过什么定义。

用某个伟人的精子来给违反了男根禁忌的妇女人工授精这样的做法说不定在什么时候会盛行起来。我们是不是得要与这样一种做法沦为一类,以便从我们那儿得到对于父亲功能的判决?

但是,俄狄浦斯无法永久地在社会的形式中演衍下去。社会中已越来越没有了悲剧的感觉了。

让我们从他人作为能指的场所这样一个概念开始。所有权威的言谈只有其言说本身为其保证。倘若要去另一个能指中寻找保证,那是徒劳的;能指是不可能出现在其场所之外的,这个意思就是说,没有可以说出来的元语言。用一种格言式的方式说也就是:没有他人的他人。出场来取代它的立法者(就是那个声言要制定法律的人)是个冒充者。

但是问题不是法律本身,也不是那个赋予它以权威的人。

以法律的权威,父亲可以被当作是原初的代表。这个事实促使我们来确定他是以何种特殊的存在方式来维持在主体之外的。而主体已被带去真实地占据了他人的位置,也就是母亲的位置。问题是被推后了一步。

看来很奇怪,索取爱的要求所必有的超常的空间是打开了,然而我们不再探究这个问题。

但是我们将这个问题集中到那个因要求的同一个效果而在这

---

① 我们在当时以这个打岔的形式用更强烈的措辞来说了这一点。这有了与父名的说法相呼应的意味。三年之后我们将有关的理论束之高阁,而不像原先答应的那样用于教学,原因就是这个情景还在继续。(原注)

里边封闭起来的事上,以便我们可以给欲望留出恰当的位置来。

这实际上很简单。我们将会谈到在怎样的意义上作为他人的欲望的人的欲望寻到了形式。然而为了在那儿代表需要它只保留了一种主观的晦暗性。

我们还将说到这个晦暗性经由何种转折而成了欲望的实体。

在要求与需要分离的边缘中欲望开始成形。这个边缘地是要求以需要会带来的那种没有普遍满足的(称之为"焦虑")缺陷的形式开辟的。而要求的呼唤只有在他人那里才是无条件的。这个边缘地虽然是条状的,只要它没有被他人的任性这个大象足的践踏所覆盖掉,就会显示出其眩晕。然而正是这种任性带来了他人而不是主体的全能的幽灵。而在他人那里要求安定了下来(早就该将这个愚蠢的滥调一劳永逸地放到它自己的位置上去了)。随着这个幽灵来的是用法律来束缚它的必要性。

我们在这里停顿一会再来看一下欲望的地位。欲望相对这个法律的中介来说是以自主的身份出现的,原因是法律是从欲望那里生发出来的,这是由于靠着一种特别的对称,欲望颠倒了爱的要求的无条件性而将它提高到绝对条件的威力中去(在这里绝对意味着超脱)。而在爱的要求中主体一直受制于他人。

就从需要那里得来的对焦虑的改进而言,这种超脱以其最卑微的方式就成功了。某个精神分析家在治疗儿童时就窥见了这个方式,并称之为:过渡的客体,也就是说,褴褛的边角,嘴唇和手里一刻也不放松的小碎片料。

我们要说,这只是标号。绝对条件下的表征的代表处于无意识中自己的位置上。在那儿它按照我们下面要讲的妄想的结构而导致欲望。

从这里可以看到,人对自己欲望的无知与其说是对他所要求的东西的无知还不如说是对他是在哪里有欲望的无知。无论如何他总能弄清他要求的是什么。

对此就回应了我们的公式:"无意识是他人的话语"。在这里 de① 应被理解成拉丁文的 de(宾格的规定):"话语中关于他人的 (de Alio in oratione)"(再由"应付的是你的事情[tua res agitur]"来补足)。

同时要补充一点:人的欲望就是他人的欲望,在这里 de 给出的是语法学家们所说的主格的规定。这就是说他是作为他人来欲望的(这就表明了人类激情的范围所及)。

他人的问题从主体期待着以 Che vuoi②(你要什么?)的措辞而出现神喻的地方回到主体那里。因为人是以他人来欲望的,所以他人的问题也就是最好地导向他的欲望的道路的问题,只要他能在称作精神分析家的同伴的技巧的帮助下能够重提这个问题,即便他自己不知晓,只是有这样的意思:他要我的什么? 就可以了。

结构的这个重复规定的境地促使我们来完备我们的图式(参见图式3)。

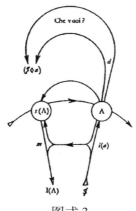

图式 3

---

① de 是"他人的话语"一句中法文原文中的介词,联接"他人"与"话语"。(译者注)
② 这是从法国作家雅克·卡莎特(Jacques Cazotte)的小说《恋爱中的魔鬼》里借用来的句子。(译者注)

在这里首先是在表示他人的大写的 A 那儿插上一个像是问号的图,以一个令人迷惑的同形记号来表示它意味着的那个问题。

但是,这个起子是开哪个瓶子的呢?这个能指,这个万能钥匙是回答什么的呢?

请注意,在清楚的异化中可以找到一个指示。这个异化给予主体以碰到关于他的本质的问题的好处,因为他不能不看到他所向往的东西是以他不想要的东西的样子来到他面前的。这是包含了错认被忽视了的自己的那个否定所具有的形式。通过这个形式他把他的欲望的永恒转换到一个显然是临时的自我上去。反过来他又将这些临时性加给欲望而保护自己免受欲望之害。

当然,人们会惊异于自我意识所能知道的范围之广(只要是从别处听来的),眼前就是这样一个情况。

为了重新看到这一切的题内之意,必须要有一个深入的研究,这个研究一定是要置于分析经验之内的,这个经验通过将一个消褪(fading)或主体的掩盖的时刻根本地联系到一个客体的条件(我们在上文中只是通过历时分析触及了一下它的特性)上去从而完善了妄想的结构。尽管时时会有某些删节。这个消褪(fading)的时刻是与主体因为从属于能指而遭受到的分裂(Spaltung)或剖开紧密相联的。

这就是我们当作算法而提出的缩写($ \mathcal{S} \diamond a $)所象征的。这个记号打破了构成能指单位的音素成份而一直分解到其文字的原子,这不是偶然的。这样做是为了包容 20 种以至 100 种不同的理解。只要话被掌握在它的代数式里,这种多重性就可被许可。

在图式中使用的算法及其类似物一点也不与我们所说的关于元语言是不可能的话相矛盾。它们不是越界的能指,而是一种绝对的指意的标志。这个观念我们希望不加什么评论也会显得是合宜于妄想的条件的。

在这样提出的妄想上面,这图式写明说欲望是自我调节的,这与相对身体形象的自我差不多,只是图式还标出了错识的逆反,在这些错识上建立了这两者。这样就封住了想象之路,而通过这条路,我在分析中要达到无意识原来所在之处。

让我们再用一下达莫瑞塔和比勋关于语法自我的隐喻,将它应用到更合适的一个主体上去。让我们说妄想是那个"我"的"材料"。这个我在原初时就被压抑了,因为它只有在言说的消褪(fading)中才能被标示出。

这样,现在我们的注意力就被引到了无意识中的能指连环的主观地位上去了。或者更好地说是在原初的压抑(Urverdrängung)中的能指连环。

从我们的推理中可以清楚地看到,必须探究维持着无意识的主体的功能,因为我们知道,当主体不知道是他在说话时,很难在什么地方将他指为言谈的主体,指为造句者。由此就有了冲动的概念,在这个概念中人们以器官的定位:口腔的,肛门的等,来指定他。这符合这样一个要求:他越是讲话就离开讲话越是远。

但是,即使我们的完整的图式可以让我们将冲动作为一个能指的宝库来处置,它的标记($ 8 \Diamond D $)仍保持了它的结构并且同时将它联结到历时层上去。它就是当主体消失时从要求那里来的东西,不言而喻,要求也会消失,只是它还留下了裂隙,因为在冲动与冲动存在于其中的器质功能之间的区别中有这个裂隙存在,也就是说它的语法巧计。在将它的组成反转到根源去和反转到客体去时这些巧计是非常明显的。

冲动从功能的代谢(吞食的行为涉及到嘴以外的其他器官,这可以去问巴甫洛夫的狗)中区别出"情欲区"。这个区域的划分是一个裂隙所为的。这个裂隙相应于一个边缘或一个线条状的解剖学特征:嘴唇、"齿围"、肛门边缘、阴茎沟、阴道、眼沟、甚至耳尖(我们省去了胚胎学的细节)。呼吸上的情欲生成还研究得不够,但显然它是靠痉挛来起作用的。

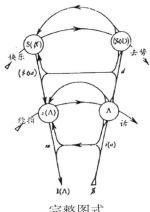

完整图式

请注意,这个裂隙的特征在分析理论描述的客体中也同样明显地存在的:乳头、粪便、男根(想象的物体)、尿流。(如果像我们那样再加上音素、目光、声音、虚无,这个名单就变得不可思议了。)人们难道没有看到这个被正确地在物体中强调的局部的特征并不因为那些物体是身体这个完整的物体的一部分而有效,而是因为这些物体只是部分地代表了它们起的作用而这个特征才有效。

在我们的理论中这些物体有一个共同的特点:它们没有镜面形象,也就是说没有相异性①。这使它们可以成为主体的"材料",或更确切地说成为主体的里子。人们把这个主体当作是意识的主体。因为这个以为可以在言语中指明自己就可达到自身的主体不是别的就是这样一个物体,你可以去问一下文思枯竭而焦躁的作者,他会告诉你谁是他的妄想的粪土。

镜面形象给以服饰的就是这样一个无法把握的物体。这是在影子的网罟中逮住的猎物,这猎物被窃去了膨胀了其影子的体积

---

① 从那时以来,我们以一个从拓扑学的表面理论里借用来的模式来证实了这一点(1962年加的注)。(原注)

后就抓住了影子的疲惫的诱饵,就像它是实物一样。

图式现在给我们提出的东西处于这样一个点上,在这一点上整个能指连环都以接齐全了意义为荣。如果我们一定要等到无意识言谈的这样一个效果,那就是在 S(A) 这儿等,并把它理解为:他人缺失的能指;这个能指是内涵在它作为能指的宝库的功能中的。这样的情况是存在的,即使他人是被要求(ché vuoi)为这宝库的价值负责,也就是说在下层的连环中以及在上层连环的组成能指中,即在冲动中,为它的位置负责。

这里涉及到的缺失正是我们早已定下的缺失:没有他人的他人。当我们分析者是某种意义上的代言人时,这个真理的无信仰者的特征是不是就是可以给予"他人要我什么?"这个问题以最后的回答? ——当然不是,因为我们的工作决不是教条。我们并不要对任何终极真理负责,也不要去支持或反对任何宗教。

我们很是需要在这儿安置弗洛伊德神话中的死了的父亲。但是,如果不保持一个仪式的话一个神话就无法自足,而精神分析并不是俄狄浦斯的仪式。我们以后还要继续发展这个看法。

尸首可能就是一个能指,但摩西的墓对弗洛伊德来说是空的,就像基督的墓对黑格尔来说是空的一样。亚伯拉罕对他们中的任何一个都没有泄露他的天机。

至于我们,我们从 S($\cancel{A}$) 这个缩写作为能指所陈述的内容着手。我们关于能指的定义(没有任何其他的定义)是:一个能指,就是为另一个能指代表主体的东西。这个能指就是所有其他能指为它代表主体的能指:这也就是说,如果没有这个能指,所有其他能指都不代表什么了。因为代表就是为某物而代表。

然而,这样一个能指的阵式由此就是完整的,这个能指就只会是个圆圈留下的轨迹而又不被算作其中的一部分。这可由所有的能指所固有的(−1)来象征。

就这样它是无法被说出来的,但是它的行动可以,因为每次人们说出一个专有名词就有这样的行动。它的言说与它的意义相等。

由此的结果是,如果按照我们使用的代数式

$$\frac{S(能指)}{s(所指)} = s(言说), S = (-I)$$

来计算,我们就有 $s = \sqrt{-1}$。

主体要是自以为给他的我思(cogito)所穷尽了,也就是说不可思议了,他所缺乏的就是这个。但是,那个在专有名词的大海里显得不知怎样地缺乏了的存在是从何而来的呢?

我们并不能向作为"我"的主体来问这个问题。他没有什么东西可以来知道这一点,因为如果这个主体"我"已经死了,正像我们在上面说过的那样,他是无法知道这一点的。他也不知道我还活着。"我"怎么向我证明这一点呢?

我在必要时可以向他人证明他是存在的。当然,我这样做并不是通过那些证明上帝存在的证明,在过去几个世纪里这种证明杀死了上帝。我是通过爱他,这是基督教福音的解决办法。

但是这个解决办法不太可靠,我们不能在这上面建立通向我们的问题的道路,我们的问题是:我是什么?

我处于这样一个位置,在这个位置上可以听到这个声音:"宇宙是纯净的无中的一个缺陷"。

这不是毫无道理的,因为这个位置为了维持自己而让存在本身萎靡下去。这个位置名叫快乐,正是快乐的缺乏使宇宙无用。

我对此是有责任的吗?可能是的。这个快乐的缺失使他人不可靠,这个快乐是我的快乐吗?经验证明我一般是得不到这个快乐的。而这并不是如那些傻瓜们所相信的那样仅仅由于社会的安排失当,我以为是他人的过失,如果他存在的话。如果他人不存在,我只有自己承担起这个过失,也就是说相信经验引导以弗洛伊德为首的我们所到达的东西:原罪。因为即使我们没有弗洛伊德的明白而又痛心的坦白,那么弗洛伊德告诉我们的历史上最新的神话也仍然只会起被诅咒的苹果的作用,只是这个神话虽然更简要,它很显然没有那么的使人发傻。但这并不是这神话本身的功劳。

但是弗洛伊德在讲俄狄浦斯时一起提出的并且不是一个神话的是阉割情结。

我们在这个情结中看到我们试图以其辩证关系来陈述出的那个倾覆的主要动力。人们一直不知道这个情结,直到弗洛伊德在描述欲望时将它提了出来。现在所有有关主体的思想都不能忽视这个阉割情结。

在精神分析学中,人们不仅没有更早地陈述它,相反,人们费尽心思来不解释清楚它。这就是为什么这个庞大的身躯就像参孙一样,沦落到给普通心理学的非利士人来推磨的地步。

这里就有了人们所说的骨头了。虽然它正是我们在这里要论述的东西:主体的结构成份,但它本质上是构成了一个边缘。但每当它看来是成功地由一个辩证的或数学的圆弧支撑了起来时,思想总是避开了它,跳过了它,绕过它或堵住了它。

这就是为什么我们很乐意地把跟从我们的人带到逻辑因想象与象征之间的分离而迷失的地方去。这并不是因为我们喜爱由此而产生的悖论,也不是由于什么所谓的思想危机。这是为了将他们的虚假才智引到他们表示的裂口上去,这对我们总是很有教益的;这更是为了试图建成某种计算的方法。丧失了这个计算就会使人丢失秘密。

就像是这个原因的幽灵,我们通过相似与不相似的交替①而在一种想象的纯粹象征化中来追逐这个原因。

---

① 最近我们从相反方向来进行,试图将方位上定义的平面以在这儿使用的主体构作的办法来证明。甚至是通过简单地否定"我说谎"这个所谓的悖论来做。(原注)

让我们观察一下使我们的能指 S(A)不能具有玛瑙①或其同类物的意义的是什么。这是因为我们不能以将它陈述在那可怜的全事物之中而满足,即使是一直追踪到那个所谓的全事物之中。

或许克劳德·列维-斯特劳斯在评论莫斯时是打算承认零位象征的效果。但是,在我们这个情况里,涉及到的似乎是这个零位象征的缺失的能指。这就是为什么我们冒出丑的危险而指出我们可以将数学算法的改变推进到何种地步:$\sqrt{-1}$这个符号在复数理论中又被写成 i,它是因为在其应用中不期望有任何自动性才得到证实的。

需要坚持的是,对任何说话的人快乐都是禁止的。还有,对于任何是法律的主体的人,这只能在字里行间说出来。因为法律就是建立在这个禁止之上的。

这个法律命令道:快乐吧!而主体只能回答说:我听着。在这里快乐只能被意会到。

但是,并不是法律本身阻挡了快乐。只是它用一个几乎是自然的阻隔造出了一个划线的主体。因为是愉悦给快乐以限制。这愉悦就像是一个不统一的生命的联系,直到另一种规则的无可争议的禁止又生发出来。这种规则是弗洛伊德所发现的,它是一种原初的过程,一种有关连的愉悦的法律。

人们说弗洛伊德只是遵循了他那时代的科学发展的道路,或者说是遵循了一个悠久的传统。为了看到他这一步伐是怎样的大胆,我们只要看一下他由此而很快得到的成果:在阉割情结的混杂性上的失败。

这个在无限中的快乐的唯一标示包含了禁止它的记号,同时为了构成这个记号也牵进了一个牺牲:男根,它以其选择的象征而

---

① 玛瑙,即神力、超自然力,为大洋洲原始宗教用语。列维-斯特劳斯以这词为零位象征,可具有任何意义内涵。(译者注)

保持在一个相同的行为中。

之所以可以做出这个选择是由于男根,这个阴茎的形象,在镜面形象中它的位置上成了反相。这就注定了在欲望的辩证关系中男根赋予快乐以实体。

我们必需将专行其中的想象功能与象征性的牺牲原则区别开来。这个功能给它以工具同时又将它掩盖起来。

这个想象功能就是弗洛伊德所说的那个主导了自恋客体的投入的功能。我们自己也回到了这一点上,指出镜面形象是利比多从身驱流向客体的渠道。然而,即使在这个洪流中有一部分是得到保留,将自我色欲的最隐秘活动集中在自己身上,在这个形式中它的"尖端"的位置还使它倾向于衰旧的妄想。在这个妄想里它为物体世界组成的镜像及原型就最后被排除出去了。

因此,勃起的器官就来象征快乐的位置。但它并不是以其本身,也不是以其形象来这样做的,而是以渴望的形象中缺失的部分来这样做的。这就是为什么它相等于上文说的快乐的意义的 $\sqrt{-1}$。它用它的言说的系数将快乐还给了能指缺失的功能:$(-1)$。

如果它这样就可以连接上对快乐的禁止了,那不是为了形式上的理由,而是因为它们的超越表示了那个将企求的快乐归结到自我色欲的瞬息过程的事情:在某种哲学的苦行中那些由说话者的解剖构造,也就是说由完善了的猴子的手所规划出的道路还是被接受为智慧之路的,虽然被骂作是无廉耻的智慧。我们时代的某些人大概是摆脱不了这个回忆,对我们说他们相信弗洛伊德本人也是属于这个传统的:身体的技术,就像莫斯说的那样。但是,分析的经验给我们揭示了他的实践所造成的负罪感的原初性质。

这个负罪是与对快乐的回想相联系的,而在给予真实器官的服务中缺乏快乐。想象的能指禁止物体的功能得到确立。

实际上这就是根本的功能,分析在其更粗放的阶段时给这个功能找到一些更加偶然(教育性的)的原因。同样的,分析将它感兴趣的神化器官(割礼)的其他形式都转向创伤。

男根形象的$(-\varphi)$(小写的费)从想象到象征的等式的一边移到另一边,这使它转成正值,即使它是来填补一个空缺的。虽然它只是个$(-1)$的支撑,它在那里变成了$\Phi$(大写的费),是不可负化的象征的男根,是快乐的能指。$\Phi$的这个性质解释了妇女对性的态度的特点以及从变态的观点看来使男性成为软弱的性别的原因。

我们不在这里讨论变态,因为它只稍微地增强了人身上欲望的功能,因为人让妄想的对象 a 在快乐这个优越的位置上起主宰作用,并让 a 取代了 A。变态在这里只增加了对 $\varphi$ 的回收。这并不显得太独特,除了它是以一种不寻常的方式牵涉进他人。

哲学家们特别要看到这个公式对神经官能症病者的切实关系,恰恰是因为这种患者歪曲了这个公式。

因为各种神经官能症病者,癔病的,固念病的,或者更根本的恐惧病的患者,就是那种将他人的缺失认同于他的要求的人:$\Phi$ 到 D。

结果是在他的妄想中他人的要求起了对象的作用;也就是说他的妄想(在我们的公式上可以立即看出这一点)归结到了冲动:$(\mathcal{S} \Diamond D)$。这就是为什么可以列出神经官能症病人的各种不同的冲动。

然而,在神经官能症中要求的广泛作用在一种贪图方便的精神分析学中使治疗仅仅成了对挫折的处理;它掩盖了他人的欲望的焦虑。当这种焦虑只是被恐惧对象所覆盖时是不能不被看出来的;对于其他两种神经官能症来说,如果我们没有可以将妄想当作他人的欲望而提出来的线索,理解这种焦虑就更难了一点。我们在这里可以看到两个成份分裂了开来:一个到了固念病病人那儿,因为他否定了他人的欲望而构成了自己的妄想以加重主体消亡的不可能性;另一个到了癔病病人那儿,因为欲望只有靠人们给予它的不满足才得以保持下去,同时他装作对象而逃避开。

固念病病人从根本上需要为他人作担保,这种需要以及癔病诡计的不信教特色都肯定了上述的特征。

事实上,理想父亲的形象是神经官能症的一个妄想。母亲是要求的实际的他人,我们希望她来缓和欲望(也就是说她的欲望)。在母亲之外出现父亲的形象,他闭眼不管那些欲望。由此而不仅显示了更是刻画了父亲的真正功能,这个功能在根本上是将一个欲望联合(而不是反对)到法律上去。

神经官能症患者所希望的父亲很明显是死去的父亲。但也是一个完全掌握了他的欲望的父亲。这对于主体也是一样。

我们在这儿观察到的是分析者应该规避的一个暗礁;同时是使转移没完没了的一个原则。

这就是为什么分析者的"中立性"的那种计算好的摇摆对于癔病者来说会比一切解释都更有效。其风险是导致慌乱。当然,只要这种慌乱不引起分析的中断以及以后的发展使主体相信分析者的欲望是无关紧要的就成。这一点并不是一个技术性的建议,而是对那些思想单一的人说的关于分析者的欲望的问题的一种看法:分析者应该怎样面对另一个人而保持他的无控制的和一定不完善的想象侧面。解决这个问题与加强他对每个来受分析的人的故意的茫然和加强他对不管什么病例的永远像是初次的无知是一样的重要。

再来看妄想。我们要说变态者为了得到他的快乐就想象自己是他人。神经官能症病人想象自己是变态就显示了这一点:他为的是得到他人。

将变态划入神经官能症的原则之下的意义就在于此。它是作为他人的妄想而存在在神经官能症病人的无意识中的,但这并不是说变态者的无意识就是公开的了。他也以自己的方式在他的欲望中防卫自己。因为欲望是一种防卫,防止在快乐中超出一个界限。

具有我们所定义的结构的妄想包含着$(-\varphi)$,这是隐秘形式下的阉割的想象功能,其中的一项可以转换到另一项。这就是说,像复数一样,人们可以轮番地将其中一项相对别项来想象化(如果我们可以用这样一个词来讲)。

包含在对象 a 中的是偶像($\check{\alpha}\gamma\alpha\lambda\mu\alpha$),这个无法估量的宝藏亚西比德①宣称说是封闭在在他看来由苏格拉底的脸构成的粗陋匣子中的。但是请注意,这是受制于符号$(-)$的。这是因为他没有看见苏格拉底的根。柏拉图从不放过细节,让我们与他一样说,诱惑者亚西比德颂扬他的 $\check{\alpha}\gamma\alpha\lambda\mu\alpha$ 这个奇物。他希望苏格拉底会让给他这奇物而承认他的欲望:他自身具有的主体的分裂在这个场合引人注目地显示出来了。

就像面纱后的妇女一样,阴茎的远隐使它成为男根这个欲望的对象。你可以以更明确的方式来提示这个远隐,让它穿上化装舞会的奇装,戴上可爱的假发。这样你,或者它,就有有趣事可讲给我们听了。那是百分之百有效的,我们的意思指的是对那些直截了当的男人来说。

这样,通过把对象说成是被阉割过,亚西比德就表现为想要另一个出席者阿迦同的样子——这没能逃脱苏格拉底的注意——,苏格拉底这个精神分析的先驱者是个比后人毫不逊色的分析家,他对自己在这个时髦社会中的作为很有把握。他毫不犹豫地将阿迦同指为转移的对象。这样就分析清楚了一个许多分析者至今还不知晓的事实:在精神分析的场景中爱—恨的效果是外在的。

但是亚西比德决不是一个神经官能病病人。这正是因为他是个典型的欲望者。这个人竭尽其享受快乐之能事,在所有的人看

---

① 亚西比德(Alcibiade,前450—前404),古希腊军人政治家,苏格拉底的学生,柏拉图《会饮篇》中人物。(译者注)

来他就能(借助了一点醉意)表达出转移,这个转移是由装饰着他的映象的对象所带到眼前来的。

然而他仍然将苏格拉底表现在完美主子的理想之中;他通过($-\varphi$)的行动而将苏格拉底完全地想象化了。

在神经官能病病人那里,($-\varphi$)滑到了妄想的8之下,这样就促成了他所独有的想象,自我的想象。因为正是神经官能病病人一开始就遭受的想象的阉割支持了这个强大的自我,这是他的自我,这个自我是如此的强盛,我们可以说他自己的名字一直纠缠着他。从根本上来说神经官能病病人是无名的。

是的,就是这个某些精神分析家还想要再增强的自我;就是在这个自我之下神经官能病病人藏着他所否认的阉割。

但是,尽管有这个表象,神经官能病病人是不肯放弃这个阉割的。

神经官能病病人所不愿意的,他直到精神分析结尾时都一直坚决拒绝的,是为他人的快乐而牺牲他的阉割,是让它利用快乐。

当然他是对的,因为尽管他从内心感到了自己是那个最无用的东西:存在的缺失或多余者,然而他为何要为一个他人的快乐而牺牲自己的不同之处(什么都是但就不是这个)呢?请别忘了,这个他人是不存在的。是的。但是如果它不巧存在了,他就会由它而快活。但神经官能症病人恰恰不要这样。他以为他人要求他的阉割。

精神分析的经验表明在正常或异常的情况下都是由阉割来调节欲望的。

只要它在妄想中从8到 a 的来回摆动,阉割就会将妄想变成那个灵活但又不可伸延的连环。通过这个连环,那个不可超越某些自然界限的客体投入的停止就起了保证他人快乐的超越功能。这个功能在法律上传递给我那个连环。

对于所有想要与这个他人较量的人都敞开着考验他的意志而

不是他的要求的道路。这样,或者将自己实现为一个对象,或者像在某种佛教入门式中那样使自己成为木乃伊;或者顺从内含在他人中的阉割的意愿,这就导致了对失败的事业的至高的自恋(这就是希腊悲剧的道路,克洛岱尔①在一种绝望的基督教中又看到了它)。

阉割的意思是说快乐必须被拒绝,为的是在欲望的法律的相反的层次上可以得到它。

我们就讲到这里。

## 后 记

这篇论文是第一次发表在这里。用以资助这样的讨论会论文发表的基金一般来说是很多的,这次却意外的缺乏,使这篇论文以及其他许多衬托它的漂亮文字都被束之高阁。

按照常规,我们要指出关于"哥白尼式"的论述是后加的。有关阉割的结尾没来得及说出。这个结尾为有关现代意义上的机器的一些特征所取代了。主体与能指之间的关系可以借这部机器来物化。

讲到讨论中自有的友情,请不要忘记一个异议在我们心中引起的友情。有人用来标示我们的论述的那个"非人道"的词并没有使我们恼怒;这个范畴里所有重要的新义只有使我们欣慰,因为我们给了它以出现的机会。我们也以同样的兴趣注意到了紧跟着"地狱"这个词而来的噼啪声,因为说这词的嗓音是自称为马克思主义的,由此而显得颇不简单。我们必须承认,当人道主义来自于那个虽然也与其他人一样狡黠但又显得坦率的一方时:"当矿工回到家时,他老婆揉擦他……"我们对人道主义也不是无动于衷

---

① 克洛岱尔(Claudel,1868—1955),法国诗人,剧作家。(译者注)

的。在那儿我们是毫无防备的。

在一次私下会晤中,一个很接近我们的人曾问道(这是他的问题的原样),对着黑板讲是不是需要有一个对永恒的书记员的信心。他得到的回答是,对于知道话语都有其无意识的效果的人来说,这种信心是不必要的。

# 译名对照表

absence  远隐
agression suicidaire du narcissisme  自恋的自害侵犯
agressivité  侵凌性
anagramme  改字词
annulation  否定
association  联结
aphanisis  非呈现
automatisme de répétition  重复的自动机制
autonyme  本名
ça  原始本能
captation  借取
chaine signifiante  能指连环
complexe de castration  阉割情结
compulsion  切望
connaissance paranoïaque  偏执的知识
connaturalité  相同本性
contretransfert  反转移
conversion  体格化
corps morcelé  残体
dédoublement  复制
défence  护卫
dénégation  否定
déplacement  移位
déploiement  展开
discours  话语
énoncé  言说
énonciation  言谈
fantasme  妄想
fixation  固恋
fonction poétique  诗艺功能
forclusion  缺失
frustration  挫折
historisation  历史化
identification  认同
identification homéomorphique  同形确认过程
imago  意象
inconscient  无意识
instance  动因
instinct de mort  死亡本能
intégration  整合
intelligence instrumentale  工具智慧
intersubjectivité  主体间性

| | | | |
|---|---|---|---|
| inversion | 倒错 | préconscient | 前意识 |
| isolation | 孤独 | présence | 现显 |
| je-idéal | 理想我 | principe de plaisir | 愉悦原则 |
| libre association | 自由联想 | prise de conscience | 领悟 |
| manque à être | 存在的缺失 | psychose | 精神错乱 |
| matrice symbolique | 象征性模式 | pulsion | 冲动 |
| mauvais objet interne | 内在恶物 | redondance | 多余 |
| méconnaissance | 漠视 误认 | reduplication | 重复 |
| mémoire | 记忆 | refoulement | 压抑 |
| mémoration | 回想 | registre | 辖域 |
| métaphore | 隐喻 | régression | 退化 |
| métonymie | 换喻 | renversement | 逆转 |
| moi | 自我 | répression | 压制 |
| névrose | 神经官能症 | résistance | 抗拒 |
| névrose obsessionnel | 固念神经官能症 | science conjecturale | 假设科学 |
| | | sexualité | 性欲 |
| oblativité | 奉献性 | style moteur | 动力式样 |
| organo-dynamisme | 脏器活力主义 | surdétermination | 过度确定 |
| paranoïa | 偏执狂 | surmoi | 超我 |
| paranoïde | 类偏执狂 | topique | 普遍范畴理论 |
| parole pleine | 实语 | transfert | 转移 |
| parole vide | 虚语 | transfert négatif | 负转移 |
| phobie | 恐惧症 | transitivité | 传递性 |

# 拉康著作表

《论偏执狂精神病与个性的关系》,1975年,巴黎瑟伊出版社(这是拉康在
　　1932年答辩通过的博士论文,首次出版于1932年)。
《拉康文集》,1966年,巴黎瑟伊出版社。
《电视访谈录》,1973年,巴黎瑟伊出版社。
《家庭情结》,1984年,巴黎那伐汉出版社。
《乔伊斯与拉康》,1987年,巴黎那伐汉出版社。
《雅克·拉康的研讨会教程》,巴黎瑟伊出版社,这是拉康在其研讨会上的讲
　　课笔记,由他女婿雅克-阿兰·米勒编辑,计划总共出版25卷。
《拉康集外集》,2001,巴黎瑟伊出版社。
《拉康未刊文集》,2012,巴黎弗洛伊德事业学院出版。

# 拉康生平年表

1901年4月3日,雅克·拉康出生于巴黎第三区,父亲为爱尔弗雷德·拉康,母亲为艾米丽·拉康。
1907年10月,入巴黎的斯塔尼斯拉学校学习。
1919年秋季,入医学院学习。
1920年至1927年,在学医的同时开始对哲学、文学以及超现实主义感兴趣。开始与布勒东、阿拉贡、恩斯特等文学家、艺术家交往。
1927年至1928年,成为圣安娜医院的精神病所的住院医生。
1928年至1929年,成为警察局特别诊所住院医生。
1932年,撰写并答辩通过了他的博士论文。
1933年,开始进行精神分析;被任命为主治医师。
1934年,与玛丽-露易丝·布隆代结婚。
1934年11月,加入巴黎精神分析学会。
1936年8月,在第十四届国际精神分析大会上宣读论文《镜子阶段》。
1938年,为《法兰西百科全书》撰写条目"家庭"。
1944年,与萨特、德·波伏娃、加缪、毕加索、梅洛·庞蒂等相识。
1946至1978年,发表大量论文并在许多学术会议上宣读论文;这些论文中的主要部分被收入了他自己编定的《拉康选集》中。
1948年,成为自由职业者。
1951年,开始举办研讨会,这个研讨会一直持续了29年之久。
1953年,退出巴黎精神分析学会;与西尔维亚·巴塔亚结婚;在罗马宣读"罗马报告"。创立法国精神分析学会。
1955年,在其乡村别墅接待海德格尔。
1964年,创办巴黎弗洛伊德学院。

1966 年,赴美国讲学;出版《拉康选集》。
1967 年,赴意大利讲学。
1969 年,负责在巴黎第八大学创办精神分析学系,这是法国唯一的一个精神分析学系。
1970 年,在比利时电台作系列讲座。
1974 年,法国电视台播放对拉康的访谈。
1975 年,赴美国讲学。
1979 年,创立弗洛伊德园地基金。
1980 年,解散巴黎弗洛伊德学院;创办弗洛伊德事业学院。
1972 年至 1980 年,《拉康选集》被译成了日文、意大利文、西班牙文、英文、斯洛文尼亚文等;在拉康逝世后,又被译成了塞尔维亚文、希腊文、挪威文、德文、瑞典文、荷兰文和希伯来文等。
1981 年 9 月 9 日,拉康逝世。

## 图书在版编目(CIP)数据

拉康选集 / (法)拉康著;褚孝泉译.
--上海:华东师范大学出版社,2019

ISBN 978-7-5675-9224-7

Ⅰ.①拉… Ⅱ.①拉…②褚… Ⅲ.①拉康(Lacan,Jacques 1901—1981)—哲学思想—文集 Ⅳ.①B565.59-53

中国版本图书馆 CIP 数据核字(2019)第 091294 号

华东师范大学出版社六点分社
企划人 倪为国

Écrits
by Jacques LACAN
Copyright © Éditions, 1966
Simplified Chinese edition arranged with Éditions du Seuil
Simplified Chinese Translation Copyright © 2019 by East China Normal University Press Ltd.
ALL RIGHTS RESERVED.
上海市版权局著作权合同登记 图字:09-2015-285 号

## 拉康选集

著　　者　(法)雅克·拉康
译　　者　褚孝泉
责任编辑　倪为国　高建红
封面设计　吴元瑛

出版发行　华东师范大学出版社
社　　址　上海市中山北路3663号　邮编　200062
网　　址　www.ecnupress.com.cn
电　　话　021-60821666　行政传真　021-62572105
客服电话　021-62865537
门市(邮购)电话　021-62869887
地　　址　上海市中山北路3663号华东师范大学校内先锋路口
网　　店　http://hdsdcbs.tmall.com/

印 刷 者　上海景条印刷有限公司
开　　本　890×1240　1/32
印　　张　19.5
字　　数　425千字
版　　次　2019年10月第1版
印　　次　2025年4月第7次
书　　号　ISBN 978-7-5675-9224-7/B·1191
定　　价　158.00元

出 版 人　王焰

(如发现本版图书有印订质量问题,请寄回本社客服中心调换或电话021-62865537联系)